Eine vergleichende Untersuchung der Joint Ventures – Gemeinschaftsunternehmen – nach europäischem, türkischem und deutschem Wettbewerbsrecht

Veröffentlichungen des Instituts für Energie- und Regulierungsrecht Berlin

Herausgegeben von Franz Jürgen Säcker

Band 61

PL ACADEMIC RESEARCH

İpek Çevik

Eine vergleichende Untersuchung der Joint Ventures – Gemeinschaftsunternehmen – nach europäischem, türkischem und deutschem Wettbewerbsrecht

Die Analyse von wettbewerbsrechtlichen Auswirkungen bei Gründung der konzentrativen und/oder kooperativen Gemeinschaftsunternehmen

PL ACADEMIC RESEARCH

Bibliografische Information der Deutschen Nationalbibliothek
Die Deutsche Nationalbibliothek verzeichnet diese Publikation in der Deutschen Nationalbibliografie; detaillierte bibliografische Daten sind im Internet über http://dnb.d-nb.de abrufbar.

Zugl.: Berlin, Freie Univ., Diss., 2016

D 188
ISSN 2363-684X
ISBN 978-3-631-72466-8 (Print)
E-ISBN 978-3-631-72701-0 (E-PDF)
E-ISBN 978-3-631-72702-7 (EPUB)
E-ISBN 978-3-631-72703-4 (MOBI)
DOI 10.3726/b11489

PL Academic Research ist ein Imprint der Peter Lang GmbH.

Peter Lang – Frankfurt am Main · Bern · Bruxelles · New York · Oxford · Warszawa · Wien

Diese Publikation wurde begutachtet.

www.peterlang.com

Inhaltsverzeichnis

Abkürzungsverzeichnis

a. A.	anderer Ansicht
ABA	American Bar Association
ABl	Amtsblatt der europäischen Gemeinschaften/Union
Abs.	Absatz
AEUV	Vertrag über die Arbeitsweise der Europäischen Union
a. F.	alte Fassung
A.L.R.	American Law Reports
Am. J. Legal. Hist.	The American Journal of Legal History (Zeitschrift)
Am. U. L. Rev.	The American University Law Review (Zeitschrift)
ARGE	Arbeitsgemeinschaft
Armağan	Festschrift (türkisch)
Aufl.	Auflage
BB	Betriebsberater (Zeitschrift)
Bd.	Band
BGB	Bürgerliches Gesetzbuch
BGBl.	Bundesgesetzblatt
BGH	Bundesgerichtshof
BK	Türkisches Obligationsgesetz
BKartA	Bundeskartellamt
B.L.I.	Business Law International (Zeitschrift)
BMWi	Bundesministerium für Wirtschaft und Energie (früher: Bundesministerium für Wirtschaft und Technologie)
BT-Drucks.	Bundestags-Drucksache
Buchst.	Buchstabe
CCZ	Corporate Compliance Zeitschrift
CeNDEF	The Center for Nonlinear Dynamics in Economics and Finance
CJV	Contractual Joint Venture
C.M.L.R.	Common Market Law Review (Zeitschrift)
Colum. Bus. L. Rev.	Columbia Business Law Review (Zeitschrift)
Cornell L. Q.	Cornell Law Quarterly (Zeitschrift)
CPI	Competition Policy International (Zeitschrift)
Diss.	Dissertation
Dosya Sayısı	Aktennummer der Entscheidung vom Kartellamt Türkei
ebd.	ebenda, auf derselben Seite
EC	European Community
ECJ	European Competition Journal (Zeitschrift)
E.C.L.R.	European Competition Law Review (Zeitschrift)
EG	Europäische Gemeinschaft

Einl.	Einleitung
Entsch. v.	Entscheidung von
EJV	Equity Joint Venture
EL	Ergänzungslieferung
EU	Europäische Union
EUG	Gericht der Europäischen Union
EuGH	Europäischer Gerichtshof
EUV	Vertrag über die Europäische Union
EUZW	Europäische Zeitschrift für Wirtschaftsrecht (Zeitschrift)
EWG	Europäische Wirtschaftsgemeinschaft
EWR	Europäischer Wirtschaftsraum
EWS	Europäisches Wirtschafts- und Steuerrecht (Zeitschrift)
ex rel.	ex relatione (lat.)
f.	folgende
ff.	fortfolgende
F. 2d	Federal Reporter, Second Series
F.C.L.I.	Fordham Corporate Law Institute
Fed. Cas.	Federal Case
Fed. Cir.	Federal Circuit
FK	Frankfurter Kommentar (Loseblattsammlung)
FKVO	EG- Fusionskontrollverordnung Nr. 139/2004
F & E	Forschung und Entwicklung
Fn.	Fußnote
Fordham Int'l L.J.	Fordham International Law Journal (Zeitschrift)
FS	Festschrift
Gesch. Z.	Geschäftszeichen
GbR	Gesellschaft des bürgerlichen Rechts
GmbH	Gesellschaft mit beschränkter Haftung
GmbH & Co. KG	Gesellschaft mit beschränkter Haftung & Compagnie Kommanditgesellschaft
GU	Gemeinschaftsunternehmen
GVO	Gruppenfreistellungsverordnung
GWB	Gesetz gegen Wettbewerbsbeschränkungen
GWR	Gesellschafts- und Wirtschaftsrecht (Zeitschrift)
Harvard L. Rev.	Harvard Law Review (Zeitschrift)
HauptGA	Hauptgutachten der Monopolkommission
HD	Hukuk Dairesi
Hdb.	Handbuch
HGK	Hukuk Genel Kurulu (Großer Zivilsenat des türkischen Kassationshof)
Hrsg.	Herausgeber
Hs.	Halbsatz
i. d. R.	in der Regel
i. S. d.	im Sinne des/der

i. S. v.	im Sinne von
JURA	Juristische Ausbildung (Zeitschrift)
JV	Joint Venture
Kap.	Kapitel
Karar Tarihi	Beschlussdatum der Entscheidung vom Kartellamt Türkei
Karar Sayısı	Beschlussnummer der Entscheidung vom Kartellamt Türkei
KMU	kleine und mittlere Unternehmen
K&R	Kommunikation & Recht (Zeitschrift)
KSzW	Kölner Schrift zum Wirtschaftsrecht (Zeitschrift)
KVK	Körperschaftssteuergesetz (Türkei)
lit.	Littera
Md.	Artikel im türkischen Gesetz
Minn. L. Rev.	Minnesota Law Review (Zeitschrift)
MK	Monopolkommission
MünchHdb. GesR.	Münchener Handbuch des Gesellschaftsrechts
MüKoBGB	Münchener Kommentar zum BGB
MüKoEUWettbR	Münchener Kommentar zum Europäischen Wettbewerbsrecht
MüKoGmbHG	Münchener Kommentar zum GmbH-Gesetz
MüKoGWB	Münchener Kommentar zum deutschen Wettbewerbsrecht
m. V. a.	mit Verweis auf
NJW	Neue Juristische Wochenschrift (Zeitschrift)
N. W.	North Western Reporter
NZKart	Neue Zeitschrift für Kartellrecht
OHG	offene Handelsgesellschaft
OLG	Oberlandesgericht
OWiG	Gesetz über Ordnungswidrigkeiten
RegBegr.	Regierungsbegründung
RegE	Regierungsentwurf
R&D	Research and Development
RG	Resmi Gazete (Amtsblatt der Türkei)
RK	Rekabet Kurulu (Beschluss des Kartellamtes der Türkei)
RKHK	Rekabetin Korunması Hakkında Kanun (Türkisches Kartellgesetz)
RNotZ	Rheinische Notar-Zeitschrift
Rn.	Randnummer
Rs.	Rechtssache
S.	Seite
s. a.	siehe auch
SDÜHFD	Süleyman Demirel Üniversitesi Hukuk Fakültesi Dergisi (Süleyman Demirel University Faculty of Law Review) (Zeitschrift)
SIEC	significant impediment to effective competition
Slg.	Sammlung
s. o.	siehe oben
Strat. Mgmt J.	Strategic Management Journal (Zeitschrift)

S. D.	South Dakota/Southern District
TB	Tätigkeitsbericht des Bundeskartellamts
TBK	Türk Borclar Kanunu (Türkisches Obligationsgesetz)
TR-FKVO	Türkische Fusionskontrollverordnung
TRKB	türkische Kartellbehörde
Tz.	Teilziffer
u. a.	unter anderem
UA	Unterabschnitt
UAbs.	Unterabsatz
U. Queensland L. J.	University of Queensland Law Journal (Zeitschrift)
Univ.	Universität
Vertikal-GVO	Verordnung (EU) Nr. 330/2010 der Kommission vom 20. April 2010 über die Anwendung von Artikel 101 Absatz 3 des Vertrags über die Arbeitsweise der Europäischen Union auf Gruppen von vertikalen Vereinbarungen und abgestimmten Verhaltensweisen.
vgl.	vergleiche
vgl. a.	vergleiche auch
VO	Verordnung
WRP	Wettbewerb in Recht und Praxis (Zeitschrift)
WuW	Wirtschaft und Wettbewerb (Zeitschrift)
Yarg.	Yargıtay (türkischer Kassationshof)
ZIP	Zeitschrift für Wirtschaftsrecht
zit. nach	zitiert nach
ZWeR	Zeitschrift für Wettbewerbsrecht

I. TEIL: Wirtschaftliche und rechtliche Entwicklung von Joint Ventures

1. Einführung

Seit Jahren werden die Joint Ventures als ein sehr effizientes Modell angesehen, um in einer Wirtschaft mit einem hohen Wettbewerbsniveau zu überleben. Die Globalisierung beherrscht die Märkte überall, alle Firmen wollen so viele neue Kunden wie möglich auf den verschiedenen Märkten erreichen, und natürlicherweise bedeutet das, dass ihre Konkurrenten nicht nur aus ihrem lokalen Markt, sondern aus allen Märkten in der Welt stammen können. Auf diese Weise soll jedes Unternehmen versuchen, entweder seine Produkte oder Dienstleistungen zu differenzieren oder deren Kosten zu senken; wer beides schafft, kann mehr Gewinn erzielen. Unabhängig davon, ob ein Markt lokal oder global, klein oder groß ist, fühlen sich die Marktteilnehmer immer unter dem Druck des Wettbewerbs. In der Vergangenheit, als die Wirtschaft nicht so kompliziert wie heute war, sollten die Händler immer noch Rücksicht auf den Wettbewerb nehmen. Aber heutzutage sind die Wirtschaftsbedingungen strenger geworden, weil die sich schnell verstärkte Globalisierung die Märkte dynamischer machte. Es handelt sich nicht mehr nur um das statistische Wettbewerbskonzept, in dem nur Preis- und Produktionswettbewerb in Betracht zu ziehen sind, sondern auch um ein dynamisches Wettbewerbskonzept, wobei die Innovationen im Vordergrund stehen.[1]

Die Wettbewerbspolitik hat sich jahrelang auf den statischen Wettbewerb konzentriert. Die „ökonomische Effizienz“ war die Hauptbesorgnis für die Wettbewerbspolitiker. Dieses Konzept hat behauptet, dass der wichtigste Grund für die Wirtschaft die Allokationseffizienz der Ressourcen sei, dadurch könnten die Produktpreise und der Output im Gleichgewicht gehalten werden und die Wettbewerbspolitik würde damit das Ziel der Konsumentenrente verwirklichen.[2] Aber dies hatte nur Auswirkungen auf den statischen Wettbewerb, deshalb konnte die Wettbewerbspolitik ihre Ziele nur kurzfristig erreichen. Für den langfristigen

---

1 *Katz/Shelanski*, ‚Schumpeterian‘ Competition and Antitrust Policy in High-Tech Markets, Competition 14/2005, 47 ff.

2 *Budzinski*, Pluralism of Competition Policy Paradigms and the Call for Regulatory Diversity, Volkswirtschaftliche Beiträge 14/2003, 17 ff.; die Chicago School, die Post-Chicago School, die Harvard School und die Ordoliberalism haben sich wegen des derzeitigen beeinflussenden traditionellen industrieökonomischen Ansatzes auf ökonomische Effizienz und das Gleichgewichtsniveau des Preis- und Produktionswettbewerbs konzentriert. Die Wettbewerbspolitik hat mit derzeitig existierenden Ressourcen auf das höchste Produkt- und niedrigste Preisniveau abgezielt; dadurch möchte sie verschiedene Ziele erreichen, von denen die Konsumentenwohlfahrt das Hauptziel ist.

Erfolg sollten die Wirtschaftler auch auf andere Aspekte in den Märkten achten. Insbesondere brauchten die Märkte, die sich schnell ändern können, mehr Aufmerksamkeit, um die Konsumentenwohlfahrt zu maximieren. Infolge dieser spezifischen wirtschaftlichen Zustände wurde die Wichtigkeit der dynamischen Effizienz neben der ökonomischen betont. In solchen Märkten, um den Wettbewerb aufrechtzuerhalten, müssen die Unternehmen sich auch der Innovation und Entwicklung widmen, sonst kann sich der kurzfristige Wettbewerbsvorteil ganz leicht und schnell in einen Nachteil verwandeln. Durch diese neuen Entwicklungen in der Wettbewerbsökonomie erlangte der dynamische Wettbewerb zusammen mit der dynamischen Effizienz mehr Würdigung und Anerkennung in der Wettbewerbspolitik.[3] Auf diese Weise änderten sich auch die Beurteilungskriterien. Die nach derzeitig vorhandener Marktsituation beurteilten Fälle, die vorher wegen der strengen Gesetze und der limitierten statischen Analysen als per se illegal beurteilt wurden, konnten mit der neuen dynamischen Sichtweise effektiver analysiert werden, weil die Entscheidungen nicht nur vorhandene, sondern auch künftige Marktpositionen hinsichtlich der potenziellen Wettbewerber und Innovationsmöglichkeiten berücksichtigen.

Diese generelle Umwandlung der Wettbewerbspolitik, die mehr wirtschaftliche Analyse beinhaltet, hatte einen positiven Einfluss, insbesondere auf die Joint Ventures. Um die dynamischen Märkte besser zu schützen, konzentrierte sich das Wettbewerbsrecht meist auf diejenigen Joint Ventures, die zu einem spezifischen Markt gehörten, in dem nicht nur das Risiko für eine Investition sehr hoch, sondern auch die Förderung der Innovationen durch solche riskanten Investitionen unerlässlich war. Natürlicherweise herrscht in solchen Märkten, wie in der Chemieindustrie, der Autoindustrie, der Technologie-Industrie, der Elektrotechnik und Energiewirtschaft, neben statischem auch dynamischer Wettbewerb und Effizienz. Deshalb hilft die detaillierte wirtschaftliche Analyse bei der Erreichung des Ziels der Wettbewerbspolitik. Ohne diese Analyse würde die Politik entweder mit den Per-se-Regeln sehr interventionistisch sein und positive Fehler verursachen oder mit wenigen Regelungen viele Verhalten ermöglichen und dadurch negative Fehler verursachen, die die Erreichung des Ziels der Konsumentenwohlfahrt gefährden.[4] Um dies zu verhindern, brauchte der Gesetzgeber allgemeingültige Vorschriften, die es ermöglichten, die empirischen Fakten durch ökonomische Ansichten interpretieren zu lassen. Diese Verfahrensweise ist nur durch die „Rule of Reason"-Analyse möglich.

Wenn es um die Joint Ventures (JV) geht, so sieht die Wettbewerbspolitik hauptsächlich zwei Formen: konzentrative und kooperative Joint Ventures (JV).

---

3 *Sidak/David*, Dynamic Competition in Antitrust Law, Journal of Competition Law & Economics 2009, 581 ff., Schumpeterian-Wettbewerb und Hayekian Market Process Theory.

4 Vgl. *Schinkel/Tuistra*, Imperfect Competition Law Enforcement, CeNDEF Working paper 2004, 25.

Normalerweise sind die Wettbewerbsregeln so ausgestaltet, dass ein JV sich entweder einer oder beiden Kategorien zuordnen lässt, deshalb kann die Beurteilung mithilfe der dazugehörigen wirtschaftlichen Theorien durchgeführt werden. Obwohl die Kartellausschüsse die wirtschaftliche Analyse anwenden, reicht dies nicht aus, nur in diesen zwei generellen Kategorien die Effizienz oder die Rechtswidrigkeit der JV ohne fallspezifische wirtschaftliche Analyse zu beurteilen. Deswegen sollen alle ökonomischen und rechtlichen Standpunkte nach Erscheinungsformen der JV und der jeweiligen Märkte zusammen untersucht werden.

Aus diesem Grund werden nicht nur die unterschiedlichen Rechtssysteme – nämlich das Wettbewerbsrecht der Europäischen Union, der Türkei und Deutschlands – betrachtet, sondern auch spezifische wirtschaftliche Ansichten für verschiedene Formen der JV dargestellt. Darüber hinaus werden die drei Rechtssysteme miteinander verglichen, und die Dissertation wird versuchen herauszufinden, welches Rechtssystem mehr wirtschaftlich effiziente Regeln enthält, wobei es die Nachteile bei der Gründung eines Joint Ventures unterbindet und die Vorteile fördert und zulässt. Schließlich ist festzustellen, welche Wettbewerbsstrategie für vorteilhafte Joint Ventures und zum Schutz der Ziele der Wettbewerbspolitik sowie der Konsumentenwohlfahrt geeignet sein kann.

Vor allem wird die geschichtliche und juristische Entwicklung des Joint Venture beschrieben, um den derzeitigen Zustand der Joint Ventures im Rahmen der Wettbewerbspolitik besser zu verstehen und einen Überblick über das Thema zu verschaffen.

2. Geschichtliche Entwicklung des Joint Venture

Obwohl die Joint Ventures rechtlich ziemlich spät anerkannt wurden, wurden sie schon seit Jahren in der Praxis de facto angewendet. Seit dem Altertum wurden Joint Ventures bei vielen Nationen im Wirtschaftsverkehr eingesetzt. In der venezianischen Republik waren die Familienunternehmen durch den Besitz der Flotten als die wichtigsten Kaufleute auf dem Markt tätig. Infolge einer wachsenden Wirtschaft und der Entdeckung der neuen Märkte sollten die Kaufleute mehr in die Flotten investieren, um die neuen Nachfragen decken zu können. Das führte dazu, dass steigende Kosten gleichzeitig mehr Risiken mit sich brachten, und deswegen schlossen sich die Kaufleute zusammen und verwirklichten den gemeinsamen Ankauf und Verkauf der Waren.[5] Die Joint Ventures wurden nicht nur wegen des Kostenaufwandes der Seereisen oder des erhöhten Risikos gegründet, sondern die Kaufleute hatten zeitgleich auch eine wettbewerbsrechtliche Absicht bei der Gründung der Joint Ventures: Es ging darum, den Wettbewerb zwischen den Partnern des JV zu

5 *Nichols,* Joint Ventures, Virginia Law Review 1950, 425, 427. „**Specific Voyage**", damals wurden die JV nur für eine spezifische Seereise gegründet.

verhindern und sich durch die gesenkten Kosten Vorteile zu verschaffen.[6] Infolge des Wirtschaftswachstums wuchs auch der zwischenstaatliche Handel und die Joint Ventures übernahmen eine bedeutendere Rolle in der Wirtschaft. Sie wurden nicht nur kurzfristig für eine Aufgabe oder ein Projekt, sondern auch langfristig in Form von Gesellschaften gegründet. Während der industriellen Revolution waren sie als ein Mittel für staatliche Investitionen beim Aufbau von Infrastrukturen wie Eisenbahnen verwendet worden. Nach dem zweiten Weltkrieg zeigten sich die Vereinigten Staaten von Amerika als führende Exportnation; infolgedessen machte Amerika deutlich von Joint Ventures Gebrauch und auf diese Weise trat diese Form der angloamerikanischen Gesellschaft als das internationale Joint Venture in die globale Wirtschaftsarena ein.[7] Diese Joint Ventures wurden später als Mittel zum Marktzutritt in die Entwicklungsländer genutzt. Die Industrieländer nahmen durch Joint Ventures an verschiedenen Investitionen in wichtigen Wirtschaftssektoren der Entwicklungsländer teil. Zum Beispiel waren die Nord-Süd-Joint-Ventures die Ersatzgesellschaftsform im Rohstofferschließungsgeschäft nach den Investitionsgesetzesänderungen in vielen Staaten der Dritten Welt. Der Grund dafür war die Verstaatlichung der ausländischen Gesellschaften wegen der Unabhängigkeitsbestrebungen.[8] Der Westen schaffte das Gleiche auch mit den Staaten des Ostblocks, durch die Ost-West-Joint-Ventures konnten die ausländischen Investoren in den Ostblockstaaten neue Märkte und Absatzmöglichkeiten erschließen.[9] So erlebten die Joint Ventures ab den 1980er Jahren mit der Zulassung von ausländischen Investoren im Osten einen Aufschwung. Obwohl Ausländer heutzutage in solchen Ländern andere Gesellschaftsformen unter ihrer eigenen Autonomie gründen können, haben die Joint Ventures immer noch wegen der sich schnell entwickelnden Globalisierung zusammen mit der Vergrößerung der Innovationsmärkte eine wesentliche Bedeutung in der Wirtschaft.

In der Vergangenheit waren die Joint Ventures sowohl für die Kosten- als auch für die Risikoreduzierung optimal geeignet, und gegenwärtig haben sie besonders für kleine und mittlere Unternehmen (KMU) immer noch die gleiche Bedeutung.[10] Darüber hinaus dienen sie nach wie vor dem Zweck der Erschließung neuer Märkte.[11] Demgegenüber ist die Zahl der Forschungs- und Entwicklungs-Joint-Ventures

---

6 *Lane*, Family Partnerships and Joint Ventures in the Venetian Republic, The Journal of Economic History 1944, 178, 192 f. „*Joint action was also stimulated by the desire for monopoly or for a favorable bargaining position.*"

7 *Wächterhäuser*, Das Gesellschaftsrecht des internationalen Joint Ventures, 28 ff.

8 *Wächterhäuser*, Das Gesellschaftsrecht des internationalen Joint Ventures, 120 ff.

9 *Wächterhäuser*, Das Gesellschaftsrecht des internationalen Joint Ventures, 122 ff. Am Anfang konnten die ausländischen Investoren maximal 49 % der Anteile von Joint Ventures erwerben, den Rest der Anteile besaß der Staat – „Gaststaatspartizipation".

10 *Luiki*, Joint Ventures: Definitions and Legal Issues, in: *Prescott & Swartz*, Joint Ventures in the International Arena,1, 3.

11 Türkische Wettbewerbskommission, Entsch. v. 05.10.2011, Nr. 11-51/1283-449. Neue Markterschließung in der Türkei bei Mitsubishi und Nissan durch ein JV im Teigwarenmarkt.

(F & E-JV) in letzter Zeit deutlich gewachsen.[12] Der Grund dafür ist, dass der dynamische Wettbewerb mit der Entstehung der Technologiemärkte bzw. Innovationsmärkte an Bedeutung gewonnen hat.

Gerade in der Wirtschaft bieten verschiedene Arten von Joint Ventures eine große Auswahl für die Erfüllung der unterschiedlichen Zwecke der Unternehmen. Obgleich die Joint Ventures nicht der einzige Ausweg aus unternehmerischen Verwicklungen sind, stellt die Eigenschaft der gemeinschaftlichen Arbeit viele Vorteile für die Unternehmen zur Verfügung.

Unterschiedliche Typen von Joint Ventures werden zusammen mit anderen Investitionsmöglichkeiten diskutiert und die wirtschaftlichen Vor- und Nachteile des JV werden dargelegt. Aber zuvor soll auch die rechtliche Entwicklung des Joint Venture dargestellt werden, um den späteren Vergleich der drei Rechtssysteme besser interpretieren zu können.

3. Begriffliche Entwicklung des Joint Venture

Obwohl die Geschäftsformen Joint Venture oder „Joint adventures"[13] – wie oben erwähnt – ursprünglich nicht aus der amerikanischen Wirtschaft stammen, wurde aber der anglo-amerikanische Begriff Joint Venture in der internationalen wirtschaftlichen und rechtlichen Arena am meisten bekannt. Amerika hatte die Joint Ventures erst durch den Handel mit England kennengelernt. Damals waren die Joint Ventures im wirtschaftlichen Verkehr vorhanden, aber das englische Recht kannte nur zwei Typen von Gesellschaften: Partnerships und Corporations. Das Recht der Partnerships wurde auch auf die Joint Ventures angewendet.[14] Der rechtliche Begriff des Joint Ventures entsprang später Ende 19. Jahrhunderts nach amerikanischer Lehre zuerst dem amerikanischen Recht.[15] Am Anfang hatten die Gerichte die Joint Ventures als „Partnerships" behandelt. Später jedoch tauchte eine Diskussion über den Rechtsstatus der Joint Ventures auf.

---

12 *Zu/Dong/Zhao/Zhang*, International R & D Networks, Review of International Economics 2011, 325, *„From a couple of dozen in the early years of the 1970s to about 500 per year at the end of the 1990s."*

13 *Tegen*, Joint Venture-Vertrag und Projektträgergesellschaft im amerikanischen Recht und deutschen Recht, 29 Fn. 16: *„Beide Begriffe werden im amerikanischen Recht synonym verwandt."*

14 *Nichols*, Joint Ventures, Virginia Law Review 1950, 425, 428; *Taubman*, What Constitutes a Joint Venture, Cornell L. Q. 1955–1956, 640, 641, „special Partnership".

15 *Chetwin*, Joint Ventures – A Branch of Partnership Law? U. Queensland L. J. 1990–1991, 256, 257; *Mechem*, The Law of Joint Adventures, Minn. L. Rev. 1930–1931, 644, 661. Der Begriff Joint Venture, „Joint Adventure" wurde erst in zwei pennsylvanischen Urteilen erwähnt. *Hourquebie v. Girard*, 12 Fed. Cas. 593 (Pa. 1808); *Lyles v. Styles*, 15 Fed. Cas. 1143 (Pa. 1808). Andere Juristen behaupten, dass der Joint-Venture-Begriff vom schottischen Recht abstammte. Dazu, *Baptista, & Durand-Barthez*, Joint Ventures, 3, zit. nach: *Dayınlarlı*, Joint Venture Sözleşmesi, 13.

Weil Joint Ventures besondere Eigenschaften hatten, die damals nicht mit denen der „Partnerships" übereinstimmten, wurde in einigen Urteilen angenommen, dass die JV eine unterschiedliche rechtliche Beziehung und eine separate Identität haben sollten.[16] Auch bei der Definition der Joint Ventures gab es keine Klarheit, keine gesetzliche Definition war vorhanden. Infolgedessen versuchten viele Autoren in der Lehre, die wesensnotwendigen Bestandteile dieses Rechtsgeschäfts genau zu analysieren.[17] Obwohl die Gerichte andere Behauptungen aufstellten, widersprachen viele Autoren dem Anspruch, dass die Joint Ventures sich von „Partnerships" unterschieden, weil das Recht der „Partnerships" immer noch auf die JV angewendet wurde. Entlang der Definitionen der Joint Ventures und „Partnerships" entstanden einige Abgrenzungen und manche versuchten, die Unterscheidungspunkte dieser beiden Typen herauszuarbeiten,[18] aber dies verhinderte die herkömmliche Anwendung des Rechts nicht. Die Gerichte waren der Meinung, dass die Grundbestandteile bei Errichtung eines Partnership – nämlich die Dauerhaftigkeit und die Anerkennung lediglich natürlicher Personen als Partner der „Partnership" – in Joint Ventures fehlten. Demnach sollten sie einen eigenständigen Rechtscharakter erhalten, denn damals wurden die Joint Ventures für einzelne Transaktionen gegründet und die „Corporations" konnten als Partner aufgenommen werden.[19] Aber diese Unterscheidungskriterien waren nicht überzeugend genug, um sie von dem Anwendungsbereich des Rechts der Partnership auszuschließen und auch in der Lehre kann man die entgegengesetzten Reaktionen finden, die sich als nicht einverstanden mit der „*sui generis*"-Einordnung erklärten.[20] Aus diesem Grund wird auf die Joint

16 "*The concept of joint adventure as a legal relationship or association sui generis is purely of American origin dating from about **1890**.*" State ex rel. Crane Co. v. Stokke, 65 S. D. 207, 272 N. W. 811, 110 A. L. R. 761.

17 *Taubman*, What Constitutes a Joint Venture, Cornell L. Q. 1955–1956, 640, 643 ff. „***1**. An agreement. **2**. joint interest. **3**. sharing of profits and losses. **4**. control. **5**. fiduciary relationship. **6**. right to an accounting, unless the account is stated or simple*"; s. a. *Jaeger*, Joint Ventures: Origin, Nature and Development, Am. U. L. Rev. 1960, 1, 17 ff.

18 *Nichols*, Joint Ventures, Virginia Law Review 1950, 425, 458, "*it is unfortunate that the rules and principles to support the joint venture as a separate legal concept are all too nebulous*"; *Flannigan*, The Joint Venture Fable, Am. J. Legal Hist. 2008-2010, 200, 222, „*The claim of distinct status for the Joint Venture is illusionary.*"

19 *Flannigan*, The Joint Venture Fable, Am. J. Legal Hist. 2008–2010, 200, 213 ff. "*Joint Ventures engaged in (1) single transaction, (2) were able to seek recovery from each other in action at law, (3) absence of mutual agency, (4) an absence of loss sharing and (5) Corporations could be members of joint Ventures but not Partnerships*"; vgl. *Tegen*, Joint Venture-Vertrag und Projektträgergesellschaft im amerikanischen Recht und deutschen Recht, 46 ff.

20 S. o. Fn. 18; *Flannigan*, The Joint Venture Fable, Am. J. Legal Hist. 2008–2010, 200. "*The **minority claim** now appears to be that the joint venture has a legal character that, while largely defined by the law of partnership, differs in certain substantive respects and therefore exists as a distinct form of association.*" Und S. 222: „***Every***

Ventures von der Mehrheit der amerikanischen Gerichte immer noch das Recht der „Partnership" analog angewendet.[21] Aber trotzdem ist anzumerken, dass sich diese Abgrenzungsargumentationen in verschiedenen Definitionen durchsetzten und die Abweichung von den Partnerships betonten.[22]

Weiterhin brachten diese ausgeprägten Merkmale der Joint Ventures weitere Entwicklungen in der Rechts- und Wirtschaftspraxis hervor. Weil die Joint Ventures nach dem Recht der Partnership nicht als eine Korporation auftreten konnten, aber schon eine Korporation als einen Partner aufnehmen durften, führte dies zu der Durchführung der Zusammenarbeit mittels einer Korporation.[23] Infolgedessen bildeten sich die „Joint Venture Corporations" (close corporation) heraus, die die Zusammenarbeit nach dem Recht der Kapitalgesellschaften organisierten. Um die Nachteile des auf die Joint-Venture-Verträge angewendeten Rechts zu vermeiden, übertrugen die Partner die Aufgabe der Zweckverfolgung auf eine Rechtspersönlichkeit tragende Korporation, die aus wirtschaftlicher Sicht wegen der Haftungsbegrenzung der Partner wünschenswerter war.[24] Allerdings darf die Benennung der Korporation als Joint Venture nicht zu einem Missverständnis führen, denn die Joint Venture Corporation sei als eine andere Art von Gesellschaft anzusehen. Was in der aufgezeigten Situation ein Joint Venture betrifft, ist immerhin der abgeschlossene Vertrag zwischen den Partnern, ein Partnership-Vertrag, und nur das Vorhaben (der gemeinsame Zweck) wird unter dem Dach

---

arrangement said to constitute a joint venture, if not another recognised legal form, fits comfortably within the conventional definition of partnership." Dagegen, vgl. *Jaeger*, Joint Ventures: Origin, Nature and Development, Am. U. L. Rev. 1960, 1, 17 f. JV as a single transaction or ad hoc Undertaking; *Tegen*, Joint Venture-Vertrag und Projektträgergesellschaft im amerikanischen Recht und deutschen Recht, 53, *„Es entsteht eben eine nichtinkorporierte Kooperationsform eigener Art, die sich im Wesentlichen dadurch von einer Partnership unterscheidet ...*"

21 *Tegen*, Joint Venture-Vertrag und Projektträgergesellschaft im amerikanischen Recht und deutschen Recht, 35 f. und 53.

22 Kiewit/Tulsa-Houston v. U. S., 981 F.2d 531 (Fed. Cir. 1992) *„Joint venture is generally association of persons by way of contract to engage in and carry out single business advanture for joint profit, combining their efforts, property, money, skill and knowledge without creating partnership or corporation.*"

23 *Wächterhäuser*, Das Gesellschaftsrecht des internationalen Joint Ventures, 26 f.

24 Vgl. *Tegen*, Joint Venture-Vertrag und Projektträgergesellschaft im amerikanischen Recht und deutschen Recht, 55 ff.; vgl. a. 63 Fn. 189, Im anglo-amerikanischen Recht führte diese Entwicklung zu der Diskussion über die Möglichkeit der gleichzeitigen Entstehung von zwei Gesellschaftsformen zwischen den gleichen Partnern, nämlich ein Partnership durch den Joint-Venture-Vertrag und eine Korporation (Joint Venture Corporation). Die älteren Entscheidungen erkannten die Koexistenz nicht und behaupteten die Absetzung der Partnership von der Korporation, jedoch die neuere Rechtsprechung bejaht diese Koexistenz.

einer in besonderer Weise ausgestalteten Projektträgergesellschaft bzw. eines Gemeinschaftsunternehmens ausgeführt.[25]

Eine einzelne einvernehmliche Definition ist nicht vorhanden.[26] In der Literatur haben einige Autoren versucht, den Begriff mit umfangreichen Definitionen zu erklären, nach denen die Joint Ventures zwischen Kartellen und Fusionen einzuordnen sind,[27] oder eher eine spezifische Definition gefunden, nach der zwei oder mehrere Firmen gemeinsam eine wirtschaftliche Tätigkeit ausüben;[28] ferner haben manche Autoren die genauen Tatbestandsmerkmale für Joint Ventures aufgelistet. In der Literatur wird oft auf die Definition von *Brodley* hingewiesen: (1) ein Unternehmen unter gemeinsamer Kontrolle von Müttern, die voneinander unabhängig sind, (2) jede Mutter leistet einen wesentlichen Beitrag zum gemeinsamen Unternehmen, (3) das Unternehmen zeigt sich als eine separate Einheit von seinen Müttern, (4) das Joint Venture schafft eine wesentliche Leistungsfähigkeit als neues Unternehmen hinsichtlich neuer Produktionskapazität, neuer Technologie, neuer Produkte oder neuem Markteintritt.[29] Dies wurde in der Literatur als zu weitreichend angesehen, da ein Joint Venture auch ohne neues Produkt oder ohne Markterschließung zustande kommen kann.[30] Stattdessen wurde die operationelle Autonomie als ein separates Unternehmen betont.[31] Solche Abgrenzungskriterien helfen dabei, die Gestaltung von Joint Ventures von anderen rein vertraglichen Vereinbarungen wie Lizenz- oder Distributionsvereinbarungen zu unterscheiden.[32]

Demzufolge erzeugte die Verwendung der verschiedenen Methoden für die Zusammenarbeit voneinander abweichender Kategorien von Joint Ventures in der Wirtschaftsarena; als Folge davon stellten sich die rechtlichen Bestimmungen, besonders im Wettbewerbsrecht, darauf ein. Diese Kategorien werden unten in Beziehung zum Joint-Venture-Begriff dargelegt.

---

25 Vgl. *Thomson/Katt* (Hrsg.), O'Neal's Close Corporations, § 1.06, zit. nach: *Tegen*, Joint Venture-Vertrag und Projektträgergesellschaft im amerikanischen Recht und deutschen Recht, 63, JV Corporation ist eine Close Corporation, obwohl sie einige abweichende Merkmale davon besitzt.

26 *Silva Morais*, Joint Ventures and EU Competition Law, 25 ff., wo die Definitionen von extrem weit, weit und mehr restriktiv reichen.

27 *Hawk*, Joint Ventures under EEC law, Fordham Int'l L.J. 1991–1992, 303, 304 f.

28 Vgl. *Hovenkamp*, Exclusive Joint Ventures and Antitrust Policy, Colum. Bus. L. Rev. 1995, 1, 2 f.; *Pitofsky*, Joint Ventures under the Antitrust laws: Reflections on the significance of "Penn Olin", Harvard L. Rev. 1969, 1007, „*joint participation by two or more separate enterprises in the organization or construction of a new producing or servicing organization.*"

29 Vgl. *Brodley*, Joint Ventures and Antitrust Policy, Harvard L. Rev. 1982, 1521, 1526.

30 *Silva Morais*, Joint Ventures and EU Competition Law, 27 f.

31 *Goyder/Goyder/Albors-Llorens*, Goyder's EC Competition Law, 460 f.

32 Vgl. *Baş*, The Substantial Appraisal of Joint Ventures under the EU Merger Control Regime, 13.

4. Der Begriff „Joint Venture“

Im Rahmen eines Joint Venture wurde am Anfang eine rein wirtschaftliche Zusammenarbeit organisiert. Das Joint Venture wurde für die Verwirklichung des gemeinsamen wirtschaftlichen Zwecks errichtet. Die Definitionen, die sich nur auf diesen wirtschaftlichen Sachverhalt konzentrierten, konnten deren rechtlichen Stand nicht vollkommen aufklären.[33] Ursprünglich bezeichnete das JV eine vertragliche Beziehung, die das gesellschaftsrechtliche Element von *Animus Societatis* beinhaltet und für eine begrenzte Zeit zwischen den ausgewählten Partnern bestehen sollte. Danach folgten aber, wie oben erwähnt, neue Gefüge dieser Zusammenarbeit, die die Rechtspersönlichkeit besitzenden Gesellschaften als Projektträgergesellschaft für den *Animus Societatis* einsetzten. Diese beiden Arten von Joint Ventures sind auch momentan in der internationalen ökonomischen Literatur bekannt als *Contractual Joint Venture* (CJV) und *Equity Joint Venture* (EJV);[34] wobei das CJV der ersteren rein vertraglichen Zusammenarbeit entspricht, in dem die Parteien auf Risikoteilung zielen, aber „keine Unternehmung als eigenständiges Rechtssubjekt“[35] gründen, um dieses gemeinsame Ziel zu erreichen[36]; demgegenüber bezeichnet der letztere Fall ein EJV, eine gemeinsame „Unternehmung“ (Projektträgergesellschaft), in dem die Partner eine gemeinsame Beteiligung an finanziellen Risiken und Entscheidungsprozessen halten und durch dieses Unternehmen ihren Zweck erreichen.[37] Nach dieser im internationalen Bereich geltenden Definition kann sich das gemeinschaftliche Unternehmen nicht nur als eine Kapitalgesellschaft, sondern

33 *Friedmann/Kalmanoff*, Joint International Business Ventures, 259, “any form of association which implies collaboration for more than a very transitory period”.

34 *Friedmann/Béguin*, Joint International Business Ventures in Developing Countries, 21.

35 *Wächterhäuser*, Das Gesellschaftsrecht des internationalen Joint Ventures, 52; dagegen: vgl. *Martinek*, Moderne Vertragstypen, Bd. III, 219. Bezeichnet CJV als „einen einzigen schuldrechtlichen Gesellschaftsvertrag (BGB-Gesellschaft, Partnership, Societe en participation).“

36 *Friedmann/Béguin*, Joint International Business Ventures in Developing Countries, 22, “The CJV... is by contrast a risk-sharing venture but one in which no joint enterprise with separate personality is formed, in which partners hold equity shares in proportionate to their investments.“

37 *Friedmann/Béguin*, Joint International Business Ventures in Developing Countries, 3, „*an **enterprise** in which two or more parties ..., share the financial risk and the decision-making through the joint equity participation in a common enterprise ...*“; vgl. *Wächterhäuser*, Das Gesellschaftsrecht des internationalen Joint Ventures, 50 ff., „Unternehmung“; dagegen: *Martinek*, Moderne Vertragstypen, Bd. III, 219, s. a. Fn. 29, „es kommt nicht zur Gründung einer besonderen Projektträger-Gesellschaft *als eigenständiger Rechtsperson.*“

auch als eine Personengesellschaft,[38] ferner auch als eine „Partnership" zeigen.[39] Aber wenn es sich bei dieser Personengesellschaft um eine Partnership handelt, dann müssen die vorgenannten Diskussionen über die Klassifizierung des Joint Venture berücksichtigt werden, weil die Bezeichnung von CJV und EJV sich nach der im jeweiligen Land geltenden Auffassung anders ergeben kann.[40] Beispielsweise entspricht das JV im amerikanischen Recht dem CJV, die allgemeine vertragliche Beziehung, die oben als eine Form der „Partnerships" qualifiziert wurde. Was hingegen das EJV nach amerikanischem Recht anbelangt, soll das Unternehmen als eine Kapitalgesellschaft angelegt sein.[41] Demzufolge nehmen viele Autoren in der Lehre auch an, dass die Projektträgergesellschaft in einem EJV eine Kapitelgesellschaft sein soll.[42] Darüber hinaus kommen die unterscheidenden Faktoren auch in Bezug auf die Dauer der Zusammenarbeit vor. In der Praxis wird das CJV im Vergleich zu dem EJV für zeitlich limitierte Projekte bevorzugt.[43]

In der Regel versteht man unter dem bloßen Begriff Joint Venture gerade die letztere Form, nämlich die Equity Joint Ventures.[44] Dieser Typ von Joint Ventures hat normalerweise einen mehrstufigen Verlauf, der von der Anerkennung der Koexistenz des JV-Vertrages und des Gesellschaftsvertrages im amerikanischen Recht

38 *Martinek*, Moderne Vertragstypen, Bd. III, 218, Personen-(handels-)gesellschaft; *Altin-Sieber*, Joint Ventures, Technologietransfer und -schutz, 143, Fn. 18, „Deshalb könnte auch eine Personenhandelsgesellschaft als Equity JV in Frage kommen, während das Wort corporate auf die juristische Person hinweist".

39 Vgl. *Wächterhäuser*, Das Gesellschaftsrecht des internationalen Joint Ventures, 50, angelehnt an Friedmanns Verfassung kann ein EJV Anteile an einer Personengesellschaft (shares in a partnership) oder Kapitalgesellschaft (corporate shares) haben. Dagegen, *Langefeld-Wirth*, Joint Ventures im internationalen Wirtschaftsverkehr, 123, „Beim EJV kommt die rechtlich selbständige Kapitalgesellschaft als Projektunternehmen hinzu"; s. a. ebenda, Fn. 31.

40 *Hewitt*, Hewitt on Joint Ventures, Rn. 3-01, JV in UK „a) contractual alliances b) partnerships c) corporate Joint Ventures" und Rn. 1–11 (2), 3–05, 3–09, 3–10, 3–13, 3–14, 4–01. Der Autor benennt das CJV als „Contractual Alliance" und behauptet, dass diese Alliances für Kosten- und Ressourcenteilung gegründet sind und nicht die Gewinn- und Verlustbeteiligung beinhalten, und ist deswegen nicht als „Partnership" zu qualifizieren, und S. 108, Ch. 5, bezeichnet Partnerships als eine Form von EJV in UK; dagegen: *Tegen*, Joint Venture-Vertrag und Projektträgergesellschaft im amerikanischen Recht und deutschen Recht, 50 f., in US-Recht: *„Dies ist eigentlich kein Abgrenzungskriterium ..."*

41 Vgl. *Elsing*, Joint Ventures in den USA, in: Joint Ventures im internationalen Wirtschaftsverkehr, 576, 580 ff., bezeichnet ein EJV als eine gemeinsame Kapitalgesellschaft, „Corporate Joint Venture."

42 *Langefeld-Wirth*, Joint-Ventures im internationalen Wirtschaftsverkehr, 123.

43 *Langefeld-Wirth*, Joint-Ventures im internationalen Wirtschaftsverkehr, 123; *Altin-Sieber*, Joint Ventures, Technologietransfer und -schutz, 144.

44 *Martinek*, Moderne Vertragstypen, Bd. III, 219.

beeinflusst ist.[45] Dieses „Joint-Venture-Gesamtvertragswerk“[46] beinhaltet einen Joint-Venture-Vertrag, darauffolgend den Gesellschaftsvertrag oder die Satzung der Projektträgergesellschaft und schließlich die Satellitenverträge, die zwischen der Projektträgergesellschaft und den Müttern oder mit Dritten abgeschlossen werden.[47] Demgegenüber ist dieser mehrstufige Aufbau bei dem CJV nicht zu finden.

Auch im internationalen Bereich ist zu bemerken, dass keine begriffliche Klarheit herrscht. Es besteht die Tendenz, die verschieden gestalteten Zusammenarbeiten unter dem Oberbegriff von „strategischen Allianzen“ zu kombinieren; und beide Typen von Joint Ventures fallen auch darunter.[48] Nach dem jeweiligen Recht eines Staates kann ein Joint Venture in sich verschiedene Bestandteile bergen. Ferner können in einem gleichen Staat auch diverse Definitionen nach den Rechtsbereichen auftreten.

Wegen der allgemeinen Unklarheit der Definitionen bevorzugt das europäische Wettbewerbsrecht, die CJV/EJV-Unterscheidung nicht unmittelbar zu übernehmen; stattdessen versucht es, die wettbewerbsbezogenen Ausprägungen hervorzuheben. Auf diese Weise kann ein Joint Venture entweder aufgrund der Strukturkontrolle oder der Verhaltenskontrolle untersagt werden; in beiden Fällen kann sich ein CJV oder EJV in dem Sachverhalt herausstellen. Die Arbeit wird im zweiten Teil diejenigen Begriffserklärungen einbeziehen, die wettbewerbsrechtlich als beachtlich angesehen werden. Aber wettbewerbsrechtlich werden die „Equity Joint Ventures“ oder sogenannten „Gemeinschaftsunternehmen“ in der Arbeit betrachtet. In diesem Sinne wird die europäische Auffassung im Grunde genommen vertreten: ... *ein Unternehmen von zwei oder mehr voneinander nicht abhängigen Müttern gemeinsam kontrolliert wird, wobei sie ihr gemeinsames Interesse an der Förderung bestimmter unternehmerischer Zwecke poolen.*[49] Im Folgenden wird die einzelne rechtliche Begriffserklärung nach deutschem und türkischem Recht behandelt.

a) Joint Venture nach deutschem Recht

Weil sich die JV zuerst in den Vereinigten Staaten von Amerika verbreitet haben und von dort nach Europa als eine Geschäftsform gekommen sind, haben die rechtlichen Entwicklungen in den USA auch die europäischen beeinflusst. Erwartungsgemäß

---

45 *Tegen*, Joint Venture-Vertrag und Projektträgergesellschaft im amerikanischen Recht und deutschen Recht, 55 ff. und 63.

46 *Martinek*, Moderne Vertragstypen, Bd. III, 220.

47 Vgl. *Barlas*, Adi Ortaklık Temeline Dayalı Sözleşme İlişkileri, 271 f., z.B. Satellitenverträge: Liefer-und Abnahmeverträge; *Tegen*, Joint Venture-Vertrag und Projektträgergesellschaft im amerikanischen Recht und deutschen Recht, 76 ff. „Separat- und Drittverträge“; *Martinek*, Moderne Vertragstypen, Bd. III, 220.

48 Der Umfang dieses Oberbegriffs ist aber auch nicht ganz klar; vgl. *Flohr/Pohl*, in: Martinek/Semler/Habermier/Flohr, Hdb. Vertriebsrecht, § 40 Rn. 62 f.; *Schwerk*, Dynamik von Unternehmenskooperationen, 26 ff. bzw. Kooperationen.

49 Vgl. *Schulte/Pohl*, Joint-Venture-Gesellschaften, 3.

gibt es auch im deutschen oder türkischen Recht keinen diskreten Rechtsstatus für die Joint Ventures. Die zwei oben genannten Erscheinungsformen der Joint Ventures, nämlich Contractual Joint Venture und Equity Joint Venture, entstehen aus einer rein schuldrechtlichen Beziehung zwischen den Partnern bzw. dem Joint-Venture-Vertrag. Nicht nur in Deutschland, sondern auch in der Türkei gehört dieser Vertrag zu den Schuldverhältnissen, der in beiden Ländern als Gesellschaft des bürgerlichen Rechts (GbR) bezeichnet wird.[50] Hingegen bezieht sich das europäische Recht durch seine primär rechtlichen Vorschriften grundsätzlich nur auf die wettbewerbsrechtlichen Aspekte der Joint Ventures.[51]

Im deutschen Recht spricht man von einer BGB-Innengesellschaft (§§ 705 ff. BGB), wenn das Joint Venture für eine begrenzte Dauer gegründet[52] und nicht gemeinsam nach außen von den Partnern vertreten wird.[53] In der Lehre ist die Neigung zu einem solchen schuldrechtlichen Vertrag als Contractual Joint Venture[54] (CJV) einzuordnen.[55] Die BGB-Innengesellschaft ist als CJV akzeptiert, darüber gibt es keinen Streit. Aber das Problem liegt darin, dass dann – wenn diese vertragliche Zusammenarbeit nach außen auftritt – eine Außengesellschaft (Außen-GbR) vorliegt, und wegen dieser Unterscheidung kommt es zur begrifflichen Unklarheit in der deutschen Literatur. Manche Autoren weisen darauf hin, dass mit der Außengesellschaft dieses Rechtsverhältnis nicht mehr als ein CJV, sondern als ein EJV bezeichnet wird.[56] Aus diesem Grund unterscheidet sich diese Definition von dem amerikanischen CJV-Konzept, wonach es als „Partnership" am Rechtsverkehr teilnehmen kann.[57] Im Prinzip kann die Rechtsform des Gemeinschaftsunternehmens bei einem EJV auch die GbR sein, weil sie auch eine wirtschaftliche Einheit durch ihre Teilrechtsfähigkeit bildet.[58] Aber sie ist nur für projektbezogene, zeitlich

50 „Adi Ortaklık" ist der Grundtypus für die Personalgesellschaften. TBK, Nr. 6098, Art. 620-645.

51 *Altay*, Anonim Ortaklıklar Hukukunda Sermayeye Katılmalı Ortak Girişimler, 96.

52 *Wirbel*, in: Gummert/Weipert, MünchHdb. GesR, § 28 Rn. 2 ff., genannt als Contractual Joint Ventures.

53 *Ulmer/Schäfer*, in: MüKoBGB, § 705 Rn. 277 ff.

54 Im Wirtschaftsleben auch „Joint Ventures", „Kooperationen", „Konsortien", „Gemeinschaftsprojekte".

55 *Wächterhäuser*, Das Gesellschaftsrecht des internationalen Joint Ventures, 50, 53.

56 *Wächterhäuser*, Das Gesellschaftsrecht des internationalen Joint Ventures, 53, *„Das CJV erschöpft sich demnach im Innenverhältnis ..."*; *Schulte*, in: Schulte/Schwindt/Kuhn, Joint Ventures, § 1 Rn. 6, *„... nach außen auftreten, entsteht eine Gesellschaft ... echtes Joint Venture. CJVs sind nur ... Für reine Auftraggeber-/Auftragnehmer oder Lieferantenbeziehungen."*

57 *Tegen*, Joint-Venture-Vertrag und Projektträgergesellschaft im amerikanischen Recht und deutschen Recht, 153 ff.

58 BGH, v. 29.01.2001, NJW 2001, 1056; vgl. *Emmerich*, Kartellrecht, § 3 Rn. 24 ff.; FKVO Art. 3 Abs. 4.

limitierte Zwecke geeignet,[59] wogegen das EJV normalerweise mit langfristiger Zusammenarbeit verknüpft ist; deswegen passt es nicht zu der Wirtschaftspraxis der EJV, denn sie brauchen ein auf Dauer angelegtes GU.[60] Demzufolge werden solche Gesellschaften oft als ein CJV anerkannt.[61]

Ein anderes Abgrenzungskriterium zwischen den beiden Arten von JV hängt davon ab, ob *„die Partner ihre gemeinschaftlichen Interessen in einer weiteren gesonderten Gesellschaft zusammenführen“*[62]. Ist das der Fall, bildet diese Kooperation eine rechtliche Einheit, die *„organisatorisch verselbstständigt“*[63] ist, und diese Art von Kooperation wird in der Lehre als Equity Joint Venture (EJV) bezeichnet.[64] Zu betrachten ist hier wieder, ob die Außen-GbR eine gesellschaftliche Einheit als EJV bildet und für manche Autoren ist in diesem Zusammenhang entscheidend, welche Absichten die Partner haben:[65] Es kommt darauf an, ob die Partner ihre unternehmerische Entscheidungsautonomie behalten und im Außenverhältnis selbst auftreten oder ob sie diese an die JV-Gesellschaft abtreten.[66]

Wie oben generell erwähnt wurde, zeigt die rechtliche Gestaltung eines EJV einige Besonderheiten. Wobei die Partner einen Joint-Venture-Vertrag (bzw. eine

59 Vgl. *Schulte,* in: Schulte/Schwindt/Kuhn, Joint Ventures, § 2 Rn. 138 ff., Rn. 150 f.; wenn das GU eine GbR ist und auf Dauer angelegt wurde, dann kommt eine offene Handelsgesellschaft (OHG) in Betracht.

60 Vgl. *Langefeld-Wirth,* Joint-Ventures im internationalen Wirtschaftsverkehr, 28, bezeichnet *Unternehmen* als rechtlich organisatorisch selbstständig und dauerhaft gerichtete Wirtschaftseinheit; vgl. *Schulte/Pohl,* Joint-Venture-Gesellschaften, Rn. 6 f. Vor allem spielt die Dauer der Zusammenarbeit neben der Haftungsbeschränkung und eigenständigem Marktauftritt eine entscheidende Rolle für die Unterscheidung; vgl. *Stengel,* in: Beck'sches Handbuch der Personengesellschaften, § 23 Rn. 10.

61 Vgl. *Billing,* in: Fett/Spiering, Handbuch Joint Venture, 8. Kap. Rn. 38, ARGE; wegen ihres Auftretens stellt sie eine Zwitterstellung zwischen CJV und EJV dar, aber dennoch zählt sie zu den CJV; vgl. *Stengel,* in: Beck'sches Handbuch der Personengesellschaften, § 23 Rn. 11, Bietergemeinschaft, ARGE im Anlagenbau, Banken- und Versicherungskonsortien; *dagegen:* vgl. *Schulte,* in: Schulte/Schwindt/Kuhn, Joint Ventures, § 1 Rn. 6, § 2 Rn. 141 ff. Solche JV sind als EJV qualifiziert.

62 *Schulte/Pohl,* Joint-Venture-Gesellschaften, Rn. 5.

63 Vgl. *Wächterhäuser,* Das Gesellschaftsrecht des internationalen Joint Ventures, 51; *Schulte,* in: Schulte/Schwindt/Kuhn, Joint Ventures, § 1 Rn. 7.

64 *Schulte/Pohl,* Joint-Venture-Gesellschaften, Rn. 5 ff.; *Wirbel,* in: Gummert/Weipert, MünchHdb. GesR, § 28 Rn. 2; *Schulte,* in: Schulte/Schwindt/Kuhn, Joint Ventures, § 1 Rn. 6.

65 *Fett/Spiering,* Handbuch Joint Venture, 5. Kap. Rn 4: *„alle Formen vertraglicher Zusammenarbeit, bei denen keine Gründung einer über den Joint Venture hinausgehenden Gesellschaft vereinbart wird.“*

66 Entscheidend besonders für die Einordnung einer GbR als CJV oder EJV; *Fett/Spiering,* Handbuch Joint Venture, 2. Kap. Rn. 18, 8. Kap. Rn. 1 ff. CJV sind ARGE, Kreditkonsortien, PPP-Verträge, F & E-Verträge sowie strategische Allianzen, wie Einkaufs- und Vermarktungskooperationen.

„Grundvereinbarung", „Grundsatzvereinbarung") abschließen, um die Details der künftigen Unternehmen zu organisieren und das Unternehmen bzw. Gemeinschaftsunternehmen ohne Erschwernis zu gründen und weiterzuführen.[67] Dieser Vertrag stellt die BGB-Innengesellschaft dar, dazu schließen die Partner im Regelfall einen Gesellschaftsvertrag, um ein rechtlich selbstständiges Gemeinschaftsunternehmen (GU) zu gründen, welches sie gemeinsam kontrollieren. Für dieses Unternehmen sollen die Partner die zu ihrem Interesse passende Gesellschaftsform auswählen. Bei der Benennung dieser zweistufigen Prozedur kommen zwei Begriffsbestimmungen vor: Eine ist die sogenannte „Doppelgesellschaft"[68] und die andere ist die „Parallelgesellschaft" oder der „doppelstöckige gesellschaftsrechtliche Aufbau".[69] Wenn das GU eine Kapitalgesellschaft ist, kommt in der Praxis überwiegend die doppelstöckige Gestaltung zur Anwendung. Wenn es sich um eine Personengesellschaft handelt, kann sich dieses zweistufige Gefüge zu einer einstufigen Struktur verwandeln.[70] In der deutschen Wirtschaftspraxis können neben Kapitalgesellschaften ebenfalls Personengesellschaften als ein GU eingesetzt werden.[71] Beispielweise werden zumeist die GmbH (Kapitalgesellschaft) oder die GmbH & Co. KG (Personengesellschaft) als GU angewendet. Bei einer GmbH & Co. KG[72] kann also der JV-Vertrag und der Gesellschaftsvertrag kombiniert abgeschlossen werden.[73]

Bei einem EJV ist der Grad der Zusammenarbeit höher als bei einem CJV; als Folge davon werden die eigenständigen Partner während der Zusammenarbeit länger voneinander abhängig. Dies wird gleichzeitig mehr wettbewerbsrechtliche Bedenken mit sich bringen und dadurch die Auswahl der Form beeinflussen. Im deutschen Recht kann die Wahl zwischen CJV und EJV bezugnehmend auf das europäische Recht verschiedene wettbewerbsrechtliche Folgen verursachen. Während eine rechtlich-organisatorische Einheit als ein EJV nach europäischem Recht

67 Vgl. *Langefeld-Wirth*, Joint-Ventures im internationalen Wirtschaftsverkehr, 117 ff., Vorgründungsphase, Kapitaleinzahlung, Stimmrechtsbildung, Ergänzung über Drittverträge, z. B. Lizenz.

68 *Wirbel*, in: Gummert/Weipert, MünchHdb. GesR, § 28 Rn. 2; *Stengel*, in: Beck'sches Handbuch der Personengesellschaften, § 23 Rn. 90; *Schulte*, in: Schulte/Schwindt/Kuhn, Joint Ventures, § 2 Rn. 5.

69 Siehe für die Unterscheidung nach Personengleichheit in: *Martinek*, Moderne Vertragstypen, Bd. III, 227; s. a. *Tegen*, Joint Venture-Vertrag und Projektträgergesellschaft im amerikanischen Recht und deutschen Recht, 194 f. GU könnte als Organgesellschaft die selbstständige Gesellschaftstätigkeit oder Interesse nicht verfolgen; *Langefeld-Wirth*, Joint-Ventures im internationalen Wirtschaftsverkehr, 125.

70 Vgl. *Stengel*, in: Beck'sches Handbuch der Personengesellschaften, § 23 Rn. 9. Bei Personengesellschaften entfällt die „Doppelstruktur" des EJV im deutschen Recht, weil der Inhalt des Gesellschaftsvertrages aus dem Handelsregister nicht hervorgeht; vgl. *Wirbel*, in: Gummert/Weipert, MünchHdb. GesR, § 28 Rn. 2.

71 Vgl. *Stengel*, in: Beck'sches Handbuch der Personengesellschaften, § 23 Rn. 93.

72 Vgl. *Liebscher*, in: MüKoGmbHG, § 45 Rn. 26. Eine GmbH & Co. KG stellt als ein GU eine typische Doppelgesellschaft dar.

73 *Schulte/Pohl*, Joint-Venture-Gesellschaften, Rn. 99.

der Verhaltenskontrolle unterliegt, kann der gleiche Aufbau von einem JV nach deutschem Recht der Strukturkontrolle unterliegen. Demzufolge ist es soweit nicht möglich, die wettbewerbsrechtlichen Konsequenzen der beiden Typen ohne Verweis auf das anwendbare Recht zu erklären und deshalb soll bei der Auswahl nicht nur die Intensität der Zusammenarbeit, sondern auch die rechtlichen Auswirkungen (bzw. steuerrechtlichen, wettbewerbsrechtlichen) mit berücksichtigt werden. Nur die wettbewerbsrechtlichen Aspekte werden in den folgenden Teilen der Arbeit erläutert.

In diesem Zusammenhang ist darauf hinzuweisen, dass die wettbewerbliche Definition der „Equity Joint Ventures" oder „Gemeinschaftsunternehmen" nach deutschem Recht weiter als das europäische Recht ausgelegt wird. Stattdessen kann die europäische Definition nach deutschem Recht einen Unterfall bezeichnen, da schon ein Gemeinschaftsunternehmen mit 25 % Anteilserwerb ohne die Voraussetzung von gemeinsamer Kontrolle wettbewerbsrechtlich gegründet werden kann. Die erste Legaldefinition von Gemeinschaftsunternehmen hat sich offensichtlich auf diese reine Beteiligung bezogen.[74] Aus diesem Grund wird die wettbewerbsrechtliche Untersuchung nach deutschem Recht als das Unterscheidungskriterium in der vorliegenden Untersuchung angenommen, und die verschiedenen Konsequenzen daraus bezüglich der Struktur- und Verhaltenskontrolle werden Gegenstand der vergleichenden Untersuchung sein.

b) Joint Venture nach türkischem Recht

Joint Ventures haben auch nach türkischem Recht keinen besonderen Rechtsstatus. Die Joint-Venture-Verträge bilden i. d. R. eine bürgerrechtliche Gesellschaft, die als „Adi Ortaklık" (TBK Art. 620 ff.) bezeichnet werden. Wie die GbR hat diese Gesellschaft auch keine Rechtspersönlichkeit, und genau deswegen finden die Vorschriften über die „Adi Ortaklık" entsprechende Anwendung auf das CJV („sözleşmeye dayalı ortak girişimler"), wegen ihres reinen Schuldverhältnisses. In der Rechtsprechung wurde die Ähnlichkeit mit dem „adi ortaklik" dadurch betont, dass zwei oder mehrere Unternehmen für einen gemeinsamen Zweck ihre Beiträge zusammenführen und die Partner als Gesamtschuldner mit ihrem gesamten Vermögen haften, da von einer Rechtspersönlichkeit tragenden Gesellschaft nicht zu sprechen ist.[75] Und in der Literatur folgt die Definition von Joint Ventures nach dem Besitz einer Rechtspersönlichkeit bezüglich der Vermögensbeteiligung i. S. v. CJV und EJV zwei anerkannten Typen. Wobei die gründlichen Tatbestände sich als vertragliche

74 *Wiedemann*, Gemeinschaftsunternehmen im deutschen Kartellrecht, 40 f.; *Huber*, Gemeinschaftsunternehmen in deutschem Wettbewerbsrecht, in: Huber/Börner, 7 f.

75 Yarg. HGK, 08.10.2003, E. 2003/12-574, K. 2003/564; Yargıtay 15. HD, E. 2015/2104, K. 2015/2761; Yargıtay 21. HD, E. 2013/7874, K. 2014/7870; Yargıtay 12. HD, E. 2009/10957, K. 2009/19812; Yargıtay 23. HD, E. 2014/9196, K. 2015/6667; Yargıtay 12. HD, E. 2006/16739, K. 2008/20678; Yargıtay 13. HD, 02.12.2003, E. 2003/7920, K. 2003/14209.

Zusammenarbeit unter gemeinsamer Kontrolle der rechtlich unabhängigen Personen für einen gemeinsamen Zweck bzw. eine Gewinnerzielung mithilfe der von ihnen erbrachten Beiträge darstellen.[76]

Obwohl in der türkischen Rechtssprache auch von Innen- und Außengesellschaft, der „Adi Ortaklık“, gesprochen wird, führt dies nicht zu einer Diskussion wie in der deutschen Literatur, die als Abgrenzungskriterium zwischen CJV und EJV gesehen wurde, da eine Rechtsfähigkeit der einfachen Gesellschaft nicht zugrunde liegt und die Vertretung der Gesellschafter nicht anerkannt ist.[77] Einfacherweise hängt die Abgrenzung in der türkischen Literatur davon ab, ob die Partner des Joint Venture ein Vermögen in eine gemeinsam kontrollierte Partnerschaft eingebracht haben oder nicht.[78] Während für das CJV nach der Rechtsprechung eine „adi ortaklik“ entsteht, hat diese Gesellschaft kein Gesellschaftsvermögen;[79] nach den Umständen kann eine Organisation auch durch ein CJV zustande kommen,[80] wogegen die Partner bei einem EJV Vermögenswerte dem Gemeinschaftsunternehmen zur Verfügung stellen.[81] Das andere Abgrenzungskriterium in der Praxis ist die zeitliche Limitierung, das heißt die CJV müssen entweder für ein Projekt oder für ein zeitlich limitiertes Projekt gegründet werden. Dies ist aber als kein zwingender Bestandteil anzusehen,[82] weil manche sehr langfristige Unternehmenskooperationen auch als Contractual oder Non-Equity Joint Venture in Erscheinung treten können.[83]

---

76 *Tekinalp/Tekinalp*, Joint Venture, in: Yaşar Karayalçın'a Armağan (FS Yaşar Karayalçın), 143, 149 ff.; *Altay*, Anonim Ortaklıklar Hukukunda Sermayeye Katılmalı Ortak Girişimler, 52 ff.; *Barlas*, Adi Ortaklık Temeline Dayalı Sözleşme İlişkileri, 262 f.; *Kaplan*, İnşaat sektöründe müşterek iş ortaklığı, 25.

77 *Barlas*, Adi Ortaklık Temeline Dayalı Sözleşme İlişkileri, 74 ff.; *Altay*, Anonim Ortaklıklar Hukukunda Sermayeye Katılmalı Ortak Girişimler, 315 ff.

78 *Barlas*, Adi Ortaklık Temeline Dayalı Sözleşme İlişkileri, 269 f.; *Altay*, Anonim Ortaklıklar Hukukunda Sermayeye Katılmalı Ortak Girişimler, 51, 55 f.

79 Vgl. TBK Art. 638, nach türkischem Recht ist es i. d. R. Gesamthandsvermögen, TBK Art. 635 und 644 sprechen auch von Gesellschaftsvermögen („ortaklık malvarlığı“); vgl. *Barlas*, Adi Ortaklık Temeline Dayalı Sözleşme İlişkileri, 44 Fn. 108, gemeint ist das Sondervermögen.

80 *Tekinalp/Tekinalp*, Joint Venture, in: Yaşar Karayalçın'a Armağan (FS Yaşar Karayalçın), 143, 156, manchmal ist für CJV eine Organisation notwendig; *Barlas*, Adi Ortaklık Temeline Dayalı Sözleşme İlişkileri, 270.

81 Vgl. *Altay*, Anonim Ortaklıklar Hukukunda Sermayeye Katılmalı Ortak Girişimler, 55 Fn. 129; dagegen s. *Öztürk*, Rekabet hukuku açısından Joint Venture'ların değerledirilmesi, in: Oğuz İmregün'e Armağan 1988 (FS Oğuz İmregün), 491, 494 f.

82 Vgl. *Barlas*, Adi Ortaklık Temeline Dayalı Sözleşme İlişkileri, 270; *Tekinalp/Tekinalp*, Joint Venture, in: Yaşar Karayalçın'a Armağan (FS Yaşar Karayalçın), 150 f. Fn. 26; vgl. *Altay*, Anonim Ortaklıklar Hukukunda Sermayeye Katılmalı Ortak Girişimler, 49. Nach KVK 2/7 (Körperschaftsteuergesetz) sind sie als „iş ortaklığı“ (ARGE) benannt.

83 Vgl. *Altay*, Anonim Ortaklıklar Hukukunda Sermayeye Katılmalı Ortak Girişimler, 65; *Hewitt*, Hewitt on Joint Ventures, Rn. 1-11; *Altin-Sieber*, Joint Ventures, Technologietransfer und -schutz, 145, F & E- und Produktionskooperationen.

Konsequenterweise benötigt ein EJV, das mit einem Joint-Venture-Vertrag gegründet wurde, eine gemeinsame kontrollierte Gesellschaft für die dauernde wirtschaftliche Zusammenarbeit der Partner. Der türkische Begriff für EJV, nämlich *„Sermayeye Katılmalı Ortak Girişim"*, beinhaltet in dem Namen das Wort *Kapital*, wie „Equity". Aus diesem Grund wird in der Lehre auch wegen der türkischen Wirtschaftspraxis oft angenommen, dass die Joint-Venture-Gesellschaft oder das Gemeinschaftsunternehmen als eine Kapitalgesellschaft gegründet werden soll,[84] obwohl die anderen Arten von Handelsgesellschaften im Prinzip auch auswählbar sind. Diese Besonderheiten sind für das EJV weitgehend von der türkischen Lehre anerkannt, aber einige Autoren behaupten, dass das EJV keine Rechtspersönlichkeit zu besitzen braucht,[85] sondern dass es auch als eine bürgerliche Gesellschaft oder „adi ortaklık" entstehen kann, soweit die Partner Vermögenswerte der Gesellschaft übertragen, obwohl die Rechtsfähigkeit[86] einer „Adi Ortaklık", anders als im deutschen Recht, nach türkischem Recht nicht anerkannt wurde.[87] Es gilt jedoch die „Adi Ortaklık" als eine Einheit, weil sie immer noch ein Rechtssubjekt ist.[88] Manche Autoren lehnen diese Behauptung ab, weil das EJV – wie bei Kapitalgesellschaften nach deutschem Recht – eine Doppelstruktur haben soll und ohne weitere Handelsgesellschaft als juristische Person dieser zweistufigen Struktur des EJV nicht existieren würde.[89] Aber auch im deutschen Recht kann diese Doppelgesellschafts-Theorie entfallen, wenn das Gemeinschaftsunternehmen eine Personengesellschaft ist, weil die Regelungen der Zusammenarbeit auch in den Gesellschaftsvertrag aufgenommen werden können.[90] Aber für die Kapitalgesellschaften wäre das unzulässig und deshalb kommt es zu einer Doppelstruktur. Dann ist festzustellen, dass die Doppelstruktur keine zwingende Bedingung für ein EJV ist, sondern nur eine Besonderheit infolge der Veröffentlichung des Gesellschaftsvertrages oder der Satzung

84 *Kaplan*, İnşaat sektöründe müşterek iş ortaklığı, 3; *Kayıhan*, Rekabet Hukuku Uygulamalarında Ortak Girişimler, 13. Entweder A. Ş. (AG) oder Ltd. (GmbH).

85 *Kaplan*, Begriff und Rechtsnatur des Gemeinschaftsunternehmens – Joint Venture – Abgrenzung von anderen Kooperationsformen, FS INAN 2009, 415, 418.

86 Teilrechtsfähig, vgl. BGH v. 29.01.2001, NJW 2001, 1056.

87 Das Vermögen der Partner ist entweder durch Miteigentum oder Gesamteigentum besetzt; *Poroy*, in: Poroy/Tekinalp/Çamoğlu, Ortaklıklar Hukuku I, Rn. 19b, 74; *Tekinalp/Tekinalp*, Joint Venture, in: Yaşar Karayalçın'a Armağan (FS Yaşar Karayalçın), 143, 166; *Barlas*, Adi Ortaklık Temeline Dayalı Sözleşme İlişkileri, 275 f.; Dagegen *Karayalçın*, Şirketler Hukuku, 132, betont, dass die „Adi ortaklık" sich für eine vorläufige Partnerschaft eignet, nach dieser Behauptung wären auf Dauer anzulegende EJV dafür nicht passend.

88 EuGH, 11.07.2006, Rs. C-205/03, Slg. 2006, 6295: *„Jede eine wirtschaftliche Tätigkeit ausübende Einheit unabhängig von ihrer Rechtsform ..."*; vgl. *Topçuoğlu*, Rekabeti Kısıtlayan Teşebbüsler Arası İşbirliği Davranışları ve Hukuki Sonuçları, 117 f.

89 *Altay*, Anonim Ortaklıklar Hukukunda Sermayeye Katılmalı Ortak Girişimler, 146 f.

90 Vgl. *Stengel*, in: Beck'sches Handbuch der Personengesellschaften, § 23 Rn. 9 und 93. Nach türkischem Recht sind alle Handelsgesellschaften juristische Personen; vgl. *Wirbel*, in: Gummert/Weipert, MünchHdb. GesR, § 28 Rn. 2.

von juristischen Personen im Handelsregister. Zusammenfassend wird in dieser Arbeit das EJV als eine Zusammenarbeit zwischen voneinander unabhängigen Partnern durch ein auf Dauer angelegtes Unternehmen, um gemeinsame wirtschaftliche Ziele der Partner zu verwirklichen, bezeichnet; andererseits wird das CJV als eine zeitlich begrenzte Kooperation bezeichnet, bei der die Partner nicht bezwecken, als eine eigenständige Gesellschaft auf dem Markt aufzutreten.

Wegen der Unklarheiten bei der Definition und wegen fehlender Tatbestände übt diese Unterscheidung aus wettbewerbsrechtlicher Perspektive keinen direkten Einfluss auf die Joint Ventures aus. Deshalb konzentriert sich die kartellrechtliche Sicht auf zwei weitere generelle Kategorien der JV, nämlich Vollfunktions-/Teilfunktionsgemeinschaftsunternehmen und kooperative/konzentrative JV. Weil diese Einordnungen eine relevante Beziehung zu der Unterscheidung von CJV und EJV haben, kann deren Gründung verschiedene wettbewerbsrechtliche Konsequenzen nach sich ziehen.

In vergleichender Betrachtung ist jedoch festzustellen, dass die generelle Definition nach türkischem Recht die europäische Definition in Bezug auf gemeinsame Kontrolle in wettbewerbsrechtlichem Sinne entspricht und deshalb enger als das deutsche Wettbewerbsrecht ausgelegt wird. Aus diesem Unterschied bezüglich der Auffassung von Gemeinschaftsunternehmen folgen weitere verschiedene Konsequenzen für die Untersuchungskriterien im Wettbewerbsrecht.

Schließlich ist festzustellen, dass das Joint Venture wegen des fehlenden eigenständigen Rechtsstatus als ein wirtschaftlicher Begriff betrachtet wird. Diese rechtliche Vagheit und zahlreiche verschiedene mögliche Gestaltungsformen der Joint Ventures führen dazu, dass es sich um diverse und umfangreiche Unterscheidungskriterien bzw. Typen von Themen handeln kann. Gegenstand dieser Arbeit sind hier nur die organisationsrechtlichen Formen der JV.

5. Wirtschaftliche Analyse der Joint Ventures

In der heutigen Ära der Globalisierung liegen drei Formen von Auslandsinvestitionen vor. Ein Unternehmer kann entweder durch bloßen Export oder vertragliche Kooperationen und Direktinvestitionen[91] im Ausland investieren. Die Wahl der Form richtet sich nach dem Ziel der Investition und der gesetzlichen Grundlagen im Investitionsstaat. Bei der Direktinvestition sollen die Unternehmen mehr Risiko eingehen und mehr Kapital anlegen als für einen bloßen Export oder eine vertragliche Vereinbarung.[92] Aber auf der anderen Seite sollen die Unternehmen mit der Direktinvestition ihre Handelsgeheimnisse nicht durch Lizenzvergabe weitergeben, stattdessen können sie mit einer Kapitalinvestition mehr Kontrolle über das

91 *Ulaş*, Uluslararsı pazarlara giriş stratejisi olarak ortak girişimler, 2.

92 *Ulaş*, Uluslararsı pazarlara giriş stratejisi olarak ortak girişimler, 2, Franchising, Know-how und Lizenzvergabe, F & E-Verträge, Konsortialgeschäfte ...

Geschäft und den relativen Markt besitzen. Genau in dieser Phase tauchen die Joint Ventures als eine passende Form für eine Investition auf.

Die verschiedenen Erscheinungsformen der Joint Ventures machen es möglich, dass sie nicht nur an der Direktinvestition, sondern auch an den vertraglichen Kooperationen teilnehmen können. Nach der Absicht der Unternehmer können die JV für viele wirtschaftliche Ziele nutzbar sein.

Auf diese Weise sind die Joint Ventures ein Mittel für die Verwirklichung der wirtschaftlichen Globalisierung geworden. Heutzutage öffnen immer mehr Staaten ihre Türen für fremde Investoren, um ihre ökonomische Leistung zu verbessern. Aber dieses Ziel kann ein Staat nicht nur mit Geld erreichen, sondern er braucht auch die jahrlange Erfahrung aus dem Ausland für einen wirtschaftlich leistungsfähigen globalen Markt. Infolgedessen verabschieden die Regierungen mehr investitions- und ausländerfreundliche Gesetze für die Investoren.[93]

Neben den damit verbundenen rechtlichen und wirtschaftlichen Risiken bieten die JV auch einige Vorteile im Vergleich zu anderen Investitionsmöglichkeiten bezüglich der Direktinvestitionen. Manche von diesen Vorteilen können sich als effizient für den Unternehmer erweisen, aber aus der makroökonomischen Sicht können diese unternehmerischen Effizienzvorteile gleichzeitig einen reinen wettbewerbsrechtlichen Risikofaktor beinhalten. Aus diesem Grund sollten die wirtschaftlichen Hintergründe bei der Gründung eines JV gründlich analysiert werden, um herauszufinden, welche strategischen Manöver später einen Verstoß gegen Wettbewerbsregeln verursachen könnten. Deshalb werden hierunter zusammen mit den wirtschaftlichen Absichten und Konsequenzen der JV auch die wettbewerblichen Auswirkungen erwähnt.

In der Wirtschaftslehre ist versucht worden, das Vorhaben bei einer JV-Gründung durch verschiedene Theorien zu erklären. Im Allgemeinen werden sie sich in zwei Kategorien einteilen lassen: ökonomische Ansätze[94] und strategische Managementansätze.[95] Während sich der erste Ansatz auf die Marktstruktur und die Marktperformance konzentriert, beruht der zweite auf betriebswirtschaftlichen Faktoren bzw. den Strategien, die auf Wettbewerbsvorteile abzielen. Die Wirtschaftsanalyse der Joint Ventures wird mithilfe dieser spezifischen Theorien zusammenfassend herausgearbeitet.

Zu den bekanntesten Strategieansätzen gehören die finanziellen Strategien. Durch ein GU können die Unternehmer mit einem Partner weniger Risiken eingehen, da sie ein geringeres Vermögen investieren würden.[96] Durch minimalisierte

---

93 Z. B. die Türkei, 4875 Sayılı Doğrudan Yabancı Yatırımlar Kanunu (Foreign Direct Investment Gesetz der Türkei, Nr. 4875, 17.06.2003).

94 Vgl. *Schwerk*, Dynamik von Unternehmenskooperationen, 70 ff., 1) Transaktionskostenansatz, 2) industrieökonomischer Ansatz, 3) evolutionstheoretischer Ansatz.

95 Vgl. *Hagedoorn/Link/Vonortas*, Research Partnerships, Research Policy 2000, 567, 570 ff.

96 *Contractor/Lorange*, Why Should firms Cooperate? The Strategy and Economics Basis for Cooperative Ventures, in: Contractor/Lorange, Cooperative Strategies in

Transaktions- und Produktionskosten erhoffen sich die Unternehmer mehr Profit.[97] Die Unternehmen, meist Vertriebsgemeinschaftsunternehmen oder Produktionsgemeinschaftsunternehmen, arbeiten zusammen, um die optimale Betriebsgröße zu erreichen. Der wirtschaftliche Begriff „economies of scale" taucht in diesen Märkten als der wichtigste Effizienzvorteil auf.[98] Mithilfe eines EJV vermeiden die Partner zusätzliche Kosten und gleichzeitig ermöglichen sie effiziente Leistungserbringungen zwischen den Partnern der Kooperation, wenn sie unter einer organisatorischen Einheit anstatt mit rein vertraglichen Transaktionen zusammenarbeiten.[99] Die Anwendung rein langfristiger Verträge könnte dazu führen, dass alle künftigen Probleme in dem Vertrag vorausgesehen werden müssten, um alle Hindernisse zu vermeiden.[100] Aber in der freien Marktwirtschaft wäre dies aufwendig und riskant. Mit Unterstützung einer selbstständigen organisatorischen Einheit (JV) können die Unternehmen vertragliche Risiken minimieren und gleichzeitig ihre Geschäfte aufbessern. Diese Begründungen beziehen sich meist nur auf die Effizienzgewinne im statischen Wettbewerb, wo nur die Kostenminimierung zugrunde liegt.

Nach anderen Ansätzen sowie strategischen Verhaltensansätzen ist ein JV zu bevorzugen, weil es nicht nur Kostenreduzierung, sondern auch Profitmaximierung durch Verbesserung der Wettbewerbsposition am Markt leisten kann.[101] Die Wettbewerbsvorteile werden entweder in Bezug auf die Marktstruktur und/oder durch das betriebswirtschaftliche strategische Verhalten geschaffen.[102]

Die industrieökonomischen Ansätze konzentrieren sich mehr auf die marktspezifischen strukturellen Faktoren wie Produktdifferenzierung, Eintrittsbarrieren und Konzentration, um die Beziehung zwischen dem relevanten Verhalten der Marktteilnehmer und deren Erfolg zu erklären. Die Unternehmen sollten sich

---

International Business, 3, 11 f. Risikoreduzierung durch einen JV: 1) Das Risiko auf mehr als ein Unternehmen verteilen, 2) Produktdiversifizierung ermöglichen, 3) Schneller Eintritt und Rückzahlung, 4) Kostenminimierung durch Zusammenarbeit.

97 In der Lehre bezeichnet es den *Transaktionskostenansatz,* vgl. *Williamson*, The Economic Institutions of Capitalism, 20 ff.; vgl. *Kogut,* Joint Ventures: Theoretical and Empirical Perspectives, Strat. Mgmt J. 1988, 319, 320 ff.

98 *Kuhn,* Kooperative Aspekte von Gemeinschaftsunternehmen im Europäischen Kartellrecht, 7.

99 Kooperation durch organisatorische Hierarchie erscheint effizienter als reine Marktverträge, vgl. *Williamson*, The Economic Institutions of Capitalism, 41 ff.; vgl. *Kogut,* A Study of the Life Cycle of Joint Ventures, in: Contractor & Lorange, Cooperative Strategies in International Business, 169, 174 f.; a. A. *Powell,* Neither Market nor Hierarchy: Network Forms of Organization, Research in Organizational Behaviour 1990, 295, 300 ff.

100 *Brodley*, Joint Ventures and Antitrust Policy, Harvard L. Rev. 1982, 1521, 1527 ff.

101 *Kogut*, Joint Ventures: Theoretical and Empirical Perspectives, Strat. Mgmt. J. 1988, 319, 322.

102 *Schwerk*, Dynamik von Unternehmenskooperationen, 84, Managementansätze konzentrieren mehr auf unternehmensinterne Faktoren, wie Ressourcen und Management, um die Wettbewerbsvorteile zu erwerben.

entsprechend der Industriestruktur verhalten, um eine vorteilhafte Wettbewerbsposition einnehmen zu können.[103] Und nach dieser industrieökonomischen Sicht können die kooperativen Strategien bzw. Joint Ventures eine Möglichkeit für die Erlangung des kurzfristigen Wettbewerbsvorteils eröffnen.[104] Anhand dieser Theorie entwickelte sich der neue industrieökonomische Ansatz, der die verschiedenen Verhaltensweisen von Unternehmen unter die Lupe genommen hat, um erklären zu können, wie in einer ähnlichen Struktur unterschiedliche Wettbewerbsvorteile durch Kollusions- und/oder Kooperationsstrategien generiert werden können.[105] Nachfolgende weiterentwickelnde Ansätze haben nicht nur den statischen, sondern auch den dynamischen Wettbewerb mit einbezogen und dadurch konnten sie auch die dynamischen Aspekte der Marktstruktur bzw. das Kooperationsverhalten und die Innovation per Zusammenarbeit bzw. JV rechtfertigen, mithin können auch Schlussfolgerungen über die Motivation für die Gründung von F & E-Joint-Ventures geschlossen werden.[106]

Andererseits steht das Unternehmen bei den Managementansätzen im Vordergrund, denn es wird behauptet, dass die Unternehmen in einer Industrie nicht homogen sind und nach deren Ressourcen und internem strategischen Management ein langfristiger Wettbewerbsvorteil bei gleichen Marktstrukturen geschaffen werden könne.[107] Die Unternehmen können mithilfe einer Zusammenarbeit ihre Ressourcen, Informationen und das Personal anreichern und ihre Wettbewerbsposition stärken.[108] Durch Varianten von Netzwerken können die Marktakteure

---

103 Vgl. *Porter*, The Competitive Advantage of Nations, 33 f. und 37. Durch Kostenreduzierung und Differenzierung. Nach Porter gibt es fünf bestimmende Faktoren der Industriestruktur: Markteintrittsbarrieren, Verhandlungsmacht der Zulieferer und Käufer, Substitutionsgefahr, Wettbewerbsstärke.

104 Nach den traditionellen industrieökonomischen Ansätzen ist der Wettbewerbsvorteil durch Kooperationen nur kurzfristig zu erwerben, weil die Unternehmen als homogen (Black Box) angesehen werden und sich nur nach den Bedingungen der Marktstruktur einen Wettbewerbsvorteil verschaffen können und andere Konkurrenten würden sie schnell imitieren. Die Informationsasymmetrien oder Innovationsmöglichkeiten nicht in dem traditionellen Ansatz inbegriffen. Vgl. *Caloghirou/Ioannides/Vonortas*, Research Joint Ventures, Journal of Economic Surveys 2003, 541, 546 ff.

105 *Schwerk*, Dynamik von Unternehmenskooperationen, 88 ff., beispielsweise die Oligopoltheorie und Spieltheorie.

106 Marktprozesstheorien: Österreichische Marktprozesstheorie und evolutionäre Marktprozesstheorie: *Schwerk*, Dynamik von Unternehmenskooperationen, 84 und 109 ff.; „Tournament"- und „non-tournament"-Spiele. Vgl. *Caloghirou/Ioannides/Vonortas*, Research Joint Ventures, Journal of Economic Surveys 2003, 541, 547 f. Post-Chicago-Theorien und Marktprozesstheorie.

107 Vgl. *Schwerk*, Dynamik von Unternehmenskooperationen, 84, 86 und 125 f.

108 Wettbewerbsrelevante Ansätze, Netzwerkansätze, organisatorisches Lernen, Ressource Based View; vgl. *Hagedoorn/Link/Vonortas*, Research Partnerships, Research Policy 2000, 567, 572 f.

verschiedene Märkte erreichen. Die einzelnen Theorien werden hier nicht ausführlich erklärt, sondern in dieser Arbeit wird versucht, die Begründungen für eine Joint-Venture-Strategie allgemein aufzuklären.

Mithilfe eines Joint Venture teilen die Unternehmen nicht nur die finanzielle Belastung, sondern auch ihre Ressourcen. Diese Ressourcen können sein: Zugang zu Rohstoffquellen oder besondere Betriebsmittel oder rein geschäftliche und organisatorische Informationen; solche Ressourcen sind im Wirtschaftsleben besonders wichtig, wenn sie rar, wertvoll und nicht leicht ersetzbar und imitierbar sind, wie z. B. die Erfahrung des Partners.[109] Durch ein JV kann der andere Partner Zugang zu diesen wertvollen Ressourcen erhalten und sich auf dem Markt Wettbewerbsvorteile verschaffen.

Bei der Möglichkeit zum Informationsaustausch in vielen Bereichen des Geschäftes wie Technologie, Marktinformation, Geschäftsleitung usw. können die kooperierenden Partner von Vergünstigungen profitieren. Die Zusammenarbeit stellt gleichzeitig die Gelegenheit des organisatorischen Lernens zur Verfügung; die durch Markttransaktionen nicht übertragbaren Geschäftskenntnisse der Unternehmen können mittels interorganisationaler Wechselbeziehungen erlernt werden.[110] Dadurch können die Partner ihre Leistung im dynamischen Wettbewerb verbessern.[111] Infolge der Zusammenarbeit bilden sich zwischen den Partnern Synergieeffekte; wenn diese Synergie gut funktioniert, können die Partner eine erfolgreiche Investition erreichen.[112] Die Unternehmen überwinden zusammen die politischen und rechtlichen Probleme leichter und mit dem gebündelten organisatorischen Know-how haben sie die Möglichkeit, schneller Fortschritte zu machen.

Ferner ermöglicht die Kooperation den Zugang zu einem erweiterten Netzwerk von Liefer- und Zulieferbeziehungen und dadurch können die Ziele der Markterschließung und Profitabilität wahrscheinlicher erreicht werden.[113] Außerdem bevorzugen die Unternehmen, viele verschiedene Arten der Zusammenarbeit auf dem Markt auszubauen, um die Effizienzsteigerung via Synergieeffekten zu unterschiedlichen Kooperationsthemen wahrzunehmen und auf diese Weise sind die Unternehmen auf den dynamischen Wettbewerb besser vorbereitet, weil die mehrfachen Kooperationsnetzwerke erweiterte Innovationsmöglichkeiten mit gesenkten

109 *Barney*, Firm Resources and Sustained Competitive Advantage, Journal of Management 1991, 99, 101 f., „Resource Based View".

110 Vgl. *Kogut*, Joint Ventures: Theoretical and Empirical Perspectives, Strat. Mgmt. J. 1988, 319, 322 ff. „Tacit Knowledge".

111 Vgl. *Teece/Pisano/Shuen*, Dynamic Capabilities and Strategic Management, Strat. Mgmt. J. 1997, 509, 515 ff. „Dynamic Capabilities".

112 *Kumar*, Are Joint Ventures Positive Sum Games? The Relative Effects of Cooperative and Noncooperative Behaviour, Strat. Mgmt J. 2010, 32, 33 ff.

113 Vgl. *Schulte*, in: Schulte/Schwindt/Kuhn, Joint Ventures, § 1 Rn. 12.

Kosten hervorrufen.[114] Am Ende rechnen die Partnerunternehmen damit, dass sie früher als ihre Konkurrenten einen Marktvorsprung erreichen werden.

Ein Gemeinschaftsunternehmen ist besonders wichtig, wenn ein Produkthersteller oder ein Dienstleister einen neuen Markt in einem anderen Staat erschließen möchte. Dadurch bringen die ausländischen Partner die Innovation ein und die lokalen Partner teilen ihre Kenntnisse über die Wirtschaft des Staates und die Gewohnheiten der Verbraucher mit. Als Folge davon reduziert der ausländische Partner das Risiko für falsch eingesetzte Marktstrategien. Am Ende wird der Markt des Staates umfangreicher und die Verbraucher werden schneller die Entwicklungen der globalen Industrie kennenlernen und sie nutzen. Aus diesen Gründen bezeichnet der Begriff „**Gemeinschaftsunternehmen**“ eine sehr spezielle Geschäftsform für die auswärtige Investition.

Alle diese oben genannten wirtschaftlichen Vorteile können aus Varianten von kooperativen Strategien entwickelt werden und die Joint Ventures stellen eine Art dar. Entsprechend der Intensität des Risikos kann die Form der Zusammenarbeit gewählt werden. Dies ist besonders unerlässlich für Forschungs- und Entwicklungskooperationen. Mit anderen Worten bezeichnen die JV auch ein Mittel für eine andere Art der Investition, nämlich die vertragliche Vereinbarung.[115] Mithilfe dieser Contractual Joint Ventures[116] können sich die Unternehmen besser an die verschiedenen Investitionsmöglichkeiten anpassen. Anders als Equity Joint Ventures müssen die Mütter ihre Unabhängigkeit nicht abgeben, um eine organisatorisch inkorporierte Einheit zu bilden; dadurch wird die Interdependenz zwischen den Unternehmen auf einem niedrigen Niveau bleiben.[117] Demzufolge können sie das finanzielle Risiko und die Dauer der Zusammenarbeit nach der Art der Investition einschränken, aber die Haftung lässt sich wie bei dem EJV nicht beschränken. Ebenso können die Mütter mit diesen Kooperationsvereinbarungen die gemeinsame Nutzung von Ressourcen zur Verfügung stellen und infolgedessen spezielle Betriebskosten senken und sich damit für den statischen und dynamischen Wettbewerb vorteilhafter adaptieren. Anhand der Zusammenarbeit in der Innovationsphase können neues Know-how und Lizenzen entwickelt und dadurch auch im dynamischen Wettbewerb ein Vorsprung erzielt werden.

Demgegenüber sei erwähnt, dass bei den Joint Ventures neben den oben genannten Vorteilen auch unternehmerische Nachteile auffallen. Wenn die Unternehmen in Form der Direktinvestition an einem EJV teilnehmen, obwohl die Mütter mehr Kontrolle auf dem Markt als bei einem bloßen Export ausüben, haben sie aber aus

---

114 Vgl. *Hagedoorn/Link/Vonortas*, Research Partnerships, Research Policy 2000, 567, 572 f., „Netzwerkansätze“ kooperieren für Effizienz, Synergie und Kraft.

115 CJV sind nur ein Teil dieser Art, es gibt außerdem die Lizenz- und Know-how-Vergabe, das Franchising usw.

116 F & E Vereinbarungen, Einkaufsvereinbarungen und Vermarktungsvereinbarungen sowie Spezialisierungsvereinbarungen.

117 Vgl. *Hagedoorn*, Inter-firm R & D Partnerships, Research Policy 2002, 477, 478 ff., R & D pacts and Joint Development Agreements.

unternehmerischer Sicht nicht die vollkommene Leitung des JV. Eine Mutter darf nicht unabhängig von der anderen Mutter Entscheidungen treffen, sodass der Interessenkonflikt als ein Hauptproblem zu sehen ist. Um die Stabilität des JV zu gewährleisten, müssen die kollektiven Interessen gegenüber den einzelnen Interessen der Mütter Vorrang haben.[118] Aus diesem Grund ist die Autonomie der JV besonders wichtig. Ein als eine selbstständige organisatorische Einheit gegründetes JV sollte womöglich seine eigene Wettbewerbsstrategie nach der Marktsituation verfolgen. Wenn aber das JV durch die geteilten Ressourcen abhängiger von den Müttern geworden ist, kann das Risiko der Interessenkollision besonders auf einem wettbewerbsfähigen Markt erhöht werden.[119] Die im Vordergrund stehenden privaten Interessen können die Zusammenarbeit zum Misserfolg werden lassen.[120]

Bei einer Kooperation mit einem anderen Unternehmen, sollte das Unternehmen auch andere mögliche Risiken mit berechnen. Es kann ein Unternehmen in einem JV überwiegend auf opportunistisches Verhalten zielen. Daher geht es nicht nur um die Reduzierung von Transaktionskosten, wenn die Unternehmen ein JV gründen. Vielmehr bevorzugen die Unternehmen eine solche Zusammenarbeit, in der ein Unternehmen vom anderen neues organisatorisches Wissen lernen kann.[121] Dazu zählen einerseits der Austausch von vielfältigen Technologien, Know-how oder Betriebsführungsstrategien und andererseits die Zuteilung von Ressourcen.[122] Wenn das Unternehmen Zugang zu diesen Gelegenheiten hat, dann kann es – anstatt nach Erfolg der Kooperation zu streben – dazu tendieren, ein opportunistisches Verhalten zu zeigen. Falls der andere Partner dieses riskante Verhalten bemerkt, wird dies wahrscheinlich dazu führen, dass alle diese wertvollen organisatorischen Informationen und Ressourcen vorsätzlich vorenthalten werden müssen, was die künftige Zusammenarbeit wegen des Interessenkonflikts natürlich beeinträchtigt,[123] statt die Stabilisierung des Gewinnniveaus zu ermöglichen.

Um alle diese Gefahren des Interessenkonfliktes vermeiden zu können, müssen die Mütter das Management und den JV-Partner effektiv überwachen. Diese Überwachung kann zusätzliche Kosten mit sich bringen. Aber nur dadurch können die Mütter der Prinzipal-Agenten Konflikte minimieren. Sonst können unberücksichtigte Risikofreudigkeit und die Tendenz der Ausnutzung des JV für privaten Nutzen

---

118 *Larsson/Bengtsson/Henriksson/Sparks*, The Interorganizational Learning Dilemma: Collective Knowledge Development in Strategic Alliances, Organization Science 1998, 285, 288.

119 *Harrigan*, Joint Ventures and Competitive Strategy, Strat. Mgmt. J. 1988, 141, 152.

120 *Schaan & Beamish*, Joint Venture General Managemers in LDCs, in: *Contractor & Lorange*, Cooperative Strategies in International Business, 279, 284.

121 *Kogut*, Joint Ventures: Theoretical and Empirical Perspectives, Strat. Mgmt. J. 1988, 319, 322 ff.

122 *Kogut*, Joint Ventures: Theoretical and Empirical Perspectives, Strat. Mgmt. J. 1988, 319, 323, „*... the very knowledge being transferred is organizationally embedded.*"

123 *Kumar*, Are Joint Ventures Positive Sum Games? The Relative Effects of Cooperative and Noncooperative Behaviour, Strat. Mgmt. J. 2010, 32, 34 f.

von den Partnern übersehen werden.[124] Dies kann indes nicht nur zum Scheitern der Investition in dem JV führen, sondern es können – wenn der Partner ein aktueller oder potenzieller Konkurrent ist – die aufgrund dieser Zusammenarbeit offengelegten wettbewerbsstrategischen Vorteile im Konfliktfall zu Ungunsten des Unternehmens verwendet werden.

Dieses Risiko weist darauf hin, dass hinter der Gründung eines JV auch wettbewerbsbezogene Motive zugrunde liegen können. Diese Motive sind vor allem für die vorliegende Arbeit bedeutsam, weil – obwohl die Unternehmen von einer solchen Zusammenarbeit profitieren können – sie gleichzeitig aus makroökonomischer Sicht Beschädigungen für den Markt und die Wirtschaft verursachen. Im Folgenden werden die generellen wettbewerblichen Motive der Unternehmen und die Konsequenzen in makroökonomischer und wettbewerblicher Hinsicht untersucht.

6. Joint Ventures als Wettbewerbsstrategie und die Konsequenzen daraus

Die wettbewerbspolitischen Entwicklungen stehen immer unter dem Einfluss von Theorien der ökonomischen Lehre. Bei der Festlegung der Regeln und der Beurteilung der wettbewerblichen Fälle sind die industrieökonomischen Ansätze zusammen mit der Spieltheorie und den dynamischen Theorien ausschlaggebend. Auf dieser Grundlage werden die strategischen Absichten der Unternehmen und die Wirkung ihres Verhaltens auf die Marktstruktur dargelegt. Darauffolgend werden die verschiedenen Joint-Venture-Gestaltungen bzw. Zusammenschlüsse oder Kooperationen auch nach deren Auswirkungen auf die Marktstruktur entweder zugesagt oder untersagt. In diesem Zusammenhang können bei einer Gründung des JV zwei Folgen eintreten: Im wettbewerbsrechtlichen Rahmen kann es entweder zur Marktstrukturveränderung kommen und/oder eine Verhaltenskoordinierung herbeigeführt werden.

Bei den strukturellen wettbewerblichen Risiken handelt es sich generell um die Verringerung der Zahl der Konkurrenten durch den Verlust von aktuellem und/oder potenziellem Wettbewerb, und auf diese Weise können die Unternehmen mithilfe des Joint Venture ihre Position in den betreffenden Geschäftsbereichen stärken. Durch die Verstärkung wiederum können die Mütterunternehmen entweder eine marktbeherrschende Stellung begründen oder erstarken oder zumindest den Wettbewerb in relevanten Märkten erheblich behindern. Solche Joint Ventures werden oft als EJV (Gemeinschaftsunternehmen) eingestuft[125] und wenn sie eine erhebliche Umsatzgröße besitzen, die sich auf die Wirtschaft auswirken kann, dann unterliegen sie der entsprechenden Zusammenschlusskontrolle nach dem Wettbewerbsrecht.

---

124 *Geringer/Woodcock*, Agency Costs and the Structure and Performance of International Joint Ventures, Group Decision and Negotiation 1995, 453, 455 ff.

125 In Ausnahmefällen können auch CJV unter die Zusammenschlusskontrolle fallen. Kommission, 11.08.1999-JV.19 – KLM/Alitalia.

Die Unternehmen ziehen Joint Ventures vor, weil sie die Wettbewerbsfähigkeit ihres Geschäfts begünstigen. Vor allem steht bei der Gründung der JV der strategische Verhaltensansatz[126] im Vordergrund. Bei diesem Ansatz geht es um die Verstärkung der wettbewerblichen Position.[127] In diesem Zusammenhang dienen die JV dem Zweck, die Marktanteile der Mütter zu stärken und gleichzeitig ihre Wettbewerbsposition im Markt zu sichern. Dabei gewährleisten die Mütter die Vermögens-Wertschöpfung ihrer Unternehmen.[128] Nicht nur durch Verwandlung der aktuellen oder potenziellen Konkurrenten in Alliierte[129], sondern auch mithilfe der Effizienzvorteile haben sie die Gelegenheit, die strategischen Faktoren des Marktes zu beeinflussen. Insbesondere beziehen sich diese Faktoren auf die Preis- und Produktionsmenge.[130] Entsprechend der zunehmenden Kontrollen dieser strategischen Faktoren können sich hohe Marktzutrittsschranken ergeben. Diese unternehmerisch optimal aussehenden Aspekte haben generell ebenso beschränkende Wirkung auf die Wirtschaft wie auf die Verbraucher. Aus diesem Grund muss sich ein gut funktionierender Rechtsstaat auch mit diesen anderen gefährdeten Interessen der Gesellschaft befassen. Daraus folgt, dass das Wettbewerbsrecht vorbeugende Maßnahmen dagegen ergreifen muss, um die Interessenabwägung der Marktteilnehmer auf faire Weise vorzunehmen.

Obwohl die Konkurrenten in einem Markt normalerweise im kartellrechtlichen Rahmen gegeneinander stehen müssen, hilft es aber den Verbrauchern nicht immer im Wettbewerb zu bleiben. In besonderen Effizienz-Situationen akzeptiert das Wettbewerbsrecht die positiven Effekte der Zusammenarbeit oder Joint Ventures zwischen den Konkurrenten. Zum Beispiel durch Forschungs- und Entwicklungs-Joint-Ventures können die Unternehmen sich besser an die Hoch-Technologie-Industrien anpassen.[131] Oder die Gemeinschaftsunternehmen können die

---

126 *Kogut*, Joint Ventures: Theoretical and Empirical Perspectives, Strat. Mgmt, Jg. 1988, 319, 321 ff. „Strategic Behaviour".

127 *Caloghirou/Ioannides/Vonortas*, Research Joint Ventures, Journal of Economic Surveys 2003, 541, 551, darunter verschiedene Ansätze: „Competitive Force Approach, Strategic Behavior Approach and Strategic Network Approach."

128 *Kogut*, Joint Ventures: Theoretical and Empirical Perspectives, Strat. Mgmt. J. 1988, 319, 322.

129 *Kent*, Joint Ventures vs. Non-Joint Ventures: An Empirical Investigation, Strat. Mgmt. J. 1991, 387, 388.

130 Kommission, Leitlinien zur Anwendbarkeit von Artikel 101 des Vertrags über die Arbeitsweise der Europäischen Union auf Vereinbarungen über horizontale Zusammenarbeit, ABl. 2011/C 11/01 – „Leitlinien über horizontale Zusammenarbeit", Rn. 147.

131 *Fischer*, Fusionskontrollrechtliche Aspekte der Gründung von B2B-Internet-Handelsplattformen in der Form von dauerhaften Vollfunktionsgemeinschaftsunternehmen, 160.

Marktaustrittsbarrieren für den Markt erhöhen, weil mindestens zwei unabhängige Unternehmen statt eines sich dafür entscheiden müssen.[132]

Die JV haben neben den günstigen auch nachteilige Besonderheiten, aber dennoch bieten sie eine Form für die Zusammenarbeit zwischen Markt und Hierarchie.[133] Diese Investitionsart trägt nicht die einschränkenden wettbewerbsrechtlichen Risiken der Fusionen oder erschwerte Bedingungen der vertraglichen Transaktionen im Markt. Wegen der Fusion verliert der Markt einen Teilnehmer, aber mit einem Joint Venture kann er immer noch in dem Markt mit einer beeinflussenden Entscheidungsmacht dauerhaft existieren.

Zwar sind die JV grundsätzlich förderlich, aber deren Gefahren sind nicht zu vernachlässigen. Wenn es um die kooperative Struktur der JV geht, kann sie insbesondere den Wettbewerb beeinträchtigen. Die aktuellen oder potenziellen Konkurrenten haben die Gelegenheit, durch die Zusammenarbeit die Informationen über unternehmerische Preise und Outputs einfacher auszutauschen. Die Besonderheit des vollkommenen Wettbewerbs ist die Unklarheit der Information über strategische Faktoren des Marktes und der Konkurrenten, aber ein JV kann diese Informationen transparenter machen und anschließend kann es den Müttern mehr Kontrolle auf dem Markt verschaffen. In einem solchen Fall muss geklärt werden, ob die Mütter in den relevanten Märkten hohe Marktanteile haben, die die Entscheidungsautonomie der Konkurrenten zugunsten der Mütter beschädigen können, um den Wettbewerb zu verhindern. Vorwiegend in den konzentrativen Märkten, nämlich in einem Oligopol, können die JV als eine Alternative zu den untersagten Fusionen ausgenutzt werden.[134] Nur deshalb muss ihre Begründung rechtlich geprüft werden.

Andererseits handelt es sich um das Risiko des potenziellen Wettbewerbsverlustes. Die Partner werden höchstwahrscheinlich nicht als Konkurrenten im JV-Markt stehen mögen, weil sie dadurch die strukturelle Veränderung des Marktes verursachen und ihre Stellung verstärken können. Demzufolge würden die Marktzutrittsschranken weiter erhöht werden. Ferner kann sich dieser potenzielle Wettbewerbsverlust auch auf anderen vorgelagerten, nachgelagerten oder benachbarten Märkten zeigen, auf welchen mindestens zwei der Mütter tätig sind.[135] Wegen der Zusammenarbeit wäre der Anreiz für die Mütter, in solchen Märkten sich als

---

132 *Porter*, Competitive Advantage: Creating and Sustaining Superior Performance, 8.

133 Vgl. *Powell*, Neither Market nor Hierarchy: Network Forms of Organization, Research in Organizational Behaviour 1990, 295, 300 ff.; Markt bezeichnet vertragliche Transaktionen und Hierarchie die organisatorischen Strukturen, nämlich Firmen. Dazwischen liegen die Netzwerke, wobei die verschiedenen Einheiten relativ langfristig zusammenarbeiten, wie die Joint Ventures; vgl. *Osborn/Baughn*, Forms of Interorganizational Governance for Multinational Alliances, Academy of Management Journal 1990, 503, 504 f. „Quasi-Markets" (Contractual Joint Ventures, Cooperation Agreements) und „Quasi-Hierarchies" (Equity Joint Ventures).

134 *Brodley*, Joint Ventures and Antitrust Policy, Harvard L. Rev. 1982, 1521, 1556.

135 Art. 2 Abs. 5 FKVO: „*... nennenswerte und gleichzeitige Präsenz von zwei oder mehr Gründerunternehmen.*"

potenzielle oder aktuelle Konkurrenten gegenüberzustehen, geschwunden. Aus solchen Umständen ergeben sich die sogenannten Spillover- oder Gruppeneffekte.[136] Um solche erweiterten Wettbewerbsbeschränkungen zu unterbinden, muss das Wettbewerbsrecht einige Maßnahmen umsetzen, die die wettbewerbsfeindlichen JV von den konkurrenzfähigen Arten trennen und untersagen.

Zugleich könnte das JV auch zum Marktausschluss mancher Teilnehmer führen. Wenn die Mütter durch ihre Zusammenarbeit und die verstärkende Marktstellung auf den Aufbau eines Kartells zielen, dann besitzen sie möglicherweise eine rechtswidrige Motivation, die darauf basiert, dass sie die Geschäftsaktivitäten des JV nur zugunsten der Partner ausführen werden. Und infolge der Geschäftsverweigerung oder ungünstiger Geschäftsbedingungen kann das JV die anderen Konkurrenten aus dem Markt relativ einfach ausschließen. Diese Gefahr wiederum führt dazu, dass das JV eine strukturelle Veränderung des Marktes hervorruft, um den Konzentrationsgrad des Marktes zu erhöhen, und dadurch wird es seine Marktposition stärken.

Alle diese oben genannten Risiken müssen beachtet werden, bevor eine Wettbewerbskommission ein Joint Venture genehmigt. Da es unmöglich ist, alle Formen der Zusammenarbeit zu prüfen, müssen die Ausschüsse auf besondere Größen von Joint Ventures aufmerksam machen, die die Wirtschaft, die Verbraucher und den Wettbewerb manipulieren könnten.

7. Typen der Joint Ventures

Unterschiedliche Typen von Joint Ventures haben verschiedene mögliche Effizienzvorteile oder wettbewerbswidrige Auswirkungen; hinsichtlich des Typs der JV müssen die einzelnen Fälle mit Rücksicht auf die jeweilige Art entschieden werden. Im Prinzip bergen die meisten JV grundsätzlich konzentrative und kooperative Risiken, aber wettbewerbsrechtlich können bei manchen Formen mehr konzentrative Risiken auftauchen, derweil bei den anderen mehr kooperative Risiken vorkommen.

In der vorliegenden Arbeit sind die wirtschaftlich bekanntesten Typen von JV definiert worden. Hier werden nun die anderen Unterscheidungen von JV festgelegt und insbesondere die wettbewerbsrechtlich wichtigen Formen hervorgehoben.

Je nach der Beziehung oder Nationalität der Partner können verschiedene Formen in Erscheinung treten: horizontale, vertikale oder konglomerate Joint Ventures sowie nationale oder internationale Joint Ventures. Außerdem kann die Dienstleistungsstufe des im relevanten Markt tätigen JV zu unterschiedlichen Typen führen.[137] In der Praxis werden sie häufig Produktions- sowie Forschungs- und Entwicklungs-, Einkaufs- oder Vertriebs-Joint-Ventures genannt.

Auf der anderen Seite können die JV nach deren strukturellen Besonderheiten eingeteilt werden. In Bezug auf das Beteiligungsverhältnis am Kapital differenziert

136 *Emmerich*, Kartellrecht, § 17 Rn. 2 f. und 15 f.
137 *Büchel/Prange/Probst/Rüling*, International Joint Venture Management, 17 ff.

sich das JV in paritätische JV (50 : 50) oder Mehrheits-Joint-Ventures. Ferner treten manche Formen durch ihre organisatorisch unterschiedliche Gründung hervor. Wenn das JV in dem Zielmarkt selbst tätig ist, dann spricht man von einem operativen JV, und wenn es in vielen Märkten durch Tochtergesellschaften tätig ist, dann weist dies auf eine Holdinggesellschaft hin.[138]

Anschließend sollen die vom Wettbewerbsrecht abgeleiteten Erscheinungsformen der JV erläutert werden. Dafür wird die nach europäischem Wettbewerbsrecht erstellte Unterscheidung von Joint Ventures als Ausgangspunkt dieser Arbeit verwendet. Denn Deutschland soll als ein Mitgliedstaat die europäischen Wettbewerbsregeln umsetzen und die Türkei als EU-Beitrittskandidat strebt an, ihre Wettbewerbsregeln dem europäischen Recht anzupassen. Dennoch werden die verschiedenen Auffassungen der Joint-Venture-Typen in Bezug auf lokales Wettbewerbsrecht später in der Arbeit ausführlich erörtert.

Aus dem aktuellen europäischen Fusionskontrollrecht ergeben sich zwei Typen von Gemeinschaftsunternehmen, nämlich Vollfunktionsgemeinschaftsunternehmen und Teilfunktionsgemeinschaftsunternehmen. Ab dem 1. März 1998[139] ist diese Unterscheidung in Kraft getreten und durch sie ist die alte Klassifizierung von kooperativen und konzentrativen Gemeinschaftsunternehmen ersetzt worden. Aber immer noch wird diese alte Differenzierung in der Lehre verwendet, weil die rechtlichen Konsequenzen aus der Voll- oder Teilfunktionalität eines Gemeinschaftsunternehmens entweder zum konzentrativen oder zum kooperativen Test[140] der Wettbewerbsregeln hinführen.[141] In manchen Dokumenten der Kommission kann man immer noch die Unterscheidung von konzentrativen und kooperativen Gemeinschaftsunternehmen antreffen.[142] Bei der Anwendung der ersten Fassung der Fusionskontrollverordnung[143] spielte diese Unterscheidung eine entscheidende Rolle für den Beschluss der Kommission. Damals sollten alle kooperativen Elemente, die mit einem Gemeinschaftsunternehmen zu tun haben, vom Anwendungsbereich der alten Fassung ausgeschlossen sein und nach den damaligen Art. 85 und 86

138 *Fett/Spiering*, Handbuch Joint Venture, 2. Kap. Rn. 71 ff. Das JV kann gleichzeitig beide Besonderheiten auch als eine Mischform behalten.

139 Verordnung (EG) Nr. 1310/97 des Rates vom 30. Juni 1997 zur Änderung der Verordnung (EWG) Nr. 4064/89 des Rates über die Kontrolle von Unternehmenszusammenschlüssen, ABl. 1997 L 180/01 – „VO 1310/97“.

140 SIEC-Test, Art. 2 Abs. 2 und 3 FKVO und „Koordinations“-Test, Art. 2 Abs. 4 und 5 FKVO und Art. 101 Abs. 1 und 3 AEUV.

141 *Prescott*, Antitrust Aspect of Joint Ventures, in: Prescott & Swartz, Joint Ventures in the International Arena, 33, 40.

142 Leitlinien zur Bewertung horizontaler Zusammenschlüsse gemäß der Ratsverordnung über die Kontrolle von Unternehmenszusammenschlüssen, ABl. 2004 C 31/03 – „Leitlinien horizontaler Zusammenschlüsse“, Rn. 85.

143 VO (EWG) Nr. 4064/89 des Rates vom 21. Dezember 1989 über die Kontrolle von Unternehmenszusammenschlüssen, ABl. 1989 L 395/1 – „FKVO a. F.“

des EWG-Vertrages (Art. 101 und 102 AEUV) beurteilt werden.[144] Aber diese Abgrenzung der Anwendungsbereiche hatte nicht reibungslos funktioniert. Die Verordnung[145] sollte sich mit den dauerhaften Strukturveränderungen befassen und die Unterscheidung von Voll- und Teilfunktionalität eines Gemeinschaftsunternehmens war auch in manchen Mitteilungen[146] der Kommission anerkannt. Im Gegensatz zu diesen Faktoren hatte die erste Fassung die kooperativen Vollfunktions-GU nicht erwähnt, obwohl sie auch eine Strukturveränderung im Markt herbeiführten. Erwartungsgemäß hatte diese ungleiche Behandlung die kooperativen Vollfunktions-GU verfahrensrechtlich benachteiligt und wurde dafür kritisiert, weil ökonomisch ähnliche Lagen zu den unterschiedlichen Verfahren geführt hatten, und in der Praxis waren der damit verbundene Zeit- und Kostenaufwand zusammen mit der Unsicherheit der Kommissionsprüfungskriterien nicht zu vernachlässigen. Aus diesen Gründen bevorzugten viele Unternehmer sich vollkommen und dauerhaft zusammenzuschließen, anstatt ein kooperatives Vollfunktions- oder ein Teilfunktions-GU zu gründen, weil es für die Unternehmer weniger Risiko bedeutete; aber hinsichtlich der Wirtschaft hieß das, dass die effizienteren kooperativen Vollfunktions-GU weniger existieren würden, obwohl sie wettbewerbsfähiger als Fusionen sind.[147] Diese Unklarheiten in Bezug auf Joint Ventures wurden später mithilfe der neuen Verordnung[148] eliminiert. Wie eingangs gesagt wurde, herrscht seitdem die neue Klassifizierung von Gemeinschaftsunternehmen über den Anwendungsbereich der Fusionskontrolle, nämlich die Voll- und Teilfunktionsgemeinschaftsunternehmen. Infolgedessen sind die verfahrensrechtlichen Maßnahmen für alle strukturverändernden Arten von Joint Ventures nun ähnlich.

Wenn es sich um ein auf Dauer angelegtes Unternehmen und gleichzeitig um eine wirtschaftlich selbstständige Einheit handelt, dann fällt diese Organisation unter den Begriff des Vollfunktionsgemeinschaftsunternehmens.[149] Daraus folgt

---

144 Bekanntmachung der Kommission über die Unterscheidung zwischen konzentrativen und kooperativen Gemeinschaftsunternehmen nach der Verordnung (EWG) Nr. 4064/89 des Rates vom 21. Dezember 1989 über die Kontrolle von Unternehmenszusammenschlüssen, ABl. 94/C 385/01 – „Bekanntmachung über die Unterscheidung zwischen konzentrativen und kooperativen Gemeinschaftsunternehmen", Rn. 5 f.

145 EWG-VO, Nr. 4064/89, Tz. 23.

146 Bekanntmachung der Kommission über die Beurteilung kooperativer Gemeinschaftsunternehmen nach Artikel 85 des EWG-Vertrages, ABl. 1993/C 43/02, Rn. 10, s. a. Fn. 93, Rn. 13.

147 *Hawk/Huser*, A Bright Line Shareholding Test to End the Nightmare under the EEC Merger Regulation, C.M.L.R. 1993, 1155, 1162 ff.

148 Verordnung (EG) Nr. 1310/97 des Rates vom 30. Juni 1997 zur Änderung der Verordnung (EWG) Nr. 4064/89 des Rates über die Kontrolle von Unternehmenszusammenschlüssen, (1997) ABl. Nr. 180/01.

149 Art. 3 Abs. 4 FKVO: *Die Gründung eines Gemeinschaftsunternehmens, das* ***auf Dauer alle Funktionen einer selbständigen wirtschaftlichen Einheit erfüllt****, stellt einen Zusammenschluss im Sinne von Absatz 1 Buchstabe b) dar.*

im Umkehrschluss, dass die Teilfunktionsgemeinschaftsunternehmen diejenigen sind, die keine organisatorisch selbstständige Einheit besitzen. Sie sind nur für ausgewählte Funktionen aus der Geschäftstätigkeit der Gründerunternehmen gegründet und gleichzeitig haben sie keine eigene Marktpräsenz.[150] Vielmehr ist dieses Gemeinschaftsunternehmen – wenn es eine selbstständige Einheit bildet, aber nicht auf Dauer angelegt ist – wieder als Teilfunktions-GU anzuerkennen.[151] Die Aufgreifkriterien der aktuellen FKVO an die GU hängen von der obigen Unterscheidung ab – aber immer noch gelten verschiedene Beschlusskriterien für konzentrative und kooperative Vollfunktions-GU in der FKVO –, weswegen es wichtig ist, dass die alte Unterscheidung von Joint Ventures zusammen mit der neuen unter die Lupe genommen wird. Zunächst werden kurze Beschreibungen von diesen Typen folgen.

In dieser Arbeit wird statt der aktuellen gesetzlichen Unterscheidung die oben genannte alte Abgrenzung des Fusionskontrollrechts der EU im Vordergrund stehen. Der Grund dafür ist, dass die Eingreifkriterien der in Kraft stehenden FKVO sich in zwei mögliche Untersagungsgründe gliedern. Die Gemeinschaftsunternehmen, die eine dauerhafte Strukturveränderung auf dem relevanten Markt herbeiführen,[152] sind als **konzentrative Gemeinschaftsunternehmen** zu bezeichnen.[153] Infolge dieser Entscheidung sind solche GU nach Art. 2 Abs. 1 bis 3 FKVO so zu beurteilen, als würde durch diese Strukturveränderung das GU den wirksamen Wettbewerb im gemeinsamen Markt erheblich behindern (sogenannter SIEC-Test). Wenn dies eintritt, dann sollen solche konzentrativen Gemeinschaftsunternehmen untersagt werden.

Auf der anderen Seite regelt der Art. 2 Abs. 4 und 5 FKVO die **kooperativen Gemeinschaftsunternehmen**. Wenn die unabhängigen Muttergesellschaften ein Gemeinschaftsunternehmen gründen, um ihr Wettbewerbsverhalten zueinander zu arrangieren, oder wenn ein GU ohne diese Absicht der Mütter solch eine Auswirkung hervorbringt, dann stellt das GU ein kooperatives GU dar.[154] Die Unternehmen können aus unterschiedlichen wettbewerblichen Gründen miteinander kooperieren, um ihre Position im strategischen und/oder dynamischen Wettbewerb zu verstärken. Verschiedene Koordinationsmöglichkeiten werden später im relevanten Teil der Arbeit erklärt.

Darüber hinaus beinhaltet das europäische Fusionskontrollrecht noch eine andere Abgrenzung zu Joint Ventures. Die Anwendbarkeit der FKVO hängt noch davon

150 Berichtigung der Konsolidierten Mitteilung der Kommission zu Zuständigkeitsfragen gemäß der Verordnung (EG) Nr. 139/2004 des Rates über die Kontrolle von Unternehmenszusammenschlüssen, ABl. 2009 C 43/09 – „Konsolidierte Mitteilung zu Zuständigkeitsfragen", Rn. 95.

151 Konsolidierte Mitteilung zu Zuständigkeitsfragen, Rn. 103 f.

152 Erwägungsgrund 20 der FKVO.

153 *Kuhn*, Kooperative Aspekte von Gemeinschaftsunternehmen im Europäischen Kartellrecht, 26.

154 Art. 2 Abs. 4 FKVO: „... Koordinierung der unabhängig bleibender Unternehmen **bezweckt oder bewirkt** ..."

ab, ob das Gemeinschaftsunternehmen, egal ob kooperativ oder konzentrativ, eine **gemeinschaftsweite Bedeutung** hat. Nach der Höhe des Umsatzes und/oder der Beziehung zu verschiedenen Märkten der Mitgliedstaaten kann in ein GU bei der Kommission eingegriffen werden, wenn das europäische Wettbewerbsrecht statt nationalem Recht vorherrschen würde.

Diese wettbewerbsrechtlichen Abgrenzungen sind nach europäischem Recht festgelegt worden. Alle diese Bestimmungen sollten nicht für das nationale Recht der Türkei und Deutschlands gelten. Die verschiedenartigen Auffassungen von Joint Ventures werden tiefgehend in der Arbeit betont.

Die vorgenannten Begriffe, die sich auf das Wettbewerbsrecht beziehen, werden in weiteren Teilen der Arbeit vertieft analysiert. Es ist nun wichtig zu erklären, warum in der Gliederung der Arbeit als Ausgangspunkt die Unterscheidung zwischen konzentrativen und kooperativen Gemeinschaftsunternehmen verwendet wird. Die rechtlichen Konsequenzen der Joint Ventures führen nur in diesen zwei Bereichen dazu, dass Joint Ventures verschiedene wettbewerbsrechtliche Auswirkungen haben, die mithilfe der ökonomischen Ansätze ausführlicher und effizienter untersucht werden können.

8. Beschreibung der Joint-Venture-Märkte

Nach den Besonderheiten des Marktes können die verschiedenen Arten von Joint Ventures in einem speziellen Markt häufiger in Erscheinung treten. Wenn zunächst zwischen Equity und Contractual Joint Ventures unterschieden wird, dann muss die Struktur des Marktes berücksichtigt werden, um herauszufinden, ob die Entwicklungstendenz auf dem Markt besser für ein Contractual oder für ein Equity Joint Venture geeignet ist. Dafür müssen verschiedene ökonomische Kriterien beachtet werden.

Nach Harrigans Analysen können infolge der Nachfrage, des Charakterzugs der Konsumenten, der Produkte und des Wettbewerbs auf dem Markt die Typen und die Menge der Joint Ventures unterschiedlich betroffen sein.[155] Falls auf dem Markt eine hohe Nachfrageunsicherheit herrscht, erscheinen mehr rein kooperative Verträge im Gegensatz zu Equity Joint Ventures, weil es riskanter wäre, in einem solchen Markt zu investieren.[156] Demgegenüber ist auch die Verhandlungsmacht der Konsumenten entscheidend. Schwache Verhandlungsmacht der Konsumenten bedeutet effiziente Existenzmöglichkeiten für Equity Joint Ventures, vorausgesetzt, dass die Produktdifferenzierung im Markt stark ist.[157] Diese EJV werden sich wahrscheinlich auf Innovationen konzentrieren, um neue Produkte herzustellen; umgekehrt können kooperative Allianzen besonders zur Kostenreduzierung den auf Dauer angelegten

155 *Harrigan*, Strategies for Joint Ventures, 103 ff.
156 *Harrigan*, Joint Ventures and Competitive Strategy, Strat. Mgmt. J. 1988, 141, 146.
157 Vgl. *Harrigan*, Joint Ventures and Competitive Strategy, Strat. Mgmt. J. 1988, 141, 147 f.

EJV vorzuziehen sein, wenn die Verhandlungsmacht stark genug ist. Außerdem entsteht auch eine gute Grundlage für ein EJV im Markt, wenn es eine wachsende Nachfrage und Produktdifferenzierung gibt.[158] Dadurch sind die Unternehmen bereitwilliger ein EJV zu gründen, um den Risiken zu entgehen und zur Innovation zusätzlich etwas beizutragen.

Weiterhin spielt die Industriestruktur eine wichtige Rolle. Bei einem volatilen Wettbewerbsumfeld und fragmentierten Industrien sind die auf einem Vertrag basierenden Unternehmenskooperationen zu verzeichnen. Hingegen sind in einer konzentrierten Industrie mit stabilem Wettbewerb die Equity Joint Ventures geeigneter, weil das Kapital der Unternehmen in dem JV einem geringeren Risiko ausgesetzt wäre.[159] Ferner muss auf die Art der Technologie in der Industrie geachtet werden: Je kapitalintensiver[160] und je entwickelter eine Industrie ist, desto mehr Risiko- und Ressourcenverteilung ist durch EJV möglich,[161] während sich in den personalintensiven[162] und neu entwickelnden Industrien die Unternehmen statt der Kapitalbeteiligung dem Informationsaustausch widmen würden. Es führt uns vor Augen, dass das Technologieniveau und die Geschwindigkeit des technologischen Wandels in der Industrie für die Unternehmenskooperationen ausschlaggebend sind.[163]

Die oben erwähnten Analysen von Harrigan können auch mithilfe der aus der Industrie bezogenen Statistiken beleuchtet werden. Es wurde nachgewiesen, dass die Unternehmen in den Hochtechnologie-Industrien mehr kooperative Vereinbarungen als EJV bevorzugen. Dies ist besonders für Forschungs- und Entwicklungsvereinbarungen wahrnehmbar, weil sich durch solche Zusammenarbeiten die Unternehmen auf technologischem Gebiet besser entwickeln können.[164] Auf solchen Märkten ändert sich die Technologie ziemlich schnell und genau deswegen brauchen die Unternehmen mehr Flexibilität und Kurzfristigkeit in ihrer Zusammenarbeit, um auf die wechselnde Technologie zügiger reagieren zu können.[165] Umgekehrt ist

---

158 *Harrigan*, Joint Ventures and Competitive Strategy, Strat. Mgmt. J. 1988, 141, 145 f. und 149. Schnell wachsende Nachfrage: mehr vertikale Joint Ventures; langsam wachsende Nachfrage: mehr horizontale Joint Ventures.

159 *Harrigan*, Joint Ventures and Competitive Strategy, Strat. Mgmt. J. 1988, 141, 151.

160 Wie die Industrie von Metallverarbeitung.

161 Vgl. *Hagedoorn & Narula*, Choosing Organizational Modes of Strategic Technology Partnering: International and Sectoral Differences, Journal of International Business Studies 1996, 265, 267 f.

162 Zum Beispiel: Medizinprodukte, Elektroprodukte für Verbraucher, Pharmazeutika.

163 Vgl. *Harrigan*, Strategies for Joint Ventures, 117 ff. und 223 ff.

164 Vgl. *Hagedoorn*, Inter-firm R & D Partnerships, Research Policy 2002, 477, 484 f.; vgl. The MERIT-CATI Database; besonders Pharmazeutika, Informationstechnik, Luft- und Raumfahrt und Verteidigungssektor, Medizintechnik.

165 Vgl. *Hagedoorn*, Inter-firm R & D Partnerships, Research Policy 2002, 477, 490. Dagegen: vgl. *Osborn/Baughn*, Forms of Interorganizational Governance for Multinational Alliances, Academy of Management Journal 1990, 503, 514 f., bei der

anzuerkennen, dass in den Mittel- und Niedrigtechnologiesektoren die Equity Joint Ventures eher zu finden sind.[166]

In Bezug auf die Ungewissheit der wirtschaftlichen Bedingungen[167] wollen die Unternehmen mehr Kontrolle über die Kooperation behalten. Dies gilt nicht nur für die Technologiemärkte, sondern auch für andere Märkte, auf denen die Marktreaktionen nicht kalkulierbar sind. Mithilfe der Vereinbarungen oder Gemeinschaftsunternehmen können die Marktteilnehmer in neuen und unsicheren Märkten einen Wettbewerbsvorsprung erhalten. Zum Beispiel können die Unternehmen mit gemeinsamer Zusammenarbeit in F & E[168] und Produktion[169] ihre Kosten reduzieren und eine Markterweiterung durch neue Produkte gewährleisten.[170] Außerdem ist es möglich, die Einkaufs- und Vermarktungskooperationen[171] als ein CJV oder ein EJV[172] zu gründen und dadurch Kosteneinsparungen zu realisieren. Diese Arten der Zusammenarbeit können sich einem instabilen Wettbewerbsumfeld besser anpassen.[173]

Und in den stabileren und entwickelten Industrien sind die EJV wünschenswerter, wenn besonders die Partner der Zusammenarbeit die Marktineffizienzen der vertraglichen Transaktionen vermeiden wollen und wünschen, dass durch die gemeinsame Kontrolle die Interessen der Partner stärker in Einklang gebracht werden, um die Zusammenarbeit näher zu beobachten.[174] Wie schon oben erwähnt, können die wirtschaftlichen Hintergründe für ein solches EJV mithilfe verschiedener ökonomischer Theorien erörtert werden.

---

gemeinsamen F & E ist das EJV effizienter wegen des leichteren Informationsaustausches, des reduzierten Opportunismus und effizienter Koordination und Monitoring.

166 Vgl. *Hagedoorn*, Inter-firm R & D Partnerships, Research Policy 2002, 477, 490. Vgl. *Hagedoorn & Narula*, Choosing Organizational Modes of Strategic Technology Partnering: International and Sectoral Differences, Journal of International Business Studies 1996, 265, 273 ff. Besonders Automobilindustrie, Chemieindustrie, Unterhaltungselektronik, Nahrungs- und Genussmittelindustrie.

167 Vgl. *Lewis*, Strategische Allianzen, 122 ff.; „Externe Ungewißheiten: Ökonomisches Umfeld, Marktreaktion, Reaktion der Partner, Haftung, Staatliche Genehmigungen."

168 Kommission, 16.12.1994, ABl. 1994, L 354/87, IV/33.863 – Asahi/St Gobain; Kommission, 11.10.1988, ABl. 1988 L 305/33, IV/32.173 – Continental/Michelin.

169 Kommission, 23.12.1992, ABl. 1993 L 20/14, IV/33.814 – Ford/Volkswagen.

170 Kommission, Leitlinien über horizontale Zusammenarbeit, ABl. 2011/C 11/01, Rn. 141, 183.

171 Kommission, 21.12.1994, IV/34.252, ABl. 1994 L 378/37 – Phillips/Osram.

172 Konsolidierte Mitteilung zu Zuständigkeitsfragen, Rn. 95: *„Derartige Gemeinschaftsunternehmen haben Hilfsfunktionen in der Geschäftstätigkeit ihrer Muttergesellschaften."* „Teilfunktionsgemeinschaftsunternehmen".

173 Vgl *Lewis*, Strategische Allianzen, 118 ff.

174 Vgl. *Osborn/Baughn*, Forms of Interorganizational Governance for Multinational Alliances, Academy of Management Journal 1990, 503, 514 f.

Zu den besonders kooperationsbedürftigen Branchen können die Netzwerkindustrien gezählt werden. Bei diesen Industrien der Telekommunikation kann wegen der Netzwerkeffekte eine Kooperation für die Skaleneffekte und den Innovationswettbewerb nötig sein.[175] Solche Kooperationen per Joint-Ventures sind strategisch auch wünschenswert, da die nationalen Marktteilnehmer zusammen mit anderen internationalen Konkurrenten ihre Wettbewerbsposition sichern und verschiedene Dienstleistungen per Kooperation anbieten und dadurch mehr Profit erzielen.[176]

Obwohl die Unternehmen durch diese Kooperationen mehr Effizienzvorteile gewinnen möchten und auch können, sollen sie sich nicht auf Kosten der anderen Marktteilnehmer bereichern. Konsequenterweise wirken alle diese kooperativen Strategien unterschiedlich auf den Wettbewerb und im Hauptteil der Dissertation werden diese Auswirkungen ausführlich mit Verweis auf die relevanten Fälle besprochen.

9. Generelle Darstellung von Wettbewerbsrecht in der EU, in Deutschland und der Türkei

Wenn die wettbewerbsrechtlichen Beziehungen der drei Rechtssysteme in Relation gesetzt werden, ist anzuerkennen, dass das Wettbewerbsrecht Deutschlands zum europäischen Wettbewerbsrecht komplementär bleibt, solange Deutschland ein Mitgliedstaat der Europäischen Union ist. Nach der Wettbewerbspolitik des europäischen Wettbewerbsrechts soll zwar die parallele Anwendbarkeit der nationalen und gemeinschaftlichen Wettbewerbsregeln stattfinden,[177] aber dennoch hat das Gemeinschaftsrecht Vorrang in Konfliktfällen, wenn es um die Beeinträchtigung des zwischenstaatlichen Handels geht.[178] Demzufolge können die Einzelstaaten ihre eigene Wettbewerbspolitik begrenzt verwirklichen.[179] Deshalb müssen – wenn der Fall nicht in den Zuständigkeitsbereich des europäischen Wettbewerbsrechts fällt – auch die einzelstaatlichen, das heißt die deutschen Normen untersucht werden, um

---

175 *Baş*, The Substantial Appraisal of Joint Ventures under the EU Merger Control Regime, 21 ff.

176 *Goyder/Goyder/Albors-Llorens*, Goyder's EC Competition Law, 497 f.; Kommission, 17.07.1996, ABl. 1996 L 239/23, IV/35.337 – ATLAS, EJV von Deutscher Telecom und France Telecom.

177 VO (EG) Nr. 1/2003 des Rates vom 16. Dezember 2002 zur Durchführung der in den Artikeln 81 und 82 des Vertrags niedergelegten Wettbewerbsregeln, ABl. 2003 L 1/1 – „VO Nr. 1/2003", VO Nr. 1/2003 Art. 3 Abs. 1; *Weiß*, in: Calliess/Ruffert, EUV/AEUV, Art. 101 AEUV Rn. 16 ff.

178 AEUV Art. 101 Kartellverbot; EuGH, 13.12.1968, Rs. 14/69, Slg. 1969, 1, Rn. 2 ff. – Walt Wilhelm; *Mestmäcker/Schweitzer*, Europäisches Wettbewerbsrecht, 2. Kapitel, § 6 Rn. 19.

179 VO Nr. 1/2003 Art. 3 Abs. 2 S. 2 und Abs. 3, § 22 GWB. Für Deutschland eigene Wettbewerbspolitik, nämlich über Marktbeherrschung § 22 Abs. 2 S. 2 GWB und Zusammenschlusskontrolle § 22 Abs. 4 GWB.

das türkische und deutsche Wettbewerbsrecht bezüglich der Joint Ventures präziser vergleichen zu können.

Die Wettbewerbspolitik der Europäischen Union bezweckt nach der AEUV einen gemeinsamen Markt in der Union, nämlich einen *Binnenmarkt* zu schaffen.[180] Um diesen Zweck effizienter zu erreichen und die Rechtssicherheit in der Wirtschaft zu gewährleisten, hat die Union die ausschließliche Zuständigkeit bezüglich der *„Festlegung der für das Funktionieren des Binnenmarkts erforderlichen Wettbewerbsregeln"*.[181] Diese Zuständigkeit stand zur Debatte wegen der Rechtsprechung des EuGH, der die parallele Anwendbarkeit der nationalen und europäischen Regeln akzeptierte.[182] Einerseits ist akzeptiert, dass die Mitgliedstaaten nur dann mit ihren nationalen Regeln in diese Zuständigkeitsbereiche eingreifen können, wenn sie bei der Union dazu ermächtigt sind.[183] Aber nach der herrschenden Meinung ist diese Zuständigkeit nach Art. 2 Abs. 1 AEUV nur für die „Rechtsetzungskompetenz" in Bezug auf den Binnenmarkt gemeint, nicht aber für die *Anwendung und Durchsetzung der Wettbewerbsregeln.*[184] Diese Kompetenz schließt aber die materiellen Regelungen (Art. 101, 102 AEUV) nicht ein, stattdessen enthält sie die Regelungen, in denen entsprechende Kompetenz vermittelt worden ist.[185] Schließlich setzt die nach dieser Kompetenz erlassene VO 1/2003[186] immer noch den Grundsatz der parallelen Anwendung voraus. Demzufolge taucht die Errichtung des unverfälschten Wettbewerbs als ein besonderes Mittel für den Binnenmarkt auf.[187] Mithilfe der Wettbewerbsregeln will die Union den freien Wettbewerb im Binnenmarkt gewährleisten und ihn vor der Beeinträchtigung der privaten Unternehmen[188] und der Mitgliedstaaten[189] schützen. Infolgedessen wird der richtig funktionierende Wettbewerb auch die Konsumenten und die kleineren und mittleren Unternehmen begünstigen. Um dieses Ziel zu erreichen, müssen alle Mitgliedstaaten die gemeinschaftlichen Regeln wirksam umsetzen, sodass die Rechtssicherheit im Binnenmarkt garantiert

180 EUV Art. 3 Abs. 3 und 4; AEUV Art. 26, 27.

181 AEUV Art. 3 Abs. 1 Buchst. b).

182 EuGH, Rs. 14/68, Slg. 1969, 1. Rn. 2 ff. – Walt Wilhelm, im Konfliktfall hat Gemeinschaftsrecht Vorrang.

183 Art. 2 Abs. 1 2. Hs. AEUV.

184 Vgl. *Schwarze*, Das wirtschaftsverfassungsrechtliche Konzept des Verfassungsentwurfs des Europäischen Konvents – Zugleich eine Untersuchung der Grundprobleme des europäischen Wirtschaftsrechts, EuZW 2004, 135, 137; *Nettesheim*, in: Grabitz/Hilf/Nettesheim, AEUV, Art. 3 Rn. 11 ff; vgl. *Callies*, in: Calliess/Ruffert, EUV/AEUV, Art. 3 AEUV Rn. 6 ff.

185 AEUV Art. 103, Art. 105 Abs. 3, Art. 106 Abs. 3, Art. 109. Sonst würde für alle grenzüberschreitenden Fälle eine Ermächtigung geboten sein.

186 VO Nr. 1/2003 „... gestützt ... insbesondere auf Artikel 83" (Art. 103 AEUV).

187 EuGH, 21.03.1972, Rs. 6/72, Slg. 1973, 215, 244 – Continental Can; Art. 119 Abs. 2 AEUV; Protokoll Nr. 27 über den Binnenmarkt und den Wettbewerb.

188 AEUV Art. 101-106.

189 AEUV Art. 107-109.

werden kann. In Hinblick auf diese Aufgabe setzte die Union die Verordnung 1/2003 in Kraft, die die dezentralisierte Anwendung der europäischen Wettbewerbsregeln regelt.[190] Mit dieser Dezentralisierung sind die nationalen Wettbewerbsbehörden und Gerichte der Mitgliedstaaten für die Anwendung von Art. 101 und 102 AEUV grundsätzlich in allen Fällen zuständig geworden,[191] und um die Rechtssicherheit zu gewährleisten, sollen die nationalen Wettbewerbsbehörden in einem Netz zusammenarbeiten.[192]

Durch diese Verordnung hat die Kommission vom zentralisierten System zum Legalausnahmesystem gewechselt und das Prinzip der Selbsteinschätzung in Kraft gesetzt, um die Arbeitsbelastung zu verringern und sich auf seriöse Verstöße zu konzentrieren.[193] Dadurch müssen die Parteien in Bezug auf Art. 101 und 102 AEUV anstatt eine Einzelfreistellungsentscheidung zu beantragen, über die Rechtswirksamkeit ihrer Vereinbarungen nach den Wettbewerbsregeln selbst entscheiden. Um diese Einschätzung zu erleichtern, veröffentlichte die Kommission Gruppenfreistellungverordnungen (GVO).[194]

Bezüglich der Verordnung, wenn es sich nicht um den zwischenstaatlichen Handel mit Kartellverbotsbezug (Art. 101 AEUV) handelt, hat die nationale Wettbewerbspolitik einen Spielraum für ihre eigenen Regeln. Aber wenn es um zwischenstaatlichen Handel geht, dann können die Mitgliedstaaten weder strengere noch mildere Regeln bezüglich Art. 101 Abs. 3 AEUV umsetzen.[195] Umgekehrt kann – im Bereich der Missbrauchsaufsicht von marktbeherrschenden Unternehmen[196] – das Gesetz gegen Wettbewerbsbeschränkungen (GWB) weitere strengere Regeln setzen, als die Verordnung es ausdrücklich festlegt,[197] und dadurch können die Regeln ihrer eigenen Wettbewerbspolitik dienen.[198] Darüber hinaus können auch von Art. 101

190 Mit dem Lissabon-Vertrag gehören Wettbewerbsregeln zu der ausschließlichen Zuständigkeit der Gemeinschaft, deswegen ist das Subsidiaritätsprinzip bei der VO 1/2003 überwunden, vgl. *Mestmäcker/Schweitzer*, in: EU-Wettbewerbsrecht, § 4 Rn. 158.

191 VO Nr. 1/2003 Art. 5.

192 VO Nr. 1/2003 Art. 11 ff.

193 Erwägungsgrund 3 f. der VO Nr. 1/2003.

194 Erwägungsgrund 10 der VO Nr. 1/2003.

195 VO Nr. 1/2003 Art. 3; vgl. *Zimmer*, in: Immenga/Mestmäcker, GWB, § 1 Rn. 4 ff.; vgl. *Emmerich*, Kartellrecht, § 3 Rn. 64.

196 §§ 19 und 20 GWB; vgl. *Rehbinder* in: Immenga/Mestmäcker, GWB, § 22 Rn. 18 f., wenn das europäische Recht in diesem Bereich strenger als das GWB ist, hat es Vorrang.

197 VO Nr. 1/2003 Art. 3 Abs. 2 Satz 2: „*strengere innerstaatliche Vorschriften* zur Unterbindung oder Ahndung *einseitiger* Handlungen ..."

198 VO Nr. 1/2003 Art. 3 Abs. 2 S. 2; § 22 Abs. 3 S. 3 GWB; § 3 GWB Mittelstandskartelle; § 28 GWB Landwirtschaft sowie § 30 GWB Preisbindung bei Zeitungen und Zeitschriften.

und 102 AEUV abweichende Regeln mit außerkartellrechtlichen Zielen anderen Politikbereichen dienen.[199]

Im Bereich der Fusionskontrolle sind die Art. 101 und 102 AEUV auch auf bestimmte Zusammenschlüsse anwendbar, dennoch erfassen sie nicht alle Zusammenschlüsse für eine effektive Kontrolle; dafür wurde die Fusionskontrollverordnung (139/2004) verabschiedet, wonach die Rechtsgrundlage Art. 103 AEUV ist.[200] Immerhin hat Art. 21 Abs. 1 1. Hs der FKVO die Geltung der Durchführungsverordnungen (auch VO Nr. 1/2003) zu den Wettbewerbsregeln ausgeschlossen und dadurch die effektive Anwendung der Art. 101 und 102 AEUV verhindert.[201] Immerhin hat die FKVO für besondere Fälle mit Bezug zur Koordinierung des Wettbewerbsverhaltens die Anwendung der Wettbewerbsregeln erlaubt. Für Gemeinschaftsunternehmen sind insbesondere die Wettbewerbsbeschränkungen besonders wichtig, die nicht als eine Nebenabrede realisiert werden. Teilfunktions-GU, die den Zusammenschlusstatbestand nach Art. 3 Abs. 4 FKVO nicht erfüllen, kooperative GU, die keine gemeinschaftsweite Bedeutung besitzen (Art. 21 Abs. 1 2. Halbsatz FKVO), und das Wettbewerbsverhalten der Muttergesellschaften, das über rein konzentrativen Zusammenschluss hinausgeht, sind nach den Kriterien des Art. 101 Abs. 1 und 3 AEUV zu beurteilen.[202] In diesem Zusammenhang hat die FKVO eine große Bedeutung bei der Untersuchung von verschiedenen Arten der GU. Darüber hinaus bleibt auch ein Spielraum für die Mitgliedstaaten, weil bei der Zusammenschlusskontrolle das einzelstaatliche Gesetz angewandt werden darf, soweit der Fall vom Anwendungsbereich der FKVO ausgeschlossen ist.[203] Sonst hat die Kommission nach der FKVO die ausschließliche Zuständigkeit, um die Rechtssicherheit durch One-Stop-Shop zu gewährleisten.[204]

Im Sinne von Zwischenstaatlichkeit versuchen die Wettbewerbsregeln die Zuständigkeitsfragen zwischen den Mitgliedstaaten und der Kommission zu beantworten, aber wenn es sich um Drittstaaten handelt und keine generelle ausdrückliche Regelung darüber zu finden ist, dann übernimmt die Kommission für die auf die Union, also auf den Binnenmarkt, sich auswirkenden Kartelle oder missbräuchlichen Verhaltensweisen die Zuständigkeit auf der Grundlage des Auswirkungsprinzips.[205] Auch für die Auslandszusammenschlüsse behält die Kommission die Zuständigkeit

---

199 § 22 Abs. 4 S. 2 GWB; VO Nr. 1/2003 Art. 3 Abs. 3 (z.B. unlauterer Wettbewerb sowie sektorale Regelungen: Telekommunikation, Post, Energie).

200 Erwägungsgrund 7 der FKVO.

201 *Körber*, in: Immenga/Mestmäcker, EU-Wettbewerbsrecht, I/A, Rn. 47.

202 *Körber*, in: Immenga/Mestmäcker, EU-Wettbewerbsrecht, I/A, Rn. 49 und Art. 21 FKVO Rn. 9 ff.

203 VO Nr. 1/2003 Art. 3 Abs. 3; § 22 Abs. 4 S. 1 GWB; die FKVO muss nach Art. 21 Abs. 3 FKVO nicht den Vorrang vorbehalten. Vgl. *Rehbinder*, in: Immenga/Mestmäcker, GWB, § 22 Rn. 20.

204 Art. 21 Abs. 2 und 3 FKVO.

205 Vgl. *Rehbinder*, in: Immenga/Mestmäcker, EU-Wettbewerbsrecht, II/A Rn. 9.

nach Art. 24 FKVO, wenn der Zusammenschluss unmittelbare, wesentliche und vorhersehbare Wirkung auf die Union hat.[206]

Im deutschen Recht ist die 8. Novelle des GWB am 30.06.2013 in Kraft getreten,[207] die verschiedene Regeln geändert hat. Besonders konzentrierte sich der Gesetzgeber darauf, das Fusionskontrollrecht des deutschen Rechts dem europäischen Recht anzunähern.[208] Was in diesem Zusammenhang für die GU wesentlich sein kann, ist vielleicht die Änderung des Maßstabs für die materielle Beurteilung als Marktbeherrschungstest, der durch den SIEC-Test (erhebliche Behinderung des wirksamen Wettbewerbs) ersetzt worden ist. Dadurch ist es möglich geworden, auch bei Oligopol-Fällen unilateralen Verhaltens eines Unternehmens, das nicht marktbeherrschend ist, mithilfe der Fusionskontrolle einzugreifen.[209] Immerhin hat das deutsche Recht die europarechtliche Unterscheidung von GU nicht übernommen.

Als das deutsche Recht die alte Unterscheidung von GU beibehielt, wurde das deutsche Recht im verfahrensrechtlichen Sinn mit der Doppelkontrolle oder der sogenannten Zweischranken-Theorie fortgeführt, anstatt die europäische Trennungstheorie mit zusätzlicher Prüfung von Koordinierungseffekten[210] zu übernehmen. Das bedeutet, dass in Deutschland die Vorschriften des Kartell- (§ 1 GWB) und Fusionskontrollrechts (§§ 35 ff. GWB) auf ein GU parallele Anwendung finden, während in der europäischen Rechtsanwendungspraxis der Grundsatz vom Konzentrationsprivileg herrscht. Demzufolge, wie oben kurz zusammengefasst wurde, sind alle GU, die von der FKVO erfasst sind, vom Anwendungsbereich der VO 1/2003 ausgeschlossen, um die Zuständigkeitsverteilung zwischen Gemeinschaft und Mitgliedstaaten zu schaffen und die Doppelkontrolle durch generelle Wettbewerbsregeln (Art. 101 und 102 AEUV) vermeiden zu können. Zu diesen Typen von GU gehören nach Art. 21 Abs. 1 FKVO die Vollfunktions-GU, unabhängig von einer gemeinschaftsweiten Bedeutung, außer kooperative Voll-GU ohne gemeinschaftsweite Bedeutung;[211] aber wenn sie eine gemeinschaftsweite Bedeutung haben, dann sind sie nach den Kriterien des Art. 101 Abs. 1 und 3 AEUV zu beurteilen, und als Folge davon bleiben die Durchführungsverordnungen anwendbar.[212] Nach dem Regelungszweck dürfen die Einzelstaaten ihr nationales Fusionskontrollrecht

---

206 EuG, 25.03.1999, Rs. T-102/96, Slg. 1999, II-753, 785, Rn. 92 ff. – Gencor Ltd.

207 8. Novelle-GWB, BGBl. 2013 I Nr. 32 vom 29.06.2013.

208 Weitere Änderungen an Preismissbrauchsvorschriften im Energiebereich, sektorspezifische Regelungen (Pressen und Krankenkassen), private Kartelldurchsetzung, Vermutung von Marktbeherrschung ab 40 % und verfahrensrechtliche Änderungen.

209 *Podszun*, 8. GWB-Novelle: Neuerungen im deutschen Kartellrecht, GWR 2013, 329, 331.

210 Vgl. *Zimmer*, in: Immenga/Mestmäcker, GWB, § 1 Rn. 286 f.

211 Vgl. *Westermann*, in: Loewenheim/Meessen/Riesenkampff, Kartellrecht, FKVO Art. 21 Rn. 2; dagegen, *Emmerich*, Kartellrecht, § 17 Rn. 6.

212 Vgl. *Westermann*, in: Loewenheim/Meessen/Riesenkampff, Kartellrecht, FKVO Art. 21 Rn. 2; *Emmerich*, Kartellrecht, § 17 Rn. 31 f.

sowie ihr Kartellrecht auf die Voll-GU (Art. 3 Abs. 4 FKVO) ohne gemeinschaftsweite Bedeutung anwenden.[213] Aber das kooperative Voll-GU ist nach dem Grundsatz der parallelen Anwendung von einzelstaatlichem und europäischem Recht zu überprüfen.[214] In diesem Zusammenhang können die Einzelstaaten strengere Maßnahmen in Bezug auf das Kartellverbot ergreifen und die strengeren einzelstaatlichen Wettbewerbsregeln angewandt werden, wenn ein GU nicht von der FKVO erfasst ist und keine Zwischenstaatlichkeit besitzt. Das deutsche Recht hat dies im Art. 22 GWB geregelt, und nach dem generellen Grundsatz im potenziellen Anwendungsbereich von Art. 101 AEUV kann zugleich auch deutsches Recht angewandt werden, was aber nicht als Verpflichtung der Behörde und Gerichte angesehen wird.[215] Darüber hinaus wird auch im deutschen Recht das Auswirkungsprinzip anerkannt, da das europäische Recht die Auswirkungen auf die Union betrachtet; gemäß § 130 Abs. 2 GWB können im Inland sich auswirkende Wettbewerbsbeschränkungen untersagt werden.

Infolgedessen konzentrierte sich die deutsche Wettbewerbspolitik nach den alten Fassungen des GWB auf verschiedene Branchen und bemühte sich, deren kartellrechtliche Besonderheiten spezifisch zu regulieren;[216] aber infolge der Globalisierung und des Ziels des Binnenmarkts begegneten die Wettbewerbsregeln einem Deregulierungsdruck, um die fremden Regeln abzuschaffen.[217] Jedoch sind manche Sonderregelungen geltendes Recht geblieben.[218] Aber immerhin strebt Deutschland an, die bestehenden Unterschiede zwischen den europäischen und nationalen Regeln zu verringern.[219] Mit der siebten Novelle versuchte der Gesetzgeber das deutsche Wettbewerbsgesetz auch an die europäischen Regeln anzupassen[220] und vorherige Koalitionsparteien verfolgten die gleiche Zielsetzung.[221] Die 7. Novelle hatte in Bezug auf die Zusammenschlusskontrolle der EU nur einige verfahrensrechtliche Änderungen vorgenommen, aber die materiellen Unterschiede sind bestehen

213 Im Umkehrschluss Art. 22 Abs. 3 FKVO; vgl. *Rehbinder*, in: Immenga/Mestmäcker, EU-Wettbewerbsrecht, VO 1/2003 Art. 3, Rn. 44 ff.

214 VO Nr. 1/2003 bleibt wirksam, dadurch Art. 3 Abs. 2 und 3.

215 *Bechtold/Bosch*, GWB, § 22 Rn. 3 ff.

216 6. GWB-Novelle, Kredit- und Versicherungswirtschaft, § 29, Urheberrechtsverwertungsgesellschaften, § 30, Sport, § 31, wurden mit der 7. GWB-Novelle gestrichen.

217 Vgl. *Emmerich*, Kartellrecht, § 37 Rn. 1 ff.

218 §§ 28-30 GWB über Landwirtschaft, Energiewirtschaft, Zeitungen und Zeitschriften.

219 Vgl. *Bundesministerium für Wirtschaft und Technologie*, Eckpunkte einer 8. GWB-Novelle, WuW 2011, 853.

220 Vgl. RegBegr. zum RegE, BT-Drucks. 15/3640, S. 21.

221 Die Koalitionsvertrag zwischen CDU, CSU und FDP, 26.10.2009, S. 18, „... *werden Elemente der europäischen Fusionskontrolle übernommen.*" (http://www.csu.de/common/_migrated/csucontent/091026_koalitionsvertrag.pdf).

geblieben.[222] Jetzt hat die Regierung mit der neuen 8. GWB-Novelle beschlossen,[223] die materiellen Regelungen der Zusammenschlusskontrolle mehr in Einklang mit dem EU-Recht zu bringen.[224]

In diesem Zusammenhang ist es wichtig zu erwähnen, dass die materiellen Regeln für Gemeinschaftsunternehmen nach der 8. Novelle unverändert geblieben sind.[225] Die Abgrenzung der FKVO zwischen Vollfunktions- und Teilfunktions-GU wird nicht übernommen und die Unterscheidung von kooperativen und konzentrativen GU ist beizubehalten.[226] Demzufolge wird zwischen den FKVO und den Zusammenschlusskontrollregeln des GWB gleichermaßen Abstand hinsichtlich deren Rechtsfolgen bestehen bleiben. Demzufolge können die verfahrens- und materiell-rechtlichen Vorschriften nach der Art der GU zu den verschiedenen Ergebnissen führen, obwohl sich ähnlicherweise Gründungsorte der GU in Deutschland befinden. Aus diesem Grund soll der Hauptteil der Arbeit nicht nur die materiellrechtlichen Aspekte der GU vergleichen, sondern auch die Anwendbarkeit der verschiedenen Verfahren auf die diversen Typen von GU verdeutlichen.

Diese Vielschichtigkeit der Rechtsfolgen zwischen EU und den Mitgliedstaaten ist nicht in der Türkei anzutreffen, weil die Türkei bis jetzt der Europäischen Union nicht beigetreten ist und ob sie es in Zukunft schaffen wird, ist auch fraglich. Trotzdem haben die rechtlichen Entwicklungen in der Union sehr großen Einfluss auf das türkische Recht. Der präzise Grund dafür ist aber das mit diesem Zweck unterzeichnete Assoziierungsabkommen[227] zwischen der EG und der Türkei. Aufgrund dessen wurde ein Beschluss[228] gefasst, um die in dem Abkommen als Endphase bezeichnete Zollunion einzuleiten.[229] Dieser Beschluss sah die Angleichung

222 Vgl. RegBegr. zum RegE, BT-Drucks. 15/3640, S. 22.

223 8. Novelle-GWB, BGBl. 2013 I Nr. 32 vom 29.06.2013 .

224 Vgl. Bundesregierung, Gesetzentwurf eines Achten Gesetzes zur Änderung des Gesetzes gegen Wettbewerbsbeschränkungen, BT-Drucks. 17/9852, S. 19; *Bundesministerium für Wirtschaft und Technologie*, Eckpunkte einer 8. GWB-Novelle, WuW 2011, 853, 854 ff., z.B. SIEC-Test statt Marktbeherrschungstest oder Änderung der Marktanteilshöhen, § 19 Abs. 3 GWB.

225 Stellungnahme des Bundeskartellamts zum Referentenentwurf zur 8. GWB-Novelle, 30.11.11, S. 6.

226 Vgl. BMWi, Referententwurf des Achtes Gesetzes zur Änderung des Gesetzes gegen Wettbewerbsbeschränkungen, 10.11.2011, S. 27, § 37 GWB wird unverändert bleiben, weil er in der Praxis wettbewerbsfördernde Auswirkungen gezeigt hat, nämlich bei Energieversorgungsunternehmen.

227 Abkommen zur Gründung einer Assoziation zwischen der Europäischen Wirtschaftsgemeinschaft und der Türkei 12.09.1963 – „Assoziierungsabkommen" – ABl. L 217 vom 29.12.1964.

228 Beschluss Nr. 1/95 des Assoziationsrates EG-Türkei vom 22.12.1995 über die Durchführung der Endphase der Zollunion – „Beschluss Nr. 1/95" – ABl. L 35/1 vom 13.02.1996.

229 Assoziierungsabkommen Art. 2 Abs. 2 und Art. 5.

der Wettbewerbsregeln[230] zusammen mit den Regeln in anderen Bereichen vor und beinhaltete die Wiederholung von Art. 101, 102 und 107 AEUV[231] als die regulierenden Vorschriften der Zollunion. Darüber hinaus soll die Türkei in den Beurteilungen – wobei es sich um den Verstoß gegen diese Vorschriften handelt – auch deren Rechtspraxisanwendung und sekundärrechtliche Vorschriften berücksichtigen.[232] Demzufolge wurden mehrere europäische Verordnungen in das nationale Recht in Form von verschiedenen Mitteilungen übernommen.[233] Die letzte Änderung des Gesetzes über den Schutz des Wettbewerbs (RKHK)[234] trat 2005 in Kraft;[235] durch diese Änderung beabsichtigte der Gesetzgeber die Annäherung an die verfahrensrechtlichen Vorschriften der VO 1/2003, die das System der Legalausnahme regelt. Mit dieser Änderung ist die Anmeldepflicht[236] entfallen und das Freistellungssystem ist durch verschiedene Gruppenfreistellungsverordnungen erleichtert worden. Immerhin, bei einer Einzel- oder Gruppenfreistellung können die Unternehmen ihre Vereinbarungen zur Rechtssicherheit bei der Kartellbehörde anmelden,[237] statt nur mit Selbsteinschätzung, wie im europäischen und deutschen Recht.[238] Darüber hinaus wurden auch die verschiedenen Gruppenfreistellungsverordnungen an die entsprechenden europäischen Verordnungen angepasst. Mit dem letzten Gesetzentwurf wollte der Gesetzgeber besondere europarechtliche Prinzipien in das türkische Recht übernehmen, und zwar ist die Umsetzung der De-Minimis-Regel und des SIEC-Test überdacht worden und zum Zweck der Verringerung der Arbeitsbelastung ist der Negativtest (Art. 8 RKHK) aufgehoben worden, aber der Entwurf wurde fallengelassen.

Mit der Gesetzesangleichung kommt die Türkei weiter voran, wenngleich die EU eine alternative Aufstellung von Regeln zulässt, insbesondere im Bereich der Fusionskontrolle nach Art. 3 Abs. 3 der VO 1/2003. Die türkische Kartellbehörde zog es hingegen vor, die neue Mitteilung über Fusionskontrolle[239] an die FKVO anzunähern, obwohl sie dazu nicht gezwungen war. Es wurde besonders auf die verfahrensrechtlichen Aufgreifkriterien geachtet; hierdurch ist die Abgrenzung von konzentrativen und kooperativen GU mit dem Einschluss der kooperativen

230 Beschluss Nr. 1/95 Art. 39 ff.
231 Beschluss Nr. 1/95 Art. 32, 33 und 34.
232 Beschluss Nr. 1/95 Art. 35.
233 Z. B. VO Nr. 2010/4 (Mitteilungen über Fusionskontrolle); VO Nr. 2002/2 (vertikale Vereinbarungen); VO Nr. 2003/2 (Forschungs- und Entwicklungsvereinbarungen).
234 Nr. 4054, TR-Amtsblatt Nr. 22140, 13.12.1994.
235 Am 13.07.2013 durch Gesetz Nr. 53388 im türkischen Amtsblatt 25874 veröffentlicht.
236 Freistellung für die Vereinbarungen, Kartellverbot Art. 4 Abs. 1 RKHK.
237 Anmeldung ist nicht mehr obligatorisch, sondern fakultativ; vgl. *Aslan*, Rekabet Hukuku-Teori-Uygulama-Mevzuat, 318; RKHK Art. 5.
238 *Seeliger/Laskey*, in: Liebscher/Flohr/Petsche, Hdb. der EU-Gruppenfreistellungsverordnungen, § 9 Rn. 137.
239 TR-FKVO Nr. 2010/4.

Vollfunktions-GU abgeschafft worden. Dementsprechend zählt auch im türkischen Fusionskontrollrecht, anders als im deutschen Recht, die europäische Fassung als das entscheidende Kriterium für das Aufgreifen. Aber immerhin bleibt der Marktbeherrschungstest als das materielle Eingreifkriterium unverändert. Kumulativ dazu anzuwenden ist das Kriterium „erhebliche Behinderung des Wettbewerbs" durch diese Marktbeherrschung.[240]

Ferner herrscht auch im türkischen Recht, wie in anderen Systemen, das Auswirkungsprinzip für die wettbewerbsrechtliche Bewertung. Artikel 2 RKHK stellt dieses Prinzip fest und in dem Erwägungsgrund des Art. 2 RKHK wurde die Adaptierung des Auswirkungsprinzips ausdrücklich angesprochen. Dieses Prinzip gilt auch für die türkische Fusionskontrolle, die – obwohl sie in der Verordnung nicht betont wurde – in der Entscheidungspraxis der türkischen Wettbewerbskommission immerhin berücksichtigt wurde; aber die Rechtmäßigkeit des Prinzips und dadurch dessen Anwendungskriterien wurden wie im europäischen Recht nicht genau dargelegt: Das betrifft die Unmittelbarkeit, die Wesentlichkeit und die Vorhersehbarkeit der Auswirkungen.[241]

Infolge dieser neuen Rechtsentwicklungen wird in der vorliegenden Arbeit versucht, durch den Vergleich von drei Rechtssystemen und mit Blick auf die relativen Rechtsänderungen die effizientere Rechtslage für die Gemeinschaftsunternehmen mit Rücksicht auf die dazugehörigen ökonomischen Analysen herauszufinden.

Der erste Teil der Arbeit beschäftigte sich mit den allgemeinen Informationen über Gemeinschaftsunternehmen, im Anschluss daran werden die weiteren Teile die kartellrechtlichen und ökonomischen Aspekte von verschiedenen Typen der GU untersuchen. Um das begriffliche Durcheinander zu vermeiden, ist zu betonen, dass die Abgrenzung von kooperativen und konzentrativen Gemeinschaftsunternehmen als Ausgangspunkt dient. Auf diese Weise können die voneinander abweichenden ökonomischen Auswirkungen beider Typen im Gegensatz zur Unterscheidung von Teil- und Vollfunktions-GU zweckmäßiger beleuchtet werden.

240 *Ersoy*, Zusammenschlusskontrolle in der Türkei unter Berücksichtigung des Einflusses europäischen Rechts, 107; RKHK Art. 7; TR-FKVO Art. 3 Abs. 1.

241 *Ersoy*, Zusammenschlusskontrolle in der Türkei unter Berücksichtigung des Einflusses europäischen Rechts, 21 f.

II. TEIL: Unternehmensbegriff und Gemeinschaftsunternehmen im Wettbewerbsrecht

Da die vorliegende Arbeit hauptsächlich Gemeinschaftsunternehmen behandelt, muss zunächst der Begriff des Unternehmens im wettbewerbsrechtlichen Sinne erklärt werden.

1. Europäisches Recht

Im EU-Wettbewerbsrecht herrscht der funktionale Unternehmensbegriff gegenüber dem institutionellen Unternehmensbegriff vor. Nach Art. 1 Protokoll 22 EWR-Abkommen wurde ein Unternehmen als *„jedes Rechtsubjekt, das eine kommerzielle oder wirtschaftliche Tätigkeit ausübt"* beschrieben. Diese Definition bevorzugt die Aktivität auf das Rechtssubjekt zu konzentrieren, statt *„das Gewicht auf die Organisation (zusätzlich oder allein) und die Dauer der fraglichen wirtschaftlichen Einheit"*[242] zu legen. Um den Wettbewerb in einem Markt zu sichern, muss sich die Wettbewerbspolitik und damit die Regeln mit allen möglichen einflussreichen Teilnehmern befassen; deshalb ist die Grenze des Unternehmensbegriffs so weit wie möglich gezogen worden. In diesem Zusammenhang stellt die wirtschaftliche Verbindung zu einem Markt den wichtigsten Faktor für den Wettbewerb dar. Auch der EuGH hat in verschiedenen Urteilen diese Auffassung vertreten und den Unternehmensbegriff so weit wie möglich gefasst: *„Alle* ***wirtschaftlichen Einheiten*** *unabhängig von ihrer Rechtsform und Art ihrer Finanzierung [...]."*[243] Wie bereits im ersten Teil erklärt wurde, bezieht sich die Einheit auf die organisatorische Gesamtheit von Personen und Sachen[244] und *„die wirtschaftliche Tätigkeit ist jede Tätigkeit, die darin besteht, Güter oder Dienstleistungen auf einem bestimmten Markt anzubieten"*[245]. Demzufolge

---

242 *Emmerich*, in: Immenga/Mestmäcker, EU-Wettbewerbsrecht, Art. 101 AEUV, Rn. 6 ff.

243 EuGH, 23.04.1991, Rs. C-41/90, Slg. 1991, I-1979, Rn. 21 – Höfner und Elser; EuGH, 10.09.2009, Rs. C 97/08 P, Slg. 2009, I-8237, Rn. 54 f. – Akzo Nobel; EuGH, 11.07.2006, Rs. C-205/03 P, Slg. 2006, I-6295, Rn. 25 f. – FENIN.

244 *Weiß*, Der Unternehmensbegriff im europäischen und deutschen Kartellrecht, 115 f.

245 Nach anderer Meinung zählen dazu noch zwei Elemente, die zusammen kumulativ in Betracht gezogen werden: die wirtschaftliche Risikotragung (EuGH, 19.02.2002, Rs. C-309/99, Slg. 2002, I-1577, Rn. 48 – Wouters) und die Gewinnerzielungsabsicht (EuGH, 16.03.2004, Slg. 2004, I-2493 – AOK Bundesverband) in dem entsprechenden Markt. Gewinnerzielungsabsicht wird es nur in zwei Fällen des Unternehmenskonzeptes nicht geben: beim Solidaritätsgrundsatz

ist für eine Einkaufstätigkeit einer Einheit relevant, ob diese Tätigkeit zum späteren Angebot der Güter und Dienstleistungen auf einem bestimmten Markt führt. Hinzu kommen noch einige Ausnahmen von der Praxis des europäischen Rechts.[246] Daraus folgend ist die Nachfragetätigkeit der öffentlichen Hand vom Unternehmensbegriff auszuklammern.[247] Nach dem Zweck der Wettbewerbspolitik sind bestimmte Tätigkeiten, nämlich die der öffentlich-rechtlichen Körperschaften, nicht vom generellen Unternehmensbegriff erfasst.[248] Das Gleiche gilt nicht für das deutsche Recht wegen § 130 Abs. 1 GWB, insbesondere für die abweichenden Regelungen für die gesetzlichen Krankenkassen, die in der Literatur kritisiert wurden.[249] Ferner wurde mit Urteil des Europäischen Gerichtshofs entschieden, dass solche öffentlich-rechtlichen Körperschaften (gesetzliche Krankenkassen) dem UWG unterworfen sind.[250] Immerhin wurde eine einheitliche Begriffsbestimmung erforderlich, um für rechtliche Klarheit zu sorgen.

Als Folge dieser Auffassung wird die Rechtspersönlichkeit nicht für die Klassifizierung einer Einheit als Unternehmen benötigt. Was das Wettbewerbsrecht anbelangt, muss, um als Wettbewerbssubjekt zu gelten, die Einheit rechtsform- und rechtsfähigkeitsneutral ausgelegt werden.[251] In diesem Zusammenhang können alle

---

und bei der Bereitstellung öffentlicher Güter. Vgl. *Odudu*, The Boundaries of EC Competition Law, 34 ff.; dagegen: vgl. *Weiß*, Der Unternehmensbegriff im europäischen und deutschen Kartellrecht, 129 ff. Nach herrschender Meinung sind die Gewinnerzielungsabsicht und die Entgeltlichkeit keine zwingenden Kriterien für die wirtschaftliche Tätigkeit; auch durch das Hörner-Urteil (EuGH, 23.04.1991, Rs. C-41/90, Slg. 1991, I-1979, Rn. 21 – Höfner und Elser) ist die Voraussetzung der Dauerhaftigkeit vom Unternehmensbegriff ausgeschlossen; vgl. *Weiß*, Der Unternehmensbegriff im europäischen und deutschen Kartellrecht, 127; dagegen: *Hermann*, in: MüKoEuWettbR, Einl. Rn. 961, nicht vom Urteil, aber vom Sinn und Zweck der Wettbewerbsregeln sind die kurzfristigen Tätigkeiten auch erfasst.

246 Nachfragetätigkeit der öffentlichen Hand und die Einheiten, die rein sozialen Zweck verfolgen, Solidaritätsgrundsatz.

247 EuGH, 11.07.2006, Rs. C-205/03 P, Slg. 2006, I-6295, Rn. 26 – FENIN, „*Insoweit ist es das Anbieten von Gütern oder Dienstleistungen auf einem bestimmten Markt, was den Begriff der wirtschaftlichen Tätigkeit kennzeichnet, so dass bei der Beurteilung des Wesens der Einkaufstätigkeit der Kauf eines Erzeugnisses nicht von dessen späterer Verwendung zu trennen ist und die spätere Verwendung des erworbenen Erzeugnisses zwangsläufig den Charakter der Einkaufstätigkeit bestimmt.*“

248 Privates und hoheitliches Handeln und Arbeitnehmer-Tätigkeit.

249 *Säcker*, Gespaltener Unternehmensbegriff im Wettbewerbs- und Lauterkeitsrecht, WuW 2014, 3; *Becker/Schweitzer*, Unbehandelt zurückgelassen: Der kränkelnde Kassenwettbewerb nach der 8. GWB-Novelle-Editorial, WRP 2013, Heft 8; *Emmerich*, Kartellrecht, 250 f.

250 EuGH, 03.10.2013, C-59/12 – BKK Mobil Oil.

251 *Weiß*, Der Unternehmensbegriff im europäischen und deutschen Kartellrecht, 123.

natürlichen und juristischen Personen, private oder öffentliche Einheiten und teilrechtsfähige Einheiten über eine Unternehmenseigenschaft verfügen.[252]

Darüber hinaus erfasst die wirtschaftliche Einheit auch die Gruppen von Unternehmen, die von einem herrschenden Unternehmen kontrolliert werden. Dies hat besonders für Konzerne eine Bedeutung, wenn es um die wettbewerbsrechtliche Haftung geht. Dafür muss ein Unternehmen eine rechtliche Befugnis bzw. einen entscheidenden Einfluss auf ein anderes Unternehmen haben, und diesen Einfluss muss es tatsächlich ausüben.[253] Aus diesem Grund ist diese Begriffsdefinition erheblich für die GU. Es ist entscheidend, ob sie zusammen mit den Gründerunternehmen auch als eine wirtschaftliche Einheit akzeptiert werden können.[254]

Das Konzept der wirtschaftlichen Einheit wirft eine Frage auf: Bilden hinsichtlich des Einheitskonzeptes die GU und ihre Partnergesellschaften eine Einheit? Die Antwort ist wichtig für die Anwendung des Art. 101 AEUV im Zusammenhang mit der Verhaltenskontrolle. Wenn das GU zusammen mit ihren Müttern als eine Einheit bewertet wird, dann betrifft diese gemeinsame Kontrolle ein einseitiges Verhalten, wodurch es vom Anwendungsbereich des Art. 101 AEUV ausgeschlossen sein wird.[255] Wenn das Konzept der wirtschaftlichen Einheit so ausgedehnt verwendet wird, dann kann die Rechtssicherheit bei der Anwendung der Verhaltenskontrolle im europäischen Wettbewerbsrecht gefährdet sein.[256] Im Licht der neuen Entscheidungen müssen die Voraussetzungen für das Verhalten eindeutig sein, um ein GU mit ihren Müttern als eine Einheit nach Art. 101 AEUV berücksichtigen zu können.[257] Diese Diskussion und die möglichen Voraussetzungen werden im Teil „Kooperative Gemeinschaftsunternehmen“ umfassend dargestellt.

In der Literatur wird ein Gemeinschaftsunternehmen oft als ein rechtlich selbstständiges Unternehmen angenommen,[258] wobei die Partner eine Gesellschaft gründen, die typischerweise eine juristische Person ist.[259] Der generellen Definition von Gemeinschaftsunternehmen entspricht das EJV. In diesem Zusammenhang handelt es sich bei der rechtlichen Selbstständigkeit um rechtlich autonome Personen- oder

---

252 Dies ist im Grunde besonders wichtig für die CJV, die eine BGB-Gesellschaft darstellen. Kommission, 23.04.1986, ABl. L 230, 18.08.1986 – Polypropylene.

253 EuG, 27.09.2006, Rs. T-314/01, Slg. 2006, II-3085 – Avebe; vgl. *Jones*, The Boundaries of an Undertaking in EU Competition Law, ECJ 2012, 301, 314 f.

254 EuGH, 26.09.2013, Rs. C-179/12 P, Rn. 58 und 65 f. – The Dow Chemical Company.

255 *Jones*, The Boundaries of an Undertaking in EU Competition Law, ECJ 2012, 301, 303.

256 *Jones*, The Boundaries of an Undertaking in EU Competition Law, ECJ 2012, 301, 321.

257 *Jones*, The Boundaries of an Undertaking in EU Competition Law, ECJ 2012, 301, 329 f.

258 *Altin-Sieber*, Joint Ventures, Technologietransfer und -schutz, 148; *Yuan*, Gemeinschaftsunternehmen im europäischen, amerikanischen und chinesischen Kartellrecht, 19, „rechtlich selbstständiges Unternehmen“.

259 *Altin-Sieber*, Joint Ventures, Technologietransfer und -schutz, 148.

Kapitalgesellschaften.[260] Aber, wie oben erwähnt wurde, weil bei der Gründung eines Gemeinschaftsunternehmens die Rechtspersönlichkeit nach europäischem Wettbewerbsrecht für ein Unternehmen unerheblich ist, ist eine eigene Rechtspersönlichkeit auch keine Voraussetzung, um als Wettbewerbssubjekt zu gelten.[261] Jedoch sind – wie im ersten Teil der Arbeit ermittelt wurde – im wirtschaftlichen Sinne die Unternehmen bzw. die GU als rechtlich selbstständig zu verstehen, und zwar wegen der Motive hinter der Errichtung eines GU;[262] auf der anderen Seite ist die wirtschaftliche Selbstständigkeit in dieser generellen Definition nicht vorhanden.[263] Dennoch gibt es in der juristischen Literatur keine allgemeine Definition, die für alle Rechtsgebiete gelten würde; aber der Begriff und dessen Auslegung nach Kartellrecht zeigt Unterschiedlichkeiten.[264]

Im europäischen Wettbewerbsrecht ist keine generelle gesetzliche Begriffsbestimmung für Gemeinschaftsunternehmen vorhanden. Stattdessen bevorzugt das europäische Wettbewerbsrecht, das GU nach dessen verschiedenen Typen zuzuordnen und diese Typen im Rahmen der anwendbaren Regelungen zu beschreiben. Die Bestandsmerkmale des Begriffs sind grundsätzlich aus dem Fusionskontrollrecht zu entnehmen. Im Zusammenhang mit der Fusionskontrolle konzentriert sich die generelle Beschreibung von GU auf den Kontrollerwerb,[265] und in der Literatur herrscht die folgende Definition: Gemeinschaftsunternehmen sind *Unternehmen, die von zwei oder mehreren anderen Unternehmen gemeinsam kontrolliert werden.*[266] Bis zum Jahr 1997 hatte das Fusionskontrollrecht von der heute noch in der Literatur verwendeten Abgrenzung zwischen konzentrativen und kooperativen Gemeinschaftsunternehmen Gebrauch gemacht.[267] Aber die einseitige Anwendung des Fusionskontrollrechts auf das rein konzentrative Vollfunktions-GU hatte Ungewissheiten verursacht wegen des janusköpfigen Charakters des GU, welches die beiden konzentrativen und kooperativen Elemente in sich beinhalten kann. Dies

260 *Tegen*, Joint Venture-Vertrag und Projektträgergesellschaft im amerikanischen Recht und deutschen Recht, 146.

261 *Wiedemann*, in: Wiedemann, Handbuch des Kartellrechts, § 15 Rn. 61; *Westermann/Bergman*, in: Fett/Spiering, Handbuch des Joint Ventures, 5. Kap. Rn. 60, muss auch nicht selbst auftretender Rechtsträger sein, z. B. CJV in Kommission, 11.08.1999, Comp/JV 19 – KLM/Alitalia.

262 Risikoverteilung, Abgrenzung der Verantwortung usw.

263 *Langefeld-Wirth*, Joint-Ventures im internationalen Wirtschaftsverkehr, 27 f.

264 *Bechtold/Bosch*, GWB, § 1, Rn. 7. Auch innerhalb des GWB kann er unterschiedlich sein.

265 Art. 3 FKVO beschreibt einen Zusammenschluss als dauerhafte Veränderung der Kontrolle.

266 *Körber*, in: Immenga/Mestmäcker, EU-Wettbewerbsrecht, Art. 3 FKVO, Rn. 124; *Pohlmann*, in: MüKoEUWettbR, AEUV Art. 101 Rn. 338 Fn. 1035; Mitteilung der Kommission über den Begriff des Vollfunktionsgemeinschaftsunternehmens nach der VO (EWG) Nr. 4064/89 des Rates über die Kontrolle von Unternehmenszusammenschlüssen, ABl. 98/C 66/01, Rn. 3.

267 FKVO a. F., VO (EWG) Nr. 4064/89.

führt zu Unklarheiten auch in den Entscheidungen.[268] Infolge dieser juristischen Unsicherheiten sollte diese Abgrenzung aufgegeben werden; stattdessen ist eine neue Begriffsbestimmung von Vollfunktionsgemeinschaftsunternehmen zugrunde gelegt worden. Ab 1997 ist die hauptsächliche Unterscheidung der GU im EU-Wettbewerbsrecht zwischen der Vollfunktions- und Teilfunktions-GU vorgenommen worden, aber besonders die Bestandteile des Begriffs von Vollfunktions-GU sind als die Hauptkriterien dargelegt, um den Anwendungsbereich der FKVO zu bestimmen.[269] Auf diese Weise soll der Begriff erst klar definiert werden, um das EU-Wettbewerbsrecht am Beispiel der GU analysieren zu können.

Die beiden Typen von GU bilden wettbewerbsrechtlich eine wirtschaftliche Einheit und können dadurch Art. 101 und 102 AEUV unterfallen. Um ein GU zu erkennen, muss die gemeinschaftliche Eigenschaft natürlich rechtlich geklärt werden, aber dies ist nicht ausreichend, um alle GU einer besonderen Wettbewerbsnorm zu unterziehen. Deswegen sind die Markteffekte der verschiedenen GU bei der Kommission erklärt worden und zusätzliche Besonderheiten von dieser differenzierten GU in FKVO und der Mitteilung festgelegt worden. Die zur Strukturveränderung führenden Effekte und die nach der Verhaltenskontrolle zu beobachtenden Gruppeneffekte der gemeinschaftlichen Arbeit sind die primären Entscheidungskriterien für GU geworden. Aber die Kommission konzentrierte sich mit ihrer Mitteilung[270] wegen der höheren wettbewerbsrechtlichen Risiken (sog. Vollfunktionsgemeinschaftsunternehmen) zuerst auf die Gemeinschaftsunternehmen, die eine Strukturveränderung verursachen, und deshalb hat sie als zusätzliches Kriterium zur wirtschaftlichen Einheit die Selbstständigkeit[271] hinzufügt.

Die Vollfunktions-GU, die eine gemeinschaftsweite Bedeutung besitzen, sind gemäß der FKVO mit Konzentrationsprivileg zu berücksichtigen. Auf diese Weise legt der Begriff die Grenzen der Strukturkontrolle durch die FKVO und die Verhaltenskontrolle gemäß Art. 101 AEUV fest. Im Umkehrschluss ist festzustellen, dass die GU, die keine Vollfunktionalität aufweisen, als Teilfunktions-GU bezeichnet werden. Das Vollfunktions-GU wird im Kapitel „Konzentrative Gemeinschaftsunternehmen" und das Teilfunktions-GU im Kapitel „Kooperative Gemeinschaftsunternehmen" ausführlich erklärt.

2. Deutsches Recht

Der Unternehmensbegriff im deutschen Wettbewerbsrecht stimmt generell mit dem europäischen Recht überein, denn das deutsche Recht musste sich dem EU-Recht anpassen, weil die VO 1/2003 eine Anwendung des Unionsrechts vorgesehen hatte.

268 Kommission, 07.11.1990, ABl. 1990, C 281/03, IV/M.0004 – Renault/Volvo, wo von teils kooperativen, teils konzentrativen GU gesprochen wird.
269 Konsolidierte Mitteilung zu Zuständigkeitsfragen, Rn. 92.
270 Konsolidierte Mitteilung zu Zuständigkeitsfragen, Rn. 91.
271 Art. 3 Abs. 4 FKVO.

Auf diese Weise setzt sich auch im deutschen Wettbewerbsrecht der funktionelle Unternehmensbegriff durch.[272] Nach der deutschen Rechtsprechung schließt der Unternehmensbegriff *„jedwede Tätigkeit im geschäftlichen Verkehr“*[273] ein. Nach § 130 Abs. 2 GWB fallen alle Tätigkeiten, die sich im Inland auswirken, auch unter das GWB; aber wenn es sich um zwischenstaatliche Tätigkeiten bezüglich der Europäischen Union handelt, soll gemäß § 22 GWB das europäische Wettbewerbsrecht den Vorrang haben.

Wenn es bei weiterer Auslegung des Unternehmensbegriffs zu Unterschieden kommt, soll der Umfang der grenzüberschreitenden Aktivitäten und deren Auswirkung im Inland und in der EU betrachtet werden, um nach anwendbarem Recht den Begriff genau zu bestimmen. Die europäische Rechtsprechung konzentrierte sich mehr auf die Angebotstätigkeit,[274] dagegen unterfällt auch die Nachfragetätigkeit dem Unternehmensbegriff nach der deutschen Rechtsprechung.[275] Dieser Unterschied in den Begriffserklärungen bringt manche Probleme bei den vergleichenden Rechtsanalysen mit sich. Wie im ersten Teil erwähnt wurde, ist nach Art. 3 VO 1/2003 die einzelstaatliche Regelung von Art. 101 AEUV ausgeschlossen. Demzufolge setzt sich der Art. 101 AEUV i. d. R. im deutschen Kartellrecht durch. Aber diese Vorrangpflicht verursacht es, dass verschiedene Meinungen in der deutschen Literatur aufeinandertreffen. Obwohl die Nachfragetätigkeit der öffentlichen Hand im europäischen Kartellrecht[276] nicht als Unternehmenstätigkeit eingeordnet ist, haben aber die alten Urteile die Nachfrage von Waren und Dienstleistungen auch als Unternehmenstätigkeit bejaht.[277] Auf diese Weise bleibt die Frage unbeantwortet, ob die Nachfragetätigkeit der öffentlichen Hand, die wegen der fehlenden Zwischenstaatlichkeit nicht unter Art. 101 AEUV fällt und deshalb nach nationalem Recht beurteilt werden muss, nach § 1 GWB auch als „nicht-unternehmerische“ Tätigkeit klassifiziert werden sollte. Nach herrschender Meinung sollten solche „Nicht-Unternehmen“ im deutschen Kartellrecht auch nicht gleich eingeordnet werden, weil der Art. 101 AEUV sich mit „Unternehmen“ befasst. Also, wenn das nationale

---

272 *Zimmer*, in: Immenga/Mestmäcker, GWB, § 1 Rn. 23.

273 BGH, v. 09.03.1999, KVR 20/97, WuW/E DE-R 665 – *„Lottospielgemeinschaft“*.

274 EuGH, 11.07.2006, Rs. C-205/03 P, Slg. 2006, I-6295, Rn. 26 – FENIN.

275 BGH, v. 11.12.2001, KZR 5/00, WuW/E DE-R 839 ff., 841 – Privater Pflegedienst *„Angesichts ihrer Teilnahme durch Nachfrage von Pflegeleistungen und als Anbieter von Versicherungen unterfällt sie dem weiten Unternehmensbegriff dieses Gesetzes, der auch juristische Personen des öffentlichen Rechts einschließt, soweit sie als Anbieter oder Nachfrager auf dem Markt eine selbständige Tätigkeit bei der Erzeugung oder Verteilung von Waren oder gewerblichen Leistungen ausüben.“*

276 EuGH, 16.03.2004, Slg. 2004, I-2493 – AOK Bundesverband.

277 BGH, v. 16.12.1976, KVR 5/75, WuW/E BGH 1474, 1477 – Architektenkammer; BGH, v. 12.11.2002, KZR 11/01, WuW/E DE-R 1087, 1089 – Ausrüstungsgegenstände für Feuerlöschzüge.

Recht auch diese „Nicht-Unternehmen“ erfasst, darf es angewendet werden.[278] Nach gegenteiliger Meinung ist der Zweck der 7. GWB-Novelle die Anpassung an EU-Recht, und es muss für alle Tatbestandsmerkmale gelten.[279] Nach anderer Ansicht entsteht unterhalb der Schwelle der Zwischenstaatlichkeitsklausel keine Pflicht, das abweichende nationale Recht an EU-Recht anzupassen; deshalb darf der deutsche Unternehmensbegriff angewendet werden.[280] Als Folge davon hat das Gesetzgebungsverfahren der 8. GWB-Novelle manche Diskussionen ausgelöst und Ausnahmeregelungen sind getroffen worden, um die Anwendung des Wettbewerbsrechts auf die gesetzlichen Krankenkassen zu vermeiden.[281] Wie oben erwähnt, wurde die Unklarheit mit dem Urteil des Europäischen Gerichtshofs nicht beseitigt, sondern die Unklarheiten wurden verstärkt, weil der EuGH die Unternehmenseigenschaft der öffentlich-rechtlichen Körperschaften nach Lauterkeitsrecht anerkannt hat.[282] Diese Diskussion kann für die kommunalen Gemeinschaftsunternehmen von Bedeutung sein,[283] um zu klären, ob sie der Verhaltenskontrolle unterfallen oder nicht.[284]

---

278 *Scheffler*, Unternehmensbegriff nach EG-Kartellrecht, EuZW 2006, 600 ff.; *Bardong*, in: MüKoEuWettbR, VO 1/2003, Art. 3 Rn. 54 ff.

279 *Bechtold/Bosch*, GWB, § 1 Rn. 8 f.; *Bechtold*, Kartellrecht in regulierten Bereichen, WuW 2010, 727: „*Eine Regelung, die die Anwendung des Kartellverbots auf wettbewerbsbeschränkende Vereinbarungen von Nicht-Unternehmen vorsieht, verstößt gegen den Vorrang des Unionsrechts, der in Art. 3 Abs. 2 Satz 1 VO 1/2003 konkretisiert ist. Nach ihm dürfen die nationalen Kartellrechte nicht verbieten, was nach Unionsrecht kartellrechtlich erlaubt ist; darauf, ob sie unmittelbar oder ‚entsprechend‘ anwendbar sind, kann es nicht ankommen.*“ Dagegen *Hofmann*, Die gesetzlichen Krankenkassen im Anwendungsbereich des deutschen Kartellrechts, WuW 2011, 472, 478 f.

280 *Säcker*, Gespaltener Unternehmensbegriff im Wettbewerbs- und Lauterkeitsrecht, WuW 2014, 3; *Rehbinder*, in: Immenga/Mestmäcker, EU-Wettbewerbsrecht, Art. 3 VO 1/2003, Rn 24; *Hofmann*, Die gesetzlichen Krankenkassen im Anwendungsbereich des deutschen Kartellrechts, WuW 2011, 472, 478 f.

281 *Emmerich*, Kartellrecht, 250 f.

282 EuGH, 03.10.2013, C-59/12 – BKK Mobil Oil.

283 OLG Celle, 13. Mai 1998 – 13 U (Kart) 260/97, (juris): „*Die Nachfragebündelung Niedersächsischer Städte und Gemeinden bei der Beschaffung von Feuerwehrbedarfsartikeln durch ein Gemeinschaftsunternehmen unterfällt dem Kartellverbot des GWB § 1.*“

284 RegBegr. zum RegE, BT-Drucks. 15/3640, S. 23, „*Bei der Auslegung der Tatbestandsmerkmale des § 1, auch soweit sie schon bisher in dieser Vorschrift enthalten waren, wie etwa der Definition von Unternehmen und Unternehmensvereinigungen oder dem Merkmal einer Verhinderung, Einschränkung oder Verfälschung des Wettbewerbs, sind die Grundsätze des europäischen Wettbewerbsrechts auch weiterhin zu berücksichtigen.*“

Für die GU beinhaltet die 8. GWB-Novelle keine formale Definition für diesen Begriff, wogegen in der alten Fassung eine Definition vorhanden war.[285] Diese Legaldefinition wurde in der Literatur kritisiert, erstens, weil sie die Breite des Begriffs der klassischen GU eingeschränkt hat;[286] und zweitens, weil sie unter den Regeln der Zusammenschlusskontrolle definiert wurde; somit war nicht klar, wieweit die kooperativen Effekte von GU der Verhaltenskontrolle unterliegen sollten.[287] Darauffolgend wurde der Begriff aus dem Gesetz gestrichen, um alle Typen von GU erfassen zu können.[288] Die Bestandteile dieser Definition werden im Kapitel „Konzentrative GU“ ausführlich dargelegt. Davor ist aber zu erwähnen, dass im deutschen Wettbewerbsrecht keine Abgrenzung von Vollfunktions- und Teilfunktions-GU entsteht, weil das deutsche Wettbewerbsrecht eine andere Auffassung von den GU hat. Das nationale Wettbewerbsrecht benötigt diese Unterscheidung nicht, weil es kein gesondertes Konzentrationsprivileg für bestimmte GU gibt; im Gegenteil, alle GU können gleichzeitig nicht nur der Strukturkontrolle, sondern auch der Verhaltenskontrolle unterliegen. Anders als die anderen betreffenden Rechtssysteme hat sich die Regel der Doppelkontrolle im deutschen Wettbewerbsrecht durchgesetzt. Die ursprüngliche Diskussion in Deutschland wurde über eine Trennungstheorie und Zweischrankentheorie geführt. Die erste sollte zwischen den konzentrativen und kooperativen GU unterscheiden und dann könne die Untersuchung nach dem ersten oder zweiten Verfahren ausgeführt werden[289]; aber im Gegensatz dazu setzt die zweite Theorie die parallele Anwendung von beiden Kartell- und Fusionskontrollverfahren voraus. Nach den Entscheidungen[290] des BGH überwog die Zweischrankentheorie. Aus diesem Grund bedeutet das nicht, wenn ein GU in Deutschland eine Genehmigung vom Bundeskartellamt in Bezug auf die Strukturkontrolle durch das Fusionskontrollverfahren bekommen hat, dass das GU gleichzeitig die Untersuchung der Verhaltenskontrolle bestehen wird. Obwohl die neue Novelle des GWB auf die Angleichung der materiellen Regelungen abzielt, behält sie immerhin die unterschiedliche Kategorisierung von Gemeinschaftsunternehmen bei und das Konzentrationsprivileg ist auch nicht übernommen worden.

---

285 § 23 Abs. 2 Nr. 2 Satz 3 GWB a. F.; § 37 Abs. 1 Nr. 3 Satz 3 GWB a. F., „Gemeinschaftsunternehmen“.

286 *Feldkamp*, Gemeinschaftsunternehmen als Kartelle verboten, 6 f.; dagegen: *Wiedemann*, Gemeinschaftsunternehmen im deutschen Kartellrecht, 40 ff.

287 *Huber*, Gemeinschaftsunternehmen in deutschem Wettbewerbsrecht, in: Huber/Börner, 10 ff.

288 *Lindemann*, in: Loewenheim/Meessen/Riesenkampff, Kartellrecht, § 37 GWB Rn. 46.

289 *Emmerich*, Kartellrecht, § 33 Rn. 40 ff.

290 BGH, v. 08.05.2001, KVR 12/99, WuW/E DE-R 711, 717 – Ost-Fleisch.

3. Türkisches Recht

Anders als in den anderen Rechtssystemen ist im türkischen *Gesetz über den Schutz des Wettbewerbs (RKHK)* eine Definition für das Unternehmen vorhanden. Gemäß Art. 3 RKHK ist ein Unternehmen *natürliche oder juristische Personen, die Waren oder Arbeit erzeugen, auf den Markt bringen oder verkaufen, und wirtschaftliche Einheiten, die Beschlüsse selbstständig fassen können.* Auch im türkischen Wettbewerbsrecht ist der Unternehmensbegriff im Vergleich zu anderen Branchen weitgehend festgelegt worden. Die offizielle Definition von Unternehmen bezieht sich nicht nur auf rechtliche, sondern auch auf die wirtschaftliche Selbstständigkeit und auf diese Weise, wie im deutschen und europäischen Recht, stellt die fehlende Rechtspersönlichkeit einer wirtschaftlichen Einheit kein Hindernis für die Unternehmenseigenschaft im Rahmen des Wettbewerbsrechts dar.[291] Auch im türkischen Recht herrscht das Prinzip der wirtschaftlichen Einheit.[292] In diesem Zusammenhang ist der funktionale Unternehmensbegriff, wie nicht anders zu erwarten, auch in den Entscheidungen der türkischen Wettbewerbskommission zu finden. In einer Entscheidung spricht die türkische Wettbewerbskommission von zwei Kriterien, an denen man ein Unternehmen erkennt: Das erste ist der funktionale Maßstab, wobei er sich durch die wirtschaftliche Tätigkeit erklären lässt, und das zweite ist der formelle Maßstab, der besagt, dass die Selbstständigkeit und die wirtschaftliche Einheit kumulativ existieren muss.[293] Die Selbstständigkeit ist aber statt rechtlich nur wirtschaftlich gemeint.[294]

Generell werden auch die Einheiten der öffentlichen Hand als Unternehmen angenommen, wobei aber manche davon nach verschiedenen Zwecken ausgeklammert sind.[295] Auf der Basis des Solidaritätsgrundsatzes sind die Dienstleistungen der Rentenkasse mit ähnlichen Begründungen nicht als wirtschaftliche Tätigkeit

291 *Topçuoğlu*, Rekabeti Kısıtlayan Teşebbüsler Arası İşbirliği Davranışları ve Hukuki Sonuçları, 112; Vgl. *Gürzumar*, Zehn Jahre türkisches Wettbewerbsrecht, in: Atamer/Hopt, Kompatibilität des türkischen und europäischen Wirtschaftsrechts, 227, 244, *„Dass diese Definition irreführend ist, liegt auf der Hand."*

292 Im Erwägungsgrund der RKHK, Art. 3: Bei der Definition des Unternehmens ist der Grundsatz der wirtschaftlichen Einheit anerkannt. *„Teşebbüs tanımı yapılırken ekonomik bütünlük ilkesi benimsenmiştir."*

293 Türkische Wettbewerbskommission, Entsch. v. 13.03.2001, Nr. 01-12/114-29, S. 2–ASKİ.

294 Türkische Wettbewerbskommission, Entsch. v. 13.03.2001, Nr. 01-12/114-29, S. 3 – ASKİ.

295 Als Beispiel durch eigene Regulierung zustande gekommene öffentliche Unternehmensvereinigungen, deren Zuständigkeit zur Preisregulierung nach Gesetz anerkannt ist. Türkische Wettbewerbskommission, Entsch. v. 24.02.2000 Nr. 00-8/72-34 –TEB.

akzeptiert worden.[296] Darüber hinaus erfüllt auch die Nachfragetätigkeit mancher öffentlicher Einrichtungen das Kriterium der wirtschaftlichen Tätigkeit nicht.[297]

Die begriffliche Erklärung von Gemeinschaftsunternehmen ist ähnlich dem europäischen Recht auch in der türkischen Fusionskontrollverordnung[298] beschrieben worden.[299] Nach dieser Verordnung ist die Unterscheidung zwischen Voll- und Teilfunktions-GU auch im türkischen Recht vollzogen worden. Obwohl diese Verordnung noch nicht sehr lange in Kraft ist (2010), galt diese Abgrenzung schon im türkischen Recht auf der Grundlage der Entscheidungen der türkischen Wettbewerbskommission.[300] Darüber hinaus beinhaltet die türkische Fusionskontrollverordnung ab dem Jahr 2010 auch Regeln über die Untersuchung von kooperativen Vollfunktions-GU wie in der europäischen FKVO.[301] Mit diesem neu hinzufügten Artikel bleibt aber immer noch offen, ob im türkischen Wettbewerbsrecht auch ein Konzentrationsprivileg entscheidend für die kooperativen Vollfunktions-GU ist. Seither sind verschiedene Meinungen darüber zu verzeichnen; einige stehen dafür, dass die TR-FKVO nicht beabsichtigt, die Verhaltenskontrolle gleichzeitig zusammen mit der Strukturkontrolle zu berücksichtigen.[302] Nach herrschender Meinung ist der Grund für die Einbringung des Artikels 13 Abs. 3 TR-FKVO die Übernahme des Konzentrationsprivilegs und dadurch sollen alle Vollfunktions-GU unabhängig davon, ob kooperativ oder konzentrativ, dem Fusionskontrollverfahren unterliegen.[303] Das Verfahren der Verhaltenskontrolle ist auch gleichzeitig mit dem Fusionskontrollverfahren nach den jüngsten Entscheidungen durchgeführt worden. Damit hat sich die türkische Strukturkontrolle in stärkerem Maße an die europäische angepasst.

Im Fall von Gemeinschaftsunternehmen ist der Status als wirtschaftliche Einheit von der türkischen Wettbewerbskommission nicht immer anerkannt worden. Der Ausschuss hat z.B. ein GU mit dessen Gründern zusammen als eine wirtschaftliche Einheit betrachtet und deshalb die Anwendung des Art. 4 RKHK ausgeschlossen.[304]

---

296 Türkische Wettbewerbskommission, Entsch. v. 19.06.2003 Nr. 03-44/501-221 – Emekli Sandigi.

297 Türkische Wettbewerbskommission, Entsch. v. 27.05.2003 Nr. 03-35/416-182 – SSK.

298 TR-FKVO Nr. 2010/4.

299 TR-FKVO Art. 5 Abs. 3 entspricht dem Art. 3 Abs. 4 FKVO.

300 Türkische Wettbewerbskommission, Entsch. v. 04.10.2007 Nr. 07-77/952-362, S. 4 – The National Commercial Bank (NCB); Türkische Wettbewerbskommission, Entsch. v. 31.01.2008 Nr. 08-09/106-34, S. 4 – DOAŞ.

301 Art. 13 Abs. 3 TR-FKVO.

302 *Ersoy*, Zusammenschlusskontrolle in der Türkei unter Berücksichtigung des Einflusses europäischen Rechts, 95.

303 *Gürkaynak/Inanılır/Yılmaz/Duman*, 2010/4, Sayili Rekabet Kurulu'ndan izin alinmasi gereken birleşme ve devralmalar hakkında tebliğ uygulaması ile birleşme devralmaların kontrolü rejiminde meydana gelen yapısal degişiklikler: Etki Değerlendirmesi, Rekabet Dergisi-Competition Journal 4/2012, 97, 143.

304 *Aslan*, Rekabet Hukuku-Teori-Uygulama-Mevzuat, 47; Türkische Wettbewerbskommission, Entsch. v. 13.11.2003 Nr. 03-73/881-381 – Teknosa.

Nach der Theorie des GU ist diese Auffassung nicht zu akzeptieren.[305] Auf der anderen Seite kann das GU in besonderen Situationen mit ihren Gründern eine Einheit bilden; diese Tatsache ist besonders wichtig für die Verhaltenskontrolle der GU,[306] die im Teil „Kooperative GU“ in Betracht gezogen wird.

4. Grundlegende Abgrenzung als Gegenstand der Untersuchung

Der Unternehmensbegriff hat in den drei Rechtssystemen grundsätzlich die gleiche weite Auslegung i. S. d. funktionellen Charakters erfahren. Aber die wettbewerbsrechtliche Abgrenzung von den Gemeinschaftsunternehmen und ihre Untersuchung zeigen die Auslegung der Klassifizierung. Weil keine generelle wettbewerbsrechtliche Definition besteht, spezifizieren die verschiedenen Regelungsbereiche besondere Typen von GU, um die Anwendung rechtssicherer zu machen. Um die wettbewerbsrechtlichen Regeln konkreter auszulegen, versucht der Gesetzgeber, die GU nach den Auswirkungen ihrer unterschiedlichen Gestaltungstypen zu regulieren. Wie in allen Rechtssystemen ist der Ausgangspunkt für die Beschreibung der GU die auf Marktstrukturveränderungen bezogenen Regeln. So werden in der vorliegenden Untersuchung die dafür erwünschten Tatbestandsmerkmale der GU erst aus diesem Blickwinkel beleuchtet und diese Beschreibung wird dann als Basis verwendet und auch für die Abgrenzung der Anwendung der Verhaltenskontrolle von Bedeutung sein.

Wegen der oben erwähnten Besonderheiten von Gemeinschaftsunternehmen wird die vorliegende Arbeit erst die GU berücksichtigen, die sich auf die Marktstruktur auswirken, nämlich die konzentrativen GU, und folglich die möglichen kartellrechtlichen Konsequenzen dieser Zusammenarbeit unter dem Begriff der kooperativen GU berücksichtigen. In diesem Zusammenhang werden in dem Kapitel „Konzentrative Gemeinschaftsunternehmen“ die für die Markstruktur wesentlichen Tatbestandsmerkmale von konzentrativen Gemeinschaftsunternehmen bezüglich des Fusionskontrollrechts nach dem jeweiligen Rechtssystem und deren materiell-rechtlicher Folgen untersucht. Danach wird dieser Vergleich für kooperative Gemeinschaftsunternehmen im Sinne ihrer wettbewerbsbeschränkenden Auswirkungen und der wettbewerbsrechtlichen Prüfung stattfinden. Generell wird der aktuelle und potenzielle Wettbewerbsverlust, der Gruppeneffekt und die weiteren wettbewerblichen Absprachen in den Joint-Venture-Verträgen oder in weiteren Satellitenverträgen betrachtet, um die wettbewerblichen Auswirkungen auf die Gemeinschaftsunternehmen darzulegen.

---

305 *Aslan*, Rekabet Hukuku-Teori-Uygulama-Mevzuat, 47.

306 *Jones*, The Boundaries of an Undertaking in EU Competition Law, ECJ 2012, 301, 318.

III. TEIL: Konzentrative Gemeinschaftsunternehmen

1. Marktstrukturveränderung

Wegen der im ersten Teil der Arbeit erwähnten Risiken werden die meisten GU als EJV gegründet und infolgedessen treten sie am Markt selbstständig auf. Statt als einzelne Wettbewerber auf dem Markt zu erscheinen, entscheiden sich manche Unternehmen wegen verschiedener ökonomischer Faktoren für eine Zusammenarbeit in einem einzigen Unternehmen. Aber solche Typen von GU, die mit Vollfunktion ausgestattet sind, tragen auch konzentrative Risiken für den Wettbewerb in sich.

Weil sich die Gründerunternehmen aus dem Markt der Zusammenarbeit zurückziehen,[307] bleiben auf dem Markt im Vergleich zum früheren Zustand weniger Wettbewerber zurück. Darüber hinaus beseitigen die Gründer auch den aktuellen und/oder potenziellen Wettbewerb untereinander.[308] Dies ist nicht nur für die Wettbewerbsfähigkeit des Marktes bedenklich, sondern auch durch die Verstärkung eines Wettbewerbers, die durch den Zusammenschluss der Gründer entsteht.[309] Diese Stärkung der wettbewerblichen Stelle führt noch zu höheren Marktzutrittsschranken und dadurch kann der potenzielle Wettbewerb auch gefährdet sein.[310]

Wegen der oben genannten Gründe sind die Regeln, die die Marktstruktur schützen sollen, sehr erheblich. Durch die fusionskontrollrechtlichen Vorschriften will der Gesetzgeber den wirksamen Wettbewerb aufrechterhalten und infolgedessen müssen besondere kritische Umstände, die eine dauerhafte Veränderung der Marktstruktur hervorrufen,[311] beobachtet werden, um die negativen Auswirkungen vermeiden zu können. Unter diesen Umständen liegen zwei bestimmte Marktformen vor, nämlich die Einzelmarktbeherrschung und das Oligopol. Generell hatte sich in der europäischen fusionskontrollrechtlichen Geschichte die materielle Beurteilung vordringlich nur auf die marktbeherrschenden Unternehmen konzentriert und dafür wurde als Eingreifkriterium der Marktbeherrschungstest angewendet.[312] Durch

307 Vgl. *Huber*, Gemeinschaftsunternehmen in deutschem Wettbewerbsrecht, in: Huber/Börner, 25 f. Dies ist als ein Teil des faktischen Wettbewerbsverzichts benannt.

308 *Temple Lang*, International Joint Ventures under Community Law, F. C. L. I. 1999, 381, 395 f.

309 *Kuhn*, Kooperative Aspekte von Gemeinschaftsunternehmen im Europäischen Kartellrecht, 8.

310 Ebenda; *Temple Lang*, International Joint Ventures under Community Law, F. C. L. I. 1999, 381, 395 f.

311 Erwägungsgrund 20 der FKVO; Konsolidierte Mitteilung zu Zuständigkeitsfragen, Rn. 7.

312 Art. 2 Abs. 3 FKVO. a. F. (VO Nr. 4064/89): *„Zusammenschlüsse, die eine beherrschende Stellung begründen oder verstärken, durch die wirksamer Wettbewerb im*

diesen Test konnten die Vorschriften Zusammenschlüsse von Unternehmen verbieten, die durch Zusammenschluss eine Marktbeherrschung schaffen wollten und auf diese Weise ihren Konkurrenten vom Wettbewerb verdrängen. Der Test war für zwei Fälle vermeidbar, und zwar für die Einzelmarktbeherrschung und die gemeinsame Marktbeherrschung (Oligopol), die infolge des Zusammenschlusses ausführbarer abgestimmter Verhalten entsteht und durch diese koordinierten Wirkungen eine Gefahr für den Wettbewerb darstellt. In der Literatur ist allerdings umstritten, ob ein anderer Fall, nämlich die Oligopole, die keine koordinierten Effekte zeigen, aber wegen der oligopolistischen Marktstruktur einen Zusammenschluss auf dem Markt den Wettbewerb beeinträchtigen können, auch von präventiven Vorschriften der Fusionskontrolle durch den Marktbeherrschungstest erfasst wurden.[313] Um bei diesen nichtkoordinierten Wirkungen[314] auch eingreifen zu können, wurde der Marktbeherrschungstest durch den SIEC[315]-Test ersetzt.[316] Durch diese Veränderung der materiellen Beurteilungskriterien konnten nicht nur statische (z. B. Marktanteile und Marktstruktur), sondern auch andere wichtige dynamische Aspekte des Markts in Erwägung gezogen werden.[317]

Weil die Gründung von GU mehr wettbewerbsrechtliche Risiken auf einem konzentrativen Markt mit sich bringt,[318] sind sie in allen drei Rechtssystemen zuerst im Fusionskontrollrecht geregelt, um die negativen Auswirkungen von konzentrativen GU mithilfe der oben genannten Eingreifkriterien ex ante zu verbieten.

Um die materiellen fusionskontrollrechtlichen Regeln den europäischen anzunähern, wurde der alte Marktbeherrschungstest im GWB mit der 8. Novelle durch den SIEC-Test ersetzt.[319] Aber im türkischen Recht bleibt der Marktbeherrschungstest

---

Gemeinsamen Markt oder in einem wesentlichen Teil desselben erheblich behindert würde, sind für unvereinbar mit dem Gemeinsamen Markt zu erklären."

313 *Mäger*, Europäisches Kartellrecht, 8. Kap. Rn. 164 ff.; Erwägungsgrund 25 der FKVO.

314 *Kommission*, Leitlinien horizontaler Zusammenschlüsse, Rn. 24 f.

315 Art. 2 Abs. 3 FKVO, „*Zusammenschlüsse, durch die wirksamer Wettbewerb im Gemeinsamen Markt oder in einem wesentlichen Teil desselben erheblich behindert würde, insbesondere durch Begründung oder Verstärkung einer beherrschenden Stellung, sind für mit dem Gemeinsamen Markt unvereinbar zu erklären.*" ‚*Significant Impediment of Effective Competition*' – „*erhebliche Behinderung wirksamen Wettbewerbs.*"

316 Erwägungsgrund 25 der FKVO; vgl. *Emmerich*, Kartellrecht, § 16 Rn. 4.

317 *Fountoukakos/Ryan*, A new substantive test for EU merger control, E. C. L. R. 2005, 277, 283; Bundeskartellamt, Marktbeherrschungs- und SIEC-Test, Hintergrundpapier, 24.09.2009, S. 6.

318 *Temple Lang*, International Joint Ventures under Community Law, F. C. L. I. 1999, 381, 384.

319 § 36 Abs. 1 GWB: „*Ein Zusammenschluss, durch den wirksamer Wettbewerb erheblich behindert würde, insbesondere von dem zu erwarten ist, dass er eine marktbeherrschende Stellung begründet oder verstärkt, ist vom Bundeskartellamt zu untersagen.*"

immer noch das materiell-rechtliche Entscheidungskriterium.[320] Deswegen sind diese Tests für die wettbewerbsrechtlichen Konsequenzen der konzentrativen GU wichtig und die unterschiedlichen Effekte von verschiedenen Tests werden auch in diesem Teil untersucht.

Weil in allen Rechtssystemen die fusionskontrollrechtliche Definition für GU als vorrangiger abgrenzender Anwendungsfall herrscht, wird hier zuerst die konzentrative GU beschrieben, um sie später mit den anderen Typen effektiver vergleichen zu können.

2. Konzentrative Gemeinschaftsunternehmen nach europäischem Fusionskontrollrecht

Um von einem konzentrativen Gemeinschaftsunternehmen im europäischen Wettbewerbsrecht sprechen zu können, muss das GU die formellen Kriterien der FKVO erfüllen. Dafür muss es vorerst einen Zusammenschluss gemäß Art. 3 FKVO anzeigen. Dieser entsteht entweder durch die Fusion von zuvor unabhängigen Unternehmen oder durch einen Kontrollerwerb über ein anderes Unternehmen,[321] und als Sonderfall die Gründung eines Vollfunktions-GU. Neben dem Vollfunktionscharakter soll das GU auch eine gemeinschaftsweite Bedeutung[322] haben, um es als ein konzentratives GU nach europäischem Recht behandeln zu können.

Der Unternehmensbegriff in fusionskontrollrechtlichem Sinne unterscheidet sich nicht von dem generellen funktionalen Unternehmensbegriff, welcher gemäß Art. 101 und 102 AEUV oben erklärt wurde. Aber zusätzlich enthält die FKVO einen anderen Begriff von „beteiligten Unternehmen“[323], um die Teilnehmer in einem Zusammenschluss zu bestimmen, die auf dem Markt Strukturveränderungsrisiken tragen könnten.[324] Anhand dieses Begriffes und des Umsatzes von solchen Unternehmen ist der Anwendungsbereich der FKVO festgelegt und mithilfe von diesen beiden Elementen ist festzustellen, ob das konzentrative GU in den Geltungsbereich der FKVO fällt und auf der europäischen Ebene untersucht werden soll.

Im europäischen Recht sind die Gemeinschaftsunternehmen, die als konzentrativ anerkannt sind, in Art. 3 Abs. 1 lit. b und Abs. 4 FKVO beschrieben worden. Nach der Zusammenfassung des Tatbestandsmerkmals dieser Vorschriften können die Voraussetzungen der konzentrativen GU in der Europäischen Union entnommen werden. Wie oben erwähnt wurde, bildet die gemeinsame Kontrolle die grundsätzliche

320 Art. 7 Abs. 1 RKHK.

321 Konsolidierte Mitteilung zu Zuständigkeitsfragen, Rn. 9 ff.

322 Art. 1 FKVO.

323 Art. 5 Abs. 1 FKVO; Konsolidierte Mitteilung zu Zuständigkeitsfragen, Rn. 129 ff.

324 Vgl. *Körber*, in: Immenga/Mestmäcker, EU-Wettbewerbsrecht, Art. 1 FKVO, Rn. 27: In diesem Zusammenhang sind alle unmittelbaren Teilnehmer *beteiligte Unternehmen*, die an Fusion, Kontrollerwerb und Gründung eines GU teilnehmen, aber nicht die Veräußerer.

Eigenschaft des GU im europäischen Wettbewerbsrecht, und gemäß Art. 3 Abs. 1 lit. b FKVO ist vor allem eine gemeinsame Kontrolle nötig.[325] Aber für die Anwendung der FKVO genügt diese Beschreibung nicht, sondern die Anwendung der VO unterscheidet sich nach verschiedenen Entstehungsarten von Gemeinschaftsunternehmen; und diese Arten voneinander zu trennen, ist als der abzugrenzende Fall für die Gründung eines Gemeinschaftsunternehmens festgestellt worden.

Der Art. 3 Abs. 4 FKVO beschreibt die benötigten Tatbestände für die Anwendung der VO, und zwar nur bei der Gründung eines GU, sogenannte Vollfunktions-GU. Es ist daher festzustellen, dass die Vollfunktionseigenschaft auf jeden Fall bei einer Neugründung von einem GU existent sein muss, dazu zählt noch die Verstärkung eines bestehenden GU infolge der Übertragung des individuellen Vermögens der Muttergesellschaften als eine Neugründung.[326] Auf der anderen Seite kann eine gemeinsame Kontrolle nach Art. 3 Abs. 1 lit. b FKVO über ein bestehendes Unternehmen erworben werden und wenn es so ist, setzt die VO das Vollfunktionskriterium für deren Anwendbarkeit auf das erworbene Unternehmen (GU) nicht voraus.[327] In Bezug auf diese Vorgehensweise bei GU ist es umstritten, unter welchen Umständen der Vollfunktionscharakter unberücksichtigt bleiben kann. In der Literatur ist zu finden, dass – wenn der Erwerb dieser gemeinsamen Kontrolle von einem Dritten erworben wurde – es nicht auf das Vollfunktionskriterium ankommt, um das GU als Zusammenschluss zu erkennen;[328] aber wenn ein Unternehmen die alleinige Kontrolle abgibt, um eine gemeinsame Kontrolle mit einem anderen Unternehmen über das bestehende Unternehmen zu schaffen, dann sucht die Kommission die Erfüllung des Vollfunktionskriteriums und aus diesem Grund wird dieser Vorgang auch als Gründung eines GU betrachtet.[329] Im Gegensatz dazu steht, wenn die Mitteilung über den Erwerb von Dritten nicht klargestellt hat, ob beim Kontrollwechsel von alleiniger zu gemeinsamer Kontrolle diese Voraussetzung ebenso ausgeschlossen sein muss,[330] wenn es sich um den Erwerb von einem bereits bestehenden Unternehmen mit Marktpräsenz handelt.[331] Darüber hinaus vertreten andere in der Literatur die Meinung, dass der Verzicht auf das Vollfunktionskriterium nur möglich ist, „*wenn das zu erwerbende Unternehmen bereits vor dem Erwerb ein GU darstellt*“[332].

325 Konsolidierte Mitteilung zu Zuständigkeitsfragen, Rn. 91.

326 Konsolidierte Mitteilung zu Zuständigkeitsfragen, Rn. 92; *Käseberg*, in: Langen/Bunte, Kartellrecht, Art. 3 FKVO, Rn. 97.

327 Konsolidierte Mitteilung zu Zuständigkeitsfragen, Rn. 91.

328 Vgl. *Rosenthal/Thomas*, European Merger Control, 39 ff.; dagegen, *Mäger*, Europäisches Kartellrecht, 9. Kap. Rn. 74. „… Dass die Kommission nur auf den Erwerb „von Dritten“ (und nicht „von einem Dritten“) Bezug nimmt.“

329 *Käseberg*, in: Langen/Bunte, Kartellrecht, Art. 3 FKVO Rn. 97.

330 *Käseberg*, in: Langen/Bunte, Kartellrecht, Art. 3 FKVO Rn. 99, *Körber*, in: Immenga/Mestmäcker, EU-Wettbewerbsrecht, Art. 3 FKVO Rn. 127; *Wessely/Wegner*, in: MüKoEUWettR, Art. 3 FKVO Rn. 113.

331 Vgl. *Wessely/Wegner*, in: MüKoEUWettR, Art. 3 FKVO Rn. 113.

332 *Mäger*, Europäisches Kartellrecht, 9. Kap. Rn. 74.

Infolge dieser Abgrenzung von der Gründung eines GU zum bloßen Erwerb einer gemeinsamen Kontrolle über ein bestehendes Unternehmen ist das Verhältnis zwischen den beiden Vorschriften Art. 3 Abs. 1 lit. b und Art. 4 FKVO strittig geworden. In der Literatur wird der Kontrollwechsel generell auch als Neugründung eines GU angenommen;[333] aber die Mitteilung trennt auffälligerweise diese beiden Fälle, und es ist davon auszugehen, dass auch bei bloßem Kontrollwechsel dem Vollfunktionserfordernis nicht nachgekommen werden soll.[334] Nach dem Grund für die Annahme als Neugründung bei dem Kontrollerwerb von einem Dritten bringen die Gründerunternehmen bzw. beteiligten Unternehmen bei der Gründung eines GU ihre eigenen verbundenen Ressourcen ein; wenn sie diese von einem Dritten übernehmen, dann ergibt sich daraus ein Wachstum kontrollierter Ressourcen, und auf diese Weise dehnt sich der Umfang ihrer Kontrolle aus und dadurch wiederum ist der Zusammenschlusstatbestand erfüllt worden, der eine dauerhafte strukturelle Veränderung auf dem Markt hervorruft.[335]

Als Ergebnis davon wird auch ein kompletter Wechsel der gemeinsamen Kontrolle an einem GU von Art. 3 Abs. 1 lit. b FKVO erfasst und dabei wird keine Vollfunktionsfähigkeit vorausgesetzt, weil die neuen Unternehmen dadurch neue Ressourcen erwerben und eine dauerhafte Kontrollveränderung verursachen. In diesem Fall kann es sich bei dem erworbenen GU um ein Vollfunktions-GU handeln, denn nach dem Erwerb ist es nicht wichtig, ob das GU in Zukunft auch vollfunktionsfähig bleiben wird.[336] In der Literatur wird angenommen, dass – wenn nach der Übernahme das GU vollfunktionsfähig bleibt – hiernach der Erwerb auch als eine Gründung eines GU (Art. 3 Abs. 4 FKVO) anzusehen sein sollte.[337] In diesem Zusammenhang wird der Wechsel der gemeinsamen Kontrolle an einem Teilfunktions-GU auch von Art. 3 Abs. 1-3 FKVO erfasst.[338] Nach einer anderen Annäherung an das Thema ist der Fall des Wechsels der Kontrolle nicht als Neugründung anzusehen und ohne Vollfunktionskriterium zu beachten,[339] es sei denn, wenn nach dem Erwerb das neue gemeinsam kontrollierte GU seinen Vollfunktionscharakter nicht verliert.[340]

---

333 *Emmerich*, Kartellrecht, § 17 Rn. 9; *Lindemann*, in: Loewenheim/Meesen/Riesenkampff, Kartellrecht, Art. 3 FKVO Rn. 41.

334 *Körber*, in: Immenga/Mestmäcker, EU-Wettbewerbsrecht, Art. 3 FKVO Rn. 127; *Käseberg*, in: Langen/Bunte, Kartellrecht, Art. 3 FKVO Rn. 99.

335 Vgl. *Rosenthal/Thomas*, European Merger Control, 39 f.

336 Konsolidierte Mitteilung zu Zuständigkeitsfragen, Rn. 91; vgl. *Käseberg*, in: Langen/Bunte, Kartellrecht, Art. 3 FKVO Rn. 99.

337 Vgl. *Wessely/Wegner*, in: MüKoEUWettR, Art. 3 FKVO Rn. 113.

338 *Zimmer*, in: Immenga/Mestmäcker, EU-Wettbewerbsrecht, Art. 101 Abs. 1 AEUV, Rn. 309.

339 *Käseberg*, in: Langen/Bunte, Kartellrecht, Art. 3 FKVO, Rn. 99; *Schröer*, in: FK, Art. 3 FKVO, Rn. 137.

340 Vgl. *Wessely/Wegner*, in: MüKoEUWettR, Art. 3 FKVO Rn. 113, der Fall sollte als Sonderfall der Gründung eines vollfunktionsfähigen GU anzusehen sein.

Unter diesen Umständen können Bedenken hinsichtlich der Unklarheiten in Bezug auf die Anwendbarkeit der FKVO auf GU aufkommen. Die begleitende Praxis der Kommission ist auch nicht konsistent gewesen.[341] Obwohl sich die Kommission in diesen Kontrollwechsel-Fällen auf Art. 3 Abs. 1 lit. b FKVO konzentriert, erwähnt sie gleichzeitig den Vollfunktionscharakter von GU.[342] In diesem Zusammenhang kann die Frage gestellt werden, ob die FKVO nur auf die Vollfunktions-GU anwendbar[343] ist oder auch durch Änderung der Kontrolle eine Strukturveränderung verursachende GU ohne Vollfunktionalitätstest von FKVO erfasst werden kann.[344] In der Literatur wird angenommen, dass das Vollfunktionskriterium eine Abgrenzung für die konzentrativen GU begründet und deswegen darf die FKVO nur auf solche GU anwendbar sein; auf der anderen Seite möchte die Kommission den Zusammenschluss weitgehend behandeln, um durch Kontrollwechsel hervorgerufene Effekte auf die Marktstruktur umfangreich verhindern zu können.[345]

Diese Abgrenzung bei der Anwendung der FKVO hat nebenbei materiell-rechtliche Konsequenzen für die GU. Das Konzentrationsprivileg steht eigentlich für die Vollfunktions-GU, weil Art. 2 Abs. 4 FKVO gleichzeitig im Fusionskontrollverfahren die möglichen kooperativen Effekte der konzentrativen GU untersucht und diese Analyse nur die Gründung solcher GU erfasst, die das Vollfunktionskriterium gemäß Art. 3 Abs. 4 FKVO erfüllt haben. Wenn das einzugreifende GU nicht unter die Neugründungsklausel, sondern unter den bloßen Kontrollwechsel fällt, dann soll der Test für das Vollfunktions-GU entfallen und dadurch soll Art. 2 Abs. 4 FKVO nicht auf solche GU anwendbar sein.[346] Aber immerhin beinhaltet der Wille der Kommission die Anwendungsmöglichkeit der Art. 2 Abs. 4 FKVO auf andere Weise für diese GU im Zusammenhang mit potenziellem Koordinationsrisiko zwischen den Müttergesellschaften.[347]

---

341 *Radicatti di Brozolo/Gustafsson*, Full Function Joint Ventures under The Merger Regulation: The Need for Clarification, E. C. L. R. 2003, 574, 575 f.

342 Kommission, 19.08.2005, COMP/M. 3798, Rn. 10 f. – NYK/Lauritzen Cool/Laucool JV (Prüfung des Vollfunktionskriteriums beim Wechsel von alleiniger zu gemeinsamer Kontrolle); Kommission, 05.06.2008, COMP/M.5066, Rn. 7 – Eurogate/APMM; dagegen, Kommission, 18.08.2006, COMP/M.3848 – Sea-Invest/EMO-EKOM (kein Vollfunktionstest.)

343 *Emmerich*, Kartellrecht, § 17 Rn. 9 und 12.

344 Vgl. *Käseberg*, in: Langen/Bunte, Kartellrecht, Art. 3 FKVO Rn. 42: Wechsel von alleiniger zu gemeinsamer Kontrolle ist ebenfalls ein eigenständiger Zusammenschlusstatbestand.

345 *Käseberg*, in: Langen/Bunte, Kartellrecht, Art. 3 FKVO Rn. 40 f.

346 *Rosenthal/Thomas*, European Merger Control, 226, Rn. 531.

347 Konsolidierte Mitteilung zu Zuständigkeitsfragen, Rn. 91 Fn. 84; *Rosenthal/Thomas*, European Merger Control, 226; Kommission, 18.08.2006, COMP/M.3848, Rn. 1, 8 f., 99–103 – Sea-Invest/EMO-EKOM – Erwerb der gemeinsamen Kontrolle, kein Vollfunktionstest, aber materielle Prüfung gemäß Art. 2 Abs. 4 FKVO.

Angesichts der oben genannten Angaben ist es nicht möglich, definitiv zu sagen, ob das GU nur auf die Vollfunktions-GU anwendbar ist, aber die Mehrheit der Fälle in Bezug auf die Zusammenschlusspraxis bezieht sich auf die Vollfunktions-GU und deswegen ist es sinnvoller, zu bejahen, dass die FKVO grundsätzlich nur auf die GU Anwendung findet, die auf Dauer alle Funktionen einer selbstständigen Einheit erfüllen.[348] Aus diesem Grund wird der Vollfunktionsaspekt im Teil „Konzentrative Gemeinschaftsunternehmen" gründlich gegliedert, wobei allgemein die strukturverändernden Aspekte eines Gemeinschaftsunternehmens und deren konzentrative Auswirkungen unter die Lupe genommen werden. Aber vorerst soll die gemeinsame Kontrolle betrachtet werden, weil sie die Gemeinsamkeit aller Gemeinschaftsunternehmen nach dem europäischen Wettbewerbsrecht bildet.

a) Voraussetzungen nach FKVO

aa) Gemeinsame Kontrolle

Wie oben erwähnt wurde, muss ein GU nach der FKVO und der Konsolidierten Mitteilung gemeinsam kontrolliert werden. Und nach Art. 3 Abs. 1 lit. b FKVO kann nach der Auffassung des europäischen Rechts von einem GU gesprochen werden, wenn zwei oder mehr voneinander unabhängige Unternehmen zusammen über die Kontrollmöglichkeit über ein anderes Unternehmen verfügen. Obwohl sich dieser Tatbestand aus der FKVO ergibt, gilt das Gleiche für die GU, die nicht von der VO erfasst werden. Nur wenn es sich um ein konzentratives GU handelt, insbesondere um ein Vollfunktions-GU, dann muss diese gemeinsame Kontrolle auf Dauer angelegt sein.[349]

Die gemeinsame Kontrolle kann entweder von Personen oder Unternehmen ausgeübt werden, aber wenn es sich um eine Person handelt (juristisch oder natürlich), kann diese Person auch als ein Erwerber auftreten, solange sie zumindest ein anderes Unternehmen entweder gemeinsam oder allein kontrolliert oder weitere wirtschaftliche Tätigkeiten auf eigene Rechnung durchführt.[350]

Die gemeinsame Kontrolle kann in verschiedenen Formen in Erscheinung treten. Das Wichtigste für diesen Kontrolltyp ist, dass die sogenannten kontrollierenden Unternehmen die rechtliche oder tatsächliche Möglichkeit haben müssen, „*bestimmenden Einfluss auf die Tätigkeit eines Unternehmens auszuüben*"[351]. Wenn die

348 *Mäger*, Europäisches Kartellrecht, 8. Kap. Rn. 32.

349 Konsolidierte Mitteilung zu Zuständigkeitsfragen, Rn. 34. Nur vorübergehende gemeinsame Kontrolle, wenn sie max. ein Jahr dauert.

350 Konsolidierte Mitteilung zu Zuständigkeitsfragen, Rn. 12 und 13. Alle privaten oder öffentlichen Unternehmen inklusive des Staates können dadurch von der FKVO erfasst werden.

351 Art. 3 Abs. 2 FKVO; Konsolidierte Mitteilung zu Zuständigkeitsfragen, Rn. 16, Nachweis der tatsächlichen Ausübung nicht unbedingt nötig, aber die Möglichkeit muss tatsächlich gegeben sein.

Kontrolle rechtlich[352] abgesichert ist, dann ist eine *de jure*-Kontrolle vorhanden, sonst kann die Kontrolle auch „de facto" entstehen, wenn z.B. eine faktische gemeinsame Stimmrechtsausübung der Müttergesellschaften für ihre gemeinsamen Interessen als vernünftig anzusehen ist.[353] Eine starke gegenseitige Abhängigkeit der Müttergesellschaften des GU kann auch eine *de facto*-Kontrolle herbeiführen, besonders wenn die Müttergesellschafter starke gemeinsame Interessen bzw. Strategien teilen[354] oder wenn sie einen lebenswichtigen Beitrag, wie Technologie oder Know-how, einbringen und dadurch gezwungen sind zusammenzuarbeiten, um die Ziele des GU erreichen zu können.[355] Dieser bestimmende Einfluss wird insbesondere durch die Teilnahme an strategischen Entscheidungen des Unternehmens ausgeübt. Wobei die kontrollierenden Müttergesellschafter die Geschäftspolitik, die Strategie und die Finanzplanung des Unternehmens bewirken können.[356] Aber alle diese aufgelisteten Kontrollrechte müssen nicht vorhanden sein, sondern die Gesamtschau aller faktischen oder rechtlichen Umstände ist nötig, um sicherzustellen, dass eine Kontrolle vorliegt.[357]

Diese Kontrolle kann mittelbar oder unmittelbar erworben werden; unmittelbar kann die Kontrolle durch Eigentumsrechte bzw. Anteilserwerb oder Vermögenserwerb[358] an dem GU existieren; nebenbei müssen auch die Stimmrechte für die Ausübung eines bestimmenden Einflusses vorhanden sein. Dieser Einfluss kann außerdem auf vertraglicher Grundlage erworben werden, aber auch in diesem Fall muss dieses Kontrollrecht dauerhaft geschaffen werden.[359] Auf der anderen Seite ist es möglich, eine mittelbare Kontrolle für ein Unternehmen zu schaffen, als Beispiel kann der Kontrollerwerb durch ein GU angenommen werden. In diesem Fall stellt

---

352 Konsolidierte Mitteilung zu Zuständigkeitsfragen, Rn. 65. In der Satzung des GU oder im Joint-Venture-Vertrag.

353 Konsolidierte Mitteilung zu Zuständigkeitsfragen, Rn. 76.

354 Kommission, 09.11.1993, IV/M.382, 2 f. – Phillips/Grundig, wo die Banken als Minderheitsgesellschafter über De-facto-Kontrolle verfügen durch ein gemeinsames Vetorecht.

355 Vgl. *Landenberg-Roberg*, Die Bedeutung rechtsunverbindlicher Vereinbarungen für den Kontrollerwerb in der europäischen Fusionskontrolle, WuW 2010, 877, 883 f.; EuG-Urteil v. 23.02.2006, Rs. T-282/02 – Cementbouw/Komission, Rn. 54 f.

356 Konsolidierte Mitteilung zu Zuständigkeitsfragen, Rn 69 ff.; vgl. *Wessely/Wegner*, in: MüKoEUWettR, Art. 3 FKVO Rn. 25 ff.; zu den strategischen Entscheidungen: Die Besetzung der Unternehmensleitung, der Finanzplan, der Geschäftsplan, größere Investitionen und (soweit vorhanden) sog. marktspezifische Rechte.

357 Konsolidierte Mitteilung zu Zuständigkeitsfragen, Rn. 16, 68 und 73.

358 Kommission, 22.12.2005, COMP/M.3867 – Vattenfall/Elsam und E2-Assets; Konsolidierte Mitteilung zu Zuständigkeitsfragen, Rn. 24 f., Vermögenswerte müssen die Gesamtheit oder einen Teil des Unternehmens bilden, sodass ein *Geschäftsbereich mit eigener Marktpräsenz* existiert, *dem eindeutig ein Marktumsatz zugeordnet werden kann.*

359 Art. 3 Abs. 2 lit. a und b FKVO; Konsolidierte Mitteilung zu Zuständigkeitsfragen, Rn. 18; vgl. *von Rosenberg*, in: Schulte/Just, Kartellrecht, Art. 3 FKVO Rn. 14.

sich die Frage, ob die Müttergesellschaften hier die Kontrolle erlangen oder nur das GU selbst.[360] Wenn es ein auf einem Markt tätiges Vollfunktions-GU ist, dann hat das GU unmittelbar erworben; wenn aber die Gründer nur für Erwerbszwecke dieses GU errichtet haben, dann erwerben die Müttergesellschaften unmittelbar die Kontrolle über das Zielunternehmen.[361] Die durch eine Tochtergesellschaft an einem GU erworbene gemeinsame Kontrolle kann den Fall eines mittelbaren Kontrollerwerbs konstruieren.[362]

Die Befugnis der Kontrolle kann sich entweder positiver- oder negativerweise zeigen. Bei der positiven Kontrolle haben die Müttergesellschafter die Möglichkeit, ihre eigenen Interessen mithilfe der Stimmrechtsmehrheit oder anderer erworbener Rechte durchzusetzen.[363] Ein klassischer Fall liegt bei paritätischen Beteiligungen vor. Hier haben die Müttergesellschaften Stimmengleichheit (50 : 50), und sie haben keine anderen besonderen Rechte per Vertrag oder besitzen keine zusätzlichen Kontrollrechte. Aber durch die Gleichheit der Stimmrechte ist höchstwahrscheinlich mit einem Interessenkonflikt zu rechnen. Deshalb entsteht i. d. R. keine gemeinsame Kontrolle, wenn eine Muttergesellschaft eine ausschlaggebende Stimme für solche Umstände hat – wohl aber, wenn die Ausübung dieser Stimme von einigen begrenzenden Voraussetzungen, wie Schlichtungs- und Einigungsversuchen, abhängig gemacht werden kann. Nach Gesamtschau der Umstände ist eine gemeinsame Kontrolle zu bejahen.[364]

Diese positive paritätische, gemeinsame Kontrolle kann sich auch in weniger als dem Beteiligungsanteil von 50 % zeigen,[365] es sei denn, dass der dritte Minderheitsanteilseigner keinen bestimmenden Einfluss auf die strategischen Entscheidungen ausüben kann. Auf andere Weise wird eine gemeinsame Kontrolle mithilfe von negativen Kontrollmöglichkeiten verfügbar gemacht, obwohl die Müttergesellschaften ihre eigene Entscheidung nicht erwirken. Sie können aber Entscheidungen, die ihren Interessen zuwiderlaufen, durch Vetorechte verhindern.[366] Hinsichtlich des Zusammenschlusstatbestands kann von einer Kontrolle die Rede sein, wenn diese Vetorechte sich auf oben genannte strategische Entscheidungen beziehen;

---

360 Konsolidierte Mitteilung zu Zuständigkeitsfragen, Rn. 12; *Körber*, in: Immenga/Mestmäcker, EU-Wettbewerbsrecht, Art. 1 FKVO, Rn. 36 ff.

361 Konsolidierte Mitteilung zu Zuständigkeitsfragen, Rn. 146 f.; *von Brevern*, Die „Gründung eines Gemeinschaftsunternehmens" nach Art. 3 Abs. 4 der Fusionskontrollverordnung, WuW 2012, 225, 232.

362 Konsolidierte Mitteilung zu Zuständigkeitsfragen, Rn. 135.

363 Vgl. *Wessely/Wegner*, in: MüKoEUWettR, Art. 3 FKVO Rn. 43 f.

364 Konsolidierte Mitteilung zu Zuständigkeitsfragen, Rn. 82; Kommission, 11.08.1997, IV/M.925 – Krupp Hoesch/Thyssen, Rn. 8.

365 Kommission, 23.10.1993, IV/M.086 – Thomson/Pilkington, Rn. 5 f.

366 Kommission, 05.02.2001, COMP/M.2262 – Flughafen Berlin II, Rn. 8 und 10, wo die Beteiligten mit jeweils 26 % über eine gemeinsame Kontrolle durch eine negative Kontrolle verfügen, weil für strategische Entscheidungen (Finanzplanung, wesentliche Investitionen etc.) die Mehrheit von 80 % erforderlich war.

diese benötigen auch keine Einwirkung auf das Tagesgeschäft des GU.[367] Was das Kontrollkonzept anbelangt, müssen auch diese negativen Rechte dauerhaft und konsistent sein, dafür ergibt die Veto-Möglichkeit der Minderheitsgesellschafter durch wechselnde Koalitionen keine negative Kontrolle hinsichtlich des Zusammenschlusses;[368] die Vereinbarungen über die gemeinsame Ausübung der Stimmrechte durch rechtlich bindende Stimmbindungsverträge können aber eine gemeinsame Kontrolle gewährleisten.[369] Obwohl die Kontrolländerung in einem GU wichtig bei der Anwendung der FKVO ist, bildet der bloße Wechsel von negativer zu positiver[370] oder De-facto- zu De-jure-Kontrolle[371] keinen Zusammenschluss, da der Besitzer schon eine Wirkungskraft über die strategischen Entscheidungen hatte.

Eine Erweiterung in der Kontrolle stellt auch dann einen Zusammenschlusstatbestand dar, wenn der Tätigkeitsbereich des GU durch Erwerb der Gesamtheit oder eines Teils eines anderen Unternehmens von einer Muttergesellschaft ausgeweitet oder wenn weitere Ressourcen durch die Mütter zugeführt werden. Dann verfügen die Müttergesellschafter über die gemeinsame Kontrolle über den neuen Unternehmensteil und/oder über die neu eingebrachten Ressourcen.[372] Aus diesem Grund wird der Vorgang als ein Zusammenschluss nach Art. 3 Abs. 1 lit. b FKVO angesehen, wenn diese Änderung der Tätigkeit des GU andere sachliche und räumliche Märkte zu dem relevanten Markt des GU hinzufügt.[373]

Wie oben erwähnt wurde, kann das Tatbestandsmerkmal von gemeinsamer Kontrolle verschiedene Typen von GU in den Anwendungsbereich der FKVO fallen lassen. Wenn dies aber der Fall ist, geht es eigentlich nicht um die Konsequenzen für das GU, sondern um die Änderung des Umfangs der Kontrolle und die Konsequenzen daraus. Um die Auswirkungen von konzentrativen GU zu erfassen, wird der Fall der Gründung eines GU als grundlegender Zusammenschlusstatbestand angenommen. Immerhin müssen bei dieser Gründung bestimmte Voraussetzungen erfüllt sein, um diese Gründung von einem GU als Zusammenschluss zu erkennen, und kumulativ, wenn alle diese erforderlichen Voraussetzungen erfüllt sind, weist dies auf den Vollfunktionscharakter des GU hin und damit hauptsächlich auf mit konzentrativen Risiken verbundene GU.

---

367 Konsolidierte Mitteilung zu Zuständigkeitsfragen, Rn. 65 ff.

368 Konsolidierte Mitteilung zu Zuständigkeitsfragen, Rn. 80.

369 Konsolidierte Mitteilung zu Zuständigkeitsfragen, Rn. 74 f.

370 Konsolidierte Mitteilung zu Zuständigkeitsfragen, Rn. 83; abweichend, Kommission, 29.07.2003, COMP/M.3198 – VW-Audi/VW-Audi-Vertriebszentren, Rn. 8, der Wechsel von negativer zu positiver Kontrolle führt zu einem Zusammenschluss.

371 Kommission, 07.03.1994, IV/M.397 – Ford/Hertz, Rn. 6 ff.

372 Konsolidierte Mitteilung zu Zuständigkeitsfragen, Rn. 106 f., vgl. *Wessely/Wegner*, in: MüKoEUWettR, Art. 3 FKVO Rn. 132 ff.

373 Konsolidierte Mitteilung zu Zuständigkeitsfragen, Rn. 24 und 106; vgl. *Lindemann*, in: Loewenheim/Meessen/Riesenkampff, Kartellrecht, Art. 3 FKVO Rn. 56, sofern die Vermögenswerte als Zusammenschluss anzusehen sind.

bb) Gründung eines Gemeinschaftsunternehmens – Vollfunktionsgemeinschaftsunternehmens

Der Fall der Gründung eines Gemeinschaftsunternehmens unter gemeinsamer Kontrolle von mindestens zwei voneinander unabhängigen Muttergesellschaften bildet den grundlegenden Zusammenschlusstatbestand für Gemeinschaftsunternehmen gemäß der Fusionskontrolle. In diesem Sinne hat der Vorgang der Einbringung von eigenem Unternehmen oder Vermögenswerten in das GU und die Ausführung einer dauerhaften gemeinsamen Kontrolle durch eine wirtschaftlich selbstständige Einheit auf dem Markt eine strukturverändernde Wirkung.[374] Weil die von beiden Muttergesellschaften unter alleiniger Kontrolle bestehenden Vermögenswerte nach der Gründung eines GU unter eine gemeinsame Kontrolle gestellt werden, kann dadurch das GU eine wettbewerblich marktbeherrschende Stellung erlangen.[375]

Dieser Zusammenschlusstatbestand erfasst jedoch nicht alle möglichen Kombinationen der Gemeinschaftsunternehmen, da eine Neugründung eines GU vorausgesetzt wird, welche nicht nur gesellschaftsrechtlich, sondern auch eine Marktpräsenz auf dem Markt durch die gemeinsame Kontrolle der Mütter hat. Aus diesem Grund wird darauf hingewiesen, dass nach Art. 3 Abs. 4 FKVO die Summe des Vermögens der Muttergesellschaften nach der Erfüllung des Tatbestands der *Gründung eines Gemeinschaftsunternehmens* auch unverändert bleiben soll, wenn die Vermögenswerte des GU mitgerechnet werden. Das bedeutet, dass die Kontrolle über einen Teil der Tätigkeiten von Muttergesellschaften an die gemeinsame Kontrolle übertragen wird, und dadurch wird der Wechsel der Kontrolle eine Strukturveränderung auf dem relevanten Markt verursachen. Jedoch führt dies in der Praxis zu Rechtsunsicherheit, weil der Erwerb der gemeinsamen Kontrolle von Dritten in sich selbst einen reinen Zusammenschlusstatbestand nach Art. 3 Abs. 1 FKVO erfüllt, da der Umfang der Kontrolle schon durch den Erwerb eine Strukturänderung herbeiführt, wobei dann das Kriterium der Vollfunktion nicht mehr relevant ist.[376]

Als Folge ist in manchen Entscheidungen die Vollfunktionalität geprüft worden[377] und in anderen Entscheidungen ist die Untersuchung des Erwerbs der gemeinsamen Kontrolle nur nach Art. 3 Abs. 1 FKVO ohne die Prüfung der Vollfunktionalität durchgeführt worden.[378] Generell wird angenommen, dass im Falle einer gemeinsamen Kontrolle der Muttergesellschaft zusammen mit einem anderen Unternehmen über ein bereits bestehendes Unternehmen i. d. R. dies als Gründung eines

374 *von Brevern,* Die „Gründung eines Gemeinschaftsunternehmens" nach Art. 3 Abs. 4 der Fusionskontrollverordnung, WuW 2012, 225, 226.

375 *Ulshöfer,* Kontrollerwerb in der Fusionskontrolle, 82 f.

376 Vgl. *von Brevern,* Die „Gründung eines Gemeinschaftsunternehmens" nach Art. 3 Abs. 4 der Fusionskontrollverordnung, WuW 2012, 225 ff.

377 Kommission, 20.07.2011, COMP/M.6150 – Veolia Transport/Trenitalia/JV, Rn. 12 ff.; Kommission, 29.06.2011, COMP/M.6168- RBI/EFG Eurobank/JV, Rn. 6 ff.

378 Kommission, 10.12.2010, COMP/M. 5986 – Schindler/Droege/ALSO/Actebis, Rn. 6; Kommission, 26.10.2010, COMP/M. 5902 – LWM/RWI/F&F, Rn. 5 f.

Gemeinschaftsunternehmens angesehen wird. Denn das Unternehmen ist nicht von Dritten übernommen, sondern von den Müttergesellschaften gegründet worden.[379] Wenn die Gründung eines GU als Tatbestand nach Art. 3 Abs. 4 FKVO zu beurteilen ist, dann soll der Tatbestand der Vollfunktionalität als erfüllt angesehen werden.

Artikel 3 Abs. 4 FKVO beschreibt, dass die Voraussetzung Vollfunktionscharakter als erfüllt anzusehen ist, wenn das GU *auf Dauer alle Funktionen einer selbstständigen wirtschaftlichen Einheit* ausübt. Damit können Grundvoraussetzungen für ein Vollfunktions-GU herausgefiltert werden. Wie am Anfang dieses Teils erwähnt wurde, findet der funktionale Unternehmensbegriff auch in der Zusammenschlusskontrolle Anwendung und folglich muss die Gründung im Ergebnis eine wirtschaftliche Einheit darstellen. Schlussfolgernd sind die konzentrativen Risiken bei der Gründung von GU nur dann erheblich, wenn das GU *selbstständig*, *vollfunktionsfähig* und *dauerhaft* errichtet worden ist.

(1) Selbstständigkeit

Obwohl von zwei unabhängigen Muttergesellschaftern gemeinsam kontrolliert wird, muss das GU als eine Konzentration bewirkende wirtschaftliche Einheit *in operativer Hinsicht wirtschaftlich völlig selbstständig* sein.[380] Durch gemeinsame Kontrolle verfügen die Muttergesellschaften über Einflussmöglichkeiten auf strategische Entscheidungen, von einer absoluten Unabhängigkeit kann also nicht gesprochen werden.[381] Jedoch ist es möglich, dass das GU immer noch unabhängige geschäftliche Kompetenz hat und damit am Markt auftreten kann, um funktionell das Tagesgeschäft weiterzuführen.[382] Für die Annahme der Selbstständigkeit erwartet die Kommission, dass das GU grundsätzliche unternehmerische Kriterien aufweist.

> ***Operationelle Autonomie***: Um von einer Selbstständigkeit des GU zu sprechen, muss *ein sich dem Tagesgeschäft widmendes Management* zur Verfügung stehen.[383] Obwohl das Management langfristige strategische Entscheidungen nicht selbst treffen kann, soll es aber über die kurzfristige Geschäftspolitik entscheiden; vor allem müssen die mit dem Tagesgeschäft verbundenen Entscheidungen dem Management überlassen werden.[384] Daraufhin soll die Kontrolle über die Geschäftsführung beim Management

---

379 *von Brevern,* Die „Gründung eines Gemeinschaftsunternehmens" nach Art. 3 Abs. 4 der Fusionskontrollverordnung, WuW 2012, 225, 227.

380 Konsolidierte Mitteilung zu Zuständigkeitsfragen, Rn. 93.

381 *Thomas*, Konzernprivileg und Gemeinschaftsunternehmen, ZWeR 2005, 236, 248.

382 Vgl. *Käseberg,* in: Langen/Bunte, Kartellrecht, Art. 3 FKVO Rn. 103; EuG-Urteil v. 23.02.2006, Rs. T-282/02 – Cementbouw/Komission, Rn. 62.

383 Konsolidierte Mitteilung zu Zuständigkeitsfragen, Rn. 94.

384 Vgl. *Henschen*, in: Schulte, Hdb. Fusionskontrolle, Rn. 1670, Preise, Marketing etc., Rn. 1671, Die Mitteilung (ebd.) spricht nicht von einem eigenen Management, weil in der Anlaufphase das Management gleichzeitig in einer der Muttergesellschaften tätig sein kann; Kommission, 30.10.2002, COMP/M.2938 – SNPE/MBDA/JV, Rn. 7; Kommission, 22.12.2004, COMP/M.3576 – ECT/PONL/Euromax, Rn. 12.

des GU bleiben, dabei muss es als eine wettbewerbliche Einheit auch über wettbewerbliche Autonomie verfügen.[385]

Ausreichende Ressourcen: Um ihr eigenes Tagesgeschäft selbstständig zu führen, muss das GU mit benötigten finanziellen Mitteln, Personal und Vermögenswerten (materielle und immaterielle) ausgestattet sein.[386] Das Personal kann von Dritten aber zur Verfügung gestellt werden.[387] Besonders wichtig ist, dass das GU die Befugnis hat, ihr eigenes Personal frei einzustellen. Wenn das Personal von den Muttergesellschaften abgestellt werden soll, ist das ein Anzeichen für geringere Selbstständigkeit des GU,[388] was unter bestimmten Konditionen auch erlaubt sein kann, wenn bei der Neugründung in der Anlaufphase das GU eine Unterstützung zum Marktauftritt braucht.[389] Darüber hinaus ist es auch wichtig, dass das GU über das nötige Fachpersonal verfügt.[390] Nicht nur Personal, sondern auch benötigte finanzielle Ressourcen müssen für die vorgesehenen Marktaktivitäten des GU vorhanden sein, und das GU muss über die finanzielle Autonomie über diese Ressourcen verfügen, um als ein dauerhaft am Markt auftretendes Unternehmen klassifiziert zu werden.[391] Die finanzielle Autonomie befasst sich mit unabhängigem Zugang zu den Ressourcen und Dispositionsbefugnis über diese Vermögenswerte; es bedeutet aber nicht unbedingt, dass es alle Ressourcen besitzen muss.[392] Es ist jedoch auch möglich, dass das GU besondere Produktionsanlagen der Muttergesellschaften nutzt, aber auch in diesem Fall muss die Kontrolle über die Anlagen durch langfristige Verträge beim GU bleiben, wodurch es wettbewerbliche Entscheidungen selbst treffen kann.[393] Im Bereich der finanziellen Mittel ist die Kapitalausstattung besonders zu erwähnen; sie muss für die selbstständige

---

385 Vgl. *Thomas*, Konzernprivileg und Gemeinschaftsunternehmen, ZWeR 2005, 236, 239.

386 Konsolidierte Mitteilung zu Zuständigkeitsfragen, Rn. 94; Kommission, 19.12.2007, COMP/M.4912 – Calyon/Société Générale/Newedge, Rn. 9.

387 Konsolidierte Mitteilung zu Zuständigkeitsfragen, Rn. 94, Personal kann von Dritten durch Betriebsvereinbarung oder Zeitarbeitsagentur vermittelt werden.

388 Kommission, 21.05.2002, COMP/M.2794 – Amadeus/GGL/JV, Rn. 7.

389 Konsolidierte Mitteilung zu Zuständigkeitsfragen, Rn. 94, Jedoch in der Anlaufphase ist dies möglich oder wenn die Beziehungen zwischen den Muttergesellschaften und dem GU ähnlich zu Dritten sind.

390 *Ersoy*, Zusammenschlusskontrolle in der Türkei unter Berücksichtigung des Einflusses europäischen Rechts, 80; Kommission, 28.06.1991, IV/M.101 – Dräger/IBM/HMP, Rn. 7, Übertragung des Personals in Bezug auf das *patient data Management*.

391 Kommission, 15.10.1998, IV/M.1315 – ENW/EASTERN, Rn. 8, 10; Kommission, 15.07.2002, COMP/M.2859 – Deutsche Bahn Cargo//Contship Italia/JV, Rn. 6.

392 Kommission, 11.08.1999, COMP/JV.19 – KLM/Alitalia, Rn. 13, 16, wo das GU freien Zugriff auf die Vermögenswerte hat, die von Muttergesellschaften bereitgestellt werden.

393 Falls die Anlagen aus wirtschaftlichen und technischen Gründen nicht möglich sind zu trennen und auf den GU zu übertragen; vgl. Kommission, 23.12.1999, IV/M.1041 – BASF/Shell II, Rn. 19.

Tätigkeit des Unternehmens bereitgestellt werden.[394] Für die Erreichung des Ziels des GU müssen alle möglichen Produktionsmittel, Technologien, Know-how oder Lizenzen vorhanden sein,[395] damit eine ausreichende sachliche Grundlage zur Lebensfähigkeit des GU entstehen kann.[396]

(2) Vollfunktion

Die Vollfunktionsfähigkeit eines GU ist erheblich bei der Gründung eines konzentrativen GU für die Anwendung der FKVO. Um das GU als selbstständige wirtschaftliche Einheit zu betrachten, muss es auf dem relevanten Markt selbst tätig sein, also eigenen Marktzugang bzw. eigene Marktpräsenz haben.[397] Jedoch ist nur diese Präsenz auf dem relevanten Markt nicht ausreichend für die Vollfunktionsfähigkeit, sondern es muss zumindest alle wesentlichen Tätigkeiten ausüben, die ein gleichartiges unabhängiges Unternehmen in diesem relevanten Markt ausführt.[398]

Eigener Marktzugang: Eigene Ressourcen und eigenes Management sind für die Selbstständigkeit wichtig, aber sie reichen nicht aus, um das GU als vollfunktionsfähig zu erkennen. Darüber hinaus sollte das GU die Möglichkeit haben, wie ein unabhängiges Unternehmen auf dem Markt zu existieren. Die Muttergesellschaften können wegen des Interesses an Synergieeffekten manche Funktionen durch Ausgliederung an ein neu gegründetes GU übergeben, das dann die hauptsächliche Tätigkeit, nur den Muttergesellschaften zu dienen, ausführt. Dieses Unternehmen zeigt keine „richtige“ Marktpräsenz, weil es keine handelsüblichen Beziehungen zu Dritten im Markt aufbauen kann, so wie es ein unabhängiges Unternehmen in dem gleichen Markt tun würde. Das GU muss nicht als ein Hilfsfunktionsträger der Muttergesellschaften dienen;[399] dafür ist eine aktive Marktteilnahme erforderlich, also tatsächliche Geschäftsbeziehungen mit Dritten. Die Betriebsorganisation soll nicht in allen Bereichen, wie Entwicklung, Produktion und Vertrieb, tätig sein, vielmehr kann sich das GU auf eigene Bereiche beschränken, das GU muss aber auf seinem eigenen Markt als ein aktives Unternehmen teilnehmen.[400] Das kann insbesondere dann der Fall sein, wenn das GU

---

394 *Lindemann*, in: Loewenheim/Meessen/Riesenkampff, Kartellrecht, Art. 3 FKVO, Rn. 47; Kommission, 05.10.1998, IV/M.1315 – ENW/Eastern, Rn. 7 f. Die Garantien der Müttergesellschaften reichen nicht aus, wenn das GU über keine eigenen finanziellen Ressourcen verfügt.

395 Kommission, 02.02.2000, COMP/M.1786 – General Electric/Thomson CSF/JV Rn. 7; Kommission, 02.12.1995, IV/M.527 – Thomson CSF/Deutsche Aerospace, Rn. 10.

396 Vgl. *Käseberg*, in: Langen/Bunte, Kartellrecht, Art. 3 FKVO, Rn. 117.

397 Konsolidierte Mitteilung zu Zuständigkeitsfragen, Rn. 95.

398 Vgl. Konsolidierte Mitteilung zu Zuständigkeitsfragen, Rn. 102: Vollfunktions-GU in Handelsmärkten; Kommission, 30.04.2003, COMP/M.2861 – Siemens/Drägerwerk/JV, Rn. 8.

399 Konsolidierte Mitteilung zu Zuständigkeitsfragen, Rn. 95.

400 Vgl. *Wessely/Wegner*, in: MüKoEUWettR, Art. 3 FKVO Rn. 155; *Mäger*, Europäisches Kartellrecht, 9. Kap. Rn. 12.

in einem Handelsmarkt aktiv ist und für die Lieferung geschäftliche Waren von unterschiedlichen Lieferquellen erwerben muss. Weiterhin soll das GU dann immer noch die marktüblichen Einrichtungen auf dem Markt besitzen und außerdem sollen seine Beziehungen zu den Muttergesellschaften auf rein geschäftlicher Grundlage basieren.[401]

Für die Annahme der selbstständigen Tätigkeit auf dem Markt müssen je nach Fall die Umstände beachtet werden. Insbesondere wenn das GU neu gegründet wird, kann es eine bestimmte Zeit dauern, bis es eine selbstständige Marktpräsenz auf dem Markt aufgebaut hat. In diesem Zusammenhang sieht die Kommission diese Zeit als Anlaufphase und bestimmte Beziehungen zu den Muttergesellschaften, die normalerweise dem Vollfunktionscharakter entgegenstehen, können nur in dieser Phase vorübergehend akzeptiert werden.[402]

Schließlich ist festzustellen, dass das GU bei der eigenen Marktpräsenz seine Geschäftsführung selbst wahrnehmen und die Kontrolle über wettbewerbliche Maßnahmen ausüben sowie über eine eigene Marketing-Politik verfügen muss, damit es die entsprechenden geschäftlichen Risiken tragen kann. All das genauso, wie ein unabhängiges Unternehmen diese auf dem betreffenden Markt wahrnehmen würde. Außerdem muss es auch die eigenständige Verhandlungsmöglichkeit mit seinen Kunden haben und mit ihnen direkt vertragliche Beziehungen eingehen können.[403] In diesem Zusammenhang ist es auch möglich, dass das GU seinen Einfluss auf Vertriebsstrategien behält und dadurch seinen Vollfunktionscharakter behält, selbst wenn es sich der Vertriebsstrukturen der Muttergesellschaften bedient, solange die Muttergesellschaften nur als Verkaufsvertreter des GU fungiert. [404]

Beziehungen zu den Muttergesellschaften: Weil ein GU unter der gemeinsamen Kontrolle von Muttergesellschaften gegründet wird, muss die geschäftliche Beziehung des GU zu den Muttergesellschaften besonders beobachtet werden, um herauszufinden, ob die Vollfunktionsfähigkeit des GU durch diese Beziehungen beschädigt werden kann. Normalerweise gründen die Mutterunternehmen ein GU auf den Märkten, die sich auf ihre Märkte beziehen, insbesondere auf vor- oder nachgelagerten Märkten. Aus diesem Grund kann dies zu vertikalen Interdepenzen zwischen dem GU und den Muttergesellschaften führen. Insbesondere Umfang und Dauer der Lieferbeziehungen zu den Muttergesellschaften und auch der Zeitpunkt dieser Beziehungen können zu verschiedenen wettbewerblichen Konsequenzen führen, wobei die Gründung des GU von der Zusammenschlusskontrolle ausgeschlossen werden kann.

---

401 Konsolidierte Mitteilung zu Zuständigkeitsfragen, Rn. 102.
402 Konsolidierte Mitteilung zu Zuständigkeitsfragen, Rn. 94, 97.
403 Kommission, 20.12.1999, COMP/M.1781 – Electrolux/Ericsson, Rn. 6; vgl. *Lüder*, Konzentrative und Kooperative Gemeinschaftsunternehmen: Jenseits der Dichotomie, 44.
404 Konsolidierte Mitteilung zu Zuständigkeitsfragen, Rn. 95.

Wenn die Muttergesellschaften ein neues wettbewerbliches GU errichten, kann üblicherweise das GU, insbesondere in der Anlaufphase, besondere Ressourcen oder wirtschaftliche Unterstützung von den Muttergesellschaften benötigen, um den Zugang zum Markt zu ermöglichen. Aus diesem Grund werden solche Beziehungen unter Berücksichtigung von spezifischen Umständen für eine Übergangszeit die Vollfunktionsfähigkeit des GU nicht beeinträchtigen. In Bezug auf Ressourcen kann dies durch Abstellung des Personals[405] von Muttergesellschaften oder die Bereitstellung von Produktionsanlagen[406] der Muttergesellschaften in der Anlaufphase geschehen. Gleichzeitig kann das GU geschäftliche Lieferbeziehungen, insbesondere Verkaufs-/Kaufbeziehungen, mit den Muttergesellschaften haben. Dies wieder nur, wenn sich diese auf die Anlaufphase beschränken, auch dann ist der Vollfunktionscharakter nicht verloren. Unter Umständen kann sich die Dauer dieser Phase unterschiedlich darstellen, z. B. wenn die Besonderheiten der Tätigkeit oder Marktkonditionen des GU eine verlängerte Beziehung rechtfertigen können.[407] Aber i. d. R. sieht die Kommission maximal drei Jahre als unproblematisch an.[408] Besonders betrachtet wurde, ob die Dauer der Lieferbeziehungen ausreichend für den Marktzutritt ist und ob nach dieser Zeit das GU in der Lage sein wird, seine Überlebensfähigkeit im Markt zu erhalten.[409]

Ferner können vertikale Beziehungen nicht nur in der Anlaufphase, sondern danach im Tagesgeschäft des GU bestehen. Gegenseitige Lieferungen zwischen den Muttergesellschaften und dem GU sind i. d. R. nicht verboten, aber was den Vollfunktionscharakter anbelangt, darf sich die Bedeutung dieser Lieferbeziehungen für das GU nicht über den marktüblichen Rahmen hinaus erstrecken. Der Hintergrund dafür ist, dass das GU als eine wirtschaftliche Einheit nicht nur die Muttergesellschaften, sondern auch die anderen Marktteilnehmer auf dem Markt gleichwertig bedient. Um dies einfacher zu konkretisieren, konzentriert sich die Kommission besonders auf die Umsätze, die das GU mit Dritten erzielt hat. Wenn mehr als die Hälfte der Umsätze mit Dritten sind, dann ist das ein Anzeichen für die Vollfunktionseigenschaft.[410] Wenn dieses Umsatzniveau mit

405 Konsolidierte Mitteilung zu Zuständigkeitsfragen, Rn. 94.

406 Kommission, 24.10.1997, IV/M.994 – DuPont/Hitachi, Rn. 9 ff.

407 Kommission, 06.04.2001, COMP/M.2355 – Dow Chemicals/Enichem Polyurethanes, Rn 27 ff., wo die Versorgung der Chemikalien nur durch eine Muttergesellschaft verwirklicht werden konnte; Kommission, 17.02.1995, IV/M.468 – Siemens/Italtel, Rn. 12. „*A high level of sales to a parent in a downstream market could lead to questioning the autonomy of the joint venture. It is true that for the foreseeable future Telecom Italia will be the only buyer on the public telecom markets. This is due to the infrastructure monopoly and not to the fact that the manufacture of telecommunication equipment is an auxiliary activity to the provision of the service.*"

408 Konsolidierte Mitteilung zu Zuständigkeitsfragen, Rn. 97 Fn. 89.

409 *Henschen*, in: Schulte, Hdb. Fusionskontrolle, Rn. 1679; Kommission, 17.04.2000, COMP/M.1875 –Reuter/Equant-Project Proton, Rn. 11. „*In addition, this start-up contract appears necessary in order to establish the joint venture on the market.*"

410 Konsolidierte Mitteilung zu Zuständigkeitsfragen, Rn. 98; Kommission, 03.07.1996, IV/M.751 – Bayer/Hüls, Rn. 10.

Dritten aber weniger ist, dann müssen diese Lieferbeziehungen nach den umliegenden Marktbedingungen analysiert werden. Als eine generelle Regel ist festzustellen, dass je umfangreicher diese Geschäftsbeziehungen mit den Muttergesellschaften sind, desto wahrscheinlicher ist es, dass die Vollfunktionsfähigkeit des GU beeinträchtigt sein kann.[411] Falls die marktüblichen Bedingungen nachweisen, dass die Lieferbeziehungen zu den Muttergesellschaften in dem geschäftlichen Sinne als effizienter anzusehen sind und dass das GU seine Muttergesellschaften in gleicher Weise behandelt wie die Dritten, dann kann auch der mit Dritten erzielte Umsatz von wenigstens 20 % nicht dem Vollfunktionscharakter entgegenstehen.[412]

Neben den Verkäufen müssen auch die Käufe an/von die/der Muttergesellschaft nach Tätigkeit des GU beachtet werden. Besonders wenn das GU auf dem nachgelagerten Markt tätig ist, kann die Zulieferung von Vorprodukten von Muttergesellschaften nach den Marktbedingungen bedenklich sein. Um solche Fälle zu klären, sieht die Kommission das Konzept der Wertschöpfung als den Anhaltspunkt.[413] Wenn die Vorprodukte vom GU weiterverarbeitet werden, mindert sich die Wahrscheinlichkeit, dass das GU nur als ein Unternehmen betrachtet wird, das eine Hilfsfunktion ausübt, so wie eine Verkaufsagentur,[414] da der Verarbeitung eine größere Bedeutung für das GU beigemessen wird. Dies ist besonders von Bedeutung, wenn die GU, die als Handelsunternehmen auf einem Handelsmarkt tätig sind, nur Verkauf und Vertrieb der Vorprodukte realisieren; weil solche GU keine Wertschöpfung erbringen, müssen sie ihre Beziehung zu den Muttergesellschaften auf marktüblichem Niveau halten und auch bei den Wettbewerbern der Muttergesellschaften Produkte beziehen.[415] Ferner sollten sie – um ihre Vollfunktionseigenschaft zu behalten – mindestens über die nötigen Ressourcen für Verkauf und Vertrieb, nämlich die Logistik und Verkaufseinrichtungen, verfügen.[416]

---

411 Kommission, 11.02.2000, COMP/M.1801 – Neusiedler/American Israeli Paapr Mills/JV, Rn. 2.

412 Kommission, 23.12.2002, COMP/M.3003 – Electrabel/Energia Italiana/Interpower, Rn. 10 f., Verkäufe an Dritte 5-15 %, daher keine Vollfunktions-GU.

413 Konsolidierte Mitteilung zu Zuständigkeitsfragen, Rn. 101; vgl. *Bestmann*, Kompendium der Betriebswirtschaftslehre, 12 f., die Wertschöpfung bedeutet die Erstellung der Wirtschaftsgüter höheren Wertes (Outputgüter) aus den Wirtschaftsgütern niedrigeren Wertes (Inputgüter).

414 Kommission, 22.12.1994, IV/M.475 – ShellChimie/Elf Atochem, Rn. 12, 40 % Wertschöpfung; Kommission, 23.05.1995, IV/M.574 – Saudi Aramco/MOH, Rn. 9, 60–90 % Kauf von Rohöl verstößt nicht gegen Vollfunktionscharakter, weil der Raffinierungsprozess erhebliche Wertschöpfung benötigt, weswegen das GU nicht als reine Verkaufsagentur anzusehen sei.

415 Konsolidierte Mitteilung zu Zuständigkeitsfragen, Rn. 102; dagegen: Kommission, 03.06.2005, COMP/M.3819 – DaimlerChrysler/MAV, Rn. 8, Vollfunktionscharakter bejaht, obwohl nur ausschließlich die Produkte der Mutter vertrieben wurden.

416 *Henschen*, in: Schulte, Hdb. Fusionskontrolle, Rn. 1689; Kommission, 02.05.2001, COMP/M.2374 – Telenor/Ergo Group/DNB/Accenture/JV, Rn. 6. Die gleichen Bedingungen gelten auch für die elektronischen Marktplätze, wo das GU seine

Im Anschluss daran muss das GU die Entscheidungsautonomie für die Auswahl von Zulieferern behalten und nicht zuerst die Muttergesellschaften berücksichtigen.[417]

Der Umfang dieser Geschäftsbeziehungen zwischen den Muttergesellschaften und dem GU ist normalerweise größer, wenn das GU zum Zweck der Ausgliederung besonderer Funktionen der Muttergesellschaften eingerichtet worden ist. Die Kommission verneint i. d. R. die Vollfunktionseigenschaft solcher GU, weil sie als Hilfsfunktions-GU für die Muttergesellschaften dienen. Obwohl es auch möglich ist, dass das GU gleichzeitig mit Dritten geschäftliche Beziehungen unterhält, wird dessen Umsatz als generell nicht ausreichend für die Vollfunktionsfähigkeit des GU angesehen.[418] Wenn das GU hingegen die Kernfunktionen eines vergleichbaren Unternehmens auf dem Markt ausübt und dadurch seine Lebensfähigkeit garantiert und erheblichen Umsatz mit Dritten erzielt, dann liegt die Existenz eines Vollfunktionscharakters nahe.[419] Es widerspricht daher nicht dem Vollfunktionscharakter, durch Outsourcing-Vereinbarungen manche Funktionen einem anderen Unternehmen zu überlassen,[420] solange die Geschäftsbeziehungen nicht nur mit dem Kundenunternehmen unterhalten werden und das GU von dem Unternehmen in Bezug auf geschäftlichen Input nicht abhängig ist.[421]

(3) Dauerhaftigkeit

Als Zusammenschlusstatbestand sucht die Kommission nicht nur eine Kontrollveränderung, sondern auch die Dauerhaftigkeit dieser Kontrollveränderung. Um eine Strukturveränderung herbeizuführen und dadurch konzentrative Risiken tragen zu können, muss das GU sowohl als selbstständige als auch auf Dauer angelegte wirtschaftliche Einheit auf dem Markt tätig sein.[422] Das bedeutet aber nicht, dass das GU für eine unabsehbare Zeit weiter bestehen sollte. Die Muttergesellschaften können eine bestimmte Zeit für die Tätigkeit des GU vereinbaren, aber die Dauer

---

eigenen Ressourcen hat und mit den Muttergesellschaften marktübliche Beziehungen pflegt.

417 Kommission, 03.10.2008, COMP/M.5241 – American Express/Fortis/AlphaCard, Rn. 12 f., Vetorecht einer Mutter bei Beziehungen zu Dritten sei entgegen der Vollfunktionsfähigkeit.

418 Konsolidierte Mitteilung zu Zuständigkeitsfragen, Rn. 100.

419 Vgl. *Körber*, in: Immenga/Mestmäcker, EU-Wettbewerbsrecht, Art. 3 FKVO Rn. 131, 135.

420 Vgl. Konsolidierte Mitteilung zu Zuständigkeitsfragen, Rn. 100. Outsourcing ist möglich mit dem Ziel erheblicher Marktpräsenz durch erheblichen Umsatz mit Dritten und handelsüblichen Geschäftsbeziehungen mit den Muttergesellschaften nach den Marktbedingungen; Kommission, 29.06.2001, COMP/M.2478 – IBM Italia/Business Solutions/JV, Rn. 7, 14 ff.

421 Vgl. *Dubois*, The approach adopted by the Commission regarding outsourcing transactions and whether they constitute concentrations for the purpose of Regulation 139/2004, E. C. L. R. 2010, 491, 496.

422 Konsolidierte Mitteilung zu Zuständigkeitsfragen, Rn. 103.

dieser Zeit muss für eine Strukturveränderung ausreichen.[423] Nach solch einer begrenzten Zeit können die Muttergesellschaften die Auflösung des GU auch vorher vereinbaren.[424] Für diese Dauerhaftigkeit hat die Kommission keine bestimmte Mindestdauer festgesetzt und auch die Entscheidungspraxis zeigt Unterschiedlichkeiten.[425] Wenn darüber hinaus das GU für ein bestimmtes und zeitlich befristetes Projekt gegründet worden ist, dann ist die Dauerhaftigkeit i. d. R. zu verneinen.[426] Aber bei einigen langfristigen Einzelprojekten hat die Kommission eine nur für einen Zweck eingerichtete GU als vollfunktionsfähig angesehen.[427] Ferner muss die dauerhafte Tätigkeit des GU sichergestellt werden, das heißt, dass alle benötigten Rechte oder Lizenzen für die Tätigkeit des GU vorhanden sein müssen, weshalb alle ausstehenden Entscheidungen von Dritten geklärt sein müssen.[428] Außerdem gilt die Voraussetzung der Dauerhaftigkeit nicht nur für die Marktpräsenz, sondern auch für die gemeinsame Kontrolle; wenn die gemeinsame Kontrolle nur vorübergehend in der Anlaufphase geplant ist, dann ist für diesen Fall eine alleinige Kontrolle anzunehmen, statt als ein Vollfunktions-GU.[429]

cc) Änderung der Tätigkeit des Gemeinschaftsunternehmens

Als Sondertatbestand bei der Neugründung eines Vollfunktions-GU befinden sich auch andere Fälle, die der Gründung eines Vollfunktions-GU ähneln, und deshalb sind auch diese als Zusammenschluss gemäß Art. 3 Abs. 4 FKVO zu bewerten. Wenn es um die Änderung des Tätigkeitsbereiches von einem schon bestehenden Vollfunktions-GU geht, kann diese Änderung dazu führen, dass der Zusammenschluss

---

423 Kommission, 30.04.2003, COMP/M. 2903 – Daimler Chrysler/Deutsche Telekom/JV, Rn. 12: „*... einem Zeitraum von **zwölf Jahren** um eine Frist, die ausreichend lang ist, um eine dauerhafte Veränderung in der Struktur der anmeldenden Unternehmen herbeizuführen.*"

424 Konsolidierte Mitteilung zu Zuständigkeitsfragen, Rn. 103.

425 Kommission, 04.02.2003, COMP/M.2982 – Lazard/Intesa/JV, Rn. 14, die Kommission bejahte fünf Jahre, vorbehaltlich einer Verlängerung; Kom. 11.02.2002, M.2632 – Deutsche Bahn/ECT International/United Depots/JV, Vertragslaufzeit für acht Jahre; Kommission, 27.11.1992, IV/M.259 – British Airways/TAT, Rn. 10, sechseinhalb Jahre wurden bejaht, wobei sich schnelle, wirtschaftliche und rechtliche Veränderungen in dem betreffenden Lufttransport-Markt ereigneten; dagegen, Kommission, 15.04.1996, IV/M.722 – Tneco/Merill Lynch/Bankers Trust, Rn. 15 f., drei Jahre als undauerhaft angesehen.

426 Konsolidierte Mitteilung zu Zuständigkeitsfragen, Rn. 104.

427 Kommission, 21.06.2002, COMP/M.2694 – Metronet/Infraco, Rn. 18; vgl. *Lübking & Dittert*, in: Drauz &Jones, EU Competition Law, Rn. 2.145 f.; Kommission, 30.04.2003, COMP/M. 2903 – Daimler Chrysler/Deutsche Telekom/JV, als Einzelprojekt mit Vollfunktionseigenschaft.

428 Konsolidierte Mitteilung zu Zuständigkeitsfragen, Rn. 105, *Auftragsvergabe, Lizenzerteilung, Gewährung des Zugangs zu Grundstücken.*

429 Konsolidierte Mitteilung zu Zuständigkeitsfragen, Rn. 34.

anmeldepflichtig wird, falls durch die Änderung neue erhebliche Vermögenswerte, Rechte, Verträge oder Know-how erworben werden und dadurch die anderen sachlichen und räumlichen Märkte, die ursprünglich nicht das Ziel waren, zu dessen Tätigkeitsbereich hinzukommen. In diesem Fall wird die Ausweitung wie ein neues Gemeinschaftsunternehmen behandelt.[430] Diese Vermögenswerte sollen auf jeden Fall den Kern der zukünftigen Tätigkeiten auf dem neuen räumlichen und sachlichen Markt bilden, welche sich dann als weitere Kooperation zwischen den Muttergesellschaften auf die Marktstruktur auswirken.[431] Um bei diesem Fall einen weiteren Zusammenschlusstatbestand als erfüllt anzusehen, soll eine Abgrenzung zum organischen Wachstum des GU vorgenommen werden; wobei die übertragenen Elemente des Tätigkeitsbereiches, nämlich Personal und Know-how, erheblich für die Marktpräsenz sein sollen. Ferner soll die Vollfunktionalität auch auf dem neuen Markt fortbestehen.[432] Ansonsten begründet die bloße Änderung des Tätigkeitsbereiches ohne Zuführung von Vermögenswerten bzw. Übertragung von Rechten aber keinen Zusammenschluss.[433] Ebenso verhält es sich, wenn das GU durch selbst gegründete Tochtergesellschaften seinen Tätigkeitsbereich ausdehnt.[434] Die Änderung der Tätigkeit des GU ist besonders wegen der Gleichbehandlung von marktstrukturverändernden Zusammenschlüssen wesentlich, denn wenn die Muttergesellschaften neue Tätigkeiten in das GU einbringen, werden sie darauf verzichten in Wettbewerb zu den GU zu treten. Wenn es sich um ein neues Produkt ohne eine vorhandene Marktstellung handelt, dann weist dies darauf hin, dass die Muttergesellschaften als potenzieller Wettbewerber ausfallen und so eine Strukturveränderung herbeigeführt wird.[435] Darüber hinaus kann sich die Umgehungsgefahr der Muttergesellschaften als ein weiteres Wettbewerbsrisiko darstellen. Das ist dann der Fall, wenn sie erst das GU mit wettbewerblich unerheblichen Risiken anmelden, aber dann durch die Änderung der Tätigkeit die Kooperation ohne weitere Zusammenschlusskontrolle vertiefen. Aus diesem Grund ist die Änderung oder Ausweitung der Tätigkeit des GU durch übertragene Vermögenswerte von Muttergesellschaften nach Art. 3 Abs. 1 und auch nach Art. 3 Abs. 4 FKVO ein Zusammenschluss; wenn die Vermögenswerte nicht von den Müttern, sondern von

430 Konsolidierte Mitteilung zu Zuständigkeitsfragen, Rn. 107; vgl. *Polley/Grave,* Die Erweiterung eines bestehenden Gemeinschaftsunternehmens als Zusammenschluss, WuW 2003, 1010, 1013 f.

431 *Huerkamp,* Änderung der Tätigkeit des Gemeinschaftsunternehmens, WuW 2010, 1118, 1123 f.

432 *Huerkamp,* Änderung der Tätigkeit des Gemeinschaftsunternehmens, WuW 2010, 1118, 1124 f.

433 Konsolidierte Mitteilung zu Zuständigkeitsfragen, Rn. 108.

434 *Lindemann,* in: Loewenheim/Meessen/Riesenkampff, Kartellrecht, Art. 3 FKVO Rn. 56.

435 *Huerkamp,* Änderung der Tätigkeit des Gemeinschaftsunternehmens, WuW 2010, 1118, 1121 ff.

Dritten erworben werden, dann tritt das GU und nicht die Muttergesellschaften als beteiligtes Unternehmen hervor.[436]

Darüber hinaus liegt auch ein Zusammenschluss vor, wenn sich ein Teilfunktions-GU in ein Vollfunktions-GU umwandelt. Dafür muss das neue GU alle oben genannten Kriterien der Vollfunktionsfähigkeit erfüllen, um in den Anwendungsbereich des Art. 3 Abs. 4 FKVO zu fallen.[437]

Wie am Anfang erklärt wurde, ist es ferner möglich, dass die anderen Fälle – wie gemeinsamer Erwerb eines bereits bestehenden Unternehmens oder Kontrollwechsel von alleiniger zu gemeinsamer Kontrolle – in den Anwendungsbereich der FKVO fallen können, obwohl die GU den Vollfunktionscharakter nicht besitzen.[438]

dd) Gemeinschaftsweite Bedeutung

Ein konzentratives Gemeinschaftsunternehmen soll zunächst die oben aufgelisteten Zusammenschlusstatbestände erfüllen. Jedoch reicht das nicht aus, um das eine Vollfunktionsfähigkeit nachweisende GU als nach europäischem Wettbewerbsrecht eine Marktveränderung herbeiführendes GU anzuerkennen. Da die Europäische Union und dadurch das europäische Wettbewerbsrecht auf die Regulierung des gemeinsamen Marktes für die Aufrechterhaltung des wirksamen Wettbewerbs zielt,[439] soll die Zuständigkeit der Union nur Zusammenschlüsse außerhalb der einzelstaatlichen Grenzen der Mitgliedstaaten umfassen.[440] Darüber hinaus untersucht die Kommission die Fälle, die eine erhebliche Auswirkung auf die Markstruktur haben. Dafür ist es wichtig, dass das GU zwischenstaatliche Auswirkungen haben soll und im wirtschaftlichen Sinne groß genug wird, um an Bedeutung im Wettbewerb im gemeinsamen Markt zu gewinnen.[441]

Aus diesen Gründen erfasst das europäische Fusionskontrollrecht grundsätzlich die Vollfunktions-GU, die nach Art. 1 FKVO die dreistufige Umsatzprüfung kumulativ erfüllen.[442] Als positive Abgrenzung sollen weltweite und gemeinschaftsweite Umsatzniveaus, und dazu als die negative Abgrenzung soll die Zwei-Drittel-Klausel erreicht werden; in dem letzten Fall muss sich der erzielte Umsatz auf die Zwischenstaatlichkeit beziehen und nicht einen erheblichen Teil (mehr als zwei Drittel) des

---

436 *von Brevern*, Die „Gründung eines Gemeinschaftsunternehmens" nach Art. 3 Abs. 4 der Fusionskontrollverordnung, WuW 2012, 225, 231 f.; *Huerkamp*, Änderung der Tätigkeit des Gemeinschaftsunternehmens, WuW 2010, 1118, 1121 f.

437 Konsolidierte Mitteilung zu Zuständigkeitsfragen, Rn. 109.

438 Konsolidierte Mitteilung zu Zuständigkeitsfragen, Rn. 91.

439 Erwägungsgrund 23 der FKVO.

440 *Jones/Sufrin*, EU Competition Law, 875.

441 Vgl. Erwägungsgrund 9 der FKVO; vgl. *Schild*, in: MüKoEUWettR, Art. 22 FKVO Rn. 31.

442 Vgl. *Körber*, in: Immenga/Mestmäcker, EU-Wettbewerbsrecht, Art. 1 FKVO Rn. 9.

Umsatzes in einem Mitgliedstaat erzielt haben.[443] Und bei der Rechnung sind die Umsätze von beteiligten Unternehmen, *die Teilnehmer an einem Zusammenschluss, d.h. an einer Fusion oder einem Kontrollerwerb nach Art. 3 Abs. 1 FKVO* sind,[444] als Ausgangspunkt zu nehmen. Wenn es sich daher um ein GU handelt, gelten bei der Neugründung eines GU die Muttergesellschaften des GU als die beteiligten Unternehmen, außer dem GU, das neu eingerichtet wird und deswegen keinen eigenen Umsatz hat.[445] Ansonsten ist es auch möglich, eine gemeinsame Kontrolle über ein bereits bestehendes Unternehmen zu erwerben, aber in diesem Fall hat das GU einen Umsatz und deswegen ist dieser Umsatz zu den Umsätzen der Muttergesellschaften hinzuzurechnen.[446] Weil der Anwendungsbereich der FKVO im Prinzip auf Vollfunktions-GU begrenzt ist, welche als eine selbstständige wirtschaftliche Einheit in Erscheinung treten, ist der Umsatz dieser GU nicht separat von den Muttergesellschaften zu berechnen. Weil die Muttergesellschaften über die gemeinsame Kontrolle verfügen, sind ihre Umsätze nach der Verbundklausel des Art. 5 Abs. 4 FKVO zuzurechnen. Dafür sollen die Muttergesellschaften das Recht zur Geschäftsführung haben.[447] In diesem Fall ist dieses Recht nicht mit der Einflussmöglichkeit auf die Geschäftspolitik des GU zu verwechseln, also nur die Einflussmöglichkeit reicht nicht aus, um das Recht zur Geschäftsführung zu erwerben.[448] Es ist aber immer noch festzustellen, dass das Vollfunktions-GU als eine selbstständige wirtschaftliche Einheit, als ein beteiligtes Unternehmen anzusehen ist, wenn es sich um ein bereits bestehendes GU handelt.[449] Im Zusammenschlussfall zwischen den Müttern als beteiligte Unternehmen müssen allerdings ihre vorher für das GU zugerechneten Umsätze nicht noch einmal gezahlt werden, sondern es ist im Gegenteil der von Dritten erzielte Umsatz pro Kopf der Basis zuzurechnen.[450] Auf der anderen Seite kann die Anerkennung des GU als ein beteiligtes Unternehmen zu

443 Art. 1 Abs. 3 FKVO setzt dazu noch eine geringere Umsatzhöhe als zweitrangige Prüfung an. Da steht wieder die Zwischenstaatlichkeit im Vordergrund und der erzielte Umsatz muss sich auf mindestens drei Mitgliedstaaten beziehen; *Körber*, in: Immenga/Mestmäcker, EU-Wettbewerbsrecht, Art. 1 FKVO Rn. 18. *Die praktische Bedeutung ist eher gering.*

444 Konsolidierte Mitteilung zu Zuständigkeitsfragen, Rn. 129; vgl. *Zeise*, in: Schulte, Hdb. Fusionskontrolle, Rn. 1143, *die direkten Teilnehmer.*

445 Konsolidierte Mitteilung zu Zuständigkeitsfragen, Rn. 139.

446 Konsolidierte Mitteilung zu Zuständigkeitsfragen, Rn. 140.

447 Konsolidierte Mitteilung zu Zuständigkeitsfragen, Rn. 181, z.B. *die gleiche Zahl von Mitgliedern der Entscheidungsgremien des GU zu ernennen.*

448 Konsolidierte Mitteilung zu Zuständigkeitsfragen, Rn. 184, als eine reine negative Kontrolle, Vetorechte oder faktische gemeinsame Kontrolle sind von Minderheitsanteilen nicht abgedeckt.

449 Konsolidierte Mitteilung zu Zuständigkeitsfragen, Rn. 143. Entweder können neue Anteilseigner die anderen ersetzen oder neu in das GU eintreten. Vgl. *Rosenthal/Thomas*, European Merger Control, 58 f.

450 Art. 5 Abs. 5 FKVO; Konsolidierte Mitteilung zu Zuständigkeitsfragen, Rn. 168, 186, 188, im Fall des Wechsels von gemeinsamer zu alleiniger Kontrolle.

Problemen führen. Besonders wenn das GU die Kontrolle über ein anderes Unternehmen erwirbt, muss das GU und nicht etwa seine Muttergesellschaften als beteiligte Unternehmen berücksichtigt werden.[451] Um aber von den Aufgreifschwellen, die mindestens zwei beteiligte Unternehmen erfüllen müssen,[452] nicht erfasst zu werden, können die Muttergesellschaften für ihre Erwerbszwecke ein GU nutzen und die Kontrolle über ein Zielunternehmen, dessen Umsatz unter den Schwellenwerten liegt, durch das GU erwerben. Dadurch wird dieser Kontrollerwerb nicht in die Zuständigkeit der Kommission fallen. In solchen Fällen achtet die Kommission noch einmal auf den Vollfunktionscharakter des GU und die wirtschaftlichen Umstände des spezifischen Falls. Ist das GU nur ein Erwerbsvehikel und hinter dem Zusammenschluss treten die Muttergesellschaften als die beteiligten Unternehmen auf, dann ist dadurch die Voraussetzung, dass mindestens zwei Unternehmen beteiligt sein müssen, erfüllt.[453]

Gemäß Art. 21 Abs. 1 Hs. 1 FKVO hat diese Verordnung ausschließliche Anwendbarkeit auf Zusammenschlüsse nach Art. 3 FKVO, ferner verhindert nach Art. 21 Abs. 3 FKVO die Ausschließlichkeit die Anwendung des innerstaatlichen Wettbewerbsrechts[454] der Mitgliedstaaten, wenn der Zusammenschluss eine gemeinschaftsweite Bedeutung hat.[455] Sofern das GU die formellen Aufgreifkriterien nicht erfüllt, also wenn es keine Vollfunktionseigenschaft trägt oder keine gemeinschaftsweite Bedeutung hat, dann ist aus diesen Gründen die Anwendbarkeit der FKVO ausgeschlossen. Aber soweit das GU alle oben genannten Voraussetzungen erfüllt, sind die aufgezählten Verordnungen in Art. 21 Abs. 1 Hs. 1 FKVO und dadurch die primärrechtlichen Vorschriften von Art. 101 und 102 AEUV auf diese GU nicht anzuwenden.[456] Jedoch beinhaltet diese Regel eine Ausnahme für die GU, die keine gemeinschaftsweite Bedeutung haben und gleichzeitig die Koordinierung des Wettbewerbsverhaltens unabhängig bleibender Unternehmen bezwecken oder bewirken.[457] Diese Ausnahme war nötig, weil die alte Fassung der FKVO nur die konzentrativen GU (mit und ohne gemeinschaftsweite Bedeutung)[458] und nicht die kooperativen erfasste; mit der neu eingebrachten Abgrenzung von Vollfunktionsgemeinschaftsunternehmen im Jahr 1997 fielen auch die kooperativen

451 Konsolidierte Mitteilung zu Zuständigkeitsfragen, Rn. 146.

452 Art. 1 Abs. 2 lit. b und Abs. 3 lit. c und d FKVO.

453 Konsolidierte Mitteilung zu Zuständigkeitsfragen, Rn. 145 ff.; Kommission, 29.06.2005, COMP/M.3789 – Johnson Controls/Robert Bosch/Delphi SLI, Rn. 4 Fn. 2; Kommission, 18.10.2002, COMP/M.2939 – JCI/Bosch/VB Autobatterien JV.

454 Vgl. *Wagemann,* in: Wiedemann, Handbuch des Kartellrechts, § 15 Rn. 4, nicht nur das Recht auf Fusionskontrolle, sondern auch auf Verhaltenskontrolle.

455 Erwägungsgrund 8 der FKVO, für die einzige Anlaufstelle (***one stop shop*** system).

456 *Schild,* in: MüKoEUWettR, Art. 21 FKVO, Rn. 7 f.

457 Art. 21 Abs. 1 Hs. 2 FKVO.

458 Vgl. *Wagemann,* in: Wiedemann, Handbuch des Kartellrechts, § 15 Rn. 7, um die Regelungslücke schließen zu können, ist keine gemeinschaftsweite Bedeutung für die Ausschließlichkeit der FKVO nötig.

Vollfunktions-GU in den Anwendungsbereich der FKVO, und damit – um alle kooperativen Vollfunktions-GU nicht von der Ausschließlichkeit der FKVO zu erfassen – war diese Ausnahmeregelung notwendig.[459] In diesem Zusammenhang findet die FKVO nur auf solche kooperativen Vollfunktions-GU, die eine gemeinschaftsweite Bedeutung haben, Anwendung. Dadurch bleibt die Anwendbarkeit des Art. 101 AEUV und die Durchführungsverordnung von 1/2003 für die kooperative Vollfunktions-GU ohne gemeinschaftsweite Bedeutung anwendbar, sofern eine Zwischenstaatlichkeit vorliegt. Im Umkehrschluss ist die Anwendung der erwähnten Verordnungen für die Vollfunktions-GU, die rein konzentrativ sind, ausgeschlossen, obwohl sie keine gemeinschaftsweite Bedeutung haben.[460]

Im Anschluss daran ist nach dem nationalen Fusionskontrollrecht der Mitgliedstaaten und/oder den Vorschriften der Verhaltenskontrolle bzw. europäischen (101 AEUV) oder nationalen (§ 1 GWB) zu beurteilen, ob das GU die formellen Kriterien der FKVO nicht erfüllt.

b) Materielle Beurteilung von konzentrativen Gemeinschaftsunternehmen nach europäischem Fusionskontrollrecht

Wie am Anfang dieses Teils erklärt wurde, ist die Strukturkontrolle auf die Behinderung des wirksamen Wettbewerbs fokussiert, und mit diesem später entwickelten Ansatz folgt die Kommission einem „more economic Approach“, um alle möglichen ökonomischen Konsequenzen der Zusammenschlüsse erfassen zu können.[461]

Gemeinschaftsunternehmen zeigen besondere konzentrative Effekte. Wenn sich mindestens zwei unabhängige Gründerunternehmen auf eine Zusammenarbeit einigen, verzichten sie gleichzeitig auf den Wettbewerb untereinander. Dieser Aspekt kann nach der relevanten Marktstruktur und Marktstellung der Gründerunternehmen Bedenklichkeiten hervorrufen, aber immer noch ist solche Zusammenarbeit nicht per se zu verbieten, weil sie effizienter als Fusionen angesehen werden. Zumindest bleibt ein geringeres Niveau von Wettbewerb unter den Gründerunternehmen, da sonst bei Fusionen diese Möglichkeit nicht besteht.[462]

Die Zusammenarbeit in einem Vollfunktions-GU erbringt besondere wirtschaftliche Effizienz, da sich die Ressourcen von Mutterunternehmen in einem auf operationelle Weise unabhängigen Unternehmen ansammeln. In diesem Zusammenhang können nicht nur die Mutterunternehmen, sondern auch die Verbraucher aus der

---

459 Vgl. *Schild*, in: MüKoEUWettR, Art. 21 FKVO Rn. 15 ff.

460 *Körber*, in: Immenga/Mestmäcker, EU-Wettbewerbsrecht, Art. 21 FKVO Rn. 6.

461 Ausführlich dazu *Pitsos*, Die erhebliche Behinderung des wirksamen Wettbewerbs (SIEC-Test) im Fusionskontrollrecht, SIEC-Test, 38 ff.

462 *Bresnahan/Salop*, Quantifying the competitive effects of production joint ventures, International Journal of Industrial Organization, 1986, 155, 174; *Faull/Nikpay*, The EU Law of Competition, Rn. 7.40, Fn. 43.

Effizienz Nutzen ziehen, vorausgesetzt, dass die Umstände nicht zu einer erheblichen Behinderung des wirksamen Wettbewerbs gemäß Art. 2 Abs. 3 FKVO führen.

Wenn nur eine Muttergesellschaft auf dem Markt des GU oder benachbarten, vor- oder nachgelagerten oder eng verknüpften Märkten tätig bleibt, und die anderen Mütter ziehen sich entweder als aktuelle Wettbewerber zurück, oder sie treten nicht in den Markt als potenzielle Wettbewerber ein, dann ist der Wettbewerb durch die Konzentration beeinflusst.[463] Wenn dieser Konzentrationsgrad des Marktes den wirksamen Wettbewerb im Markt erheblich, insbesondere durch Begründung oder Verstärkung einer marktbeherrschenden Stellung behindert, dann sind solche GU nach SIEC-Test als unvereinbar mit dem wirksamen Wettbewerb zu erklären.

Je nach Art von Gemeinschaftsunternehmen können unterschiedliche konzentrative Risiken auftreten. Neben den konzentrativen Effekten können auch gleichzeitig manche kooperativen Effekte entstehen, sie werden aber nicht hier, sondern im nächsten Teil „Kooperative Gemeinschaftsunternehmen" untersucht.

Für die konzentrativen Risiken analysiert die Kommission erst den sachlich relevanten Markt des GU und der Gründerunternehmen nach dem Bedarfsmarktkonzept,[464] und darauf folgt die Marktstellung der Gründerunternehmen in Bezug auf das GU. Hier wird analysiert, ob sie horizontal, vertikal oder konglomerat zu dem GU stehen. Dadurch werden die möglichen aktuellen oder potenziellen Wettbewerbsverluste, Marktzutrittsschranken im Zusammenhang mit Marktanteilen und der Konzentrationsgrad[465] des Marktes und anderen wettbewerblichen Kriterien[466] unter die Lupe genommen, um herauszufinden, ob der wirksame Wettbewerb durch die Einrichtung des GU beeinträchtigt sein kann.

Bei den horizontalen Gemeinschaftsunternehmen sind die Gründerunternehmen auf dem sachlich relevanten Markt des GU tätig, und sie stehen im Wettbewerb untereinander.[467] Wenn die Gründerunternehmen es weiterhin vorziehen, auf dem Markt zu bleiben, dann tauchen seriöse Risiken für die Koordinierung des Wettbewerbsverhaltens auf, [468] und i. d. R. werden solche Zusammenarbeiten nur in Ausnahmefällen genehmigt,[469] und die sind im Teil „Kooperative Gemeinschaftsunternehmen" zu berücksichtigen. Um die Untersagung solcher kooperativen Risiken zu vermeiden, scheiden entweder eine oder beide der Muttergesellschaften nach der Gründung des GU von diesem Markt aus. Dies weist darauf hin, dass die Gründerunternehmen nicht mehr im Wettbewerb zueinander stehen werden,[470]

463 Vgl. *Henschen*, in: Schulte, Hdb. Fusionskontrolle, Rn. 1695.
464 Durch funktionelle Austauschbarkeit, *Körber*, in: Immenga/Mestmäcker, EU-Wettbewerbsrecht, Art. 2 FKVO Rn. 34; Bekanntmachung relevanter Markt, Rn. 15.
465 Gemessen durch *Herfindahl-Hirschman Index* – HHI.
466 Art. 2 Abs. 1 lit. b FKVO.
467 Vgl. *Funke*, Kooperative Joint Ventures in der Europäischen Union, 32.
468 *Brodley*, Joint Ventures and Antitrust Policy, Harvard L. Rev. 1982, 1521, 1552 ff.
469 Vgl. *Funke*, Kooperative Joint Ventures in der Europäischen Union, 33, Fn. 108.
470 *Huber*, Gemeinschaftsunternehmen in deutschem Wettbewerbsrecht, in: Huber/Börner, 26 f.

und wenn sie hohe Marktanteile in einem hoch konzentrierten Markt haben, dann kann die Einrichtung des GU zu einer marktbeherrschenden Stellung[471] führen, da das GU höhere Marktanteile von seinen Müttern übernommen hat und weniger mit aktuellem und potenziellem Wettbewerb konfrontiert wird. Als Folge wird wahrscheinlich der Wettbewerb im Markt durch das GU besser kontrolliert werden, wenn die Muttergesellschaften das Management des GU beeinflussen können. Deswegen müssen verschiedene wettbewerbliche Aspekte des Marktes betrachtet werden, um die Nachteile von solchen Zusammenschlüssen feststellen zu können.[472] Neben diesen soll auch der Vorteil, nämlich die zu gewinnende Effizienz seitens des GU, berücksichtigt werden.[473]

Bei den partiell horizontalen Gemeinschaftsunternehmen ist eine der Muttergesellschaften auf dem Markt des GU tätig, aber die andere Muttergesellschaft hat als potenzieller Wettbewerber nicht den Anreiz in diesen relevanten Markt einzutreten.[474] Auf diese Weise kann es zur Veränderung der Marktstruktur und nach den Marktbedingungen zu oligopolistischen Wettbewerbsproblemen kommen.[475] In solchen Fällen untersucht die Kommission die Überlappung von sachlich und räumlich relevanten Märkten des GU und der Muttergesellschaften, um ermitteln zu können, ob es zu erheblicher Behinderung des wirksamen Wettbewerbs durch Verlust von aktuellem und/oder potenziellem Wettbewerb kommen kann.[476] Der potenzielle Wettbewerb ist besonders riskant für den freien Wettbewerb, wenn das andere beteiligte Unternehmen als ein sehr starker potenzieller Wettbewerber auf dem Markt wahrgenommen wird und das Unternehmen ohne spürbare verlorene Kosten dem Markt leicht beitreten kann. Auf der anderen Seite ist zu prüfen, ob da andere ähnlich starke potenzielle Konkurrenten existieren, um den Wettbewerbsdruck nach der

---

471 Erwägungsgrund 32 der FKVO; Leitlinien horizontaler Zusammenschlüsse, Rn. 17 f. Marktanteile nicht mehr als 25 %, keine erhebliche Behinderung des wirksamen Wettbewerbs; vgl. *Emmerich*, Kartellrecht, § 16 Rn. 27, zwischen 35-50 % müssen weitere Faktoren des Marktes beachtet werden; Leitlinien horizontaler Zusammenschlüsse, Rn. 20 lit. f., Wettbewerbsbedenken, wenn wenigstens 50 %.

472 Kommission, 10.01.2002, COMP/M.2176 – K+S/Solvay/JV, Rn. 40, „*Given the presence of powerful competitors, this situation will not give rise to competition concerns*", und Rn. 48 „*... there are no significant barriers to entry for any of the non-deciding product markets. In addition, the industry is characterised by general over-capacity.*"

473 Leitlinien horizontaler Zusammenschlüsse, Rn. 76 ff.

474 *Funke*, Kooperative Joint Ventures in der Europäischen Union, 34.

475 *Kuhn*, Kooperative Aspekte von Gemeinschaftsunternehmen im Europäischen Kartellrecht, 10 f. Vgl. Leitlinien horizontaler Zusammenschlüsse, Rn. 58 ff.

476 Kommission, 16.02.2009, COMP/M.5399 – Mubadala/Rolls Royce/JV, Rn. 32, "*There is therefore very limited overlap between the parties' current activities as regards Trent engines. In this respect, and as confirmed by the market investigation, the creation of the proposed joint venture will neither remove nor alter the behaviour of an actual or potential competitor...*"

Gründung des GU weiterführen zu können.[477] Neben den möglichen koordinierten Wirkungen müssen auch die nicht-koordinierten Wirkungen in Bezug auf solche Zusammenschlüsse untersucht werden.

Es ist erwiesen, dass sich hinter der Gründung von horizontalen Gemeinschaftsunternehmen die Muttergesellschaften an der gemeinsamen Gewinnmaximierung ausrichten.[478] Wenn Marktbedingungen darauf hindeuten, können Preisanhebungen durch verringerten Absatz als ein nicht-koordinierter Effekt bei der einzel- und oligopolistischen Marktbeherrschung[479] oder das gleiche Ergebnis mit koordinierter oligopolistischer Marktbeherrschung[480] erreicht werden, falls auch die anderen Marktkriterien, wie Nachfragemacht, potenzieller Wettbewerb, Markteintrittsmöglichkeiten usw.,[481] diese erheblichen Auswirkungen beitragen können. Besonders in Marktbeherrschungsfällen ist der Wettbewerb erheblich behindert. Um zu diesem Ergebnis zu kommen, untersucht die Kommission die Spürbarkeit der Wirkung der Zusammenschlüsse.[482] Vornehmlich bei den horizontalen Zusammenschlüssen erscheinen die konzentrativen und auch kooperativen Risiken erheblicher für den Wettbewerb.

Die anderen möglichen wettbewerbswidrigen Effekte können auch bei der nichthorizontalen Einrichtung eines GU auftreten. In dieser Kategorie sind die vertikalen und konglomeraten GU aufzuzählen.[483]

Vertikale Gemeinschaftsunternehmen sind dadurch gekennzeichnet, dass die Muttergesellschaften im Wettbewerb zueinander stehen, aber in diesem Fall wird das GU auf einem vor- oder nachgelagerten Markt gegründet.[484] Diese Typen von Gemeinschaftsunternehmen erscheinen hauptsächlich als zwei generelle Typen, nämlich als Input-GU oder Produktionsgemeinschaftsunternehmen[485] und Output-GU oder Vertriebsgemeinschaftsunternehmen. Auch mit dem SIEC-Test sind koordinierte und nicht-koordinierte Wirkungen dieser vertikalen Gemeinschaftsunternehmen zu prüfen. Beim Vertriebs-GU sind besonders die Abschottungseffekte

---

477 Leitlinien horizontaler Zusammenschlüsse, Rn. 59 f.

478 *Rall & Kurz*, Kriterien zur wettbewerbspolitischen Beurteilung der Gründung von Gemeinschaftsunternehmen, 20 f.

479 Leitlinien horizontaler Zusammenschlüsse, Rn. 24 ff.

480 Vgl. Leitlinien horizontaler Zusammenschlüsse, Rn. 39 ff. Die Marktbedingungen müssen dafür geeignet sein. Markttransparenz und die Möglichkeit des parallelen Verhaltens in einem Markt mit hohen Zutrittsschranken machen die Koordination wahrscheinlicher.

481 Art. 2 Abs. 1 lit. b FKVO.

482 *Zeise*, in: Schulte, Hdb. Fusionskontrolle, Rn. 1295; Leitlinien horizontaler Zusammenschlüsse, Rn. 60, ***spürbare wettbewerbswidrige Wirkungen***.

483 Leitlinien zur Bewertung nichthorizontaler Zusammenschlüsse gemäß der Ratsverordnung über die Kontrolle von Unternehmenszusammenschlüssen, ABl. 2008 C 265/07 – „Leitlinien nichthorizontaler Zusammenschlüsse“, Rn. 3 ff.

484 Vgl. *Funke*, Kooperative Joint Ventures in der Europäischen Union, 36.

485 Dazu auch die Forschungs- und Entwicklungsgemeinschaftsunternehmen.

zu beachten; da das GU die Produkte von Muttergesellschaften vertreibt, kann es dazu kommen, dass die Konkurrenten auf dem Vertriebsmarkt behindert werden können[486] und zugleich wird dies auch den aktuellen und potenziellen Wettbewerb zueinander beeinträchtigen, weil die Muttergesellschaften statt eines GU mit ihrem eigenen Vertriebsunternehmen auf dem gleichen Markt tätig sein könnten.[487] Dieser Zusammenschluss kann daher zur Verstärkung der Marktposition der Muttergesellschaften führen, da sie mit ihrer Marktmacht die Kundenabschottung verursachen können.[488] Auf der anderen Seite kann sich die Marktverschließung auch beim Produktions-GU zeigen. Wiederum wird die Zusammenarbeit auf einem vorgelagerten Markt zum Verlust des aktuellen und potenziellen Wettbewerbs zwischen den Muttergesellschaften führen. Und wenn die Muttergesellschaften eine bedeutungsvolle Marktmacht auf dem nachgelagerten Markt besitzen und sie gezwungen sind, von dem GU Waren zu kaufen, dann können sie den gegenseitigen Produktionsumfang und daher die Preispolitik besser voraussehen.[489] Im Anschluss daran können auch die Konkurrenten des GU ihre Kunden verlieren oder die Muttergesellschaften können ihren Konkurrenten den Zugang zum Produkt verwehren, und auf diese Weise können die Abschottungseffekte entstehen.[490]

Letztendlich können die Muttergesellschaften ein konglomerates Gemeinschaftsunternehmen gründen. Bei solchen GU steht der Markt der Kooperationseinrichtung – nämlich des GU – diagonal zu den Märkten der Muttergesellschaften.[491] Das heißt,

---

486 *Kuhn,* Kooperative Aspekte von Gemeinschaftsunternehmen im Europäischen Kartellrecht, 11 f.; Kommission, 22.03.2005, COMP/M.3511 – Wiener Böse Et Al./Budapest Stock Exchange/Budapest Commodity Exchange/Keller/JV, Rn. 42. Bei solchen GU untersucht die Kommission vertikale Abschottung durch Erhöhung der Kosten für Konkurrenten.

487 Kommission, 27.05.1998, IV/M.993 – Bertelsmann/Kirch/Premiere, Rn. 122, „... *durch eben dieses gemeinsame Vorgehen den Zukunftsmarkt für digitales Pay TV abschotten und langfristig unter ihre Kontrolle bringen.*"

488 *Rall & Kurz,* Kriterien zur wettbewerbspolitischen Beurteilung der Gründung von Gemeinschaftsunternehmen, 21 f., *Kontingentierung, Liefer-/Bezugssperre und Diskriminierung*; vgl. *Mäger,* Europäisches Kartellrecht, 8. Kap. Rn. 222. Vgl. Kommission, 22.03.2005, COMP/M.3511 – Wiener Böse Et Al./Budapest Stock Exchange/Budapest Commodity Exchange/Keller/JV, Rn. 49, die Kommission ermittelt die Kundenabschottung; Kommission, 16.05.2003, COMP/M.3101 – Accor/Hilton/Six Continents/JV, Rn. 12.

489 Vgl. *Temple Lang,* Community Antitrust Law and Joint Ventures Involving the Transfer of Technology, F. C. L. I. 1983, 203, 230 f.; vgl. *Brodley,* Joint Ventures and Antitrust Policy, Harvard L. Rev. 1982, 1521, 1561.

490 Vgl. *Funke,* Kooperative Joint Ventures in der Europäischen Union, 37 f. Mit hohen Marktanteilen und weniger vertikal integrierten Konkurrenten können die Muttergesellschafter per Hebelwirkung ihre Konkurrenten im Wettbewerb behindern und dadurch ihre Position im Markt verstärken.

491 Vgl. *Rall & Kurz,* Kriterien zur wettbewerbspolitischen Beurteilung der Gründung von Gemeinschaftsunternehmen, 23 f. Die Müttergesellschaften sollen auch nicht

sie sind weder Wettbewerber noch gegenseitige Parteien in einem Bezugs- oder Lieferverhältnis,[492] daher besteht keine horizontale oder vertikale Verbundenheit zwischen den Muttergesellschaften und dem GU, aber insbesondere wenn dieses diagonale Verhältnis eng verwandte Märkte betrifft, kann dies das Risiko für wettbewerbswidrige Wirkungen erhöhen, weil die Muttergesellschaften, statt allein auf den Markt zu treten, das Gleiche mithilfe eines GU verwirklichen, wodurch der potenzielle Wettbewerb beschränkt wird.[493] Allgemein nutzen die Muttergesellschaften diese Typen der Zusammenarbeit als Marktdiversifikation für Verbundvorteile[494] und folglich als Risikostreuung und aus marktstrategischen Gründen.[495] Besondere konzentrative wettbewerbswidrige Risiken sind auch bei der Einrichtung solcher GU zu finden. Falls die Muttergesellschaften auf einem anderen Markt eine erhebliche Marktstellung besitzen, können sie demzufolge diese Stellung ausnutzen, um den Wettbewerb auf dem Markt des GU abzuschotten.[496] Im Anschluss daran kann dies zu ausgedehnten Wettbewerbsproblemen führen; wenn die Muttergesellschaften auf verschiedenen Märkten Netzwerke von GU bilden, kann dies weitere erhebliche Wettbewerbsrisiken bewirken. Die mehrfachen Einrichtungen von GU würden den Informationsaustausch verstärken und darauffolgend könnten die Muttergesellschaften mit hohen Marktanteilen den Wettbewerb auf den anderen Märkten beschränken, da sie Zugang zu diesen Märkten zusammen erlangen und dadurch eine gemeinsame Marktbeherrschung, die einen Untersagungsgrund beim SIEC-Test ergeben würde.[497] Zudem kann in den konzentrierten Märkten die geringe Zahl von Konkurrenten auch koordinierte Wirkungen im Markt haben.[498] Solche Formationen haben insbesondere kooperative Auswirkungen und werden im nächsten Teil erläutert.

---

auf dem gleichen Markt sein, sie können ein horizontales, vertikales oder diagonales Verhältnis zueinander haben.

492 *Zeise*, in: Schulte, Hdb. Fusionskontrolle, Rn. 1457.

493 Vgl. *Rosenthal/Thomas*, European Merger Control, 175; Leitlinien nichthorizontaler Zusammenschlüsse, Rn. 91 ff. Vgl. *Temple Lang*, International Joint Ventures under Community Law, F. C. L. I. 1999, 381, 405.

494 Vgl. *Schmidt/Haucap*, Wettbewerbspolitik und Kartellrecht, 182, Erzielung von Verbundvorteilen besonders nur im F & E Bereich, sonst Probleme bei der Koordination von Produkt und Absatz auf unterschiedlichen Märkten.

495 Vgl. *Funke*, Kooperative Joint Ventures in der Europäischen Union, 40.

496 Vgl. Leitlinien nichthorizontaler Zusammenschlüsse, Rn. 93. Hebelwirkung insbesondere durch Bindung und Kopplung; vgl. *Schmidt/Haucap*, Wettbewerbspolitik und Kartellrecht, 182, durch Leading Firm Acquisition und Errichtung konglomeratspezifischer Marktzutrittsschranken durch reciprocal dealing und predatory pricing.

497 Vgl. *Temple Lang*, International Joint Ventures under Community Law, F. C. L. I. 1999, 381, 409 f.

498 Vgl. Leitlinien nichthorizontaler Zusammenschlüsse, Rn. 119 ff.

Das Ausmaß von wettbewerbswidrigen Risiken erhöht sich, wenn die Märkte der Muttergesellschaften und des GU enger verknüpft sind.[499] Dies macht die erhebliche Behinderung des wirksamen Wettbewerbs durch Marktbeherrschung wahrscheinlicher.

c) Nebenabreden

Weil die konzentrativen GU unter den Anwendungsbereich der Fusionskontrolle fallen, wurden die Nebenabreden bei der Gründung eines GU auch nach fusionskontrollrechtlichen Kriterien untersucht.[500] In diesem Zusammenhang – besonders bei den GU als Zusammenschluss – müssen die Gründerunternehmen einige Einschränkungen umsetzen, um die Lebensfähigkeit der Zusammenarbeit zu gewährleisten. Aber nach FKVO sollen diese Einschränkungen bei dem Zusammenschlussverfahren nur erlaubt werden, wenn sie unmittelbar mit dem Zusammenschluss verbunden und dafür notwendig sind.[501] Ansonsten ist es möglich, dass sie als eine Wettbewerbsbeschränkung nach Kartellverbot untersucht werden können. Die Unterscheidung liegt bei den beteiligten Unternehmen, nämlich den Gründerunternehmen. Durch das Prinzip der Selbsteinschätzung müssen die Gründerunternehmen den Umfang der Einschränkungen bei der Gründung eines GU selbst beurteilen, da die Kommission keine einzelnen Prüfungen durchführt. Wenn aber die Kommission die Gründung des GU freigibt, dann sind die nach den Kriterien der FKVO vereinbarten Einschränkungen auch automatisch genehmigt und die weitere Untersuchung nach Art. 101 AEUV ist sinngemäß ausgeschlossen.[502] Als Folge dieses Verfahrens hat die Kommission manche spezifische Nebenabreden aus der Entscheidungspraxis in einer Mitteilung veröffentlicht, um die Rechtssicherheit bei solchen Einschränkungen zu schaffen und nur in einem Fall von neuen und ungelösten Fragen können die Gründerunternehmen die einzelne Prüfung der vereinbarten Einschränkungen bei der Kommission beantragen.[503]

Vor der Gründung eines GU können die Muttergesellschaften im JV-Vertrag besondere wettbewerbsbeschränkende Kriterien für die Zusammenarbeit vereinbaren. Manche Kriterien werden i. d. R. als nötig angesehen und deshalb als Nebenabreden kategorisiert; aber die Erweiterung dieser vereinbarten Kriterien kann zu weiteren kartellrechtlichen Problemen führen, falls sie als Hintergrund die Kooperation mit

499 Vgl. *Rall & Kurz*, Kriterien zur wettbewerbspolitischen Beurteilung der Gründung von Gemeinschaftsunternehmen, 25 f.

500 Art. 6 Abs. 1 lit. b UA 2 und Art. 8 Abs. 1 UA 2 und Abs. 2 UA 3 FKVO.

501 Erwägungsgrund 21 der FKVO; Bekanntmachung der Kommission über Einschränkungen des Wettbewerbs, die mit der Durchführung von Unternehmenszusammenschlüssen unmittelbar verbunden und für diese notwendig sind, ABl. 2005/C 56/03 „Bekanntmachung zu Nebenabreden", Rn. 3.

502 Art. 21 Abs. 1 FKVO.

503 Bekanntmachung zu Nebenabreden, Rn. 5; Erwägungsgrund 21 der FKVO.

den Muttergesellschaften haben.[504] Da dieser Teil die konzentrative GU untersucht, werden hier die Nebenabreden bei der Gründung eines GU analysiert, welches keine kooperativen Elemente in sich birgt.

Für Vollfunktions-GU, die eine rein konzentrative Natur haben, sind solche Nebenabreden nach Art. 6 Abs. 1 lit. b UA 2 und Art. 8 Abs. 2 UA 3 FKVO nur gerechtfertigt, falls sie mit der *Durchführung von Unternehmenszusammenschlüssen unmittelbar verbunden und für diese notwendig sind.*[505] Die Kommission untersucht diese Nebenabreden nicht separat, sondern die Freigabeentscheidung für ein Vollfunktions-GU deckt diese wettbewerbsbeschränkenden Nebenabreden gleichzeitig ab,[506] und für diese Nebenabreden finden die anderen Normen oder Verordnungen der Europäischen Union oder nationalen Rechts keine Anwendung.[507] Durch ihre Bekanntmachung[508] hat die Kommission besondere zulässige Nebenabreden bei der Gründung eines Vollfunktions-GU zusammengefasst. Als solche Nebenabreden sind Wettbewerbsverbote, Lizenzvereinbarungen und Bezugs- und Lieferpflichten zu zählen.

Wenn sich die Gründerunternehmen auf die Gründung eines GU einigen, möchten sie das Investitionsrisiko verteilen und auch von der Zusammenarbeit profitieren. Dafür brauchen sie gleichzeitig gegenseitiges Vertrauen an der Zusammenarbeit, um ihre professionelle Erfahrung oder Investition schützen zu können. Auf diese Weise beziehen die Muttergesellschaften ein Wettbewerbsverbot zulasten der Gründerunternehmen und zugunsten des GU in dem JV-Vertrag ein.[509] Aber immerhin müssen, um sich als Nebenabrede zugunsten des GU zu qualifizieren, die räumlichen und sachlichen Grenzen dafür beachtet werden. Räumlich kann sich dieses Verbot nur auf die Märkte beziehen, auf denen das GU tätig wird.[510] Und sachlich gilt die ähnliche Einschränkung für die Produkte oder Dienstleistungen; sofern sie der Geschäftsgegenstand des GU sind, ist das Wettbewerbsverbot

---

504 Vgl. *Funke*, Kooperative Joint Ventures in der Europäischen Union, 176 f., *Zusätzliche Absprachen Kuhn,* Kooperative Aspekte von Gemeinschaftsunternehmen im Europäischen Kartellrecht, 43, *sonstige kooperative Aspekte* oder *abtrennbare Vereinbarungen.*

505 Bekanntmachung zu Nebenabreden, Rn. 36 ff.

506 Art. 6 Abs. 1 lit. b UA 2 und Art. 8 Abs. 2 UA 3 FKVO.

507 *Emberger/Peter*, in: Loewenheim/Meessen/Riesenkampff, Kartellrecht, Art. 6 FKVO Rn. 61.

508 Bekanntmachung zu Nebenabreden, Rn. 36.

509 Vgl. *Westermann/Bergmann*, in: Fett/Spiering, Handbuch Joint Venture, 5. Kap. Rn. 90; umgekehrt kann auch das Wettbewerbsverbot zulasten des GU und zugunsten der Gründerunternehmen vereinbart werden und als Nebenabrede zulässig sein, weil die Gründerunternehmen den Rahmen des Tätigkeitsbereichs des GU bestimmen. Kommission, 02.12.1991, IV/M.102 – TNT/Canada Post, DBT Postdienst, La Poste, PTT Post & Sweden Post, Rn. 58 ff.

510 Bekanntmachung zu Nebenabreden, Rn. 37. Eine Erweiterung des Wettbewerbsverbots ist möglich, sofern die Gründerunternehmen vorhaben, den Markt des GU auszudehnen und dafür entsprechende Investitionen getätigt haben.

als eine Nebenabrede zu akzeptieren.[511] Die Einschränkung limitiert sich daneben zeitlich; die Muttergesellschaften können ein Wettbewerbsverbot zulasten der Gründerunternehmen und zugunsten des GU vereinbaren, solange es für die gesamte Dauer des Bestehens des GU ist.[512] Das gleiche Verbot kann auch für die Tochterunternehmen der Gründerunternehmen gelten.[513] Nach Auflösung des GU sind die Wettbewerbsverbote zulasten der Gründerunternehmen nicht per se verboten, aber eher kritisch gesehen, weil das Kriterium von unmittelbarer Notwendigkeit nicht mehr erfüllt ist.[514] Dies ist in dem Fall als zulässig zu betrachten, wenn ein Gründerunternehmen aus der Zusammenarbeit austreten will, aber nicht mit der Gründung eines GU verbunden ist. Hier sollte dieses Wettbewerbsverbot und seine Dauer zu einem späteren Zeitpunkt beschlossen werden, da nach dem Unternehmensverkaufsgedanken die Kundenbeziehungen und der Zugriff auf Know-how einen Nachteil schaffen können. In diesem Zusammenhang kann ein Verbot für drei Jahre zulässig sein, in allen anderen Fällen nur zwei Jahre.[515]

Für die Zulässigkeit dieses Wettbewerbsverbots müssen die Gründerunternehmen die Befugnis haben, das GU zu leiten, sonst ist dieses Verbot zulasten der Gründerunternehmen mit Minderheitsanteil und ohne positive oder negative Kontrolle nicht als eine Nebenabrede zu klassifizieren.[516] Für ein Wettbewerbsverbot gegen die Minderheitsgesellschaften sollen die Sonderrechte bezüglich der strategischen Entscheidung des GU eingeräumt werden, entweder positive Rechte i. S. d. Ernennung der Vorstandsmitglieder oder negative Rechte, z. B. Vetorechte bezüglich des Geschäftsplans des GU, aber nur die Rechte, die zum Schutz ihrer finanziellen Position in dem GU eingerichtet sind, nicht dazu zählen.[517] Dies wird jedoch in der Literatur auch kritisch gesehen, da auch die reinen Minderheitsgesellschafter Zugang zu

511 Bekanntmachung zu Nebenabreden, Rn. 38; gilt auch für die entwickelten Produkte, die aber noch nicht auf den Markt gebracht wurden.

512 Bekanntmachung zu Nebenabreden, Rn. 36.

513 Vgl. *Cook/Kerse*, EC Merger Control, 76; Kommission, 16.08.1995, IV/M.618 – Cable and Wireless/VEBA, Rn. 29.

514 Kommission, 18.06.2012, COMP/39.736 – Siemens/Areva, Rn. 31 ff.; ein langes nachträgliches Wettbewerbsverbot über drei Jahre nach dem Wechsel von gemeinsamer zur alleinigen Kontrolle wurde nicht als Nebenabrede qualifiziert; *Mäger*, Europäisches Kartellrecht, 9. Kap. Rn. 55, *Wagemann*, in: Wiedemann, Handbuch des Kartellrechts, § 16, Rn. 213.

515 *Kapp/Wegner*, Das Gemeinschaftsunternehmen – Kartellrechtliche Herausforderungen, CCZ 2015, 198, 208; *Westermann/Bergmann*, in: Fett/Spiering, Handbuch Joint Venture, 5. Kap. Rn. 92; Wettbewerbsverbot ist auch für eine Übergangszeit zulasten des Veräußerers zugelassen, um den Erwerber zu schützen; Bekanntmachung zu Nebenabreden, Rn. 18 ff; Kommission, 12.12.1994, IV/34.891 – Fujitsu AMD, Rn. 33 ff.; Kommission, 18.06.2012, COMP/39.736 – Siemens/Areva, Rn. 51.

516 Bekanntmachung zu Nebenabreden, Rn. 40. Kommission, 13.01.1999, IV/M.1387 – Lufthansa/Mensies/Sigma AT Manchester, Rn. 21.

517 *Linsmeier/Lichtenegger*, Wettbewerbsverbote zu Lasten von Minderheitsgesellschaftern und ihre kartellrechtliche Beurteilung, BB 2011, 328, 331; *Rudersdorf*,

wettbewerblichen Informationen oder Know-how haben können, welcher dann zum Nachteil des GU ausgenutzt werden kann, daher kann auch ein Wettbewerbsverbot für solche Minderheitsgesellschafter mit Gründung des GU verbunden und notwendig sein.[518]

Ferner kann ein Wettbewerbsverbot zulasten des Gemeinschaftsunternehmens und zugunsten der Muttergesellschaften vorkommen und nicht als wettbewerbsbeschränkend anzusehen sein, da bei der Gründung der neuen wirtschaftlichen Einheit die Muttergesellschaften den Tätigkeitsbereich des GU festlegen sollen, um nicht mit den Muttergesellschaften im Wettbewerb zu stehen oder das übertragene Know-how oder Informationen zu schützen; dies soll jedoch nicht zu einer Koordination der Mütter führen.[519] Aus diesem Grund gilt für die Wettbewerbsverbote zwischen den Muttergesellschaften Art. 101 AEUV im vollen Umfang.[520]

Bei den Abwerbeverboten und Vertraulichkeitsklauseln gilt auch die gleiche Einstufung wie beim Wettbewerbsverbot. Bei den Abwerbeverboten ist ein Teil von immateriellen Vermögenswerten des GU, nämlich die Mitarbeiter und Kunden, gesichert.[521] Mithilfe von diesen Nebenabreden sowie den Vertraulichkeitsklauseln gewährleistet die Muttergesellschaft, wenn sie aus dem Geschäft des GU ausscheiden wird, den entsprechenden Zusammenschluss zu schützen.[522] Dadurch werden die Geschäftsgeheimnisse, wie das technische Know-how, nach dem Zugang zu Informationen bei der Zusammenarbeit geschützt, um die Wettbewerbsposition des GU zu sichern, welche i. d. R. für die gesamte Zeit des GU vereinbart werden kann und auch in Ausnahmefällen bei Unternehmensveräußerungen für einen längeren Zeitraum weiter bestehen kann.[523]

Die anderen wichtigen Nebenabreden sind die ***Lizenzvereinbarungen***. Diese sogenannten Immaterialgüterrechte können aus Patenten, Know-how oder Urheberrechten bestehen. Und diese sind besonders erheblich für die Wettbewerbsfähigkeit des Geschäfts der GU. Die Klassifizierung als Nebenabrede gilt nur zwischen Mutterunternehmen und Gemeinschaftsunternehmen, aber nicht für

---

Wettbewerbsverbote in Gesellschafts- und Unternehmenskaufverträgen, RNotZ 2011, 509, 523.

518 *Körber*, in: Immenga/Mestmäcker, EU-Wettbewerbsrecht, Art. 8 FKVO, Rn. 62; *Linsmeier/Lichtenegger*, Wettbewerbsverbote zu Lasten von Minderheitsgesellschaftern und ihre kartellrechtliche Beurteilung, BB 2011, 328, 333.

519 *Körber*, in: Immenga/Mestmäcker, EU-Wettbewerbsrecht, Art. 8 FKVO, Rn. 63; *Zimmer*, in: Immenga/Mestmäcker, EU-Wettbewerbsrecht, Art. 101 Abs. 1 AEUV, Rn. 306; *Kapp/Wegner*, Das Gemeinschaftsunternehmen – Kartellrechtliche Herausforderungen, CCZ 2015, 198, 201.

520 *Zimmer*, in: Immenga/Mestmäcker, EU-Wettbewerbsrecht, Art. 101 Abs. 1 AEUV, Rn. 330.

521 *Lückenbach*, Nebenabreden nach europäischem Fusionskontrollrecht, 82 f.

522 Vgl. *Cook/Kerse*, EC Merger Control, 75 f.

523 *Crozals/Hartog*, Die neue Nebenabreden-Bekanntmachung der Europäischen Kommission, EWS 2004, 533, 535.

die Lizenzvereinbarungen allein zwischen den Mutterunternehmen.[524] Falls die Gründerunternehmen das erforderliche geistige Eigentum nicht übertragen wollen, können sie eine Lizenzvereinbarung schließen, um die Nutzungs- und Verwertungsrechte in das GU einbringen zu können.[525] In bestimmten Branchen müssen den Gemeinschaftsunternehmen benötigte Lizenzen eingeräumt werden, um die dauerhafte Tätigkeit auf dem Markt weiterzuführen, deshalb werden solche Lizenzvereinbarungen als notwendig angesehen.[526] Bei manchen Gemeinschaftsunternehmen werden solche Immaterialgüterrechte als Bestandteil der Gründung angesehen und deswegen können sie den Ersatz für die Übertragung der Eigentumsrechte darstellen; aus diesem Grund werden solche Lizenzen mehr als konstitutiver Teil bei der Gründung eines GU statt einer Nebenabrede betrachtet.[527] Um die Zusammenarbeit zu gewährleisten, muss die Lizenz zur Verfügung gestellt werden, aber der Umfang sollte sich wegen des Unmittelbarkeits- und Notwendigkeitsprinzips auf das übertragene Geschäft beziehen.[528] Als Folge davon können die Lizenzgeber – nämlich die Gründerunternehmen – die Art und Weise der Nutzung von Lizenzen abgrenzen, besonders wenn es sich um die Dauer, die Ausschließlichkeit und die geografische Beschränkung der Lizenz handelt. Dadurch können sie ihre besonderen Geschäftsinteressen schützen.[529] Anders als bei den anderen Nebenabreden müssen diese Typen nicht zeitlich begrenzt werden[530] und auch die einfache oder ausschließliche Natur der Lizenz schließt die Klassifizierung als Nebenabrede nicht aus.[531] Auch die

---

524 Bekanntmachung zu Nebenabreden, Rn. 43; vgl. *Henschen,* in: Schulte, Hdb. Fusionskontrolle, Rn. 1822, Lizenzvereinbarungen zwischen den Muttergesellschaften sind nach Art. 81 (Art. 101 AEUV) zu beurteilen.

525 Bekanntmachung zu Nebenabreden, Rn. 27 und 31. Oder umgekehrt kann das GU das geistige Eigentum besitzen und eine Lizenz für die Gründerunternehmen einräumen (Überkreuz-Lizenzen).

526 Konsolidierte Mitteilung zu Zuständigkeitsfragen, Rn. 105, 109, als Beispiel im Telekomsektor.

527 *Mestmäcker/Schweitzer,* in: Mestmäcker/Schweitzer, Europäisches Wettbewerbsrecht, § 25, Rn. 67; *Cook/Kerse,* EC Merger Control, 77; Kommission, 22.11.2000, COMP/M.1501 – GKN Westland/Agusta/JV, Rn. 30 f.

528 Kommission, 19.03.1997, IV/M.835 – Recticel/Grenier, Rn. 28: „*As regards licence agreements, the Commission generally considers that they can be accepted as necessary for the completion of a transaction to the extent that they correspond to the activities transferred to the joint venture.*"

529 Kommission, 29.04.1993, IV/M.310 – Harrisons & Crossfield/AKZO, Rn. 39 f.

530 *Emberger/Peter,* in: Loewenheim/Meessen/Riesenkampff, Kartellrecht, Art. 6 FKVO Rn. 60.

531 Bekanntmachung zu Nebenabreden, Rn. 42; dagegen: Kommission. 20.03.1995, IV/M.561 – Securicor Datatrak, Rn. 18 ff. Die ausschließliche Lizenz – obwohl als unmittelbar verbunden aber nicht notwendig angesehen, weil die Dienstleistung neu ist und daher kein Wettbewerb entsteht, um eine ausschließliche Lizenz zu rechtfertigen; Vgl. *Lückenbach,* Nebenabreden nach europäischem Fusionskontrollrecht, 118, mit der ausschließlichen Lizenz muss der Inter-brand-Wettbewerb

gegenteilig erteilten Lizenzen sind zwischen den GU und den Gründerunternehmen als Nebenabrede qualifiziert worden.[532] Nach den Umständen sind manche ausschließlichen Lizenzen nur zeitlich begrenzt zu akzeptieren, falls sie nur für die Anlaufphase des GU notwendig sind,[533] und umgekehrt ist auch zu sehen, dass die Dauer einer ausschließlichen Lizenzvereinbarung länger als die Lebenszeit des GU beträgt.[534] Auf der anderen Seite werden die Beschränkungen, die den weiteren Verkauf der lizenzierten Produkte des GU betreffen, nicht als unmittelbar verbunden und notwendig angesehen.[535] Lizenzvereinbarungen sind besonders erheblich für die konzentrativen GU in der EU, weil sie für die Vollfunktionseigenschaft der GU in vielen Fällen nötig sind, muss bei der Beurteilung darauf geachtet werden, ob die Begrenzung der Nebenabrede ausreicht, den Vollfunktionscharakter des GU weiterzuführen.

Eine andere Gruppe von Nebenabreden stellen die **Bezugs- und Lieferpflichten** dar. Wie oben erwähnt wurde, kann das Gemeinschaftsunternehmen besondere Unterstützung von ihren Gründerunternehmen benötigen, um den Auftritt auf dem geplanten Markt ermöglichen zu können. Diese Typen von Nebenabreden sind vornehmlich wichtig, wenn die Gründerunternehmen sich auf den vor- oder nachgelagerten Märkten befinden;[536] aus solchem Sachstand kann das gegründete GU die Voraussetzung für die Vollfunktionseigenschaft – nämlich seine Selbstständigkeit – beschädigen,[537] und wegen dieses Risikos müssen die Bezugs- und Lieferpflichten zwischen den Gründerunternehmen und dem GU unter die Lupe genommen werden. Um nicht auf die Selbstständigkeit des GU zu wirken, sieht die Kommission generell für eine Übergangszeit die Bezugs- und Lieferpflichten als zulässig an, und diese Übergangszeit kann i. d. R. bis zu fünf Jahre dauern.[538] Diese Übergangszeit entspricht der Anlaufphase des GU, da ab der Gründung die vollfunktionsfähige Teilnahme am Markt erst nach einiger Zeit erreicht wird. Dieser Unterschied zur Zeitbegrenzung zwischen Wettbewerbsverbot und Bezugs- und Lieferpflichten wird nicht als kritisch angesehen. Obwohl in einer anderen Verordnung[539] der Kommission die Bezugs- und Lieferpflichten als Sachverhalt des Wettbewerbsverbots erwähnt werden, hält die Kommission in der Bekanntmachung zu Nebenabreden das Wettbewerbsverbot für die Zeit der Lebensdauer des GU für

---

bestehen, um eine Begrenzung des Intra-brand-Wettbewerbs als notwendig anzuerkennen.

532 Bekanntmachung zu Nebenabreden, Rn. 43.

533 Kommission, 13.06.1996, IV/M.708 – Exxon/DSM, Rn. 44.

534 Kommission, 20.04.1999, IV/M.1455 – Gruner + Jahr/Financial Times/JV, Rn. 37 f. Die Einschränkung der ausschließlichen Lizenz wurde bis zu fünf Jahren nach der Auflösung des GU auch als Nebenabrede akzeptiert.

535 Kommission, 19.03.1997, IV/M.835 – Recticel/Grenier, Rn. 26 ff.

536 Bekanntmachung zu Nebenabreden, Rn. 44.

537 *Lückenbach*, Nebenabreden nach europäischem Fusionskontrollrecht, 148.

538 Bekanntmachung zu Nebenabreden, Rn. 33.

539 Art. 1 Abs. 1 lit. d Vertikal-GVO (EU) Nr. 330/2010.

normal. Der gleiche Sachverhalt bildet aber eine Gefahr für die Selbstständigkeit des GU, wenn es um die Bezugs- und Lieferpflichten geht.[540] Dennoch kann in speziellen Fällen die Dauer der Bezugs- und Lieferpflichten länger als fünf Jahre betragen, falls die Waren oder Dienstleistungen nur von Gründerunternehmen erbracht werden können.[541] Im Gegensatz dazu werden die Ausschließlichkeitsbindungen sowie die Vorzugslieferanten und/oder Vorzugsabnehmer nicht als unmittelbar miteinander verbunden und notwendig interpretiert.[542]

Die in der Bekanntmachung erwähnten Nebenabreden sind in der Praxis zumeist üblich, das heißt, andere verschiedene Vereinbarungen werden nach der Geschäftstätigkeit des GU auch als Nebenabreden anerkannt, falls sie unmittelbar als mit der Tätigkeit des GU verbunden und dafür notwendig angesehen werden. Als ein Beispiel dafür können die Outsourcing-Vereinbarungen[543] als Nebenabreden qualifiziert werden.[544]

3. Konzentrative Gemeinschaftsunternehmen nach türkischem Fusionskontrollrecht

Die generelle Begriffsbestimmung von Joint Ventures im türkischen Recht wurde im ersten Teil dieser Arbeit vorgenommen. Die wettbewerbsrechtliche Definition befindet sich, ähnlich wie im europäischen Recht, in der Fusionskontrollverordnung.[545] Wie auch im vorherigen Teil erklärt wurde, strebt die Türkei immer noch an, ihre primären und sekundären Normen an die europäischen Gesetze und Verordnungen anzupassen. Als Folge davon hatte die türkische Wettbewerbskommission letztlich die Fusionskontrollverordnung verändert, dadurch haben sich die Definition von Gemeinschaftsunternehmen und die Kriterien für die Anwendung der Verordnung

540 Vgl. *Mäger*, Europäisches Kartellrecht, 9. Kap. Rn. 60; Kommission, 23.05.1995, IV/M.574 – Saudi Aramco/MOH, Rn. 22, zwischen 20 und 30 Jahren: "*This agreement considerably restrains the possibility for MOH to choose its sources of supplying the free market for a long period of time.*"

541 Kommission, 13.03.1995, IV/M.550 – Union Carbide/Enichem, Rn. 92 ff.; Kommission, 27.07.1995, IV/M.612 – RWE-DEA/Augusta, Rn. 38 ff. In beiden Fällen sind sieben Jahre zugesagt.

542 Bekanntmachung zu Nebenabreden, Rn. 33; Kommission, 12.06.1997, IV/M.917 – Valinox/Timet, Rn. 34 f., Das Minimum des Prozentsatzes als eine Bezugspflicht wurde nicht als eine Nebenabrede berücksichtigt.

543 Vgl. *Lückenbach*, Nebenabreden nach europäischem Fusionskontrollrecht, 153 f., können auch den Bezugs- und Lieferpflichten zugeordnet werden, wenn die beiden Vereinbarungen die gleichen Zweckbestimmungen haben.

544 Kommission, 13.11.1997, IV/M.975 – Albacom/BT/ENI/Mediaset, Rn. 32, Die Outsourcing-Vereinbarung auf dem Markt für Telekommunikation wurde für fünf Jahre in der Anlaufphase als eine Nebenabrede qualifiziert, da das GU seine Wettbewerbsposition gegen einen marktbeherrschenden Wettbewerber verstärken soll.

545 TR-FKVO Nr. 2010/4 (im Anhang II).

auf GU geändert. In diesem Teil der Arbeit werden die alte und die neue Definition des GU untersucht und verglichen; weil auf die alten Urteile und die Entscheidungen hingewiesen wird, ist es wichtig, den alten Zustand zu beschreiben, um den neuen besser erfassen zu können.

Wie im europäischen Recht fallen die konzentrativen Gemeinschaftsunternehmen unter den Anwendungsbereich der TR-FKVO, und weil sie zu vermeidende konzentrative Risiken in sich tragen, wurde eine grundlegende Definition nur im Fusionskontrollrecht geregelt. Die wettbewerbsrechtliche Definition für Gemeinschaftsunternehmen ist im Gesetz (RKHK) nicht zu finden, sondern die türkische Wettbewerbskommission hat wie im europäischen Recht eine Begriffserklärung in der Fusionskontrollverordnung erst ab dem Jahr 1997 festgelegt.[546] Diese alte und auch die neue Verordnung basieren auf Art. 7 RKHK,[547] welcher von der alten Fassung der FKVO übernommen worden ist (Art. 2 Abs. 3 FKVO a. F) und die materielle Prüfung für Zusammenschlüsse als Marktbeherrschungstest vorsieht. Aber der Unterschied zwischen der alten und neuen Ausführung der GU hat den Anwendungsbereich der TR-FKVO ausgeweitet. Mit der neuen TR-FKVO behält die in der Literatur hervorgehobene Abgrenzung von konzentrativen und kooperativen Gemeinschaftsunternehmen ihre Bedeutung nicht mehr im türkischen Wettbewerbsrecht. Aus diesem Grund bestimmt die Vollfunktionseigenschaft nun die definitive Anwendbarkeit des Fusionskontrollrechts auf GU.

Infolge der Angleichung der Rechtssysteme sind die den Zusammenschlusstatbestand betreffenden erfüllenden Vorgänge gleich dem europäischen Recht in Art. 5 TR-FKVO aufgezählt worden: eine Fusion,[548] ein Kontrollerwerb[549] und letztlich – als der gleiche Sonderfall im europäischen Recht – eine Neugründung einer Vollfunktions-GU.[550] Und um die erheblichen Risiken zu erfassen, muss das GU die festgelegten Umsatzschwellen überschreiten.[551]

Im Übrigen gilt der generelle funktionelle Unternehmensbegriff, der im vorherigen Teil der Arbeit untersucht wurde, auch für die TR-FKVO, und der Begriff „beteiligte Unternehmen“ findet auch in dieser Verordnung Anwendung.[552] Infolgedessen brauchen die GU keine Rechtpersönlichkeit zu besitzen, um von der TR-FKVO erfasst zu werden.

In der alten Fusionskontrollverordnung[553] der Türkei wurde der Begriff Gemeinschaftsunternehmen mit erfasst, aber die Verordnung wies nur auf die konzentrativen GU hin. Die neue Begriffserklärung hat sich umfassender dem europäischen Begriff angenähert. Mit dieser Annäherung sind die Tatbestandsmerkmale von

546 VO Nr. 1997/1 TR-FKVO a. F., RG-12.08.1997, Nr. 23078.
547 Die Übersetzung ist im Anhang I der Arbeit zu finden.
548 Art. 5 Abs. 1 lit. a TR-FKVO.
549 Art. 5 Abs. 1 lit. b TR-FKVO.
550 Art. 5 Abs. 3 TR-FKVO.
551 Art. 7 TR-FKVO.
552 Art. 4 TR-FKVO.
553 TR-FKVO a. F. Nr. 1997/1.

Gemeinschaftsunternehmen im türkischen Fusionskontrollrecht aus Art. 5 Abs. 1 lit. b und Abs. 3 TR.FKVO zu entnehmen. Wie im europäischen Recht muss, um von einem konzentrativen GU zu sprechen, das GU eine gemeinsame Kontrolle und die Vollfunktionseigenschaft nachweisen. Aber nicht nur dies, sondern das GU muss sich auch als Sonderfall, nämlich als ein neu gegründetes Gemeinschaftsunternehmen, zeigen, um sich diesem Vollfunktionstest gemäß TR-FKVO unterziehen zu können. In diesem Zusammenhang wird die gleiche Diskussion im europäischen Fusionskontrollrecht über den Erwerb der gemeinsamen Kontrolle über ein schon bestehendes Unternehmen geführt.[554]

Um all die relativen Fragen beantworten zu können, hat die türkische Wettbewerbskommission auch mit der neuen TR-FKVO verschiedene Mitteilungen veröffentlicht, und in einer Mitteilung über den Begriff der Kontrolle[555] hat die türkische Wettbewerbskommission diese Neugründungsklausel in Art. 5 Abs. 3 TR-FKVO auch bestätigt.[556] Aber auf der anderen Seite fordert die türkische Wettbewerbskommission nicht (wie in der Konsolidierten Mitteilung der Kommission) die Erfüllung der Bedingung der Vollfunktionseigenschaft, wenn der Erwerb unter der gemeinsamen Kontrolle von Dritten zustande kommt.[557] Als die türkische Wettbewerbskommission grundsätzlich die entsprechende Mitteilung im europäischen Recht übersetzt hatte,[558] ist die Diskussion im europäischen Recht ohne weitere Ergänzungen in das türkische Fusionskontrollrecht unmittelbar übernommen worden. In einer jüngeren Entscheidung hat die türkische Wettbewerbskommission die Vollfunktionseigenschaft des Wechsels von einer alleinigen zu einer gemeinsamen Kontrolle als notwendig angesehen und bejaht.[559] Im Vergleich dazu hat die türkische Wettbewerbskommission in einer neueren Entscheidung über den Wechsel von alleiniger zu gemeinsamer Kontrolle den Fall insbesondere nach Kontrollerwerb (Art. 5 Abs. 1 lit. b TR-FKVO) untersucht; obwohl die Vollfunktionseigenschaft des GU bejaht wurde, hat die Entscheidung die Tatbestandsmerkmale gemäß Art. 5 Abs. 3 TR-FKVO nicht analysiert, ferner auch diesen Artikel nicht erwähnt, aber die Koordinierungsrisiken dieser Vollfunktionsgemeinschaft wurden untersucht.[560]

---

554 S. o., S. 49 ff.

555 Birleşme ve Devralma Sayılan Haller ve Kontrol Kavramı hakkında Kılavuz, 16.07.2013, Nr. 13-45/RM (9) – TR-Kontrollmitteilung.

556 TR-Kontrollmitteilung, Rn. 79, Neugründung und Verstärkung von Gemeinschaftsunternehmen.

557 TR-Kontrollmitteilung, Rn. 78.

558 Konsolidierte Mitteilung zu Zuständigkeitsfragen, Rn. 91 f.

559 Türkische Wettbewerbskommission, Entsch. v. 06.11.2013, Nr. 13-62/879-374 – *Gonvarri/CEPAS*, Rn. 9: Das Vollfunktionskriterium wird untersucht.

560 Türkische Wettbewerbskommission, Entsch. v. 05.12.2013, Nr. 13-69/932-393 – *Alinomoto Co. Inc.*, Rn. 10 f. Aber das Koordinierungsrisiko wurde gemäß Art. 13 Abs. 3 TR-FKVO analysiert, und weil diese Untersuchung eine Vollfunktionseigenschaft bedingt, wurde hier die Erfüllung des Vollfunktionskriteriums untersucht, aber nicht am Anfang.

In einer ähnlichen Entscheidung hat die türkische Wettbewerbskommission es akzeptiert, dass es sich um den Wechsel von alleiniger zu gemeinsamer Kontrolle handelt; und das neue Unternehmen wurde als ein Gemeinschaftsunternehmen anerkannt. Die Entscheidung hat aber weder den Vollfunktionscharakter des GU noch Art. 5 Abs. 3 TR-FKVO thematisiert.[561] In diesen Fällen ist auch nicht genau festzustellen, wann die türkische Wettbewerbskommission das Vollfunktionskriterium untersuchen soll, ferner ist auch bei der Klassifizierung dieser drei Entscheidungen ein Unterschied bemerkenswert. Manche Entscheidungen über den Wechsel von alleiniger zu gemeinsamer Kontrolle sind als eine *Übernahme*[562] und manche als *Gemeinschaftsunternehmen*[563] eingeordnet worden. In diesen oben genannten Entscheidungen ist kein Verweis auf die Kontrollmitteilung zu sehen, aus diesem Grund ist es präziser, zu sagen, dass die türkische Wettbewerbskommission noch keine übereinstimmende Entscheidungspraxis entwickelt hat.

Und wieder – wie im europäischen Recht – ist es auch nach der Übernahme von gemeinsamer Kontrolle nicht für den Zusammenschluss relevant, ob nach der Übernahme eines GU das GU immer noch vollfunktionsfähig bleibt oder nicht.[564] Abermals hatte die türkische Wettbewerbskommission in einer Übernahme von alleiniger zu gemeinsamer Kontrolle diesen Sachverhalt als Neugründung eines GU angesehen und der Vollfunktionseigenschaft des neuen GU zugestimmt.[565] In einem anderen Fall hat die türkische Wettbewerbskommission die Umwandlung eines bestehenden Unternehmens in ein GU als einen Zusammenschlusstatbestand anerkannt, aber diesen Vorgang weder als Kontrollerwerb nach Art. 5 Abs. 1 lit. b TR-FKVO noch als die Neugründung eines GU gemäß Art. 5 Abs. 3 TR-FKVO eingestuft.[566]

Infolge dieser Entscheidungen ist zu bemerken, dass die Diskussion im europäischen Fusionskontrollrecht auch ähnliche Unklarheiten im türkischen Recht zeigt; in der türkischen Literatur gibt es keine weiteren Argumente dafür, die die europäischen Argumente weiter bestätigen könnten. Daneben ist es auch nicht einfach

561 Türkische Wettbewerbskommission, Entsch. v. 05.12.2013, Nr. 13-69/931-392 – *Investcorp Bank B. S. C.* Im Gegensatz zu der vorherigen Entscheidung wurden hier die Koordinierungsrisiken nicht erwähnt, obwohl das GU als ein Gemeinschaftsunternehmen angenommen wurde.

562 Türkische Wettbewerbskommission, Entsch. v. 06.11.2013, Nr. 13-62/879-374 – *Gonvarri/CEPAS*; Türkische Wettbewerbskommission, Entsch. v. 05.12.2013, Nr. 13-69/931-392 – *Investcorp Bank B. S. C.*

563 Türkische Wettbewerbskommission, Entsch. v. 05.12.2013, Nr. 13-69/932-393 – *Alinomoto Co. Inc.*

564 TR-Kontrollmitteilung, Rn. 78.

565 Türkische Wettbewerbskommission, Entsch. v. 12.11.2013, Nr. 13-63/887-378; Türkische Wettbewerbskommission, Entsch. v. 29.03.2012, Nr. 12-14/410-121, wurde der Wechsel von alleiniger zur gemeinsamen Kontrolle nach Art. 5 Abs. 3 TR-FKVO überprüft.

566 Türkische Wettbewerbskommission, Entsch. v. 24.10.2013, Nr. 13-59/824-349 – Ravaber.

vorauszusehen, ob sich die türkische Praxis in eine bestimmte Richtung zu diesem Thema weiterentwickeln wird. Im Vergleich zu den deutschen und europäischen veröffentlichten Entscheidungen sind leider die veröffentlichten Entscheidungen der türkischen Wettbewerbskommission ziemlich kurz gefasst und deshalb nicht ausreichend erklärend; bestimmte fallbezogene Punkte sind normalerweise nur in Form einer Übersicht durchgecheckt worden, ohne detaillierte juristische Erklärung der Tatbestände des Sachverhalts, deshalb liefert auch die türkische Praxis kein effizientes Ergebnis.

Auf der anderen Seite hat die neue Fusionskontrollverordnung das Konzentrationsprivileg in das türkische Recht eingebracht, und dadurch fallen die kooperativen Wirkungen von manchen zeitgleich konzentrativen Gemeinschaftsunternehmen auch unter den Anwendungsbereich der neuen TR-FKVO.[567] Diese Wirkungen werden in dem Teil „Kooperative Gemeinschaftsunternehmen" ausführlich analysiert. Zum Thema Anwendungsbereich der TR-FKVO ist festzustellen, dass die wettbewerbsbeschränkenden Elemente eines konzentrativen GU gemäß Art. 4 und 5 RKHK im Fusionskontrollverfahren zu untersuchen sind. Diese Vorschrift setzt allerdings voraus, dass die Prüfung der kooperativen Elemente nur in Bezug auf Neugründungsklauseln von Vollfunktions-GU durchgeführt werden soll. Aus diesem Grund ist es fraglich, ob die GU, die nur nach Art. 5 Abs. 1 lit. b TR-FKVO (Kontrollerwerb) ohne Vollfunktionskriterium geprüft werden sollen, dieses Konzentrationsprivileg beanspruchen können, aber immerhin in der Praxis führt die türkische Wettbewerbskommission dieses Verfahren von Konzentrationsprivileg auch für solche Gemeinschaftsunternehmen durch, obwohl sie über den Zusammenschluss nur nach Art. 5 Abs. 1 lit. b TR-FKVO ohne detaillierte Prüfung der Vollfunktionseigenschaft zu einer Entscheidung kommt.[568]

Aus diesen Gründen bleibt auch die Frage der Anwendbarkeit der Fusionskontrollverordnung auf die GU unberührt. Weil die ausführliche Diskussion darüber im europäischen Teil der Arbeit dargelegt wurde, wird sie hier nicht wiederholt. Aber als Daumenregel ist immerhin auch im türkischen Recht festgelegt, dass die TR-FKVO ihre Anwendbarkeit von den *Vollfunktionsgemeinschaftsunternehmen* abgrenzt.[569] Auf diese Weise ist anzunehmen, dass die Gemeinschaftsunternehmen, die konzentrative Wirkungen haben und dadurch eine Strukturveränderung verursachen, auch nach türkischem Recht zusammen mit einer gemeinsamen Kontrolle

567 Art. 13 Abs. 3 TR-FKVO.

568 Türkische Wettbewerbskommission, Entsch. v. 05.12.2013, Nr. 13-69/932-393 – *Alinomoto Co. Inc.*, Rn. 10 f. Vor der Anwendung des Konzentrationsprivilegs wurde die Vollfunktionseigenschaft wegen der Tatbestände der Art. 13 Abs. 3 TR-FKVO für kurze Zeit bejaht und später wurde das Verfahren weiterverfolgt; es wird im Teil „Kooperative Gemeinschaftsunternehmen" weitergehend berücksichtigt.

569 *Ersoy*, Zusammenschlusskontrolle in der Türkei unter Berücksichtigung des Einflusses europäischen Rechts, 71.

auch einen Vollfunktionscharakter aufweisen sollten. Demzufolge werden im Folgenden die grundlegenden Tatbestandsmerkmale von Gemeinschaftsunternehmen nach TR-FKVO vergleichend mit dem europäischen Recht betrachtet.

a) Voraussetzungen nach TR-FKVO

aa) Gemeinsame Kontrolle

In der alten Fassung der TR-FKVO, obwohl da eine Definition[570] für Gemeinschaftsunternehmen vorhanden war und diese Definition vom europäischen Recht übernommen wurde, hatte die Verordnung das Tatbestandsmerkmal der gemeinsamen Kontrolle nicht ausdrücklich erwähnt. Die Definition im Art. 2 lit. c TR-FKVO a. F. enthielt keinen Verweis auf den generellen Kontrollerwerb im Art. 2 lit. b TR-FKVO a. F., wie in der FKVO (alte und neue Fassungen), obwohl die Wettbewerbskommission anstrebte, das türkische Fusionskontrollrecht an die europäische Verordnung anzupassen. Die alte Fassung der Verordnung hatte viele Tatbestandsmerkmale für Gemeinschaftsunternehmen leider weggelassen. Es war aus der alten Fassung der Verordnung keine unmittelbare Schlussfolgerung zu ziehen, dass die GU eine gemeinsame Kontrolle besitzen müssen;[571] obwohl der Kontrollerwerb als ein Zusammenschluss eingeordnet wurde und auch der Kontrollbegriff[572] ganz eindeutig nach dem Konzept des bestimmenden Einflusses erklärt wurde, hatte die Definition des GU keine Verbindung zu diesen Vorschriften hergestellt.[573] Ferner war eine andere Definition für Joint Ventures – nämlich die für Gemeinschaftsunternehmen – im türkischen Wettbewerbsrecht nicht vorhanden. Aus diesem Grund

570 *„Joint Ventures sind Einheiten, die Arbeitskraft und Vermögen haben, unabhängig sind und keine wettbewerbsbeschränkenden Ziele oder Einflüsse haben. Somit verwirklichen sie ihre Vorsätze.“* Übersetzung von *Akgül*, Die Fusionskontrolle nach europäischem, deutschem und türkischem Recht in rechtsvergleichender Betrachtung, 126.

571 Türkische Wettbewerbskommission, Entsch. v. 27.05.1999, Nr. 99-26/230-138, S. 5, *„Obwohl die gemeinsame Kontrolle in der Verordnung 1997/1 nicht ausdrücklich erwähnt wurde, ist festzustellen, dass für eine selbstständige wirtschaftliche Einheit das GU eigenen Willen besitzen soll, der vom einzelnen Willen der Parteien unabhängig ist.“* S. a. *Altay*, Anonim Ortaklıklar Hukukunda Sermayeye Katılmalı Ortak Girişimler, 211 f. und 343 ff., die Eigenschaft der Selbstständigkeit des Gemeinschaftsunternehmens benötigt eine gemeinsame Kontrolle.

572 Art. 2 Abs. c (2) TR-FKVO a. F.

573 Der Wortlaut des Art. 2 lit. b TR-FKVO a. F. war immerhin verwirrend, da er entweder von der Übernahme von Rechten und Verträgen oder Vermögensteilen, die dem Management eine Mitbestimmung gewähren oder Kontrolle, ausgeht; *Aslan*, Rekabet Hukuku-Teori-Uygulama-Mevzuat, 542. Immerhin wurde dies so interpretiert, dass diese Mitbestimmung einen bestimmenden Einfluss bedeutet, weil sonst kein Grund für eine Untersagung bestehen würde.

sind die Tatbestandsmerkmale des internationalen Rechts[574] – in wettbewerblicher Hinsicht – aus dem europäischen Recht übernommen worden, und auf diese Weise hatten die Entscheidungen der türkischen Wettbewerbskommission insbesondere die Tatbestandsmerkmale der gemeinsamen Kontrolle betont.[575]

Mit der neuen Verordnung[576] wurde jetzt die Begriffsbestimmung von Gemeinschaftsunternehmen ausführlicher beachtet und die Tatbestandsmerkmale haben sich an die europäische Definition enger angeglichen. Nicht nur die neue Verordnung, sondern auch die Kontrollmitteilung der türkischen Wettbewerbskommission hat ihr Gewicht besonders auf den Kontrollbegriff gelegt. Damit wurde auch der fehlende Verweis auf die Regelung des Kontrollerwerbs in der alten Fassung der TR-FKVO nun in der neuen TR-FKVO richtigerweise miteinbezogen. Demzufolge ist es dadurch möglich gewesen, das andere Tatbestandsmerkmal, nämlich die gemeinsame Kontrolle, dem positiven Recht zu entnehmen. Die Neugründungsklausel in Art. 5 Abs. 3 TR-FKVO verweist auf Art. 5 Abs. 1 lit. b TR-FKVO, nämlich den Kontrollerwerb, um den Tatbestand der gemeinsamen Kontrolle auf klare Weise anzudeuten.

Wie im europäischen Recht kann die Kontrolle von Personen oder Unternehmen erworben werden. Erwirbt eine Person die Kontrolle, dann soll sie nach der Verordnung zum Zeitpunkt des Erwerbs mindestens ein Unternehmen kontrollieren, um den Zusammenschlusstatbestand zu erfüllen.[577] Diese Bestimmung ist der Grund dafür, dass – um von einer dauerhaften Marktstrukturveränderung zu reden – die Person ein Unternehmen kontrollieren soll, sonst stellt dies aus fusionskontrollrechtlicher Sicht kein Aufgreifkriterium dar. Diese Angleichung an die Erwerber ist mit der neuen Verordnung zustande gekommen; vorher aber hatte die alte Fassung der Verordnung – obwohl auch beide, nämlich die Unternehmen und Personen erwähnt wurden – die Bedingung, unter der Personen die Kontrolle über ein anderes Unternehmen übernehmen konnten, nicht einbezogen.[578] Aus diesem Grund hatte die

574 Wie im ersten Teil der Arbeit erwähnt wurde, besteht keine generelle Begriffserklärung für Joint Ventures im türkischen Recht, besonders verwiesen wurde auf die Arbeitsgemeinschaft Definition im Körperschaftssteuergesetz Art. 1d, Art. 2 Abs. 7; *Tekinalp/Tekinalp*, Joint Venture, in: Prof. Dr. Yaşar Karayalçın'a 65. Yaş Armağanı (FS Yaşar Karayalçın), 143, 157.

575 Türkische Wettbewerbskommission, Entsch. v. 17.10.2000, Nr. 00-39/434-240, S. 8 f.

576 TR-FKVO Nr. 2010/4, RG, 7.10.2010, Nr. 27722 (im Anhang II).

577 Art. 5 Abs. 1 lit b. TR-FKVO.

578 Art. 2 Abs. 1 lit. b TR-FKVO a. F. *Übernahme der Kontrolle durch ein Unternehmen oder durch eine Person, bezogen auf das Vermögen oder auf die Gesamtheit oder Teile der Anteile eines anderen Unternehmens oder bezogen auf die Mittel, die dem Unternehmen oder der Person im Vorstand Rechte verleihen.* Übersetzung v. *Akgül*, Die Fusionskontrolle nach europäischem, deutschem und türkischem Recht in rechtsvergleichender Betrachtung, 113.

türkische Wettbewerbskommission manche streitige Entscheidungen getroffen.[579] Mit der Mitteilung des Kontrollerwerbs wurde dies genauer ausgedrückt und die europäischen Kriterien der Durchführung von weiteren wirtschaftlichen Tätigkeiten auf eigene Rechnung und/oder die Kontrolle über ein weiteres Unternehmen wurde unmittelbar aus der Konsolidierten Mitteilung von Zuständigkeitsfragen übernommen. Dadurch soll der Kontrollerwerb von solchen natürlichen Personen ohne diese Voraussetzungen nicht als eine Übernahme klassifiziert werden.[580]

Der Kontrollbegriff ist grundsätzlich in Art. 5 Abs. 2 TR-FKVO bestimmt.[581] Um von einer Kontrolle sprechen zu können, muss – nach türkischem Recht – der Besitzer der Kontrolle einen bestimmenden Einfluss auf die Tätigkeit eines Unternehmens ausüben.[582] Nach diesen Erklärungen können die Kontrollmöglichkeiten nach türkischem Recht nicht nur „de jure", sondern auch „de facto" entstehen,[583] falls ein gemeinsames Interesse der Minderheitsgesellschafter an der gemeinsamen Stimmrechtsausübung besteht.[584] Auch wenn die Minderheitsgesellschaften lebenswichtige Beiträge einbringen, weisen sie einen hohen Abhängigkeitsgrad auf, als Folge davon kann eine gemeinsame Stimmrechtsausübung das Ergebnis sein und daher teilen dadurch die Minderheitsgesellschafter mit dem Mehrheitsgesellschafter die Kontrolle de facto.[585] Alle diese Möglichkeiten der Ausübung der Kontrolle müssen Stabilität zeigen, sonst kann nicht von einer bestimmten gemeinsamen Kontrolle ausgegangen werden.[586]

---

579 Türkische Wettbewerbskommission, Entsch. v. 06.01.2010, Nr. 10-01/7-5 – Scholz AG. Von alleiniger (Scholz AG Altmetallrecycling nur Direktverkauf in der Türkei) zur gemeinsamen Kontrolle wurde die Kontrolle von einer natürlichen Person (E. Altinsoy) erworben, obwohl er keine weiteren Unternehmen kontrolliert oder keine Tätigkeiten im Altmetallrecycling-Market durchgeführt hatte, wurde diese Übernahme von der Behörde untersucht, weil eine Verwandte der Person ein Unternehmen auf dem relevanten Markt hatte, und die Parteien haben sich darüber verständigt, das Kundenportfolio auf das Unternehmen des Verwandten zu übertragen. Die kontrollerwerbende Person hat weder ein weiteres Unternehmen kontrolliert noch weitere wirtschaftliche Tätigkeiten auf eigene Rechnung durchgeführt, aber immerhin ist der Fall unter den Anwendungsbereich der Fusionskontrollverordnung gefallen.

580 TR-Kontrollmitteilung, Rn. 9.

581 s. Anhang II.

582 TR-Kontrollmitteilung, Rn. 7

583 TR-Kontrollmitteilung, Rn. 7; Türkische Wettbewerbskommission, Entsch. v. 14.4.2011, Nr. 11-23/433-131, S. 4 Rn 130 ff. Das Gleiche galt auch in der alten Fassung, Türkische Wettbewerbskommission, Entsch. v. 2.4.2008, Nr. 08-27/308-98, S. 6 Rn. 260 f.

584 TR-Kontrollmitteilung, Rn. 61 ff.; *Aslan*, Rekabet Hukuku Dersleri, 243.

585 TR-Kontrollmitteilung, Rn. 63 f.

586 TR-Kontrollmitteilung, Rn. 66 (entspricht der Konsolidierten Mitteilung zu Zuständigkeitsfragen, Rn. 80).

Wiederum ist festzustellen, dass die Kontrollmitteilung die europäischen Erklärungen übernommen hat.[587]

Diese de jure oder de facto erworbene gemeinsame Kontrolle muss sich auf die strategischen Entscheidungen beziehen, um einen bestimmenden Einfluss darstellen zu können.[588] Wenn das Fusionskontrollrecht versucht, die Marktstrukturveränderungen zu erfassen, so soll dadurch die Kontrolle die Befugnis haben, das Verhalten der Unternehmen zu determinieren, nämlich die Kontrollinhaber müssen die Befugnis haben, die strategischen Entscheidungen beeinflussen zu dürfen.[589] Die Kontrollmitteilung zählt die besonderen strategischen Themen, wie in der europäischen Mitteilung, auf, und diese beziehen sich hauptsächlich auf den Geschäftsplan, das Budget, die Unternehmensleitung und die Investitionen.[590] Auch nach türkischem Wettbewerbsrecht hängt der Umfang der strategischen Entscheidungen von den Besonderheiten des konkreten Falls ab, aber die Kontrolle soll alle benötigten strategischen Entscheidungen abdecken und diese können nach spezifischen Marktbedingungen Unterschiedlichkeiten aufweisen. Deswegen soll eine Gesamtschau aller Fakten zusammen ausgelegt werden.[591] In diesem Zusammenhang können mögliche bestimmende Einflüsse über das Marktverhalten, wie die Marken- und Preispolitik und die Werbungsstrategien, eine gemeinsame Kontrolle ermöglichen,[592] oder ein Vetorecht über die maximale Verschuldung des GU führt in gleicher Weise zum bestimmenden Einfluss.[593] Darüber hinaus muss die Kontrolle, um als effektiver bestimmender Einfluss klassifiziert zu werden, langfristig gestattet sein.[594]

Das türkische Fusionskontrollrecht zeigt weitere Ähnlichkeiten auch bei dem Mittel der Kontrolle. Die Kontrollmitteilung sucht nicht die tatsächliche Ausübung der Kontrolle, sondern den Besitz der Möglichkeit für die Ausübung dieser

---

587 Konsolidierte Mitteilung zu Zuständigkeitsfragen, Rn. 74 ff.

588 TR-Kontrollmitteilung, Rn. 48 ff. Türkische Wettbewerbskommission, Entsch. v. 22.08.2007, Nr. 07-66/806-301, S. 4. Beim bestimmenden Einfluss geht es um die Befugnis, die strategischen Entscheidungen des GU behindern zu können.

589 Vgl. *Altay*, Anonim Ortaklıklar Hukukunda Sermayeye Katılmalı Ortak Girişimler, 429 f.

590 TR-Kontrollmitteilung, Rn. 55 ff. (Entspricht Konsolidierter Mitteilung zu Zuständigkeitsfragen Rn. 69 ff.); Türkische Wettbewerbskommission, Entsch. v. 8.7.2005, Nr. 05-44/629-162, S. 5; auch nach der alten Fassung hatte die türkische Wettbewerbskommission den bestimmenden Einfluss auf die strategischen Entscheidungen bejaht, da das Thema der Auswahl der Personen für Unternehmensleitung, Budget und Geschäftsplan unter Einstimmigkeit der Muttergesellschaften gefallen ist. Türkische Wettbewerbskommission, Entsch. v. 21.04.2011, Nr. 11-25/476-145, S. 5 f. Geschäftsplan, Budget, Angebote oder Projekte über einen bestimmten Betrag, Veränderungen im Gesellschaftsvertrag, Abänderungen im eingetragenen Kapitel

591 *Altay*, Anonim Ortaklıklar Hukukunda Sermayeye Katılmalı Ortak Girişimler, 424.

592 Türkische Wettbewerbskommission, Entsch. v. 03.08.2000, Nr. 00-29/309-176, S. 4.

593 Türkische Wettbewerbskommission, Entsch. v. 04.01.2001, Nr. 01-02/3-1, S. 4.

594 *Kayıhan,* Rekabet Hukuku Uygulamalarında Ortak Girişimler, 37.

Kontrolle.[595] Sie kann unmittelbar durch Anteilserwerb und/oder Vermögenserwerb existieren[596] oder auf vertraglicher Grundlage, diese soll langfristig sein und nicht vorzeitig von der Gegenseite beendet werden können.[597] Es ist auch festzustellen, dass die Kontrolle mittelbar erworben werden kann, falls die gemeinsame Kontrolle über ein neu dafür gegründetes Zielunternehmen erfolgt.[598]

Die gleichen positiven und negativen Kontrollmöglichkeiten, die im europäischen Recht gelten, finden auch im türkischen Fusionskontrollrecht Anwendung. Die positive Kontrolle kann nach dem Grundsatz der Gleichheit entstehen: Klassikerbeispiel dafür ist die Muttergesellschaft mit einer paritätischen Beteiligung (50 : 50) an den Stimmrechten. Auch bei der Besetzung der Entscheidungsgremien oder darüber hinaus, wenn es noch weitere Vetorechte für Muttergesellschaften gibt; wieder überprüft die türkische Wettbewerbskommission die Gleichheit auch in diesen Vetorechten.[599] Immerhin kann diese Stimmrechtsgleichheit bei der gemeinsamen Kontrolle zu einer Beschlussunfähigkeit wegen des Interessenskonflikts führen. Wenn aber die Lösung dafür eine einfache ausschlaggebende Stimme ist, dann kann in dem Fall keine gemeinsame Kontrolle festgestellt werden. Weil aber solche Beschlussunfähigkeiten die Erledigung von Streitigkeiten verhindern, kann eine solche ausschlaggebende Stimme nach Gesamtschau der Umstände durch Schlichtungsverfahren nur in begrenzten Fällen für die gemeinsame Kontrolle erlässlich sein.[600] Dieser Vorgang ist auch in der Literatur als unpraktisch angesehen worden, da am Anfang der Neugründung von GU der Umfang der strategischen Entscheidungen und die problematischen Umstände nicht vorher einzuschätzen sind und eine vorherige Entscheidung für eine ausschlaggebende Stimme zugunsten einer Muttergesellschaft den Interessenkonflikt verstärken kann.[601]

Die positive Kontrolle kann auch nicht vorhanden sein, obgleich eine paritätische Stimmrechtsverteilung entsteht, wenn es viele Anteilseigner gibt und die gemeinsame Kontrolle nur durch wechselnde Koalitionen erreichbar ist. Es sei denn, dass keine Koalition über eine negative Kontrolle, nämlich ein Vetorecht, verfügt.[602] Wenn aber keine der Muttergesellschaften die positive Kontrolle besitzt und nur eine über die negative Kontrolle der strategischen Entscheidungen des Unternehmens

---

595 TR-Kontrollmitteilung, Rn. 11.

596 TR-Kontrollmitteilung, Rn. 12.

597 TR-Kontrollmitteilung, Rn. 13.

598 TR-Kontrollmitteilung, Rn. 10; Türkische Wettbewerbskommission, Entsch. v. 20.09.2012, Nr. 12-44/1334-441, Rn. 4; Türkische Wettbewerbskommission, Entsch. v. 03.05.2007/07-37/393-153.

599 TR-Kontrollmitteilung, Rn. 50; Türkische Wettbewerbskommission, Entsch, v. 26.12.2013, Nr. 13-72/995-426, Rn. 6.

600 TR-Kontrollmitteilung, Rn. 68; Türkische Wettbewerbskommission, Entsch. v. 07.12.2011, Nr. 11-60/1564-555, S. 5 f.

601 Vgl. *Altay*, Anonim Ortaklıklar Hukukunda Sermayeye Katılmalı Ortak Girişimler, 581 f.

602 *Aslan*, Rekabet Hukuku-Teori-Uygulama-Mevzuat, 620.

verfügt, dann stellt dies keine gemeinsame Kontrolle dar, stattdessen ist von einer alleinigen Kontrolle auszugehen.[603]

Auf der anderen Seite kann die gemeinsame Kontrolle auch durch negative Kontrollmöglichkeiten entstehen. Wie im europäischen Recht können die Minderheitsanteilseigner durch Vetorechte wichtige strategische Entscheidungen vermeiden, wenn sie gegen ihr Interesse verstoßen und dadurch einen bestimmenden Einfluss auf das Management des GU darstellen.[604]

In diesem Zusammenhang wurde das Vetorecht als eine Einflussmöglichkeit auf die strategischen und geschäftlichen Entscheidungen des GU angesehen.[605] In einer Entscheidung ist von dem bereits bestehenden GU eine negative Kontrolle durch die dritte Muttergesellschaft erworben worden, obwohl die türkische Wettbewerbskommission die Kontinuität des Vollfunktionscharakters ohne ausführliche Erklärung bejaht hat; aber immerhin ist in diesem Fall eine Neugründung eines Gemeinschaftsunternehmens ohne Verweis auf Art. 5 Abs. 3 TR-FKVO angenommen worden.[606] Auch hier ist in der Entscheidung nicht ganz klar ausgedrückt worden, ob eine Bejahung für die Vollfunktionalitätseigenschaft für ein schon bestehendes GU benötigt wird, um die Einwilligung der türkischen Wettbewerbskommission einzuholen.

Je nach den Umständen können die Vetorechte durch negative Kontrolle zu einer gemeinsamen Kontrolle führen, aber das bedeutet nicht, dass die Inhaber der negativen Kontrollrechte für alle Themen ein Vetorecht besitzen müssen, sondern es ist nach dem Tätigkeitsbereich des GU zu entscheiden,[607] ob eine Möglichkeit existiert, einen bestimmenden Einfluss auszuüben; dagegen soll die tatsächliche Ausübung nicht dargelegt werden.[608]

Ferner können – wie oben genannt wurde – die Minderheitsanteilseigner nicht nur durch negative Kontrolle, sondern auch durch Stimmbindungsverträge oder

---

603 TR-Kontrollmitteilung, Rn. 40; Türkische Wettbewerbskommission, Entsch. v. 29.03.2012, Nr. 12-44/445-127, S. 1 f. Obwohl strategische Entscheidungen nicht allein getroffen werden können, können sie von einer Seite blockiert werden; ***dagegen*** hat in einer alten Entscheidung die türkische Wettbewerbskommission eine solche negative Kontrolle nicht als alleinige Kontrolle akzeptiert und den Fall – statt nach den Regeln des Zusammenschlusses – nach Kartellverbot (Art. 4 RKHK) überprüft: Türkische Wettbewerbskommission, Entsch. v. 27.05.1999, Nr. 99-26//230-138, S. 5 ff. Keine gemeinsame Kontrolle liegt vor, wenn nur ein Anteilseigner ein Vetorecht mit 4 Stimmen hat, wenn die Beschlussfähigkeit im Vorstand 8/11 ist und die Anderen 3, 2, 2 Stimmen haben; auch *Aslan*, Rekabet Hukuku – Teori –Uygulama – Mevzuat, 620 f. Dieser Fall ist nicht als ein Zusammenschluss gemäß Art. 7 RKHK zu berücksichtigen, weil keine alleinige Kontrolle stattfindet.

604 TR-Kontrollmitteilung, Rn. 51 ff.

605 Türkische Wettbewerbskommission, Entsch. v. 18.09.2001, Nr. 01-44/433-111, S. 5.

606 Türkische Wettbewerbskommission, Entsch. v. 19.01.2012, Nr. 12-02/67-13.

607 TR-Kontrollmitteilung, Rn. 54.

608 TR-Kontrollmitteilung, Rn. 53.

de facto bei der starken Anpassung der Interessen über eine positive Kontrolle verfügen.[609]

In der Kontrollmitteilung wurde der Kontrollwechsel ans Licht gebracht, besonders wenn es um den Wechsel von alleiniger zu gemeinsamer Kontrolle geht. In diesem Fall wird von einem Wechsel zu einem Gemeinschaftsunternehmen gesprochen.[610] Auch wenn die Zahl gemeinsam kontrollierender Mütter sich erhöht[611] oder wenn eine kontrollierende Muttergesellschaft durch eine andere ersetzt wird,[612] sind solche Kontrollwechsel anmeldungspflichtig.[613] Im Vergleich dazu stellt die Verringerung der Zahl von gemeinsam kontrollierenden Muttergesellschaften keinen anmeldepflichtigen Zusammenschluss dar, sofern nicht zu alleiniger Kontrolle gewechselt wird.[614] Darüber hinaus ist die Ausdehnung der gemeinsamen Kontrolle über das GU durch eine weitere erworbene Gesamtheit oder eines Teils eines anderen Unternehmens von den Muttergesellschaften ein Zusammenschluss.[615]

Im europäischen und auch im türkischen Fusionskontrollrecht kann der Tatbestand der gemeinsamen Kontrolle allein zu anmeldepflichtigen Zusammenschlüssen führen. Wenn es sich um ein konzentratives Gemeinschaftsunternehmen handelt, sollen weitere Kriterien erfüllt werden, aber diese Kriterien werden nur im Sonderfall der Neugründung eines GU als Bedingung vorausgesetzt. Wenn es sich nicht um diesen Sonderfall handelt, dann bleibt immer noch die Möglichkeit, den Sachbestand nur nach gemeinsamer Kontrolle zu überprüfen; diese werden i. d. R. als Ausnahmefälle hervortreten, aber immerhin liegt die rechtliche Grundlage dafür vor.

Da der Sonderfall oder der grundlegende Fall auf der Vollfunktionseigenschaft für ein konzentratives Gemeinschaftsunternehmen basiert, wird die Arbeit, wie im europäischen Teil, den Begriff der Vollfunktion nach türkischem Wettbewerbsrecht weiter untersuchen.

---

609 TR-Kontrollmitteilung, Rn. 61 ff.: Besonders wenn der Minderheitsanteilseigner das wichtigste Know-how eingebracht hat und die andere Muttergesellschaft davon abhängig ist, kann er dadurch de facto die gemeinsame Kontrolle ausüben.

610 Türkische Wettbewerbskommission, Entsch. v. 29.03.2012, NR. 12-14/410-121; umgekehrt: TR-Kontrollmitteilung, Rn. 76, der Wechsel von gemeinsamer zu alleiniger Kontrolle bildet einen weiteren Zusammenschlusstatbestand, Türkische Wettbewerbskommission, Entsch. v. 20.09.2012, Nr. 12-44/1343-448.

611 Türkische Wettbewerbskommission, Entsch. v. 03.08.2011, Nr. 11-44/975-325.

612 Türkische Wettbewerbskommission, Entsch. v. 21.03.2012, Nr. 12-13/384-113.

613 TR-Kontrollmitteilung, Rn. 72 ff. (entspricht Konsolidierter Mitteilung zu Zuständigkeitsfragen, Rn. 85 ff.).

614 TR-Kontrollmitteilung, Rn. 77 (entspricht Konsolidierter Mitteilung zu Zuständigkeitsfragen, Rn. 90.).

615 TR-Kontrollmitteilung, Rn. 94 (entspricht Konsolidierter Mitteilung zu Zuständigkeitsfragen, Rn. 106).

bb) Vollfunktionsgemeinschaftsunternehmen

Durch die neue Verordnung hat sich der Umfang von konzentrativen Gemeinschaftsunternehmen gründlich geändert und auch die Vollfunktionseigenschaft dieser Gemeinschaftsunternehmen wurde anschaulicher dargestellt. Diese Veränderung wird unten kurz zusammengefasst, um die Entwicklung des türkischen Rechts darstellen zu können.

Aus der alten Verordnung (TR-FKVO a. F.) konnten die Tatbestände des Begriffs von der Definition übernommen werden.[616] Zusammenfassend hatte dieser Begriff die folgenden Merkmale: Das GU sollte a) mit einem bestimmten Ziel gegründet werden, b) als eine selbstständige wirtschaftliche Einheit mit eigener Arbeitskraft und Vermögen entstehen, c) kein wettbewerbsbeschränkendes Ziel oder Wirkung weder zwischen den Gründern noch zwischen den Gründern und dem GU haben. Alle diese Bedingungen wurden auch in den Entscheidungen der türkischen Wettbewerbskommission über konzentrative Gemeinschaftsunternehmen zusammen mit der Bedingung für die gemeinsame Kontrolle aufgelistet.[617] Diese erste Begriffsbestimmung stammte aus der europäischen FKVO, bevor sie durch die Verordnung Nr. 1310/97 geändert wurde. Aus diesem Grund verblieb die alte Abgrenzung von konzentrativem und kooperativem GU im türkischen Recht erhalten und dadurch waren die kooperativen Vollfunktions-GU aus dem Anwendungsbereich der Verordnung herauszuhalten. Aber immer noch wurde die Vollfunktionseigenschaft der Gemeinschaftsunternehmen in der alten Verordnung anerkannt. In der Begriffsbestimmung ist erklärt worden, dass ein GU eine Arbeitskraft und ein Vermögen besitzen muss, um sein Ziel verwirklichen zu können, aber die Entscheidungen der türkischen Wettbewerbskommission beschrieben die oben genannten Eigenschaften der GU generell wie im EU-Recht als selbstständige wirtschaftliche Einheit.[618] In dieser alten Definition fehlt ein Tatbestand, nämlich die Dauerhaftigkeit der selbstständigen wirtschaftlichen Einheit; allerdings betonten die Entscheidungen der türkischen Wettbewerbskommission auch diesen Tatbestand, als sie erwähnten, dass die selbstständige wirtschaftliche Einheit langfristig gegründet werden soll.[619]

---

616 VO Nr. 1997/1 TR-FKVO a. F. Art. 2 lit. c: *Joint Ventures sind Einheiten, die Arbeitskraft und Vermögen haben, unabhängig sind und keine wettbewerbsbeschränkenden Ziele oder Einflüsse haben. Somit verwirklichen sie ihre Vorsätze.* Übersetzung v. *Akgül*, Die Fusionskontrolle nach europäischem, deutschem und türkischem Recht in rechtsvergleichender Betrachtung, 126.

617 Türkische Wettbewerbskommission, Entsch. v. 09.12.2009, Nr. 09-58/1406-368, S. 4.

618 *Altay*, Anonim Ortaklıklar Hukukunda Sermayeye Katılmalı Ortak Girişimler, 213; Türkische Wettbewerbskommission, Entsch. v. 15.07.2004, Nr. 04-47/611-140, S. 4.

619 Türkische Wettbewerbskommission, Entsch. v. 17.04.2008, Nr. 08-29/347-110, S. 4; Türkische Wettbewerbskommission, Entsch. v. 27.08.2009, Nr. 09-40/986-248, S. 7, für eine Vollfunktionseigenschaft muss ein GU so eingerichtet werden, dass es alle Funktionen einer selbstständigen wirtschaftlichen Einheit langfristig erfüllen kann.

Obwohl die Norm vom europäischen Recht übernommen wurde, fehlte es entweder an manchen Tatbeständen oder an abstrakterer Beschreibung.

Nun enthält die Vorschrift über GU alle Tatbestandsmerkmale der europäischen Gestaltung wie folgt: *Die Gründung eines Gemeinschaftsunternehmens, das auf Dauer alle Funktionen einer selbstständigen wirtschaftlichen Einheit erfüllt, stellt eine Übernahme im Sinne von Absatz 1 Buchstabe b) dar.*[620] Mit dieser neu in Kraft getretenen Vorschrift wurden die Besonderheiten der GU genereller erfasst als in der alten Version; anstelle einzelner benötigter Ressourcen, wie Arbeitskraft und Vermögen, wurden *alle Funktionen einer selbstständigen wirtschaftlichen Einheit* erwähnt.[621] Und darüber hinaus befinden sich jetzt einige nicht genannte, für einen Zusammenschlusstatbestand bedingte Eigenschaften des GU – wie die Dauerhaftigkeit des GU – in der Begriffsbestimmung ähnlich wie im Art. 3 Abs. 4 FKVO. Nicht nur die neuen eingeschlossenen, sondern auch die weggelassenen Tatbestandsmerkmale in der neuen TR-FKVO sind von Bedeutung. Da in der Vorschrift die Verfolgung der wettbewerbsbeschränkenden Ziele und Wirkungen ausgenommen wurde, hat sich jetzt auch das türkische Wettbewerbsrecht besser an das europäische Wettbewerbsrecht angepasst und dadurch fielen die kooperativen Vollfunktions-GU auch in den Anwendungsbereich der TR-FKVO. Dies bedeutet, dass ab dem Jahr 2011 das Konzentrationsprivileg für alle Vollfunktions-GU auch im türkischen Fusionskontrollverfahren und die Abgrenzung von konzentrativen und kooperativen Gemeinschaftsunternehmen formalrechtlich abgeschafft wurden.

Deswegen gelten für die Vollfunktionseigenschaft von GU dieselben Bedingungen wie im europäischen Recht bezüglich der Anwendbarkeit der Fusionskontrollverordnung; darüber hinaus gibt auch die Kontrollmitteilung der türkischen Wettbewerbskommission diese Bedingungen bekannt und die Erklärungen dazu befinden sich in Übereinstimmung mit der Konsolidierten Mitteilung der Kommission.[622] Auf diese Weise sind die drei wichtigen Tatbestandsmerkmale von konzentrativen Gemeinschaftsunternehmen, nämlich Selbstständigkeit, Vollfunktionsfähigkeit und Dauerhaftigkeit, offiziell in der TR-FKVO erfasst.

(1) Selbstständigkeit

In der Kontrollmitteilung wurde die wirtschaftliche Selbstständigkeit der GU betont, aber gleichzeitig hat die türkische Wettbewerbskommission erwähnt, dass sie nur in operativer Hinsicht die Selbstständigkeit der GU untersucht und nicht die

620 TR-FKVO Art. 5 Abs. 3.

621 Vgl. *Bağış Akkaya/Erdoğan*, Recent Amendments in the Turkish Merger Regime: A Unique Notification System based on "Affected Markets", Mediterranean Competition Bulletin, June 2011, 6.

622 TR-Kontrollmitteilung, Rn. 78 ff.; Konsolidierte Mitteilung zu Zuständigkeitsfragen, Rn. 91 ff.

Unabhängigkeit strategischer Entscheidungen.[623] Darüber hinaus unterstrich die Kontrollmitteilung bezüglich der Selbstständigkeit den Besitz der ausreichenden Ressourcen. So gelten im türkischen Recht die gleichen Bedingungen für die Selbstständigkeit wie nach europäischem Recht, nämlich die *operationelle Autonomie* und *ausreichende Ressourcen.*

Für die operationelle Autonomie braucht das GU ein Management, um die Führung des Tagesgeschäfts zu ermöglichen.[624] Von diesem Management wird erwartet, dass das GU auf dem Markt selbstständig seine Tätigkeit ausüben kann.[625] In einer Entscheidung hat die türkische Wettbewerbskommission die Selbstständigkeit des GU bejaht, wenn die Vorstandsmitglieder gleichmäßig von beiden Müttern bestellt wurden; aber daneben erwähnt die Entscheidung, dass eine der Mütter den täglichen operationellen Betrieb kontrollieren muss, und ohne Weiteres hat die türkische Wettbewerbskommission die Tatbestandsmerkmale der Vollfunktions-GU als erfüllt angesehen.[626] Obwohl von einem unabhängigen Management gesprochen wird,[627] steht die Kontrolle einer Mutter über das operationelle Tagesgeschäft gegen das Selbstständigkeitsprinzip.[628]

Als Folge eines unabhängigen Managements muss das GU auch weitere ausreichende Ressourcen besitzen, sodass das Management das Tagesgeschäft des GU ohne eine Behinderung weiterführen kann. Aus diesem Grund wurde die Erheblichkeit des Zugangs zu Ressourcen – besonders zu finanziellen Mitteln, Personal und Materialien und immateriellen Vermögenswerten – wie im europäischen Recht hervorgehoben.[629] Das GU muss die besonderen Ressourcen zur Verfügung haben, um auf dem Markt tätig zu sein, aber ohne die Erscheinung als eine autarke Organisation kann es kein strukturverändernder Zusammenschluss sein.[630] Durch dieses selbstständige Erscheinen ist es möglich, wie andere ähnliche Unternehmen auf dem

---

623 TR-Kontrollmitteilung, Rn. 80; Türkische Wettbewerbskommission, Entsch. v. 07.12.2011. Nr. 11-60/1564-555, S. 6.

624 TR-Kontrollmitteilung, Rn. 82; Türkische Wettbewerbskommission, Entsch. v. 07.12.2011. Nr. 11-60/1564-555, S. 6; Türkische Wettbewerbskommission, Entsch. v. 16.04.2002, Nr. 02-24/242-97, S. 6.

625 Türkische Wettbewerbskommission, Entsch. v. 24.11.2011, Nr. 11-59/1515-540, S. 4; Türkische Wettbewerbskommission, Entsch. v. 07.12.2011. Nr. 11-60/1564-555, S. 6.

626 Türkische Wettbewerbskommission, Entsch. v. 28.08.2012, Nr. 12-42/1256-408, Rn. 14 ff.

627 Türkische Wettbewerbskommission, Entsch. v. 18.09.2001, Nr. 01-44/433-111, S. 5.

628 Türkische Wettbewerbskommission, Entsch. v. 31.07.2001, Nr. 01-37/365-97, S. 4; *Körber*, in: Immenga/Mestmäcker, EU-Wettbewerbsrecht, Art. 3 FKVO Rn. 150 ff.: „*Weisungsrechte der Muttergesellschaften oder Zustimmungserfordernisse in Geschäftsführungsfragen des operativen Management*" wurden gegen die Selbstständigkeit als Negativabgrenzung eingeordnet.

629 TR-Kontrollmitteilung, Rn. 82.

630 Türkische Wettbewerbskommission, Entsch. v. 26.05.2004, Nr. 04-38/427-107, S. 3 f.; Türkische Wettbewerbskommission, Entsch. v. 12.01.2012, Nr. 12-01/6-3, S. 4: Es wurde betont, dass das GU seine eigene finanzielle und organisatorische Gestaltung entwickeln wird.

Markt in den Wettbewerb zu treten. Weiterhin sind die wirtschaftlichen Konditionen zu berücksichtigen. Stehen die benötigten Ressourcen für die geplante Tätigkeit des GU nicht zur Verfügung oder sollen von den Müttern nicht als eine Kapitalübertragung zur Verfügung gestellt werden, müssen die Gründergesellschaften vereinbaren, dass sie benötigte Maßnahmen umsetzen werden, um die Zurverfügungstellung der Ressourcen zu verwirklichen.[631] Besonders wenn es sich um gewerbliche Rechte handelt, können die ausschließlichen Lizenzvereinbarungen der Selbstständigkeit des GU dienen.[632] Was solche Rechte wie Patente und Know-how[633] anbelangt, muss das GU sie vorzugsweise unbefristet, unwiderruflich und ausschließlich behalten, aber auch langfristige Lizenzverträge, die sich automatisch verlängern, sind ausreichend für die Selbstständigkeit des GU.[634] Darüber hinaus ist auch die Kapazität der Ressourcen oder der Umfang der Organisation zu beachten. Es ist zu prüfen, ob sie für den selbstständigen Auftritt am Markt genügen und diese Ressourcen nicht nur für die Muttergesellschaften genutzt werden.[635] Es ist auch kritisiert worden, dass die türkische Wettbewerbskommission den Umfang der Ressourcen nicht ganz klar definiert hat, da sie in einer Entscheidung nur den Besitz eines Grundstücks als ausreichend für die Selbstständigkeit angesehen hat, obwohl keine weiteren Rechtsgeschäfte oder Ressourcen zum Zeitpunkt der Entscheidung existiert haben.[636] Bei den finanziellen Mitteln achtet die türkische Wettbewerbskommission besonders auf die Kapitalausstattung des GU.[637] Dabei ist entscheidend, ob sie hinreichend für die auf dem Markt zu unternehmende Tätigkeit ist.[638] Gleichermaßen soll auch das Personal nicht beim GU beschäftigt sein, sondern das Personal kann von Dritten

631 *Ersoy*, Zusammenschlusskontrolle in der Türkei unter Berücksichtigung des Einflusses europäischen Rechts, 78; *Altay*, Anonim Ortaklıklar Hukukunda Sermayeye Katılmalı Ortak Girişimler, 213; Türkische Wettbewerbskommission, Entsch. v. 26.05.2004, Nr. 04-38/427-107, S. 4.

632 *Altay*, Anonim Ortaklıklar Hukukunda Sermayeye Katılmalı Ortak Girişimler, 213.

633 Türkische Wettbewerbskommission, Entsch. v. 19.10.2004, Nr. 04-66/969-204, S. 5; Türkische Wettbewerbskommission, Entsch. v. 26.05.2004, Nr. 04-38/427-107, S. 3.

634 *Lindemann*, in: Loewenheim/Meessen/Riesenkampff, Kartellrecht, Art. 3 FKVO, Rn. 48; Türkische Wettbewerbskommission, Entsch. v. 03.06.2009, Nr. 09-26/540-129, S. 11, Markenlizenzvertrag für zehn Jahre, der sich danach automatisch verlängern kann; es kann von einer kürzeren Befristung in der Anlaufphase die Rede sein, wie sie im europäischen Recht von der Kommission akzeptiert wurde, Kom. 14.01.1992, M-152 – Volvo/Atlas, Rn. 7, Lizenz wurde für vier Jahre für die Selbstständigkeit bejaht.

635 Türkische Wettbewerbskommission, Entsch. v. 13.01.2000, Nr. 00-2/14-7, S. 5.

636 *Ersoy*, Zusammenschlusskontrolle in der Türkei unter Berücksichtigung des Einflusses europäischen Rechts, 78; Türkische Wettbewerbskommission, Entsch. v. 13.01.2000, Nr. 00-2/14-7, S. 5-6.

637 Türkische Wettbewerbskommission, Entsch. v. 11.07.2002, Nr. 02-43/504-209, S. 5 f.; Türkische Wettbewerbskommission, Entsch. v. 06.01.2005, Nr. 05-01/4-4, S. 6 f.: Besonders das Gründungskapital ist berücksichtigt.

638 Türkische Wettbewerbskommission, Entsch. v. 24.06.2004, Nr. 04-43/537-132, S. 5.

bereitgestellt oder von den Müttern abgestellt werden, wenn das GU sich noch in der Anlaufphase befindet oder wenn zwischen dem GU und den Müttern von ähnlichen Beziehungen wie zu Dritten gesprochen werden kann.[639] Aber für die Selbstständigkeit muss das GU unabhängig von seinen Müttergesellschaften die Entscheidung über die Allokation und die Benutzung der Ressourcen selbst treffen.[640] Auch in der Entscheidung der türkischen Wettbewerbskommission wurde darauf hingewiesen, dass das eigene, von den Müttern unabhängige Personal des GU ein wesentliches Merkmal ist.[641] Neben der Bedingung des eigenen Personals prüft die türkische Wettbewerbskommission in vielen Entscheidungen auch die eigene Buchhaltung und die Geschäftspläne[642] des GU.[643] Diese Prüfung der Selbstständigkeit oder der Vollfunktionalität des GU wurde als nicht notwendig angesehen, weil eine solche Buchhaltung nach den geltenden Gesetzen sowieso eine Verpflichtung ist.[644] Ebenso wie im europäischen Wettbewerbsrecht sollen auch nach türkischem Recht alle Umstände nach den relativen Bedingungen des Marktes des GU untersucht werden, um festzustellen, ob die Mütter das GU mit bestmöglichen fallspezifischen Befugnissen ausgestattet haben; ist das der Fall, wird sich das GU auf dem Markt selbstständig verhalten und eine Strukturveränderung verursachen. Immerhin kann die Ansicht, dass Selbstständigkeit vorliegt, auch irreführend sein, wenn das GU über alle Ressourcen und über Autonomie verfügt, aber keine eigene Wettbewerbsstrategie und keine Marktpräsenz besitzt. In diesem Fall würde diese Selbstständigkeit nicht alle Funktionen einer selbstständigen wirtschaftlichen Einheit erfüllen.

(2) Vollfunktion

Die Selbstständigkeit ist erforderlich, um das GU als einen von den Müttern separaten Wettbewerber zu akzeptieren. Diese Selbstständigkeit muss tatsächlich vom GU ausgeübt werden,[645] und zwar sollen alle zu erwartenden Funktionen, die auf seinem

---

639 TR-Kontrollmitteilung, Rn. 82.

640 *Güven,* Türk rekabet hukuku ve Avrupa Birliği rekabet hukukunda birleşme ve devralmaların denetlenmesi, 195.

641 Türkische Wettbewerbskommission, Entsch. v. 09-02-2012, Nr. 12-06/183-46, S. 1: Die Muttergesellschaften werden die benötigten Ingenieure und Leitungsgremien überlassen; Türkische Wettbewerbskommission, Entsch. v. 19.10.2004, Nr. 04-66/969-234, S. 9.

642 TR-Kontrollmitteilung, Rn. 19 und 88; Türkische Wettbewerbskommission, Entsch. v. 11.07.2013, Nr. 13-44/551-245, Rn. 8.

643 Türkische Wettbewerbskommission, Entsch. v. 19.02.2014, Nr. 14-07/134-61, Rn. 10; Türkische Wettbewerbskommission, Entsch. v. 27.11.2012, Nr. 12-60/1598-582, Rn. 17.

644 *Ersoy,* Zusammenschlusskontrolle in der Türkei unter Berücksichtigung des Einflusses europäischen Rechts, 80 Fn. 353.

645 Türkische Wettbewerbskommission, Entsch. v. 06.02.2013, Nr. 13-09/119-65, Rn. 13, *Wo der Maßstab für die wirtschaftliche Selbstständigkeit davon abhängt, ob das GU sich als ein eigenständiger Akteur im Markt verhält.*

Markt von anderen Unternehmen wahrgenommen werden, von dem GU auch ausgeübt werden. Daraus folgt, dass das GU auch per Outsourcing von manchen Dienstleistungen Gebrauch machen kann, wenn auf dem Markt die Outsourcing-Aktivitäten üblich sind und der Vollfunktionscharakter nicht beeinträchtigt wird.[646] Wie im europäischen Recht sollen – um die Vollfunktionseigenschaft im generellen Sinne zu erfüllen – alle Funktionen im vollen Umfang wahrgenommen werden. Dies gilt auch für das türkische Recht, in dem die türkische Wettbewerbskommission wie üblich in ihrer Kontrollmitteilung entsprechend der Konsolidierten Mitteilung zu Zuständigkeitsfragen[647] bei der Ausübung der Funktionen eines GU auch nach erweiterten Tätigkeiten sucht, die nicht nur dem Zweck dienen, eine spezifische Funktion der Müttergesellschaften zu übernehmen,[648] sondern auch alle üblichen Funktionen eines gleichartigen Unternehmens.[649]

Auf ähnliche Weise prüft die türkische Wettbewerbskommission für die Ausübung aller Funktionen, ob das GU einen eigenen Marktzugang hat und ob es sich auf diesem Markt wie ein unabhängiger Verkäufer und/oder Käufer verhält.[650] Wie im europäischen Recht bestimmt auf diese Weise die eigene Marktpräsenz des GU[651] und als Folge dessen die Beziehung dieser Marktpräsenz zu den Müttergesellschaften den Vollfunktionscharakter des GU im engeren Sinne. [652]

Bezüglich des ***eigenen Marktzugangs*** betrachtet die türkische Wettbewerbskommission in den Entscheidungen insbesondere die Geschäftspolitik des GU;[653] ob es seine eigene Geschäftspolitik wie ein marktüblicher Wettbewerber ausführt oder nur mit den Müttergesellschaften Geschäfte macht, die nur bloße Hilfsfunktion haben und dadurch keine eigene Geschäftspolitik darstellen können.[654] Besonders

646 TR-Kontrollmitteilung, Rn. 88; vgl. *Altay*, Anonim Ortaklıklar Hukukunda Sermayeye Katılmalı Ortak Girişimler, 214 f. Fn. 528; wenn die anderen Unternehmen auf dem Markt manche Funktionen per Outsourcing erfüllen, dann sind solche Konditionen auch für die GU zu akzeptieren; Türkische Wettbewerbskommission, Entsch. v. 27.11.2012, Nr. 12-60/1598-582, Rn. 17: Das GU wird per Outsourcing die Buchhaltung verwalten und die Kosten dafür übernehmen.

647 TR-Kontrollmitteilung, Rn. 95.

648 TR-Kontrollmitteilung, Rn. 83 ff.

649 Türkische Wettbewerbskommission, Entsch. v. 01.05.2003, Nr. 03-28/342-143, S. 6.

650 Türkische Wettbewerbskommission, Entsch. v. 27.09.2001, Nr. 01-45/451-115, S. 3; Türkische Wettbewerbskommission, Entsch. v. 18.12.2008, Nr. 08-73/1179-454, S. 6.

651 Türkische Wettbewerbskommission, Entsch. v. 11.07.2013, Nr. 13-44/551-245, Rn. 8: ausreichende finanzielle Ressourcen und eigene Marktpräsenz.

652 Kontrollmitteilung, Rn. 83 ff.

653 *Ersoy*, Zusammenschlusskontrolle in der Türkei unter Berücksichtigung des Einflusses europäischen Rechts, 75.

654 Türkische Wettbewerbskommission, Entsch. v. 06.02.2013, Nr. 13-09/119-65, Rn. 13 und 20; Türkische Wettbewerbskommission, Entsch. v. 27.09.2001, Nr. 01-45/451-115, S. 3; Türkische Wettbewerbskommission, Entsch. v. 29.06.2006, Nr. 06-46/589-161, S. 6.

wenn es sich nur um bestimmte Funktionen der Müttergesellschaften handelt, wie z.B. F & E, Produktion oder Verkauf und/oder Vertrieb, sind solche GU nicht als vollfunktionsfähig anzusehen.[655] Für die Annahme der Vollfunktionalität braucht das GU natürlich nicht auf allen Stufen der Betriebsorganisation tätig zu sein; die türkische Wettbewerbskommission sieht besonders die Tätigkeit auf den Stufen von Produktion und Vertrieb als vollfunktionsfähig an.[656] In einer Entscheidung wurde die Vollfunktionalität des GU abgelehnt, weil seine Tätigkeit sich nur auf F & E und einige Exporte bezog, aber keine Tätigkeit in der Produktion übernommen wurde.[657] Ferner spricht auch der Vertrieb von Produkten der Müttergesellschaften ohne die Teilnahme an der Produktionstätigkeit gegen die Vollfunktionseigenschaft des GU.[658] Die Benutzung der Vertriebseinrichtungen der Mütter ist aber möglich, wenn die Gründergesellschaften nur als Vertreter auftreten.[659] Solange das GU die Geschäftspolitik der Müttergesellschaften wahrnimmt und deswegen nicht als selbstständiger Wettbewerber auftritt,[660] zeigt es keine *wirtschaftliche Selbstständigkeit* und daher auch keine Vollfunktion.[661]

Der Tatbestand der Vollfunktion wird nicht nur per Marktzugang und wirtschaftlicher Selbstständigkeit ermittelt, sondern auch durch die Überprüfung ***der Beziehungen des GU zu den Gründergesellschaften***. Selbst wenn das GU einen Marktzugang hat, kann es immer noch nicht als vollfunktionsfähig eingestuft werden, wenn es nur oder vorwiegend mit den Gründergesellschaften Geschäfte tätigt, was seine wirtschaftliche Selbstständigkeit auf dem Markt fragwürdiger macht.[662] In diesem Zusammenhang prüft die türkische Wettbewerbskommission, ob zwischen

---

655 TR-Kontrollmitteilung, Rn. 83; Türkische Wettbewerbskommission, Entsch. v. 03.08.2011, Nr. 11-44/984-331, S. 6 f.; Türkische Wettbewerbskommission, Entsch. v. 16.12.2004, Nr. 04-79/1147-287, S. 8; Türkische Wettbewerbskommission, Entsch. v. 06.02.2013, Nr. 13-09/119-65, Rn. 24: Die Vollfunktionalität des GU ist nicht zugesagt worden, da die Müttergesellschaften nur Produktion und Vertrieb eines limitierten Produkts und den Export dieses einzigen Produkts verabredet haben, und dessen inländischer Vertrieb wurde ausschließlich von einer der Müttergesellschaften übernommen.

656 Vgl. *Ersoy*, Zusammenschlusskontrolle in der Türkei unter Berücksichtigung des Einflusses europäischen Rechts, 75; Türkische Wettbewerbskommission, Entsch. v. 16.12.2004, Nr. 04-79/1147-287, S. 8; Türkische Wettbewerbskommission, Entsch. v. 05.06.2008, Nr. 08-37/503-183, S. 7.

657 Türkische Wettbewerbskommission, Entsch. v. 23.05.2000, Nr. 00-19/188-100, S. 5.

658 TR-Kontrollmitteilung, Rn. 83; Türkische Wettbewerbskommission, Entsch. v. 29.06.2006, Nr. 06-46/589-161, S. 6.

659 TR-Kontrollmitteilung, Rn. 83.

660 Türkische Wettbewerbskommission, Entsch. v. 15.07.2004, Nr. 04-47/611-148, S. 5: Wenn alle Funktionen wie in den anderen Unternehmen übernommen werden, kann das GU in vollem Umfang im Wettbewerb stehen.

661 Türkische Wettbewerbskommission, Entsch. v. 23.05.2000, Nr. 00-19/188-100, S. 5; Türkische Wettbewerbskommission, Entsch. v. 05.06.2008, Nr. 08-37/503-183, S. 7.

662 *Altay*, Anonim Ortaklıklar Hukukunda Sermayeye Katılmalı Ortak Girişimler, 215.

dem GU und den Müttergesellschaften starke vertikale Interdependenz existiert. Wenn diese Beziehung größtenteils[663] auf Käufen und Verkäufen zwischen ihnen besteht, ist die Vollfunktionsfähigkeit des GU nicht zu akzeptieren.[664] Da diese Beziehung zu den Gründergemeinschaftsunternehmen die wirtschaftliche Selbstständigkeit des GU beeinträchtigen wird, wird das GU nicht in der Lage sein, seine eigene Geschäftspolitik unabhängig von den Müttern zu gestalten.[665] Immerhin berücksichtigt die türkische Wettbewerbskommission auch die wirtschaftliche Lage des GU auf dem Markt, insbesondere Anfangsschwierigkeiten beim Schaffen des eigenen Marktzugangs werden berücksichtigt. Wie im europäischen Recht kann diese vertikale Abhängigkeit von den Müttern nachvollziehbar sein; aber auch im türkischen Recht soll die Dauer solcher Beziehungen einen Zeitraum von drei Jahren nicht überschreiten.[666] In einer Entscheidung hat die türkische Wettbewerbskommission die automatische Verlängerung des 18-monatigen ausschließlichen Vertriebsvertrages um ein Jahr nicht akzeptiert und der Neugründung des GU nur unter der Bedingung von maximal drei Jahre dauernden Vertriebsverträgen zugestimmt.[667] Im europäischen Recht betrachtet die Kommission insbesondere die Möglichkeit des Marktzugangs und die Überlebensfähigkeit des GU im Markt;[668] in der Kontrollmitteilung verweist die türkische Wettbewerbskommission auf die gleiche Begründung des Marktzugangs und unter normalen Konditionen sieht sie drei Jahre als ausreichend an.

Wenn aber solche Beziehungen auf Dauer angelegt sind, müssen die Existenz der operationellen Autonomie des GU und seine wirtschaftliche Selbstständigkeit genauer untersucht werden.[669] Um diese Untersuchung in ähnlicher Weise wie im europäischen Recht zu ermöglichen, werden die Anteile der Verkäufe an den Gründergesellschaften mit der Gesamtproduktion verglichen und dafür wurde der gleiche Umsatzmaßstab von 50 % wie im europäischen Recht festgestellt. Wenn der Umsatz des GU mit Dritten höher als 50 % ist, dann kann das als ein Indiz für

663 Türkische Wettbewerbskommission, Entsch. v. 31.07.2001, Nr. 01-37/365-97, S. 6.
664 Kontrollmitteilung, Rn. 85. Türkische Wettbewerbskommission, Entsch. v. 01.05.2003, Nr. 03-28/342-143, S. 6.
665 Türkische Wettbewerbskommission, Entsch. v. 03.08.2011, Nr. 11-44/984-331, S. 7; Türkische Wettbewerbskommission, Entsch. v. 23.05.2000, Nr. 00-19/188-100, S. 5; Türkische Wettbewerbskommission, Entsch. v. 06.02.2013, Nr. 13-09/119-65, Rn. 20.
666 TR-Kontrollmitteilung, Rn. 85; Türkische Wettbewerbskommission, Entsch. v. 31.07.2001, Nr. 01-37/365-97, S. 6, Türkische Wettbewerbskommission, Entsch. v. 30.07.2003, Nr. 03-54/623-283, S. 9 f.
667 Türkische Wettbewerbskommission, Entsch. v. 30.07.2003, Nr. 03-54/623-283, S. 10 f.
668 S. o. Fn. 409.
669 TR-Kontrollmitteilung, Rn. 86.

die Vollfunktionseigenschaft dienen.[670] Unter diesem Umsatzmaßstab sollen die Verkaufsbeziehungen überprüft werden[671] um festzustellen, ob nach den Marktbedingungen solche Verkaufsbeziehungen einen echten geschäftlichen Charakter haben, nämlich ob sich das GU wie ein selbstständiges Unternehmen verhält und wie eine wirtschaftliche Einheit mit dem Ziel von Profitmaximierung an denjenigen verkauft, der am meisten dafür bezahlt. In diesem Zusammenhang müssen auch die Verkaufsbedingungen an die Mütter untersucht werden,[672] und dafür überprüft auch die türkische Wettbewerbskommission die Verkaufsbeziehungen auf marktübliche Bedingungen.[673] In einer Entscheidung hat die türkische Wettbewerbskommission die Klausel *nach den Regeln des freien Wettbewerbs* für die Verkaufsbeziehungen zwischen dem GU und den Gründerunternehmen als nicht klar genug angesehen, da sie auf keinen konkretisierten Fall hindeuten, und für die Zukunft ist die geschäftliche Grundlage des Marktes nicht vorherzusehen.[674] Wenn die Verkaufsbeziehungen ganz normale marktübliche Geschäftsbeziehungen sind, wird immerhin ein minimaler Umsatzmaßstab mit Dritten von 20 % benötigt, um die wirtschaftliche Selbstständigkeit zu schützen.[675] Wenn sich die Verkaufsbeziehungen zwischen dem GU und den Müttergesellschaften steigern, sollen die Marktbedingungen genauer analysiert werden, um zu beweisen, dass solche gesteigerten Verkaufsbeziehungen auf dem Markt aus geschäftlicher Sicht nachvollziehbar sein können.[676]

Wenn die Muttergesellschaften auf dem vorgelagerten Markt tätig sind, kann das GU möglicherweise Käufe bei den Muttergesellschaften tätigen; in diesem

---

670 TR-Kontrollmitteilung, Rn. 86, Türkische Wettbewerbskommission, Entsch. v. 19.06.2003, Nr. 03-44/500-220, S. 6, Verkauf von 15 % seiner Produktion an eine Muttergesellschaft als unproblematisch angesehen.

671 Dagegen: Türkische Wettbewerbskommission, Entsch. v. 13.01.2000, Nr. 00-2/14-7, S. 5: Der LPG-Verkauf von 60 % an die Müttergesellschaften und 40 % an Dritte für die Vollfunktionseigenschaft ohne weitere geschäftliche Analyse akzeptiert.

672 *Ersoy*, Zusammenschlusskontrolle in der Türkei unter Berücksichtigung des Einflusses europäischen Rechts, 93 f.

673 Türkische Wettbewerbskommission, Entsch. v 26.06.2001, Nr. 01-29/282-83, S. 8; Türkische Wettbewerbskommission, Entsch. v. 06.01.2005, Nr. 05-01/4-4, S. 8: Das GU wird das Produkt nicht unter erleichterten, sondern unter normalen Bedingungen an die Müttergesellschaften verkaufen.

674 Türkische Wettbewerbskommission, Entsch. v. 27.09.2001, Nr. 01-45/451-115, S. 4 f. Deswegen sind solche Klauseln nicht für den Zeitpunkt bewertet worden.

675 Türkische Wettbewerbskommission, Entsch. v. 19.08.2009, Nr. 09-47/1161-295, S. 11.

676 Türkische Wettbewerbskommission, Entsch. v. 19.08.2009, Nr. 09-47/1161-295, S. 11 f. Nach der Kontrollübernahme von EFES wird das von EFES kontrollierte Unternehmen Coca-Cola der größte Käufer des GU (Etap Tarım) sein, aber da das GU nicht nur Produkte für Coca-Cola herstellt und die Produktion des GU auch nicht den gesamten Bedarf der Coca-Cola decken kann, zeigt die Beziehung einen echten geschäftlichen Charakter und dadurch wird das GU als vollfunktionsfähig angenommen.

Zusammenhang ist herauszufinden, inwieweit diese Käufe die Vollfunktionseigenschaft des GU beeinträchtigen können. Und ebenso wie im europäischen Recht hält sich die türkische Wettbewerbskommission auch an die Wertschöpfungsregel.[677] Auf dieser Basis kommt es darauf an, ob das GU von den gekauften Vorprodukten oder Dienstleistungen hochwertigere Produkte herstellen oder Dienstleistungen erbringen kann.[678] Wenn aber diese Wertschöpfung auf einem niedrigen Niveau bliebt, dann soll statt von einer Vollfunktionalität von einer Verkaufsagentur gesprochen werden. Wie im türkischen Recht treten die Handelsunternehmen in den Handelsmärkten als eine Ausnahme auf; wenn solche Handelsunternehmen als übliches Geschäft auf relativem Markt nur die Käufe und Verkäufe ausführen, dann sind sie statt als Verkaufsagenturen als vollfunktionsfähige GU zu akzeptieren.[679] Als Folge der Marktbedingungen kann die Wertschöpfung auf dem Niveau des GU sehr gering sein, aber solange das GU über die benötigten Ressourcen für solche Handelsunternehmen verfügt und auch mit Dritten normale Geschäfte tätigt, wird der Vollfunktionscharakter beibehalten.

Wenn darüber hinaus das GU per Outsourcing manche Dienstleistungen von anderen Unternehmen in Anspruch nimmt, dann soll wieder auf die Beziehungen des GU zu Dritten geachtet werden. Dabei soll das GU nochmals normale marktübliche Geschäfte mit den Gründergesellschaften haben und wesentliche Verkäufe an Dritte nachweisen. Beim Outsourcing muss das GU für den Zusammenschlusstatbestand auch eigenen Marktzugang und benötigte Ressourcen haben, und darf nicht nur von den Muttergesellschaften abhängig sein. Auf diese Weise werden die Marktkonditionen und seine Geschäftspläne zeigen, ob das GU mit echtem geschäftlichen Charakter mit den Muttergesellschaften und Dritten handelt.[680]

Weil die türkische Wettbewerbskommission die meisten Erklärungen von der Konsolidierten Mitteilung der Kommission übernommen hat, sind die Bedingungen für die Vollfunktion auch die gleichen wie im europäischen Recht, und die Entscheidungen entsprechen auch der Praxis des europäischen Wettbewerbsrechts.

(3) Dauerhaftigkeit

Als Folge der Angleichung von gesetzlichen Bestimmungen ist das Tatbestandsmerkmal der Dauerhaftigkeit auch im türkischen Recht offiziell in der TR-FKVO erwähnt worden. Wie oben erwähnt wurde, war diese vorher auch in den Entscheidungen berücksichtigt worden, weil – um eine Marktstrukturveränderung zu verwirklichen – die Unternehmen dauerhaft entstehen sollen, obgleich das

677 TR-Kontrollmitteilung, Rn. 89; s. o. Fn. 413.

678 Türkische Wettbewerbskommission, Entsch. v. 26.06.2001, Nr. 01-29/282-83, S. 8. Auf dem Niveau des GU soll das GU für die Produkte und Dienstleistungen wesentlich höhere Werte schöpfen.

679 TR-Kontrollmitteilung, Rn. 90.

680 TR-Kontrollmitteilung, Rn. 19.

nicht ausdrücklich genannt wird.[681] Mit der veröffentlichten Kontrollmitteilung hat die türkische Wettbewerbskommission dieses Tatbestandsmerkmal für die GU detaillierter klargestellt.[682] Wenn das GU unbefristet gegründet ist und die anderen Tatbestandsmerkmale gegeben sind, ist der Vollfunktionscharakter bestätigt.[683] Aus diesem Grund wird es als ein Indiz für Dauerhaftigkeit angesehen, wenn, wie oben genannt, das GU mit den benötigten Ressourcen ausgestattet ist.[684] Daneben kann auch die Größe des Investitionsvorhabens bei den Gründergesellschaften am GU die Absicht der Dauerhaftigkeit zeigen.[685] Aber wenn das GU für eine befristete Zeit gegründet worden ist, kann die Möglichkeit zur Verlängerung dieser Befristung den Vollfunktionscharakter des GU aufrechterhalten, und diese Befristung soll auch für eine dauerhafte Marktstrukturveränderung ausreichend sein.[686] Auch wenn eine Vereinbarung über die Dauer des GU besteht, muss es lang genug am Markt bleiben, wiederum um eine dauerhafte Strukturveränderung bewirken zu können. Weil solche Auswirkungen von den Bedingungen des relativen Markts abhängen,[687] wurde auch in der Kontrollmitteilung der türkischen Wettbewerbskommission keine bestimmte Mindestdauer festgestellt. Aber in einer Entscheidung über ein später angemeldetes GU hat die türkische Wettbewerbskommission schon fünf Jahre Existenz auf dem Markt als nicht kurzfristig angesehen und die Vollfunktionalität des GU angenommen.[688] In einer anderen Entscheidung über einen Kontrollwechsel in dem entstehenden GU hat die türkische Wettbewerbskommission sieben Jahre Restdauer des Konzessionsvertrages auch als dauerhaft akzeptiert.[689] Auch wenn

681 TR-Kontrollmitteilung, Rn. 21; vgl. *Topçuoğlu,* Rekabeti Kısıtlayan Teşebbüsler Arası İşbirliği Davranışları ve Hukuki Sonuçları, 113 f. Dauerhaftigkeit, Selbstständigkeit und Gewinnzweck sind die gemeinsamen Ziele der wirtschaftlichen Unternehmen.

682 TR-Kontrollmitteilung, Rn. 91 ff.

683 Türkische Wettbewerbskommission, Entsch. v. 14.09.2001, Nr. 11-47/1159-405, S. 4; Türkische Wettbewerbskommission, Entsch. v. 26.05.2004, Nr. 04-38/427-107, S. 4.

684 TR-Kontrollmitteilung, Rn. 91; *Güven,* Türk rekabet hukuku ve Avrupa Birliği rekabet hukukunda birleşme ve devralmaların denetlenmesi, 198; Türkische Wettbewerbskommission, Entsch. v. 29.12.2011, Nr. 11-64/1663-593, S. 2; Türkische Wettbewerbskommission, Entsch. v. 16.04.2002, Nr. 02-24/242-97, S. 6.

685 Türkische Wettbewerbskommission, Entsch. v. 27.08.2009, Nr. 09-40/986-248, S. 9.

686 TR-Kontrollmitteilung, Rn. 91; Türkische Wettbewerbskommission, Entsch. v. 05.08.2009, Nr. 09-34/791-194, S. 10; unter Verweis auf die Kontrollmitteilung über den Begriff von Vollfunktionsgemeinschaftsunternehmen (ABl. C.66 2.3.1998, S. 1); Türkische Wettbewerbskommission, Entsch. v. 31.07.2001, Nr. 01-37/365-97, S. 6: Auch wenn in den Protokollen keine beschränkende Dauer für das GU vereinbart ist, kann dies ein Anzeichen für die Dauerhaftigkeit sein.

687 *Altay,* Anonim Ortaklıklar Hukukunda Sermayeye Katılmalı Ortak Girişimler, 218 f.

688 Türkische Wettbewerbskommission, Entsch. v. 17.03.2005, Nr. 05-15/186-63, S. 11.

689 Türkische Wettbewerbskommission, Entsch. v. 18.04.2000, Nr. 00-14/136/68, S. 4: Die Vollfunktionsfähigkeit des GU für einen Flughafenbetrieb wurde erst für elf

das GU unbefristet gegründet wurde, hat die türkische Wettbewerbskommission darüber hinaus ein Kündigungsrecht der Parteien sechs Jahre nach der Gründung des GU als ein dauerhaftes GU konstatiert.[690] Die türkische Wettbewerbskommission (Mitteilung) sieht ferner die Auflösungsklauseln wegen der Insolvenz oder wegen grundlegender Meinungsverschiedenheiten als zusammenhängend mit der Dauerhaftigkeit an.[691] Diese Ansicht wurde auch in verschiedenen Entscheidungen bestätigt, in denen die türkische Wettbewerbskommission die vorzeitigen Auflösungsmaßnahmen nach verschiedenen gesetzlichen Gründen und durch eine Drei-Viertel-Mehrheit der Vermögenseigner für das Kriterium der Dauerhaftigkeit als geeignet angesehen hat.[692] Dagegen hat die türkische Wettbewerbskommission in einer anderen Entscheidung die Auflösungsvereinbarungen wegen Kapitalverringerung oder Insolvenz akzeptiert, aber auch geäußert, dass die Bestimmungen für das Kündigungsrecht der Gründergesellschaften *kurz nach der Gründung* des GU seine Vollfunktionsfähigkeit beeinträchtigen, obwohl das GU für eine unbefristete Zeit gegründet wurde. Aber die türkische Wettbewerbskommission hat in der Entscheidung keine Hinweise über die Länge dieser Zeit angegeben.[693] Ferner hat die türkische Wettbewerbskommission auch die Rückzugsvereinbarungen per Put- oder Call-Optionen in Übereinstimmung mit dem Vollfunktionscharakter des GU angenommen, aber keine Bemerkung über die Nutzung dieser Optionen geäußert.[694]

Auf der anderen Seite hat die türkische Wettbewerbskommission ein für eine kurzfristige Dauer entstehendes GU oder ein nur für ein Projekt gegründetes GU nicht als vollfunktionsfähig angesehen, und vor der Veröffentlichung der Mitteilung hat die türkische Wettbewerbskommission auch auf die europarechtliche Annäherung an das Thema verwiesen.[695]

Jahre und nach dem Kontrollwechsel für sieben Jahre als ein marktstrukturveränderndes GU bejaht.

690 Türkische Wettbewerbskommission, Entsch. v. 04.05.1999, Nr. 99-22/197-113, S. 6.

691 TR-Kontrollmitteilung, Rn. 91, entsprechend Konsolidierte Mitteilung zu Zuständigkeitsfragen, Rn. 103.

692 Türkische Wettbewerbskommission, Entsch. v. 12.12.2000, Nr. 00-49/519-284, S. 5.

693 Türkische Wettbewerbskommission, Entsch. v. 06.02.2013, Nr. 13-09/119-65, Rn. 19.

694 Türkische Wettbewerbskommission, Entsch. v. 16.04.2002, Nr. 02-24/242-97, S. 5; vgl. *Körber*, in: Immenga/Mestmäcker, EU-Wettbewerbsrecht, Art. 3 FKVO Rn. 161 und 163. Im europäischen Recht wird diese Möglichkeit auch für die Dauerhaftigkeit als geeignet angesehen, da das GU sich nicht auflösen wird, sondern die Gesellschafter sollen nicht dauerhaft bleiben, aber die gemeinsame Kontrolle soll durch kurzfristige Nutzungsmöglichkeit der Optionen nicht aufgegeben werden. Vgl. *Altay*, Anonim Ortaklıklar Hukukunda Sermayeye Katılmalı Ortak Girişimler, 218 f., es ist auch kritisiert worden, dass die Nutzung solcher Optionen nach einer Mindestlaufzeit vereinbart werden kann, um die Dauerhaftigkeit gewährleisten zu können.

695 TR-Kontrollmitteilung, Rn. 92; Türkische Wettbewerbskommission, Entsch. v. 05.08.2009, Nr. 09-34/791-194, S. 10, unter Verweis auf die Kontrollmitteilung

Wenn dem gegründeten GU noch nicht die besonderen Rechte sowie Lizenzen eingeräumt wurden, dann ist es bis zur Erteilung dieser Rechte nicht als Vollfunktions-GU anzusehen.[696]

Die Dauerhaftigkeit des GU soll von dem dauerhaften Kontrollwechsel[697] unterschieden werden. Vor der Überprüfung der Dauerhaftigkeit muss das Tatbestandsmerkmal von gemeinsamer Kontrolle für das GU vorhanden sein, wenn die Gründerunternehmen vereinbaren, für eine befristete Zeit die gemeinsame Kontrolle auszuüben, und wenn diese Zeit nicht ausreichend für eine Marktstrukturveränderung ist, ist es nicht möglich, von einer Vollfunktionsgemeinschaft zu sprechen.[698]

cc) Änderung der Tätigkeit des Gemeinschaftsunternehmens

Genau wie im europäischen Recht kann die Erweiterung des Tätigkeitsbereiches des GU einen neuen, anmeldepflichtigen Zusammenschluss verursachen.[699] Die Bedingungen für eine solche Änderung entsprechen dem europäischen Recht, das für den übertragenen Geschäftsbereich einen eigenen Marktumsatz fordert, um die Anmeldepflicht nach der TR-FKVO hervorzurufen.[700] Das Gleiche gilt auch, wenn die Gründergesellschaften besondere Vermögenswerte oder Know-how zu dem Tätigkeitsbereich des GU hinzufügen und dadurch die Ausweitung des Marktes des GU herbeigeführt wurde. In diesem Fall verursacht solches Geschäft noch einmal eine Marktstrukturveränderung und deswegen erfordert es eine neue Zustimmung von der türkischen Wettbewerbskommission.[701] Da die Akteure hinter dieser Ausweitung die Gründerunternehmen sind, wird der Vorgang so bewertet, als ob durch Übertragung von neuen Vermögenswerten oder Rechten ein neues GU gegründet wurde. Wenn eine solche Ausweitung allerdings ohne Übertragung von weiteren Ressourcen innerhalb des GU zustande kommt, dann wird dies nicht als eine Neugründung des GU angesehen, die auch keine Konzentration bildet.[702] Weiterhin wird als Neugründung eines GU die Änderung des Tätigkeitbereiches eines Teilfunktions-GU aufgezählt, das durch diese Änderung seine Vollfunktionalität erwirbt und dadurch als anmeldepflichtiger Zusammenschluss betrachtet wird.[703]

über den Begriff von Vollfunktionsgemeinschaftsunternehmen (ABl. C.66 2.3.1998, S. 1); Türkische Wettbewerbskommission, Entsch. v. 07.12.2011, Nr. 11-60/1564-555, S. 6; *Güven,* Türk rekabet hukuku ve Avrupa Birliği rekabet hukukunda birleşme ve devralmaların denetlenmesi, 198 f.

696 TR-Kontrollmitteilung, Rn. 93.

697 TR-Kontrollmitteilung, Rn. 21 ff.

698 *Ersoy,* Zusammenschlusskontrolle in der Türkei unter Berücksichtigung des Einflusses europäischen Rechts, 86.

699 TR-Kontrollmitteilung, Rn. 94.

700 TR-Kontrollmitteilung, Rn. 94, verweist auf TR-Kontrollmitteilung, Rn. 17.

701 TR-Kontrollmitteilung, Rn. 95.

702 TR-Kontrollmitteilung, Rn. 96.

703 TR-Kontrollmitteilung, Rn. 97.

dd) *Umsatzschwellen als Aufgreifkriterium*

Wenn die oben genannten Tatbestandsmerkmale von einem GU erfüllt werden, so sind dies aber nicht – wie in der Praxis vieler Fusionskontrollrechte der Länder überall auf der Welt – die einzigen Kriterien für die Prüfung. Ferner muss das GU auch nach der TR-FKVO wesentliche Auswirkungen zeigen, um die Prüfung der türkischen Wettbewerbskommission zu benötigen. Wie im europäischen Recht sind die sich auf die Marktstruktur auswirkenden Zusammenschlüsse nach der Umsatzhöhe der beteiligten Unternehmen zu beurteilen.

Mit der neuen Verordnung hat die türkische Wettbewerbskommission auch das Aufgreifkriterium für die Zusammenschlüsse geändert. Im Allgemeinen ist die große Veränderung durch den Wechsel von der Marktanteilsschwelle zur Umsatzschwelle zustande gekommen. In der alten Verordnung hatten die Marktanteile der beteiligten Unternehmen die erste Schwelle für die Zusammenschlüsse geprägt. Dieser Marktanteil hatte sich auf den gesamten Marktanteil der beteiligten Unternehmen bezogen und wurde auf 25 % festgesetzt; und falls die Unternehmen diese Schwelle nicht erreichten, bildeten die gesamten Umsätze (25 Millionen TL) der beteiligten Unternehmen die zweite Schwelle.[704] Bei dieser Marktanteilsberechnung handelte es sich nicht nur um den relevanten Markt, sondern um alle Märkte der Beteiligten; dadurch wurden nur die Marktanteile des Marktes, auf denen der Zusammenschluss stattfand, in die Berechnung einbezogen. Aber diese alte Schwelle wurde wegen der Rechtsunsicherheit kritisiert, weil die Berechnung der Marktanteile der Parteien aufwendig war, und es nicht ganz leicht war, den relativen Marktanteil genau zu bestimmen. Das führte dazu, dass viele unproblematische Fälle wegen der niedrigen Schwellen angemeldet wurden.[705]

Die neue Verordnung hat die Marktanteilsschwelle abgeschafft und, um Rechtssicherheit zu schaffen[706] und darauffolgend leichter berechenbare Schwellen bei den beteiligten Unternehmen einzurichten, wurden die Umsatzschwellen als

---

704 Art. 4 TR-FKVO a. F. (VO 1997/1); vgl. *Akgül,* Die Fusionskontrolle nach europäischem, deutschem und türkischem Recht in rechtsvergleichender Betrachtung, 141. Als die zweite Schwelle nicht sehr hoch war, zeigte das, dass die türkische Wettbewerbskommission möglicherweise eine umfangreiche Zusammenschlusskontrolle wollte.

705 *Solmaz/Dere,* A Perspective to the Practice of Communiqué No. 2010/4: Problems and Solutions, Rekabet Dergisi 14/2013, 65, 66 f.; dagegen: *Güven,* Türk rekabet hukuku ve Avrupa Birliği rekabet hukukunda birleşme ve devralmaların denetlenmesi, 239. Die zwei Schwellen von Marktanteilen und Umsatz werden als umfangreicher und effizienter angesehen, um den freien Wettbewerb auf den Märkten mit niedrigen Umsätzen aufrechterhalten zu können.

706 Türkische Wettbewerbskommission, Birleşme ve Devralmalarda ilgili Teşebbüs, Ciro ve Yan Sınırlamalar Hakkında Kılavuz (Mitteilung über beteiligte Unternehmen, Umsatz und Nebenabreden bei der Fusionskontrolle), 26.03.2013, Nr. 13-16/235-RM (4), „Mitteilung über beteiligte Unternehmen, Umsatz und Nebenabreden".

Aufgreifkriterium festgestellt.[707] Mit diesen neuen Umsatzschwellen wurde das Aufgreifkriterium dem europäischen System angenähert. Aber dieser Artikel über die Umsatzschwelle wurde ein Jahr nach Inkrafttreten noch einmal verändert.[708] Die erste Veränderung hatte eine Ausnahmeregel mit sich gebracht; diese war besonders wichtig für Gemeinschaftsunternehmen. Und mit dieser Regel war die Genehmigung der türkischen Wettbewerbskommission nicht erforderlich, obwohl die Umsatzschwellen der TR-FKVO überschritten wurden, falls keine *betroffenen Märkte* durch die Transaktion entstanden; aber diese Ausnahmeregel fand keine Anwendung bei Gemeinschaftsunternehmen.[709] Dieser neue Begriff wurde auch im Anhang der Verordnung geklärt; nach der Begriffsbestimmung sind die *betroffenen Märkte* solche, auf denen zwei oder mehr Parteien mit dem gleichen Produkt kommerziell tätig sind (horizontale Beziehung); oder zumindest eine der Parteien auf dem vor- oder nachgelagerten Produktmarkt der anderen Partei kommerziell tätig ist (vertikale Beziehung). Die Kritiker meinen, dass das Ausschließen der GU von der Regel die Funktionsweise dieses Artikels unterdrückt hat.[710] Bis zum Inkrafttreten der zweiten Änderung wurde für diesen Artikel eine Anwendung in der türkischen Praxis gefunden.[711] Darauffolgend hat die türkische Wettbewerbskommission in einer Entscheidung die Gründung eines GU als anmeldepflichtig angesehen. Die türkische Wettbewerbskommission hat bestätigt, dass es keinen *betroffenen Markt* bei der Gründung des GU gibt, weil der Markt des GU neu in der Türkei war und die Gründerunternehmen ihre Umsätze außerhalb des Marktes des GU erzielt hatten; da die Gründerunternehmen die Umsatzschwellen überschritten haben, sollte das GU wegen der Ausnahmeregel und der geringen potenziellen Wirkung des GU auf diesen Markt – weil sich der Markt in der Türkei vergrößern

707 TR-FKVO Art. 7.

708 Türkische Wettbewerbskommission, VO 2012/3, RG, 29.12.2012, Nr. 28512.

709 Art. 7 (a. F.): (1) Die im Artikel 5 dieser Verordnung genannten Fusionen oder Übernahmen sind durch die Türkische Kartellbehörde zu genehmigen.
[...] der Gesamtumsatz aller beteiligten Unternehmen zusammen 100 Millionen Türkische Lira und der Gesamtumsatz von mindestens zwei beteiligten Unternehmen in der Türkei jeweils dreißig Millionen Türkische Lira überschreiten.
Der weltweite Gesamtumsatz eines beteiligten Unternehmens fünfhundert Millionen Türkische Lira und der Gesamtumsatz von mindestens einem weiteren Unternehmen fünf Millionen Türkische Lira überschreiten.
(2) Auch wenn im ersten Absatz dieses Artikels Umsatzschwellen überschritten sind, ist eine Genehmigung nicht erforderlich, wenn keine betroffenen Märkte von der Transaktion entstehen. Die Gemeinschaftsunternehmen sind von dieser Regel ausgeschlossen.
(3) Die Kartellbehörde legt die Umsatzschwellen alle zwei Jahre ab dem Inkrafttreten dieser Verordnung neu fest.

710 Vgl. *Kocabaş/Bozkuş*, Recent Development in Merger Control in Turkey, CPI Antitrust Chronicle, Mai 2/2012, 6 f.

711 Ab 01.01.2011 bis zum 1.2.2013.

könnte – angemeldet werden.[712] In einer weiteren Entscheidung hat die türkische Wettbewerbskommission bei der Gründung eines GU, welches keine Tätigkeit in der Türkei ausübt, keine von dem Zusammenschluss betroffenen Märkte festgestellt, weil die Gründerunternehmen nicht auf dem Markt des GU tätig waren und daher nach dem Zusammenschluss keine Konzentration auf dem Markt zu erwarten war; aber dieser Zusammenschluss sollte nur wegen der Ausnahmeregel angemeldet werden und nur weil es um die Gründung eines GU ging, das sich außerhalb des türkischen Marktes befand.[713] Die Entscheidung wurde kritisch betrachtet, da das Konzept eines betroffenen Marktes wegen der Koordinationsrisiken in einer ausgedehnten Weise ausgelegt worden war. Eine derartige Anwendung dieser Regeln kann die Rechtssicherheit mehr beeinträchtigen, als die Wettbewerbsbehörde von der Gründung des GU in direkter Weise affektierte Märkte die Befugnis haben soll, um die benötigte Prüfung vorzunehmen.[714] Auf der anderen Seite hat die türkische Wettbewerbskommission in einer anderen Entscheidung die Gründung des GU außerhalb des Anwendungsbereichs der TR-FKVO angenommen; obwohl die Gründerunternehmen die Umsatzschwellen überschritten hatten, hatte das GU keine Auswirkung auf die Märkte der Türkei gezeigt.[715] Diese Entscheidungen wurden heftig kritisiert, weil sie den Anwendungsbereich der TR-FKVO nach dem Auswirkungsprinzip besonders für Gemeinschaftsunternehmen sehr erweitert haben. Obwohl das in den Entscheidungen nicht ganz klar erwähnt worden war, wurde behauptet, dass die türkische Wettbewerbskommission solche ausländischen GU wegen ihrer potenziellen Auswirkungen, z.B. auf den Export, als anmeldepflichtig angesehen hat.[716] Das Ergebnis dieser Praxis würde bedeuten, dass die türkische Wettbewerbskommission die Prüfungsmöglichkeit hätte, die über ihren Kompetenzbereich nach Art. 2 RKHK[717] hinausgeht, da nach dem Auswirkungsprinzip keine betroffenen Märkte in der Türkei zu finden waren.[718]

---

712 Türkische Wettbewerbskommission, Entsch v. 17.08.2011, Nr. 11-45/1106-382, S. 2, Herstellung von Elektrizität durch Solarenergie mithilfe von besonderen Technologien (Photovoltaik und konzentrierte Sonnenenergie).

713 Türkische Wettbewerbskommission, Entsch. v. 14.12.2011, Nr. 11-61/1580-565, S. 5.

714 *Solmaz/Dere*, A Perspective to the Practice of Communiqué No. 2010/4: Problems and Solutions, Rekabet Dergisi 14/2013, 65, 92 f.

715 Türkische Wettbewerbskommission, Entsch. v. 14.07.2011, Nr. 11-43/919-288, S. 1 f.

716 *Gürkaynak/Inanılır/Yılmaz/Duman*, 2010/4 Sayili Rekabet Kurulu'ndan izin alinmasi gereken birlesme ve devralmalar hakkinda tebliğ uygulaması ile birleşme devralmaların kontrolü rejiminde meydana gelen yapısal degişiklikler: Etki Değerlendirmesi, Rekabet Dergisi-Competition Journal 4/2012, 97, 125.

717 Das Auswirkungsprinzip wurde in der Begründung von Art. 2 RKHK akzeptiert.

718 *Gürkaynak/Inanılır/Yılmaz/Duman*, 2010/4, Sayili Rekabet Kurulu'ndan izin alinmasi gereken birlesme ve devralmalar hakkinda tebliğ uygulaması ile birleşme devralmaların kontrolü rejiminde meydana gelen yapısal degişiklikler: Etki Değerlendirmesi, Rekabet Dergisi-Competition Journal 4/2012, 97, 125; Türkische

Dieser erste Versuch des Wechsels zum Umsatzschwellen-Prinzip wurde im Allgemeinen als unbefriedigend gesehen, weil die Schwelle des Weltumsatzes nicht effizient mit ihren lokalen Auswirkungen auf die Zusammenschlüsse zu bestimmen ist. Deshalb sollte vorzugweise eine Schwelle festgelegt werden, die sich insbesondere auf die in der Türkei erzielten Umsätze konzentriert.[719] Ferner hat auch der Begriff der „betroffenen Märkte" in einer besonderen Weise die Rechtsunsicherheit verursacht, da für die Parteien schwer zu bestimmen ist, ob es wirklich einen betroffenen Markt gibt oder nicht; und um sicherzugehen, sollten die Parteien den Zusammenschluss anmelden. Aus diesem Grund wurde vorgeschlagen, dass die Bedingung der Anwesenheit auf einem betroffenen Markt für die Anmeldepflicht annulliert werden sollte.[720]

Bei der zweiten Veränderung des Artikels wurden alle diese Kritiken berücksichtigt und zuerst wurde die Ausnahmeregel abgeschafft, und es wurde auch die zweite Umsatzschwelle für die in der Türkei erzielten Umsätze von fünf Millionen Türkische Lira auf 30 Millionen Türkische Lira erhöht.[721] Ferner wurde die zweite Umsatzschwelle enger definiert; nur der Umsatz des veräußerten Teils oder die Tätigkeit ist erfasst; die Kritiken der Literatur zielten auch in die gleiche Richtung.[722] Auch in der Mitteilung über beteiligte Unternehmen, Umsatz und Nebenabreden

---

Wettbewerbskommission, Entsch. v. 24.11.2011, Nr. 11-59/1515-540, S. 5, wo es sich um die Gründung eines F & E-GU im Ausland handelt, obwohl kein betroffener Markt in der Türkei existiert; dadurch wurden die vertikalen Beziehungen und die Koordinationsrisiken der Gründerunternehmen analysiert.

719 *Solmaz/Dere*, A Perspective to the Practice of Communiqué, No. 2010/4: Problems and Solutions, Rekabet Dergisi 14/2013, 65, 93 ff.

720 Vgl. *Bağış Akkaya/Erdoğan*, Recent Amendments in the Turkish Merger Regime: A Unique Notification System based on "Affected Markets", Mediterranean Competition Bulletin, June 2011, 9 ff.

721 Mit der Verordnung 2012/3 änderte sich Art. 7 TR-FKVO:
Artikel 7 (1) Die im Art. 5 dieser Verordnung genannten Fusionen oder Übernahmen sind durch die Türkische Kartellbehörde zu genehmigen, wenn
a) der Gesamtumsatz aller beteiligten Unternehmen zusammen 100 Millionen Türkische Lira und der Gesamtumsatz von mindestens zwei beteiligten Unternehmen in der Türkei jeweils dreißig Millionen Türkische Lira überschreiten;
b) bei den Übernahmen der veräußerten Vermögen oder der Tätigkeit bei Fusionen mindestens ein beteiligtes Unternehmen einen Gesamtumsatz in der Türkei von dreißig Millionen Türkische Lira und der weltweite Gesamtumsatz von mindestens einem anderen beteiligten Unternehmen fünfhundert Millionen Türkische Lira überschreiten.
(2) Die Kartellbehörde legt die Umsatzschwellen alle zwei Jahre ab dem Inkrafttreten dieser Verordnung neu fest.

722 *Solmaz/Dere*, A Perspective to the Practice of Communiqué No. 2010/4: Problems and Solutions, Rekabet Dergisi 14/2013, 65, 95. Es wurde empfohlen, entweder die zweite Umsatzschwelle von 30 Millionen Türkische Lira nach den Umsätzen von mindestens zwei beteiligten Unternehmen zu berechnen oder die Umsätze

bei der Fusionskontrolle hat die türkische Wettbewerbskommission diese begrenzte Berechnung der Umsätze mit Verweis auf Art. 8 Abs. 2 TR-FKVO klargestellt, und dies findet auch Anwendung bei den Übernahmen eines bestehenden GU.[723] Darüber hinaus wird beim Erwerb der gemeinsamen Kontrolle über ein Unternehmen von einem oder mehreren Unternehmen der veräußerte Teil das Gemeinschaftsunternehmen sein.[724] Und wenn es sich um die Änderung der gemeinsamen Kontrolle eines GU handelt, hängt der veräußerte Teil von der Tätigkeit oder dem Vermögen des GU nach der Transaktion ab.[725] Falls keine Tätigkeit oder kein Vermögen von den beteiligten Unternehmen auf das neugegründete GU übertragen wurde, kann von irgendeiner Tätigkeit oder irgendeinem Vermögen nicht zu sprechen sein; daher findet der Art. 7 Abs. 2 lit. b TR-FKVO auf solche GU keine Anwendung.[726] Wenn ein beteiligtes Unternehmen seine Tochtergesellschaft oder einen Tätigkeitsbereich einem neugegründeten GU überträgt, ist der Umsatz von dieser Tochtergesellschaft oder diesem Tätigkeitsbereich nach Art. 7 Abs. 2 lit. b TR-FKVO zu berechnen.[727]

Die Berechnung des Umsatzes wurde nach Art. 8 der TR-FKVO[728] definiert, und im Abs. 4 dieses Artikels[729] wird in diesem Zusammenhang, um die Doppelberechnung des Umsatzes von Gemeinschaftsunternehmen zu vermeiden, der Umsatz des GU durch die gleichmäßige Verteilung zwischen den beteiligten Unternehmen berechnet. Was diese Berechnung anbelangt, so ist die Verteilung der Gesellschaftsanteile nicht zu berücksichtigen, sondern es geht um die Verfügung über die Rechte und Befugnisse nach Art. 8 Abs. 1 lit. b TR-FKVO.[730] In diesem Zusammenhang wird der Umsatz des GU auf die beteiligten Unternehmen verteilt, womit sie Kontrolle auf das GU ausüben können.[731] Wenn aus diesem Grund das GU zusammen mit beteiligten Unternehmen und Dritten kontrolliert wird, dann soll der von dem GU

so zu berechnen, dass nur die Tätigkeiten der veräußerten Teile von beteiligten Unternehmen berücksichtigt werden.

723 Mitteilung über beteiligte Unternehmen, Umsatz und Nebenabreden, Rn. 28; Art. 8 Abs. 2 TR-FKVO. *Wird die Berechnung der Umsätze im Sinne von Artikel 7 Absatz 1 dieser Verordnung die Teile der beteiligten Unternehmen veräußert, unabhängig davon, ob diese Teile eigene Rechtpersönlichkeit besitzen, so wird aufseiten des Veräußerers nur der Umsatz des veräußerten Teils berücksichtigt.*

724 Mitteilung über beteiligte Unternehmen, Umsatz und Nebenabreden, Rn. 29.

725 Mitteilung über beteiligte Unternehmen, Umsatz und Nebenabreden, Rn. 30.

726 Mitteilung über beteiligte Unternehmen, Umsatz und Nebenabreden, Rn. 31.

727 Mitteilung über beteiligte Unternehmen, Umsatz und Nebenabreden, Rn. 32.

728 Im Anhang II.

729 TR-FKVO Art. 8 Abs. 4: *Bei der Umsatzberechnung von Gemeinschaftsunternehmen, welche gemeinsam mit beteiligten Unternehmen und Drittunternehmen kontrolliert werden, sind die Umsätze den beteiligten Unternehmen zu gleichen Teilen zuzurechnen.*

730 Entspricht Art. 5 Abs. 4 lit. b FKVO.

731 Mitteilung über beteiligte Unternehmen, Umsatz und Nebenabreden, Rn. 35.

erzielte Umsatz der beteiligten Unternehmen auch bei gleichmäßiger Verteilung des Umsatzes zwischen den kontrollierenden Unternehmen berechnet werden.[732]

Ferner wird auch die Unterscheidung zwischen der Neugründung eines GU und einem bestehenden GU nach den beteiligten Unternehmen in der Mitteilung über beteiligte Unternehmen herausgearbeitet.[733] Da bei der Neugründung des GU kein zurechenbarer Umsatz für das GU entsteht, ist es nicht als ein beteiligtes Unternehmen zu akzeptieren.[734] Auf der anderen Seite ist das GU beim Wechsel von gemeinsamer zu alleiniger Kontrolle oder umgekehrt oder bei dem Wechsel der Kontrolleigner des GU ein beteiligtes Unternehmen.[735] Wenn das GU die Kontrolle an einem Unternehmen erwirbt, dann können entweder das GU oder die Muttergesellschaften als beteiligte Unternehmen auftreten; in diesem Zusammenhang ist über das gleiche Szenario wie im europäischen Recht nachgedacht worden: Falls die Muttergesellschaft das GU nur für ihre Erwerbszwecke nutzt, werden die Muttergesellschaften und nicht das GU als beteiligte Unternehmen gezählt. Als Anzeichen dafür wird von der Mitteilung ebenso wie vom europäischen Recht bewertet, ob das GU keine Vollfunktionsfähigkeit besitzt oder nach der Gründung keinen Tätigkeiten zu dem Zeitpunkt nachgeht, oder wenn die Muttergesellschaften sich als eigentliche Akteure der Übernahme verhalten und eine wesentliche Beteiligung halten und ein Interesse an der Transaktion zeigen.[736]

b) Materielle Beurteilung von konzentrativen Gemeinschaftsunternehmen nach türkischem Recht

Obwohl die TR-FKVO verändert wurde, blieb das alte Eingreifkriterium von Marktbeherrschung seit 1994 in Kraft.[737] Gleichzeitig beschreibt der Art. 13 TR-FKVO die Grundsätze für die materielle Beurteilung nach türkischem Recht.[738] Darauffolgend

732 Mitteilung über beteiligte Unternehmen, Umsatz und Nebenabreden, Rn. 36 f.
733 Mitteilung über beteiligte Unternehmen, Umsatz und Nebenabreden, Rn. 11 ff.
734 Mitteilung über beteiligte Unternehmen, Umsatz und Nebenabreden, Rn. 12.
735 Mitteilung über beteiligte Unternehmen, Umsatz und Nebenabreden, Rn. 11, 13, 15 16 f.
736 Mitteilung über beteiligte Unternehmen, Umsatz und Nebenabreden, Rn. 18.
737 Art. 7 Satz 1 RKHK: *Rechtswidrig und verboten sind diejenigen Fusionen oder Übernahmen zwischen zwei oder mehreren Unternehmen, die eine Marktbeherrschung begründen oder verstärken und dadurch den Wettbewerb in dem gesamten Land oder in einem wesentlichen Teil desselben erheblich behindern.*
738 Art. 13 Abs. 1 TR-FKVO: *Bei der Beurteilung der Fusionen und Übernahmen werden insbesondere die Struktur des relevanten Marktes, tatsächliche oder potenzielle Wettbewerbsfähigkeit der im Inland oder Ausland ansässigen Unternehmen, die Stellung der Unternehmen auf dem Markt, Wirtschafts- und Finanzkraft der Unternehmen, die Wahlmöglichkeiten der Lieferanten und Abnehmer, die Möglichkeiten zum Zugang zu den Angebotsquellen, Marktzutrittsschranken, Angebots- und Nachfrageneigungen, Interessen der Verbraucher, Effizienzvorteile zugunsten der Verbraucher und weitere Kriterien berücksichtigt.*

wurde im zweiten Absatz der Test der Marktbeherrschung noch einmal für die Beurteilung der Fusionen und Übernahmen hervorgehoben.[739]

Mit der neuen Verordnung hat jetzt die türkische Wettbewerbskommission nicht nur die Einzelmarktbeherrschung, sondern auch die kollektive Marktbeherrschung zu einem Untersagungsgrund erklärt. Im Gegensatz dazu hatte die vorherige Verordnung (1997/1) keine solche Bestimmung über die kollektive Marktbeherrschung und auch Art. 7 RKHK beinhaltet nichts darüber; aus diesem Grund wurde eine Entscheidung der türkischen Wettbewerbskommission vom obersten Verwaltungsgericht zurückgewiesen.[740] Das Gericht sah die Untersagung nach der kollektiven Marktbeherrschung gemäß Art. 7 RKHK als rechtswidrig an, weil Art. 7 RKHK keine Regelung darüber enthalten würde.[741] Diese enge Auslegung des Gerichtshofs wurde auch in der Literatur kritisiert: Obwohl im Art. 6 RKHK mit dem Obertitel *Missbrauch marktbeherrschender Stellung* auch die kollektive Marktbeherrschung geregelt und Art. 3 RKHK[742] bei der Begriffsbestimmung *beherrschende Stellung* auch *mehrere Unternehmen* erwähnt wurde, wurde dem gleichen Inhaltsumfang nicht für Art. 7 RKHK zugestimmt.[743] Daraufhin hat die türkische Wettbewerbskommission in der neuen Verordnung (2010/4) auch die kollektive Marktbeherrschung ausdrücklich im Art. 13 Abs. 2 TR-FKVO betont, und zwar nicht nur, dass die Begründung oder Verstärkung der **Einzel**- sondern auch der **gemeinsamen** Marktbeherrschung als Untersagungskriterien für Fusionen und Übernahmen gezählt worden sind. Es wurde behauptet, dass mit dieser neuen Veränderung eine legitime Grundlage für die Untersagung der Fusionen oder Übernahmen, die eine kollektive Marktbeherrschung begründen oder verstärken, zustande gekommen sei, obwohl dieses Verbot sich nur auf die beteiligten Unternehmen im Anwendungsbereich der TR-FKVO bezieht.[744] Nach der Veränderung hat der Gerichtshof seine Ansicht über den neuen

739 Art. 13 Abs. 2 TR-FKVO: *Fusionen und Übernahmen, die eine* ***Einzel- oder gemeinsame Marktbeherrschung*** *begründen oder verstärken und dadurch den Wettbewerb in dem gesamten Land oder in einem wesentlichen Teil desselben erheblich behindern, werden untersagt.*

740 Türkische Wettbewerbskommission, Entsch. v. 20.12.2005, Nr. 05-86/1188-340, S. 22 f. Entscheidung über kollektive Marktbeherrschung auf dem Zement-Markt nach Art. 7 RKHK.

741 Danıştay, Urteil v. 01.03.2006, Nr. 2005/10038, S. 4.

742 Art. 3 RKHK **Beherrschende Stellung**: *[...] die Macht einer oder mehrerer Unternehmen auf einem bestimmten Markt, die Wettbewerbsparameter, wie Preis, Angebot, Menge, bestimmen zu können, dadurch dass sie sich unabhängig von den Wettbewerbern und Abnehmern verhalten.*

743 Vgl. *Arıtürk*, Birleşmelerin Kontrolünde Kullanılan Esasa İlişkin Test, 69 f.

744 Vgl. *Topçuoğlu/Dolmacı*, Yoğunlaşmaların (Birleşme Veya Devralmaların) Kontrolünde Şartlı İzin ve 2010/4 Sayılı Tebliğ'in Getirdiği Yenilikler, SDÜHFD1/2011, 91, 105 f.

Stand der Beurteilungskriterien noch nicht mitgeteilt, deshalb besteht wegen der alten Auslegung von Art. 7 RKHK immer noch Rechtsunsicherheit in der Praxis.[745]

Obwohl nach 2004 das europäische Recht diesen Test aufgegeben hatte, wurde die Änderung nicht in die alten Gesetzesveränderungen der Türkei – z.B. im Jahr 2005 – aufgenommen. Aus diesem Grund wurde der Marktbeherrschungstest kritisiert, weil er nur die koordinierten Effekte und nicht die nicht-koordinierten Effekte der Oligopolmärkte zur Kenntnis nimmt.[746] Darüber hinaus blieben auch mit dem oben genannten Urteil des Gerichtshofs die koordinierten Effekte der Oligopole für die Fusionskontrolle unberücksichtigt.[747] Nach der neuen Verordnung hat die türkische Wettbewerbskommission auch die entsprechenden Leitlinien zu diesem Thema, wie im europäischen Recht, veröffentlicht[748] und in den Leitlinien für horizontale Zusammenschlüsse nur mögliche Effekte der Einzelmarktbeherrschung und koordinierende Effekte der Oligopole erklärt. Ferner wurde in den Aussagen über die einseitigen Effekte deutlich gemacht, dass in den Leitlinien nicht die nicht-koordinierenden Effekte der gemeinsamen Marktbeherrschung, sondern nur die Auswirkung der Einzelmarktbeherrschung ausgearbeitet wurden.[749]

Artikel 13 Abs. 3 TR-FKVO enthält gleichzeitig auch eine Regel für die Beurteilung des Gemeinschaftsunternehmens, aber die bezieht sich auf das kooperative GU, deshalb wird die Regel im nächsten Teil der Arbeit mit den anderen Rechtssystemen verglichen.

Inzwischen wurden mehrere Gesetzentwürfe für die Änderung des RKHK dem Parlament vorgelegt; letztendlich hat das Ministerium für Zoll und Handel einen Gesetzentwurf über die Änderung des RKHK eingereicht, und mit diesem Entwurf ist ein Wechsel vom Marktbeherrschungstest zum SIEC-Test im Fusionskontrollrecht geplant; der Entwurf des Art. 7 RKHK wurde komplett geändert. Darüber hinaus wurde auch die kollektive Marktbeherrschung in dem Artikel offiziell benannt, wobei aber der Entwurf unwirksam ist und die Änderungen zurzeit nicht vorgenommen werden. Demzufolge ist der Marktbeherrschungstest weiter in Kraft und wird im Folgenden die türkische Praxis nach diesem Test erörtert.

Auf diese Weise werden die konzentrativen Gemeinschaftsunternehmen, ebenso wie nach europäischem Recht, auf horizontale und nicht-horizontale Auswirkungen nach verschiedenen Typen von Gemeinschaftsunternehmen, und die Gründung des

745 *Kocabaş/Bozkuş*, Recent Development in Merger Control in Turkey, CPI Antitrust Chronicle, May 2/2012, 3.

746 Vgl. *Ersoy*, Zusammenschlusskontrolle in der Türkei unter Berücksichtigung des Einflusses europäischen Rechts, 192.

747 Vgl. *Arıtürk*, Birleşmelerin Kontrolünde Kullanılan Esasa İlişkin Test, 77.

748 Türkische Wettbewerbskommission, Leitlinien über horizontale Zusammenschlüsse, Entsch. v. 04.06.2013, Nr. 13-33/448-RM (7); Türkische Wettbewerbskommission, Leitlinien über nicht-horizontale Zusammenschlüsse, Entsch. v. 04.06.2013, Nr. 13-33/449-RM (8).

749 Türkische Wettbewerbskommission, Leitlinien über horizontale Zusammenschlüsse, Rn. 23 ff.

GU wird nach der Marktstellung des Gründerunternehmens untersucht, um herauszufinden, ob dadurch die Mutterunternehmen eine marktbeherrschende Stellung erreichen könnten. In den Entscheidungen wurden nach der alten Fassung der Verordnung die verschiedenen Marktbedingungen für die Feststellung der Marktbeherrschung berücksichtigt und somit auch die erhebliche Behinderung des Wettbewerbs.[750]

Wie im europäischen Teil der Arbeit erklärt wurde, trägt insbesondere das horizontale Gemeinschaftsunternehmen die meisten wettbewerblichen Risiken in sich. Da sie im Wettbewerb gegeneinanderstehen und zusammen ein GU gründen, muss die Marktstellung der Gründergesellschaften zusammen mit verschiedenen Aspekten des Marktes beachtet werden. Da die alte Verordnung nur rein konzentrative Gemeinschaftsunternehmen zugelassen hatte, waren alle GU, die Beschränkungen des Wettbewerbs bezweckten oder bewirkten, nicht zu bejahen; aber durch das Ausscheiden aus dem Markt waren aus diesem Grund bei den horizontalen Gemeinschaftsunternehmen die gleichzeitige Existenz der Müttergesellschaften auf dem gleichen relativen Markt des GU nicht zu bejahen. Stattdessen hat die türkische Wettbewerbskommission unter der Bedingung, dass eine der Mütter den Markt verlässt, der Gründung von manchem GU zugestimmt. In einer Entscheidung tat sie das, obwohl die Gründergesellschaften auf dem Lebensmitteleinzelhandelsmarkt tätig waren und auf dem gleichen Markt drei neue GU gründen wollten. Diese Neugründungen wurden als konzentrativ angesehen, aber weil sie keine erhebliche Behinderung des Wettbewerbs verursacht hatten – wegen ziemlich niedriger Markteintrittsschranken und wachsendem potenziellem Wettbewerb – hat die türkische Wettbewerbskommission darin keine Begründung oder Verstärkung einer marktbeherrschenden Stellung gesehen. Weil diese horizontalen Gemeinschaftsunternehmen gleichzeitig auch koordinative Risiken mit sich gebracht haben, sollte immerhin nur eine der Muttergesellschaften auf dem gleichen geografischen Markt des GU bestehen bleiben, um die Koordinierungsrisiken durch mehrere GU zu vermeiden.[751] Wegen der konzentrativen Risiken des potenziellen Wettbewerbs wurden Marktzutrittsschranken beachtet, obgleich die Marktanteile der beteiligten Unternehmen nicht genau berücksichtigt wurden.

In diesem Zusammenhang hat die türkische Wettbewerbskommission mit den neuen Leitlinien die möglichen Faktoren für horizontale Zusammenschlüsse vorgelegt. Durch die Unterscheidung zwischen Einzelmarktbeherrschung[752] und kollektiver Marktbeherrschung[753] hat die türkische Wettbewerbskommission besondere

750 Türkische Wettbewerbskommission, Entsch. v. 27.08.2009, Nr. 09-40/986-24, S. 10 ff.: Marktanteil auf dem relevanten Markt, vertikale Integration, unbenutzte Kapazität, Abhängigkeit der Verbraucher und potenzieller Wettbewerb.

751 Türkische Wettbewerbskommission, Entsch. v. 19.03.1998, Nr. 57/424-52, S. 3.

752 Türkische Wettbewerbskommission, Leitlinien über horizontale Zusammenschlüsse, Rn. 23 ff.: Hohe Marktanteile, nahe Wettbewerber …

753 Türkische Wettbewerbskommission, Leitlinien über horizontale Zusammenschlüsse, Rn. 38 ff.: Koordinierte-Wirkungen.

Faktoren der horizontalen Zusammenschlüsse unter die Lupe genommen. Der Marktanteil von 50 % wurde als Anzeichen für eine marktbeherrschende Stellung angenommen, und bei diesem Marktanteil sollten die anderen Faktoren des relevanten Marktes berücksichtigt werden.[754] In einer Entscheidung wurde der Zusammenschluss durch den Erwerb der gemeinsamen Kontrolle über ein bestehendes Unternehmen wegen niedriger Marktanteile gestattet, obwohl die türkische Wettbewerbskommission mit einer der Mütter eine horizontale Beziehung zu dem GU festgestellt hatte.[755] Auch wenn die Gründergesellschaften mit dem GU übereinstimmende Tätigkeiten auf manchen horizontalen Märkten ausübten, wurde die Gründung des GU gestattet; wenn das Niveau der Marktanteile auf den betroffenen Märkten zu niedrig war, wurden die Marktanteile der anderen Wettbewerber auch nicht verglichen, weil keine Marktbeherrschung zugrunde gelegt wurde.[756] In einer weiteren Entscheidung hatten eine Produktionsfirma mit Sitz im Ausland und ihre Alleinvertriebshändler in der Türkei ein neues GU für Produktion und Vertrieb der Produkte in der Türkei gegründet, welches von der türkischen Wettbewerbskommission als ein konzentratives GU angesehen wurde, und der Zusammenschluss wegen niedriger Marktanteile auf den betroffenen Märkten bejaht. In diesem Fall wurde keine ausführliche Analyse anderer Faktoren – z. B. potenzieller Wettbewerbsverlust zwischen den beteiligten Unternehmen auf betroffene Märkte – durchgeführt.[757]

Der potenzielle Wettbewerb ist auch wichtig für partiell horizontale GU. Wenn nur eine der Muttergesellschaften auf dem Markt des GU tätig ist, aber die andere auf dem gleichen Markt als ein potenzieller Wettbewerber auftritt, wird angenommen, dass solche Zusammenschlüsse ähnliche Auswirkungen auf horizontale Zusammenschlüsse zeigen.[758] Die Leitlinien der türkischen Wettbewerbskommission haben im Allgemeinen die Erklärungen der Leitlinien der Kommission übernommen, aber wegen des Marktbeherrschungstests sind die nicht-koordinierten Effekte nur auf die Auswirkungen der Einzelmarktbeherrschung begrenzt. In einem Fall war ein GU auf dem Abfallentsorgungsmarkt tätig, gleichzeitig war eine der Muttergesellschaften

754 Türkische Wettbewerbskommission, Leitlinien über horizontale Zusammenschlüsse, Rn. 17 ff. Obwohl der Gesamtmarktanteil der beteiligten Unternehmen unter 40 % ist, werden die Marktfaktoren immerhin analysiert. Unter 20 % Marktanteil wird angenommen, dass der Zusammenschluss nicht auf dem Niveau von erheblicher Behinderung des Wettbewerbs liegt.

755 Türkische Wettbewerbskommission, Entsch. v. 26.06.2013, Nr. 13-40/517-226, S. 3 f.

756 Türkische Wettbewerbskommission, Entsch. v. 29.03.2012, Nr. 12-14/451-130, S. 1 f. Das Koordinationsrisiko wurde auch wegen dieser horizontalen Beziehung überprüft, aber es wurde keine wettbewerbsbeschränkende Wirkung oder Zweck aufgefunden.

757 Türkische Wettbewerbskommission, Entsch. v. 23.02.2012, Nr. 12-08/257-83, S. 1 f.: Stahldrahtprodukte.

758 Türkische Wettbewerbskommission, Leitlinien über horizontale Zusammenschlüsse, Rn. 57.

auf dem gleichen Markt tätig und eine andere Muttergesellschaft war auf dem Markt der häuslichen Abfallentsorgung tätig. In der Entscheidung dazu hat die türkische Wettbewerbskommission die andere Muttergesellschaft als einen potenziellen Wettbewerber angesehen. Obwohl die türkische Wettbewerbskommission die Koordinationsrisiken der Gründung des GU untersucht hat, wurde der Wettbewerbsdruck von anderen potenziellen Wettbewerbern auf dem Abfallentsorgungsmarkt in der Entscheidung nicht detailliert erwähnt, aber der Gründung des GU wurde zugestimmt, da es keine Behinderung des Wettbewerbs durch marktbeherrschende Stellung verursacht habe.[759] In vielen Entscheidungen prüft die türkische Wettbewerbskommission den potenziellen Wettbewerb der Gründerunternehmen, meist um die möglichen Koordinationsrisiken auf dem Markt herausfinden zu können, anstatt die konzentrativen Risiken für eine mögliche Marktbeherrschung darzustellen.[760]

Für die vertikalen und konglomeraten Zusammenschlüsse hat die türkische Wettbewerbskommission, wie im europäischen Recht, weitere Leitlinien veröffentlicht. Nach diesen Leitlinien wird bei den nicht-horizontalen Zusammenschlüssen angenommen, dass keine Gefahr für den freien Wettbewerb auf dem Markt besteht, wenn jedes beteiligte Unternehmen Marktanteile unter 25 % besitzt.[761] Besonders wenn eine der Gründergesellschaften auf dem vor- oder nachgelagerten Markt tätig ist, verursacht diese vertikale Beziehung manche Risiken wie Marktabschottung, Kundenabschottung und Preiserhöhungen. In einer Entscheidung wurde auf die vertikale Beziehung zwischen einer Muttergesellschaft und dem GU Rücksicht genommen. Das GU – als erstes innerstaatliches Unternehmen auf dem Markt von Design, Produktion und Vertrieb von Flugsitzen – bezog sich auf die potenziellen, starken Abnehmer auf dem nachgelagerten Markt als Gründerunternehmen (THY). Weil das Gründerunternehmen eine starke Marktmacht auf dem nachgelagerten Markt hatte und die Tätigkeit des GU in der Türkei ganz neu war, hat die türkische Wettbewerbskommission auf die möglichen Wettbewerbsbeschränkungen auf dem Markt geachtet; aber als das GU nicht nur in der Türkei, sondern auch auf dem globalen Markt tätig sein wollte, wurde der Wettbewerbsdruck auf das Gründerunternehmen als höher angesehen und die Gründung des GU bejaht, weil das GU als ein vollfunktionsfähiges Unternehmen in den Markt treten würde.[762] In den

759 Türkische Wettbewerbskommission, Entsch. v. 12.01.2012, Nr. 12-01/6-3, S. 4 f.

760 Türkische Wettbewerbskommission, Entsch. v. 21.12.2011, Nr. 11-62/1632-569, S. 3 f.

761 Türkische Wettbewerbskommission, Leitlinien über nicht-horizontale Zusammenschlüsse, Rn. 27 f. Türkische Wettbewerbskommission, Entsch. v. 27.12.2012, Nr. 12-68/1679-615, Rn. 34: Zwischen dem GU und dem Gründerunternehmen entsteht eine vertikale Beziehung, weil eine Mutter auf dem vorgelagerten Markt (seismische Untersuchungstechnologien) tätig ist. Der Marktanteil von 5-10 % auf dem globalen Markt und keine Tätigkeit in der Türkei (geografischer Markt: die Türkei und global), und weil andere vorhandene Anbieter ähnliche Technologien anbieten, wurde das vertikale GU nicht als wettbewerbswidrig angenommen.

762 Türkische Wettbewerbskommission, Entsch. v. 07.12.2011, 11-60/1558-551, S. 2 f.

weiteren Entscheidungen hat die türkische Wettbewerbskommission besonders die Marktmacht der Gründerunternehmen auf dem nachgelagerten Markt (Flugfahrtmarkt) geprüft: Weil auf dem Markt der Bewirtung von Flugkunden das Gründerunternehmen (THY) ein wichtiger Abnehmer (50 % Ankauf) war und daraus folgend die vertikale Beziehung zu dem GU das Risiko der Marktabschottung beinhaltete und auch die Marktzutrittsschranken erhöhte. Denn das GU mit solch einem starken Abnehmer würde eine wesentliche Marktmacht besitzen und das auf einem Markt, auf dem die Eintrittskosten wegen des Know-how, langfristiger, ausschließlicher Dienstleistungsverträge und Skaleneffekte ziemlich hoch sind.[763] Obwohl die türkische Wettbewerbskommission die möglichen Kostenerhöhungsrisiken für die Konkurrenten des Gründerunternehmens auf dem nachgelagerten Markt hervorgehoben hat, wurde auch die Wesentlichkeit des Vollfunktionscharakters des GU festgestellt, und es wurde aus Effizienzgründen des Geschäfts die Diskriminierung von Konkurrenten als nicht-gewinnbringend angesehen.[764] Dagegen wurden aber auch die möglichen Vorteile von vertikalen Zusammenschlüssen im Vergleich zu horizontalen ans Licht gebracht, und ferner wurden die positiveren Auswirkungen der vertikalen Integrationen im Gegensatz zu horizontalen Zusammenschlüssen betont.[765]

Im Allgemeinen untersucht die türkische Wettbewerbskommission insbesondere die horizontalen und vertikalen Beziehungen der Gründerunternehmen beim konzentrativen GU, um festzustellen, ob eine konzentrative Auswirkung durch die Beeinträchtigung des Wettbewerbs von GU möglich ist.[766] Obwohl die türkische Wettbewerbskommission in den Leitlinien die Auswirkungen der konglomeraten Zusammenschlüsse erwähnt hat,[767] ist bisher über die Gründung eines GU keine Entscheidung gefallen. In den Leitlinien wurde die Aufmerksamkeit besonders auf die Risiken der Einzelmarktbeherrschung durch Binden, Koppeln und weitere ausschließende Praktiken von Unternehmen, wie im europäischen Recht, gelenkt, und in einer Entscheidung über eine Übernahme wurden diese Auswirkungen in der Analyse berücksichtigt. Besonders durch die Hebelwirkung ist zu erwarten, dass ein

763 Türkische Wettbewerbskommission, Entsch. v. 29.12.2006, Nr. 06-96/1224-369, S. 10 f.; Türkische Wettbewerbskommission, Entsch. v. 29.12.2006, Nr. 06-96/1225-370, S. 9 ff.

764 Türkische Wettbewerbskommission, Entsch. v. 29.12.2006, Nr. 06-96/1225-370, S. 13 f.

765 Türkische Wettbewerbskommission, Entsch. v. 29.12.2006, Nr. 06-96/1225-370, S. 12 f. Einsparung von Transaktionskosten, Gewinnstabilität, Minderung der Kapitalkosten, Problembeseitigung von langfristigen Liefer- und Bezugsverträgen, Schutz und Entwicklung der vorhandenen Märkte, Möglichkeit zu einer langfristigen Planung.

766 Türkische Wettbewerbskommission, Entsch. v. 17.10.2012, Nr. 12-51/1464-501, Rn. 5.

767 Türkische Wettbewerbskommission, Leitlinien über nicht-horizontale Zusammenschlüsse, Rn. 90 ff.

Unternehmen mit seiner starken Marktstellung auf einem anderen eng verwandten Markt den aktuellen und potenziellen Wettbewerb auf dem relevanten Markt beeinträchtigen und dadurch die Marktabschottung herbeiführen kann.[768]

Aus den Entscheidungen ist der Schluss zu ziehen, dass die türkische Wettbewerbskommission besonders auf die horizontalen und vertikalen Beziehungen der Gründerunternehmen bei der Gründung eines GU achtet, obwohl die Überprüfung der gleichen Faktoren nicht nur auf konzentrative Effekte, sondern auch auf kooperative Effekte angewandt wird; in vielen Fällen ist die Untersuchung auf konzentrative Effekte nicht ganz so ausführlich ausgearbeitet, insbesondere die Analyse des Stands der aktuellen und potenziellen Konkurrenten und der Marktzutrittsschranken. Immerhin versucht die türkische Wettbewerbskommission, mit neuen veröffentlichten Leitlinien das Fusionskontrollrecht der Türkei an europäisches Recht anzupassen und dadurch mehr Rechtssicherheit in dem Bereich zu gewährleisten.

c) Nebenabreden

Ähnlich wie im europäischen Recht betrifft die Zustimmung der türkischen Wettbewerbskommission zur Gründung eines GU auch die Nebenabreden von beteiligten Unternehmen. Nach Art. 13 Abs. 5 TR-FKVO müssen sich die beteiligten Unternehmen entscheiden, ob die Vereinbarungen zwischen ihnen eine Art von Nebenabreden oder Wettbewerbsbeschränkungen sind oder nicht.[769] Dieses Prinzip der Selbsteinschätzung wurde auch mit der neuen Verordnung in das türkische Fusionskontrollrecht eingebracht, um die Angleichung zur Bekanntmachung über Nebenabreden der Kommission[770] zu ermöglichen; vorher gab es keine Regelung darüber und die türkische Wettbewerbskommission hat in jedem Fall die Nebenabreden einzeln geprüft. Infolge dieser Rechtsangleichungsmaßnahmen hat die türkische Wettbewerbskommission für die Rechtssicherheit bei der Unterscheidung zwischen Nebenabreden und Wettbewerbsbeschränkungen versucht, den Begriff der Nebenabreden in ihrer Mitteilung zu klären.[771]

---

768 Türkische Wettbewerbskommission, Entsch. v. 19.12.2013, Nr. 13-71/957-405, Rn. 12 f. Mastercard übernimmt das Softwaretechnik-Unternehmen für die Kreditkarten (Provus), aber der Übernahme wurde zugestimmt, weil Mastercard einen starken Konkurrenten wie Visa hatte und Provus einen niedrigen Marktanteil besaß.

769 Art. 13 Abs. 5 TR-FKVO: *Die Genehmigung des Rates bezüglich der Fusion oder Übernahmen deckt auch die Einschränkungen ab, die mit der Durchführung der Transaktion unmittelbar verbunden und dafür notwendig sind. Die Beteiligten prüfen selbst, ob die in der Fusion oder Übernahme enthaltenen Einschränkungen darüber hinausgehen.*

770 Kommission, Bekanntmachung zu Nebenabreden.

771 Türkische Wettbewerbskommission, Mitteilung über beteiligte Unternehmen, Umsatz und Nebenabreden, Rn. 45 ff.

In diesem Zusammenhang definiert die Mitteilung, parallel zum EU-Recht, die Nebenabreden mit den Begriffen „unmittelbare Verbundenheit" und „Notwendigkeit" und sieht sie komplementär zum Zusammenschlussvorhaben.[772] Ferner hebt die türkische Wettbewerbskommission in vielen Entscheidungen hervor, dass sich auch die Nebenabreden nur auf die beteiligten Unternehmen beziehen dürfen.

Obwohl die Selbsteinschätzung der Nebenabreden die Arbeitsbelastung der türkischen Wettbewerbskommission verringern soll, bleibt immerhin die Prüfung der Nebenabreden in Bezug auf die Rechtssicherheit unsicher, weil diese Selbsteinschätzung nicht auf dem Kartellgesetz (RKHK) basiert, und die Entscheidungen der türkischen Wettbewerbskommission belegen immer noch, dass sie die Nebenabreden einzeln prüft.[773] In dem Teil über Nebenabreden der Mitteilung der türkischen Wettbewerbskommission wurde betont, dass die alte Praxis verlassen wurde und dass, wie im europäischen Recht, die türkische Wettbewerbskommission auf Antrag der beteiligten Unternehmen die nicht in ihren anderen Entscheidungen genannten neuen Nebenabreden in der Entscheidung bewerten soll.[774] Aber es ist nicht leicht festzustellen, ob nach der Regelungsänderung in den Entscheidungen einzeln geprüfte Nebenabreden, wie z.B. das Wettbewerbsverbot, von den beteiligten Unternehmen beantragt wurden oder nicht.[775] Demzufolge ist zu sehen, dass die türkische Wettbewerbskommission in der Mitteilung und in anderen Entscheidungen die schon erwähnten Nebenabreden auch in neuen Entscheidungen untersucht.[776] Obwohl die türkische Wettbewerbskommission keine Gefahr für den freien Wettbewerb festgestellt hatte, wurde in einer Entscheidung eine Nebenabrede – nämlich das Wettbewerbsverbot – weder als eine Nebenabrede angesehen noch nach Art. 5 RKHK freigestellt; darauffolgend wurde der Zusammenschluss unter Auflage von Änderungen des Wettbewerbsverbots freigegeben.[777]

---

772 Türkische Wettbewerbskommission, Mitteilung über beteiligte Unternehmen, Umsatz und Nebenabreden, Rn. 50 f.; Türkische Wettbewerbskommission, Entsch. v. 29.12.2006, Nr. 06-96/1224-369, S. 12.

773 Vgl. *Ersoy*, Zusammenschlusskontrolle in der Türkei unter Berücksichtigung des Einflusses europäischen Rechts, 205 f. Die Diskussion führt hin zu den verschiedenen Rechtsgrundlagen, weil nach Art. 4 RKHK (Kartellverbot) die Selbsteinschätzung für die Nebenabreden akzeptabel sein kann, und nach Art. 5 RKHK soll die türkische Wettbewerbskommission nach der Freistellungsregelung eine Entscheidung treffen; wegen der unklaren Rechtsgrundlage und aus Rechtssicherheitsgründen ist die Einzelprüfung der Nebenabreden begrüßt worden.

774 Türkische Wettbewerbskommission, Mitteilung über beteiligte Unternehmen, Umsatz und Nebenabreden, Rn. 46.

775 Vgl. *Gürkaynak/Inanılır/Yılmaz/Duman*, 2010/4, Sayili Rekabet Kurulu'ndan izin alinmasi gereken birlesme ve devralmalar hakkinda tebliğ uygulaması ile birleşme devralmaların kontrolü rejiminde meydana gelen yapısal degişiklikler: Etki Değerlendirmesi, Rekabet Dergisi-Competition Journal 4/2012, 97, 146 f.

776 Türkische Wettbewerbskommission, Entsch. v. 21.12.2011, Nr. 11-62/1632-569, S. 2 ff.

777 Ebenda.

Wenn es sich generell um GU handelt, beachtet die türkische Wettbewerbskommission meist – wie in den oben genannten Entscheidungen – das Wettbewerbsverbot, aber auch im Vergleich zum europäischen Recht hat sich die türkische Wettbewerbskommission in der Mitteilung unter dem Titel *Allgemeine Grundsätze bezüglich der Anwendung* nur auf das Wettbewerbsverbot als eine Nebenabrede konzentriert.[778] Viele Erklärungen über das Wettbewerbsverbot entsprechen weitgehend der Bekanntmachung der europäischen Kommission.[779] Als erforderliches Maß für die Dauer dieser Nebenabrede wurden generell drei Jahre als akzeptabel angesehen.[780] In der Mitteilung wurden die Konditionen der Nebenabreden für GU, anders als im europäischen Recht, nicht separat behandelt, aber immerhin sind darin manche Bestimmungen darüber zu finden. Und in diesem Zusammenhang wurde festgestellt, dass bei den Gemeinschaftsunternehmen die Wettbewerbsverbote zwischen den Gründerunternehmen und den GU langfristig oder unbefristet für die Gesamtdauer des GU wie eine Nebenabrede vereinbart werden können.[781] Dagegen ist das unbefristete Wettbewerbsverbot nach der Ausscheidung eines Gründerunternehmens i. d. R. nicht zu akzeptieren, weil das nicht mit dem Zusammenschluss notwendig und unmittelbar verbunden sein kann.[782] In der Rechtspraxis ist jedoch zu sehen, dass ein nachträgliches Wettbewerbsverbot für zwei Jahre nach Ausscheiden der Gesellschafter als eine Nebenabrede anerkannt wird, wobei sich das Wettbewerbsverbot auf die Tätigkeit des GU beziehen soll.[783] Ferner hat die türkische Wettbewerbskommission in den Entscheidungen das Wettbewerbsverbot nur zwischen den Gründerunternehmen nicht als eine Nebenabrede angenommen. Das Wettbewerbsverbot zwischen den Gründerunternehmen über die Tätigkeiten des GU hinaus wurde als eine Wettbewerbsbeschränkung eingestuft und nicht als

778 Türkische Wettbewerbskommission, Mitteilung über beteiligte Unternehmen, Umsatz und Nebenabreden, Rn. 52 ff.

779 Kommission, Bekanntmachung zu Nebenabreden, Rn. 18 ff.

780 Türkische Wettbewerbskommission, Mitteilung über beteiligte Unternehmen, Umsatz und Nebenabreden, Rn. 54, wenn aber die Besonderheiten des Know-how oder die Gewinnung der Kundschaft es erfordern, kann die Dauer des Wettbewerbsverbots länger vereinbart werden; Türkische Wettbewerbskommission, Entsch. v. 07.12.2011, Nr. 11-60/1564-555, S. 8: Nach der Ausscheidung eines Gründerunternehmens aus dem GU wird ein dreijähriges Wettbewerbsverbot als Nebenabrede angenommen.

781 Türkische Wettbewerbskommission, Mitteilung über beteiligte Unternehmen, Umsatz und Nebenabreden, Rn. 54; Türkische Wettbewerbskommission, Entsch. v. 26.12.2013, Nr. 13-72/1013-431, Rn. 10. Das Wettbewerbsverbot wurde für die Dauer des GU und zwei Jahre ab der Auflösung des GU als eine Nebenabrede akzeptiert.

782 Türkische Wettbewerbskommission, Entsch. v. 26.09.2000, Nr. 00-36/398-224, S. 7 f.

783 Türkische Wettbewerbskommission, Entsch. v. 26.12.2103, Nr. 13-72/1013-431, Rn. 10.

notwendig und unmittelbar verbunden mit der Gründung des GU angesehen.[784] Das Wettbewerbsverbot kann – wie im europäischen Recht – infolge des Unternehmenskaufgedankens auch nachträglich für drei Jahre vereinbart werden, wenn das Know-how auch mit dem Ausscheiden eines Gesellschafters übertragen wird.[785] Die Dauer des Wettbewerbsverbots kann sich je nach den Umständen der Kundenbeziehungen und der Aneignung des Know-how besonders bei der Gründung des Gemeinschaftsunternehmens verlängern.[786] Bezüglich des Wettbewerbsverbots betont die türkische Wettbewerbskommission besonders die Wesentlichkeit und Notwendigkeit solcher Klauseln in der Phase der Gründung konzentrativer GU. Solche Nebenabreden können nämlich gleichzeitig die Kooperationsrisiken zwischen den Muttergesellschaften und dem GU reduzieren und durch Verminderung des potenziellen Wettbewerbs die Konzentration auf dem Markt ermöglichen. Aus diesem Grund werden sie als mit dem Zusammenschluss verbunden angesehen.[787] Aber der Verlust von potenziellem Wettbewerb wegen des Wettbewerbsverbots soll nicht auf Dauer bestehen bleiben, da dies den freien Wettbewerb auf dem Markt beeinträchtigen würde.[788]

Die anderen Nebenabreden sowie Lizenzvereinbarungen und Bezugs- und Lieferpflichten wurden in der Mitteilung nicht thematisiert, aber immerhin verweist die türkische Wettbewerbskommission in den Entscheidungen auf solche Vereinbarungen als Nebenabreden.[789] Das Abwerbeverbot und die Vertraulichkeitsklauseln werden in der Mitteilung benannt[790] und wie das Wettbewerbsverbot als Nebenabrede in den Entscheidungen angesehen.[791] Da besonders in der Anlaufphase bei der Gründung des Gemeinschaftsunternehmens solche Nebenabreden für die Lebensfähigkeit des GU unvermeidlich sein können, werden nach den Umständen des Marktes und der Tätigkeit des GU besondere Vereinbarungen als notwendig und

784 Türkische Wettbewerbskommission, Entsch. v. 21.12.2011, Nr. 11-62/1632-569, S. 3 ff.; Türkische Wettbewerbskommission, Entsch. v. 20.12.2006, Nr. 06-92/1174-352, S. 10 f.

785 Türkische Wettbewerbskommission, Entsch. v. 25.11.2009, Nr. 09-57/1354-347, S. 10 ff.

786 Türkische Wettbewerbskommission, Mitteilung über beteiligte Unternehmen, Umsatz- und Nebenabreden, Rn. 54 ff.

787 Türkische Wettbewerbskommission, Entsch. v. 20.12.2006, Nr. 06-92/1174-352, S. 12.

788 Türkische Wettbewerbskommission, Entsch. v. 25.07.2007, Nr. 05-88/1226-356, S. 6 f.

789 Türkische Wettbewerbskommission, Entsch. v. 21.12.2011, Nr. 11-62/1632-569, S. 2; Türkische Wettbewerbskommission, Entsch v. 19.10.2004, Nr. 04-66/942-223, S. 7.

790 Türkische Wettbewerbskommission, Mitteilung, Rn. 58.

791 Türkische Wettbewerbskommission, Entsch. v. 05.12.2013, Nr. 13-69/932-393, Rn. 12 f.; Türkische Wettbewerbskommission, Entsch. v. 15.02.2000, Nr. 00-7/62-29, S. 2.

unmittelbar verbunden mit dem Zusammenschluss angesehen, und deshalb stehen sie nicht gegen den Vollfunktionscharakter des GU im engeren Sinne.

Zu den Bezugs- und Lieferpflichten wird festgestellt, dass solche Vereinbarungen, die für eine bestimmte Zeit und Menge vereinbart werden, als Nebenabreden klassifiziert werden können, weil sie benötigt werden, um die Dauerhaftigkeit der Produkte und Dienstleistungen zu gewährleisten; wenn es sich aber um eine indefinite Menge oder gesonderte Bestimmungen für die Abnehmer oder Verkäufer handelt, zählen sie nicht als Nebenabreden.[792] Im Ergebnis werden die Ausschließlichkeit dieser Vereinbarungen für den Zusammenschluss als nicht notwendig und unmittelbar verbunden angenommen. Dagegen wird eine solche Vereinbarung nach Art. 4 RKHK als eine Vereinbarung zwischen den Unternehmen qualifiziert,[793] und wie im europäischen Recht wird die Dauer der Bezugs- und Lieferpflichten von fünf Jahren als eine angemessene Zeit für solche Vereinbarungen angesehen.[794] Die Dauer hängt wieder von der Tätigkeit und dem Markt des GU ab, weil sich die Dauer dieser Vereinbarungen ändern kann, um den Zugang zum Markt zu schaffen.

Die anderen wichtigen Nebenabreden von Lizenzvereinbarungen werden meist in den Entscheidungen der türkischen Wettbewerbskommission erwähnt, aber sie werden nicht als eine Nebenabrede, sondern als ein Bestandteil der Gründung des GU betrachtet.[795] In vielen Entscheidungen sieht die türkische Wettbewerbskommission die Lizenzvereinbarungen als notwendig für die Selbstständigkeit und Vollfunktionalität des GU an, und aus diesem Grund untersucht sie solche Vereinbarungen meist im Zusammenhang mit der Erfüllung des Vollfunktionscharakters, denn ausreichende Ressourcen für die Lizenzvergabe können für die Tätigkeit des GU unabdingbar sein.[796] In einer Entscheidung hat die türkische Wettbewerbskommission den Vollfunktionscharakter des GU abgestritten, weil die Muttergesellschaften die Lizenz für die Produktion nicht auf das GU übertragen haben, und daraus folgend

792 Türkische Wettbewerbskommission, Entsch. v. 07.12.2011, Nr. 11-60/1564-555, S. 8 f.

793 Türkische Wettbewerbskommission, Entsch. v. 29.12.2006, Nr. 06-96/1224-369, S. 13 f. In diesem Fall hat das Gründerunternehmen (THY) vereinbart, auf dem nachgelagerten Markt für die ersten fünf Jahre die Bewirtungsdienstleistungen für den Flugkunden ausschließlich von dem GU zu kaufen.

794 Türkische Wettbewerbskommission, Entsch. v. 07.12.2011, Nr. 11-60/1564-555, S. 8 f.

795 *Gülergün*, Topluluk Rekabet Hukuku Işığında Birleşme-Devralmalarda Yan Sınırlamalar, Rekabet Dergisi 6/2001, 3, 25 ff.

796 Türkische Wettbewerbskommission, Entsch. v. 26.12.2013, Nr. 13-72/1013-43, Rn. 7; Türkische Wettbewerbskommission, Entsch. v. 11.07.2013, Nr. 13-44/551-245, Rn. 9; Türkische Wettbewerbskommission, Entsch. v. 24.01.2013, Nr. 13-07/63-32, Rn. 7; Türkische Wettbewerbskommission, Entsch. v. 27.09.2001, Nr. 01-45/451-115, S. 4; Türkische Wettbewerbskommission, Entsch. v. 04.05.2005, Nr. 05-29/365-87, S. 5.

zeigte das GU nur eine Vertriebsfunktion.[797] Wegen dieser starken Beziehung zur Vollfunktionseigenschaft des GU beinhalten solche Lizenzvereinbarungen entweder für den Technologietransfer oder das Know-how keine vorgesehene zeitliche Begrenzung. Immerhin können die Lizenzvereinbarungen befristet abgeschlossen werden und ferner als ausschließliche Lizenzen auftreten.[798] Darüber hinaus soll das GU nicht unbedingt Lizenzen besitzen, sondern die Muttergesellschaften können die Rechte zur Nutzung von benötigten Lizenzen vergeben. In einer Entscheidung hat die türkische Wettbewerbskommission einen Vertrag über technische Unterstützung und einen Markenlizenzvertrag für den Zusammenschluss als notwendig angesehen und die Übertragung der Know-how-Lizenz als Teil des Grundkapitals des GU bezüglich der Selbstständigkeitsvoraussetzung untersucht.[799] Und wieder wurde in der gleichen Entscheidung der befristeten, aber verlängerbaren Markenlizenzvereinbarung von fünf Jahren als einer Nebenabrede zugestimmt.[800]

Es ist auch festzustellen, dass bei der Lizenzerteilung weitere Wettbewerbsverbotsklauseln für das GU möglich sind, wenn diese die Nutzung der Lizenzen nur im Tätigkeitsbereich des GU ermöglichen.[801]

Besonders bei der Übertragung von Know-how wird gleichzeitig das Wettbewerbsverbot als eine weitere Nebenabrede vereinbart, weil bei solchen unregistrierten Rechten das Wettbewerbsverbot für das Geschäft des GU als notwendig angesehen worden ist.[802] In vielen weiteren Fällen wird die Lizenzvereinbarung zusammen mit dem Wettbewerbsverbot für die Verwirklichung des Zusammenschlusses als notwendig und unmittelbar verbunden angenommen.

Aus den neuesten veröffentlichten Mitteilungen und Entscheidungen ist der Schluss zu ziehen, dass auch bei der Untersuchung von Nebenabreden die türkische Wettbewerbskommission europäische Kriterien in die türkische Praxis umsetzt, aber es bleibt die Frage unbeantwortet, ob das Prinzip der Selbsteinschätzung ganz genau realisiert wird oder nicht; und für die Rechtssicherheit braucht das

---

797 Türkische Wettbewerbskommission, Entsch. v. 01.07.2010, Nr. 10-47/869-302, S. 3.

798 Türkische Wettbewerbskommission, Entsch. v. 03.06.2009, Nr. 09-26/540-129, S. 6 und 11: Markenlizenz für zehn Jahre und jedes Mal verlängerbar um zehn Jahre; dies zeigt die Dauerhaftigkeit bei der Gründung des GU.

799 Türkische Wettbewerbskommission, Entsch v. 20.12.2006, Nr. 06-92/1174-352, S. 11 f.: Markenlizenz und technische Unterstützung als Nebenabreden, S. 8. Know-how-Übertragung wurde unter wirtschaftlicher Selbstständigkeit beachtet.

800 Türkische Wettbewerbskommission, Entsch v. 20.12.2006, Nr. 06-92/1174-352, S. 5: Die Verlängerung unter der Bedingung einer deutlichen Marktpräsenz auf dem relativen Markt.

801 Türkische Wettbewerbskommission, Entsch v. 19.10.2004, Nr. 04-66/942-223, S. 7.

802 Türkische Wettbewerbskommission, Entsch v. 06.01.2005, Nr. 05-01/4-4, S. 12; Türkische Wettbewerbskommission, Entsch v. 28.06.2001, Nr. 01-29/293-86, S. 4 ff.; Türkische Wettbewerbskommission, Entsch v. 30.01.2001, Nr. 01-06/51-14, S. 4; Türkische Wettbewerbskommission, Entsch. v. 26.09.2000, Nr. 00-36/398-224, S. 6 f.

Prüfungsverfahren der türkischen Wettbewerbskommission eine genauere Klärung der Prüfung von Nebenabreden.

4. Konzentrative Gemeinschaftsunternehmen nach deutschem Wettbewerbsrecht

Wie im ersten Teil der Arbeit generell erklärt wurde, ist Deutschland ein Mitgliedstaat der Europäischen Union und aus diesem Grund verpflichtet, das europäische Recht in Bezug auf die Ziele von Art. 101 und 102 AEUV parallel anzuwenden.[803] Wenn es sich um ein Ziel handelt, das von Art. 101 und 102 AEUV abweicht und wenn es sich außerdem um einen Unternehmenszusammenschluss handelt, kann Deutschland einzelstaatliche Gesetze einführen und anwenden.[804] In diesem Zusammenhang sind die rein konzentrativen Gemeinschaftsunternehmen nach dem Zusammenschlusskontrollrecht Deutschlands gemäß §§ 35 ff. GWB zu beurteilen, falls sie nicht in den Anwendungsbereich der FKVO fallen.[805]

Daraus folgend hat das deutsche Recht statt der Trennungstheorie die Zweischrankentheorie[806] durchgesetzt und anstelle des Konzentrationsprivilegs die parallele Anwendung der Kartell- und Fusionskontrollvorschriften für die Gemeinschaftsunternehmen eingesetzt. Aufgrund dieser unterschiedlichen Behandlung von Gemeinschaftsunternehmen hat der Gesetzgeber auch die Abgrenzung zwischen Vollfunktions- und Teilfunktions-GU nicht in das deutsche Recht übernommen. Infolgedessen wird die alte Abgrenzung zwischen konzentrativen und kooperativen Gemeinschaftsunternehmen des europäischen Rechts immer noch im deutschen Recht angewendet.[807]

Auf die rein konzentrativen Gemeinschaftsunternehmen kommen nur die Zusammenschlussvorschriften des GWB zur Anwendung, wenn aber weitere kooperative Elemente mit der Gründung des Gemeinschaftsunternehmens verbunden sind, sollen diese Risiken gemäß § 1 GWB untersucht werden. Und nach den Umständen des Falles können entweder die Kartell- oder die Fusionskontrollvorschriften gegenüber den anderen Vorschriften Vorrang haben, oder sie können nebeneinander angewendet werden.[808]

Weil die kooperativen Gemeinschaftsunternehmen im folgenden Teil untersucht werden, wird in diesem Teil der Arbeit der Fokus nur auf die konzentrativen Gemeinschaftsunternehmen nach deutschem Fusionskontrollrecht gelegt.

---

803 Art. 3 Abs. 1 VO 1/2003.

804 Art. 3 Abs. 3 VO 1/2003.

805 § 35 Abs. 3 GWB.

806 BGH, v. 01.10.1985, KVR 6/84, WuW/E 2169 ff. – Mischwerke.

807 BKartA, 22.06.2012, Stellungnahme des Bundeskartellamts zum Regierungsentwurf zur 8. GWG-Novelle, S. 7: *„Keine zwingende Integration der Prüfung von Gemeinschaftsunternehmen nach § 1 GWB bzw. Art. 101 AEUV in die Fusionskontrolle."*

808 *Emmerich*, Kartellrecht, § 33 Rn. 40.

a) Tatbestandsmerkmale der konzentrativen Gemeinschaftsunternehmen

Generell weicht der Zusammenschlussbegriff des deutschen Wettbewerbsrechts von dem der FKVO ab; daraus folgt, dass verschiedene Zusammenschlussvorgänge – obwohl von der FKVO nicht erfasst – nach deutschem Recht einen Zusammenschluss bilden können. Nach europäischem und türkischem Fusionskontrollrecht wird nur der Kontrollerwerb als eine Form des Zusammenschlusses anerkannt.[809] Aber gemäß § 37 Abs. 1 GWB können verschiedene Tatbestandsmerkmale mehrere Zusammenschlusstatbestände ergeben, die jedoch insgesamt nur einen Zusammenschluss ergeben.[810] In diesem Zusammenhang können nicht nur der Kontrollerwerb (§ 37 Abs. 1 Nr. 2 GWB), sondern daneben auch der Vermögenserwerb (§ 37 Abs. 1 Nr. 1 GWB), der Anteilserwerb (§ 37 Abs. 1 Nr. 3 GWB) und ferner auch der wettbewerblich erhebliche Einfluss (§ 37 Abs. 1 Nr. 4 GWB) einen Zusammenschlusstatbestand i. S. d. deutschen Fusionskontrollrechts bilden. Der Gesetzgeber hat aber mit der 8. GWB-Novelle – obgleich eine Annäherung an das europäische Fusionskontrollrecht geplant war – den formalen Zusammenschlusstatbestand, wie den Anteilserwerb oder den Rechtsunsicherheit verursachenden Tatbestand des wettbewerblich erheblichen Einflusses, immerhin beibehalten; das führt gleichzeitig zu mehreren anmeldepflichtigen Zusammenschlüssen, die nach den materiellen Prüfungskriterien wenige Risiken zeigen, und daher ist eine stärkere Untersagungstendenz – oder zumindest eine stärkere Marktstrukturkontrolle – im Vergleich zum europäischen Fusionskontrollrecht im deutschen Recht vorhanden.[811]

Aus diesen oben genannten Gründen kommt es auch zu unterschiedlichen Tatbestandsmerkmalen bei der Untersuchung von konzentrativen Gemeinschaftsunternehmen nach deutschem Recht. Infolge dieser formalen Tatbestände erfasst das deutsche Fusionskontrollrecht alle Formen der Gründung von Gemeinschaftsunternehmen, weshalb nicht nur die Vollfunktions-GU, sondern auch die Teilfunktions-GU von den Zusammenschlussregeln des GWB erfasst werden können.[812] Schlussfolgernd ergeben sich nur zwei Arten von GU, nämlich konzentrative und kooperative GU, die nach dem Doppelkontrollverfahren gleichzeitig in den Anwendungsbereich der Strukturkontrolle und der Verhaltenskontrolle fallen können.

Da verschiedene Tatbestände ein konzentratives GU verwirklichen können, werden in dieser Arbeit die möglichen Tatbestände bei der Gründung eines konzentrativen Gemeinschaftsunternehmens nach deutschem Recht analysiert und im Folgenden die Auswirkungen von verschiedenen formellen Beurteilungsmaßstäben untersucht.

---

809 Art. 3 Abs. 1 FKVO; Art. 5 Abs. 1 lit. b TR-FKVO.
810 *Schulte*, in: Schulte/Just, Kartellrecht, § 37 GWB Rn. 3.
811 Vgl. *Schulte*; in: Schulte/Just, Kartellrecht, § 37 GWB Rn. 1 f.
812 *Westermann/Bergman*, in: Fett/Spiering, Handbuch Joint Venture, 5. Kap. Rn. 112.

aa) Gemeinsame Kontrolle

Wie nach der Grundregel im europäischen und türkischen Fusionskontrollrecht, stellt auch der Erwerb von gemeinsamer Kontrolle gemäß der Zusammenschlussregeln des GWB einen Zusammenschluss dar. Diese Regel wurde zum Zweck der Harmonisierung aus dem europäischen Fusionskontrollrecht übernommen, sie hat aber nur eine ergänzende Funktion, da der Tatbestand des Anteilserwerbs meist auch solche Fälle erfassen kann.[813] Der § 37 Abs. 1 Nr. 2 GWB erfasst zusammen mit der alleinigen Kontrolle auch die gemeinsame Kontrolle: *Erwerb der unmittelbaren oder mittelbaren Kontrolle durch* ***ein oder mehrere*** *Unternehmen über die Gesamtheit oder Teile eines oder mehrerer Unternehmen.* Wie im europäischen Recht bildet der Erwerb der gemeinsamen Kontrolle den Tatbestand für die Gründung eines Gemeinschaftsunternehmens. Als Folge soll der Besitzer der Kontrolle die Möglichkeit haben, einen bestimmenden Einfluss auf die Tätigkeit des Unternehmens auszuüben. Wie in anderen Rechtssystemen kann nur die bloße paritätische Beteiligung an einer gemeinsamen Kontrolle ausreichen; aber es ist im deutschen Recht umstritten, ob diese bloße paritätische Beteiligung für eine Mitkontrolle ausreichend ist; weil das bloße Nebeneinander von Beteiligungen nicht ausreichend für eine gemeinsame Kontrolle ist, müssen darüber hinaus die zusätzlichen Umstände darauf hinweisen.[814] Dies ergibt sich spezifisch aus der Mehrmütterklausel nach § 36 Abs. 2 S. 2 GWB, welche voraussetzt, dass die Muttergesellschaften des GU – um als ein herrschendes Unternehmen klassifiziert zu werden – derart zusammenwirken müssen, dass sie gemeinsam einen beherrschenden Einfluss auf ein anderes Unternehmen (GU) ausüben. Das Zusammenwirken muss aufgrund einer Vereinbarung oder in sonstiger Weise stattfinden.[815] Als Folge soll eine gesicherte, regelmäßige und einheitliche Einflussnahme aus den besonderen tatsächlichen und rechtlichen Umständen entstehen, um die gemeinsame Politik des Gemeinschaftsunternehmens zu leiten.[816] Dadurch soll die Leitung des GU im Regelfall dauernd von der gemeinsam beherrschenden

---

813 Vgl. *Bach*, in: MüKoGWB, § 37 Rn. 33 ff.

814 *Bechtold/Bosch*, GWB, § 36 Rn. 68, § 37 Rn. 13; *Schulte*, in: Schulte/Just, Kartellrecht, § 37 GWB, Rn. 20; BGH, v. 08.05.1979, KVR 1/78, WuW/E 1608 – WAZ: *„Ihr ist allerdings zuzustimmen, daß auch bei der paritätischen Beteiligung (50 : 50) das Aufeinanderangewiesensein bei der Willensbildung für sich allein den Tatbestand der Beherrschungsmöglichkeit nicht erfüllt.“*

815 BGH, v. 07.11.2006, WuW/E DE-R 1890, 1891 – Radio TON.

816 Vgl. *Emmerich*, Kartellrecht, § 32 Rn. 17 ff.; *Thomas*, in: Immenga/Mestmäcker, GWB, § 37 Rn. 908 ff. BGH, v. 07.11.2006, KVR 39/05, WUW/E DE-R 1890, 1892 – Radio Ton, *„ob zwei Gesellschafter, die nur gemeinsam die für eine Beschlussfassung in der Gesellschaft erforderliche Mehrheit erreichen können, derart zusammenwirken, dass sie gemeinsam einen beherrschenden Einfluss auf die Gesellschaft ausüben können, ist unter Würdigung der konkreten Interessen der beteiligten Gesellschafter und ihrer internen Aufgabenverteilung anhand einer umfassenden Prüfung des Einzelfalles zu bestimmen.“*

Mutter abhängig sein und keine soll sich gegen die andere durchsetzen.[817] Die paritätischen Gemeinschaftsunternehmen zeigen sich als eine Indizwirkung für die gemeinsame Beherrschung, jedoch ist es keine Vermutung – anders als nach europäischem Recht –, dass die Umstände des Einzelfalls betrachtet werden müssen.[818] Ob bei einem Spannungsverhältnis zwischen den Muttergesellschaften von einer Zusammenwirkung auszugehen ist, kann die gemeinsame Beherrschung in der Rechtspraxis infrage stellen.[819] Die gemeinsame Beherrschung kann auch zwischen einem Mehrheits- und Minderheitsgesellschafter vorliegen, obwohl nach der Vermutung gemäß § 17 Abs. 2 AktG das GU als abhängig von dem Mehrheitsgesellschafter angesehen wird. Durch Widerlegung dieser Vermutung mit einer tatsächlichen Zusammenwirkung – durch gemeinsame Kontrolle des Gemeinschaftsunternehmens – wird die Abhängigkeit der Mehrmütter nach § 36 Abs. 2 S. 2 GWB stattfinden, und als Folge davon wird es die Zurechnung von Ressourcen der Muttergesellschaften in formellen und materiellen wettbewerbsrechtlichen Untersuchungen ermöglichen.[820] Wegen dieses Zurechnungstatbestandes ist ein langfristiges, planmäßiges Zusammenwirken durch gleichgerichtete Interessen wettbewerbsrechtlich wichtig, d.h., wenn wechselnde Mehrheiten zugrunde liegen, kann eine gemeinsame Beherrschung und die Anwendung der Verbundklausel nicht gerechtfertigt sein.[821]

Da diese Regelung aus dem europäischen Fusionskontrollrecht übernommen wurde, können die gleichen tatsächlichen und rechtlichen Umstände – sowie Konsortialvereinbarungen oder faktische, gemeinsame Stimmrechtsausübung – nach deutschem Recht ebenso die gemeinsame Kontrolle entstehen lassen.[822] Ferner soll für die Erfüllung des Zusammenschlusstatbestands diese Kontrolle auf Dauer angelegt sein,[823] deshalb ist zu erwarten, dass der Erwerber der gemeinsamen Kontrolle seine eigenen Wettbewerbsinteressen auf die Wettbewerbspolitik des Gemeinschaftsunternehmens und im Verhältnis zueinander abstimmen und durchsetzen kann.[824]

Genau wie in anderen Rechtssystemen erfasst diese Regel auch den Wechsel von alleiniger zu gemeinsamer Kontrolle – und/oder umgekehrt – als einen neuen Zusammenschlusstatbestand. Handelt es sich aber um den Fall der Reduzierung von mitkontrollierenden Unternehmen, besteht im deutschen Recht Rechtsunsicherheit. Dadurch ist die Verwirklichung des Zusammenschlusstatbestands streitig, weil das BKartA den

---

817 *Säcker*, „Mehrmütterklausel“ und Gemeinschaftsunternehmen, NJW 1980, 801, 802 ff. *„bipolare Abhängigkeit“*

818 *Thomas*, in: Immenga/Mestmäcker, GWB, § 37 Rn. 916.

819 OLG Düsseldorf, 31.01.2001, WuW/E DE-R 547, 654 – OTZ; vgl. auch *Säcker*, „Mehrmütterklausel“ und Gemeinschaftsunternehmen, NJW 1980, 801, 804.

820 *Thomas*, in: Immenga/Mestmäcker, GWB, § 37 Rn. 905 ff.

821 *Säcker*, „Mehrmütterklausel“ und Gemeinschaftsunternehmen, NJW 1980, 801, 805 f.

822 Vgl. *Bechtold/Bosch*, GWB, § 37 Rn. 13.

823 BGH, v. 11.11.2008, KRB 47/08, WuW/E DE-R 2579 ff. – National Geographic III.

824 BGH, v. 18.11.1986, KVR 9/85 (KG), WuW/E 2337, 2339 – Hussel/Mara; BGH, v. 07.11.2006, KVR 39/05, WUW/E DE-R 1890, 1892 – Radio Ton.

Übergang der Kontrolle von drei Unternehmen auf zwei Unternehmen auch als einen Zusammenschlusstatbestand angesehen hat.[825] Der gleiche Vorgang ist allerdings von der Kommission nicht als ein Zusammenschlusstatbestand angesehen worden.[826] Diese Annäherung an das Thema wurde auch von der Literatur unterstützt.[827]

Darüber hinaus zeigt das deutsche Recht bezüglich des Erwerbers der Kontrolle Abweichungen vom europäischen und türkischen Recht, denn gemäß Art. 3 Abs. 1 lit. b FKVO (und Art. 5 Abs. 1 lit b TR-FKVO) können nicht nur Unternehmen, sondern auch Personen, die bereits ein Unternehmen kontrollieren, als der Erwerber der Kontrolle auftreten. Im Vergleich dazu beinhaltet der § 37 Abs. 1 Nr. 2 GWB nur den Begriff des Unternehmens und gemäß § 36 Abs. 3 GWB (sog. ‚Flick-Klausel') können die natürlichen Personen nur dann als ein Unternehmen gezählt werden, wenn sie die Mehrheitsbeteiligung an einem Unternehmen halten. Aus diesem Grund sind solche Personen nicht als ein Unternehmen einbezogen, obwohl sie die Kontrolle mit anderen Mitteln behalten, aber keine Mehrheitsbeteiligung besitzen.[828] Diese Regel über natürliche Personen wird bevorzugt, um die Reichweite der Aufgreifkriterien der Fusionskontrolle rechtssicher und vorhersehbarer zu machen.[829]

Das Mittel des Kontrollerwerbs, wie in anderen Systemen, kann auf den Eigentums- und Nutzungsrechten, auf Verträgen[830] und anderen Mitteln basieren, weil die Liste gemäß § 37 Abs. 1 Nr. 2 GWB nicht abschließend ist. Der Zusammenschlusstatbestand durch Vermögenserwerb ist auch in § 37 Abs. 1 Nr. 1 GWB geregelt. Wenn es sich um die Kontrolle eines Teils eines GU handelt – wie im europäischen Recht –, soll sich die Kontrolle auf einen wesentlichen Teil des Unternehmens beziehen. Dafür muss eine *übernahmefähige Marktstellung* vorhanden sein[831] und *ein Umsatz auf dem relevanten Markt muss zugeordnet* werden können.[832] Der Kontrollerwerb erfasst darüber hinaus auch die Nutzungsrechte an der Gesamtheit oder an einem *wesentlichen* Teil des Unternehmens; diese Nutzungsrechte sowie die Lizenzen müssen, obwohl nicht dauerhaft, sondern langfristig, für eine Strukturveränderung geeignet sein. Daher sollen sie mit einer Marktpräsenz in Verbindung stehen, um einen Zusammenschlusstatbestand zu erfüllen.[833] Auf der anderen Seite können die Rechte und die Verträge, wodurch die Muttergesellschaften einen bestimmenden Einfluss auf die Zusammensetzung, die Beratungen oder Beschlüsse der Organe

---

825 BKartA, Merkblatt zur deutschen Fusionskontrolle, Juli 2005, S. 12.
826 Konsolidierte Mitteilung zu Zuständigkeitsfragen, Rn. 90.
827 *Bechtold/Bosch*, GWB, § 37 Rn. 15.
828 *Bach*, in: MüKoGWB, § 37 Rn. 36 f.
829 Vgl. *Paschke*, in: FK, § 37 GWB Rn. 32.
830 *Bach*, in: MüKoGWB, § 37 Rn. 44, Beherrschungs- und Gewinnabführungsverträge, § 17 AktG.
831 OLG Düsseldorf, v. 15.06.2005, WuW/E DE-R 1504, 1505 – National Geographic I, Juris, Rn. 8.
832 BGH, v. 10.10.2006, KVR 32/05, WuW/E DE-R 1979, 1980 – National Geographic I, Juris, Rn. 7.
833 Vgl. *Bach*, in: MüKoGWB, § 37 Rn. 41.

ausüben können, auch als ein Mittel für den Erwerb der Kontrolle nach § 37 Abs. 1 Nr. 2 lit. b GWB gezählt werden; diese Regel entspricht Art. 3 Abs. 3 FKVO. Demzufolge kann die Kontrolle durch andere Mittel erworben werden und dies kann durch faktische Einflussnahmemöglichkeiten oder andere Rechte sowie Vetorechte zustande kommen. Aber wie bei den anderen Fusionskontrollrechten müssen die Muttergesellschaften die Möglichkeit für die Einflussnahme erhalten, die tatsächliche Ausübung ist nicht erforderlich.[834] Diese Einflussmöglichkeit muss sich ferner, wie oben erwähnt wurde, auf die wettbewerblichen Aktivitäten des GU beziehen und sich auf die Gesellschaftspolitik des GU auswirken können.[835]

Die Kontrolle und dadurch die Einflussnahmemöglichkeit kann auch mittelbar[836] erworben werden; da auch der wettbewerblich erhebliche Einfluss nach deutschem Fusionskontrollrecht einen weiteren Zusammenschlusstatbestand gemäß § 37 Abs. 1 Nr. 4 GWB bildet, wird dies zunächst weiter analysiert.

bb) Anteilserwerb

Gemäß § 37 Abs. 1 Nr. 3 S. 3 GWB entsteht nach deutschem Recht ein **Gemeinschaftsunternehmen,** wenn mehrere Unternehmen gleichzeitig oder nacheinander Anteile in Höhe von mindestens 25 % an einem anderen Unternehmen erwerben. Vor der Annäherung an europäisches Recht durch die Regel von der gemeinsamen Kontrolle war diese Norm die Legaldefinition des Gemeinschaftsunternehmens nach deutschem Recht.[837] Weil der Begriff Gemeinschaftsunternehmen wegen der Existenz anderer möglicher Zusammenschlusstatbestände nicht mehr in der Regelung enthalten ist, wurde diese Definition immerhin in der 8. GWB-Novelle beibehalten.

Diese Definition ist besonders wichtig für die vorliegende Arbeit, da das deutsche Recht eine andere Begriffsbestimmung im Vergleich zum europäischen und türkischen Recht festgelegt hat. In diesem Zusammenhang ist es wichtig, die ökonomischen und juristischen Auswirkungen dieser abweichenden Auffassung von Gemeinschaftsunternehmen des deutschen Rechts ausführlich zu analysieren und die Effizienz der verschiedenen Begriffsbestimmungen entsprechend der Ziele des Fusionskontrollrechts zu vergleichen.

Die Begriffserklärung von Gemeinschaftsunternehmen im deutschen Recht ist besonders erheblich, weil es sowohl die vertikalen Zusammenschlüsse zwischen den Muttergesellschaften und dem GU als auch die durch das GU auftretende Verbindung zwischen diesen Muttergesellschaften auf dem Markt des GU erfasst. Ferner wird die letzte Beziehung zwischen den Müttern als ein weiterer Zusammenschluss

834 *Bechtold/Bosch*, GWB, § 37 Rn. 10.
835 Vgl. *Paschke*, in: FK, § 37 GWB Rn. 28 f.
836 BKartA, 26.02.2002, B8-149/01, WuW/E DE-V 533 – E.ON AG/RAG, Beteiligungs-GmbH, Rn. 16 ff. Als E.ON durch den Anteilserwerb an der Holdinggesellschaft Bergmann bekommt E.ON die Mehrheit der Stimmrechte im Bergmann-Pool und dadurch die mittelbare Kontrolle an Ruhrgas.
837 *Bechtold/Bosch*, GWB, § 37 Rn. 32.

erachtet, nämlich als ein horizontaler Zusammenschluss von Müttergesellschaften. Dadurch bildet sich der Gesetzgeber eine Fiktion für eine Teilfusion der Muttergesellschaften. Mit dieser weiteren Regelung zielt der Gesetzgeber gleichzeitig auf die Gruppeneffekte der Zusammenarbeit der Mütter ab.[838] Die Tatbestandsmerkmale und die Folgen dieser eigenartigen Begriffsbestimmung für die formellen und materiellen Beurteilungsmaßstäbe wird unten ausführlich erklärt.

Nach deutschem Recht ist die Gründung eines Gemeinschaftsunternehmens verwirklicht, wenn mehrere Unternehmen mindestens 25 % des Kapitals oder der Stimmrechte an einem anderen Unternehmen erwerben; diese Minderheitsbeteiligung wurde vom Gesetzgeber absichtlich in das Gesetz eingebracht, denn die reine Beschränkung auf den Kontrollerwerb würde eine Absenkung des Schutzniveaus der Zusammenschlusskontrolle bedeuten.[839] Daraus folgend wird nach deutschem Recht angenommen, dass auch Minderheitsbeteiligungen ab 25 % einen gesellschaftlichen Einfluss haben können.[840] Für die Annahme eines Gemeinschaftsunternehmens reicht es aus, dass mindestens zwei Unternehmen jeweils 25 % der Anteile halten, obgleich die anderen Gesellschafter zu dem Zeitpunkt weniger als 25 % halten.[841]

Der Anteilserwerb erfasst nicht nur Anteile an Kapitalgesellschaften, sondern auch an Personengesellschaften. Darüber hinaus können auch bloße Stimmrechte ohne die Kapitalbeteiligung den Zusammenschlusstatbestand erfüllen, als der Einfluss auch dadurch ausgeübt werden kann. Die Stimmrechte sollen sich auf alle relevanten gesellschaftsrechtlichen Beschlüsse beziehen, andere begrenzte Stimmrechte können daher den Tatbestand des Kartellverbots erfüllen, falls kein Einfluss auf die unternehmerische Leitungsmacht geschaffen ist.[842]

Auf der anderen Seite beeinflusst der Zeitpunkt bei dem Erwerb von Anteilen den Zusammenschlusstatbestand nicht, weil die Vorschrift ausdrücklich einen gleichzeitigen oder einen Erwerb nacheinander beschreibt. Im Gegensatz zum Kontrollerwerb wird durch den Anteilserwerb keine besondere Interessengleichrichtung für die Zusammenarbeit oder Koordinierung zwischen den Gesellschaftern erwartet.[843] Die bloße Beteiligung ab 25 % reicht dafür aus, um ein Gemeinschaftsunternehmen fusionskontrollrechtlich zu gründen. Dadurch wird angenommen, dass der Tatbestand des vertikalen Zusammenschlusses erfüllt worden ist.

Der Gesetzgeber weist zusätzlich darauf hin, dass in der Folge der Gründung eines Gemeinschaftsunternehmens ein weiterer Zusammenschlusstatbestand zwischen den Gesellschaftern relevant ist. Dieser Zusammenschluss ist neben dem oben genannten vertikalen Zusammenschluss der horizontale Zusammenschluss; aber die beteiligten Unternehmen müssen den gemäß § 37 Abs. 1 Nr. 3 Satz 1 GWB

---

838 *Kallfaß*, in: Langen/Bunte, Kartellrecht, § 37 GWB Rn. 43.
839 RegBegr. zur RegE, BT-Drucks. 13/9720, S. 43.
840 *Emmerich*, Kartellrecht, § 33 Rn. 25.
841 Vgl. *Paschke*, in: FK, § 37 GWB Rn. 66.
842 Vgl. *Paschke*, in: FK, § 37 GWB Rn. 54, z. B. ein Vetorecht für bestimmte Entscheidungen.
843 Vgl. *Bechtold/Bosch*, GWB, § 37 Rn. 32; vgl. *Paschke*, in: FK, § 37 GWB Rn. 67.

genannten Umfang von Anteilen innehaben, sonst werden die anderen Gesellschafter, die nicht im vorbezeichneten Umfang Anteile halten, von dieser Fiktion einer Teilfusion der Muttergesellschaften nicht erfasst. Wegen dieser Grenze von Anteilen können maximal vier Unternehmen bei der Gründung von Gemeinschaftsunternehmen nach § 37 Abs. 1 Nr. 3 Satz 3 GWB als beteiligt kategorisiert sein.[844] Die anderen Muttergesellschaften, die diesen Zusammenschlusstatbestand nicht erfüllen, können jedoch von weiteren Zusammenschlusstatbeständen für Gemeinschaftsunternehmen gemäß § 37 Abs. 1 Nr. 2 oder Nr. 4 GWB erfasst werden, wenn sie auf das GU einen beherrschenden Einfluss ausüben.[845]

Dieser Zusammenschlusstatbestand hat keine bestimmten Konsequenzen für die materielle Beurteilung des konzentrativen GU, sondern die Teilfusion der Mutter ist für die formelle Fusionskontrolle von Bedeutung. In diesem Zusammenhang werden alle Muttergesellschaften, die 25 % oder mehr Anteile an dem GU halten, als beteiligte Unternehmen des Zusammenschlusses angesehen. Dadurch werden nicht nur die Umsätze von den kontrollierenden Muttergesellschaften, sondern auch die Umsätze von Minderheitsbeteiligten in dem Zusammenschluss berechnet.[846] Daher wird die Untersuchung für den wirksamen Wettbewerb umfangreicher stattfinden, da die Umsatzstärke von den Minderheitsgesellschaften bei der Zusammenschlusskontrolle in Betracht gezogen werden; dadurch wird es eine vertiefte Marktanalyse i. S. v. Gruppeneffekten wegen mehr anmeldepflichtigen GU herbeiführen.

Im Sinne der materiellen Beurteilung hat die Teilfusion der Muttergesellschaften keine Bedeutung, da sie auf dem Markt des GU nicht als eine wirtschaftliche Einheit angesehen werden kann.[847] Daraus folgt, dass für die Feststellung einer marktbeherrschenden Stellung weitere Kriterien des Einzelfalls geprüft werden müssen.[848] Die Vorschrift stellt darüber hinaus für die kooperativen Gemeinschaftsunternehmen keine Wettbewerbsbeschränkung fest und die Anwendbarkeit des § 1 GWB ist damit nicht ausgeschlossen, jedoch ist das Verhältnis zwischen den Muttergesellschaften für die Gruppeneffekte und weitere Wettbewerbsbeschränkungen nach den Umständen des Einzelfalls zu prüfen.[849]

cc) Der wettbewerblich erhebliche Einfluss

Um möglichst die auf den Wettbewerb wirkenden Zusammenschlüsse zu erfassen, hat der Gesetzgeber einen weiteren Zusammenschlusstatbestand festgelegt; danach werden die Zusammenschlüsse, die nicht unter den Tatbestand des bestimmenden Einflusses nach § 37 Abs. 1 Nr. 2 GWB oder die 25 %-Schwelle gemäß § 37 Abs. 1

844 *Thomas*, in: Immenga/Mestmäcker, GWB, § 37 Rn. 287 ff.
845 *Thomas*, in: Immenga/Mestmäcker, GWB, § 37 Rn. 297.
846 *Bach*, in: MüKoGWB, § 37 Rn. 98.
847 *Thomas*, in: Immenga/Mestmäcker, GWB, § 36 Rn. 685 ff.; *Bechtold/Bosch*, GWB, § 36 Rn. 17; BGH, v. 12.12.1978, KVR 6/77, WuW/E 1533, 1538 – Erdgas Schwaben.
848 *Thomas*, in: Immenga/Mestmäcker, GWB, § 37 Rn. 688.
849 *Bechtold/Bosch*, GWB, § 36 Rn. 17; *Bach*, in: MüKoGWB, § 37 Rn. 100 f.

Nr. 3 GWB fallen, nach § 37 Abs. 1 Nr. 4 GWB mit Bezug auf den *wettbewerblich erheblichen Einfluss* beurteilt. In diesem Zusammenhang zeigt dieser Tatbestand die Subsidiarität im Verhältnis zu den anderen Zusammenschlusstatbeständen auf.[850] Gleichzeitig führt dies jedoch dazu, dass die ungenaue Ausweitung der Grenzen für die Fusionskontrolle auch Rechtsunsicherheiten mit sich bringen kann, da die Anwendung der Vorschrift eine grundlegende Einzelfallprüfung benötigt.[851] Diese Vorschrift kann für Gemeinschaftsunternehmen in Betracht kommen, wenn statt eines gemeinsamen Kontrollerwerbs oder einer Mindestbeteiligung von 25 % von einem gemeinsamen, wettbewerblich erheblichen Einfluss gesprochen werden kann.[852] In diesem Fall können alle Minderheitsbeteiligungen von der Fusionskontrolle erfasst werden, obwohl sie „ihre Tochtergesellschaft nicht beherrschen, jedoch auf sie einen nicht unbedeutenden Einfluss ausüben“[853].

Auch in diesem Fall sucht die Regel wieder nach einem Einfluss, der weniger als die Beherrschung[854] in Erscheinung tritt. Der Einfluss sollte aber in wettbewerblichem Sinne für den anderen Mehrheitsgesellschafter und das GU Bedeutung haben, obwohl dieser Einfluss von einem Minderheitsgesellschafter – mit Anteilen weniger als 25 % – ausgeübt wird. Um die möglichen Rechtsunsicherheitsprobleme bei der Auslegung der Vorschrift zu vermindern, wurde der Tatbestand des erheblichen Einflusses nur auf *gesellschaftsrechtlich vermittelte Unternehmensverbindungen* begrenzt.[855] Dies bedeutet, dass die rein faktischen und wirtschaftlichen Abhängigkeiten bei der Einflussnahme nicht von dem Zusammenschlusstatbestand erfasst sind. Ein „unmittelbarer Einfluss in den Gesellschaftsorganen“ durch vertragliche oder tatsächliche Umstände wird geprüft.[856] Ferner genügt die bloße Möglichkeit der Einflussnahme, das heißt, die tatsächliche Ausübung ist nicht gefordert.[857]

Beim Minderheitsanteilserwerb von weniger als 25 % müssen weitere Plus-Faktoren vorhanden sein, um diesen Einfluss feststellen zu können. Diese Plus-Faktoren beziehen sich auf Informations- und Vetorechte, auf Präsenz in einem

---

850 *Riesenkampff/Lehr*, in: Loewenheim/Meesen/Riesenkampff, Kartellrecht, § 37 GWB Rn. 25 f.

851 Vgl. *Bach*, in: MüKoGWB, § 37 Rn. 104 f.

852 *Crede*, in: Schulte, Hdb. Fusionskontrolle, Rn. 162.

853 *Nippel*, Minderheitsbeteiligungen bei Gemeinschaftsunternehmen im deutschen und im europäischen Recht, 115.

854 *Bechtold/Bosch*, GWB, § 37 Rn. 41.

855 RegBegr. zur RegE, BT-Drucks. 13/9720, S. 57; vgl. *Riesenkampff/Lehr*, in: Loewenheim/Meesen/Riesenkampff, Kartellrecht, § 37 GWB Rn. 25.

856 *Bechtold/Bosch*, GWB, § 37 Rn. 38; *Kallfaß*, in: Langen/Bunte, Kartellrecht, § 37 GWB Rn. 48; *Thomas*, in: Immenga/Mestmäcker, GWB, § 37 Rn. 306 ff.; OLG Düsseldorf, 24.11.2004, WuW/E DE-R 1390, 1391 – KG Wochenkurier, *„Das heißt nicht, dass der wettbewerblich erhebliche Einfluss ausschließlich auf dieser gesellschaftsrechtlichen Basis beruhen muss; hierfür können weitere tatsächliche Umstände herangezogen werden.“*

857 OLG Düsseldorf, 24.11.2004, WuW/E DE-R 1390, 1391 – KG Wochenkurier.

Gesellschaftsorgan[858] und faktische Sperrminorität wegen geringer Hauptversammlungspräsenz.[859] Die Anwendung des § 37 Abs. 1 Nr. 4 GWB hängt ferner nicht von einer Untergrenze ab, daher können verschiedene Minderheitsbeteiligungen unter 25 % den Zusammenschlusstatbestand erfüllen, solange es sich um damit verbundenen, wettbewerblich erheblichen Einfluss handelt.[860]

In der Praxis muss dieser wettbewerblich erhebliche Einfluss sich *„nicht auf das gesamte Wettbewerbspotential des Beteiligungsunternehmens beziehen“*[861]; anders ausgedrückt, es ist nicht zu erwarten, dass der Minderheitsgesellschafter in der Lage sein soll, seine wettbewerblichen Interessen in allen Belangen rechtlich oder tatsächlich durchzusetzen.[862] In diesem Zusammenhang ist zu erwähnen, dass, *wenn nach Art der Vertragsgestaltung und der wirtschaftlichen Verhältnisse zu erwarten ist, daß der Mehrheitsgesellschafter auf die Vorstellungen des anderen Gesellschafters Rücksicht nimmt oder diesem freien Raum läßt, auch wenn das nur soweit geschieht, wie es seinen eigenen Interessen nicht zuwiderläuft,*[863] ist es möglich, dass das beteiligte Unternehmen mit diesem Einfluss seine eigenen Wettbewerbsinteressen mithilfe von Ressourcen des unterworfenen Unternehmens zur Geltung bringt.[864]

Die wettbewerbliche Erheblichkeit des Einflusses befasst sich grundsätzlich mit verschiedenen Handelsstufen sowie den horizontalen und vertikalen Zusammenschlüssen, aber nicht mit rein konglomeraten Zusammenschlüssen.[865]

Wenn es sich bei der Gründung eines Gemeinschaftsunternehmens um einen Zusammenschluss handelt, kann der Erwerb einer Minderheitsbeteiligung mit einem wettbewerblich erheblichen Einfluss auch einen weiteren Zusammenschlusstatbestand für ein Gemeinschaftsunternehmen erfüllen.[866] In diesem Zusammenhang

---

858 OLG Düsseldorf, 06.07.2005, WuW/E DE-R 1581 – Bonner Zeitungsindustrie.

859 OLG Düsseldorf, 12.11.2008, WuW/E DE-R 2462, 2466 – A-Tec; BGH, v. 15.07.1997, KVR 21/96, WuW/E DE-R 32 – Stadtwerke Gerbsen.

860 OLG Düsseldorf, 06.07.2005, WuW/E DE-R 1581 – Bonner Zeitungdruckerei, mit 9,015 %.

861 BGH, v. 21.12.2004, KVR 26/03, WuW/E DE-R 1419, 1420 – Trans-o-flex.

862 BGH, v. 21.11.2000, KVR 16/99, WuW/E DE-R 607 – Minderheitsbeteiligung im Zeitschriftenhandel.

863 Ebenda.

864 Vgl. *Bechtold/Bosch*, GWB, § 37, Rn. 40 f.; OLG Düsseldorf, 24.11.2004, WuW/E DE-R 1390, 1394 – KG Wochenkurier, *„Das ist immer dann der Fall, wenn aufgrund des zwischen den Unternehmen bestehenden Beziehungsgeflechts zu erwarten ist, dass der Wettbewerb zwischen den einzelnen Unternehmen so wesentlich eingeschränkt ist, dass die Unternehmen nicht mehr unabhängig am Markt auftreten. Dies ist insbesondere dann anzunehmen, wenn es einem Unternehmen möglich wird, bei der Entscheidung über den Einsatz von Ressourcen des anderen Unternehmens die eigenen Wettbewerbsinteressen zu verfolgen.“*

865 Vgl. OLG Düsseldorf, 24.11.2004, WuW/E DE-R 1390, 1394 – KG Wochenkurier; vgl. *Bechtold/Bosch*, GWB, § 37 Rn. 43.

866 BKartA, 21.06.2000, WuW/E DE-V 275 – Melitta Bentz KG/Bentz Beteiligungs-KG: *„Mit dem Erwerb von 20 % an dem Gemeinschaftsunternehmen sollte der*

müssen die Minderheitsbeteiligungen bei der Gründung eines Gemeinschaftsunternehmens auch dahingehend untersucht werden, ob das Wettbewerbsverhalten des GU durch den Einfluss überhaupt manipuliert werden könnte und ob dies zu einer erheblichen Beeinträchtigung des wirksamen Wettbewerbs führen würde.[867]

Darüber hinaus kann dieser wettbewerblich erhebliche Einfluss auch als gemeinsame Einflussnahme durch mehrere Minderheitsgesellschafter auftreten. Obwohl da keine gemeinsame Beherrschung entsteht, kann immerhin eine gesicherte gemeinsame Einflussmöglichkeit – wie in dem Fall der gemeinsamen Kontrolle nach § 37 Abs. 1 Nr. 2 GWB – bestehen; aber diese Interessengleichheit muss auf Dauer angelegt sein und die beteiligten Unternehmen sollten mithilfe dieser gesicherten einheitlichen Einflussnahme ihr Einflusspotenzial auf das GU ausüben, sonst stellen nur Nebeneinander-Beteiligungen keinen Zusammenschlusstatbestand dar.[868]

Durch die Erweiterung von Zusammenschlusstatbeständen hat das deutsche Recht auch für Gemeinschaftsunternehmen strengere Regeln im Vergleich zum europäischen und türkischen Fusionskontrollrecht gesetzt. Anstatt nur die erheblichsten konzentrativen Effekte von mitkontrollierenden Muttergesellschaften des GU zu berücksichtigen, versucht das deutsche Fusionskontrollrecht jede mögliche wettbewerbliche Auswirkung der Zusammenarbeit der Muttergesellschaften des GU zu kontrollieren und zu analysieren. Obwohl die Zusammenschlusstatbestände die rechtliche Kontrollmöglichkeit erweitern, wird jedoch angenommen, dass dieser weite Umfang der Zusammenschlusskontrolle – besonders im Bereich der Energieversorgung – in der deutschen Praxis benötigt wird.[869] Auf der anderen Seite wird auch kritisiert, dass durch diesen Tatbestand die Fusionskontrolle zu weit gefasst ist, was Unklarheit schafft; deswegen wurde nahegelegt, dass die Prüfung solcher

S. Gruppe ein wettbewerblich erheblicher Einfluss auf das Gemeinschaftsunternehmen eingeräumt werden, sodass auch der Zusammenschlusstatbestand des § 37 Abs. 1 Nr. 4 GWB erfüllt sei." Die Untersagung wurde aufgehoben wegen keiner Verstärkung der Marktstellung, OLG Düsseldorf, 30.04.2003, WuW/E DE-R 1112; BGH, v. 05.10.2004, KVR 14/03, WuW/E DE-R 1355 – Staubsaugerbeutelmarkt.

867 BKartA, 28.02.2001, B8-279/00, WuW/E DE-V 467 – easyplus GmbH/Stadtwerke Bremervörde GmbH, Rn. 15 f. „*... mit einem Anteil von ca. 9 % am Kapital und ca. 14 % Stimmrechten ... aktiv Einfluss auf Ressourcen und Marktverhalten der easyplus GmbH & Co. KG nehmen und deren Geschäftstätigkeit überwiegend steuern, so dass ein wettbewerblich erheblicher Einfluss i. S. d. § 37 Abs. 1 Nr. 4 GWB vorliegt.*" s. a. Rn. 29, es wurde keine Gefahr zur Marktverstärkung gesehen, als die Erlangung der Insider-Information für die Minderheitsgesellschafter ausgeschlossen ist.

868 *Bechtold/Bosch*, GWB, § 37 Rn. 45; Paschke, in: FK, § 37 GWB Rn. 89.

869 RegBegr. zur RegE, BT-Drucks. 17/9852, S. 20, „Hier konnte den Expansionsstrategien der führenden Energieversorgungsunternehmen in vielen Fällen wirksam Grenzen gesetzt werden. Die Zusammenschlusstatbestände des § 37 werden deshalb beibehalten."

nicht-kontrollierenden Minderheitsbeteiligungen nach der Verhaltenskontrolle durchgeführt werden sollte.[870]

dd) *Erwerb wesentlicher Vermögensteile*

Als einen weiteren Zusammenschlusstatbestand kann § 37 Abs. 1 Nr. 1 GWB auch für Gemeinschaftsunternehmen eine Bedeutung zukommen. In diesem Zusammenhang kann das Einbringen eines wesentlichen Vermögensteils in das gemeinsam geführte Gemeinschaftsunternehmen den Zusammenschlusstatbestand des Vermögenserwerbs erfüllen.[871] Bei der Übertragung der wesentlichen Vermögensteile wird beachtet, ob sich die „tragende Grundlage der Stellung des Veräußerers gerade auf dem für die Zusammenschlusskontrolle relevanten Markt befindet und geeignet ist, diese auf den Erwerber zu übertragen"[872]. Als der Erwerber kann das GU auch nach der fusionskontrollrechtlich rechtmäßigen Gründung von diesem Zusammenschlusstatbestand erfasst werden, da die Übertragung von weiterem Vermögen zu einem erneuten Zusammenschluss führen würde. Als der Erwerber sollte das GU bei der Übertragung des wesentlichen Teils auch die Marktstellung der Mutter auf dem relevanten Markt durch den betreffenden Zusammenschluss übernehmen,[873] dadurch eine Marktstrukturveränderung verursachen, welche auch materiell-rechtlich untersucht werden soll.

Die Erweiterung des Tätigkeitsgebietes des GU wird nicht als ein weiterer Zusammenschluss bezeichnet, wenn das GU diese Erweiterung aus seinen eigenen Mitteln finanziert.[874]

ee) *Verstärkung einer bestehenden Unternehmensverbindung*

Die gesellschaftsrechtliche Veränderung im GU kann auch zu einer weiteren Anmeldepflicht führen, wenn die Muttergesellschaften durch mehrere Zusammenschlüsse ihre Unternehmensverbindung zu dem GU gemäß § 37 Abs. 2 GWB verstärken.[875] Mit dieser Vorschrift liegt jedoch kein zusätzlicher Zusammenschlusstatbestand

---

870 Vgl. *Kuhn*, Der Erwerb wettbewerblich erheblichen Einflusses in der Deutschen Zusammenschlusskontrolle – Kein Modell für Europa, ZWeR 2011, 258, 282 ff.; *Schroeder*, Fusionskontrolle – Was kann Deutschland von Europa lernen und was Europa von Deutschland?, WuW 2011, 1216, 1218.

871 Vgl. *Westermann/Bergmann*, in: Fett/Spiering, Handbuch Joint Venture, 5. Kap. Rn. 118.

872 BGH, v. 07.07.1992, KVR 14/91, WuW/E BGH 2783, 2786 – Warenzeichenerwerb.

873 Vgl. *Bach*, in: MüKoGWB, § 37 Rn. 41; *Westermann/Bergmann*, in: Fett/Spiering, Handbuch Joint Venture, 5. Kap. Rn. 118; vgl. OLG Düsseldorf, 15.06.2005, WuW/E DE-R 1504, 1505 – National Geographic.

874 *Polley/Grave*, Die Erweiterung eines bestehenden Gemeinschaftsunternehmens als Zusammenschluss, WuW 2003, 1010, 1015 f.

875 *Thomas*, in: Immenga/Mestmäcker, GWB, § 37 Rn. 383 ff.

vor,[876] stattdessen nennt der Gesetzgeber als einen „Ersatzzusammenschluss" eine Einschränkung der Fusionskontrolle für bereits bestehende interne Unternehmensverbindungen.[877] Wenn die Unternehmen, die nach § 37 Abs. 1 GWB schon durch einen Zusammenschluss eine Unternehmensverbindung gegründet hatten, erneut einen Zusammenschluss nach den Tatbeständen des § 37 Abs. 1 GWB bilden, wird dieser Vorgang nur unter der Voraussetzung, dass eine „wesentliche Verstärkung der bestehenden Unternehmensverbindung" entsteht, von der Fusionskontrolle erfasst.

Diese Regel ist natürlicherweise auch für GU von Bedeutung, wenn der Übergang von gemeinsamer zu alleiniger Kontrolle gemäß § 37 Abs. 1 Nr. 2 GWB einen Zusammenschlusstatbestand bildet und dieser Kontrollwechsel gleichzeitig zu einer wesentlichen Verstärkung für eine der Muttergesellschaften führt.[878] In diesem Zusammenhang zeigt das deutsche Recht gegenüber der europäischen Fusionskontrolle einen Unterschied, denn solch ein Zusammenschlusstatbestand wie im § 37 Abs. 2 GWB ist in der FKVO nicht zu finden; daher kommt es in der Rechtspraxis der EU vor, dass die Kommission bei einem Wechsel zu alleiniger Kontrolle mit Bezug auf schon bestehende industrielle Führerschaft des GU keine erheblichen Auswirkungen auf den Wettbewerb sieht.[879] Dies wurde jedoch nicht mit dem Fehlen des Zusammenschlusstatbestands der alleinigen Kontrolle begründet, sondern die wettbewerblichen Auswirkungen wurden bei einem Wechsel zu alleiniger Kontrolle als nicht wesentlich angesehen.[880] Auf der anderen Seite versucht das deutsche Fusionskontrollrecht, nur die wesentliche Veränderung der Einflussnahme zu untersuchen,[881] um nur die realistischen Konsequenzen für den Wettbewerb ex ante bewerten zu können.

Das Gleiche gilt auch bei der Erhöhung der Minderheitsbeteiligungen auf 50 % oder wenn eine Kontrollmehrheit erworben wird.[882] Weiterhin kann auch eine wesentliche Verstärkung der Unternehmensverbindung angenommen werden, wenn die Beteiligungen der Muttergesellschaften sich so verändern, dass die Schwellen von § 37 Abs. 1 Nr. 3 GWB erreicht werden.[883] Dagegen sollten auch die Umstände

---

876 *Kallfaß*, in: Langen/Bunte, Kartellrecht, § 37 GWB Rn. 59.
877 *Bechtold/Bosch*, GWB, § 37 Rn. 46 f.
878 *Thomas*, in: Immenga/Mestmäcker, GWB, § 37 Rn. 384; BKartA, 11.04.2006, B6 – 142/05, WuW/E DE-V 1226, 1228 – RTL/n-tv; OLG Düsseldorf, 31.01.2001, WuW/E DE-R 647, 654 – OTZ.
879 Kommission, 27.04.2000, Comp/M.1911, Rn. 9 ff. – DOW/BSL; *Bach*, in: MüKoGWB, § 37 Rn. 43 und 149.
880 *Thomas*, in: Immenga/Mestmäcker, GWB, § 37 Rn. 385.
881 Vgl. *Bach*, in: MüKoGWB, § 37 Rn. 145 ff., dreistufige Prüfung: intensivere Einflussnahme, Wesentlichkeitsschwelle und Wettbewerbsbezug.
882 KG, 15.03.1979, WuW/E OLG 2113, 2118 – Steinkohlenstromerzeuger.
883 *Thomas*, in: Immenga/Mestmäcker, GWB, § 37 Rn. 387; BKartA, 01.10.1998, WuW/E DE-V 53, 58 – Premiere, von 37,5 % auf 50 % in dem GU ist eine wesentliche Verstärkung der bereits bestehenden Unternehmensverbindung; OLG Düsseldorf, 31.01.2001,WuW/E DE-R 647, 651 – OTZ.

des Einzelfalls beachtet werden, um herauszufinden, ob bei der Erhöhung von 25 % auf 50 % die wesentliche Verstärkung wirklich stattfindet.[884] Es wird angenommen, dass die Erhöhung von 25 % an aufwärts die Unternehmensverbindung nicht verstärkt,[885] falls noch ein weiterer Zusammenschlusstatbestand gemäß § 37 Abs. 2 GWB i. S. v. gemeinsamer Kontrolle nicht erfüllt ist, da dies eine stärkere Verbindung als die Teilfusion der Mütter darstellt.[886] Generell wird der erhebliche Anteilserwerb zu einer wesentlichen Verstärkung der bestehenden Unternehmensverbindung führen, als die Gesellschafter damit eine intensivere Einflussnahme erhalten.[887]

Vergleichsweise kann auch, wenn eines der beteiligten Unternehmen erst von dem Zusammenschlusstatbestand nach § 37 Abs. 1 Nr. 4 GWB erfasst wurde und danach mit dem zweiten Zusammenschluss ein Tatbestand gemäß § 37 Abs. 1 Nr. 1-3 GWB verwirklicht wird, dann mit dem Erreichen der Schwellen gemäß § 37 Abs. 1 Nr. 3 GWB (durch Teilfusion der Mutter) ein weiterer horizontaler Zusammenschluss zustande kommen.[888]

Gemäß dieser Vorschrift werden die weiteren Zusammenschlüsse zwischen bereits zusammengeschlossenen Unternehmen nur kontrolliert, wenn der erneute Zusammenschluss mit der wesentlichen Verstärkung eines Unternehmens beendet wird, denn nur dann können sich auf dem Markt erhebliche Auswirkungen zeigen und deshalb sollten diese Zusammenschlüsse der Fusionskontrolle unterworfen werden. Für die Anwendung der Vorschrift ist nicht zu erwarten, dass der vorherige Zusammenschluss kontrollpflichtig war, er muss aber sowieso einen der Zusammenschlusstatbestände nach § 37 Abs. 1 erfüllen.[889]

ff) Umsatzschwelle für die Anwendung der Fusionskontrolle auf konzentrative GU

Wie in allen anderen Rechtssystemen hat das deutsche Recht für die Fusionskontrolle formelle Kriterien – wie die Umsatzschwellen –, um nur die Zusammenschlüsse unter Kontrolle zu behalten, die auf die Wirtschaft Auswirkungen haben. Die Umsatzschwellen gemäß § 35 Abs. 1 GWB sind auch auf die Gemeinschaftsunternehmen anwendbar. Daneben muss Deutschland als ein Mitgliedstaat der EU und damit das Bundeskartellamt auch die Umsatzschwellen der FKVO beachten, welche die ausschließliche Anwendbarkeit nach VO 1/2003 festlegt. In diesem Zusammenhang fallen die rein konzentrativen GU – wobei die Rolle der Muttergesellschaften

---

884 BGH, v. 27.05.1986, KVR 7/84, WuW/E BGH, 2276, 2280 – Süddeutscher Verlag/Donau-Kurier; KG, 15.03.1979, WuW/E OLG 2113, 2119 – Steinkohlestromerzeuger. Vgl. *Bechtold/Bosch*, GWB, § 37 Rn. 49; *Paschke*, in: FK, § 37 GWB Rn. 109.

885 *Kallfaß*, in: Langen/Bunte, Kartellrecht, § 37 GWB Rn. 66.

886 *Thomas*, in: Immenga/Mestmäcker, GWB, § 37 Rn. 386.

887 BGH, v. 27.05.1986, KVR 7/84, WuW/E BGH 2276, 2282 – Süddeutscher Verlag/Donau-Kurier.

888 Vgl. *Thomas*, in: Immenga/Mestmäcker, GWB, § 37 Rn. 383 ff.

889 *Kallfaß*, in: Langen/Bunte, Kartellrecht, § 37 GWB Rn. 60.

und des GU i. S. d. Umsatzes groß und die zwischenstaatlichen Konsequenzen auf dem Binnenmarkt wettbewerblich erheblich sein können – schon in den Zuständigkeitsbereich der Kommission, und aus diesem Grund regelt der deutsche Gesetzgeber nur die übrigen GU (§ 35 Abs. 3 GWB), die im Allgemeinen den Wettbewerb europaweit nicht so stark beeinträchtigen können. Ähnlich dem türkischen Recht will der Gesetzgeber nur in die innerstaatlichen erheblichen Beeinträchtigungen des Zusammenschlusses eingreifen und dafür ist eine Grenze gesetzt, um die risikotragenden Zusammenschlüsse zu erfassen.

Die Rechtssicherheit bei der Rechnung von Umsatzerlösen ist besonders für die deutsche Zusammenschlusskontrolle beträchtlich. Weil das Erreichen der FKVO-Umsatzschwellen die Klassifizierung der anzumeldenden Gemeinschaftsunternehmen völlig ändern kann, sind infolgedessen die Zusammenschlusstatbestände der Vollfunktions-GU nach FKVO oder der konzentrativen Gemeinschaftsunternehmen nach GWB zu unterscheiden.[890] Wenn die Schwellen der FKVO nicht erreicht werden, kann ein GU schon mit einer 25 %-Beteiligung vorliegen und das Konzentrationsprivileg nicht beanspruchen. Obwohl die Türkei noch kein Mitgliedstaat ist, hat sie dennoch das Fusionskontrollrecht schon an das europäische Recht angepasst und die Eigenschaft der Vollfunktionalität zusammen mit dem Konzentrationsprivileg übernommen. Aber Deutschland bevorzugt es, auch mit der neuen Novelle des GWB den Zustand bezüglich der GU nicht an europäisches Recht anzupassen.

Wie in anderen Systemen werden die Umsätze der beteiligten Unternehmen von dem letzten Geschäftsjahr zugerechnet. In diesem Sinne hat der deutsche Gesetzgeber im Vergleich zum türkischen Recht relativ höhere Umsatzschwellen. Die deutsche Fusionskontrolle setzt – im Gegensatz zum türkischen Recht – unkomplizierte und kumulative Umsatzschwellen für die Anwendung der Fusionskontrollregeln voraus. Die beteiligten Unternehmen sollen insgesamt weltweit Umsatzerlöse von 500 Mio. Euro, mindestens ein beteiligtes Unternehmen im Inland von mehr als 25 Mio. Euro und ein anderes beteiligtes Unternehmen auch im Inland von mehr als 5 Mio. Euro erzielen. Diese zweite Voraussetzung versucht die Inlandswirkungen der Zusammenschlüsse zu erfassen, was vom Auswirkungsprinzip nach § 130 Abs. 2 GWB geleistet werden soll. In diesem Zusammenhang ist, obwohl die Schwellenwerte überschritten sind, zu untersuchen, ob die Inlandswirkung nach Generalklausel (§ 130 Abs. 2 GWB) zu verneinen ist.[891]

Stattdessen verweist die TR-FKVO auf zwei Möglichkeiten für das Aufgreifen der Fusionskontrolle: Eine bezieht sich nur auf relativ starke Marktteilnehmer auf inländischem Markt, und die andere bezieht sich auf neu auf dem Markt auftretende globale Unternehmen. Weil Deutschland sich wirtschaftlich besser entwickelt hat, ist auch zu erwarten, dass es zugleich höhere Schwellenwerte für die Fusionskontrolle umsetzt. Aber im Vergleich der weltweiten Umsätze hat wiederum das türkische Fusionskontrollrecht mit 500 Mio. TL geringere Schwellenwerte festgesetzt. Bei

890 Vgl. *Bechtold/Bosch*, GWB, § 35 Rn. 14.
891 Vgl. *Wessely*, in: MüKoGWB, § 35 Rn. 22 f.

der Inlandsauswirkung hat das türkische Fusionskontrollrecht dagegen strengere Schwellenwerte festgesetzt, wobei nur die inländischen Zusammenschlüsse ohne weltweite Umsätze erfasst werden. Infolgedessen ist zu erwarten, dass in der Türkei mehr konzentrative Gemeinschaftsunternehmen der Anmeldepflicht unterliegen werden.

Bei der Berechnung von Umsatzerlösen ist im deutschen Fusionskontrollrecht besonders die Teilfusion der Mütter zu beachten. Da gemäß § 37 Abs. 1 Nr. 3 GWB ein fiktiver horizontaler Zusammenschluss zustande kommt, werden die Gesamtumsätze der Muttergesellschaften – die im vorbezeichneten Umfang Anteile an dem Gemeinschaftsunternehmen haben – und nicht nur die Umsätze auf dem Tätigkeitsgebiet des GU für die formelle Fusionskontrolle nach § 35 Abs. 1 GWB berücksichtigt.[892] Also, wenn die Muttergesellschaften gleichzeitig die Zusammenschlusstatbestände der Mitkontrolle nach § 37 Abs. 1 Nr. 2 GWB und dem Anteilserwerb nach § 37 Abs. 1 Nr. 3 erfüllen, ist der Gesamtumsatz der Muttergesellschaften als beteiligte Unternehmen mitzurechnen. Aber bei der gemeinsamen Kontrolle nach § 37 Abs. 1 Nr. 2 GWB spricht die Regelung von dem vertikalen Verhältnis zwischen dem einzelnen mitkontrollierenden Unternehmen und dem GU.[893] Da ein ähnlicher fiktiver Zusammenschluss zwischen den kontrollierenden Unternehmen wie nach § 37 Abs. 1 Nr. 3 S. 3 GWB fehlt, können die Umsätze von einer Muttergesellschaft zusammen mit dem GU unterhalb der Schwelle liegen, wenn also der Umsatz von der anderen Muttergesellschaft nicht zugerechnet wird.[894] Deshalb sind alle beherrschenden Unternehmen, auch nach § 38 Abs. 5 S. 2 GWB, bei der 25 %-Beteiligung und der gemeinsamen Kontrolle als beteiligt anzusehen. Demzufolge ist für die Umsatzberechnung und für die Anwendung der effektiven Fusionskontrolle – auch das europäische Fusionskontrollrecht rechnet die Umsätze von den kontrollierenden Unternehmen als beteiligte Unternehmen zusammen – erheblich.[895] Auf der anderen Seite sollte nach einer Ansicht in der Literatur die Fiktion von § 37 Abs. 1 Nr. 3 S. 3 GWB auf die gemeinsame Kontrolle entsprechend angewendet werden, weil auch die Gesamtumsatzberechnung der mitkontrollierenden Unternehmen zu einem fiktiven horizontalen Zusammenschluss führt wie nach § 37 Abs. 1 Nr. 3 S. 3 GWB; diese Ansicht wurde aber von der Rechtsprechung und größtenteils in der Literatur abgelehnt, weil solche fiktive Teilfusion eingeschränkt nur auf solche Gemeinschaftsunternehmen vorgesehen sei.[896]

---

892 *Bechtold/Bosch*, GWB, § 37 Rn. 33.

893 KG, 13.06.1979, WuW/E OLG 2145, 2146 – Sonntag Aktuell II. Der Gesetzgeber hat solche Fiktion des horizontalen Zusammenschlusses bewusst ausgelassen und wegen der Enumeration der Zusammenschlusstatbestände sind Erweiterungen durch Analogie nicht erlaubt.

894 *Bechtold/Bosch*, GWB, § 37 Rn. 16 f.

895 Vgl. *Thomas*, in: Immenga/Mestmäcker, GWB, § 37 Rn. 235 ff.; *Kallfaß*, in: Langen/Bunte, Kartellrecht, § 37 GWB Rn. 33.

896 Vgl. *Bechtold/Bosch*, GWB, § 37 Rn. 17. Die Begründung verweist auf die Regelung für den Veräußerer im Fall der Mitkontrolle und 25 % Anteilserwerb; dagegen,

Darüber hinaus bringt das deutsche Fusionskontrollrecht weitere Einschränkungen für die Aufgreifkriterien. Gemäß § 35 Abs. 2 S. 1 GWB wurde eine Anschlussklausel oder sogenannte Toleranzklausel in das Gesetz eingebracht, um den Zusammenschluss für die kleinen und mittleren Unternehmen bezüglich der Fusionskontrolle zu erleichtern.[897] Wenn sich ein nicht abhängiges Unternehmen nach § 36 Abs. 2 GWB mit weltweiten Umsatzerlösen von weniger als 10 Mio. Euro im letzten Geschäftsjahr mit einem anderen Unternehmen zusammenschließt, sind solche Fusionen nicht als anmeldepflichtig anzusehen. Der Zweck dahinter ist die Erleichterung des Ausscheidens von kleinen und mittleren Unternehmen. Diese Vorschrift ist besonders wesentlich für die GU, weil deren Anwendung zu unterschiedlichen Folgen führen kann.

Bei der Neugründung von Gemeinschaftsunternehmen nach deutschem Recht ist die Vorschrift auch auf diesen Fall anwendbar, weil sich die kleinen Unternehmen durch Gründung eines GU auch zusammenschließen können.[898] Daraus folgt, dass, wenn „ein kleines Unternehmen sich zur Geschäftsausweitung an einem Gemeinschaftsunternehmen mit einem Großunternehmen beteiligt,"[899] die Anschlussklausel für alle Zusammenschlusstatbestände der Kleinunternehmen anwendbar ist.

Auf diese Weise kann die gemeinsame Kontrolle an einem anderen Kleinunternehmen zwischen einem großen Unternehmen und einem kleinen Unternehmen auch unter die Anwendung der Anschlussklausel fallen, falls die Umsätze des neu gegründeten GU und der kleinen Muttergesellschaft auch jeweils unter 10 Mio. Euro bleiben.[900] Ferner kann das Großunternehmen die Anteile an dem gemeinsam kontrollierten kleinen Unternehmen von der anderen kleinen Muttergesellschaft erwerben, wenn die Umsätze von beiden kleinen Unternehmen zusammen die Schwelle nicht überschreiten.[901] Oder umgekehrt, wenn ein kleines Unternehmen zusammen mit einem großen Unternehmen ein großes Unternehmen gemeinsam beherrscht und die kleine Muttergesellschaft die Anteile der großen Muttergesellschaft an dem GU erwirbt, dann wird der Umsatz von dem gemeinsam beherrschten großen Unternehmen nicht dem kleinen Unternehmen hinzugerechnet, da sämtliche Erwerbe von Anteilen bei solchen beteiligten Unternehmen nicht schlechter gestellt werden dürfen als bei einem Erwerb in einem Schritt.[902] Daraus folgt, dass sich ein

KG, 13.06.1979, WuW/E OLG 2145, 2146 – Sonntag Aktuell II; *Kallfaß,* in: Langen/Bunte, Kartellrecht, § 37 GWB Rn. 33; *Mäger,* in: MüKoGWB, § 39 Rn. 16.

897 Vgl. *Bechtold/Bosch,* GWB, § 35, Rn. 39.

898 KG, 16.06.1981, WuW/E OLG 2507, 2511 ff. – Veba- Stadtwerke Wolfenbüttel, als die „sich-anschließen"-Klausel entfallen ist, ist die Neugründung von Gemeinschaftsunternehmen durch Einbringung von Vermögenswerten von der Anschlussklausel inbegriffen.

899 BKartA, TB 1999/2000, BT-Drucks. 14/6300, S. 17 f.

900 Vgl. *Wessely,* in: MüKoGWB, § 35 Rn. 38.

901 BKartA, TB 1999/2000, BT-Drucks. 14/6300, S. 17 f.

902 Vgl. BKartA, TB 1999/2000, BT-Drucks. 14/6300, S. 17 f.

Unternehmen mit vielen Unternehmen zusammenschließen kann, die jeweils nicht mehr als 10 Mio. Euro Umsatz haben.[903]

Wenn es sich aber statt um eine gemeinsame Beherrschung um ein Gemeinschaftsunternehmen nach § 37 Abs. 1 Nr. 3 S. 3 GWB handelt, kann der Zusammenschluss von der Anwendung der Anschlussklausel ausgeschlossen sein. Denn nun muss der partielle Zusammenschluss von Muttergesellschaften auch berücksichtigt werden. Wenn zwei Großunternehmen zusammen mehr als 50 % der Anteile an einem Kleinunternehmen erwerben und dadurch nach § 37 Abs. 1 Nr. 3 S. 3 GWB ein GU gründen, soll der Zusammenschluss zwischen den Erwerbern auch kontrollpflichtig sein, obwohl die vertikalen Zusammenschlüsse zwischen dem GU und einer der Muttergesellschaften die Schwelle nach § 35 Abs. 2 GWB nicht überschreiten. Aber immerhin würde durch den horizontalen Zusammenschluss von beiden Großunternehmen die Umsatzschwelle überschritten werden.[904]

In diesem Zusammenhang – wenn die Anteile von bislang nicht abhängigen kleinen oder mittleren Unternehmen von mehreren Unternehmen erworben werden – entfällt durch diese Teilfusion der Mütter die Privilegierung nach der Anschlussklausel (Art. 35 Abs. 2 S. 1 GWB), weil „angesichts der Einheitlichkeit des Zusammenschlusses im Fall des § 37 Abs. 1 Nr. 3 Satz 3 GWB nicht lediglich der fiktive Zusammenschluss der Mütter der Kontrollpflicht unterworfen werden kann“[905]. Wenn aber das GU nur zwei Muttergesellschaften hat, und eine davon einen Umsatz unter der Schwelle des GU erwirtschaftet, dann kann angenommen werden, dass es sich gemäß § 37 Abs. 1 Nr. 3 S. 3 GWB um einen Zusammenschluss der zwei Muttergesellschaften handelt. Dies ist der Fall, wenn der direkte Anteilserwerb einer der Muttergesellschaften von der anderen Muttergesellschaft der Anschlussklausel unterfällt. Ebenso kann dann die Anschlussklausel von den Muttergesellschaften des GU in Anspruch genommen werden.[906]

Ferner findet auch § 35 Abs. 2 S. 1 GWB Anwendung, wenn mehrere Unternehmen einen wettbewerblich erheblichen Einfluss gemäß § 37 Abs. 1 Nr. 4 GWB haben; in diesem Fall findet aber ein fiktiver horizontaler Zusammenschluss nicht statt und deshalb sind die einzelnen Zusammenschlüsse untereinander zu berücksichtigen.[907]

Auf der anderen Seite tritt gemäß § 38 Abs. 5 S. 2 GWB die Fusionskontrollpflichtigkeit mit Inkrafttreten der 8. GWB-Novelle bei der Veräußerung von Unternehmensteilen auch ein, wenn nach solchen Veräußerungen der Veräußerer nach dem Zusammenschluss die Mitkontrolle gemäß § 37 Abs. 1 Nr. 2 GWB behält oder wenn er 25 % oder mehr der Anteile weiter behält. In diesem Fall ist der Umsatz des Veräußerers auch zu berücksichtigen; da er eine relevante Beteiligung hat und die

903 Vgl. *Kallfaß,* in: Langen/Bunte, Kartellrecht, § 35 GWB Rn. 33.
904 Vgl. *Wessely,* in: MüKoGWB, § 35 Rn. 39.
905 *Bauer,* in: Loewenheim/Meesen/Riesenkampff, Kartellrecht, § 35 GWB Rn. 9; *Bach,* in: MüKoGWB, § 37 Rn. 99; BKartA, 24.05.2002, B10-248/01, WUW/E DE-V 677, 679 – RWE Nord.
906 Vgl. *Kallfaß,* in: Langen/Bunte, Kartellrecht, § 35 GWB Rn. 33.
907 Ebenda.

Verbindung zwischen dem Erwerber, dem Veräußerer und dem Unternehmen weiter andauert. Aus diesem Grund sollen auch die Ressourcen des Veräußerers berücksichtigt werden.[908] Als Folge davon können die gesamten Umsätze des Veräußerers die Schwellenwerte nach der Anschlussklausel überschreiten und die Kontrollpflicht herbeiführen. In diesem Zusammenhang, wenn also durch die beibehaltene Kontrolle oder die beibehaltenen Anteile des Veräußerers ein GU entsteht, wird der Veräußerer auch als materiell an dem Zusammenschluss beteiligt angesehen und wird unter den beteiligten Unternehmen aufgelistet, deren Umsätze nach § 35 Abs. 1 GWB mitzurechnen sind.[909]

Obwohl der Gesetzgeber mit der 8. Novelle § 38 Abs. 5 GWB an Art. 5 Abs. 2 FKVO anpassen wollte und nur der veräußerte Umsatz mitgerechnet werden sollte, führte die differenzierte Auffassung von Zusammenschlüssen nach deutschem Fusionskontrollrecht zu Abweichungen.[910] Obwohl der Begriff „beteiligtes Unternehmen" in vielen Vorschriften benannt ist, hat der Gesetzgeber für die Zusammenschlusskontrolle keine Definition festgesetzt, da dieser materiell-rechtliche Begriff nach verschiedenen Zusammenschlusstatbeständen unterschiedliche „beteiligte Unternehmen" hervorbringen kann.[911]

b) Materielle Beurteilung von konzentrativen Gemeinschaftsunternehmen nach deutschem Wettbewerbsrecht

Wie bereits erwähnt wurde, hat das deutsche Recht den Test für die Analyse der Marktstrukturveränderungen vom Marktbeherrschungs- zum SIEC-Test geändert. Das Ziel dieser Änderung war die Angleichung der materiellen Beurteilungsmaßstäbe an die europäische Fusionskontrolle. Als der Gesetzesentwurf diskutiert wurde, hatte der Gesetzgeber mit dem Test das Ziel verbunden, „erhebliche Behinderung des wirksamen Wettbewerbs" (SIEC-Test) zu verhindern. Die Auswirkungen von unkoordinierten Effekten der Oligopolsachverhalte sowie die Preissetzungsmöglichkeiten von Unternehmen ohne marktbeherrschende Position sollten in die materielle Fusionskontrolle miteinbezogen werden. Auf der anderen Seite liegt ein weiterer Grund darin, die auf die Marktstruktur auswirkenden wettbewerblichen Möglichkeiten von vertikalen und konglomeraten Zusammenschlüssen in der materiellen Beurteilung von Zusammenschlüssen erfassen zu können. Denn diese können unmittelbare wettbewerbsschädigende Auswirkungen zeigen.[912] Mit dem SIEC-Test sollte diese sogenannte Schutzlücke des Marktbeherrschungstests

---

908 Vgl. *Kallfaß*, in: Langen/Bunte, Kartellrecht, § 35 GWB Rn. 17; vgl. *Bechtold/Bosch*, GWB, § 35 Rn. 41.

909 Vgl. *Emmerich*, Kartellrecht, § 32 Rn. 7.

910 Vgl. *Kallfaß*, in: Langen/Bunte, Kartellrecht, § 35 GWB Rn. 17.

911 Vgl. *Bechtold/Bosch*, GWB, § 35 Rn. 31.

912 RegBegr. zum RegE, BT-Drucks. 17/9852, S. 28.

vermieden werden.[913] Als Regelbeispiel bleibt aber die Begründung oder Verstärkung einer marktbeherrschenden Stellung in Anwendung. Aber dennoch kann nicht nur die Begründung oder Verstärkung einer marktbeherrschenden Stellung, sondern mit dem neuen Test kann auch die „Erheblichkeit" solcher Wettbewerbsbehinderungen untersucht werden.[914]

Ein unterschiedlicher Maßstab für die materielle Beurteilung kann auch für konzentrative Gemeinschaftsunternehmen an Bedeutung gewinnen, da nicht nur die Marktstrukturveränderung, sondern auch weitere Wettbewerbsauswirkungen der Fusionen beachtet werden können, insbesondere wenn die nicht-koordinierten Effekte unterhalb der Marktbeherrschungsschwelle auftreten. Obwohl das BKartA auch für Gemeinschaftsunternehmen solche Fälle im Marktbeherrschungstest vorher ohne Erwähnung einer Schutzlücke untersucht hat,[915] können durch diesen ökonomischen Beurteilungsmaßstab auch bei der Gründung von Gemeinschaftsunternehmen erweiterte Auswirkungen auf den oligopolistischen Märkten beachtet werden, und zwar ohne die Feststellung einer kollektiven Marktbeherrschung, weil der SIEC-Test die Marktbeherrschung nur als ein Regelbeispiel anwendet.[916]

Der materielle Test ist an das europäische Recht angeglichen worden und dadurch können die Fälle von erheblicher Behinderung des wirksamen Wettbewerbs bei den Fusionen in ähnlicher Weise aufgefangen werden. Es bleiben aber die Zusammenschlusstatbestände im deutschen Recht divers. Diese Unterschiedlichkeit des deutschen Fusionskontrollrechts gilt zumeist für die konzentrativen Gemeinschaftsunternehmen. In diesem Zusammenhang ist zu bemerken, dass einige Auslegungsabweichungen bei der materiellen Beurteilung immer noch zu sehen sind.

---

913 *Säcker*, Entwicklung der europäischen Praxis aus deutscher Sicht und Bindungswirkung der europäischen Praxis bei Übernahme des SIEC-Tests in deutsches Recht, WuW 2010, 370, 372 ff.; *Ritter/Käseberg*, Der Regierungsentwurf zur 8. GWB-Novelle, WuW 2012, 661, 674 f.: *Ewald*, Der SIEC-Test im deutschen Recht: Grundansatz, materielle Detailfragen und praktische Auswirkungen aus ökonomischer Sicht, WuW 2014, 261, 268 f.; dagegen wird auch in der Literatur vertreten, dass der Marktbeherrschungstest diese Fallkonstellationen miterfasst. Vgl. *Bechtold*, Die 8. GWB-Novelle, NZKart 2013, 263, 266; *Kühnen*, Der SIEC-Test in der deutschen Fusionskontrolle, WuW 2012, 458, 460 f.

914 *Bechtold/Bosch*, GWB, § 36 Rn. 23, „Deswegen ist es falsch, wenn Abs. 1 so ausgelegt wird, dass das Regelbeispiel der Begründung oder Verstärkung einer marktbeherrschen Stellung von vornherein auch die „Erheblichkeit" einschließe."; a. A.: vgl. *Kallfaß*, in: Langen/Bunte, Kartellrecht, § 36 GWB Rn. 28, wenn die Begründung oder Verstärkung von einer marktbeherrschenden Stellung festgestellt ist, soll die Erheblichkeit nicht weiter geprüft werden; vgl. *Lettl*, Wettbewerbsbehinderung und Marktbeherrschung in der Fusionskontrolle, WRP 2012, 274, 276 ff.

915 *Kallfaß*, in: Langen/Bunte, Kartellrecht, § 36 GWB Rn. 14; BKartA, 30.01.2012, B9-125/11 – Häfen Köln/Neuss-Düsseldorfer Häfen (GU).

916 Vgl. *Säcker*, Entwicklung der europäischen Praxis aus deutscher Sicht und Bindungswirkung der europäischen Praxis bei Übernahme des SIEC-Tests in deutsches Recht, WuW 2010, 370, 372 und 375.

Auch zwischen dem türkischen, das an das europäische Recht angeglichen wurde, und dem deutschen Fusionskontrollrecht besteht der gleiche Unterschied.

Da das deutsche Fusionskontrollrecht mit der 8. GWB-Novelle die Abgrenzung von Vollfunktions-GU nicht übernommen hat und das Prinzip der Doppelkontrolle weiterverfolgt, ist die Anwendung des Kartellverbots und des Fusionskontrollrechts auf Gemeinschaftsunternehmen – wie im europäischen und türkischen Wettbewerbsrecht – nicht strikt voneinander zu trennen. In Bezug auf konzentrative Gemeinschaftsunternehmen versuchte das BKartA unterscheidende Kriterien vorzulegen, um die rein konzentrativen GU von den kooperativen GU abzugrenzen und dadurch die bestimmten GU vom Anwendungsbereich des Kartellverbots auszuschließen.[917] Diese Verwaltungsgrundsätze für die konzentrativen Gemeinschaftsunternehmen wurden aber vom BGH in der Mischwerkeentscheidung definitiv nicht akzeptiert. Obwohl die Abgrenzung in der Lehre von konzentrativen und kooperativen GU eine Abgrenzungshilfe bei der Anwendung der Fusionskontrolle und des Kartellverbots zur Grundlage hat, sollten die Tatbestände des Einzelfalles beachtet werden, weil es nur wegen *der gewählten äußeren Form maßgeblich auf die materiellen Auswirkungen* nicht ankommt.[918]

Als Folge der oben genannten Gründe setzen die Zusammenschlusstatbestände der deutschen Fusionskontrolle keine Selbstständigkeit oder Dauerhaftigkeit voraus, um nur besonders strukturverändernde Zusammenschlüsse zu berücksichtigen. Der Gesetzgeber bevorzugt es, die wettbewerbsrechtliche Kontrolle voneinander separat durchzuführen, da sie verschiedenen Schutzzwecken diene. Es spiegelt sich aber immerhin der in der Lehre verwendete Abgrenzungsfall von konzentrativen und kooperativen Gemeinschaftsunternehmen in der Rechtsprechung wider. Nach der Rechtsprechung entsteht ein konzentratives Gemeinschaftsunternehmen dann,

---

917 BKartA, TB 1978, BT-Drucks. 8/2980, S. 23 f.:
„Das Bundeskartellamt sieht ein Gemeinschaftsunternehmen als rein konzentrativ an, wenn
- *es sich um ein funktionsfähiges Unternehmen mit den wesentlichen Unternehmensfunktionen handelt;*
- *es marktbezogene Leistungen erbringt und nicht ausschließlich oder überwiegend auf einer vor- oder nachgelagerten Stufe für die Muttergesellschaft tätig ist;*
- *die Muttergesellschaften selbst auf dem sachlichen Markt des Gemeinschaftsunternehmens nicht oder nicht mehr tätig sind. Unter diesen Voraussetzungen wendet das Bundeskartellamt das Kartellverbot des § 1 jedenfalls nicht auf folgende Tatbestände an:*
- *auf die Gründung von rein konzentrativen Gemeinschaftsunternehmen;*
- *auf Wettbewerbsverbote, soweit sie in sachlicher, räumlicher und zeitlicher Hinsicht nicht über den Gegenstand des rein konzentrativen Gemeinschaftsunternehmens hinausgehen;*
- *auf andere wettbewerbsbeschränkende Nebenabreden, die für die Funktionsfähigkeit des Gemeinschaftsunternehmens erforderlich sind.“*

918 BGH, v. 13.03.1979, KVR 1/77, WuW/E BGH 2169, 2170 – Mischwerke.

wenn das GU als eine „selbstständige Wirtschaftseinheit“ in Erscheinung tritt und „deren Gesellschafter auf die bloße Wahrnehmung ihrer Kapitalbeteiligungen beschränkt sind.“[919] Für ein rein konzentratives GU wird deshalb erwartet, dass die Muttergesellschaften ihre Tätigkeiten vergemeinschaften und einem funktionsfähigen Gemeinschaftsunternehmen überlassen, wobei die Muttergesellschaften nicht mehr auf dem gleichen sachlichen und räumlichen Markt tätig bleiben. Dies ist jedenfalls eine Regelerwartung, aber nicht eine Beweisregel oder Vermutung. Wenn beide Muttergesellschaften auf dem Markt des GU weiter tätig bleiben, dann ist regelmäßig eine Wettbewerbsbeschränkung von dem Vorhaben zu erwarten.[920] Es müssen aber die Umstände des Einzelfalles betrachtet werden, ob tatsächlich die Gefahr von wettbewerbsbeschränkendem Verhalten zwischen den Muttergesellschaften entsteht.[921] Solche kooperativen Gemeinschaftsunternehmen werden im Teil „Kooperative Vollfunktions-GU“ mit anderen Rechtssystemen verglichen, daher wird in diesem Teil der Arbeit lediglich die materielle Beurteilung von konzentrativen GU behandelt.

Bei der materiellen Untersuchung sind die horizontalen, vertikalen und konglomeraten Gemeinschaftsunternehmen nach ihrem Grad der Auswirkung auf den wirksamen Wettbewerb jeweils unterschiedlich zu beurteilen. Bisher wurde die Marktbeherrschung mithilfe von Vermutungen nach § 18 (§ 19 a. F.) GWB festgestellt, nun wird als Regelbeispiel im SIEC-Test immerhin auf die gleiche Marktbeherrschungsvermutung verwiesen. Aus diesem Grund können bei der Anwendung dieser Vermutungen – besonders für die Gemeinschaftsunternehmen mit der sogenannten Teilfusion der Mütter nach § 37 Abs. 1 Nr. 3 S. 3 GWB – diverse Folgen entstehen. Als die formelle Fusionskontrolle die Zusammenrechnung von Ressourcen der Muttergesellschaften des GU durch Teilfusion der Mutter ermöglicht, aber die materielle Fusionskontrolle eine weitere Prüfung voraussetzt, um herauszufinden, ob die Umstände des Falls solche Zurechnung von Ressourcen der Muttergesellschaften rechtfertigen können.[922]

---

919 BGH, v. 13.03.1979, KVR 1/77, WuW/E BGH 2169, 2175 – Mischwerke; OLG Frankfurt, 01.12.1988, WuW/E OLG 4323, 4324 – Nassauische Landeszeitung.

920 Vgl. *Bach*, Gemeinschaftsunternehmen nach dem „Ost-Fleisch“ – Beschluss des BGH, ZWeR 2003, 187, 192; *Ulshöfer*, Die Auflösung von Gemeinschaftsunternehmen im Lichte der Nord-KS-Entscheidung des BGH, WuW 2011, 820, 822 f.; BGH, v. 04.03.2008, KVZ 55/07, WuW/E DE-R 2361, 2363 – Nord-KS/Xella.

921 BGH, v. 04.03.2008, KVZ 55/07, WuW/E DE-R 2361, 2363 – Nord-KS/Xella, *„Ob es sich auch im Einzelfall so verhält, ist aufgrund einer Gesamtbetrachtung der wirtschaftlichen Zusammenhänge und Auswirkungen zu beurteilen, wobei im Allgemeinen von einem wirtschaftlich zweckmäßigen und kaufmännisch vernünftigen Verhalten der Unternehmen auszugehen ist.“* BGH, v. 08.05.2001, KVR 12/99, WuW/E DE-R 711 ff. – Ostfleisch; BGH, v. 04.10.1983, KVR 3/82, WuW/E BGH 2025, 2027 f. – Gemeinschaftsunternehmen für Mineralölprodukte. (Texaco – Zerssen)

922 *Westermann/Bergmann*, in: Fett/Spiering, Handbuch Joint Venture, 5. Kap. Rn. 113.

Die Zusammenschlusstatbestände des deutschen Fusionskontrollrechts führen zu einer ausgeweiteten Definition von konzentrativen Gemeinschaftsunternehmen, insbesondere bei der Teilfusion der Muttergesellschaften gemäß § 37 Abs. 1 Nr. 3 S. 3 GWB. Als Folge davon kommt in Betracht, verschiedene wirtschaftliche bzw. wettbewerbliche Einheiten zu bilden, die nach dem Zusammenschluss mit veränderter Kapazität von Ressourcen auf den Markt treten, und sich deshalb mit dem neuen Umfang von Ressourcen bzw. damit verbundenen Marktanteilen auf den Wettbewerb und die Marktstruktur erheblich auswirken können. Es ist umstritten, ob alle Zusammenschlusstatbestände nach § 37 Abs. 1 GWB eine wirtschaftliche Einheit bilden, wobei die Zurechnung von Ressourcen möglich wäre;[923] solche Vermutung wurde aber von der Rechtsprechung abgelehnt, da die Einzelheiten des Falls untersucht werden müssen, um von einer wirtschaftlichen oder wettbewerblichen Einheit sprechen zu können.[924] In Bezug auf Zusammenschlusstatbestände von Vermögenserwerb und Kontrollerwerb (§ 37 Abs. 1 Nr. 1 und 2 GWB) ist das Konzept der wirtschaftlichen Einheit mit Verweis auf die Verbundklausel (§ 36 Abs. 2 GWB) nach einigen Ansichten in der Literatur zu bejahen, da mit dem beherrschenden Einfluss von einer wirtschaftlichen Einheit bzw. einer wettbewerblichen Einheit ausgegangen werden kann.[925] Im Gegensatz dazu sind die Muttergesellschaften des GU nicht einfach als eine wirtschaftliche Einheit anzusehen, weil zwischen ihnen keine Beherrschung entsteht, wie es in deren Verhältnis zum GU besteht.[926] Deswegen sollte die wettbewerbliche Einheit von der wirtschaftlichen Einheit unterschieden werden.[927] Bei der wettbewerblichen Einheit – obwohl nicht immer von einem beherrschenden Einfluss von Unternehmen zu sprechen ist – dürfen die Ressourcen der verbundenen Unternehmen zusammengerechnet werden, da diese Ressourcen nach der Fusion zur Verfügung gestellt werden und nach den Interessen der verbundenen Unternehmen eingesetzt werden können.[928] Diese Abgrenzung kann besonders erheblich für Gemeinschaftsunternehmen i. S. v. Anteilserwerb sein, obwohl dies keine Bedeutung für die materielle Kontrolle hat, weil die Muttergesellschaften

923 MK, HauptGA I, Rn. 877, wobei jeder Zusammenschluss eine wirtschaftliche Einheit unter § 37 Abs. 1 GWB bildet; danach, MK, HauptGA IV, Rn. 570 ff. Solche wirtschaftliche Einheit entsteht i. d. R. nur, wenn dies als widerlegbare Vermutung angenommen wurde.

924 BGH, v. 12.12.1978, KVR 6/77, WuW/E BGH 1533, 1538 – Erdgas Schwaben.

925 Vgl. *Kallfaß*, in: Langen/Bunte, Kartellrecht, § 36 GWB Rn. 6; *Rieger*, in: FK, § 36 GWB Rn. 14 und 18; *Bechtold/Bosch*, GWB, § 36 Rn. 15. Beim Kontrollerwerb jeweils eine wirtschaftliche Einheit mit einem mitkontrollierenden Unternehmen und das GU; *Thomas*, in: Immenga/Mestmäcker, GWB, § 36 Rn. 686.

926 *Thomas*, in: Immenga/Mestmäcker, GWB, § 36 Rn. 686 ff.

927 Vgl. *Fischer*, Wettbewerbliche Einheit und Fusionskontrolle, 27 ff., wo es sich bei der wirtschaftlichen Einheit aktienrechtlich um beherrschenden Einfluss nach Verbundklausel handelt, aber die wettbewerbliche Einheit stellt sich niemals enger als wirtschaftliche Einheit dar.

928 *Fischer*, Wettbewerbliche Einheit und Fusionskontrolle, 27 ff.

nicht als eine wirtschaftliche Einheit auf dem Markt des GU auftreten.[929] Deshalb findet eine automatische materielle Prüfung keine Grundlage;[930] jedoch in Einzelfällen kann sich daraus aber eine wettbewerbliche Einheit durch die Teilfusion ergeben, wenn eine der Muttergesellschaften vorhat, „die Ressourcen des anderen Anteilseigners entweder im Wettbewerb einzusetzen oder ihre Wirksamkeit im Verhältnis zur eigenen Tätigkeit auszuschließen, eine Erweiterung des vom Wettbewerb nicht mehr genügend kontrollierten Verhaltensspielraumes stattfindet oder wahrscheinlich stattfinden werde“[931]. In diesem Zusammenhang führt die Zusammenschlussfiktion zur Zusammenrechnung von Ressourcen auf dem relevanten Markt – wo das GU tätig bleibt –, aber es kommt nicht zu einer vollständigen Zusammenrechnung von Ressourcen der Muttergesellschaften, weil sie ihre Selbstständigkeit immerhin behalten[932] und weiter im Wettbewerb stehen.[933] Deshalb soll dieser Begriff nicht die Erweiterung der Verbundklausel herbeiführen.[934] Wenn im Grunde so eine wettbewerbliche Einheit u. U. festgestellt wurde, dann kann die Zurechnung von Ressourcen bzw. der Marktanteile zu dem Regelbeispiel von Verstärkung/Begründung der marktbeherrschenden Stellung führen und dadurch die erhebliche Beeinträchtigung des wirksamen Wettbewerbs hinzukommen. Darüber hinaus können sich verschiedene wettbewerbsbeschränkende Auswirkungen durch Unternehmensverbindung der Muttergesellschaften über das GU ergeben,[935] welche die Gruppeneffekte der kooperativen GU verursachen. Wenn sich die beteiligten Unternehmen i. S. d. Muttergesellschaften des GU immerhin tatsächlich als Konkurrenten auf den anderen Märkten gegenüberstehen, dann ist solche wettbewerbliche Einheit bzw. Zurechnung von Ressourcen bei der materiellen Kontrolle nicht zu berücksichtigen.[936] Wenn das GU ein rein konzentratives GU ist – wobei die beteiligten Unternehmen diesbezügliche Tätigkeit in das GU einbringen – dann ist von einem Gruppeneffekt nicht zu sprechen.[937] Jedoch die Verstärkung/Begründung einer marktbeherrschenden Stellung durch die Gründung eines GU kann auch ohne Gruppeneffekt verwirklicht werden; ferner kann auch die Feststellung von einer wettbewerblichen Einheit eine marktbeherrschende Stellung durch die Verflechtung

929 Vgl. *Richter*, in: Wiedemann, Handbuch des Kartellrechts, § 20 Rn. 134, weil die beteiligten Unternehmen ihre selbstständige wirtschaftliche Einheit nicht in dem GU aufgeben.

930 Vgl. *Bechtold/Bosch*, GWB, § 36 Rn. 17, § 37 Rn. 34; *Kallfaß*, in: Langen/Bunte, Kartellrecht, § 36 GWB Rn. 6.

931 BGH, v. 12.02.1980, KVR 4/79, WuW/E BGH 1763, 1765 – Bituminöses Mischgut.

932 *Richter*, in: Wiedemann, Handbuch des Kartellrechts, § 20 Rn. 134.

933 BKartA, 22.05.2001, B 3 – 11/01, WuW/E DE-V 473, 478 – Burgmann-Freudenberg.

934 BGH, v. 19.12.1995, KVR 6/95, WuW/E BGH 3037, 3038 – Raiffeisen.

935 Vgl. *Thomas*, in: Immenga/Mestmäcker, GWB, § 36 Rn. 694.

936 *Crede*, in: Schulte, Hdb. Fusionskontrolle, Rn. 161.

937 Vgl. *Richter*, in: Wiedemann, Handbuch des Kartellrechts, § 20 Rn. 134; *Bechtold/Bosch*, GWB, § 36 Rn. 17; BKartA, 22.05.2001, B 3 – 11/01, WuW/E BKartA DE-V 473, 478 – Burgmann-Freudenberg Holding GmbH.

mit anderen Unternehmen gemäß § 18 Abs. 3 Nr. 4 GWB hervorrufen.[938] Weil die kooperativen GU und deren Gruppeneffekte im nächsten Teil der Arbeit untersucht werden, werden hier, wie in den anderen Rechtssystemen, die rein konzentrativen Effekte mithilfe der Entscheidungen im Sinne von horizontalen, vertikalen und konglomeraten Verhältnissen analysiert.

Wie in den Beispielen der anderen Rechtssysteme beinhalten die horizontalen Zusammenschlüsse und dadurch die horizontalen Gemeinschaftsunternehmen ein erhöhtes Risiko für den SIEC-Test. Wenn die Konkurrenten bzw. die potenziellen Konkurrenten i. S. v. partiell horizontalen GU durch einen Anteilserwerb ein GU gründen, ist es wahrscheinlich, dass das den Wettbewerb in Bezug auf eine wettbewerbliche Einheit beeinträchtigen kann. Insbesondere wenn die Muttergesellschaften horizontal auf dem gleichen Markt tätig sind, ist es wahrscheinlicher, dass die Ressourcen als das Resultat der Teilfusion zusammengerechnet werden. Auf diese Weise wird allgemein angenommen, dass die aktuellen/potenziellen Wettbewerber sich verbinden, um ihre Wettbewerbsposition zu stärken, wie von dem Konkurrenzunternehmen zu erwarten wäre, würden sie sich durch wesentlichen Wettbewerb nicht schädigen lassen.[939] Deshalb wird der aktuelle und/oder potenzielle Wettbewerb sich zwischen diesen vermindern. Wenn die Beziehung der Muttergesellschaften zueinander eng ist, ist der Wegfall von Wettbewerb auf dem Markt erheblicher, da die beteiligten Unternehmen grundsätzlich die Internalisierung der Ausweichmöglichkeiten im Sinne haben.[940]

Wenn die beteiligten Unternehmen enge Wettbewerber mit differenzierten Produkten sind, ist der Grad der Substituierbarkeit der Produkte wichtig, da sich das auf die Ausweichmöglichkeiten der Abnehmer/Verbraucher auswirkt. Das Gleiche gilt auch für die Gründung eines GU auf einem Markt, auf dem die Muttergesellschaften auch gleichzeitig tätig sind – z. B. Lebensmitteleinzelhandel. Wegen der verschiedenen Vertriebslinien ist zwischen den Arten der Lebensmitteleinzelhandelsmärkte zu unterscheiden. Immerhin sind die Muttergesellschaften auf dem Markt als enge Wettbewerber tätig und der Zusammenschluss durch das GU (PLUS) wird die marktbeherrschende Stellung einer Muttergesellschaft verstärken, da der enge Wettbewerber (Tengelmann) als Konkurrent ausfallen werde.[941] In diesem Fall – da auf dem

938 BGH, v. 19.12.1995, KVR 6/95, WuW/E BGH, 3037, 3041 – Raiffeisen: „*Nicht entscheidend ist, ob die beteiligten Unternehmen als ‚wettbewerbliche Einheit' anzusehen sind, ob sie also am Markt ‚wie ein Unternehmen' auftreten. Auch Unternehmen, die der Marktgegenseite als unterschiedliche Anbieter gegenübertreten, sind i. S. d. § 19 Abs. 2 Nr. 2 GWB (a. F.) miteinander verflochten, wenn ihre untereinander bestehenden Beziehungen ihre Marktstellung beeinflussen.*"

939 Vgl. BGH, v. 07.11.2006, KVR 39/05, WuW/E DE-R 1890, 1893 – Radio TON.

940 BKartA, 29.03.2012 – Leitfaden zur Marktbeherrschung in der Fusionskontrolle, Rn. 42.

941 BGH, v. 05.10.2010, KVR 33/09, WuW/E DE-R 3097, 3102 – EDEKA/PLUS „*... Tengelmann ein ‚enger Wettbewerber' von EDEKA weggefallen wäre, was bei einem neuen Zusammenschlussvorhaben nicht der Fall sein muss.*"

relevanten Markt die Muttergesellschaften durch ihre Tochterunternehmen tätig sind – führt dies gleichzeitig zu der Marktanteilsaddition in bestimmten regionalen Märkten und dadurch wird sich die überragende Marktstellung von EDEKA verstärken.[942] Um die aus dieser Addition zustande gekommene Marktmacht zu vermindern, sollten in besonderen Regionen manche Standorte von Plus veräußert werden, sodass die Marktkonzentration nicht erheblich beeinträchtigt ist.[943]

Ferner kann die hohe Konzentration zu weiteren nicht-koordinierten Effekten führen. Wo es mehr Transparenz gibt, würde dies auch gleichzeitig den Preiswettbewerb beeinträchtigen, besonders wenn die Muttergesellschaften auf einem konzentrierten Markt über eine gemeinsame marktbeherrschende Stellung verfügen.[944] Die Märkte mit höherem Konzentrationsgrad sind für die Aufrechthaltung des wirksamen Wettbewerbs besonders zu beachten; auf diese Weise sind die Fälle nicht nach der Spürbarkeit des Zusammenschlusses zu untersagen, sondern auf solchen Märkten reicht auch die geringe Beeinträchtigung des aktuellen und/oder potenziellen Wettbewerbs aus. Es genügt also nur die Wahrscheinlichkeit, dass die marktbeherrschenden Unternehmen ihre Wettbewerbspositionen auf dem Markt absichern können.[945]

Das gleiche Risiko kann darüber hinaus auch bei partiellen Gemeinschaftsunternehmen auftreten. Wenn ein Unternehmen durch einen Anteilserwerb an einem potenziellen Wettbewerber ein Gemeinschaftsunternehmen gründet, kann der Besitz eines höheren Marktanteils auf dem Markt der erwerbenden Muttergesellschaft erhebliche Bedenken über die Marktbeherrschung entstehen lassen. In einem Fall wurde die Abschottung von einem potenziellen Wettbewerber – nämlich das neue GU (Talison: Mineralkonzentrat Güter) – nicht untersagt, da die Marktstellung der Muttergesellschaft (RT Lithium: Lithiumprodukten) sich nicht spürbar verstärken würde.[946] Der SIEC-Test wurde auch für den umgekehrten Fall – zwar für die Marktstellung des zu erwerbenden Unternehmens – durchgeführt um zu sehen, ob das GU mit der neuen Muttergesellschaft seine Marktstellung auf den benachbarten Märkten verstärken könnte; aber da die Muttergesellschaft nur ein Produkt – nämlich Lithium – anbietet, und hinsichtlich der Mineralkonzentrat-Güter dies kein vollkommenes Substitut für das GU bedeutet, und da auf dem Markt der Muttergesellschaft auch deutlich stärkere Wettbewerber entstehen, würde sich die Marktstellung des GU auch mit dem Anteilserwerb von einem Unternehmen auf dem benachbarten Markt nicht verstärken.[947] Ferner wurde auch untersucht, ob die Muttergesellschaft

942 BKartA, 30.06.2008, B 2 – 333/07, WuW/E DE-V 1607 – EDEKA/Tengelmann, S. 34, 131.

943 BKartA, 30.06.2008, B 2 – 333/07, WuW/E DE-V 1607 – EDEKA/Tengelmann, S. 131.

944 BKartA, 17.03.2011, B 6 – 94/10 – ProSiebenSat1/RTL, S. 26 ff.

945 Vgl. BGH, v. 08.06.2010, KVR 4/09, WuW/E DE-R 3067 – Springer/Pro Sieben II, Juris, Rn. 44.

946 BKartA, 22.04.2014, B1-192/13 – RT Lithium/Winfeld, Rn. 96 ff.

947 BKartA, 22.04.2014, B1-192/13 – RT Lithium/Winfeld, Rn. 95.

ihre Tätigkeit auf dem nachgelagerten Markt des GU ausnutzen kann, um negative vertikale Effekte und dadurch eine erhebliche Beeinträchtigung des Wettbewerbs herbeizuführen. Aber dies wurde auch verneint, da der räumliche Markt Deutschland nicht betrifft und die Kapazitäten der Muttergesellschaft für solch eine Wettbewerbsausschaltung nicht ausreichend waren.[948] Weil die beiden Unternehmen auch nicht auf dem gleichen relevanten Markt tätig sind, war die Marktanteilsaddition der Unternehmen nicht möglich; es sollten jedoch auch die möglichen Auswirkungen des Zusammenschlusses auf den wirksamen Wettbewerb bzw. die Marktbeherrschung mithilfe des Anteilserwerbs an einem GU untersucht werden.

In einem anderen Fall[949] wurde durch den Anteilserwerb zwischen den Konkurrenten eine wettbewerbliche Einheit gegründet, obwohl die Beteiligung unter der Kontrollschwelle lag. Nach § 37 Abs. 1 Nr. 4 GWB – im Sinne eines Kooperationsvertrages, nach dessen Vereinbarung das erwerbende Unternehmen Einfluss auf die strategischen Entscheidungen erlangt – ist dies möglich, und nicht nur in vertikaler, sondern auch horizontaler Weise.[950] In dem Fall hatten die beteiligten Unternehmen durch Gründung eines GU mit Anteilserwerb in Höhe von 25,1 % auf dem Privatgirokonto und mit Geschäftskundenkrediten (Haspa/KSK Lauenburg) ihre marktbeherrschende Stellung verstärkt, wobei die Muttergesellschaft mit ihrer Strategie auf einem örtlichen Markt die Dämpfung des Wettbewerbs erheblich verursacht hatte.[951]

Die Minderheitsbeteiligungen können auch unter der Kontrollschwelle erheblich sein, falls sie über die Investitionsentscheidungen – z.B. eines potenziellen Wettbewerbers – Einfluss nehmen. Dabei ist von Bedeutung, ob der Markt äußerst kapitalintensiv ist.[952] Wenn auch ein potenzieller Wettbewerber an einem potenziellen Konkurrent mit überragender Marktstellung Minderheitsanteile erwirbt, ist eine Verstärkung dieser überragenden Marktstellung auch zu erwarten.[953]

Wenn ferner die Muttergesellschaften ein GU auf einem Markt gründen und gleichzeitig Substitutionsgüter auf einem nahen benachbarten Markt anbieten, auf dem sie zusammen über eine gemeinsame marktbeherrschende Stellung verfügen, kann diese Substituierbarkeit der Produkte auch zu einer Beeinträchtigung des wirksamen Wettbewerbs durch Verstärkung der gemeinsamen Marktbeherrschung führen.[954]

In einem Fall wollten die Unternehmen, die zusammen im Fernsehwerbemarkt eine marktbeherrschende Stellung haben, ein GU auf dem Markt von In-Stream-Video-Werbung gründen;[955] diese Märkte waren als Substitute angesehen worden,

---

948 BKartA, 22.04.2014, B1-192/13 – RT Lithium/Winfeld, Rn. 103 ff.
949 BKartA, 28.02.2012, B 4-51/11 – Haspa/KSK Lauenberg.
950 BKartA, 28.02.2012, B 4-51/11 – Haspa/KSK Lauenberg, Rn. 144 ff. und 159 ff.
951 BKartA, 28.02.2012, B 4-51/11 – Haspa/KSK Lauenberg, Rn. 174.
952 BGH, v. 12.12.1978, KVR 6/77, WuW/E BGH 1533, 1537 – Erdgas Schwaben.
953 BKartA, WuW/E BKartA 1719, 1723 ff. – BP-Gelsenberg.
954 BGH, v. 12.12.1978, KVR 6/77, WuW/E BGH 1533, 1536 f. – Erdgas Schwaben; BGH, v. 02.10.2.1984, KVR 5/83, WuW/E BGH 2112, 2123 – Gruner+Jahr/Zeit.
955 BKartA, 17.03.2011, B6-94/10 – ProSiebenSat1/RTL.

und da auf dem In-Stream-Video-Werbung-Markt kein maßgeblicher Substitutionswettbewerb vorliegt,[956] würde das GU zur Absicherung der marktbeherrschenden Stellung auf dem Fernsehwerbemarkt führen.[957] Das Ergebnis wurde dadurch gestützt, dass der Fernsehwerbemarkt auch strukturell hohe Marktzutritts- und Expansionsschranken habe, wobei auch der potenzielle Wettbewerbsdruck nicht wesentlich sei.[958] Deswegen könne eine weitere Beschränkung des Substitutionswettbewerbs zu einer marktbeherrschenden Stellung führen.[959]

Auf der anderen Seite kommen vertikale Beziehungen bei den GU auch in Betracht, wenn die Zusammenarbeit sich auf die vor- und nachgelagerten Märkte der Muttergesellschaften bezieht. Bei gemeinsamer Beherrschung – wie oben erwähnt wurde – ist eine wirtschaftliche Einheit und dadurch eine wettbewerbliche Einheit nach § 36 Abs. 2 GWB festzustellen. Wenn das GU durch Minderheitsbeteiligungen in vertikaler Weise ohne Kontrolle gegründet worden ist, dann kann grundsätzlich nicht von einer wettbewerblichen Einheit gesprochen werden, da keine Weisungen an die beteiligten Unternehmen erteilt werden können.[960] Nicht nur das Fehlen einer wettbewerblichen Einheit, sondern auch die Unanwendbarkeit der Marktanteilsaddition vermindert die Wettbewerbswidrigkeit der vertikalen Gemeinschaftsunternehmen im Vergleich zum horizontalen GU. Immerhin kann es wahrscheinlich sein, dass die Muttergesellschaften ihre Marktstellung durch vertikale Minderheitsbeteiligungen verstärken können, wenn auf ihrem relevanten Markt ein hoher Konzentrationsgrad herrscht.[961] Besonders wenn die Minderheitsbeteiligungen die Absicherung von Kunden bzw. Lieferbeziehungen zum Ziel hat, kann dies wettbewerbsbeschränkende Effekte zeigen, die zur Verminderung des Preiswettbewerbs und zur Marktabschottung führen können.[962]

---

956 BKartA, 17.03.2011, B6-94/10 – ProSiebenSat1/RTL, Rn. 126 ff.

957 BKartA, 17.03.2011, B6-94/10 – ProSiebenSat1/RTL, Rn. 141.

958 BKartA, 17.03.2011, B6-94/10 – ProSiebenSat1/RTL, Rn. 116 ff.

959 *Kallfaß*, in: Langen/Bunte, Kartellrecht, § 36 GWB, Rn. 69.

960 *Thomas*, in: Langen/Bunte, Kartellrecht, § 36 GWB Rn. 501; *Becker/Knebel/Christiansen*, in: MüKoGWB, § 36 Rn. 44: *„Bei vertikalen Zusammenschlüssen ist im Ausgangspunkt das Austausch- und nicht ein Wettbewerbsverhältnis zwischen den Zusammenschlussbeteiligten betroffen."*

961 BGH, v. 15.07.1997, KVR 33/96, WuW/E DE-R 24, 28 f. – Stromversorgung Aggertal; BGH, v. 12.02.1980, KVR 4/79, WuW/E BGH 1763, 1766 – Bitüminöses Mischgut; BGH, v. 12.12.1978, KVR 6/77, WuW/E, BGH 1533, 1538 – Erdgas Schwaben; vgl. *Fischer*, Wettbewerbliche Einheit und Fusionskontrolle, 172 ff. Um diese vertikalen Wirkungen zu erfassen, schlägt er vor: *„Erwerben mehrere Unternehmen gleichzeitig oder nacheinander Anteile an einem anderen Unternehmen, so gilt dies als Zusammenschluss der beteiligten Unternehmen untereinander, sofern zu erwarten ist, dass durch den Erwerb die beteiligten Unternehmen veranlasst werden, sich auf einem Markt, auf dem sie selbst Anbieter sind, gleichförmig zu verhalten."*

962 BGH, v. 15.07.1997, KVR 33/96, WuW/E DE-R 24, 30 – Stromversorgung Aggertal, Einfluss durch eine Sperrminorität bei grundlegenden Entscheidungen, besonders

Wenn die Unternehmen für einen bestimmten Markt die Beschaffung eines Vorprodukts zusammen übernehmen möchten, kann der Zustand des Marktes und der Typ des GU (konzentrativ/kooperativ) erheblich sein. In einem Fall wollten die Mitglieder eines Oligopols auf dem Markt von Mobilfunkendkunden ein GU für den Markt des mobilen Rundfunks gründen – wo sie bis dato nicht tätig waren, aber als starke potenzielle Wettbewerber angesehen wurden.[963] Das GU sollte nicht auf dem Endkundenmarkt für mobilen Rundfunk selbst tätig sein, sondern nur das Vorprodukt – nämlich eine Plattform für Mobil-TV nach einem besonderen Standard – anbieten. Das GU ist mit Anteilserwerb und gemeinsamer Kontrolle gegründet worden, aber weil der Markt neu entstanden und technologiegetrieben war und die Muttergesellschaften noch nicht auf dem Markt tätig waren, konnte eine Marktanteilsaddition nicht zugrunde gelegt werden.[964] Auf diese Weise vergemeinschafteten die Oligopolmitglieder einen erheblichen Kostenblock für ihre Tätigkeiten auf dem Endkundenmarkt. Ein starker Preiswettbewerb war dadurch nicht zu erwarten, sondern ein Qualitätswettbewerb und ein Angebot von Programmen blieben übrig für den Binnenwettbewerb. Da der Markt ziemlich neu ist und obwohl die drei Muttergesellschaften schnell bedeutende Marktanteile erreichen werden, da sie gute Absatzmöglichkeiten und Kundenbeziehungen wegen ihrer Stellung auf dem Mobilfunkendkundenmarkt besitzen, ist jedoch zu erwarten, dass der Markt hohe Wachstumsraten zeigen und auch der potenzielle und aktuelle Wettbewerb vorhanden sein wird. Deshalb war eine Abschottung des Marktes und die Entstehung einer marktbeherrschenden Stellung nicht erwartet worden.[965] Darüber hinaus sollte auch die Vergemeinschaftung auf einem kleinen Markt keine Rückwirkungen auf den Sprachtelefonie-Markt haben, weil die Tätigkeit des GU sich nicht unmittelbar auf ein bereits bestehendes Oligopol bezog. Aus diesem Grund wurde der Zusammenschluss nicht untersagt.[966]

Aber wenn die Muttergesellschaften auf dem nachgelagerten Markt tätig sind, gleichzeitig über eine überragende Marktstellung verfügen und weiterhin vorhaben, mithilfe eines GU ein Vorprodukt herzustellen – welches für das Endprodukt i. S. d. Wertschöpfung eine erhebliche Bedeutung hat –, dann ist es sehr wahrscheinlich, dass der Nachfragewettbewerb zwischen den Oligopolmitgliedern in erheblicher Weise verringert oder sogar beseitigt wird.[967]

Insbesondere anhand des Energiemarkts in Deutschland können die vertikalen Effekte beispielhaft erläutert werden. Wenn durch die Gründung eines GU (Anteilserwerb und gemeinsame Kontrolle) ein führendes Unternehmen (Ruhrgas) mittelbar wettbewerblich erheblichen Einfluss auf ein anderes Energieunternehmen (E.ON)

über den Abschluss eines Strombezugsvertrages; BKartA, 12.09.2003, B 8-21/03, WuW/E DE-V 823, 826 – E.ON/Stadtwerke Eschwege.

963 BKartA, 13.08.2007, B7-61/07 – O2/T-Mobile/Vodafone.

964 BKartA, 13.08.2007, B7-61/07 – O2/T-Mobile/Vodafone, Rn. 38 ff.

965 BKartA, 13.08.2007, B7-61/07 – O2/T-Mobile/Vodafone, Rn. 52 ff.

966 BKartA, 13.08.2007, B7-61/07 – O2/T-Mobile/Vodafone, Rn. 161 ff.

967 BKartA, 08.06.1984, WuW/E BKartA 2143, 2145 – Glasfaserkabel.

hat, war zu erwarten, dass die marktbeherrschende Stellung von Ruhrgas, mit der Möglichkeit für die Absicherung des Stromabsatzes an E.ON und aufgrund des Verlustes des potenziellen Wettbewerbers E.ON, verstärkt würde.[968] Anhand vieler anderer Entscheidungen zum Energiemarkt ist zu sehen, dass durch gemeinsame Kontrolle und Anteilserwerb an Unternehmen auf den Absatzmärkten eine Absicherung/Verstärkung der Marktmacht herbeigeführt worden ist, wobei der aktuelle/potenzielle Wettbewerb beschränkt wurde und Marktzutrittsschranken erhöht wurden.[969] Darüber hinaus wurde eine Minderheitsbeteiligung von einem Mitglied des Duopols an einem Unternehmen auf dem Erstabsatzmarkt für Strom auch als eine Verstärkung der gemeinsamen Marktbeherrschung angenommen. In diesem Fall war es die Absicherung eines Lieferanten, die den Binnenwettbewerb wegen der Reaktionsverbundenheit auf dem Oligopol-Markt beeinträchtigen würde.[970] Auf der anderen Seite wurde die Freigabe-Entscheidung[971] des BKartA stark kritisiert, weil durch die Genehmigung der vertikalen Vorwärtsintegration – obwohl eine beherrschende Marktstellung von Muttergesellschaften angenommen wurde – zu erwarten gewesen sei, dass sich durch die Veräußerungsauflagen die Wettbewerbsbedingungen verbessern, die Selbstständigkeit der Nachfrager gefährdet und die Dämpfung des Wettbewerbs verursacht würde.[972] Diese vertikale Beeinträchtigung des Wettbewerbs kann auch ohne Gründung eines GU zustande kommen, falls die Minderheitsbeteiligung unter der Schwelle von 25 % bleibt, und wenn es auf einen wettbewerblich erheblichen Einfluss ankommt. In einem späteren Fall wurde aber solche Beteiligung eines Duopolmitglieds an einem vertikalen Unternehmen nicht als wettbewerbswidrig angesehen, weil die Marktstruktur sich verändert habe und eine gemeinsame Strategie für Marktabschottung nicht mehr gelte.[973] In einem weiteren Fall – obwohl die Absicherung des Absatzes bejaht worden war – wurde eine Wettbewerbsbehinderung nicht angenommen, weil wegen des aktuellen und potenziellen Wettbewerbsdrucks, verursacht durch die Liberalisierung des Energiemarkts, eine untersagungsfähige, strukturelle Verschlechterung nicht zu erwarten sei.[974]

Die Gründung eines GU kann wegen der vertikalen wettbewerbswidrigen Effekte zur Untersagung führen, besonders wenn die Muttergesellschaften die Möglichkeit haben, den Zugang zu den Beschaffungs- oder Absatzmärkten zu beschränken und

968 BKartA, 17.01.2002, B 8-109/01, WuW/E DE-V 511, 513 f. – E.ON/Ruhrgas.

969 Vgl. BGH, v. 15.07.1997, KVR 33/96, WuW/E DE-R 24, 29 – Stromversorgung Aggertal; BGH, v. 15.07.1997, KVR 21/96, WuW/E DE-R 32 – Stadtwerke Garbsen; BKartA, 12.03.2007, B8-62/06 – RWE/Saar Ferngas, Rn. 182 ff.; BKartA, 26.02.2002, B8-149/01 – E.ON/RAG, Rn. 27 ff.

970 BGH, v. 11.11.2008, KVR 60/07, WuW/E DE-R 2451, 2457 ff. – E.ON/Stadtwerke Eschwege.

971 BKartA, 03.07.2000, WuW/E DE-V 301, 304 ff. – RWE/VEW.

972 *Säcker/Boesche,* Vertikale Fusionen im Energiesektor gefährden wirksamen Wettbewerb, BB 2001, 2329, 2331 ff.

973 BKartA, 08.12.2011, B8-94/11 – RWE/Stadtwerke Unna, Rn. 48 ff. und 77 ff.

974 BKartA, 20.03.2012, B8-124/11 – ESW/Enovos, Rn. 78 ff.

dadurch den potenziellen/aktuellen Wettbewerb auf dem vor- und/oder nachgelagerten Markt zu beeinträchtigen, um ihre Wettbewerbsposition auf den eigenen Märkten zu verstärken. Solche Zusammenarbeiten – entweder i. S. v. Minderheitsbeteiligungen oder gemeinsamer Kontrolle – sind besonders beachtenswert, wenn wie bei dem Regelbeispiel eine überragende Marktstellung einer oder beider Muttergesellschaften vorliegt. Wenn die Marktstellung eines Unternehmens einen vollkommenen Erwerb i. S. v. alleiniger Kontrolle von einem potenziellen oder aktuellen Konkurrenten wegen negativer Effekte nach Zusammenschlusskontrolle nicht erlaubt, dürfen jedoch die weiteren Tatbestände von gemeinsamer Kontrolle oder Minderheitsbeteiligung keine Gelegenheit zum Umgehen der Wettbewerbsregeln bedeuten. Obwohl nicht alleinbeherrschend, kann aber ein Marktteilnehmer durch verschiedene Einflussmöglichkeiten entsprechend der Umstände des Marktes eine wettbewerbswidrige Strategie – zur Profitmaximierung durch Verminderung des Wettbewerbs – verfolgen, und dies muss bei der materiellen Untersuchung berücksichtigt werden.

Dabei können nicht nur horizontale oder vertikale, sondern auch konglomerate Effekte zu einer Untersagung der Zusammenarbeit in Gemeinschaftsunternehmen führen, falls die Muttergesellschaften insbesondere in benachbarten Märkten tätig sind und über eine erhebliche Marktmacht verfügen. Obwohl den Unternehmen durch eine Beteiligung an einem GU ein neuer Tätigkeitsbereich hinzugefügt wird, führt dies nicht allein zur Verstärkung der Stellung.[975] Die Beziehungen zu ihren sachlichen und räumlichen Märkten können aber verschiedene Auswirkungen auf beiden Märkten hervorbringen.

In Fällen von konglomeraten Zusammenschlüssen zeigt die deutsche Praxis Abweichungen von der europäischen Praxis. Das deutsche Recht konzentriert sich besonders auf die strukturellen Veränderungen auf den relevanten Märkten in Bezug auf konglomerate Zusammenschlüsse. Hingegen nimmt die europäische Praxis Rücksicht auf die Verhaltensweisen der Unternehmen nach dem Zusammenschluss und bevorzugt es, den Fall durch erweiterte ökonomische Analyse und Missbrauchsaufsicht nach Art. 102 AEUV zu beurteilen.[976] In dieser Hinsicht versucht die deutsche Zusammenschlusskontrolle herauszufinden, ob durch die konglomeraten Zusammenschlüsse die Finanzkraft verstärkt, der Zugang zu den Absatzmärkten verbessert oder potenzielle Konkurrenten abgeschreckt werden.[977] Auf der anderen Seite können auch koordinierte Effekte – wenn es sich um den

975 Vgl. *Rieger*, in: FK, § 36 GWB Rn. 67.

976 *Nothelfer*, Wann behindern konglomerate Fusionen den Wettbewerb?, EuZW 2007, 332, 334 und 336.

977 BKartA, Konglomerate Zusammenschlüsse in der Fusionskontrolle, Diskussionspapier, 21.09.2006, S. 12; vgl. WuW/E BGH 1501, 1506 ff. – Kfz-Kupplungen, wo die Finanzkraft erhöht ist und als Ergebnis ein Wegfall von potenziellem Wettbewerb zu erwarten sei.

Substitutionswettbewerb und potenziellen Wettbewerb handelt – durch marktübergreifendes Verhalten auftreten.[978]

In einem Fall hat das BKartA einen konglomeraten Zusammenschluss untersagt und dies wurde vom BGH gebilligt, da er die Verstärkung des Duopols auf dem Fernsehwerbemarkt (P7S1 und RTL) und die Verstärkung der marktbeherrschenden Stellung des erwerbenden Unternehmens (Axel Springer – AS) auf dem Lesemarkt für Straßenverkaufszeitungen und Anzeigenmarkt für Tageszeitungen mithilfe von marktübergreifenden Effekten, sogenannte Crossmedialer-Effekte, herbeiführte.[979] Nach der Rechtsprechung waren diese beiden Märkte nach dem Bedarfsmarktkonzept nicht als einheitlicher Markt anzusehen und deshalb kam es nicht zur Marktanteilsaddition.[980] Aber immerhin bestand zwischen beiden Märkten ein Substitutionswettbewerb und da die Bild-Zeitung alleinige Ausweichmöglichkeit[981] war, hat das Vorhaben Bedenken ausgelöst. Durch den Anteils- und Kontrollerwerb von AS und mit seiner marktbeherrschenden Stellung wurde befürchtet, dass AS den aktuellen und potenziellen Wettbewerb und die Marktstruktur auf dem hoch konzentrierten Fernsehwerbemarkt beeinträchtigen könnte.[982] In der Literatur wurden die Untersuchungskriterien von konglomeraten Auswirkungen der Zusammenschlusskontrolle als kritisch angesehen,[983] denn nur die Möglichkeit für ein bestimmtes Verhalten genügt für die Wahrnehmung von marktübergreifenden Effekten;[984] wogegen nach dem europäischen Wettbewerbsrecht die Wahrscheinlichkeit solcher konglomeraten Auswirkungen gemäß der Verhaltensprüfung mit konkreten Beweisen untersucht werden soll, und deshalb orientiert sie sich mit ihrem wirkungsbezogenen Ansatz auf das Ergebnis.[985] Dagegen ist im deutschen Recht die Zukunftsbetrachtung der Fälle sowie die neue Markterschließung von Axel Springer nicht berücksichtigt worden; die Missbrauchsfälle können später

978 *Thomas*, in: Immenga/Mestmäcker, GWB, § 36 Rn. 578 f.

979 BKartA, 19.01.2006, B6-103/05 – Springer/ProSiebenSat1, S. 22 f.; BGH, v. 08.06.2010, KVR 4/09, WuW/E DE-R 3067 – Springer/Pro Sieben II, Juris, Rn. 43 ff.

980 BKartA, 19.01.2006, B6-103/05 – Springer/ProSiebenSat1, S. 43 f.; vgl. *Steger*, Konglomerate Medienzusammenschlüsse in der deutschen Fusionskontrolle, WuW 2010, 282, 284 f.

981 BKartA, 19.01.2006, B6-103/05 – Springer/ProSiebenSat1, S. 39 f.

982 BGH, v. 08.06.2010, KVR 4/09, WuW/E DE-R 3067 – Springer/Pro Sieben II, Juris, Rn. 44; vgl. BKartA, Konglomerate Zusammenschlüsse in der Fusionskontrolle, Diskussionspapier, 21.09.2006, S. 15 f.

983 *Satzky*, Die Beurteilung vertikaler und konglomerater Zusammenschlüsse nach dem GWB, WuW 2006, 870, 878.

984 *Sabel*, Neuere Entwicklungen in der europäischen und deutschen Kontrolle konglomerater Unternehmenszusammenschlüsse, 140 und 145 f.

985 *Baron*, Das neue Kriterium „erhebliche Behinderung wirksamen Wettbewerbs" (SIEC) in der europäischen Fusionskontrolle. Anmerkungen zum Verhältnis von deutscher und europäischer Fusionskontrolle, FS Bechtold 2006, 9, 16 f.

auch von § 19 GWB aufgegriffen werden.[986] Dagegen ist behauptet worden, dass bei der Strukturkontrolle auch der Wegfall des potenziellen Wettbewerbs und der Randsubstitution in Betracht kommen, und aus diesem Grund kann der Schutz der Zusammenschlusskontrolle nicht durch Missbrauchsaufsicht ersetzt werden.[987] Bis zur 8. GWB-Novelle hat das deutsche Recht die Wirkungsanalyse bzw. die Spürbarkeitswirkung nicht als Entscheidungsmaßstab angenommen,[988] deshalb stützen sich die meist als Beispiel genannten Fälle auf die Anwendung des Marktbeherrschungstests. Mit der Übernahme des SIEC-Tests sollte das deutsche Recht aber nicht nur von der Wahrscheinlichkeit ausgehen, sondern „eindeutige Beweise" verlangen.[989]

Wenn es sich um den Substitutionswettbewerb handelt, dann kann es im Einzelfall auch bei horizontalen (quasi-horizontalen) Zusammenschlüssen zum Verlust an potenziellem Wettbewerb kommen – wie in dem Fall der Gründung eines GU auf dem Markt von In-Stream-Video-Werbung zwischen den Duopolisten.[990] Manchmal kann wegen des geringen Niveaus an Austauschbarkeit auf dem benachbarten Markt ein konglomerater Zusammenschluss angenommen werden.[991] Besonders für Gemeinschaftsunternehmen, deren Muttergesellschaften auf den eng benachbarten Märkten tätig sind, kann dies erheblich sein. Falls sie horizontal wahrgenommen

---

986 Vgl. *Säcker*, Zur Ablehnung des Zusammenschlussvorhabens Axel Springer AG/ProSiebenSat1 Media AG durch KEK und Bundeskartellamt, K & R 2006, 49, 52 f., als eine Fehlentscheidung betrachtet mit Verweis auf die Fälle WuW/E BGH 1501 – GKN/Sachs und WuW/E BGH 2150 – Rheinmetall/WMF; vgl. *Baron*, Das neue Kriterium „erhebliche Behinderung wirksamen Wettbewerbs" (SIEC) in der europäischen Fusionskontrolle. Anmerkungen zum Verhältnis von deutscher und europäischer Fusionskontrolle, FS Bechtold 2006, 9, 16.

987 Vgl. BKartA, Konglomerate Zusammenschlüsse in der Fusionskontrolle, Diskussionspapier, 21.09.2006, S. 29 ff.; *Nothelfer*, Wann behindern konglomerate Fusionen den Wettbewerb? EuZW 2007, 332, 334.

988 *Satzky*, Die Beurteilung vertikaler und konglomerater Zusammenschlüsse nach dem GWB, WuW 2006, 870, 877 und 880, „Möglichkeitstheorie".

989 *Esser*, Medienkonvergenz und Zusammenschlusskontrolle – Zur fusionskontrollrechtlichen Bewertung medienübergreifender Transaktionen, NZKart 2013, 135, 142.

990 S. o. Fn. 955 ff. BKartA, 17.03.2011, B6-94/10 – ProSiebenSat1/RTL.

991 Vgl. *Kallfaß*, in: Langen/Bunte, Kartellrecht, § 36 GWB Rn. 69 und 108, wo der Wegfall des Substitutionswettbewerbs generell „quasi-horizontal" ist, aber die Grenzen sind im Einzelfall fließend; vgl. *Thomas*, in: Langen/Bunte, Kartellrecht, § 36 GWB Rn. 234 und 546. „*Ob man diesen Zusammenschluss mit einem Substitutionswettbewerber als Horizontalzusammenschluss i. w. S. bezeichnet oder als eine Fallgruppe konglomerater Zusammenschlüsse, ist – ebenso wie beim Zusammenschluss mit einem potentiellen Wettbewerber – nur eine Frage der Begrifflichkeiten*"; vgl. BKartA, 29.03.2012 – Leitfaden zur Marktbeherrschung in der Fusionskontrolle, Rn. 163 f.

werden, kann es zur Marktanteilsaddition kommen.[992] Aus diesem Grund hat die Marktabgrenzung erhebliche Bedeutung, insbesondere infolge der horizontalen und konglomeraten Gemeinschaftsunternehmen, deshalb kommt es auf die Besonderheiten des Einzelfalls an. In dem oben genannten Fall (Springer/ProSiebenSat1) ist die Marktabgrenzung wieder enger festgestellt, und statt der Marktanteilsaddition und der horizontalen Wirkungen sind die konglomeraten Effekte untersucht worden.[993]

Ferner hat die unterschiedliche Markabgrenzung in einem anderen Fall an Bedeutung gewonnen. Das BKartA hat die regionalen und überregionalen Zeitungen in einem horizontalen Verhältnis gesehen, da die überregionale Zeitung (Süddeutsche Zeitung) im Wettbewerb mit der regionalen Zeitung (Donau Kurier) stand; das KG hatte diese als verschiedene Märkte angenommen und den Fall nach den konglomeraten Auswirkungen beurteilt. Wobei die Finanzkraft[994] der Süddeutschen Zeitung die marktbeherrschende Stellung der regionalen Zeitung verstärken würde und dadurch die potenziellen Wettbewerber entmutigt werden könnten. Diese Beurteilung ist vom BGH bestätigt worden.[995]

Wenn zwischen den Märkten eine Randsubstitution besteht, dann kann dies aus der Sicht von Unternehmern für eine Zusammenarbeit bzw. für koordinierte Strategien vorzuziehen sein,[996] besonders im Medienbereich mit hohem Konzentrationsgrad können verschiedene konglomerate Auswirkungen für Gemeinschaftsunternehmen entstehen.[997]

---

992 BGH, v. 22.09.1987, KVR 5/86, WuW/E BGH 2433, 2436 und 2441 – Gruner + Jahr/Zeit II, wo die politischen Wochenzeitungen (Die Zeit und Der Spiegel) als einheitlicher Markt angenommen wurden, und der Substitutionswettbewerb ist i. S. v. überregionalen Tageszeitungen diskutiert worden; BGH, v. 02.10.2.1984, KVR 5/83, WuW/E BGH 2112, 2117 ff. – Gruner+Jahr/Zeit I, wo in der ersten Entscheidung von unterschiedlichen Märkten und daraus folgend von Substitutionswettbewerb gesprochen wurde.

993 Vgl. *Esser*, Medienkonvergenz und Zusammenschlusskontrolle – Zur fusionskontrollrechtlichen Bewertung medienübergreifender Transaktionen, NZKart 2013, 135, 137 f.

994 BGH, v. 27.05.1986, KVR 7/84, WuW/E BGH 2276, 2285 – Süddeutscher Verlag/Donau Kurier, „*Die Wettbewerbsposition eines Unternehmens kann durch den Zusammenschluß mit einem finanzstarken anderen Unternehmen, insbesondere wenn dies in demselben wirtschaftlichen Bereich tätig ist, in der Weise verstärkt werden, daß potentielle Wettbewerber entmutigt werden. Ob eine solche mögliche Wirkung auch zu erwarten, ihr Eintritt also wahrscheinlich ist, ist im Einzelfall zu prüfen. (WuW/E BGH 1501, 1507 – Kfz-Kupplungen.)*“

995 BKartA, 24.10.1983, B 6-7/83, WuW/E BKartA 2103 – Süddeutscher Verlag/Donau Kurier; KG, 11.07.1984, WuW/E OLG 3303, 3307 ff. – Süddeutscher Verlag/Donau Kurier; BGH, v. 27.05.1986, KVR 7/84, WuW/E BGH 2276, 2283 – Süddeutscher Verlag/Donau Kurier.

996 *Bechtold/Bosch*, GWB, § 36 Rn. 26.

997 *Esser*, Medienkonvergenz und Zusammenschlusskontrolle – Zur fusionskontrollrechtlichen Bewertung medienübergreifender Transaktionen, NZKart 2013, 135 f.

Ferner kann auf den Märkten, auf denen die Technologie und das Know-how eine wesentliche Rolle spielen, die Gründung eines GU und dadurch die Übertragung von solcher Macht eine Beeinträchtigung des Wettbewerbs herbeiführen. In einem Fall[998] hat das BKartA die Gründung eines GU für das Handelsmarkengeschäft untersagt, da zwischen den Marktstufen von Hersteller- und Handelsmarken ein enger Zusammenhang bestand.[999] Der Hersteller (Henkel) besitze eine überragende Marktmacht (auf dem Markt für Universalwaschmittel) und verfüge über die wichtigen Technologien und das Know-how, dadurch verfüge das GU über den Zugang zu diesen Ressourcen, sodass dies die Wettbewerbsposition des GU verbessern könne und für die Konkurrenten wettbewerbsschädlich sein könne.[1000] Mithilfe des GU als Handelsmarkenhersteller könnte die Muttergesellschaft ihre Stellung verstärken und den potenziellen Wettbewerb dadurch beeinträchtigen.[1001] Obwohl das BKartA nicht von den getrennten, sachlich relevanten Märkten ausgeht, berücksichtigt es aber verschiedene Marktstufen und deren enge Beziehung zueinander. Zwar waren die Mütter als aktuelle Wettbewerber angesehen, aber die Auswirkungen auf dem Handelsmarkenbereich wurden separat untersucht.[1002]

Im Gegensatz zu den vertikalen und horizontalen Zusammenschlüssen zeigen die konglomeraten Zusammenschlüsse weniger Gefahr und u. U. mehrere Vorteile, wenn ein besonders marktfremdes großes Unternehmen – z. B. per Gründung eines GU – die Finanzkraft oder das Know-how in die kleineren Unternehmen einbringt und dadurch dessen Wettbewerbsposition verstärkt und durch die Teilnahme auf den neuen Märkten den wirksamen Wettbewerb effizienter verstärkt.[1003] Aber auf der anderen Seite können solche Typen von Zusammenschlüssen in sich verschiedene Strategien bergen. Durch die Beeinträchtigung des Substitutionswettbewerbs und potenziellen Wettbewerbs können die Unternehmen für mehr Profit bzw. Marktmacht,[1004] insbesondere durch den Anteilserwerb mit gemeinsamer Kontrolle, diese Strategien verfolgen. Unter der Kontrollschwelle oder nur mit einem wettbewerblichen Einfluss sind solche Auswirkungen grundsätzlich nicht zu erwarten,[1005] es sei denn, die Finanzkraft und die Ressourcen der Minderheitsbeteiligten können zugunsten des anderen Unternehmens zugerechnet werden.[1006]

998 BKartA, 20.09.1999, B3-24511-U-20/99, WuW/E DE-V 177 – Henkel/Luhns.
999 BKartA, 20.09.1999, B3-24511-U-20/99, WuW/E DE-V 177 – Henkel/Luhns, S. 181.
1000 BKartA, 20.09.1999, B3-24511-U-20/99, WuW/E DE-V 177 – Henkel/Luhns, S. 184 f.
1001 BKartA, 20.09.1999, B3-24511-U-20/99, WuW/E DE-V 177 – Henkel/Luhns, S. 186.
1002 *Thomas*, in: Immenga/Mestmäcker, GWB, § 36 Rn. 517, wo dies als Spillover-Effekte unter den konglomeraten Zusammenschlüssen untersucht worden ist.
1003 *Sabel*, Neuere Entwicklungen in der europäischen und deutschen Kontrolle konglomerater Unternehmenszusammenschlüsse, 31.
1004 *Sabel*, Neuere Entwicklungen in der europäischen und deutschen Kontrolle konglomerater Unternehmenszusammenschlüsse, 22 ff.
1005 *Thomas*, in: Immenga/Mestmäcker, GWB, § 37 Rn. 345.
1006 BKartA, 20.11.2001, WuW/E DE-V 501, 502 – Trans-o-flex.

Wenn die Vollfunktionalität des Gemeinschaftsunternehmens nach deutschem Fusionskontrollrecht nicht zugrunde liegt, können die konzentrativen Auswirkungen von verschiedenen Typen von GU (Teilfunktions-GU/kooperatives GU) in den Anwendungsbereich der deutschen Fusionskontrolle fallen. Nicht nur die erweiterten Zusammenschlusstatbestände, sondern auch bei der materiellen Beurteilung – bis zur Übernahme des SIEC-Tests mit der 8. GWB-Novelle – kam es zu Unterschiedlichkeiten auch bei der Anwendung der Marktbeherrschung. Wobei für das europäische Recht die Spürbarkeit der Marktbeherrschung zugrunde liegt, aber nach deutschem Recht wurde das Spürbarkeitskriterium in der Praxis nicht vorausgesetzt, und zwar konnten geringere Marktanteilserhöhungen verneint werden.[1007] Mit der 8. GWB-Novelle bringt das Kriterium der Erheblichkeit die Spürbarkeitsprüfung mit sich.[1008] Dieser neue Maßstab kann bei der Gründung von GU auch von Bedeutung sein, da nun die Spürbarkeit für konzentrative bzw. kooperative GU auch bei der Untersagung betrachtet werden soll.

Wegen der Gewährung von erweiterten Zusammenschlusstatbeständen, auch wenn es sich um ein Teilfunktions-GU handelt, kann dies nach deutschem Recht auch auf die Marktstruktur auswirkende Konsequenzen haben; wenn dies auch nicht von der Verhaltenskontrolle aufgegriffen wird, die Marktstruktur muss immerhin beobachtet werden für den Schutz des wirksamen Wettbewerbs. Natürlich müssen nicht nur die negativen Effekte, sondern auch die positiven Effekte von solchen Zusammenschlüssen untersucht werden. Als Folge davon – im Unterschied zum europäischen Recht – können die Abwägungsklausel (§ 36 Abs. 1 Nr. 1 GWB) und für weitere positive Zwecke in gesamtwirtschaftlicher Hinsicht die Ministererlaubnis (§ 42 GWB) die Zusammenarbeit per Gemeinschaftsunternehmen rechtfertigen.

Die Abwägungsklausel ist von Bedeutung für die deutsche Fusionskontrolle; weil der Gesetzgeber die Zusammenschlusstatbestände besonders für die Gemeinschaftsunternehmen in weiterem Umfang vorgelegt hat, müssen die Vor- und Nachteile einer Zusammenarbeit beachtet werden, um die strukturverändernden, aber gleichzeitig effizienten Zusammenschlüsse vor einer Untersagung zu schützen.[1009] Auf

---

1007 *Barth/Budde*, Die Implementierung des SIEC-Tests im GWB und ihre Folgen für die nationale Fusionskontrolle – Teil 1, BB 2011, 1859, 1864 f.; *Bechtold/Bosch*, GWB, § 36 Rn. 23; vgl. *Baron*, Das neue Kriterium „erhebliche Behinderung wirksamen Wettbewerbs" (SIEC) in der europäischen Fusionskontrolle. Anmerkungen zum Verhältnis von deutscher und europäischer Fusionskontrolle, FS Bechtold 2006, 9, 17.

1008 Vgl. *Barth/Budde*, Die Implementierung des SIEC-Tests in das GWB und ihre Folgen für die nationale Fusionskontrolle – Teil 1, BB 2011, 1859, 1865: „*Diese kann in einzelnen Fällen unter Umständen dann auch dazu führen, dass das Untersagungskriterium enger zu fassen ist als vor seiner Änderung, da die bloße Tatsache der Verstärkung einer marktbeherrschenden Stellung unter Umständen nicht mehr zur Rechtfertigung einer Untersagung ausreicht.*"

1009 Vgl. *Thomas*, in: Immenga/Mestmäcker, GWB, § 36 Rn. 707: „*Ohne Abwägungsklausel müssten ggf. Zusammenschlüsse untersagt werden, auch wenn die wettbewerbliche Bilanz insgesamt positiv ist.*"

diese Weise wird nicht nur auf die erheblichen Beeinträchtigungen, sondern auch auf die Verbesserungen des Wettbewerbs Rücksicht genommen, und wenn dadurch die Behinderungen überwunden werden, werden sie nicht untersagt.[1010] Die Verbesserungen, die sich auf die wettbewerblichen Faktoren der Marktstruktur beziehen, aber nicht unternehmensinterne Vorteile,[1011] können auf verschiedene Art und Weise auftreten. Wenn durch die Gründung eines GU ein neuer Markt geschaffen wird, obwohl auf diesem neuen Markt eine marktbeherrschende Stellung vorliegt, kann dies zumindest als eine Verbesserung der Struktur angenommen werden, da die Entwicklung von neuen Märkten vorgezogen wird.[1012] Natürlich soll ein Kausalitätsverhältnis zwischen der Gründung eines GU und der Markterschließung nachgewiesen werden, nämlich, dass allein – ohne die Zusammenarbeit – die gleiche Tätigkeit nicht ausgeübt worden wäre.[1013]

Darüber hinaus hat der Gesetzgeber nicht nur die Abwägungsklausel, sondern auch die Möglichkeit, eine Ministererlaubnis (§ 42 GWB) zu erteilen, in der 8. GWB-Novelle beibehalten, um den sonstigen politischen Druck auf das BKartA zu vermeiden und den Fall nur nach den wettbewerbsrechtlichen Kriterien entscheiden zu lassen. Wenn andere wirtschaftliche Ziele[1014] zu berücksichtigen sind, hat der Bundeswirtschaftsminister die Zuständigkeit für eine Zusage, mit der auf das Allgemeinwohl Rücksicht genommen werden kann. In diesem Zusammenhang tritt ein solches Verfahren nur als eine Ausnahme auf, die nur nach der Prüfung des BKartA als eine politische Korrektur angesehen werden soll.[1015] Eine solche Korrekturmöglichkeit kann insbesondere für Gemeinschaftsunternehmen von Bedeutung sein. Im ersten Teil der Arbeit wurde schon erwähnt, dass die Gründung von GU besonders auf solchen Märken stattfindet, die sich neu entwickeln oder erhöhte Investitionskosten benötigen. Als Beispiel kann die hoch umstrittene Ministererlaubnis von E.ON/Ruhrgas genannt werden.[1016] Obwohl der Anteilserwerb wegen der Verstärkung des Duopols und der Abschottung des Gasmarktes[1017] vom BKartA untersagt wurde, wurde eine Ministererlaubnis erteilt, um die Lieferung von Gas nach Deutschland sicherzustellen und die internationale Wettbewerbsfähigkeit zu erhalten.[1018] Um diese Ministererlaubnis wurde aber viel

1010 RegBegr. zum RegE, BT-Drucks. 17/9852, S. 19 f. und 29: „... *sie erlaubt im Rahmen der Beurteilung eines Zusammenschlusses die Berücksichtigung aller – also auch möglicher positiver – wettbewerblichen Auswirkungen einer Unternehmensfusion.*"

1011 *Kallfaß*, in: Langen/Bunte, Kartellrecht, § 36 GWB Rn. 121.

1012 Vgl. *Bechtold/Bosch*, GWB, § 36 Rn. 40.

1013 *Kallfaß*, in: Langen/Bunte, Kartellrecht, § 36 GWB Rn. 127.

1014 § 42 GWB: Gesamtwirtschaftliche Vorteile und Interesse der Allgemeinheit.

1015 *Kallfaß*, in: Langen/Bunte, Kartellrecht, § 42 GWB Rn. 1.

1016 Ministererlaubnis, 05.07.2002, WuW/E DE-V 573 – E.ON/Ruhrgas.

1017 Der Anteilserwerb von Gelsenberg und Bergemann, BKartA, 17.01.2002, B8-109/01, WuW/E DE-V 511 – E.ON/Gelsenberg und BKartA, 26.02.2002, B8-149/01, WuW/E DE-V 533 – E.ON/Bergemann.

1018 Ministererlaubnis, 05.07.2002, WuW/E DE-V 573, 587 ff. – E.ON/Ruhrgas.

gestritten, da sie die wesentlichen wettbewerbsrechtlichen Auswirkungen nicht berücksichtigt hatte.[1019] Auf der anderen Seite ist auch dabei angenommen worden, dass eine Ministererlaubnis für besondere Vorteile den Weg öffnen kann – obwohl da wettbewerbliche Bedenken entstehen, können manche Zusammenschlüsse i. S. d. Medienvielfalt gestattet werden.[1020] Als Folge davon kann zwar die Ministererlaubnis eine mögliche Zusage nach deutschem Recht ermöglichen, aber unklare Tatbestände, nämlich die „gesamtwirtschaftlichen Vorteile" und die „überragenden Interessen der Allgemeinheit" bei der Anwendung, und das Fehlen einer gerichtlichen Prüfung dieser Tatbestände führt dazu, dass die Erteilung von einer solchen Erlaubnis in der Praxis nicht generell praktisch anwendbar sein kann.[1021] Sie kann zwar als ein Ausweg bei der Gründung von GU angewendet werden, aber sie ist nur in Ausnahmefällen zu berücksichtigen, denn die politischen Konsequenzen machen die Erteilung der Erlaubnis schwer vermittelbar, und deshalb wird sie in der Praxis auch selten genutzt.[1022]

c) Nebenabreden

Für konzentrative Gemeinschaftsunternehmen akzeptiert das deutsche Recht auch die Vereinbarungen, die für die Gründung solcher GU als erforderlich betrachtet werden. Das BKartA hat in seinem Tätigkeitsbericht von 1978 solche Vereinbarungen als Ausnahme für konzentrative GU ausdrücklich erklärt. Es hielt die Anwendung des Kartellverbots auf das Wettbewerbsverbot und andere wettbewerbsbeschränkende Nebenabreden für die Funktionsfähigkeit der rein konzentrativen GU nicht für rechtswidrig.[1023] Aber die Verwaltungsgrundsätze des BKartA für konzentrative GU sind vom BGH nicht offiziell angenommen worden.[1024] Dies führte zur

1019 Vgl. *Klingsch*, Die Berücksichtigung wettbewerbsfremder Aspekte in der Zusammenschlusskontrolle nach deutschem und schweizerischem Recht, 31 ff.; vgl. *Mattes*, Die Ministererlaubnis in der Fusionskontrolle, 213 ff. und 302 ff.

1020 Vgl. *Säcker*, Zur Ablehnung des Zusammenschlussvorhabens Axel Springer AG/ProSiebenSat1 Media AG durch KEK und Bundeskartellamt, K & R 2006, 49, 53 und Fn. 33, im Fall Axel Springer/ProSiebenSat1 könnte eine Ministererlaubnis ein Ausweg sein, als der zweitgrößte Multi-Media-Konzern würde die AS zur Medienvielfalt beitragen (UNESCO Convention).

1021 Vgl. *Mattes*, Die Ministererlaubnis in der Fusionskontrolle, 302 ff.

1022 Z. B. eine aktuelle umstrittene Ministererlaubnis bei dem Erwerb von Kaiser's Tengelmann durch EDEKA, BMWi, v. 09.03.2016, Gesch. Z. B2 22 08 50/01; BKartA, 31.03.2015, B2 96/14, der Zusammenschluss wurde vom BKartA untersagt, da die Fusion mit einem starken Wettbewerber eine erhebliche Auswirkung auf den Wettbewerb durch Wettbewerbsverlust führen würde; die Ministererlaubnis wurde erteilt, da die Gemeinwohlgründe – „Erhalt der Arbeitsplätze/Beschäftigungssicherung" und „Erhalt der Arbeitnehmerrechte" – die Wettbewerbsbeschränkungen aufgewogen haben.

1023 BKartA, TB 1978, BT-Drucks. 8/2980, S. 24.

1024 BGH, v. 13.03.1979, KVR 1/77, WuW/E BGH 2169 – Mischwerke.

Beibehaltung der Doppelkontrolle auf der Grundlage der Zweischranken-Theorie, und daher findet das Kartellverbot auf die Kontrolle solcher wettbewerbsbeschränkenden Nebenabreden Anwendung. Da weiterhin die deutsche Fusionskontrolle kein Nebenabredenprivileg enthält – wie das europäische Recht[1025] –, folgt eine Beurteilung nach § 1 GWB (Art. 101 AEUV), bei der die Immanenztheorie im Vordergrund steht.[1026]

Nach der *Immanenztheorie* sind solche wettbewerbsbeschränkenden Nebenabreden als rechtssicher angesehen, wenn sie kartellrechtsneutral sind und die Wettbewerbsbeschränkung unentbehrlich ist, wo es für den Bestand und die Funktionsfähigkeit des Rechtsinstituts notwendig sein soll.[1027] Solche Nebenabreden sind i. S. d. rein konzentrativen GU von § 1 GWB nicht erfasst, soweit sie in sachlicher, räumlicher und zeitlicher Hinsicht für das Gemeinschaftsunternehmen erforderlich sind: *„Dabei ist kartellrechtsneutral ein – konzentratives – Gemeinschaftsunternehmen, das sämtliche Funktionen eines selbstständigen Unternehmens wahrnimmt, marktbezogene Leistungen erbringt und nicht ausschließlich oder überwiegend auf demselben Markt wie die Mutterunternehmen tätig ist.“*[1028] Dieser Ausschluss vom Kartellverbot ist darin begründet, dass bei den konzentrativen GU das Kartellverbot nach § 1 GWB bestandslos bleibt, wenn aktueller und/oder potenzieller Wettbewerb zwischen den Gründerunternehmen nicht besteht.[1029]

Aber wegen der Besonderheiten des Wettbewerbsverbot nach deutschem Recht im Zusammenhang mit den erweiterten Tatbeständen von Gemeinschaftsunternehmen i. S. d. Fusionskontrolle, ist das Wettbewerbsverbot des Minderheitsgesellschafters auch für kartellrechtsneutrale konzentrative Gemeinschaftsunternehmen von

1025 *Mohr/König*, Freistellung von wettbewerbsbeschränkenden Vereinbarungen, JURA 2012, 343, 348.

1026 *Schmidt*, Gemeinschaftsunternehmen, Wettbewerbsverbote und Immanenztheorie – Zwei Lehrstücke zwischen Gesellschafts- und Kartellrecht: „Nord-KS/Xella“ (2008) und „Gratiszeitung Hallo“ (2009), FS Säcker 2011, 949, 953 f.; BGH, v. 08.05.2001, KVR 12/99, WuW/E DE-R 711 – Ost-Fleisch; BGH, v. 04.03.2008, KVZ 55/07, WuW/E DE-R 2361, Rn. 14 – Nord/KS/Xella.

1027 Vgl. *Emmerich*, Kartellrecht, § 21 Rn. 21; *Bechtold/Bosch*, GWB, § 1 Rn. 40; *Nordemann*, in: Loewenheim/Meessen/Riesenkampff, Kartellrecht, § 1 GWB Rn. 147 f, ungeschriebene Ausnahme von § 1 GWB; BGH, 23.06.2009, KZR 58/07, WuW/E DE-R 2742, 2744 – Gratiszeitung Hallo.

1028 BGH, v. 13.03.1979, KVR 1/77, WuW/E BGH 2169 – Mischwerke, Rn. 33 (Juris); BGH, v. 08.05.2001, KVR 12/99, WuW/E DE-R 711 – Ost-Fleisch; BGH, v. 04.03.2008, KVZ 55/07, WuW/E DE-R 2361, Rn. 14 – Nord-KS/Xella; BGH, v. 23.06.2009, KZR 58/07, WuW/E DE-R 2742, 2744 – Gratiszeitung Hallo.

1029 Vgl, *Schmidt*, Gemeinschaftsunternehmen, Wettbewerbsverbote und Immanenztheorie – Zwei Lehrstücke zwischen Gesellschafts- und Kartellrecht: „Nord-KS/Xella“ (2008) und „Gratiszeitung Hallo“ (2009), FS Säcker 2011, 949, 952.

Bedeutung.[1030] *„Sie sind kartellrechtlich nur zulässig, wenn und soweit sie notwendig sind, um das im Übrigen kartellrechtsneutrale Gesellschaftsunternehmen in seinem Bestand und seiner Funktionsfähigkeit zu erhalten.“*[1031] Weil ein Gemeinschaftsunternehmen auch aus Minderheitsbeteiligungen an einem dritten Unternehmen bestehen kann, führt dies in der Rechtspraxis zu verschiedenen Ergebnissen. In solchen Fällen können die Klauseln der Wettbewerbsverbote auch für die minderheitsbeteiligten Gründerunternehmen als immanente Nebenabreden i. S. d. Zusammenschlusskontrolle angesehen werden.

Nach der älteren Rechtspraxis wurden solche Wettbewerbsverbote zulasten eines Minderheitsgesellschafters als kartellrechtswidrig erklärt, obwohl Einstimmigkeitserfordernisse von dem Minderheitsgesellschafter in der Gesellschafterversammlung vorausgesetzt waren.[1032] Nach dieser Auslegung war anzunehmen, dass *„ein Wettbewerbsverbot grundsätzlich die Ausnahme ist und nur so wenig wie möglich in die wirtschaftliche Tätigkeit eines Unternehmens eingreifen soll, kann es nur zulasten eines Gesellschafters zulässig sein, der eine Beherrschungsmacht über das Gemeinschaftsunternehmen innehat.“*[1033] Um von einer notwendigen oder immanenten Nebenabrede sprechen zu können, sollte die Muttergesellschaft als ein Minderheitsbeteiligter eine hinreichende Beherrschungsmacht ausüben; wobei der Minderheitsgesellschafter nur auf die Weise in der Lage sein kann, sein Wettbewerbsverhalten mit dem GU zu koordinieren.[1034] Aus diesem Grund sind manche Nebenabreden, wie das gesellschaftsvertragliche Wettbewerbsverbot, bei solchen konzentrativen Gemeinschaftsunternehmen von der Rechtsprechung nicht als Nebenabreden anerkannt worden; dafür sollte eine Gefahr für eine Wettbewerbsbeschränkung anwesend sein: *„Insoweit hänge die Zulässigkeit eines Wettbewerbsverbots davon ab, ob die Muttergesellschaften ihre Tätigkeiten im Verhältnis zu dem Gemeinschaftsunternehmen koordinieren könnten.“*[1035]

1030 *Kapp/Schumacher*, Das Wettbewerbsverbot des Minderheitsgesellschafters, WuW 2010, 481 f.

1031 OLG Düsseldorf, 15.08.2007, WuW/E DE-R 2166, 2169 – AnzeigenblattGU.

1032 OLG Düsseldorf, 15.08.2007, WuW/E DE-R 2166, 2168 f. – AnzeigenblattGU, *„wobei jeder der Gesellschafter einen Anteil von jeweils einem Drittel übernahm.“*

1033 OLG Düsseldorf, 15.08.2007, WuW/E DE-R 2166, 2169 – Anzeigenblatt-GU.

1034 OLG Düsseldorf, 15.08.2007, WuW/E DE-R 2166, 2169 – Anzeigenblatt-GU, *„Nur dieser ist nämlich in der Lage, das eigene Wettbewerbsverhalten im Verhältnis zum Gemeinschaftsunternehmen zu koordinieren, und nur für einen solchen beherrschenden Gesellschafter kann ein Wettbewerbsverbot erforderlich sein, um die kartellrechtliche Unbedenklichkeit des Gemeinschaftsunternehmens als ein konzentratives sicherzustellen, d. h. zu gewährleisten, dass der/die Gesellschafter des Gemeinschaftsunternehmens nicht unter Verstoß gegen § 1 GWB ihr eigenes Wettbewerbsverhalten mit demjenigen des Gemeinschaftsunternehmens koordinieren.“*

1035 BGH, v. 23.06.2009, KZR 58/07, WuW/E DE-R 2742 – Gratiszeitung Hallo, Rn. 9 (Juris).

Deshalb genügte die Blockademöglichkeit zur grundlegenden Entscheidung des GU nicht, um ein Wettbewerbsverbot zu rechtfertigen.[1036] Bei solchen konzentrativen GU kommt es zu Aushöhlungsgedanken, wobei das Wettbewerbsverbot diese Gefahr verhindern soll, und für eine solche Gefahr suchte der BGH einen maßgeblichen Einfluss von der Seite der Gesellschafter, die *„das Unternehmen von innen her aushöhl[en] oder gar zerstör[en] und damit einen leistungsfähigen Wettbewerber zugunsten seiner eigenen Konkurrenztätigkeit ausschalte[n].“*[1037,1038] Im Fall der Gratiszeitung Hallo hatten die drei Gesellschafter ein Gemeinschaftsunternehmen mit paritätischen Anteilen von jeweils einem Drittel gegründet, aber einer der Gesellschafter hat auf dem Markt des GU eine weitere Gratiszeitung „Hallo“ herausgegeben, obwohl ein satzungsmäßiges Wettbewerbsverbot vereinbart war. Dieses Wettbewerbsverbot war zunächst nicht als eine Nebenabrede und als zulässig angesehen worden, weil die Minderheitsgesellschafter dafür einen maßgeblichen Einfluss haben müssten und weil es sich um ein kartellrechtlich neutrales GU handelte.[1039] Jedoch hat der BGH diese Auslegung nicht vertreten, weil der maßgebliche Einfluss nicht fehlen soll und weil die Gesellschafter durch paritätische Beteiligung nur über *„die üblichen Rechte eines am Kapital der GmbH zur Hälfte beteiligten Gesellschafters“* verfügen.[1040] Daraus folgend ist *„entscheidend für die Anwendung des* § 1 GWB *vielmehr eine Gesamtwürdigung aller für das konkrete Gesellschaftsverhältnis wirksamen Umstände.“*[1041] In diesem Zusammenhang kann die reine Blockademöglichkeit für die strategischen Entscheidungen des GU einen maßgeblichen Einfluss gewährleisten, da dadurch das strategische Marktverhalten auch bestimmt werden kann, falls es dadurch nicht zu wechselnden Mehrheiten kommt.[1042] Damit zeigt das

---

1036 OLG Frankfurt, v. 17.03.2009, WuW/E DE-R 2603, 2604 f. – Musikalienhandel, *„Hier verfügt die Verfügungsbeklagte ebenso wie die übrigen Gesellschafter nur über einen Gesellschafteranteil von 1/3. Sie ist mithin nicht Mehrheitsgesellschafterin. Der Gesellschaftervertrag gewährt auch keinem der Gesellschafter das alleinige Recht, Entscheidungen zu treffen, die die Grundlagen der Gesellschaft oder das operative Geschäft betreffen.“*

1037 BGH, v. 21.02.1978, WUW/E BGH 1517, 1519 – Gabelstapler; OLG Düsseldorf, v. 15.08.2007, WuW/E DE-R 2166, 2168 – AnzeigenblattGU.

1038 *Kapp/Schumacher*, Das Wettbewerbsverbot des Minderheitsgesellschafters, WuW 2010, 481, 483; *Linsmeier/Lichtenegger*, Wettbewerbsverbote zu Lasten von Minderheitsgesellschaftern und ihre kartellrechtliche Beurteilung, BB 2011, 328, 329.

1039 BGH, v. 03.05.1988, KZR 17/87, WuW/E BGH 2505, 2507 f. – neuform Artikel; OLG Düsseldorf, v. 15.08.2007, VI-U (Kart) 11/07 – AnzeigenblattGU.

1040 BGH, v. 23.06.2009, KZR 58/07, WuW/E DE-R 2742 – Gratiszeitung Hallo, Rn. 18 (Juris).

1041 BGH, v. 23.06.2009, KZR 58/07, WuW/E DE-R 2742, 2745 – Gratiszeitung Hallo, Rn. 18 (Juris).

1042 BGH, v. 23.06.2009, KZR 58/07, WuW/E DE-R 2742 – Gratiszeitung Hallo, Rn. 22 ff. (Juris); *Schmidt*, Gemeinschaftsunternehmen, Wettbewerbsverbote und Immanenztheorie – Zwei Lehrstücke zwischen Gesellschafts- und Kartellrecht: „Nord-KS/Xella“ (2008) und „Gratiszeitung Hallo“ (2009), FS Säcker 2011, 949, 954 ff.

deutsche Recht Ähnlichkeit mit dem europäischen Recht, das durch ein Vetorecht über strategische Entscheidungen ein Wettbewerbsverbot kartellrechtskonform machen kann. In diesem Zusammenhang hat der BGH die Bekanntmachung der Kommission zu Nebenabreden wieder neu ausgelegt und für die Beherrschungsmacht[1043] die Mehrheitsbeteiligung nicht als eine Voraussetzung angenommen.[1044] Aus diesem Grund wurde das Wettbewerbsverbot auch für einen Minderheitsgesellschafter, der eine negative Kontrolle behält – wodurch er das Wettbewerbsverhalten des GU beeinflussen kann – auch als immanent angesehen.[1045]

In der Folge hat die Rechtsprechung darauf hingewiesen, dass, auch wenn ein konzentratives GU im Vordergrund steht, bei welchem sich die Mütter von dem Markt als Wettbewerber zurückziehen, dies jedoch ganz bestimmt nicht bedeutet, dass in Zukunft die Gründergesellschaften als potenzielle und aktuelle Wettbewerber in den Markt des GU nicht wieder eintreten können. Deshalb kann sich das konzentrative GU ohne eine Gewährleistung in ein kooperatives GU umwandeln und wieder kartellrechtliche Bedenklichkeiten hervorrufen.[1046] Weiterhin soll ein Wettbewerbsverbot die Existenz der konzentrativen GU schützen. Insbesondere wenn die Gründergesellschaften unternehmerische Werte wie Know-how oder Geschäftsgeheimnisse einbringen, ist auch der Aushöhlungsgedanke beim Unternehmenskauf relevant, denn der Wert des GU ohne ein Wettbewerbsverbot kann sich vermindern, und deshalb sind nachträgliche Wettbewerbsverbote für einen Zeitraum von bis zu drei Jahren als nicht wettbewerbsbeschränkend eingeschätzt worden.[1047] Solche Vereinbarungen können nach Art. 101 Abs. 3 AEUV freigestellt werden, besonders wenn eine hohe Investition ohne Sicherung von Einflussrechten damit verbunden

1043 Kommission, Bekanntmachung zu Nebenabreden, Rn. 40.

1044 BGH, v. 23.06.2009, KZR 58/07, WuW/E DE-R 2742, 2745 f. – Gratiszeitung Hallo.

1045 BGH, v. 23.06.2009, KZR 58/07, WuW/E DE-R 2742, 2746 – Gratiszeitung Hallo, *„Bei dieser Vertragsgestaltung bestünde ohne ein entsprechendes Wettbewerbsverbot die Gefahr, dass einzelne Gesellschafter einerseits eine Anpassung des Geschäftskonzepts an geänderte Marktbedingungen verhinderten und andererseits aufgrund ihres gesellschaftsrechtlich vermittelten Wissensstandes das Wettbewerbsverhalten von V. behinderten und ihre eigene Konkurrenztätigkeit mit wettbewerbsfremden Mitteln förderten. Dass dies durch das in dem Gesellschaftsvertrag von V. vorgesehene Wettbewerbsverbot ausgeschlossen wird, schränkt den freien Wettbewerb nicht ein, sondern schützt ihn.“*

1046 *Kapp/Schumacher*, Das Wettbewerbsverbot des Minderheitsgesellschafters, WuW 2010, 481, 489 f.

1047 *Kapp/Schumacher*, Das Wettbewerbsverbot des Minderheitsgesellschafters, WuW 2010, 481, 492; *Linsmeier/Lichtenegger*, Wettbewerbsverbote zu Lasten von Minderheitsgesellschaftern und ihre kartellrechtliche Beurteilung, BB 2011, 328, 330.

ist.[1048] In diesem Zusammenhang werden solche vertraglich vereinbarten Wettbewerbsverbote zur Absicherung des Unternehmenskaufs gerechtfertigt.[1049]

Ferner kann solch ein Wettbewerbsverbot nach dem deutschen Recht auch mit dem Tatbestandsmerkmal „wettbewerblich erheblicher Einfluss“ vorkommen, da der Aushöhlungsgedanke, wenn eine Rücksichtnahme des Einflussinhabers zufolge besonders mit annähernd 25 % Anteilen möglich sein kann.[1050]

Wenn eine wettbewerbliche Beziehung zwischen den Muttergesellschaften und dem GU zugrunde liegt, dann kann eine vertragliche Nebenabrede, nämlich ein Wettbewerbsverbot, vereinbart werden, um den Gesellschaftswert des GU zu schützen, solange eine spürbare Wettbewerbsbeschränkung, wie nach Art. 101 AEUV bzw. § 1 GWB, nicht vorliegt. Nach den Umständen können für die GU, die mit Muttergesellschaften im aktuellen oder potenziellen Wettbewerb stehen, solche Nebenabreden zum Schutz des GU nötig sein, aber das legale Maß von diesen Nebenabreden hängt von dem Einzelfall ab. Da durch verschiedene Tatbestandsmerkmale nach deutschem Recht die Gründung eines Gemeinschaftsunternehmens in den Anwendungsbereich der Zusammenschlusskontrolle fallen kann, und daraus folgend können die unterschiedlichen Nebenabreden nach dem besonderen Tatbestandsmerkmal infolge der Doppelkontrolle gemäß § 1 GWB zu andersartigen Rechtsfolgen hinführen; in diesem Zusammenhang wird dies im Teil „Kooperative Gemeinschaftsunternehmen“ geprüft.

5. Zwischenergebnis

Im deutschen Fusionskontrollrecht ist die Zusammenarbeit durch Gründung eines Gemeinschaftsunternehmens im Vergleich zu anderen Rechtssystemen ausführlicher behandelt. Der deutsche Gesetzgeber will die verschiedenen Stufen der Zusammenarbeit nach verschiedenen Tatbeständen kontrollieren, um einen wirksamen Wettbewerb effizienter zu schützen. Im Wirtschaftsleben kann dies vielleicht zu manchen Verwicklungen oder Unsicherheiten führen. Bezüglich der Gemeinschaftsunternehmen kann jedoch festgestellt werden, dass das deutsche Recht versucht, alle möglichen Auswirkungen der unterschiedlichen Zusammenarbeit aufzudecken. In diesem Zusammenhang kann der Aufwand für das Anmeldeverfahren höher

---

1048 *Westermann/Bergmann*, in: Fett/Spiering, Handbuch Joint Venture, 5. Kap. Rn. 89 f.: Komm. 11.06.2001, COMP/M.2411 Rn. 29 – Amcor/Danisco/Ahlstrom; a. A. vgl. *Kapp/Schumacher*, Das Wettbewerbsverbot des Minderheitsgesellschafters, WuW 2010, 481, 485 f., wo auch die „Unternehmenskaufgedanken“ mit Aushöhlungsgedanken verbunden sind.

1049 *Baron/Trebing*, Umgang mit Kartellrechtsrisiken in M & A-Transaktionen – aktuelle Fragestellungen und Entwicklungen, BB 2016, 131, 133.

1050 *Linsmeier/Lichtenegger*, Wettbewerbsverbote zu Lasten von Minderheitsgesellschaftern und ihre kartellrechtliche Beurteilung, BB 2011, 328, 332; *Crozals de/Hartog*, Die neue Nebenabreden-Bekanntmachung der Europäischen Kommission, EWS 2004, 533, 535.

erscheinen als in anderen Rechtssystemen, aber per Saldo werden alle Effekte auf den Wettbewerb effizienter kontrolliert. Gleichzeitig strebt der Gesetzgeber an, auch die Ziele des europäischen Rechts zu verwirklichen, aber auch mit der neuen GWB-Novelle behält das deutsche Fusionskontrollrecht die stärkere Kontrolle. Besonders die Gründung eines GU schon mit einem Anteilserwerb von 25 % und die Betrachtung von Gruppeneffekten mithilfe der Regel von Teilfusion der Mütter dienen der deutschen Fusionskontrolle, um die betroffenen Märkte durch den Zusammenschluss besser zu überwachen und daher den wirksamen Wettbewerb effizienter zu schützen. Die wettbewerbsstrategische Bedeutung der Einbeziehung von nicht-kontrollierenden Minderheitsgesellschaften ist in der europäischen Rechtspraxis langsam auch anerkannt, da die wettbewerbsrechtlichen Konsequenzen von solchen Beteiligungen besonders in den hochkonzentrierten Märkten auch eine Ex-ante-Überprüfung brauchen können.

Das Gleiche kann auch für die Wahl der verschiedenen Abgrenzungen der Gemeinschaftsunternehmen gesagt werden, da mit der neuen GWB-Novelle die Doppelkontrolle beibehalten wurde und daher das Konzentrationsprivileg für Vollfunktions-GU nicht übernommen wurde. In diesem Zusammenhang erscheint es so, dass das deutsche Wettbewerbsrecht eher eine weniger begrenzte Kontrolle – im Vergleich zu anderen Rechtssystemen – über den Wettbewerb geschaffen hat, um eventuell die wirtschaftliche und wettbewerbliche Stabilität zu gewährleisten und dadurch die Wettbewerbsfähigkeit der deutschen Wirtschaft zu steigern. Obwohl die europäische und türkische Fusionskontrolle mit dem Konzentrationsprivileg auf ein schnelleres und angeblich rechtssicheres Verfahren für die Vollfunktions-GU abgezielt haben, soll das Wettbewerbsrecht den Ausgleich zwischen der wirtschaftlichen Leistungsfähigkeit und dem Schutz der Verbraucher gewähren; aus diesem Grund soll die Fusionskontrolle möglichst weite Auswirkungen in Betracht ziehen, um auch die konzentrativen Auswirkungen der Gruppeneffekte von Minderheitsbeteiligungen ex ante zu überprüfen. Ferner müssen die konzentrativen Effekten von Teilfunktions-GU nicht außer Acht gelassen werden.

Darüber hinaus, da sich die dynamischen Märkte schnell verändern und entwickeln können, und die Höhe von den Netzwerken von Gemeinschaftsunternehmen sich mit der Zeit ausweiten kann, lässt es damit wettbewerbliche Bedenken aufkommen.[1051] Aus diesem Grund kann eine ex ante konzentrative Kontrolle mit einem Konzentrationsprivileg weitere zukünftige Gruppeneffekte von Unternehmensnetzwerken z. B. durch Minderheitsbeteiligungen nicht genau prüfen, deswegen sollen die wahrscheinlichen Wettbewerbsbeschränkungen besonders i. S. d. Koordinierungsrisiken der kooperativen Vollfunktions-GU auch nach der Gründung des GU untersucht werden, da diese Auswirkungen auch später auftreten können. Daher kann im Grunde die Umsetzung von Doppelkontrolle mit einer Verhaltenskontrolle

1051 *Schultes*, Die möglichen Wettbewerbsbeschränkungen durch Unternehmensnetzwerke und das Problem der Dichotomie und Statik des Kartellrechts, KSzW 2015, 89, 95 ff.

unabhängig von Fristen der Fusionskontrolle effizienter sein. Da die mächtigen Marktteilnehmer für die Leistungsfähigkeit und Gewinnmaximierung eine sichere und schnellere wettbewerbsrechtliche Kontrolle vorziehen werden, jedoch kann der wirksame Wettbewerb vor der langfristigen wettbewerbsschädigenden Auswirkung nur von dem Staat durch effiziente Verhaltenskontrolle abgesichert werden. Deshalb ist eine getrennte Untersuchung von kooperativen und konzentrativen Risiken vorzuziehen.

Da sich der nächste Teil der Arbeit auf die kooperativen Gemeinschaftsunternehmen konzentrieren wird, werden die Konsequenzen der Doppelkontrolle und des Konzentrationsprivilegs ausführlicher analysiert und die Auswirkungen auf die verschiedenen Typen der Gemeinschaftsunternehmen eingehend dargestellt.

IV. TEIL: Kooperative Gemeinschaftsunternehmen

Die Zusammenarbeit der Muttergesellschaften hat nicht nur Effekte auf die Marktstruktur, da die aktuellen oder potenziellen Wettbewerber ihre ökonomischen Ressourcen bündeln, um die Skaleneffekte zu nutzen; auf der anderen Seite sollten andere Auswirkungen solcher Zusammenarbeit den Gemeinschaftsunternehmen zugerechnet werden. In diesem Sinne sind – wenn es sich um die Abgrenzung von Gemeinschaftsunternehmen handelt – die Abgrenzungen, die den materiellen Auswirkungen der GU zuzuordnen sind, aus wettbewerbsrechtlicher Sicht besonders zu beachten. Obwohl das EU-Recht diese Abgrenzung aufgegeben hat, kann die Literatur sich davon nicht distanzieren, da sich die konzentrativen und kooperativen Effekte von Gemeinschaftsunternehmen als die zwei wichtigsten Folgen der Zusammenarbeit zeigen.

In diesem Zusammenhang analysiert die Arbeit – anstatt die Gemeinschaftsunternehmen nach organisatorischen (Vollfunktions- und Teilfunktions-GU) Verschiedenheiten einzuteilen, welche gleichen materiellen Folgen die GU haben können – wettbewerbsrechtlich wichtige, angenommene Konsequenzen. Obwohl nach europäischem und türkischem Recht der Anwendungsbereich der Fusionskontrolle und daher die organisatorische Gestaltung von Gemeinschaftsunternehmen im Vordergrund steht, können die Vollfunktionsgemeinschaftsunternehmen nach den Fusionskontrollverordnungen sowohl konzentrative als auch kooperative Effekte haben. Deswegen ist – wie bei dem deutschen Wettbewerbsrecht – von dieser Abgrenzung auszugehen, um darzustellen, was das Wettbewerbsrecht versucht zu schützen. In der globalen Praxis ist festzustellen, dass verschiedene Typen von Zusammenarbeit – z. B. P3-Allianz – in Bezug auf Gemeinschaftsunternehmen oder strategische Allianzen durch verträgliche Joint-Ventures (CJV) nach deren Auswirkungen – entweder kooperativ oder konzentrativ – voneinander abweichende Rechtsfolgen auslösen können.[1052] Als Folge davon findet immer noch die Abgrenzung nach verschiedenen Auswirkungen der Joint-Ventures, anstatt nach organisatorischen Absichten der Muttergesellschaften, in der Praxis Anwendung. Aus diesem Grund ist nicht definitiv zu behaupten, dass die Abgrenzung von Vollfunktions- und Teilfunktions-GU ausreichend ist, um den Wettbewerb effizienter

---

1052 P3-Allianz, wo die Zusammenarbeit der drei großen Containerschiff-Reedereien – Maersk, MSC und CMA CGM –, obwohl sie von US- und EU-Behörden gebilligt wurde, von der chinesischen Wettbewerbsbehörde MOFCOM als eine Fusion, d. h. als konzentratives Gemeinschaftsunternehmen betrachtet und wegen der konzentrativen Auswirkungen auf Asien-Europa-Container-Routen untersagt wurde.

zu schützen.[1053] Infolgedessen untersucht die Arbeit in diesem Teil die kooperativen Gemeinschaftsunternehmen – Voll- und Teilfunktion –, um generell einen Gesamtüberblick über die wettbewerblichen Risiken geben zu können.

Die Klassifizierung von konzentrativen Gemeinschaftsunternehmen konzentriert sich auf die reine marktstrukturverändernde Gründung von Gemeinschaftsunternehmen, bei denen die Muttergesellschaften ihre Aktivitäten in einem spezifischen Bereich den Gemeinschaftsunternehmen überlassen; gleichzeitig vermeiden sie den Wettbewerb mit dem GU und untereinander.[1054] In diesem Zusammenhang wurde besonders nach europäischem Recht zuerst auf die reine Wirkung der Marktstrukturänderung geachtet, und es wurde für die konzentrativen GU vorausgesetzt, dass sie als positive Bedingung vollfunktionsfähig sind und als negative Bedingung keine Koordinierung des Wettbewerbsverhaltens herbeiführen.[1055] Auf der anderen Seite waren die kooperativen Gemeinschaftsunternehmen wegen dieser Abgrenzung generell negativ definiert: *diejenigen GU, die nicht den Tatbestand des Unternehmenszusammenschlusses erfüllen,*[1056] also die Gemeinschaftsunternehmen, die nicht konzentrativ sind.[1057] Daraus folgend sind alle anderen Gemeinschaftsunternehmen nach den Tatbeständen des Kartellverbots zu prüfen, um ihre Vereinbarkeit mit den Wettbewerbsregeln zu klären und als kooperative Gemeinschaftsunternehmen einzuordnen, wenn so eine Koordinierung bei realistischer Betrachtungsweise vorherzusehen ist.[1058] Aber diese Abgrenzung hatte von Anfang an keine materiell-rechtliche Wirkung.[1059] Als später die Struktureffekte von allen Vollfunktionsgemeinschaftsunternehmen als erheblich angesehen wurden, wurden die Koordinierungsrisiken solcher kooperativer GU nicht getrennt behandelt. Im Vergleich zum europäischen Recht versucht das deutsche Wettbewerbsrecht, alle strukturellen Effekte aller Typen der Gemeinschaftsunternehmen zu prüfen und gleichzeitig die koordinierten Effekte davon auch mit starkem Schwerpunkt zu analysieren, da alle Arten von Zusammenarbeit einen Grad struktureller und/oder koordinierter Effekte haben können. Es ist eine Frage der Wettbewerbspolitik, in welchem Ausmaß die Kontrolle auf dem Markt durchzuführen und manche Auswirkungen auszulassen sind. Dieser Teil der Arbeit wird nach drei Rechtssystemen den

---

1053 Vgl. *Säcker*, Chinesisches Aus für eine Reederei-Allianz, WuW 2014, 1031: *„Das P3-Verbot sollte die Diskussion um eine wettbewerbstheoretisch überzeugende Abgrenzung kooperativer (kartellmäßiger) und konzentrativer (fusionsgleicher) Gemeinschaftsunternehmen auf internationaler Ebene erneut beleben."*

1054 *Bechtold/Bosch/Brinker*, EU-Kartellrecht, FKVO Art. 2 Rn. 68.

1055 Bekanntmachung über Konzentrations- und Kooperationstatbestände, ABl. 90/C 203/06, Rn. 15 ff.

1056 Bekanntmachung über die Beurteilung kooperativer GU, Rn. 9 ff.

1057 *Schroeder*, in: Wiedemann, Handbuch des Kartellrechts, § 8 Rn. 26.

1058 Bekanntmachung über Konzentrations- und Kooperationstatbestände, ABl. 90/C 203/06, Rn. 20.

1059 Bekanntmachung über die Beurteilung kooperativer GU, Rn. 11 ff.

Umfang der Analyse der koordinierten Auswirkungen von verschiedenen Typen der GU untersuchen und vergleichen.

1. Kooperative Gemeinschaftsunternehmen nach europäischem Recht

Das europäische Fusionskontrollrecht hat in der Vergangenheit die rein konzentrativen Vollfunktions-GU von allen Typen der Gemeinschaftsunternehmen getrennt analysiert; nach der alten Verordnung[1060] sollten alle GU, die kooperative Effekte nachweisen, nach dem Kartellverbot geprüft werden.[1061] Diese Trennung hat sich nicht als rechtssicher erwiesen, da manche kooperativen Gemeinschaftsunternehmen gleichzeitig konzentrative und kooperative Effekte zeigen konnten.[1062]

Die rein konzentrativen Gemeinschaftsunternehmen sollten deshalb Vollfunktionseigenschaften haben, und es sollten keine Koordinierungsmöglichkeiten zwischen den Muttergesellschaften und Gemeinschaftsunternehmen bestehen.[1063] Am Anfang sollte dies bedeuten, dass alle Muttergesellschaften sich aus dem Markt des Gemeinschaftsunternehmens zurückziehen.[1064] Aber später hat die Kommission diese Bedingung aufgeweicht und nur den Rückzug einer der Mütter aus dem Markt des GU ebenfalls als Konzentration betrachtet,[1065] solange die anderen Gründerunternehmen strategisch vorhaben, wieder in den Markt einzutreten, d.h., wenn das Interesse der Gründerunternehmen nur finanzieller Natur ist.[1066] In den Entscheidungen der Kommission hatte eine Muttergesellschaft, die auf dem Markt des GU weiter existierte, die Rolle einer „industriellen Führerschaft" in den Organen des Gemeinschaftsunternehmens übernommen, sodass eine Unternehmenseinheit mit dem GU gebildet worden war; ein Gründerunternehmen hatte die operativen Entscheidungen übernommen, und es lag daher kein Wettbewerbsverhältnis zugrunde und infolgedessen keine Gefahr für eine Koordinierung.[1067] Aus diesem Grund haben solche Ein-Mutter-Konstellationen in Bezug auf industrielle Führerschaft

1060 Bekanntmachung über die Unterscheidung zwischen konzentrativen und kooperativen Gemeinschaftsunternehmen, ABl. 94/C 385/01.

1061 Art. 2 FKVO a. F.

1062 *Temple Lang*, Joint Ventures under the EEC Treaty Rules on Competition – II, The Irish Jurist 1978, 132 ff. Um diese konzentrativen Effekte früher in der Literatur mitzurechnen, wird die Theorie von partiellen Fusionen vorgeschlagen.

1063 *„Keine Koordinierung des Wettbewerbsverhaltens der Gründerunternehmen im Verhältnis zueinander oder im Verhältnis zu dem GU"* Art. 3 Abs. 2 Satz 2 FKVO a. F.

1064 Bekanntmachung über Konzentrations- und Kooperationstatbestände, ABl. 90/C 203/06, Rn. 20 f.

1065 Bekanntmachung über die Unterscheidung zwischen konzentrativen und kooperativen Gemeinschaftsunternehmen, ABl. 94/C 385/01, Rn. 18.

1066 Kommission, 22.01.1992, IV/M. 133 – Ericsson/Kolbe, Rn. 11 ff.

1067 Kommission, 24.10.1991, IV/M. 086 – Thomson/Pilkington, Rn. 12 ff.; vgl. *Funke*, Kooperative Joint Ventures in der Europäischen Union, 88 ff.

eine weitere Form von konzentrativen Gemeinschaftsunternehmen geprägt. Nach einigen Ansichten treten die rein konzentrativen Gemeinschaftsunternehmen selbst als eine wirtschaftliche Einheit auf, wenn sich die beiden Mütter aus dem Markt des GU zurückgezogen haben. Wenn auf der anderen Seite eine Mutter auf dem Markt bleibt, entsteht durch ihre Führerschaft eine andere – nämlich vertikale – Einheit bzw. ein Zusammenschluss mit einer der Mütter und dem GU.[1068] In der alten Verordnung wurde auch bestätigt, dass eine gemeinsame Kontrolle fehlt, wenn einer der Gründer die wirtschaftliche Tätigkeit allein bestimmen kann.[1069]

Aber später hat die Kommission die Existenz der gemeinsamen Kontrolle auch in solchen Ein-Mutter-Konstellationen bejaht, da die strategischen Entscheidungen weiter von den gemeinsam kontrollierenden Müttern getroffen wurden.[1070] In der Literatur wurde diese Auffassung auch vertreten, wobei die industrielle Führerschaft von einem konzerninternen Verhältnis zu unterscheiden ist. Bei der normalen Gründung eines GU, das einer gemeinsamen Kontrolle unterliegt, ist nicht von einem konzerninternen Verhältnis zu sprechen, weil das GU immerhin seine Handlungsfreiheit behält, die beschränkt werden kann.[1071] Diese beschränkbare Handlungsfreiheit kommt besonders von zwei Tatbeständen des Vollfunktions-GU, nämlich der *Vollfunktionseigenschaft* und der *gemeinsamen Kontrolle*, sodass das GU als Marktteilnehmer seine Autonomie hat und nicht nach der Strategie einer der Mütter geführt wird. In diesem Zusammenhang ist von verschiedenen wirtschaftlichen Einheiten zu sprechen, die jeweils mit einer der kontrollierenden Mütter gebildet wird.[1072] Dagegen betrachten manche Autoren in der Literatur die Beziehung zwischen den Müttern und dem GU als ein konzerninternes Verhältnis und akzeptieren die wirtschaftliche Einheit zwischen den Gründerunternehmen und dem GU.[1073] Bei der industriellen Führerschaft wurde dieses Konzept wirtschaftlicher Einheit angenommen.[1074] Wenn eine der Mütter eine führende Rolle

1068 *Gerwing*, Kooperative Gemeinschaftsunternehmen im EWG-Kartellrecht unter besonderer Berücksichtigung der Abgrenzungsfrage, 77; vgl. *Reiser*, Joint Ventures in der Europäischen Fusionskontrolle, 125 ff.

1069 Bekanntmachung über Konzentrations- und Kooperationstatbestände, ABl. 90/C 203/06, Rn. 12.

1070 Mitteilung der Kommission über den Begriff des Zusammenschlusses der Verordnung (EWG) Nr. 4064/89 des Rates über die Kontrolle von Unternehmenszusammenschlüssen, ABl. 98/C 66/02, Rn. 36.

1071 *Pohlmann*, Doppelkontrolle von Gemeinschaftsunternehmen im europäischen Kartellrecht: eine Zwischenbilanz, WuW 2003, 473, 478.

1072 Vgl. *Gerwing*, Kooperative Gemeinschaftsunternehmen im EWG-Kartellrecht unter besonderer Berücksichtigung der Abgrenzungsfrage, 77; vgl. *Ahrens*, Gemeinschaftsunternehmen als wirtschaftliche Einheit, EuZW 2013, 899, 901 f.; Kommission, Entwurf – Leitlinien zur Anwendbarkeit von Art. 101 AEUV auf Vereinbarungen über horizontale Zusammenarbeit, SEK (2010) 528, Rn. 11.

1073 *Bechtold/Bosch/Brinker*, EU-Kartellrecht, AEUV Art. 101 Rn. 38.

1074 *Schroeder*, in: Wiedemann, Handbuch des Kartellrechts, § 8 Rn. 14; *Kindler*, Europäische Fusionskontrolle auf Abwegen, EWS 1995, 312, 324 f.

beim Tagesgeschäft übernimmt, besitzt das GU keine Handlungsfreiheit, die per Absprachen der Mütter beschränkt werden kann; daher liegt keine Wettbewerbsbeschränkung zugrunde und das Kartellverbot findet keine Anwendung.[1075] Diese Auffassung wurde in der Literatur abgelehnt: Obwohl die Handlungsfreiheit beschränkt ist, soll jedoch die Wettbewerbsbeeinträchtigung verhindert werden, da das GU unter gemeinsamer Kontrolle bleibt und auch der industrielle Führer Befugnisse angesichts dieser gemeinsamen Kontrolle bekommt.[1076] Als Folge davon gab es eine Diskussion über gemeinsame Kontrolle und wirtschaftliche Einheit sowie über weitere Auslegungsprobleme.[1077] Obwohl eine beschränkbare Handlungsfreiheit besteht, kann ein Gründerunternehmen jedoch – im Gegensatz zur Alleinkontrolle – das GU nicht zu einem bestimmten Verhalten zwingen, aber es kann ein Verhalten blockieren; immerhin verfolgt das GU keine vom Gründer unabhängige Geschäftspolitik. [1078] In diesem Zusammenhang ist der gemeinsamen Kontrolle nicht zu widersprechen, da die führende Muttergesellschaft auch diese Befugnis zur gemeinsamen Kontrolle erworben hat. Diese gemeinsame Kontrolle führt also nicht zu einer Wettbewerbsbeschränkung, da die eigenen strategischen Interessen der führenden Mütter außer Betracht bleiben.[1079] Infolgedessen wird angenommen, dass eine dauerhafte Strukturveränderung durch die gemeinsame Kontrolle und die Selbstständigkeit der Marktteilnahme bzw. Vollfunktionseigenschaft weiter existiert, sodass von einem konzentrativen Gemeinschaftsunternehmen ausgegangen werden kann.[1080] Auf der anderen Seite findet das Kartellverbot keine Anwendung, da die führende Muttergesellschaft rechtliche oder faktische Weisungsmöglichkeiten gegenüber dem GU besitzt.[1081] Mit der erweiterten Fassung der konzentrativen Gemeinschaftsunternehmen der Kommission erschien die Abgrenzung von konzentrativen und kooperativen GU unklarer geworden zu sein.

Darüber hinaus wurde die unterschiedliche Behandlung von Vollfunktions-GU in der Praxis kritisiert: Obwohl die kooperativen Gemeinschaftsunternehmen ebenso

---

1075 *Mäger*, Europäisches Kartellrecht, 9. Kap. Rn. 91; *Burnside/Mackenzie Stuart*, Joint Venture Analysis: The Latest Chapter, E.C.L.R. 1995, 138, 142; Kommission, 29.11.1993, IV/M.363 – Continental/Kaliko/DG Bank/Benecke, Rn. 10.

1076 Vgl. *Pohlmann*, Der Unternehmensverbund im Europäischen Kartellrecht, 416; *Menz*, Wirtschaftliche Einheit und Kartellverbot, 337.

1077 Vgl. *Kindler*, Europäische Fusionskontrolle auf Abwegen, EWS 1995, 312, 325.

1078 Vgl. *Kuhn,* Kooperative Aspekte von Gemeinschaftsunternehmen im Europäischen Kartellrecht, 242 ff.; vgl. *Lüder*, Konzentrative und Kooperative Gemeinschaftsunternehmen: Jenseits der Dichotomie, 71 ff.

1079 *Kuhn,* Kooperative Aspekte von Gemeinschaftsunternehmen im Europäischen Kartellrecht, 242 ff.

1080 Vgl. *Kuhn,* Kooperative Aspekte von Gemeinschaftsunternehmen im Europäischen Kartellrecht, 240 ff.

1081 Vgl. *Schroeder*, in: Wiedemann, Handbuch des Kartellrechts, § 8 Rn. 14; vgl. *Kuhn,* Kooperative Aspekte von Gemeinschaftsunternehmen im Europäischen Kartellrecht, 244.

wie die konzentrativen eine Marktstrukturveränderung verursachen, wurden sie in wettbewerbsrechtlichem Sinne als gefährlicher eingestuft und so wurden ökonomisch ähnliche Transaktionen ungleich behandelt. Aus diesem Grund betrachteten die Marktteilnehmer die Gründung von kooperativen Vollfunktions-GU als risikoreicher, sodass sie die Gründung vermieden und dadurch den Wettbewerb im europäischen Markt beeinträchtigten.[1082] Die rein strukturellen Gemeinschaftsunternehmen wurden bevorzugt, weil solche Zusammenschlüsse durch die Verflechtung von Ressourcen vermehrte Effizienzsteigerung gewährleisten können; solche Vorteile waren gesichert, außer im Fall von Marktbeherrschung oder erheblicher Beeinträchtigung des wirksamen Wettbewerbs, und die kooperativen Gemeinschaftsunternehmen, die ein Risiko tragen, wobei sie das koordinative Verhalten von unabhängigen Unternehmen verursachen können, sollten nicht für das Konzentrationsprivileg als geeignet angesehen werden.[1083] Dagegen wurde behauptet, dass auch Teilfunktions-GU die Integration der Ressourcen ermöglichen, und ferner hatten sie weniger wettbewerbliche Beeinträchtigungen als die Fusionen und Zusammenschlüsse zur Folge.[1084]

Mit der Verordnung von 1997 wurden alle Typen von Vollfunktions-GU auch in der FKVO erfasst, da die reine Abgrenzung von konzentrativen und kooperativen Gemeinschaftsunternehmen nicht mehr in Anwendung blieb; die Abschaffung der alten Abgrenzung wurde generell positiv gesehen, da die Kriterien für konzentrative und kooperative Gemeinschaftsunternehmen nicht ganz so bedeutend war und deswegen manipulierbarer als die Abgrenzung von Vollfunktions- und Teilfunktions-GU.[1085] Demzufolge wird für die kooperativen Vollfunktions-GU mehr Rechtssicherheit gewährleistet. Jedoch ist auch mit dieser Abgrenzung nicht eindeutig festgelegt, in welcher Reichweite die Untersuchung stattfindet, weil sich die Prüfung der Kommission i. S. v. koordinierten Risiken in der Praxis wechselhaft zeigt, insbesondere bezüglich der Wahrnehmung von wirtschaftlicher Einheit zwischen dem GU und den Gründergesellschaften.[1086]

Bezüglich der kooperativen Risiken der GU hat die Kommission erst durch ihre Mitteilungen und mit der danach erlassenen Verordnung von 1997 die Existenz einer der Mütter auf dem Markt des GU nicht als Koordinationsgefahr erklärt.[1087]

1082 Vgl. *Hawk/Huser*, A Bright Line Shareholding Test to End the Nightmare under the EEC Merger Regulation, C.M.L.R. 1993, 1155, 1162 ff.

1083 Vgl. *Gonzales-Diaz*, Joint Ventures under EC Competition Law: The New Boundaries, FS Michel Waelbroeck II 1999, 1019, 1025 ff.

1084 Vgl. *Hawk/Huser*, A Bright Line Shareholding Test to End the Nightmare under the EEC Merger Regulation, C.M.L.R. 1993, 1155, 1161 ff.

1085 Vgl. *Temple Lang*, International Joint Ventures under Community Law, F. C. L. I. 1999, 381, 454; *Silva Morais*, Joint Ventures and EU Competition Law, 113 f.

1086 Vgl. *Silva Morais*, Joint Ventures and EU Competition Law, 114.

1087 Kommission, 28.02.2000, COMP/JV.32 – Granaria/Ültje/Intersnack/May Holding, Rn. 68. Vgl. Bekanntmachung über die Unterscheidung zwischen konzentrativen und kooperativen Gemeinschaftsunternehmen, ABl. 94/C 385/01, Rn. 18.

Damit hat die Kommission das reine industrielle Führerschaft-Argument verlassen[1088] und die Konstellationen, in denen eine der Mütter auf dem Markt des GU tätig ist, als Konzentrationssachverhalt betrachtet;[1089] dabei hat die Kommission auf *„eine Koordinierung des Wettbewerbsverhaltens von unabhängig bleibenden Unternehmen"* geachtet und – wenn die Gründung des GU ein Instrument dafür war – die Beziehung zwischen Gründer und GU als bedeutend erachtet.[1090] Daraufolgend wurde die Tätigkeit einer Mutter auf dem gleichen relevanten Markt nicht als eine Wettbewerbsbeschränkung, die durch die Strukturänderung vorgekommen ist, angesehen.[1091] Aber immerhin beinhaltet der Wortlaut der Norm in der FKVO das Wort „insbesondere" für die Koordinationsgefahr zwischen den Müttern des GU. Das bedeutet aber nicht per se, dass die Koordination zwischen der Mutter und dem GU vom Anwendungsbereich der Norm ausgenommen werden soll.[1092] Darüber hinaus wird eine Koordination zwischen einer Mutter und dem GU als möglich angenommen, daher soll das Kartellverbot immerhin bei der Ein-Mutter-Konstellation Anwendung finden. Denn hier soll das Bestehen einer wirtschaftlichen Einheit abgelehnt werden, weil der Zweck der FKVO den Zusammenschlussbegriff klärt; sondern es sind nicht die Vereinbarungen zwischen den Müttern und dem GU von der Verhaltenskontrolle auszunehmen [1093] – worauf die Ansichten der alten Entscheidungspraxis der Kommission beruhten.[1094] Auf der anderen Seite geht die Kommission davon aus, dass über das Verhältnis der Mütter zueinander alle Beschränkungen

1088 *Silva Morais*, Joint Ventures and EU Competition Law, 113.

1089 Vgl. *Schnipper*, Die Doppelkontrolle von Gemeinschaftsunternehmen im Europäischen Fusionskontrollrecht, 87; *Burnside/Mackenzie Stuart*, Joint Venture Analysis: The Latest Chapter, E. C. L. R. 1995, 138, 142.

1090 Bekanntmachung über die Unterscheidung zwischen konzentrativen und kooperativen Gemeinschaftsunternehmen, ABl. 94/C 385/01, Rn. 17.

1091 Vgl. dagegen *Temple Lang*, International Joint Ventures under Community Law, F.C.L.I. 1999, 381, 404; dies soll unter Art. 2 Abs. 4 FKVO fallen, da sich die Koordination zwischen dem GU und einer der Mütter als wettbewerbsbeschränkend für das GU auswirkt, weil die Mutter als aktueller Wettbewerber versuchen wird, allein mehr Gewinne zu erzielen und das GU zu entmutigen, am Wettbewerb teilzunehmen. Dadurch ist das GU nicht als separater, unabhängiger Marktteilnehmer zu sehen und gleichzeitig kann es Verlust an potenziellem Wettbewerb i. S. v. anderen Müttern bedeuten.

1092 Vgl. *Pohlmann*, Doppelkontrolle von Gemeinschaftsunternehmen im europäischen Kartellrecht: eine Zwischenbilanz, WuW 2003, 473, 478 f.

1093 Vgl. *Bischke*, Die Unterscheidung zwischen kooperativen und konzentrativen Unternehmensverbindungen im europäischen Recht gegen Wettbewerbsbeschränkungen, 83 f.; *Pohlmann*, Der Unternehmensverbund im Europäischen Kartellrecht, 295 f. und 416; *Kindler*, Europäische Fusionskontrolle auf Abwegen, EWS 1995, 312, 325, wo die wirtschaftliche Einheit mit einer Mutter und die gemeinsame Kontrolle rätselhaft ist.

1094 Kommission, 15.05.1991, IV/32.186 – Gosme/Martell – DMP; Kommission, 16.01.1991, IV/32.732 – IJsselcentrale.

der Handlungsfreiheit, die aus der Beziehung einer Mutter und dem GU heraustreten, auch erfasst werden können, da diese Beschränkungen auch gegenüber der anderen kontrollierenden Mutter bestehen müssen.[1095] Wenn sich eine Mutter mit Rücksicht auf das GU in besonderer Weise verhält, hat dies Auswirkungen auch auf andere Mütter, denn dadurch sind sie auch zur Rücksichtnahme gezwungen.[1096] In diesem Sinne wird angenommen, dass das GU und die jeweiligen Muttergesellschaften keine voneinander unabhängigen Unternehmen sind und deswegen soll sich die Koordinationsprüfung auf der Basis der FKVO auf das Verhältnis zwischen den Müttern beschränken.[1097] Mit der letzten Verordnung wurde die Klausel *„im Verhältnis zu dem Gemeinschaftsunternehmen"* weggelassen, um die Beziehung der Mütter zu den GU als konzentrative zu betrachten.

Diesen Entwicklungen zufolge hat das Verhältnis zwischen den Regeln der Verhaltenskontrolle in Art. 101 AEUV und Art. 2 Abs. 4 und 5 FKVO zu weiterer Rechtsunsicherheit geführt, da eine Abweichung von oben genannten Normen besteht.[1098] Die FKVO führt mit der Marktstrukturkontrolle auch eine Verhaltenskontrolle nach den Kriterien des Art. 101 AEUV durch, aber die zu prüfenden Tatbestände sind deutlicher in der FKVO als in Art. 101 AEUV abgegrenzt.[1099] In diesem Zusammenhang ist der Streit darüber entstanden, ob als ein Sekundärrecht die FKVO einige Voraussetzungen von Art. 101 AEUV vorschalten oder verdrängen kann.[1100] Und weil die FKVO alle Durchführungsverordnungen im Zusammenhang mit Art. 101 und 102 AEUV nach Art. 21 Abs. 1 FKVO außer Kraft setzt, sollen alle Verstöße gegen Art. 101 AEUV im Rahmen der FKVO geprüft werden.[1101] Als Folge davon wurde herausgestellt, dass die Aufzählung der Koordinierungstatbestände nicht abschließend ist, sondern dem Zweck dient, nur bestimmte, mit

1095 Vgl. *Pohlmann*, Doppelkontrolle von Gemeinschaftsunternehmen im europäischen Kartellrecht: eine Zwischenbilanz, WuW 2003, 473, 478 f.

1096 Vgl. *Pohlmann*, Der Unternehmensverbund im Europäischen Kartellrecht, 295 f.: Bekanntmachung über die Beurteilung kooperativer GU, Rn. 21; *Schnipper*, Die Doppelkontrolle von Gemeinschaftsunternehmen im Europäischen Fusionskontrollrecht, 175 ff.

1097 *Temple Lang*, Telecommunications Joint Ventures and the revised European Community Merger Regulation, B.L.I. 1999, 1, 3, *„the likelihood of coordination between joint venture and one parent is taken for granted"*; vgl. *Shroeder*, in: Grabitz/Hilf/Nettesheim, AEUV, Art. 101 Rn. 465.

1098 *Kuhn*, Kooperative Aspekte von Gemeinschaftsunternehmen im Europäischen Kartellrecht, 244.

1099 Vgl. *Mäger*, Europäisches Kartellrecht, 9. Kap. Rn. 32; *Schroeder*, Schnittstellen der Kooperations- und Oligopolanalyse im Fusionskontrollrecht, WuW 2004, 893, 897.

1100 Vgl. *Schnipper*, Die Doppelkontrolle von Gemeinschaftsunternehmen im Europäischen Fusionskontrollrecht, 171 f.; *Pohlmann*, Doppelkontrolle von Gemeinschaftsunternehmen im europäischen Kartellrecht: eine Zwischenbilanz, WuW 2003, 473, 475 ff.; vgl. *Wiedemann*, in: Wiedemann, Handbuch des Kartellrechts, § 15 Rn. 69; *Mestmäcker/Schweitzer*, in: EU-Wettbewerbsrecht, § 24 Rn. 6.

1101 Vgl. *Pohlmann*, Der Unternehmensverbund im Europäischen Kartellrecht, 296 ff.

der Strukturkontrolle zusammenhängende Koordinationsrisiken aufzuzeigen.[1102] Dagegen wird angenommen, dass der FKVO eine solche Verdrängung der Verhaltenskontrolle nicht zugrunde liegt, da die FKVO die Strukturkontrolle regelt. Eine wettbewerbsbeschränkende Vereinbarung liegt nicht vor und daher sind nur über diese Strukturänderung hinausgehende Verhältnisse zwischen den Gründergesellschaften und dem GU nach den Kriterien der Verhaltenskontrolle zu prüfen.[1103] Daher untersucht die Kommission, ob durch die Änderung der Struktur weitere Effekte i. S. d. Verhaltenskontrolle auftauchen können.[1104] In diesem Zusammenhang steht die Kausalität zwischen der Verhaltenskontrolle und der Strukturkontrolle im Vordergrund; mit anderen Worten: Es sollen die zu beurteilenden Wettbewerbsrisiken der Muttergesellschaften „unmittelbar aus der Gründung des Gemeinschaftsunternehmens erwachsenden Koordinierung" heraustreten.[1105]

Dadurch, dass die kooperativen Vollfunktions-GU in die Fusionskontrolle eingeschlossen wurden, wurde das Problem der Rechtssicherheit nicht vollständig gelöst, da die Abgrenzung der Vollfunktionseigenschaft nicht besser funktioniert als die kooperative/konzentrative Abgrenzung.[1106] Ferner kommt nicht nur die unterschiedliche Behandlung von Teilfunktions-GU infrage, sondern auch, ob nicht aufgrund der Schwellenwerte eine gemeinschaftsweite Bedeutung zeigende Vollfunktions-GU theoretisch benachteiligt wurde; aber Art. 21 Abs. 1 FKVO setzt die Durchführungsverordnung 1/2003 im Rahmen des Zusammenschlussbegriffs für alle Vollfunktions-GU außer Kraft, die keine Koordinierung unabhängig bleibender Unternehmen zeigen.[1107] Als Folge davon bleibt durch die ungleiche Behandlung von kooperativen Vollfunktions-GU ohne gemeinschaftsweite Bedeutung ein Rechtsunsicherheit verursachendes Problem bestehen, da ein anderes Verfahren, ein von gemeinschaftsweiter Bedeutung verschiedenes Verfahren (one stop shop) eingeleitet wird.[1108] Die Freigabe der FKVO ist auch für die Koordinierungsprüfung dauerhaft,

---

1102 *Montag/von Bonin*, in: MüKoEUWettbR, FKVO, Art. 2 Rn. 13, 507 ff.; vgl. *Pohlmann*, Doppelkontrolle von Gemeinschaftsunternehmen im europäischen Kartellrecht: eine Zwischenbilanz, WuW 2003, 473, 475.

1103 *Bechtold/Bosch/Brinker*, EU-Kartellrecht, AEUV, Art. 101 Rn. 131.

1104 Vgl. a. a. O. Art. 2 FKVO Rn. 69; *Schroeder*, in: Grabitz/Hilf/Nettesheim, AEUV, Art. 101 Rn. 465, die Kontrolle von Art. 101 AEUV nach den Fusionskontrollmaßstäben.

1105 Vgl. *Hirsbrunner*, in: Schröter/Jakob/Klotz/Mederer, Europäisches Wettbewerbsrecht, Art. 2 FKVO Rn. 519; Vgl. *Säcker*, Nicht-kontrollierende Minderheitsbeteiligungen im deutschen und europäischen Wettbewerbsrecht, FS Helmut Köhler 2014, 565, 568.

1106 *Ahlborn/Turner*, Expanding success? Reform of the E.C. Merger Regulation, E.C.L.R. 1998, 249, 261. „*For example, a joint venture may involve significant investment as well as structural changes but be limited initially to an R&D function. This would not apparently be considered to be a full-function joint venture.*"

1107 Vgl. *Shroeder*, in: Grabitz/Hilf/Nettesheim, AEUV, Art. 101 Rn. 465.

1108 Vgl. *Kuhn*, Kooperative Aspekte von Gemeinschaftsunternehmen im Europäischen Kartellrecht, 345 ff.; vgl. *Ahlborn/Turner*, Expanding success? Reform of the E.C.

da die Kommission ein Freistellungsmonopol hat; auf der anderen Seite gilt für die Teilfunktions-GU und die kooperativen Vollfunktions-GU ohne gemeinschaftsweite Bedeutung das Legalausnahmeprinzip nach Art. 1 Abs. 2 VO 1/2003.[1109] Daraus folgt, dass, wenn die Freigabe nach der Fusionskontrolle dauerhaft ist, ein Widerruf dieser Freigabe nicht einfach ist – unter den Bedingungen von Art. 6 Abs. 3 und Art. 8 Abs. 6 FKVO –, die generell falsche Angaben abhandeln. Der Widerruf wird ausnahmsweise angewendet, da Rechtssicherheit für Fusionsfälle benötigt wird.[1110] In diesem Zusammenhang werden die koordinativen Risiken der Vollfunktions-GU mit einer gemeinschaftsweiten Bedeutung nach den Fristen der FKVO untersucht, und wenn die Voraussetzungen für die Einzelfreistellung gemäß Art. 101 Abs. 3 AEUV vorhanden sind, wird ein solches Gemeinschaftsunternehmen i. d. R. dauerhaft freigestellt. Infolgedessen stellt sich folgende Frage: Wenn die Gruppeneffekte der Muttergesellschaften sich nach der Freigabe des GU erweitern, sind sie dann gemäß der VO 1/2003 weiter nach Art. 101 AEUV zu beurteilen oder ist eine neue Fusionskontrollanmeldung notwendig? Es wurde darauf hingewiesen, dass die Freigabe der Fusion nur in Bezug auf das GU mitgeteilt worden ist und nur i. S. einer Prognose-Entscheidung, ob das GU überhaupt zu einer Beeinträchtigung des Wettbewerbs durch eine marktbeherrschende Stellung imstande ist. Die nach der Freigabe zustande gekommene marktbeherrschende Stellung des GU durch rechtmäßiges Verhalten ist nach den Wettbewerbsregeln nicht verboten, aber die veränderte Beziehung der Muttergesellschaften muss vom GU getrennt beurteilt werden, da diese keine dauerhafte Freigabe rechtfertigt.[1111] Entgegen dieser Auffassung wird in der Literatur dieses Problem mehr als theoretisch angesehen und eine neue Fusionskontrollanmeldung oder Prüfung nach VO 1/2003 anerkannt. Wenn die Beziehung der Muttergesellschaften keine Kausalität zur Gründung des GU enthält, sondern kein Gruppeneffekt des GU ist, dann sind solche kooperativen Verhältnisse der Muttergesellschaften nach der VO 1/2003 zu prüfen.[1112]

In der aktuellen Mitteilung der Kommission[1113] ist festzustellen, dass die Rollen der Muttergesellschaften voneinander abweichen können. Bezüglich des Tagesgeschäfts können rein finanzstrategische oder das Marken-Image betreffende Maßnahmen ergriffen werden, solange die Einflussmöglichkeit auf die strategischen Entscheidungen des GU beibehalten ist. Wenn dies nicht der Fall ist, liegt eine alleinige Kontrolle zugrunde. Daher folgt i. d. R. ein Koordinierungsrisiko nur, wenn

---

Merger Regulation, E.C.L.R. 1998, 249, 259 f.; *Schroeder*, in: Grabitz/Hilf/Nettesheim, AEUV, Art. 101 Rn. 524.

1109 *Mäger*, Europäisches Kartellrecht, 9. Kap. Rn. 32.

1110 *Temple Lang*, Telecommunications Joint Ventures and the revised European Community Merger Regulation, B.L.I. 1999, 1, 19 f.

1111 Vgl. *Temple Lang*, Telecommunications Joint Ventures and the revised European Community Merger Regulation, B.L.I. 1999, 1, 19 f.

1112 Vgl. *Schroeder*, in: Grabitz/Hilf/Nettesheim, AEUV, Art. 101 Rn. 525, Widerruf nur nach Art. 6 Abs. 3 und Art. 8 Abs. 6 FKVO.

1113 Konsolidierte Mitteilung zu Zuständigkeitsfragen, Rn. 81.

zwei oder mehr Gründerunternehmen auf dem Markt des GU oder benachbarten Märkten nennenswerte und gleichzeitige Präsenz haben. Neben dem SIEC-Test soll dieser Zusammenschluss dann auch nach den Kriterien des Kartellverbots (Art. 101 AEUV) geprüft werden.[1114]

Wie oben erwähnt wurde, übt die Kommission durch das Konzentrationsprivileg neben der Strukturkontrolle des Vollfunktions-GU auch die Verhaltenskontrolle aus. Da sich diese Kontrolle aber von Anbeginn an nur auf einen Zusammenschluss bezieht, folgt die Verhaltenskontrolle auch über den Zusammenschlusstatbestand, nämlich die Gründung eines (Vollfunktions-)Gemeinschaftsunternehmens.[1115] In diesem Zusammenhang geht die Kommission in Bezug auf die Verhaltenskontrolle von drei verschiedenen möglichen Sachverhalten aus: Nebenabreden, Koordinierung des Wettbewerbsverhaltens der unabhängigen Unternehmen und die sogenannten *abtrennbaren Vereinbarungen.*[1116,1117]

a) Grundlagen der Untersuchung

aa) Nebenabreden

Wie im Teil „Konzentrative Gemeinschaftsunternehmen“ diskutiert wurde, werden solche Vereinbarungen, die mit der Lebensfähigkeit des GU am relevanten Markt unmittelbar verbunden und dafür erforderlich sind, im Grunde mit dem Zusammenschluss betrachtet, und nach Art. 6 Abs. 1 lit. b UAbs. 2 und Art. 8 Abs. 2 UAbs. 3 FKVO werden solche Einschränkungen als Gegenstand der Fusionskontrollentscheidung akzeptiert.[1118] Nach der Entwicklung in der Praxis ist die Prüfung von Nebenabreden eigentlich eine verkürzte Anwendung von Art. 101 AEUV;[1119] in der

1114 Vgl. *Schroeder*, Schnittstellen der Kooperations- und Oligopolanalyse im Fusionskontrollrecht, WuW 2004, 893, 905. Es wurde behauptet, dass allein der SIEC-Test auch die Spillover-Effekte bei der Untersuchung erfassen kann, da die Prüfung der Marktanteile und des Wettbewerbsdrucks die Möglichkeit der Koordination beschränken kann.

1115 VO 1310/97, Rn. 5: *„In diesem Fall müssen alle Wettbewerbsaspekte der Gründung des Gemeinschaftsunternehmens im Rahmen desselben Verfahrens gewürdigt werden.“*

1116 Vgl. *Pohlmann*, Doppelkontrolle von Gemeinschaftsunternehmen im europäischen Kartellrecht: eine Zwischenbilanz, WuW 2003, 473, 474; vgl. a. *Schroeder*, in: Grabitz/Hilf/Nettesheim, AEUV, Art. 101 Rn. 518, *„akzessorische Abreden“*.

1117 Mitteilung der Kommission über den Begriff des Vollfunktionsgemeinschaftsunternehmens nach der VO (EWG) Nr. 4064/89 des Rates über die Kontrolle von Unternehmenszusammenschlüssen, ABl. 98/C 66/01, Rn. 16; vgl. *Pohlmann*, Doppelkontrolle von Gemeinschaftsunternehmen im europäischen Kartellrecht: eine Zwischenbilanz, WuW 2003, 473, 474 f.

1118 Vgl. *Kuhn*, Kooperative Aspekte von Gemeinschaftsunternehmen im Europäischen Kartellrecht, 40 f.

1119 Vgl. *Pohlmann*, Doppelkontrolle von Gemeinschaftsunternehmen im europäischen Kartellrecht: eine Zwischenbilanz, WuW 2003, 473, 474.

Praxis werden solche Einschränkungen besonders mit vertikalen Vereinbarungen, z. B. Franchise- oder Lizenz-Vereinbarungen als ein erforderlicher Teil der Vereinbarung betrachtet, und dadurch fallen sie nicht in den Anwendungsbereich des Art. 101 AEUV.[1120] Das Gleiche galt auch im Fall von Gemeinschaftsunternehmen – wie in der alten Entscheidung von ODIN, [1121] in der die Beschränkungen *zur Gewährleistung des Bestandes und der Zielsetzung* von GU (Odin) erforderlich waren.[1122] Als Folge davon werden Nebenabreden für Vollfunktions-GU mit gemeinschaftsweiter Bedeutung nach dem Verfahren der FKVO geprüft, und die Anwendbarkeit des Art. 101 AEUV als Ergebnis dessen ist irrelevant.[1123] Darüber hinaus können die nationalen Gerichte dies auch klären, falls die Einschränkung einer Nebenabrede nach der Fusionskontrollentscheidung gelten soll.[1124]

Für die anderen Typen von Gemeinschaftsunternehmen – die in den Anwendungsbereich des Art. 101 AEUV fallen – sind Nebenabreden auch unmittelbar verbunden und können akzeptiert werden, falls der Hauptgegenstand (das GU) keine Wettbewerbsbeschränkung bezweckt oder bewirkt.[1125] Dafür sucht die Kommission eine objektive Erforderlichkeit und diese soll zum Hauptgegenstand (dem GU) in einem angemessenen Verhältnis stehen.[1126] Bezüglich der Objektivität wird danach gesucht, ob das GU ohne diese Einschränkungen *schwer oder gar nicht zu verwirklichen*[1127] wäre, wobei später eine Ausschließlichkeitsklausel für das GU nicht als objektiv notwendig vom Gericht eingestuft wurde, weil ohne diese Beschränkung die Gründung eines GU auf dem relevanten Markt möglich war.[1128] Auf der anderen Seite sind auch die Verhältnismäßigkeit und deren Grad von Bedeutung, da die lange Dauer solcher Ausschließlichkeitsklauseln die Beeinträchtigung des Wettbewerbs verursachen würde.[1129]

Wenn infolgedessen die Einschränkungen bei der Gründung eines Gemeinschaftsunternehmens im Sinne *der Dauer und dem sachlichen und räumlichen Anwendungsbereich nicht über das für die Errichtung und Tätigkeit des Gemeinschaftsunternehmens*

1120 Vgl. *Faull/Nikpay*, The EU Law of Competition, Rn. 3 235 ff.
1121 Kommission, 13.07.1990, IV/32.009 – Elopak/Metal Box – Odin.
1122 Kommission, 13.07.1990, IV/32.009 – Elopak/Metal Box – Odin, Rn. 36.
1123 Vgl. *Kuhn,* Kooperative Aspekte von Gemeinschaftsunternehmen im Europäischen Kartellrecht, 40 f.
1124 Bekanntmachung zu Nebenabreden, Rn. 2.
1125 Kommission, Leitlinien zur Anwendung von Art. 81 Absatz 3 EG-Vertrag, ABl. 2004/C 101/08, Rn. 29.
1126 Ebenda.
1127 EuG-Urteil, 18.09.2001, Rs. T 112/99, Slg. 2001 II-2498 – Métropole Télévision (M6), Rn. 109.
1128 EuG-Urteil, 18.09.2001, Rs. T 112/99, Slg. 2001 II-2498 – Métropole Télévision (M6), Rn. 123 f.
1129 EuG-Urteil, 18.09.2001, Rs. T 112/99, Slg. 2001 II-2498 – Métropole Télévision (M6), Rn. 124 ff.

notwendige Maß hinausgehen,[1130] dann werden sie auch von Art. 101 AEUV nicht erfasst, solange die Hauptmaßnahme keinen Verstoß gegen das Kartellverbot zeigt. Jedoch bilden die Nebenabreden keinen Bestandteil des Hauptgegenstandes;[1131] sie sind von diesem abtrennbar und werden deshalb nach Art. 101 Abs. 1 bzw. Abs. 3 AEUV untersucht. Jedoch ist zumindest die Hauptmaßnahme auch ohne Nebenabreden denkbar, da der Wortlaut der Norm eine generelle vollumfängliche Betrachtung des Sachverhalts zulässt und daher statt einer isolierten eine gesamte Betrachtung einschließlich der Nebenabreden durchgeführt wird, um herauszufinden, ob generell eine Wettbewerbsbeschränkung zugrunde liegt.[1132]

Schlussfolgernd sind Nebenabreden von Vollfunktions-GU mit gemeinschaftsweiter Bedeutung – sei es für kooperative oder für konzentrative – nach der Zusammenschlusskontrolle zu prüfen und für die anderen Gemeinschaftsunternehmen auch nach den gleichen Maßstäben generell mit der Gründung des Gemeinschaftsunternehmens nach Art. 101 AEUV zu beurteilen.[1133] Ebenso wie die Vollfunktions-GU gemäß der FKVO erklärt wurden, werden auch in diesem Teil der Arbeit die möglichen in der Praxis angetroffenen Nebenabreden der anderen Typen der GU untersucht.

bb) Spillover-Effekte

Bei der Gründung von Gemeinschaftsunternehmen sind besonders die Beziehungen der Gründergesellschaften zueinander zu berücksichtigen. Dies ist wettbewerbsrechtlich, aber vornehmlich kartellrechtlich von Bedeutung, da bei der Gründung eines Gemeinschaftsunternehmens die unabhängigen Unternehmen zusammen i. S. d. gemeinsamen Kontrolle arbeiten. Da bei der Zusammenarbeit auf einem Sektor oder auf einem Markt besondere Erfahrung gebraucht wird, ist es sehr wahrscheinlich, dass die Gründerunternehmen aktuelle oder potenzielle Wettbewerber sind. Für die Profitmaximierung werden sie von daher ihr Verhalten mithilfe der Zusammenarbeit koordinieren, sodass die Gründung eines Vollfunktions-GU nicht nur strukturelle Veränderung, sondern auch unerwünschtes kooperatives Verhalten verursacht. Auch wenn sie nicht auf dem gleichen Markt des GU tätig sind, kann dieses Verhalten jedoch auf den anderen relevanten Märkten der Muttergesellschaften vorkommen.[1134] Als Folge davon ist festzustellen, dass die Zusammenarbeit darüber hinausgehende Konsequenzen mit sich bringen kann. Für diese

---

1130 Vgl. *Kuhn,* Kooperative Aspekte von Gemeinschaftsunternehmen im Europäischen Kartellrecht, 275 f.

1131 Bekanntmachung zu Nebenabreden, Rn. 10.

1132 Vgl. *Kuhn,* Kooperative Aspekte von Gemeinschaftsunternehmen im Europäischen Kartellrecht, 278 ff.

1133 Kommission, Bekanntmachung der Kommission über die Beurteilung kooperativer Gemeinschaftsunternehmen nach Art. 85 EWG-Vertrags, ABl. 93/C 43/02, Rn. 66.

1134 Vgl. Kommission, 23.11.1977, IV/29.428 – GEC/Weir Natriumumwälzpumpen, S. 31 ff.

Auswirkungen des GU brauchen die Muttergesellschaften keine spezifische Vereinbarung, um von einem Spillover-Effekt oder Gruppeneffekt zu sprechen. Die Möglichkeit des Informationsaustauschs innerhalb des GU und die gegenseitige Rücksichtnahme auf die anderen beteiligten Unternehmen können die Ursache des parallelen Verhaltens sein, und die Wettbewerbsbedingungen können sich dadurch ändern, wobei dies eine Beeinträchtigung des wirksamen Wettbewerbs hervorrufen kann.[1135] Durch die Zusammenarbeit kann der Wettbewerb auf anderen Tätigkeitsgebieten beeinträchtigt sein, auf denen die im Wettbewerb stehenden Muttergesellschaften auf den Preis-[1136] oder Output-Wettbewerb verzichten können oder wenn sie eine Abschottung des Marktes zu Dritten durch vertikale Gemeinschaftsunternehmen verursachen. Dieses Verhalten wird dann als Ergebnis der Zusammenarbeit, nämlich als *Gruppeneffekt,* auftreten, und zwar ohne eine explizite Vereinbarung.[1137] Aus diesem Grund werden solche Auswirkungen als unmittelbar mit der Gründung des Gemeinschaftsunternehmens verbunden angesehen und als automatisch entstehend.[1138] Deshalb ist es im Grunde auch nicht das Gleiche wie die oligopolistische Interdependenz, bei der es auf die Marktstruktur ankommt und nicht auf die Gründung eines GU.[1139] Deshalb sind die Gruppeneffekte getrennt von den Vereinbarungen zwischen den Muttergesellschaften zu untersuchen, anders als die Nebenabreden oder abtrennbaren Vereinbarungen. Dabei soll geprüft werden, ob die Entstehung des GU eine Auswirkung auf das Verhalten der Gründer zeigen kann und ob der Anreiz für ein solches koordiniertes Verhalten die Beeinträchtigung des Wettbewerbs verursachen kann. Da die Auswirkungen einer solcher Zusammenarbeit auf die Wirtschaft objektiv vorhanden sind, genügt es nicht, wenn die Gründer sagen, dass sie auf ein solches Verhalten verzichten werden, es sei denn, sie beweisen es endgültig.[1140]

1135 Vgl. *Bechtold/Bosch*, GWB, § 1 Rn. 88; *Huber*, Gemeinschaftsunternehmen in deutschem Wettbewerbsrecht, in: Huber/Börner, 19 f.

1136 Vgl. *Temple Lang*, International Joint Ventures under Community Law, F.C.L.I. 1999, 381, 440, wo die Koordination keine Kommunikation benötigt, und deswegen wird das GU unvermeidlich zur Beseitigung des Preiswettbewerbs führen.

1137 Vgl. *Faull/Nikpay*, The EC Law of Competition, Rn. 7.51 ff.; *Gerwing*, Kooperative Gemeinschaftsunternehmen im EWG-Kartellrecht unter besonderer Berücksichtigung der Abgrenzungsfrage, 59; *Kuhn,* Kooperative Aspekte von Gemeinschaftsunternehmen im Europäischen Kartellrecht, 175; *Temple Lang*, International Joint Ventures under Community Law, F.C.L.I. 1999, 381, 440; *Gonzales-Diaz*, Joint Ventures under EC Competition Law: The New Boundaries, FS Michel Waelbroeck II 1999, 1019, 1031 f.

1138 Vgl. *Kuhn,* Kooperative Aspekte von Gemeinschaftsunternehmen im Europäischen Kartellrecht, 41 f.

1139 Vgl. *Temple Lang*, International Joint Ventures under Community Law, F. C. L. I. 1999, 381, 440.

1140 Vgl. *Temple Lang*, International Joint Ventures under Community Law, F. C. L. I. 1999, 381, 440 f.; *Kuhn,* Kooperative Aspekte von Gemeinschaftsunternehmen im Europäischen Kartellrecht, 175 f.

Darüber hinaus kann sich der Grad des Gruppeneffekts erhöhen, wenn die Gründerunternehmen in weiteren GU auf anderen Märkten kooperieren; wobei weitere Wettbewerbskoordinierung durch diese sogenannten *Netz- und Bündeleffekte* der Zusammenarbeit auch eine Berücksichtigung benötigen.[1141]

Wenn diese Gruppeneffekte als Ergebnis der Koordinierungsgefahr der Muttergesellschaften entstehen, dann bilden solche Auswirkungen den abzugrenzenden Fall zwischen den konzentrativen und kooperativen Gemeinschaftsunternehmen neben den Vollfunktionseigenschaften. Aus diesem Grund wird ein kooperatives Gemeinschaftsunternehmen – nach europäischem Recht – nach der FKVO untersucht, wenn es eine Vollfunktionseigenschaft besitzt. Die gleichzeitig bestehenden strukturellen Wirkungen benötigen auch eine Untersuchung der konzentrativen Effekte, weil mit der Koordinierung die Gründergesellschaften gleichzeitig eine marktbeherrschende Stellung ausbauen können; und deswegen sind für die Ziele des Fusionskontrollrechts solche Gruppeneffekte auch von Bedeutung.[1142] Auf diese Weise wird die kooperative Vollfunktions-GU nach dem Konzentrationsprivileg nach dem Verfahren gemäß FKVO untersucht und weiter unten gemäß Art. 2 Abs. 4 und 5 FKVO ausführlich erklärt.

Da die Erheblichkeit des Gruppeneffekts sich in beiden Bereichen der Strukturkontrolle und Verhaltenskontrolle, insbesondere durch kooperative Vollfunktions-GU, zeigt, kommt es zu dem Streit, ob der Gruppeneffekt ein Konzept der Verhaltenskontrolle, wo es sich auf eine Vereinbarung zwischen den Muttergesellschaften beziehen soll, oder – wie im deutschen Fusionskontrollrecht – ein Ergebnis einer Fusion ist, wobei die Gründung eines GU mit Rücksicht auf die Marktbedingungen ohne eine spezifische Vereinbarung eine Koordination herbeiführt.[1143] Jedoch kann das unternehmerische Interesse der Muttergesellschaften an der Zusammenarbeit nicht nur auf den relevanten Markt – wo eine Marktstrukturveränderung hervorgerufen wird –, sondern auch auf den weiteren Märkten der Muttergesellschaften die Grundlage für eine Koordination zwischen den Müttern gründen.[1144] Als Ergebnis davon ist die mögliche Interessenangleichung durch den Gruppeneffekt und/oder ferner durch den Netzwerkeffekt mit mehreren verschiedenen GU für den Schutz des wirksamen Wettbewerbs zu berücksichtigen; ob die Koordinierungsgefahr infolge der Marktstruktur oder der strategischen Vereinbarung der Mütter entsteht, soll das Endergebnis i. S. v. der Wettbewerbswidrigkeit nicht ändern. Aus diesem Grund soll die Untersuchung der Koordinierungsgefahr bei der Strukturkontrolle als auch bei der Verhaltenskontrolle unbedingt geprüft werden, um einen effektiven Wettbewerbsschutz leisten zu können.

1141 Vgl. *Faull/Nikpay*, The EU Law of Competition, Rn. 7.58; *Zimmer*, in: Immenga/Mestmäcker, EU-Wettbewerbsrecht, Art. 101 Abs. 1 AEUV Rn. 321.

1142 Vgl. *Westermann/Bergmann*, in: Fett/Spiering, Handbuch Joint Venture, 5. Kap. Rn. 131.

1143 Vgl. *Bechtold/Bosch*, GWB, § 1 Rn. 88; *Lober*, in: Schulte/Just, Kartellrecht, § 1 GWB Rn. 91.

1144 BKartA, September 2012, B1-33/10 – Sektoruntersuchung Walzasphalt, Rn. 190 ff.

Endlich wird das strategische Verhalten der Vollfunktions-GU – obwohl sie konzentrativ und selbstständig sind – von seinen Müttern bestimmt, und dafür sollen die betroffenen Märkte eine Koordinierung ermöglichen, so dass die Mütter ihre eigenen Strategien mit Rücksicht auf die Zusammenarbeit in ihren Märkten umsetzen können. Auf solchen Märkten werden die Muttergesellschaften ihre eigenen Wettbewerbsstrategien mit so einem Anreiz verfolgen, um mit dem GU und der anderen Muttergesellschaft nicht im Wettbewerb zu stehen und die strategische Partnerschaft so effizient wie möglich zu schützen. Auf der anderen Seite, wenn keine Selbstständigkeit mit konzentrativen Wirkungen für das GU besteht, dann kann eine Kooperation bei der Gründung eines Teilfunktions-GU auch die gleichen Koordinierungsrisiken mit sich bringen. Durch Informationsaustausch und Skaleneffekte kann die Marktstruktur auch einen Anreiz zwischen den Wettbewerbern schaffen, daher sind auch die Spill-Over-Effekte von solchen Kooperationsverträgen – obwohl sie nicht strukturverändernd auftreten, da sich keine Wettbewerber zurückziehen – unter Verhaltenskontrolle zu prüfen. Daher sind die weiteren Typen von kooperativen Gemeinschaftsunternehmen nach Art. 101 Abs. 1 und 3 AEUV oder nach den nationalen Wettbewerbsrechten zu beurteilen.

cc) Abtrennbare Vereinbarungen

Als Letztes kommen noch die weiteren Vereinbarungen hinzu, die nicht als Spill-over-Effekte (Gruppeneffekte) oder als Nebenabreden klassifiziert werden können. Bei solchen wettbewerbsbeschränkenden Vereinbarungen, die keine unmittelbare Kausalität zur Gründung des GU zeigen oder mit der Erfüllung des Hauptgegenstandes nicht unmittelbar verbunden oder erforderlich sind, spricht man von einer abtrennbaren Vereinbarung,[1145] die generell nicht in den Anwendungsbereich der FKVO fällt, sondern allgemein nach den Kriterien des Art. 101 AEUV zu untersuchen ist.[1146] In diesem Zusammenhang werden die abtrennbaren Vereinbarungen negativ definiert,[1147] um die anderen möglichen wettbewerbsbeschränkenden Vereinbarungen – die nicht als Folge der Fusionskontrolle oder des Hauptgegenstandes angesehen werden können – unter der Kontrolle des Wettbewerbsrechts zu behalten. Besonders bei kooperativen Gemeinschaftsunternehmen mit dem Zweck, durch die Kooperation ein Gemeinschaftsunternehmen zu schaffen, können solche Vereinbarungen den Wettbewerb erheblich beeinträchtigen. Für diese ist auf den Joint-Venture-Vertrag oder auf Satelliten-Verträge zu achten, in denen die beteiligten Unternehmen – nämlich die Gründerunternehmen – eine Vereinbarung

---

1145 Mitteilung der Kommission über den Begriff des Vollfunktionsgemeinschaftsunternehmens nach der VO (EWG) Nr. 4064/89 des Rates über die Kontrolle von Unternehmenszusammenschlüssen, ABl. 98/C 66/01, Rn. 16.

1146 Kommission, 30.09.1999, IV/JV.22 – Fujitsu/Siemens, Rn. 76 f.

1147 Vgl. *Kuhn*, Kooperative Aspekte von Gemeinschaftsunternehmen im Europäischen Kartellrecht, 43 f.

miteinander treffen.[1148] Wobei eine Koordinationsgefahr entstehen kann und daher eine getrennte Analyse nach Art. 101 AEUV benötigt wird. Solche abtrennbaren Vereinbarungen können bei der Gründung von Gemeinschaftsunternehmen die Handlungsfreiheit beschränken, falls sie allgemein wettbewerblich nicht effizient sind, sondern strategisch auf die Interessen der Müttergesellschaften hindeuten. Wobei eine Mutter das GU nicht dazu zwingen kann, dass es an ihrer Einkaufskooperation mit Dritten teilnehmen soll. Das GU kann seine eigenen Konditionen mit verschiedenen Lieferanten aushandeln.[1149] In diesem Zusammenhang sind alle weitergehenden Vereinbarungen nicht nur mit Dritten sowie mit den Muttergesellschaften i. S. v. vertikalen Lieferverhältnissen getrennt nach dem Kartellverbot zu berücksichtigen,[1150] da sie für die Existenz des GU nicht notwendig sind, sondern für den Schutz der Vollfunktionsfähigkeit soll das GU die Entscheidungskraft besitzen.

dd) Informationsaustausch

Gemeinschaftsunternehmen mit kooperativen Risiken mit Zugang zur gegenseitigen Information zwischen den aktuellen und potenziellen Wettbewerbern tragen eine Koordinationsgefahr in sich. Die Muttergesellschaften sind bei Gründung eines Vollfunktions-GU verantwortlich für den Austausch der wettbewerbsrelevanten Informationen. Der Informationsaustausch kann in verschiedenen Phasen bei der Gründung eines Gemeinschaftsunternehmens stattfinden, deshalb können bereits in der Vorbereitungsphase die strategisch relevanten Informationen insbesondere über künftiges Preis- und Mengenverhalten von Gründerunternehmen eine kartellrechtliche Wettbewerbsbeschränkung verursachen.[1151] Um dies zu vermeiden, ist in der Praxis zu sehen, dass die Gründergesellschaften bereits zu Beginn der Verhandlungen ein *Clean Team*[1152] einsetzen. Die Personen, die in der Due Diligence wettbewerblich relevante Informationen von den Gründergesellschaften erhalten, sollen diese Informationen auch schützen, besonders wenn die Muttergesellschaften

1148 Vgl. Kommission, 20.12.2000, COMP/M.2211 – Universal Studio Networks/De Facto 829 (NTL)/Studio Channel Limited, Rn. 44.

1149 Kommission, 03.02.1992, IV/M.179 – Spar/Dansk Supermarket, Rn. 8 (Juris) *„Im Rahmen der fusionsrechtlichen Prüfung stellt sich diese Kooperation beim Einkauf als ein Element dar, das sich von der Strukturveränderung, die mit der Gründung des Gemeinschaftsunternehmens verbunden ist, trennen lässt und das gegebenenfalls gesondert nach der ersten Durchführungsverordnung zu den Artikeln 85 und 86 des EWG-Vertrages (Verordnung Nr. 17 des Rats vom 6. Februar 1962) zu prüfen wäre.“*

1150 Pohlmann, in: MüKoEUWettbR. Art. 101 AEUV, Rn. 337.

1151 Kommission, Leitlinien über horizontale Zusammenarbeit, ABl. 2011/C 11/01, Rn. 86; *Dreher/Hoffmann*, Kartellrechtsverstöße durch Informationsaustausch, WuW 2011, 1181, 1196.

1152 *Schubert*, Informationsaustausch im Rahmen von Zusammenschlussvorhaben, ZWeR 2013, 54, 68 ff.

im aktuellen oder potenziellen Wettbewerb stehen.[1153] Daher sind diese Personen auch nicht in den wettbewerblich relevanten Unternehmensbereichen der Gründergesellschaften tätig.[1154] Ferner ist in der Phase der Gründung des GU grundsätzlich dieser Informationsaustausch nicht als Nebenabrede qualifiziert, aber u. U. kann er als Nebenabrede akzeptiert werden.[1155]

Besonders nach der Gründung des GU sollen die Müttergesellschaften als auch das GU ihren selbstständigen Marktauftritt bewahren, daher sollen sie ihre eigenen Marktstrategien selbst bestimmen.[1156] Die Möglichkeit zum Informationsaustausch ist auch nicht nach dem Prinzip des Konzernprivilegs gerechtfertigt, da eine anerkannte wirtschaftliche Einheit i. S. v. Art. 101 AEUV generell außer bei der Zurechnung von Bußgeldern nicht zugrunde liegt.[1157] Aus diesem Grund kann der Austausch von strategischen Informationen die Gefahr erhöhen, dass sie als Koordinierung der Gründerunternehmen und damit die Entstehung des Gruppeneffekts von unabhängigen Unternehmen erleichtern, weil sie mit den Informationen mehr Rücksicht aufeinander nehmen können.[1158] Als Folge davon kann der Informationsaustausch zwischen den Gründerunternehmen auch einen bezweckten/bewirkten Verstoß gegen das Kartellverbot herbeiführen. Der Informationsaustausch über das künftige Marktverhalten der Muttergesellschaften bezüglich der Preise und/oder Mengen kann als eine bezweckte Wettbewerbsbeschränkung und eine erleichterte Koordinierungsmöglichkeit zwischen den Wettbewerbern und gegenüber dem Markteintritt Dritter als eine bewirkte Wettbewerbsbeschränkung betrachtet werden.[1159] Wenn Effizienzgewinne festzustellen sind, können diese auch nach Art. 101 Abs. 3 AEUV freigestellt werden.[1160]

1153 *Schubert*, Informationsaustausch im Rahmen von Zusammenschlussvorhaben, ZWeR 2013, 54, 59.

1154 *Westermann/Bergmann*, in: Fett/Spiering, Handbuch Joint Venture, 5. Kap. Rn. 96 ff.

1155 *Schubert*, Informationsaustausch im Rahmen von Zusammenschlussvorhaben, ZWeR 2013, 54, 58 und 67.

1156 Kommission, Leitlinien über horizontale Zusammenarbeit, ABl. 2011/C 11/01, Rn. 60; *Dreher/Hoffmann*, Kartellrechtsverstöße durch Informationsaustausch, WuW 2011, 1181, 1182 f.

1157 *Böni/Wassmer*, Gemeinschaftsunternehmen – Black Box für Kartellabsprachen, WuW 2014, 681, 684 f.

1158 *Schultes*, Die möglichen Wettbewerbsbeschränkungen durch Unternehmensnetzwerke und das Problem der Dichotomie und Statik des Kartellrechts, KSzW 2015, 89, 92 f.

1159 *Schubert*, Informationsaustausch im Rahmen von Zusammenschlussvorhaben, ZWeR 2013, 54, 59 ff.

1160 Kommission, Leitlinien über horizontale Zusammenarbeit, ABl. 2011/C 11/01, Rn. 95 ff.

b) Kooperative Vollfunktionsgemeinschaftsunternehmen mit gemeinschaftsweiter Bedeutung

Im Grundsatz – wie im ersten Teil der Arbeit erwähnt wurde – haben alle konzentrativen Gemeinschaftsunternehmen eine Vollfunktionseigenschaft, während alle Vollfunktions-GU i. d. R. keine konzentrativen Gemeinschaftsunternehmen sind.[1161] Wenn neben der Erfüllung der positiven Voraussetzung von Vollfunktionalität die negative Voraussetzung der Koordinationsgefahr nicht erfüllt ist, dann ist von einem kooperativen Vollfunktionsgemeinschaftsunternehmen zu sprechen. Da die konzentrativen Gemeinschaftsunternehmen keine Koordinationsgefahr bergen, benötigen sie keine weitere Prüfung i. S. d. Kartellverbots.[1162]

Auf der anderen Seite kann die Zusammenarbeit die Verhaltenskoordinierung der Muttergesellschaften verursachen, wenn insbesondere die Muttergesellschaften des GU aktuelle oder potenzielle Wettbewerber auf den Kandidatenmärkten sind, auf denen entweder die Muttergesellschaften die Gründung des GU für eine solche Koordinierung bezwecken oder sich die Gründung des GU im Rahmen der Umstände als eine solche Koordinierungsgefahr herausstellt.

Solche kooperativen Vollfunktions-GU haben auch wichtige, sich auf die Marktstruktur auswirkende Konsequenzen, da sie die positive Voraussetzung für ein konzentratives Gemeinschaftsunternehmen, nämlich die Vollfunktionalität, erfüllen; deshalb prüft das europäische Wettbewerbsrecht die Rechtswidrigkeit von solchen GU entsprechend Konzentrationsprivileg und Strukturkontrolle. Wie oben erwähnt wurde, wird die Koordinationsgefahr solcher kooperativer GU – der sogenannte Gruppeneffekt –, die aus der Gründung eines Vollfunktions-GU heraustreten, nach der Strukturkontrolle gemäß den Kriterien des Art. 101 Abs. 1 und 3 AEUV im selben Verfahren geprüft. Daraus folgt, dass alle Tatbestände, die unmittelbar mit der Verwirklichung einer Marktstrukturveränderung verbunden sind, nach der Fusionskontrolle zu beurteilen sind, obgleich sie auch nach den Kriterien der Verhaltenskontrolle zu prüfen sind. Auf diese Weise führt das europäische Recht für Vollfunktions-GU eine Doppelkontrolle durch, wobei die konzentrativen und kooperativen Aspekte des Vollfunktions-GU zusammen untersucht werden.[1163]

In diesem Zusammenhang prüft die Kommission bei kooperativen Vollfunktions-GU mit gemeinschaftsweiter Bedeutung die Gruppeneffekte aus der Gründung eines GU und die Vereinbarkeit dieser Effekte mit Art. 101 Abs. 1 und 3 AEUV. Bei der Untersuchung gemäß Art. 2 Abs. 4 und 5 FKVO beachtet die Kommission besondere Tatbestandsmerkmale nach Art. 101 AEUV; bei der Prüfung konzentriert sich die Kommission auf die Kandidatenmärkte, auf denen die Muttergesellschaften eine Koordinationsmöglichkeit durch die Gründung des GU bezwecken oder bewirken können.

1161 *Bechtold/Bosch*, GWB, § 1 Rn. 85.

1162 Vgl. *Schroeder*, in: Grabitz/Hilf/Nettesheim, AEUV, Art. 101 Rn. 470 ff.

1163 Vgl. *Körber*, in: Immenga/Mestmäcker, EU-Wettbewerbsrecht, Art. 2 FKVO Rn. 617.

aa) *Prüfung von kooperativen Effekten nach FKVO*

(1) *Betroffene Märkte für die Untersuchung des Gruppeneffekts bei kooperativen Vollfunktionsgemeinschaftsunternehmen*

Um die wesentliche Koordinationsgefahr, die von der Zusammenarbeit der Muttergesellschaften ausgeht, zu erfassen, sucht die Fusionskontrollverordnung eine gleichzeitige und nennenswerte Präsenz zumindest zweier Muttergesellschaften, die i. d. R. über eine gemeinsame Kontrolle verfügen.[1164] Wie oben dargestellt wurde, wird die gleichzeitige Präsenz des GU und einer Muttergesellschaft auf einem Markt – nach der Praxiserfahrung – generell nicht mehr als Koordinationsgefahr angesehen, und daher berücksichtigt die Prüfung der Kommission nur die Präsenz der zwei oder mehrerer Muttergesellschaften des GU.[1165] Darüber hinaus beachtet die Kommission bei der Prüfung des Gruppeneffekts nicht nur den Markt des GU – der nach allgemeiner Praxis gemäß Art. 2 Abs. 3 FKVO zu bestimmen ist –, sondern führt auch eine erweiterte Analyse für andere Märkte durch, die *mit dem Markt, auf dem das Gemeinschaftsunternehmen tätig ist, in Zusammenhang steh[en].*[1166]

In diesem Zusammenhang ist erstens der Markt zu beachten, auf dem das GU tätig ist, solange mindestens zwei der Gründergesellschaften auf dem gleichen Markt präsent sind; und zweitens die vor- oder nachgelagerten Märkte oder benachbarten Märkte, die mit dem Markt des GU eng verknüpft sind und auf denen wiederum mindestens zwei der Gründergesellschaften ihre Präsenz behalten.[1167] Daraus folgend sollen sich die Koordinationseffekte auf den gemeinsamen Markt beschränken, für den die Kommission die Zuständigkeit hat; jedoch können nach dem Auswirkungsprinzip der FKVO auch die Gruppeneffekte der Muttergesellschaften innerhalb der EU entstehen, obgleich die Gründung des GU außerhalb der EU stattfindet.[1168] In diesem Fall ist die Kommission für solche Kandidatenmärkte zuständig für die Prüfung.[1169]

Auf dem Markt, auf dem das GU tätig bleibt, erfolgt die sachliche und räumliche Marktabgrenzung nach den generellen Kriterien der Fusionskontrolle, um den relevanten Markt[1170] für den Wettbewerbsspielraum effizienter einsehen zu können.

Hinzu kommt die Untersuchung auf den vertikalen Märkten, auf denen auch die Existenz der Muttergesellschaften eine Koordinierung verursachen kann. In diesem

---

1164 Vgl. *Henschen*, in: Schulte, Hdb. Fusionskontrolle, Rn. 1705.

1165 Kommission, 05.05.1999, IV/JV.16 – Bertelsmann/VIAG/Game Channel, Rn. 19; Kommission, 01.12.1999, COMP/JV.26 – Freecom/Dangaard, Rn. 27.

1166 Kommission,. 01.12.1999, COMP/JV.26 – Freecom/Dangaard, Rn. 27; dagegen: Kommission, 30.03.1999, IV/JV.15 –BT/AT & T, Rn. 167. Der Markt des GU wurde auch als Kandidatenmarkt eingestuft.

1167 Kommission, 01.02.2000, COMP/JV.35 – Beiselen/Bay Wa/MG Chemag, Rn. 21.

1168 Kommission, 11.08.1998, IV/JV.4 – VIAG/Orange UK, Rn. 30; Kommission, 18.08.1998, IV/JV. 9 – Telia/Sonera/Motorola/Omnitel, Rn. 29.

1169 Vgl. *Henschen*, in: Schulte, Hdb. Fusionskontrolle, Rn. 1709 und 1715.

1170 Bekanntmachung der Kommission über die Definition des relevanten Marktes i. S. d. Wettbewerbsrechts der Gemeinschaft, ABl. 97/C 372/03.

Sinne müssen besonders die vertikalen Gemeinschaftsunternehmen in Betracht gezogen werden, da die gleichzeitige und nennenswerte Präsenz der Gründergesellschaften einen Spillover-Effekt hervorrufen kann. Auf solchen Kandidatenmärkten bleibt das GU entweder auf dem vorgelagerten oder auf dem nachgelagerten Markt relativ zu den Gründergesellschaften; und wenn die Gründer sich auf dem vorgelagerten Markt befinden, kann eine Koordinierung zu einer Kundenaufteilung oder Marktabschottung führen.[1171] Im Gegensatz dazu kann die Existenz der Gründergesellschaften auf dem nachgelagerten Markt durch die Koordination der Mutter eine Beeinträchtigung des Preiswettbewerbs herbeiführen und dadurch auch die Eintrittsschranken des Marktes erhöhen.[1172] Für diese kommen auf dem Markt des GU die konzentrativen Effekte des Zusammenschlusses in Betracht, da die potenziellen Wettbewerber als ein Unternehmen auf dem relevanten Markt auftreten; bezüglich der vor- oder nachgelagerten Märkte können weitere Wettbewerbsbeschränkungen durch Koordinationsgefahr in Kausalität zur Gründung des GU ausgelöst werden. Bei solchen Gruppeneffekten ist zu beachten, in welchem Umfang das GU von Bedeutung für die Gründergesellschaften i. S. d. Wertschöpfungskette ist. Je enger die Liefer- und/oder Abnahmebeziehung der Gründergesellschaften, desto wahrscheinlicher können Gruppeneffekte sein.[1173]

Die Kommission berücksichtigt bei der Prüfung der Verhaltenskontrolle nicht nur die vertikalen Märkte in Bezug auf den Markt des GU, sondern auch andere Märkte, die zum Markt des GU in horizontaler Beziehung stehen, auf denen die Gründergesellschaften auch tätig sein können.[1174] Wie im ersten Teil der Arbeit erklärt wurde, kann ein GU auch für den Eintritt auf einem Markt als Investitionsgegenstand genutzt werden. Aus diesem Grund können neben deren Markt oder vertikalen Märkten die Unternehmen auch die Märkte, die in enger Verbindung bezüglich Technik, Kunden, Lieferanten und Wettbewerber stehen,[1175] für die Zusammenarbeit auswählen, weil solche Märkte mit ihrer Erfahrung weniger Risiken für eine Investition mit sich bringen würden. In diesem Zusammenhang können ähnliche Merkmale solcher in Verbindung stehender Märkte auch eine Koordinierung zwischen den Gründergesellschaften ermöglichen. Aus diesem Grund prüft die Kommission – wenn es sich um ein kooperatives Vollfunktions-GU handelt – auch

---

1171 *Temple Lang*, International Joint Ventures under Community Law, F.C.L.I. 1999, 381, 397 f.; vgl. *Funke*, Kooperative Joint Ventures in der Europäischen Union, 39 f.

1172 *Temple Lang*, International Joint Ventures under Community Law, F.C.L.I. 1999, 381, 398 f.; vgl. *Funke*, Kooperative Joint Ventures in der Europäischen Union, 36 ff.

1173 Vgl. *Körber*, in: Immenga/Mestmäcker, EU-Wettbewerbsrecht, Art. 2 FKVO Rn. 620; Bekanntmachung über die Unterscheidung zwischen konzentrativen und kooperativen Gemeinschaftsunternehmen, ABl. 94/C 385/01, Rn. 18 (6).

1174 Vgl. *Schröer*, in: FK, Art. 2 FKVO Rn. 269.

1175 Bekanntmachung über die Unterscheidung zwischen konzentrativen und kooperativen Gemeinschaftsunternehmen, ABl. 94/C 385/01, Rn. 18 (7): *„[...] von dem Markt des GU zwar getrennten, aber mit diesem eng verbundenen Markt, der ähnliche Merkmale hinsichtlich Technik, Kunden, Lieferanten und Wettbewerber aufweist.“*

die möglichen *benachbarten* Märkte sowohl aus sachlicher als auch räumlicher Sicht.[1176] In der FKVO wird noch der Begriff des *eng verknüpften Marktes* benutzt, der weder in der Praxis der Kommission noch in der Literatur geklärt ist, sondern es wurden die benachbarten und eng verknüpften Märkte von der Kommission generell zusammen und nicht getrennt benutzt.[1177] In der deutschen Version der FKVO wurde sogar ein Übersetzungsfehler festgestellt, wobei sich die richtige Fassung auf dem Formblatt CO befand: *„eng miteinander verknüpfter Markt"*.[1178]

Für diese Kandidatenmärkte nimmt die Kommission absichtlich keine genaue Abgrenzung vor, sofern dies das Ergebnis nicht beeinflusst.[1179] Diese Nachbarschaft kann nach sachlichen oder räumlichen Kriterien vorhanden sein, aber es kommen insbesondere nur die engsten Märkte in Betracht, obgleich keine Koordinationsgefahr besteht.[1180] Bei sachlich relevanten Märkten unterscheidet die Kommission in engerer Weise, z. B. zwischen Charter- und Linienflügen,[1181] Express-Lieferung von Postsendungen und größeren Postgutstücken,[1182] Lebensversicherungen und Sach-/Schadensversicherungen,[1183] telefonischer Interneteinwahl und anderen Formen des Internetzugangs[1184] sowie insbesondere zwischen Produkten der Telekommunikationsbranche, die in der Praxis eine enge Verbindung zeigen.[1185]

Darüber hinaus kann auch bei dem gleichen sachlichen Markt eine unterschiedliche, aber räumlich enge Verbindung eine Koordinationsgefahr darstellen. Dafür sind insbesondere wieder die Fälle der Telekomunikation zu nennen,[1186] wo die Muttergesellschaften (FT in Frankreich und DT in Deutschland) die gleiche Dienstleistung von Telekommunikation durch ein GU in einem anderen Land (Italien) auf dem gemeinsamen Markt anbieten, wurde die Koordinationsgefahr wegen benachbarter Märkte und potenziellem Wettbewerbsverhältnis untersucht, aber zur Gründung des GU wurde keine Kausalität festgestellt.[1187] In einem anderen Fall, wenn das GU außerhalb der EU (Marokko) tätig ist, stellen immerhin die geografisch eng verknüpften Märkte in der EU, auf denen die Muttergesellschaften (aus Portugal

1176 Vgl. *Mäger*, Europäisches Kartellrecht, 9. Kap. Rn. 34.

1177 Vgl. *Körber*, in: Immenga/Mestmäcker, EU-Wettbewerbsrecht, Art. 2 FKVO Rn. 620.

1178 *Wiedemann*, in: Wiedemann, Handbuch des Kartellrechts, § 16 Rn. 137; Kommission, Formblatt CO, Abschnitt 10a, ABl. 2004/L 133/9 ff.

1179 Vgl. *Pohlmann*, Doppelkontrolle von Gemeinschaftsunternehmen im europäischen Kartellrecht: eine Zwischenbilanz, WuW 2003, 473, 480 f.; Kommission, 04.08.1998, IV/JV.5 – Cegetel/Canal+/AOL/Bertelsmann, Rn. 33.

1180 Kommission, 11.08.1998, IV/JV. 4 – VIAG/Orange UK, Rn. 29.

1181 Kommission, 11.08.1999, COMP/JV.19 – KLM/Alitalia, Rn. 52 ff.

1182 Kommission, 01.06.1999, IV/JV.18 – Chronpost/Correos, Rn. 36.

1183 Kommission, 17.08.1999, IV/JV.21 – Skandia/Storebrand/Pohjola, Rn. 36.

1184 Kommission, 15.09.1998, IV/JV.11 – @ Home Benelux B.V., Rn. 31.

1185 Vgl. *Kuhn*, Kooperative Aspekte von Gemeinschaftsunternehmen im Europäischen Kartellrecht, 53 ff.

1186 Vgl. *Wiedemann*, in: Wiedemann, Handbuch des Kartellrechts, § 16 Rn. 143.

1187 Kommission, 22.06.1998, IV/JV.2 – ENEL/FT/DT, Rn. 29 ff.

und Spanien) tätig sind, eine Koordinationsgefahr dar, da durch das Auswirkungsprinzip die Muttergesellschaften in der EU als potenzielle Wettbewerber den wirksamen Wettbewerb gefährden können, weil jedoch die Tätigkeit des GU für die Muttergesellschaften nicht erheblich war, wurde die Kausalität der Koordination nicht angenommen.[1188]

(2) Gleichzeitige und nennenswerte Präsenz

Bei der Bewertung der Gruppeneffekte überprüft die Kommission nicht nur die gleichzeitige Präsenz der Mutter, sondern diese Präsenz soll auch nennenswert sein, um das Kriterium von Spürbarkeit der Koordinierung effektiv zu erfüllen. Bei der gleichzeitigen Präsenz der Gründerunternehmen ist die wettbewerbliche Beziehung zwischen den Muttergesellschaften von Bedeutung. In diesem Zusammenhang sollen die Muttergesellschaften im Wettbewerb stehen, um eine Koordinierung zustande zu bringen; diese gleichzeitige Präsenz als Wettbewerber auf dem Kandidatenmarkt kann als aktueller oder potenzieller Wettbewerber erfolgen.[1189] In diesem Sinne soll die Möglichkeit für das Gründerunternehmen entstehen, mit zusätzlichen, kaufmännisch vernünftigen Investitionen in kurzer Zeit in den Kandidatenmarkt eintreten zu können.[1190] Als Folge davon wird solch ein Kandidatenmarkt nicht mehr dadurch entstehen, dass sich die Muttergesellschaften von den Kandidatenmärkten zurückziehen.[1191] Aber im Gegensatz zum aktuellen Wettbewerb[1192] ist die Beziehung der Gründer i. S. d. potenziellen Wettbewerbs auf den Kandidatenmärkten in der Praxis nicht ganz klar, wobei die Kommission in der Entscheidungspraxis generell den aktuellen Wettbewerb betont.[1193] In der Literatur wurde auch gegen dieses potenzielle Wettbewerbsverhältnis Stellung genommen.[1194] Aber immerhin gibt es Fälle, in denen die Entscheidungen das potenzielle Wettbewerbsverhältnis

---

1188 Kommission, 17.12.1999, COMP/JV.23 – Telefonica/Portugal Telecom/Medi Telecom, Rn. 27 ff.

1189 Kommission, 15.09.1998, IV/JV.11 – @ Home Benelux B. V., Rn. 29.

1190 Kommission, Leitlinien über horizontale Zusammenarbeit, ABl. 2011/C 11/01, Rn. 10 Fn. 3, wo die „kurze Zeit" vom rechtlichen und ökonomischen Kontext abhängt; vgl. *Schröer*, in: FK, Art. 2 FKVO Rn. 273 ff.

1191 Vgl. *Kuhn*, Kooperative Aspekte von Gemeinschaftsunternehmen im Europäischen Kartellrecht, 58; *Schröer*, in: FK, Art. 2 FKVO Rn. 278.

1192 Vgl. *Zimmer*, in: Immenga/Mestmäcker, EU-Wettbewerbsrecht, Art. 101 Abs. 1 AEUV Rn. 319: *„Wettbewerbspolitisch kann eine Einschränkung des potentiellen Wettbewerbs daher ähnlich schwer wiegen wie die Verhaltenskoordinierung unter aktuellen Wettbewerbern."*

1193 Kommission, 30.05.2000, COMP/JV.44 – Hitachi/NEC-DRAM/JV, Rn. 31, *„Therefore, candidate markets for coordination are those on which the joint venture and at least two parent companies remain active, or closely related neighboring markets where at least two parent companies are active or markets upstream or downstream from the joint venture, in which at least two parent companies are active."*

1194 Vgl. *Schroeder*, in: Grabitz/Hilf/Nettesheim, AEUV, Art. 101 Rn. 492.

der Gründer auf einem Markt zu der Annahme des Kandidatenmarktes führen[1195] oder eine Untersuchung von potenziellem Wettbewerb bezüglich der Kandidatenmärkte durchgeführt wurde.[1196] Infolgedessen wird auch generell in der Literatur angenommen, dass die Präsenz der Gründer als potenzielle Wettbewerber in die Rubrik „Kandidatenmärkte" eingestuft werden,[1197] insbesondere dann, wenn ein kurzfristiger Eintritt möglich ist.[1198] Der Wegfall der Koordinationsgefahr wegen des parallelen Wettbewerbsverhältnisses wurde auch durch Nebenabreden als Wettbewerbsverbot bei der Gründung des GU bejaht, wenn die Dauer nicht zu kurz ist.[1199]

Um von einer risikohaften Wettbewerbsbeschränkung ausgehen zu können, sollen die Gründer auch eine nennenswerte Präsenz aufweisen, wobei dies der Spürbarkeitserfordernis nach Art. 101 Abs. AEUV entspricht, und grundsätzlich wird auch von der Kommission nach den Kriterien von „Wahrscheinlichkeit und Spürbarkeit der Koordination" gemäß Art. 2 Abs. 4 und 5 FKVO geprüft.[1200]

(3) Bewertung nach Art. 2 Abs. 4 und 5 FKVO

Auf den oben genannten Märkten erfolgt die Untersuchung der Gruppeneffekte, die aus der Gründung des GU herbeigeführt werden können. Dafür beachtet die Kommission besondere Kriterien, um herauszufinden, ob eine Koordination als eine wettbewerbsbeschränkende Konsequenz entstehen kann.

1195 Kommission, 04.08.1998, COMP/JV.5 – Cegetel/Canal+/AOL/Bertelsmann, Rn. 27; Kommission, 15.09.1998, IV/JV.11 – @ Home Benelux B.V. Rn. 29: *„it can be stated that the two other parent companies, could also be considered to be potential competitors on the Dutch Internet advertising market through own web-sites. Therefore, this market can be considered as a candidate market for co-ordination."*

1196 Kommission, 22.06.1998, IV/JV.2 – ENEL/FT/DT, Rn. 31; Kommission, 17.12.1999, COMP/JV.23 – Telefonica/Portugal Telecom/Medi Telecom, Rn. 27 f.

1197 Vgl. *Pohlmann*, Doppelkontrolle von Gemeinschaftsunternehmen im europäischen Kartellrecht: eine Zwischenbilanz, WuW 2003, 473, 479 f.; *Kuhn*, Kooperative Aspekte von Gemeinschaftsunternehmen im Europäischen Kartellrecht, 51 ff.; *Lindemann*, in: Loewenheim/Meesen/Riesenkampff, Kartellrecht, 2. Teil, Art. 2 FKVO Rn. 188.

1198 *Hirsbrunner*, in: Schröter/Jakob/Klotz/Mederer, Europäisches Wettbewerbsrecht, Art. 2 FKVO Rn. 517.

1199 Vgl. *Schröer*, in: FK, Art. 2 FKVO, Rn. 280 Fn. 3; *Körber*, in: Immenga/Mestmäcker, EU-Wettbewerbsrecht, Art. 2 FKVO Rn. 628; *Wiedemann*, in: Wiedemann, Handbuch des Kartellrechts, § 16 Rn. 145 Fn. 494; Kommission, 22.06.1998, IV/JV.2 – ENEL/FT/DT, Rn. 31; Kommission, 23.10.1996, IV/M.827 – DBKOM, Rn. 22; Kommission, 28.04.1992, IV/M.188 – Herba/IRR, Rn. 8, wo fünf Jahre für den Ausschluss des potenziellen Wettbewerbs als nicht genug angesehen wurden.

1200 *Zimmer*, in: Immenga/Mestmäcker, EU-Wettbewerbsrecht, Art. 101 Abs. 1 AEUV Rn. 320; *Körber*, in: Immenga/Mestmäcker, EU-Wettbewerbsrecht, Art. 2 FKVO Rn. 627; Kommission, 30.05.2000, COMP/JV.44 – Hitachi/NEC-DRAM/JV, Rn. 38.

(3.1) Bezwecken oder Bewirken einer Koordinierung des unabhängig bleibenden Unternehmens

Bei der Bewertung von Gruppeneffekten konzentriert sich die Fusionskontrolle auf die mögliche Koordinationsgefahr der unabhängig bleibenden Unternehmen nach der Gründung des GU. In diesem Zusammenhang wurde die Unabhängigkeit der Unternehmen betont, da sonst eine wirtschaftliche Einheit zugrunde liegen und dadurch die Prüfung der Koordinationsgefahr nach Art. 101 Abs. 1 AEUV keine Grundlage finden könne.[1201]

Darüber hinaus müssen diese – mindestens zwei – unabhängigen Unternehmen als Gründer des GU – nämlich die Muttergesellschaften, die das GU gemeinsam beherrschen – auf dem Markt des GU oder dem Kandidatenmarkt tätig sein. Wie am Anfang dieses Teils erklärt wurde, bleibt die wettbewerbsrechtliche Beziehung zwischen den Gründern und dem GU bei dieser Untersuchung unbeachtet.[1202] Ferner ist bei dieser Prüfung die Koordination zwischen einem Gründerunternehmen und einem dritten Unternehmen irrelevant, da die Gründung des GU darauf keine Auswirkung hat; es sei denn, dass die Koordinierung mit Dritten zu der Koordination zwischen den Muttergesellschaften beiträgt.[1203] Zu den Muttergesellschaften zählen natürlich auch die verbundenen Unternehmen auf den Kandidatenmärkten; auf der anderen Seite birgt nur eine Minderheitsbeteiligung – ohne bestimmenden Einfluss – keine Koordinationsgefahr.[1204] Infolgedessen prüft die Fusionskontrolle nur das Verhältnis der Muttergesellschaften zueinander und deren künftiges Verhalten.[1205] Aber in manchen Fällen berücksichtigt die Kommission auch die vergangenen Beziehungen der Muttergesellschaften oder die Kausalität der Koordination, um die künftige wahrscheinliche Koordination zu begründen.[1206]

Die Koordination zwischen den Muttergesellschaften des GU soll als bewirkt oder bezweckt zustande kommen. Da solch eine bezweckte Gründung eines GU für die Koordination zwischen den Gründerunternehmen wahrscheinlich ein „per

1201 Vgl. *Körber*, in: Immenga/Mestmäcker, EU-Wettbewerbsrecht, Art. 2 FKVO, Rn. 624.

1202 Vgl. *Schröer*, in: FK, Art. 2 FKVO Rn. 277 ff.

1203 Vgl. *Körber*, in: Immenga/Mestmäcker, EU-Wettbewerbsrecht, Art. 2 FKVO Rn. 625; *Hirsbrunner*, in: Schröter/Jakob/Klotz/Mederer, Europäisches Wettbewerbsrecht, Art. 2 FKVO Rn. 517.

1204 Vgl. *Körber*, in: Immenga/Mestmäcker, EU-Wettbewerbsrecht, Art. 2 FKVO Rn. 625; *Pohlmann*, in: MüKoEUWettbR. AEUV Art. 101 Rn. 360; Kommission, 09.07.2014, Weissbuch – Eine wirksamere EU-Fusionskontrolle, COM (2014) 449 final, S. 9 ff. Aktuell hat die Kommission vor, die nicht-kontrollierenden Minderheitsbeteiligungen in der Fusionskontrolle zu prüfen, da sie wettbewerbswidrige Auswirkungen haben können.

1205 Vgl. *Pohlmann*, in: MüKoEUWettbR. AEUV Art. 101 Rn. 358 ff.; vgl. *Schroeder*, in: Grabitz/Hilf/Nettesheim, AEUV, Art. 101 Rn. 487 f.

1206 Vgl. *Henschen*, in: Schulte, Hdb. Fusionskontrolle, Rn. 1750.

se"-Wettbewerbsverbot darstellt,[1207] kommt es in der Entscheidungspraxis[1208] der Kommission auf die bezweckte Koordination der Muttergesellschaften generell nicht an.[1209] Bei der bezweckten Koordination findet eine subjektive Vereinbarung statt, sodass die Muttergesellschaften einen Koordinationszweck in den Verträgen bezüglich des GU vereinbaren können. In der Entscheidungspraxis bezieht sich aber die bezweckte Wettbewerbsbeschränkung nicht auf die subjektive Absicht der Parteien, sondern auf die Natur der Vereinbarung. Die Natur kann als *schädlich für das gute Funktionieren des normalen Wettbewerbs* eingestuft werden;[1210] in diesem Zusammenhang können kartellrechtliche Absprachen – bei denen die Gründung des GU als Deckmantel verwendet wird – als *schädlich für das gute Funktionieren des normalen Wettbewerbs* eingestuft werden.[1211] In solchen Fällen werden die bezweckten Wettbewerbsbeschränkungen von ihrer Natur her eine beeinträchtigende Drittwirkung haben, diese Beeinträchtigung soll nach den tatsächlichen und rechtlichen Umständen zu einer Wettbewerbsbeschränkung führen, und ohne einen konkreten Nachweis für die Auswirkung soll die Vereinbarung als eine offensichtliche Beschränkung zum Nachteil Dritter angesehen werden.[1212]

Auf der anderen Seite beachtet die Kommission die Koordination mit ihren Auswirkungen mehr, weil sich diese Koordination als objektives Kriterium darstellt.[1213] In der Praxis der Kommission wird diese Herangehensweise bevorzugt, weil die Prognoseentscheidung mehr auf die objektiven Bedingungen abstellt, unter denen der Zusammenschluss zustande gekommen ist.[1214] Bei der Prüfung der Auswirkungen wird die Beziehung zu Art. 101 Abs. 1 AEUV diskutiert, speziell ob

1207 Vgl. *Kuhn*, Kooperative Aspekte von Gemeinschaftsunternehmen im Europäischen Kartellrecht, 48.

1208 Kommission, 28.09.1998, IV/JV.8 – Deutsche Telekom/Springer/Holtzbrink/Infoseek/Webseek, Rn. 29; Kommission, 20.07.2000, COMP/JV.48 – Vodafone/Vivendi/Canal Plus, Rn. 83.

1209 Vgl. *Schröer*, in: FK, Art. 2 FKVO, Rn. 283; *Zimmer*, in: Immenga/Mestmäcker, EU-Wettbewerbsrecht, Art. 101 Abs. 1 AEUV Rn. 315; *Wiedemann*, in: Wiedemann, Handbuch des Kartellrechts, § 16 Rn. 147.

1210 EuGH, 20.11.2008, Slg. 2008, I-8637 – Beef Industry, Fn. 17 (Juris); jedoch der Nachweis der Spürbarkeit einer bezweckten Wettbewerbsbeschränkung braucht zufolge der verschiedenen Urteile immerhin eine Klarheit; EuGH, 13.12.2012, Rs. C 226/11 – Expedia, Rn. 37 (Juris); EuGH, 11.09.2014, C-67/13 P – Groupement des cartes bancaires, Rn. 50 und 58 (Juris).

1211 Vgl. *Hirsbrunner*, in: Schröter/Jakob/Klotz/Mederer, Europäisches Wettbewerbsrecht, Art. 2 FKVO Rn. 518; Vgl. *Kuhn*, Kooperative Aspekte von Gemeinschaftsunternehmen im Europäischen Kartellrecht, 48.

1212 *Mohr*, Bezweckte und bewirkte Wettbewerbsbeschränkungen gemäß Art. 101 Abs. 1 AEUV, ZWeR 2015, 1, 12 ff.

1213 Vgl. *Hirsbrunner*, in: Schröter/Jakob/Klotz/Mederer, Europäisches Wettbewerbsrecht, Art. 2 FKVO Rn. 518.

1214 Vgl. *Körber*, in: Immenga/Mestmäcker, EU-Wettbewerbsrecht, Art. 2 FKVO Rn. 631; *Schroeder*, in: Grabitz/Hilf/Nettesheim, AEUV, Art. 101 Rn. 489.

das Tatbestandsmerkmal von der „subjektiven Willensübereinstimmung" erfüllt ist. Eine weitere Vereinbarung über die Koordination des Bewirkens ist nicht erforderlich, da die Muttergesellschaften über das GU vertraglich verbunden sind und daher eine Willensübereinstimmung vorliegt.[1215] Die Kommission geht bei der Untersuchung eines Bewirkens davon aus, dass die Marktstruktur wie bei der Reaktionsverbundenheit in Oligopolen eine Koordinierung herbeiführen kann, in der die Muttergesellschaften nach den objektiven Marktbedingungen (Marktzutrittsschranken, Marktgegenseite, Marktanteile, Wachstum, potenzielle Wettbewerber usw.) einen Anreiz für die Koordination des Wettbewerbsverhaltens haben können.[1216] Nach Ansicht von Hirsbrunner hingegen fällt solche oligopol-ähnliche Untersuchung unter den Anwendungsbereich des Art. 102 AEUV,[1217] dem das Erfordernis von „subjektiver Willensübereinstimmung" nicht zugrunde liegt.[1218] Es muss aber auch festgestellt werden, dass die Muttergesellschaften unter solch einer oligopolistischen Analyse miteinander kooperieren werden.[1219]

Diese bezweckte oder bewirkte Koordination kann sich in zwei Formen zeigen: nämlich durch eine horizontale oder eine vertikale Koordination. Im Wortlaut des Art. 2 Abs. 5 FKVO stellt die gleichzeitige Präsenz der Mutter die horizontale Koordination dar. Das bedeutet, dass die Gründerunternehmen als Teilnehmer (aktuell/potenziell) auf dem als Kandidatenmarkt eingestuften Markt tätig sind.[1220] Auf der anderen Seite kann eine vertikale Koordination der Mutter auch zustande kommen, wenn die Muttergesellschaften nicht auf demselben Kandidatenmarkt tätig sind, aber im Verhältnis zueinander auf vor- oder nachgelagerten Märkten gleichzeitige Präsenz zeigen.[1221] Obwohl sich die Kommission besonders auf die horizontale Koordination

---

1215 *Schroeder*, Schnittstellen der Kooperations- und Oligopolanalyse im Fusionskontrollrecht, WuW 2004, 893, 895 f.

1216 Vgl. *Pohlmann*, Doppelkontrolle von Gemeinschaftsunternehmen im europäischen Kartellrecht: eine Zwischenbilanz, WuW 2003, 473, 484; *Schroeder*, Schnittstellen der Kooperations- und Oligopolanalyse im Fusionskontrollrecht, WuW 2004, 893, 900 ff.; Komm. 30.09.1999, JV.22 – Fujitsu/Siemens, Rn. 56 ff. *Wiedemann*, in: Wiedemann, Handbuch des Kartellrechts, § 16 Rn. 149 f.

1217 Vgl. *Hirsbrunner*, in: Schröter/Jakob/Klotz/Mederer, Europäisches Wettbewerbsrecht, Art. 2 FKVO Rn. 518.

1218 *Wiedemann*, in: Wiedemann, Handbuch des Kartellrechts, § 16 Rn. 149 f.

1219 Vgl. *Schroeder*, Schnittstellen der Kooperations- und Oligopolanalyse im Fusionskontrollrecht, WuW 2004, 893, 902.

1220 *Pohlmann*, Doppelkontrolle von Gemeinschaftsunternehmen im europäischen Kartellrecht: eine Zwischenbilanz, WuW 2003, 473, 479; *Kuhn*, Kooperative Aspekte von Gemeinschaftsunternehmen im Europäischen Kartellrecht, 51 f.

1221 Vgl. *Ritter*, Gemeinschaftsunternehmen – Die ewige Suche nach dem Schwerpunkt, in: FS Ulmer 2003, 955, 964 f.; *Pohlmann*, Doppelkontrolle von Gemeinschaftsunternehmen im europäischen Kartellrecht: eine Zwischenbilanz, WuW 2003, 473, 480, da durch das Wort „insbesondere" die Prüfung nicht abschließend ist; dagegen *Wiedemann*, in: Wiedemann, Handbuch des Kartellrechts, § 16, Rn. 146 u. 153, *„Die vertikale Koordination betrifft die Verständigung der Gründerunternehmen*

zwischen den Müttern konzentriert, sind in der Entscheidungspraxis auch Fälle über die vertikale Koordination zu finden. In einem Fall[1222] hat die Kommission auf einem räumlich benachbarten Markt (Spanien) des GU (NC-Kabelnetzbetreiber in Frankreich) eine vertikale Beziehung zwischen den Muttergesellschaften bzw. ihren verbundenen Unternehmen nachgewiesen; eine Mutter war auf dem vorgelagerten Markt als Anbieterin von Pay-TV-Inhalten tätig und die andere Mutter war relativ zu der einen Mutter auf dem nachgelagerten Markt tätig, da sie einen Pay-TV-Kanal betrieb. Da der Erfolg des Gemeinschaftsunternehmens für die Mutter auf dem vorgelagerten Markt wichtig war, würde dies zur Diskriminierung der Fernsehrechte gegenüber Dritten führen und dadurch den Wettbewerb beeinträchtigen.[1223] Nach der Verhaltenszusage, dass sie nicht diskriminieren würden, wurde eine Freigabeentscheidung getroffen. Diese Untersuchung wurde aber als nicht überzeugend genug angesehen, weil die Bevorzugung eines Abnehmers unter Art. 102 AEUV fallen sollte.[1224]

Die vertikale Koordination gemäß Art. 2 Abs. 4 und 5 FKVO findet nach dem Schrifttum auch nicht sehr oft statt, weil es keinen fundierten ökonomischen Ansatz gibt; die koordinierten Wirkungen beziehen sich auf die gegenseitigen Wettbewerber auf einem Produktmarkt, und daher kann die Zusammenarbeit im GU auch in der Fallpraxis nicht zu einer vertikalen Verhaltenskoordination führen.[1225] In diesem Zusammenhang sollte die Anwendung von Art. 2 Abs. 4 und 5 FKVO auf die Vertikalverhältnisse verneint werden;[1226] solche vertikalen Konstellationen von Marktabschottungseffekten und Diskriminierung von Dritten kommen eher aus der vertikalen Integration, wobei sie sich als Auswirkung des Gemeinschaftsunternehmens zeigen.[1227] Solche Koordinations-Fälle sind nach Art. 2 Abs. 3 FKVO zu

---

auf (im Verhältnis zum GU) vor- oder nachgelagerten Marktstufen"; *Kuhn,* Kooperative Aspekte von Gemeinschaftsunternehmen im Europäischen Kartellrecht, 220; *Schroeder,* Schnittstellen der Kooperations- und Oligopolanalyse im Fusionskontrollrecht, WuW 2004, 893, 904 f. „Insbesondere" gilt nicht für die vertikale Koordination, sondern gemeint ist die andere Konstellation von horizontalen Koordinationen.

1222 Kommission, 03.12.1998, COMP/M.1327 – NC/Canal+/CDPQ/Bank America.

1223 Kommission, 03.12.1998, COMP/M.1327 – NC/Canal+/CDPQ/Bank America, Rn. 38.

1224 *Pohlmann,* in: MüKoEUWettbR. AEUV Art. 101E Rn. 361 f.; *Schroeder,* Schnittstellen der Kooperations- und Oligopolanalyse im Fusionskontrollrecht, WuW 2004, 893, 904 Fn. 52.

1225 *Schroeder,* in: Grabitz/Hilf/Nettesheim, AEUV, Art. 101 Rn. 504.

1226 Vgl. *Schroeder,* Schnittstellen der Kooperations- und Oligopolanalyse im Fusionskontrollrecht, WuW 2004, 893, 904; *Kuhn,* Kooperative Aspekte von Gemeinschaftsunternehmen im Europäischen Kartellrecht, 220, m. V. a. *Ivaldi/Jullien/Rey/Seabright/Tirole,* The Economics of Tacit Collusion, Toulouse 2003, wo die Spillover-Effekte sich auch auf das horizontale Parallelverhalten beziehen.

1227 Vgl. *Kuhn,* Kooperative Aspekte von Gemeinschaftsunternehmen im Europäischen Kartellrecht, 53 und 221 f.; *Schroeder,* Schnittstellen der Kooperations- und Oligopolanalyse im Fusionskontrollrecht, WuW 2004, 893, 905.

prüfen und fallen nicht in den Anwendungsbereich der Art. 101 AEUV oder Art. 2 Abs. 4 und 5 FKVO.[1228] Diese Ansicht geht davon aus, dass auch die Spillover-Effekte koordinierte Effekte nach der klassischen Oligopoltheorie sind; und auch die sollen nach dem SIEC-Test unter Art. 2 Abs. 3 FKVO geprüft werden, weil die vertikale Koordination schon aus dem Wortlaut von gleichzeitiger Präsenz nicht zur Prüfung nach Art. 2 Abs. 4 und 5 FKVO passt.[1229]

Um die Koordination der Muttergesellschaften als Wettbewerbseinschränkung einzustufen, untersucht die Kommission nach Art. 2 Abs. 4 und 5 FKVO und in Bezug auf die Kriterien nach Art. 101 Abs. 1 AEUV weiterhin die Wahrscheinlichkeit, Spürbarkeit und Kausalität der Koordination.

(3.2) Wahrscheinlichkeit einer Koordination

Die gleichzeitige Präsenz der Mütter auf dem Kandidatenmarkt reicht nicht aus, um von einer Koordination auszugehen. Dies macht die Koordination zwischen den Gründergesellschaften möglich, aber es muss gefragt werden, ob so eine Koordination lohnend und auch dauerhaft durchsetzbar ist.[1230] Bei dieser Beurteilung untersucht die Kommission besonders die Marktstruktur und den Umfang der Zusammenarbeit der Muttergesellschaften im GU.[1231]

Für die Koordinationsgefahr sucht die Kommission nach einem wirtschaftlichen Anreiz für die Muttergesellschaften des GU. Es wird angenommen, dass es bei so einem Anreiz auf die wirtschaftliche Bedeutung des GU für die Muttergesellschaften ankommt, wobei die Umsatzgröße im Verhältnis zu den Muttergesellschaften auf dem Kandidatenmarkt erheblich sein kann.[1232] Darüber hinaus ist auch die Größe des Marktes, auf dem das GU tätig ist, im Zusammenhang zu dem Kandidatenmarkt der Mütter für eine Koordinationsgefahr wichtig.[1233] Wenn die wirtschaftliche Bedeutung niedrig bleibt, weist das auf keine Koordinationsgefahr hin.[1234] Als Folge davon ist es auch möglich, dass die beiden Muttergesellschaften auf den Märkten tätig sein können, aber wenn nur eine über nennenswerte Präsenz verfügt oder

---

1228 Vgl. *Kuhn,* Kooperative Aspekte von Gemeinschaftsunternehmen im Europäischen Kartellrecht, 153 f. und 220 f.

1229 Vgl. *Kuhn,* Kooperative Aspekte von Gemeinschaftsunternehmen im Europäischen Kartellrecht, 215 ff.

1230 Vgl. *Körber,* in: Immenga/Mestmäcker, EU-Wettbewerbsrecht, Art. 2 FKVO Rn. 632.

1231 Kommission, 30.09.1999, IV/JV. 22 – Fujitsu/Siemens, Rn. 52.

1232 Vgl. *Henschen,* in: Schulte, Hdb. Fusionskontrolle, Rn. 1728 f.; *Schröer,* in: FK, Art. 2 FKVO Rn. 287; *Körber,* in: Immenga/Mestmäcker, EU-Wettbewerbsrecht, Art. 2 FKVO Rn. 639; Kommission, 18.11.2010, COMP/M.5942 – Llyods Bank/Svenska Handelsbanken/Dzson Group, Rn. 12.

1233 Kommission, 28.02.2000, COMP/JV.39 – Bertelsmann/Planeta/NEB, Rn. 26; Kommission, 17.06.2010, COMP/M.5841 – Cathay Pacific Airways/Air China/ACC, Rn. 30.

1234 Kommission, 15.09.1998, IV/JV.11 – @ Home Benelux B.V. Rn. 38, wo das GU sich als Kunde nur auf 5 % der Dienstleistungen von Müttern bezieht.

beide eine Bagatellpräsenz auf dem Markt haben, dann kann eine Wahrscheinlichkeit der Koordination nicht zugrunde gelegt werden.[1235]

Wenn die Voraussetzung von nennenswerter Präsenz der Gründer erfüllt ist, so bringt dies eine hinreichende Marktmacht mit sich. Damit ist festzustellen, dass die Koordinierung zu einer erheblichen Wettbewerbsbeschränkung führt.[1236] Sonst würde die Koordination ohne die Marktmacht ihre Auswirkungen nicht effektiv durchsetzen.[1237] Die Kommission geht bei der Wahrscheinlichkeit von einem gemeinsamen Marktanteil von 40 % aus; bei darunter liegendem Anteil wird eine Koordinationsgefahr als generell unwahrscheinlich angesehen.[1238] Der gemeinsame Marktanteil jedoch ist nicht der einzige Maßstab, sondern es werden auch strukturelle Aspekte des Kandidatenmarktes berücksichtigt. Wenn die Zahl der Wettbewerber zu hoch und die Größe des GU klein ist, dann kann auch ein höherer Marktanteil der Mütter für die Koordination unerheblich sein.[1239] Auf der anderen Seite können aber die geringeren gemeinsamen Marktanteile eine Koordinationsgefahr hervorrufen, wenn es sich um einen oligopolistischen Markt handelt und die Muttergesellschaften symmetrische Marktanteile haben.[1240] Wenn die Marktanteile nicht symmetrisch sind, dann wird nicht erwartet, dass das stärkere Unternehmen Rücksicht auf das andere Mutterunternehmen nimmt.[1241]

Um die Wahrscheinlichkeit festzustellen, werden auch andere Aspekte des Marktes analysiert: höhere Markteintrittsbarrieren im Zusammenhang mit potenziellen Wettbewerbern,[1242] Stärke des Wachstums,[1243] Homogenität der Produkte,[1244]

1235 Vgl. *Schroeder*, in: Grabitz/Hilf/Nettesheim, AEUV, Art. 101 Rn. 491.

1236 Kommission, 17.08.1999, IV/JV.21 – Skandia/Storebrand/Pohjola, Rn. 37; Kommission, 30.05.2000, COMP/JV.44 – Hitacho/Nec-Dram/JV, Rn. 39.

1237 Kommission, 19.08.2005, COMP/M.3798 – NYK/Lauritzen Cool//LauCoolJV, Rn. 43.

1238 Kommission, 13.09.2004, COMP/M.3522 – Danish Crown/HK/Sokolow, Rn. 26, bei einem gemeinsamen Marktanteil von 30-40 % besteht keine Koordinationsgefahr; Kommission, 19.12.2003, COMP/M.3230 – Statoil/BP/Sonatrach/In Salah JV, Rn. 17, *"[...] because the combined market share will in any event remain below 40% on any market, so that co-ordination of the relevant activities remains unlikely."* Kommission, 02.05.2001, COMP/M.2374 – Telenor/Ergogroup/DNB/Accenture/JV, Rn. 17 f.

1239 Kommission, 22.03.2005, COMP/M.3511 – Wiener Börse et al./Budapest Stock Exchange/Budapest Commodity Exchange/Keller/JV, Rn. 52 ff.

1240 Kommission, 30.09.1999, IV/JV. 22 – Fujitsu/Siemens, Rn. 63 f.

1241 Vgl. *Körber*, in: Immenga/Mestmäcker, EU-Wettbewerbsrecht, Art. 2 FKVO Rn. 633; Kommission, 05.12.2001, COMP/M.2524 – Hydro/SQM/Rotem/JV, Rn. 32, (85 %-95 %/0 %-5 %).

1242 Kommission, 30.11.1999, COMP/JV.28 – Sydkraft/HEW/Hansa Energy trading, Rn. 27; Kommission, 03.02.2000, COMP/JV.36 – TXU Europe/EDF-London Investments, Rn. 47; Kommission, 02.05.2001, COMP/M.2374 – Telenor/Ergogroup/DNB/Accenture/JV, Rn. 20.

1243 Kommission, 05.05.1999, IV/JV.16 – Bertelsmann/VIAG/Game Channel, Rn. 26.

1244 Vgl. *Henschen*, in: Schulte, Hdb. Fusionskontrolle, Rn. 1743.

Preissensitivität und Innovation,[1245] Überkapazität im Markt,[1246] starke Marktgegenseite.[1247] Wenn z.B. die Produkte der Muttergesellschaften heterogen sind, dann fehlt es an der Wahrscheinlichkeit einer Koordination.[1248] Die Analyse der Marktstruktur für die Wahrscheinlichkeit der Kommission verursacht aber manche Kritik in der Literatur: Wo generell eine Oligopolprüfung durchgeführt wird, um dadurch den Umfang der Wettbewerbsbeschränkung herauszufinden, wird auf diese Weise die ökonomische Betrachtungsweise von der Kommission bevorzugt.[1249] Nach einigen Ansichten entspricht aber eine solche Oligopolprüfung nicht den Kriterien von Art. 2 Abs. 4 und 5 FKVO bzw. Art. 101 Abs. 1 AEUV. Bei der Untersuchung nach Art. 101 AEUV bleibt die Spürbarkeitsschwelle nach der Entscheidungspraxis ziemlich niedrig[1250] im Vergleich zu den Auswirkungen auf die Marktmacht, da Art. 101 AEUV nicht die Ausnutzung der Marktmacht, sondern die spürbaren Wettbewerbsbeschränkungen durch abgestimmtes Verhalten unterbindet.[1251] Auf der anderen Seite wird die Anwendung der klassischen Oligopolprüfung von der Literatur akzeptiert;[1252] aber manche Autoren finden die Anwendung der Oligopoltheorie im Zusammenhang mit Art. 101 AEUV nicht legitim, da das Kartellverbot eine abgestimmte Verhaltensweise braucht, und nur wegen der Marktstruktur hervorgetretene Koordinierung im Zuge der Oligopolprüfung passt nicht zu den Kriterien von Art. 101 AEUV.[1253]

In diesem Zusammenhang wird auch die Anwendung von Art. 101 AEUV allein auf den Gruppeneffekt kritisch gesehen, da das benötigte Tatbestandsmerkmal einer abgestimmten Vereinbarung nicht durch eine bloße Vereinbarung der Gründung eines GU als erfüllt angesehen wird.[1254]

1245 Kommission, 10.02.2003, COMP/M.2851 – Intracom/Siemens/STI, Rn. 43.

1246 Kommission, 09.08.2005, COMP/M.3856 – Boeing/Lockheed Martin/United Launch Alliance JV, Rn. 26.

1247 Kommission, 01.02.2000, COMP/JV.35 – Beiselen/Bay Wa/MG Chemag, Rn. 29.

1248 Kommission, 03.07.2001, COMP/M.2439 – Hitachi/STMicroelectronics/SuperH/JV, Rn. 30; Kommission, 25.02.2002, COMP/M.2597 – Vopark/Van der Sluijs, Rn. 33.

1249 *Henschen*, in: Schulte, Hdb. Fusionskontrolle, Rn. 1735.

1250 *Schroeder*, Schnittstellen der Kooperations- und Oligopolanalyse im Fusionskontrollrecht, WuW 2004, 893, 901; Kommission, De-Minimis-Bekanntmachung, ABl. 2014/C 291/01, Rn. 8, wo bei den horizontalen Konstellationen die Überschreitung von 10 % des gemeinsamen Marktanteils die Spürbarkeitserfordernis erfüllen kann.

1251 Vgl. *Henschen*, in: Schulte, Hdb. Fusionskontrolle, Rn. 1736; *Schröer*, in: FK, Art. 2 FKVO Rn. 293.

1252 *Körber*, in: Immenga/Mestmäcker, EU-Wettbewerbsrecht, Art. 2 FKVO Rn. 636; vgl. *Mäger*, Europäisches Kartellrecht, 9. Kap. Rn. 40.

1253 Vgl. *Kuhn*, Kooperative Aspekte von Gemeinschaftsunternehmen im Europäischen Kartellrecht, 177 ff.

1254 Vgl. ebenda; vgl. dagegen für die Fälle, in denen die Vereinbarung über die Gründung des GU genügt, *Temple Lang*, International Joint Ventures under Community Law, F.C.L.I. 1999, 381, 396; *Wiedemann*, in: Wiedemann, Handbuch des

Nach einer anderen Ansicht können die Gruppeneffekte aus der Gründung des GU nach dem SIEC-Test bzw. Art. 2 Abs. 2 und 3 FKVO geprüft werden, wobei die Anwendung des Art. 2 Abs. 4 und 5 FKVO ausgelassen wird; wenn die Marktmacht und der Druck durch die Marktstruktur einbezogen werden, dann werde eine erhebliche Behinderung des wirksamen Wettbewerbs zugrunde liegen.[1255] Es wurde darauf hingewiesen, dass auch die Kommission in einigen Entscheidungen die Analyse von kooperativen und konzentrativen GU nicht ausdrücklich getrennt hat.[1256] In anderen Fällen führt jedoch die Kommission eine getrennte Prüfung nach Art. 2 Abs. 4 und 5 FKVO durch, nämlich da, wo sie auf die Rechtssicherheit und die Vereinheitlichung von Art. 101 AEUV auf die kooperativen Vollfunktions-GU zielt.[1257] Auf der anderen Seite folgt eine Untersagung, wenn die Verhaltenskoordinierung von strukturellen Faktoren abhängt und eine Untersagung nur nach Art. 2 Abs. 4 FKVO bislang nicht ersichtlich ist. Wenn eine Lösung für strukturelle Risiken durch Auflagen und Bedingungen gefunden wurde, sind dadurch auch die Risiken für die Verhaltenskoordinierung beseitigt worden.[1258]

(3.3) Spürbarkeit einer Koordination

Um die Koordination als Wettbewerbsbeschränkung einzustufen, wurde in der Anwendungspraxis von Art. 101 Abs. 1 AEUV das Spürbarkeitskriterium entwickelt, obwohl es ungeschrieben ist.[1259] Dieses Kriterium hängt wieder mit der Marktmacht zusammen. Die Marktmacht ist in der Bekanntmachung über Vereinbarungen von geringer Bedeutung (Bagatellbekanntmachung) erläutert,[1260] wobei bei horizontalen Wettbewerbsbeschränkungen 10 % und bei vertikalen Wettbewerbsbeschränkungen 15 % Marktanteil als die Grenze für die Spürbarkeit anzunehmen ist. In der Prüfung nach Art. 2 Abs. 4 und 5 FKVO erwähnt die Kommission nicht generell die Bagatellbekanntmachung, aber sie führt die Untersuchung in Zusammenhang mit dem Marktanteil durch.[1261] In den Entscheidungen geht die Kommission auch davon aus, dass die niedrigen Gesamtmarktanteile so unwesentlich sind und deshalb die Koordination unmöglich oder nicht spürbar ist.[1262] Die Kriterien Spürbarkeit zusammen

---

Kartellrechts, § 16 Rn. 149; *Schroeder*, Schnittstellen der Kooperations- und Oligopolanalyse im Fusionskontrollrecht, WuW 2004, 893, 895 f.

1255 *Schroeder*, Schnittstellen der Kooperations- und Oligopolanalyse im Fusionskontrollrecht, WuW 2004, 893, 905.

1256 Vgl. *Körber*, in: Immenga/Mestmäcker, EU-Wettbewerbsrecht, Art. 2 FKVO Rn. 638; Kommission, 19.05.2005, COMP/M.3764 – Belgacom/Swisscom/JV, Rn. 29.

1257 *Körber*, in: Immenga/Mestmäcker, EU-Wettbewerbsrecht, Art. 2 FKVO Rn. 638.

1258 Vgl. *Käseberg*, in: Langen/Bunte, Kartellrecht, Art. 2 FKVO Rn 342; Kommission, 03.12.1998, COMP/M.1327 – NC/Canal+/CDPQ/Bank America, Rn. 38.

1259 *Wiedemann*, in: Wiedemann, Handbuch des Kartellrechts, § 16 Rn. 154.

1260 Kommission, De-Minimis-Bekanntmachung, ABl. 2014/C 291/01.

1261 *Kuhn*, Kooperative Aspekte von Gemeinschaftsunternehmen im Europäischen Kartellrecht, 59; *Pohlmann*, in: MüKoEUWettbR, AEUV, Art. 101 Rn. 385.

1262 Kommission, 03.05.2000, COMP/JV.44 – Hitachi/NEC-DRAM/JV, Rn. 38.

mit Wahrscheinlichkeit stellen sich als die Elemente der nennenswerten Präsenz der Mütter auf den Kandidatenmärkten dar.[1263] Aber diese Untergrenzen für Spürbarkeit können sich in Verbindung mit der Wahrscheinlichkeit und daher auch durch die Auswirkung der Marktstruktur ergeben, da die Wahrscheinlichkeit in einer bestimmten Marktstruktur unter 40 % abgelehnt wurde [1264] und die Spürbarkeit von unter 20 % auch nicht angenommen wurde.[1265] Wie bei dieser Untersuchung führt die Kommission eine Prognoseentscheidung durch, wobei der mit der Marktstruktur verbundene Marktanteilzuwachs in Rechnung gestellt werden kann.[1266] Schließlich hängt die Entscheidung über das Vorhandensein des Gruppeneffekts durch das Koordinationsrisiko nicht nur vom Spürbarkeitskriterium ab, sondern es ist zusammen mit allen Kriterien bzw. der Wahrscheinlichkeit für die Bewertung des Art. 2 Abs. 4 und 5 FKVO anzuwenden. Deswegen liegt die Schwelle der Spürbarkeit für kooperative Vollfunktions-GU höher, auch die koordinativen Effekte werden bezüglich der konzentrativen Effekte zusammen betrachtet, und Art. 2 Abs. 3 FKVO stellt eine Grenze i. S. d. Beeinträchtigung des Wettbewerbs dar.[1267]

(3.4) Kausalität der Gründung des GU für Koordination

Gemäß Art. 2 Abs. 5 Spiegelstrich 2 FKVO ist der Gegenstand der Untersuchung bezüglich der kooperativen Vollfunktions-GU die „unmittelbar aus der Gründung des Gemeinschaftsunternehmens erwachsende Koordinierung". So wie die Freigabe im Verfahren der Fusionskontrolle sich auf die Gründung eines GU bezieht, so sollen auch nur die Konsequenzen, die sich aus der Gründung für den Wettbewerb ergeben, untersucht werden.[1268] In diesem Zusammenhang soll die Koordination zwischen den Müttern nicht schon vor der Gründung bestehen und das GU nur zur Koordination beitragen.[1269] Ansonsten wird erwartet, dass die Gründung erstmals

1263 *Pohlmann*, in: MüKoEUWettbR. AEUV, Art. 101 Rn. 382.

1264 *Schröer*, in: FK, Art. 2 FKVO Rn. 294; *Körber*, in: Immenga/Mestmäcker, EU-Wettbewerbsrecht, Art. 2 FKVO Rn. 647; Kommission, 19.12.2003, COMP/M.3230 – Statoil/BP/Sonatrach/In Salah JV, Rn. 14 (unter 40 %); Kommission, 13.09.2004, COMP/M.3522 – Danish Crown/HK/Sokolow, Rn. 26 (30-40 %).

1265 Kommission, 28.09.1998, IV/JV.8 – Deutsche Telekom/Springer/Holtzbrink/Infoseek/Webseek, Rn. 30.

1266 *Hirsbrunner*, in: Schröter/Jakob/Klotz/Mederer, Europäisches Wettbewerbsrecht, Art. 2 FKVO Rn. 522.

1267 Vgl. *Pohlmann*, in: MüKoEUWettbR. AEUV, Art. 101, Rn. 385.

1268 Kommission, 21.03.2000, COMP/JV.37 – B Sky B/Kirch Pay-TV, Rn. 91.

1269 *Henschen*, in: Schulte, Hdb. Fusionskontrolle, Rn. 1755; Kommission, 3.7.2001, COMP/M.2439 – Hitachi/STMicroelectronic/SuperH JV, Rn. 33, wo ein Joint Bidding (für Einkauf und Angebot von Sportsenderrechten) auch ohne Gründung eines GU zustande kommen kann und deswegen für die Koordination; Kommission, 08.12.2003, COMP/M.3273 – First/Keolis/TPE JV, Rn. 13.

zur Koordinierung führt oder die Anreize dafür deutlich verstärkt.[1270] Wenn die Muttergesellschaften schon vor dem Erwerb der gemeinsamen Kontrolle Anteile an dem GU hielten – und das obwohl sie eine Koordinationsmöglichkeit hatten –, dann haben sie unabhängig voneinander gehandelt und dann sieht die Kommission darin kausal keine weitere Koordinationsgefahr zu der Gründung des GU.[1271] Auch wenn die Muttergesellschaften vor der Gründung des GU absichtlich nicht in Märkten der anderen Mütter im Wettbewerb standen, führt die Gründung eines GU zwischen diesen Müttern die Kausalität einer Koordination nicht herbei.[1272] Das Gleiche ist auch richtig für die gemeinsame Kontrolle der Muttergesellschaften zusammen mit anderen Unternehmen, wenn sie auch vor Gründung des GU die gemeinsame Kontrolle hatten, aber immerhin miteinander konkurrierten.[1273] Ferner erfüllt das auf dem vorgelagerten Markt gegründete GU auch das Kriterium der Kausalität nicht, wenn die Muttergesellschaften das Input-Produkt weiterhin von Dritten bekommen, statt vom gemeinsam kontrollierten GU; und dieses Verhalten ist auch in ökonomischer Hinsicht vorzuziehen.[1274] Auf der anderen Seite kann das auf dem nachgelagerten Markt gegründete GU die Kauf-/Lieferbeziehungen zwischen dem GU und den Müttern eine andere Kausalität als die Gründung eines GU ergeben. Das ist der Fall, wenn die Mütter schon vor der Gründung zu marktüblichen Bedingungen mit dem vorher unabhängigen Unternehmen solche Beziehungen unterhielten.[1275] Ferner können die Muttergesellschaften in einem vertikalen Verhältnis als Anbieter und Abnehmer von Pay-TV-Rechten durch die Koordination kausal zur Gründung des GU (Pay-TV-Markt) die anderen Marktteilnehmer diskriminieren, um den Wettbewerb zu beschränken und dadurch ihre Marktmacht zu erhöhen.[1276]

Dieses Kriterium hat insofern eine Bedeutung, als es sich um eine bewirkte Koordinierung handelt.[1277] Bei der Prüfung des Bewirkens einer Koordination hält das Ergebnis fest, ob es schon ein Risiko für eine Koordination gibt. Aber mit der

---

1270 *Schröer*, in: FK, Art. 2 FKVO Rn. 296; *Käseberg*, in: Langen/Bunte, Kartellrecht, Art. 2 FKVO Rn. 356; Kommission, 12.08.2005, COMP/M.3729 – EDF/AEM/EDISON, Rn. 94.

1271 Kommission, 08.07.1998, COMP/JV.3 – BT/Airtel, Rn. 25.

1272 Kommission, 22.06.1998, IV/JV.2 – ENEL/FT/DT, Rn. 37 ff.; Kommission, 17.12.1999, COMP/JV.23 – Telefonica/Portugal Telecom/Medi Telecom, Rn. 29, wo eine Kooperation vor der Gründung des GU in einem Abkommen zustande kam.

1273 Kommission, 26.06.1998, IV/M.1168 – DHL/Deutsche Post, Rn. 13; vgl. Kommission, 05.06.2008, COMP/M.5066 – Eurogate/APMM, Rn. 43.

1274 Kommission, 22.12.2000, COMP/M.2243 – Stora Enso/Assidomän/JV, Rn. 39 ff.; Kommission, 05.12.2001, COMP/M.2524 – HYDRO/SQM/ROTEM/JV, Rn. 36.

1275 Kommission, 01.02.2000, COMP/JV. 35 – Beiselen/BayWA/MG Chemag, Rn. 30.

1276 Kommission, 03.12.1998, COMP/M.1327 – NC/Canal+/CDPQ/Bank America, Rn. 33 ff.

1277 Vgl. *Hirsbrunner*, in: Schröter/Jakob/Klotz/Mederer, Europäisches Wettbewerbsrecht, Art. 2 FKVO Rn. 519; vgl. *Wiedemann*, in: Wiedemann, Handbuch des Kartellrechts, § 16 Rn. 155.

weiteren Untersuchung von Kausalität stellt die Kommission fest, ob es andere Ursachen für eine Koordination gibt.[1278] Wenn aber das Koordinierungsrisiko erstmals durch die Gründung des GU auftritt, dann kann es zu Auflagen und Bedingungen (entweder Struktur- oder Verhaltensauflagen bzw. Bedingungen) kommen.[1279]

(3.5) Beeinträchtigung des Handels zwischen den Mitgliedstaaten

Bei der Anwendung von Art. 2 Abs. 4 FKVO nach den Kriterien des Art. 101 AEUV muss auch eine Auswirkung auf den Handel zwischen den Mitgliedstaaten entsprechend der Koordination zusammen mit der Spürbarkeit kumulativ entstehen.[1280] Da auch die FKVO eine gemeinschaftsweite Bedeutung bezüglich der Umsätze der beteiligten Unternehmen sucht, wird schon das Erreichen dieser Schwellenwerte das materielle Kriterium von Zwischenstaatlichkeit gemäß Art. 101 AEUV erfüllen.[1281] Auf diese Weise wird das Kriterium Zwischenstaatlichkeit nicht oft geprüft, aber wenn das Risiko der Koordination nur regional ist, dann geht die Kommission nicht von Spürbarkeit aus.[1282]

(3.6) Möglichkeit, den Wettbewerb auszuschalten

Den oben genannten Kriterien zufolge soll die Koordination gemäß Art. 2 Abs. 5 Spiegelstrich 2 FKVO als unerlässlich behandelt werden, wenn sie „die Möglichkeit eröffnet, für einen wesentlichen Teil der betreffenden Waren und Dienstleistungen den Wettbewerb auszuschalten“. Wie Art. 2 Abs. 4 FKVO auf die Anwendung des Art. 101 Abs. 1 und 3 AEUV verweist, ist auch die Ausschaltung des Wettbewerbs als letzter Punkt des Art. 101 Abs. 3 AEUV genannt. Aber das bedeutet nicht, dass Art. 2 Abs. 4 und 5 FKVO die Anwendung des Art. 101 Abs. 3 AEUV beschränken, denn es finden ferner die anderen aufgelisteten Rechtfertigungsgründe gemäß Art. 101 Abs. 3 AEUV für die wahrscheinlichen Koordinationsfälle zwischen den Muttergesellschaften Anwendung.[1283]

1278 *Pohlmann*, Doppelkontrolle von Gemeinschaftsunternehmen im europäischen Kartellrecht: eine Zwischenbilanz, WuW 2003, 473, 489; Kommission, 30.09.1999, IV/JV.22 – Fujitsu/Siemens, Rn. 76, wo die Ursache eine separate Kooperationsvereinbarung ist.

1279 Kommission. 03.12.1998, COMP/M.1327 – NC/Canal+/CDPQ/Bank America, Rn. 40 ff.

1280 *Kuhn*, Kooperative Aspekte von Gemeinschaftsunternehmen im Europäischen Kartellrecht, 108; *Wiedemann*, in: Wiedemann, Handbuch des Kartellrechts, 5. Kap. § 16 Rn. 157; Kommission, 30.03.1999, IV/JV.15 – BT/AT&T, Rn. 176 und 191; Kommission, 30.09.1999, IV/JV.22 – Fujitsu/Siemens, Rn. 65.

1281 Vgl. *Pohlmann*, in: MüKoEUWettbR, AEUV, Art. 101 Rn. 392.

1282 Kommission, 02.08.1999, IV/M.1504 – NSR/VSN/CMI/IGO/Plus, Rn. 24.

1283 Vgl. *Pohlmann*, in: MüKoEUWettbR, AEUV, Art. 101 Rn. 395; *Schröer*, in: FK, Art. 2 FKVO Rn. 298 f., da das Sekundärrecht den EU-Vertrag nicht modifizieren kann.

In der Entscheidungspraxis kommt dieses Ergebnis der Koordination nicht oft vor;[1284] es müsste dazu der Tatbestand von Art. 101 Abs. 1 AEUV erfüllt werden.[1285] Wenn aber ein Verstoß gegen Art. 101 Abs. 1 AEUV im Fusionskontrollverfahren als wahrscheinlich angenommen wird, ist die Gefahr durch Zusagen der beteiligten Unternehmen ausgeräumt.[1286] Als Folge dessen ist es zur Prüfung im Rahmen von Art. 101 Abs. 3 AEUV nicht gekommen.[1287]

(4) Freistellung nach Art. 101 Abs. 3 AEUV

Immerhin soll die Kommission bei einem Koordinationsrisiko die Vor- und Nachteile der Zusammenarbeit nach Art. 101 Abs. 3 AEUV prüfen. Diese Prüfung befasst sich jedoch nicht nur mit den Auswirkungen der Verhaltenskoordination, sondern beachtet sämtliche konzentrativen Effekte der Gründung eines GU, um allgemein die Effizienzvorteile zu bestimmen.[1288] In diesem Zusammenhang werden gemäß Art. 2 Abs. 3 FKVO nach dem SIEC-Test die konzentrativen Effekte aus der Gründung des GU überprüft; aber für den Schutz des wirksamen Wettbewerbs sollen auch die koordinierten Wirkungen des GU untersucht werden. In dieser Prüfung werden die konzentrativen Wirkungen auf die betroffenen Märkte untersucht; jedoch sollen diese Märkte nicht die gleichen Märkte sein, die ein Risiko für die Verhaltenskoordination zeigen.[1289] Unter diesen Umständen sollen die Vorteile auf den Konzentrationsmärkten gegenüber den Nachteilen auf den Koordinationsmärkten abgewogen werden, um herauszufinden, ob es weiterhin einen hinreichenden Binnenwettbewerb zwischen den Muttergesellschaften gibt und/oder die Marktstruktur nach der Gründung des GU mit vorhandenem Außenwettbewerb ausreicht, um den wirksamen Wettbewerb auf den relevanten Märkten zu schützen.[1290] Bei dieser Abwägung untersucht die Kommission erst die positiven Bedingungen bezüglich der erzielten Effizienzgewinne und der Verbraucherbeteiligung, die auf den betroffenen konzentrativen Märkten stattfindet; auf der anderen Seite wird die Unerlässlichkeitsklausel und die Ausschaltung des Wettbewerbs im Zuge der Gründung des GU geprüft. Bei der Prüfung der Unerlässlichkeit wird geprüft, ob die Zusammenarbeit in Form von kooperativen Vollfunktions-GU unerlässlich ist und ob eine den Wettbewerb weniger beeinträchtigende Form der Zusammenarbeit möglich wäre.[1291]

1284 Kommission, 17.08.1999, IV/JV.21 – Skandia/Storeband/Pohjola, Rn. 34.

1285 Vgl. *Pohlmann*, Doppelkontrolle von Gemeinschaftsunternehmen im europäischen Kartellrecht: eine Zwischenbilanz, WuW 2003, 473, 489 f.

1286 Vgl. *Schröer*, in: FK, Art. 2 FKVO Rn. 299; Kommission, 30.09.1999, IV/JV.22 – Fujitsu/Siemens, Rn. 64 ff.

1287 Vgl. *Pohlmann*, in: MüKoEUWettbR, AEUV, Art. 101 Rn. 345.

1288 *Hirsbrunner*, in: Schröter/Jakob/Klotz/Mederer, Europäisches Wettbewerbsrecht, Art. 2 FKVO Rn. 527.

1289 Vgl. *Pohlmann*, in: MüKoEUWettbR, AEUV, Art. 101 Rn. 397.

1290 Vgl. *Henschen*, in: Schulte, Hdb. Fusionskontrolle, Rn. 1764; *Pohlmann*, in: MüKoEUWettbR, AEUV, Art. 101 Rn. 397 f.

1291 *Schroeder*, in: Grabitz/Hilf/Nettesheim, AEUV, Art. 101 Rn. 515.

Im Sinne der Bewertung der Unerlässlichkeit mit Rücksicht auf die Koordination ist diese Prüfung für die GU-Gründung nicht effektiv anwendbar, da nicht leicht zu beweisen ist, ob Effizienzgewinne nur durch diese Form der Zusammenarbeit zustande kommen können oder ob andere Möglichkeiten der Zusammenarbeit mit weniger Beschränkung auch positive Effekte haben könnten.[1292] Diese Prüfung sollte objektiv durchgeführt werden; es ist jedoch schwer einzuschätzen, ob die Muttergesellschaften statt zusammen auf dem Markt aufzutreten, allein oder mit anderen Unternehmen die gleiche Zusammenarbeit leisten könnten. Diese Einschätzung ist schwer zu treffen, weil die künftigen Effekte auf die verschiedenen Märkte berücksichtigt werden müssten, um die Vor- und Nachteile für unterschiedliche Gruppen von Verbrauchern und Märkten herauszufinden.[1293] Da diese Prüfung in der Entscheidungspraxis im Zusammenhang mit kooperativen Vollfunktions-GU ohne gemeinschaftsweite Bedeutung und Teilfunktions-GU durchgeführt wurde, wird sie auch in diesem Abschnitt erklärt werden.

Auch nach der Prüfung gemäß Art. 101 Abs. 3 AEUV soll die Kommission eine unbefristete Entscheidung treffen, um die Vereinbarkeit der Gründung des GU zu genehmigen. Diese Entscheidung hat konstitutiven Charakter im Vergleich zur deklaratorischen Entscheidung, die die kooperativen Vollfunktions-GU ohne gemeinschaftsweite Bedeutung und Teilfunktions-GU betreffen; diese sind unmittelbar nach Art. 101 Abs. 1 AEUV zu bewerten.[1294] Aber die Natur dieser Entscheidung ist in der Literatur umstritten. Wenn Art. 101 AEUV im engeren Sinne als Verbot mit Freistellungsmöglichkeit verstanden wird, dann könnte die deklaratorische Entscheidung durch das Legalausnahmeprinzip bzw. durch VO 1/2003 einen Verstoß gegen das Primärrecht bedeuten; im Umkehrschluss könnte – wenn Art. 101 AEUV insgesamt als Legalausnahme ausgelegt wird – die Freistellung der Kommission für die Fusionskontrolle auch einen deklaratorischen Charakter haben.[1295] Ferner kann die Einzelfreistellung der Kommission im Fusionskontrollverfahren verzichtbar sein, wenn die Gründung des GU von einer Gruppenfreistellungsverordnung erfasst wird, da Art. 21 Abs. 1 2. Halbsatz FKVO die Anwendung dafür nicht ausgeschlossen hat.[1296] Da die FKVO aber mehr Widerrufsgründe als die GVO hat und die Freistellung unbefristet ist, können Konflikte bei dieser Auslegung entstehen.[1297] Wie oben erwähnt wurde, ist der Widerruf der Freistellung nach der FKVO nur unter den Voraussetzungen der Art. 6 Abs. 3 und Art. 8 Abs. 6 FKVO möglich. Obwohl auch

---

1292 *Ahlborn/Turner*, Expanding success? Reform of the E. C. Merger Regulation, E.C.L.R. 1998, 249, 258.

1293 Vgl. *Temple Lang*, International Joint Ventures under Community Law, F.C.L.I. 1999, 381, 419 ff.

1294 *Schroeder*, Schnittstellen der Kooperations- und Oligopolanalyse im Fusionskontrollrecht, WuW 2004, 893, 897.

1295 Vgl. *Pohlmann*, in: MüKoEUWettbR, AEUV, Art. 101 Rn. 399.

1296 *Wiedemann*, in: Wiedemann, Handbuch des Kartellrechts, § 16 Rn. 162.

1297 *Hirsbrunner*, in: Schröter/Jakob/Klotz/Mederer, Europäisches Wettbewerbsrecht, Art. 2 FKVO Rn. 525 f.

angenommen werden kann, dass die Freigabeentscheidung mit Bedingungen und Auflagen gleichzeitig eine Befristung oder Nachprüfung für die Vereinbarkeit mit Art. 101 Abs. 3 AEUV möglich macht.[1298] Auch im Ratsprotokoll zur FKVO a. F. hatte die Kommission die Möglichkeit des Widerrufs in Art. 2 Abs. 4 FKVO unter den Ausnahmefällen angenommen.[1299] Aber diese Auffassung war mit der VO 1/2003 nicht mehr möglich, da es keine Freistellungsentscheidung mehr gab.[1300] Diese Ansicht war auch als nicht vereinbar mit der Endgültigkeit der Fusionskontrollentscheidung und Unabhängigkeit des Verhaltenskontrollverfahrens anzusehen.[1301]

(5) Auflagen und Bedingungen

Die Entscheidung der Vereinbarkeit kann entsprechend den Bedingungen und Auflagen nach Art. 6 Abs. 2 UAbs. 2 und Art. 8 Abs. 2 UAbs. 2 FKVO getroffen werden; in der Entscheidungspraxis ist zu bemerken, dass die beteiligten Unternehmen oft Verpflichtungszusagen vorschlagen, um Bedenken die Vereinbarkeit betreffend auszuräumen.[1302] Weiterhin kann die Kommission andere Bedingungen und Auflagen als Verpflichtungszusagen vorsehen.[1303] In diesen Fällen hängt die Freigabe von der Erfüllung der Bedingungen ab, falls nicht, gilt die Freigabeentscheidung nicht mehr; bei einer Auflage ist das nicht der Fall.[1304]

Nach der Mitteilung über zulässige Abhilfemaßnahmen[1305] befasst sich die FKVO mit der Strukturkontrolle, und deswegen ist vorzugsweise besonders auf die strukturellen Auflagen und Bedingungen Wert zu legen.[1306] Für eine kooperative Vollfunktions-GU mit gemeinschaftsweiter Bedeutung gelten auch für die Bewertung nach Art. 2 Abs. 4 FKVO die gleichen Grundsätze.[1307] In diesem Zusammenhang ist

---

1298 *Schröer*, in: FK, Art. 2 FKVO Rn. 300; dagegen, *Wiedemann*, in: Wiedemann, Handbuch des Kartellrechts, § 16 Rn. 162.

1299 Der Europäische Rat, Erklärung für das Ratsprotokoll zur VO 1310/97, 20.06.1997, Rn. 2. Zu berücksichtigen war die Zeit seit der Ausnahmeregelung, die Wirkung des Widerrufs auf die Investition der Parteien und den Betrieb des GU.

1300 *Körber*, in: Immenga/Mestmäcker, EU-Wettbewerbsrecht, Art. 2 FKVO Rn. 653.

1301 *Schröer*, in: FK, Art. 2 FKVO Rn. 300; EuG-Urteil, 25.03.1999, Rs. T-102/96, Slg. 1999 II-753 – Gencor, Rn. 322; vgl. *Körber*, in: Immenga/Mestmäcker, EU-Wettbewerbsrecht, Art. 2 FKVO Rn. 653.

1302 VO 1/2003 Art. 9 Abs. 1.

1303 *Pohlmann*, Doppelkontrolle von Gemeinschaftsunternehmen im europäischen Kartellrecht: eine Zwischenbilanz, WuW 2003, 473, 490.

1304 Vgl. *Kuhn*, Kooperative Aspekte von Gemeinschaftsunternehmen im Europäischen Kartellrecht, 114 ff.

1305 Mitteilung der Kommission über zulässige Abhilfemaßnahmen, ABl. 2008/C 267/01.

1306 Mitteilung der Kommission über zulässige Abhilfemaßnahmen, ABl. 2008/C 267/01, Rn. 15.

1307 Mitteilung der Kommission über zulässige Abhilfemaßnahmen, ABl. 2008/C 267/01, Rn. 4.

es allein im Rahmen der Verhaltenskontrolle möglich, nicht nur die Verhaltensauflagen, sondern auch die Strukturauflagen zu bestimmen. Obwohl die VO 1/2003 den verhaltensorientierten Maßnahmen Vorrang vor strukturellen Maßnahmen einräumt,[1308] würde es nicht gegen den Sinn der FKVO verstoßen, die strukturellen Auflagen und Bedingungen auch im Zusammenhang mit Art. 2 Abs. 4 FKVO vorzuziehen. Denn in dem Fall bezieht sich die Verhaltenskoordination auf eine Strukturveränderung, und im Einklang mit der Mitteilung über Abhilfemaßnahmen nimmt die Kommission meist strukturelle statt verhaltensorientierte Bedingungen und Auflagen in Anspruch.[1309] Insbesondere in den Fällen der horizontalen Koordination scheinen die Verhaltensauflagen nicht auszureichen, weswegen die Kommission zu strukturellen Maßnahmen greift. So im Fall von Fujitsu/Siemens: Siemens wollte ein „Retail and Banking"-System-Geschäft für ein finanzielles Arbeitsplatzsystem veräußern, um das Koordinationsrisiko auf diesem Kandidatenmarkt zu vermeiden.[1310] Ebenso dienen die Veräußerung der Tochtergesellschaft und die „Firewall"-Vereinbarungen solchen strukturellen Maßnahmen.[1311] Die Verhaltensauflagen wurden auch im Zusammenhang mit der vertikalen Koordination erteilt. In diesem Fall hatte eine GU-Mutter eine verhaltensorientierte Verpflichtungszusage abgegeben, um nicht dritte Abnehmer zu diskriminieren.[1312] In einem anderen Fall wurde eine Verhaltenszusage, einem Dritten den Zugang zur Dienstleistung zu gewährleisten, abgegeben.[1313]

Der Entscheidungspraxis der Kommission ist offensichtlich zu entnehmen, dass die verhaltensorientierten Maßnahmen i. S. d. FKVO nicht ausgeschlossen werden.[1314] Aber immerhin sind solche Auflagen, Bedingungen oder Zusagen nicht zu bevorzugen, weil für eine unbefristete Freigabeentscheidung diese Zusagen nicht für eine Prognoseentscheidung rechtssicher sind, und es nicht sichergestellt werden kann, ob die Parteien sie einhalten werden.[1315] Da die ökonomischen Auswirkungen der Gründung eines GU objektiv sind, sollen die beteiligten Unternehmen endgültig beweisen, dass sie ihr Verhalten im Zuge der Gründung eines GU nicht koordinieren.[1316]

1308 VO 1/2003 Art. 7 Abs. 1.

1309 Vgl. *Pohlmann*, in: MüKoEUWettbR, AEUV, Art. 101 Rn. 393 f.

1310 Kommission, 30.09.1999, IV/JV.22 – Fujitsu/Siemens, Rn. 69.

1311 Kommission, 30.03.1999, IV/JV.15 – BT/AT & T, Rn. 202 ff.

1312 Kommission, 03.12.1998, COMP/M.1327 – NC/Canal+/CDPQ/Bank America, Rn. 39 ff.

1313 Kommission, 20.07.2000, COMP/JV. 48 – Vodafone/Vivendi/Canal Plus, Rn. 90 ff.

1314 EuG-Urteil, 25.03.1999, T-102/96 – Gencor, Rn. 318 ff. (Juris).

1315 *Temple Lang*, International Joint Ventures under Community Law, F.C.L.I. 1999, 381, 454.

1316 *Temple Lang*, International Joint Ventures under Community Law, F.C.L.I. 1999, 381, 440 f.

bb) *Bewertung nach Art. 2 Abs. 4 und 5 FKVO bezüglich des SIEC-Tests und des Art. 101 AEUV*

Die Literatur und die Entscheidungspraxis zeigt, dass die Bewertung nach Art. 2 Abs. 4 und 5 FKVO im Vergleich zu Art. 2 Abs. 3 FKVO und Art. 101 AEUV gleichzeitig Abweichungen und Ähnlichkeiten aufweist, denn die Spillover-Effekte stehen zwischen der Wettbewerbsbeschränkung und der Marktbeherrschung, wogegen sich die Nebenabreden und die abtrennbaren Vereinbarungen aus dem vertraglichen Sachverhalt ergeben. Die Spillover-Effekte können daher ohne subjektive Absicht der Muttergesellschaften als Folge eines Zusammenschlusses, nämlich als eine Konsequenz der Gründung des GU, entstehen.[1317]

Im Verhältnis zu Art. 101 Abs. 1 AEUV wird in der Literatur folgende Frage aufgeworfen: Sollen die Tatbestandsmerkmale bzw. die „abgestimmten Verhaltensweisen“ im Zuge der Gründung eines Gemeinschaftsunternehmens als erfüllt angesehen werden oder nicht? Nach einer Ansicht stellen Joint-Venture-Vertrag und Gesellschaftsvertrag schon die Erfüllung des Tatbestandes nach Art. 101 AEUV dar, sodass die Muttergesellschaften keine weitere Kommunikation für ein koordiniertes Verhalten benötigen.[1318] Nach einer anderen Ansicht erfüllt die Gründungsvereinbarung den Tatbestand nicht, da sie das Wettbewerbsverhalten der Muttergesellschaften, wie bei Nebenabreden und abtrennbaren Vereinbarungen, nicht festlegt.[1319] Da die Kommission bei der Untersuchung der Koordination auch die Marktmacht und andere strukturelle Aspekte des Marktes in die Prüfung einbezieht, kann sich die bewirkte Koordinierung wie ein gleichförmiges Verhalten bei einem Oligopol zeigen.[1320] Aus diesem Grund können die beteiligten Unternehmen dies als ein Verteidigungsmittel aus der oligopolistischen Reaktionsverbundenheit vorsehen, da sich nicht jedes Parallelverhalten auf eine Koordination stützt.[1321] Die zu treffende Prognoseentscheidung über die künftige Koordination muss jedoch nach der Oligopoltheorie möglich sein. Die Prüfung nach Art. 101 Abs. 1 AEUV benötigt aber eine

---

1317 *Kuhn*, Kooperative Aspekte von Gemeinschaftsunternehmen im Europäischen Kartellrecht, 169.

1318 *Temple Lang*, International Joint Ventures under Community Law, F.C.L.I. 1999, 381, 396 und 440; *Schroeder*, Schnittstellen der Kooperations- und Oligopolanalyse im Fusionskontrollrecht, WuW 2004, 893, 896; *Pohlmann*, in: MüKoEUWettbR, AEUV, Art. 101 Rn. 357; *Funke*, Kooperative Joint Ventures in der Europäischen Union, 69; dagegen, *Lüder*, Konzentrative und Kooperative Gemeinschaftsunternehmen: Jenseits der Dichotomie, 82 f.

1319 *Kuhn*, Kooperative Aspekte von Gemeinschaftsunternehmen im Europäischen Kartellrecht, 176.

1320 Vgl. *Hirsbrunner*, in: Schröter/Jakob/Klotz/Mederer, Europäisches Wettbewerbsrecht, Art. 2 FKVO Rn. 518.

1321 Vgl. *Kuhn*, Kooperative Aspekte von Gemeinschaftsunternehmen im Europäischen Kartellrecht, 169 ff.; vgl. *Mäger*, Europäisches Kartellrecht, 9. Kap. Rn. 40 ff.; *Lüder*, Konzentrative und Kooperative Gemeinschaftsunternehmen: Jenseits der Dichotomie, 82 f.

subjektive Willensübereinstimmung, welche bei der Prüfung nach der Oligopoltheorie fehlt. Ferner kann die Theorie der Gruppeneffekte auch in manchen Situationen entfallen, weil sie sich aus der Struktur des Zusammenschlusses ergibt und eine kartellrechtsneutrale Gründungsvereinbarung keine Vereinbarung über das Wettbewerbsverhalten darstellt. Auch die Prognose, dass die Muttergesellschaften sich mit der Gründung des GU unter solchen Marktbedingungen anders verhalten werden, ist nicht definitiv zu stellen.[1322]

Darüber hinaus hat die Spürbarkeit der Koordination ein höheres Niveau als nach Art. 101 Abs. 1 AEUV angenommen. Das Koordinationsrisiko kann in Bezug auf die Marktmacht und die Marktstruktur mithilfe der Prüfung nach dem SIEC-Test festgestellt werden. Es wird geprüft, ob eine erhebliche Behinderung des wirksamen Wettbewerbs entsteht, welche dann die Funktion des Art. 2 Abs. 4 und 5 FKVO unüblich machen kann.[1323] Dagegen wurde darauf hingewiesen, dass die jeweilige Regel nach dem Sinn und Zweck der Norm verschiedene betroffene Märkte bzw. Märkte für Konzentration und Kandidatenmärkte hat und daher nicht davon ausgegangen werden kann, dass Art. 2 Abs. 4 und 5 FKVO durch Art. 2 Abs. 3 bzw. SIEC-Test ersetzt werden kann, es sei denn, das GU und seine Mütter blieben auf dem Markt des GU tätig.[1324]

Obwohl die Rechtsgrundlage des Art. 2 Abs. 4 und 5 FKVO als ein Sekundärrecht manche Unsicherheiten bei der Anwendung des Primärrechts verursacht und obwohl bei der Umsetzung in die Entscheidungspraxis die Anwendung Ähnlichkeiten mit dem SIEC-Test aufweist, ist zu behaupten, dass Diskussionen in der Literatur stattfinden werden, solange das europäische Fusionskontrollrecht das Konzentrationsprivileg und nicht die Doppelkontrolle als das formelle Prüfungsverfahren weiter anwendet, wie für die kooperative Vollfunktions-GU ohne gemeinschaftsweite Bedeutung.

c) Kooperative Gemeinschaftsunternehmen nach Art. 101 AEUV

Die unmittelbare Anwendung des Art. 101 AEUV erfolgt, wenn die GU entweder keinen Vollfunktionscharakter oder gemeinschaftsweite Bedeutung haben, aber zumindest eine Zwischenstaatlichkeit vorhanden ist. Für solche Gemeinschaftsunternehmen – egal ob Vollfunktions- oder Teilfunktions-GU – sollten die Kriterien der Verhaltenskontrolle beachtet werden, um eine spürbare Wettbewerbsbeschränkung nicht dadurch zu verursachen.

1322 *Kuhn,* Kooperative Aspekte von Gemeinschaftsunternehmen im Europäischen Kartellrecht, 169 ff.

1323 *Schroeder,* Schnittstellen der Kooperations- und Oligopolanalyse im Fusionskontrollrecht, WuW 2004, 893, 905.

1324 *Pohlmann,* in: MüKoEUWettbR, AEUV, Art. 101 Rn. 397.

Nach der Untersuchung gemäß Art. 101 AEUV können sich durch die Gründung eines GU hauptsächlich verschiedene mögliche, den Wettbewerb beeinträchtigende Konsequenzen ergeben. In diesem Zusammenhang ist zu prüfen, ob der Wettbewerb zwischen den Gründerunternehmen durch Spillover-Effekte oder zwischen den Gründern und dem GU gegenüber Dritten oder durch die Netze des GU entsteht.[1325]

aa) Vollfunktionsgemeinschaftsunternehmen ohne gemeinschaftsweite Bedeutung

Die FKVO ist ausschließlich zuständig für die Vollfunktions-GU mit gemeinschaftsweiter Bedeutung – egal ob sie konzentrativ oder kooperativ sind. Wenn die Voraussetzung für die gemeinschaftsweite Bedeutung nicht erfüllt ist, dann erfolgt die Prüfung des konzentrativen und kooperativen Sachverhalts durch verschiedene Verfahren. Gemäß Art. 21 Abs. 1 Hs. 2 FKVO gilt die Anwendung der Verordnung 1/2003 für die Gemeinschaftsunternehmen, die keine gemeinschaftsweite Bedeutung haben und eine Koordinierung bezwecken oder bewirken. In diesem Zusammenhang wird nur die Untersuchung über die kooperativen Aspekte der Gemeinschaftsunternehmen – entweder Vollfunktions- oder Teilfunktions-GU – nach Art. 101 AEUV durchgeführt. Es wurde behauptet, dass die Kommission damit die gleichen Untersuchungskriterien wie nach Art. 2 Abs. 4 und 5 FKVO in Anwendung von Art. 101 AEUV weiter analysiert; das heißt, dass nur die Koordinierung des Wettbewerbsverhaltens der Muttergesellschaften von der Prüfung erfasst werden – wie auch nach Art. 2 Abs. 4 und 5 FKVO –, und die anderen strukturellen Konstellationen – der Verlust von potenziellem Wettbewerb, Marktzutrittsschranken und vertikale Koordinationen, sowie die Koordination zwischen einer Mutter und dem GU – bleiben vom Anwendungsbereich des Art. 101 AEUV ausgeklammert.[1326] Gegen diese Ansicht wurde aber angenommen, dass die FKVO als ein Sekundärrecht Art. 101 AEUV materiell nicht ändern kann; deswegen sollten alle Vollfunktions-GU ohne gemeinschaftsweite Bedeutung gemäß Art. 9 Abs. 3 S. 1 FKVO an die nationale Wettbewerbsbehörde verwiesen werden und dadurch Art. 101 AEUV unmittelbar und uneingeschränkt Anwendung finden, anstatt die eingeschränkten Voraussetzungen von Art. 2 Abs. 4 und 5 FKVO.[1327] In diesem Zusammenhang trennt die FKVO die Prüfung der Strukturkontrolle von der Verhaltenskontrolle, wo diese vor Inkrafttreten der FKVO die Anwendung des Kartellverbots auf die Beteiligungserwerbe als möglich angenommen hatte.[1328] Die strukturellen Auswirkungen, nämlich die

1325 *Heithecker/Schneider*, in: FK, Fallgruppen II. 9. GU, Art. 101 Abs. 1, 3 AEUV Rn. 9 ff.; *Schroeder*, Grabitz/Hilf/Nettesheim, AEUV, Art. 101 Rn. 509 ff.

1326 Vgl. *Schroeder*, Schnittstellen der Kooperations- und Oligopolanalyse im Fusionskontrollrecht, WuW 2004, 893, 896 f.; *Kuhn*, Kooperative Aspekte von Gemeinschaftsunternehmen im Europäischen Kartellrecht, 331 f.

1327 Vgl. *Pohlmann*, in: MüKoEU WettbR, AEUV, Art. 101 Rn. 353 ff. und 405.

1328 EuGH, 21.02.1973, Rs. 6/72, Slg. 1973, 215 ff. – Continental Can; EuGH, 17.11.1987, Rs. 142/84, Slg. 1987, 4487 – Phillip Morris.

Ausschaltung von aktuellem und potenziellem Wettbewerb und Maktzutrittsschranken im Rahmen von Art. 2 Abs. 4 und 5 FKVO, bezeichnen nicht den Gegenstand der Prüfung. Es stellt sich infolgedessen die Frage, ob die gleiche eingeschränkte Anwendung für die Prüfung der Vollfunktions-GU nach Art. 101 AEUV gilt. Solche Aspekte werden im Verfahren der FKVO gemäß Art. 2 Abs. 3 FKVO untersucht und als konzentrativ eingestuft und als Gegenstand der Strukturkontrolle angenommen. Die gleiche Anwendung gemäß Art. 101 Abs. 1 AEUV würde zur Verdrängung des Artikels durch das Sekundärrecht führen,[1329] dagegen wurde der konstitutive Charakter der FKVO betont, wo FKVO das Primärrecht nicht einschränkt, sondern nur die materiellrechtlichen Maßstäbe für die unmittelbare Anwendung des Art. 101 aufstellt.[1330] In diesem Zusammenhang sollte der Wortlaut von Art. 21 Abs. 1 FKVO als „soweit sie die Verhaltenskoordinierung bezwecken oder bewirken" verstanden werden.[1331] Als Folge davon sollen nur die koordinativen Risiken solcher GU, die eine Kausalität zur Gründung eines GU zeigen, nach Art. 101 AEUV untersucht werden, und es ist teleologisch zu reduzieren, dass die reinen Auswirkungen auf die Strukturveränderung vom Kartellverbot nicht mehr erfasst werden.[1332] Darüber hinaus sind die konzentrativen Aspekte der Gemeinschaftsunternehmen nach nationalem Fusionskontrollrecht zu beurteilen,[1333] wobei durch die Anwendung des nationalen Fusionskontrollrechts die nach Art. 101 AEUV zulässigen Unternehmensvereinbarungen auch untersagt werden können.[1334] Wenn die FKVO und nationale Fusionskontrolle auch nicht greifen, dann sollen die konzentrativen Wirkungen, außer bloßer Wegfall der Mütter, welche rein konzentrativ sind und nicht wegen der Koordinationsgefahr auftreten, nach Art. 101 AEUV bewertet werden.[1335]

Nach Art. 101 AEUV soll es bei der Prüfung der kooperativen Vollfunktions-GU mit oder ohne gemeinschaftsweiter Bedeutung eigentlich keinen Unterschied geben. Auch Art. 2 Abs. 4 und 5 FKVO verordnet die Beurteilung nach den Kriterien von Art. 101 Abs. 1 und 3 AEUV, obwohl er nur eines der Freistellungkriterien ausdrücklich erwähnt; aber – wie oben schon erklärt wurde – kann die FKVO als Sekundärrecht das Primärrecht nicht dadurch verändern.[1336] Auf diese Weise wird

---

1329 Vgl. *Pohlmann*, in: MüKoEUWettbR, AEUV, Art. 101 Rn. 355.

1330 *Kuhn*, Kooperative Aspekte von Gemeinschaftsunternehmen im Europäischen Kartellrecht, 321 f.; *Schroeder*, Schnittstellen der Kooperations- und Oligopolanalyse im Fusionskontrollrecht, WuW 2004, 893, 896 f.

1331 Vgl. *Schroeder*, Schnittstellen der Kooperations- und Oligopolanalyse im Fusionskontrollrecht, WuW 2004, 893, 897; *Kuhn*, Kooperative Aspekte von Gemeinschaftsunternehmen im Europäischen Kartellrecht, 325 f.

1332 Vgl. *Kuhn*, Kooperative Aspekte von Gemeinschaftsunternehmen im Europäischen Kartellrecht, 327.

1333 *Schroeder*, in: Grabitz/Hilf/Nettesheim, AEUV, Art. 101 Rn. 488.

1334 Vgl. *Kuhn*, Kooperative Aspekte von Gemeinschaftsunternehmen im Europäischen Kartellrecht, 326 f.

1335 *Pohlmann*, in: MüKoEUWettbR, AEUV, Art. 101 Rn. 417 f.

1336 Vgl. *Schroeder*, Grabitz/Hilf/Nettesheim, AEUV, Art. 101 Rn. 482.

die Untersuchung von kooperativen Sachverhalten bzw. Gruppeneffekten ebenso wie unter Art. 2 Abs. 4 und 5 FKVO durchgeführt. Die Beziehung zwischen dem GU und einer der Mütter bzw. die industrielle Führerschaft wurde gemäß einer teleologischen Auslegung von Art. 101 AEUV nicht gemäß der Verhaltenskontrolle, sondern es wurde nach Marktabschottungseffekten gegenüber Dritten gemäß der Strukturkontrolle bewertet.[1337] Die Prüfung soll gemäß VO 1/2003 durchgeführt werden, wobei die nationale Kartellbehörde gleichzeitig die Zuständigkeit für die Anwendung von Art. 101 AEUV zusammen mit dem nationalen Kartellrecht hat. Für den Vorrang von Art. 101 AEUV sollten sich aber die kooperativen Vollfunktions-GU gleichzeitig zwischenstaatlich auswirken, um nach den Kriterien des europäischen Kartellverbots geprüft zu werden. Bezüglich des Niveaus der Spürbarkeit – wie die Spürbarkeitserfordernis für die kooperativen Vollfunktions-GU mit gemeinschaftsweiter Bedeutung – hat die De-Minimis-Bekanntmachung bei der Prüfung nach Art. 101 AEUV auch weniger Bedeutung für Vollfunktions-GU ohne gemeinschaftsweite Bedeutung. Da die Konzentration positiver bewertet wird und deswegen wurde bei deren Untersuchung das Spürbarkeitsniveau dann höher angesetzt; es soll zunächst in den Fällen von kooperativen Vollfunktions-GU auf die wettbewerbsbeschränkenden Effekte ankommen, wo die Höhe der Marktanteile so eine Beschränkung herbeiführen können.[1338]

In den früheren Entscheidungen der Kommission wurde aber der Ausschluss von potenziellem und aktuellem Wettbewerb zwischen den Gründerunternehmen als Wettbewerbsbeschränkung nach dem Kartellverbot angesehen und wurde deshalb kritisiert.[1339] Darüber hinaus ist zu sehen, dass auch in vielen anderen Fällen der aktuelle und potenzielle Wettbewerb untersucht wurde.[1340] Dabei achtete die Kommission bei der Beurteilung der Beschränkung des potenziellen Wettbewerbs nicht auf theoretische, sondern auf realistische Erwartungen entsprechend den Marktumständen.[1341] Diese oben genannten Entscheidungen wurden nach vorheriger Abgrenzung zwischen kooperativen und konzentrativen GU getroffen, wobei dann alle – konzentrativen und kooperativen – Aspekte für kooperative GU nach dem Kartellverbot untersucht wurden. Jedoch ist mit der Einbeziehung der kooperativen Aspekte in das Verfahren der FKVO die Prüfung mancher Kriterien nach Art. 101 AEUV fraglich geworden.[1342] In diesem Zusammenhang wurden z. B. die Beschränkungen gegenüber Dritten bei der Gründung eines GU auch schon zuvor kritisiert,

1337 *Kuhn,* Kooperative Aspekte von Gemeinschaftsunternehmen im Europäischen Kartellrecht, 327 f.; *Pohlmann,* in: MüKoEUWettbR, AEUV, Art. 101 Rn. 417 f.

1338 Vgl. *Pohlmann,* in: MüKoEUWettbR, AEUV, Art. 101 Rn. 429.

1339 Vgl. *Kuhn,* Kooperative Aspekte von Gemeinschaftsunternehmen im Europäischen Kartellrecht, 323 ff. m. V. a. Kommission, 14.09.1999, IV/36.213/F2 – GEAE/P & W.

1340 Kommission, 25.07.1977, IV/27.093, ABl. 1977/L 215/11 – De Laval/Stork; Kommission, 20.07.1988, IV/31.902, ABl. 1988/L 230/39 – Iveco/Ford, Rn. 24 (Juris).

1341 Vgl. *Pohlmann,* in: MüKoEUWettbR, AEUV, Art. 101 Rn. 422.

1342 Vgl. *Kuhn,* Kooperative Aspekte von Gemeinschaftsunternehmen im Europäischen Kartellrecht, 322.

da diese Fälle nach der FKVO als konzentrativ anzusehen waren und deshalb gemäß Art. 102 AEUV (Art. 86 EG a. F.) beurteilt werden sollten.[1343] In der aktuellen Praxis werden nach Sinn und Zweck der Regelung auch solche strukturellen Aspekte im Rahmen der EU-Kontrolle und der nationalen Fusionskontrolle geprüft.[1344]

Folglich ist gemäß VO 1/2003 und den Prinzipien der Legalausnahme und Selbsteinschätzung anzunehmen, dass bei der Prüfung des Kartellverbots in zwischenstaatlichen Fällen nur die Verhaltenskontrolle bzw. die Gruppeneffekte untersucht werden sollen. Damit sind wie nach Art. 2 Abs. 4 und 5 FKVO die Gruppeneffekte auf dem Markt des GU und auf den Kandidatenmärkten zu analysieren.

Auf dem Markt des GU wurde der Gruppeneffekt zwischen den Gründern untersucht. Insofern hat die Kommission früher auf die Möglichkeit der unabhängigen Entscheidung geachtet und dadurch die Abstimmung des Verhaltens von Muttergesellschaften in Bezug auf das GU und untereinander festgestellt. Daraus folgt, dass der aktuelle Wettbewerb auch ausgeschlossen wird.[1345] In einem anderen Fall haben die Muttergesellschaften auf dem Markt des GU ihre Tätigkeiten für Fährdienste vergemeinschaftet; jedoch waren die Wettbewerbsbedingungen auf dem Markt nicht für eine nennenswerte Einschränkung geeignet, auch nicht nach der Gründung des GU, wobei es mit einer Preiserhöhung für Kunden möglich war, zu anderen Anbietern zu wechseln.[1346]

Auf den anderen Märkten wurde der Gruppeneffekt auch in Bezug auf den aktuellen und potenziellen Wettbewerb zwischen den Gründern untersucht, um herauszufinden, ob eine Wettbewerbsbeschränkung auftreten kann.[1347] Ferner hat die Kommission in älteren Entscheidungen auch die Marktmacht der Muttergesellschaften auf dem nachgelagerten Markt bewertet: Die Mütter konnten mit 2/3-Marktanteil durch weitere Vereinheitlichung der Fertigungskosten für Bleiglas im GU den Wettbewerb auf dem Lampenmarkt beschränken. Da diese Vereinheitlichung nur den geringen Teil von 2 bis 3 % ausmachte, wurde sie in dem Sinne als nicht spürbar angesehen.[1348] Darüber hinaus wurde auch der Wettbewerbsdruck auf die anderen Märkte mit eingerechnet, um die Wahrscheinlichkeit und die Spürbarkeit der Koordination bzw. die Anhebung des Preisniveaus bejahen zu können.[1349] Im Anschluss daran ist festzustellen, dass bei der Prüfung nach Art. 101 AEUV die

---

1343 Vgl. *Gerwing*, Kooperative Gemeinschaftsunternehmen im EWG-Kartellrecht unter besonderer Berücksichtigung der Abgrenzungsfrage, 138 f.

1344 Vgl. *Schroeder*, Grabitz/Hilf/Nettesheim, AEUV, Art. 101 Rn. 488; *Kuhn*, Kooperative Aspekte von Gemeinschaftsunternehmen im Europäischen Kartellrecht, 327 f.

1345 Kommission, 20.10.1978, IV/29.133, ABl. 1978 L 322/26 – WANO/Schwarzpulver, II. 2. C.

1346 Kommission, 26.01.1999, IV/36.253, ABl. 1999 L 163/61 – P & O/Stena Line, Rn. 46.

1347 Kommission, 13.07.1990, IV/32.009, ABl. 1990 L 209/15 – Elopak/Metal Box Odin, Rn. 26 ff.

1348 Kommission, 21.12.1994, IV/34.252, ABl. 1994 L 378/37 – Phillips/Osram, Rn. 18.

1349 Kommission, 03.03.1999, IV/36.237, ABl. 1999 L 90/6 – TPS, Rn. 95 f.

Untersuchungsmaßstäbe ähnlich wie bei der Anwendung des Art. 2 Abs. 4 und 5 FKVO sind, wobei aber bei der reinen Verhaltenskontrolle i. S. d. Kartellverbots die Marktstrukturkriterien – und damit die Ansätze der Strukturkontrolle bzw. der Oligopoltheorie – eine vergleichsweise geringere Wesentlichkeit aufzeigen.[1350]

Außerdem ist bei der Verhaltenskontrolle weiterhin zu betrachten, ob die Muttergesellschaften an weiteren Gemeinschaftsunternehmen beteiligt sind, um dann z. B. im gleichen Produktmarkt, aber in verschiedenen geographischen Märkten weiter zusammenzuarbeiten; und dass nicht nur mithilfe eines GU, sondern gemeinsam mit allen GU ein Netzeffekt und damit eine Wettbewerbsbeschränkung herbeigeführt werden kann.[1351] Die Wettbewerbsbeschränkung kann darin liegen, dass die Verbindung eines GU mit mehreren GU vervielfacht wird, wodurch der Wettbewerb zwischen den Gründern wesentlich reduziert wird.[1352] Für diese Auswirkung sollen die Muttergesellschaften als aktuelle oder potenzielle Wettbewerber auftreten, da sonst die Gefahr der Wettbewerbsbeschränkung geringer bleibt.[1353] Bei einer solchen Strategie von Netzen der GU sieht die Kommission eine Gefahr für eine Marktaufteilung zwischen den Märkten der jeweiligen GU, [1354] das heißt, die GU sollen nicht immer auf dem gleichen sachlichen und räumlichen Markt tätig sein, um einen Netzwerkeffekt zu verursachen.[1355] Ferner kann es auch vorkommen, dass die parallelen GU den Wettbewerb beschränken lassen; in diesem Fall gründet nur ein Gründer mit verschiedenen Partnern mehrere GU.[1356] Obwohl die Muttergesellschaften keine aktuellen oder potenziellen Wettbewerber sind, kann die gleichzeitige Beteiligung an verschiedenen GU zu einer Marktaufteilung führen, wobei ein Gründer in der Lage ist, seinen Einfluss über diese GU auszuüben und daher die Abstimmung von Marktverhalten i. S. v. Marktabschottung verursachen würde.[1357] Dies wäre dadurch möglich, dass die GU auf den verschiedenen räumlichen Märkten, aber demselben Produktmarkt, aufgrund von Informationsaustausch die Abstimmung

1350 Vgl. *Pohlmann*, in: MüKoEUWettbR, AEUV, Art. 101 Rn. 426.

1351 Vgl. *Faull/Nikpay*, The EU Law of Competition, Rn. 7.99 f.; Kommission, 13.07.1990, IV/32.009, ABl. 1990 L 209/15 – Elopak/Metal Box Odin, Rn. 28.

1352 Kommission, 21.09.1994, Iv/34.600, ABl.1994 L 259/20 – European Night Services, Rn. 50; EuG-Urteil, 15.09.1998, Rs. T-374/94, Slg. 1998 II-3141 – European Night Services/Kommission. Rn. 155 ff. (Juris). Die Wettbewerbsbeschränkung der GU-Netzwerke auf benachbarten Märkten wurde nach EuG nicht hinreichend nachgewiesen und wurde deshalb aufgehoben.

1353 Vgl. *Funke*, Kooperative Joint Ventures in der Europäischen Union, 154 f.

1354 Vgl. *Lindemann*, in: Loewenheim/Meessen/Riesenkampff, Kartellrecht, 2. Teil, Rn. 20; *Sefan/Rating*, in: von der Groeben/Schwarze/Hatje, Europäisches Unionsrecht, Art. 101 AEUV Rn. 324.

1355 Vgl. *Zimmer*, in: Immenga/Mestmäcker, EU-Wettbewerbsrecht, Art. 101 AEUV Rn. 340; *Faull/Nikpay*, The EU Law of Competition, Rn. 7.99 und 7.102; dagegen: *Lindemann*, in: Loewenheim/Meessen/Riesenkampff, Kartellrecht, 2. Teil Rn. 20.

1356 Kommission, Bekanntmachung der Kommission über die Beurteilung kooperativer Gemeinschaftsunternehmen nach Art. 85 EWG-Vertrag, ABl. 93/C 43/02, Rn. 17.

1357 Kommission, 14.07.1986, IV/30.320, ABl. 1986 L 236/30 – Lichtwellenleiter, Rn. 48 ff.

der Wettbewerbsinformationen ermöglichen könnten.[1358] In der Literatur wurde darauf hingewiesen, dass solch eine Beteiligung eines Unternehmens an mehreren GU ähnlich den Kriterien im Phillip-Morris-Urteil ist. Aus diesem Grund sollte sie als Konzentrationssachverhalt behandelt werden,[1359] wobei die Vereinbarungen über verschiedene GU eine Struktur herbeiführen können, die die Zusammenarbeit verschiedener GU – aber nicht der Muttergesellschaften – erforderlich macht.[1360]

In der Literatur wird die Meinung vertreten, dass sich ein kooperatives Element aus dem Netzeffekt zwischen derselben Mutter auf mehrere Vollfunktions-GU nicht ergibt, da die Einflussnahme durch gleiche Mütter den Tatbestand des Art. 101 AEUV nicht erfüllt, solange die Handlungsfreiheit der Mütter und des Vollfunktions-GU nicht eingeschränkt wird. Es bleibt ein Konzentrationssachverhalt, wenn die Mütter ihr Verhalten außerhalb des GU nicht weiter koordinieren.[1361] Aus diesem Grund ist nicht zu folgern, dass ein Netzeffekt für Vollfunktions-GU entsteht.[1362]

Wettbewerbsrechtlich können aber nach der Marktstruktur – wie z. B. in einem Oligopol – verschiedene GU zwischen verschiedenen Partnern eine Verhaltensabstimmung leichter machen.[1363] Die Möglichkeit der Kontaktaufnahme mit verschiedenen Marktteilnehmern wird den aktuellen Wettbewerb beeinflussen, insbesondere in den Märkten mit kollektiver Marktbeherrschung.[1364]

bb) Teilfunktionsgemeinschaftsunternehmen nach Art. 101 AEUV

Die Abgrenzung der Teilfunktions-GU folgt im Umkehrschluss nach Art. 3 Abs. 4 FKVO. Wenn eine gemeinschaftsweite Bedeutung nicht vorhanden ist, dann ist das Vollfunktions-GU entweder nach Art. 101 AEUV und/oder nach nationaler Fusionskontrolle oder Verhaltenskontrolle zu beurteilen. Aber unabhängig von der gemeinschaftsweiten Bedeutung soll das zu gründende Gemeinschaftsunternehmen auf Dauer angelegt sein und alle Funktionen einer selbstständigen Einheit aufweisen. Wenn das nach der europäischen Fusionskontrolle nicht der Fall ist, dann sollen alle anderen unter einem gemeinsam kontrollierten Unternehmen als Teilfunktions-GU zusammenarbeiten. Da sie nicht den Gegenstand des Konzentrationssachverhalts bilden, haben sie keine marktstrukturverändernde Wirkung und werden allein – wie die Vollfunktions-GU ohne gemeinschaftsweite Bedeutung – nach den Kriterien des

1358 Vgl. *Reiser*, Joint Ventures in der Europäischen Fusionskontrolle, 145 ff. In dem Fall (Lichtwellenleiter) war die Möglichkeit für einen Informationsaustausch durch eine Vereinbarung ausgeschlossen worden.

1359 Vgl. *Pohlmann*, in: MüKoEUWettbR, AEUV, Art. 101 Rn. 431.

1360 Vgl. *Pohlmann*, Der Unternehmensverbund im Europäischen Kartellrecht, 231 f.

1361 Vgl. *Pohlmann*, Der Unternehmensverbund im Europäischen Kartellrecht, 240.

1362 Vgl. *Pohlmann*, in: MüKoEUWettbR, AEUV, Art. 101 Rn. 430 f., m. V. a. EuG-Urteil, 15.07.1994, Rs. T-17/93, Slg. 1994, II-595 – Matra Hachette/Kommission, Rn. 71, 78.

1363 Kommission, 14.07.1986, IV/30.320, ABl. 1986 L 236/30 – Lichtwellenleiter.

1364 Vgl. *Temple Lang*, International Joint Ventures under Community Law, F.C.L.I. 1999, 381, 409 f.

Art. 101 AEUV wettbewerbsrechtlich geprüft. Es wurde darauf hingewiesen, dass die Teilfunktions-GU ausnahmsweise in den Anwendungsbereich der FKVO fallen, da die Kommission den Erwerb mehrerer Unternehmen durch ein bestehendes Unternehmen von Dritten auch als Konzentrationssachverhalt bewertet und die Prüfung des Vollfunktionskriteriums nicht voraussetzt.[1365]

In diesem Fall wollen die Gründerunternehmen ein befristetes Unternehmen gründen, um einige Hilfsfunktionen auf die Muttergesellschaften zu übertragen, nämlich dort, wo das Unternehmen keinen eigenen Marktzugang und daher keine operative Selbstständigkeit besitzt. Das Ziel eines solchen Gemeinschaftsunternehmens ist es, nur den Muttergesellschaften in deren Geschäftstätigkeit zu dienen.[1366] Die Muttergesellschaften nehmen an solchen Zusammenarbeiten teil, um die Effizienzgewinne der Kosten oder das Risiko für die Investitionen in Innovationen zu vermindern. In dem Sinne wollen die Muttergesellschaften einige Funktionen – wie beim Outsourcing[1367] – mit einem anderen Unternehmen aus Gründen der Erfahrung oder der Finanzen zusammen weiterführen. In der Praxis erfolgt solche Zusammenarbeit oft in Forschungs- und Entwicklungsbereichen, Einkaufs- und/oder Verkaufsgemeinschaften und im Bereich der gemeinsamen Herstellung von Vorprodukten.[1368]

Diese Hilfsfunktionen können auch in einer Vereinbarung zwischen den Parteien festgelegt werden. Wie im ersten Teil der Arbeit erwähnt wurde, kann es als schuldrechtliches Verhältnis bzw. Contractual Joint Venture zustande kommen oder gesellschaftsrechtlich als Gemeinschaftsunternehmen organisiert sein.[1369] Aus diesem Grund werden die Teilfunktions-GU ähnlich wie die Formen der horizontalen Kooperationen behandelt.[1370] Nach europäischem Wettbewerbsrecht werden sie innerhalb der Verhaltenskontrolle beachtet, da die Teilfunktions-GU die Tatbestandsmerkmale der Fusionskontrolle nach der FKVO nicht erfüllen. Das Gleiche ist für das deutsche Recht nicht anzunehmen, weil die Abgrenzung zwischen Vollfunktion und Teilfunktion nicht umgesetzt wurde und die Teilfunktions-GU (nach EU-Recht) neben der Verhaltenskontrolle auch als Zusammenschluss behandelt werden.[1371] Dies wird nach deutschem Recht weiter analysiert.

Obwohl solche Zusammenarbeit Effizienzgewinne für die Muttergesellschaften generieren kann, kann sie gleichzeitig kartellrechtliche Bedenklichkeiten verursachen. Dies besonders dann, wenn die Muttergesellschaften im aktuellen und/oder potenziellen Wettbewerb zueinander stehen. Als potenzieller Wettbewerber ist zu

1365 Konsolidierte Mitteilung zu Zuständigkeitsfragen, Rn. 91; vgl. *Mäger*, Europäisches Kartellrecht, 9. Kap. Rn. 74; s. o. Teil 2.
1366 Konsolidierte Mitteilung zu Zuständigkeitsfragen, Rn. 95.
1367 Konsolidierte Mitteilung zu Zuständigkeitsfragen, Rn. 24 f.
1368 Kommission, Leitlinien über horizontale Zusammenarbeit, ABl. 2011/C 11/01.
1369 Kommission, Leitlinien über horizontale Zusammenarbeit, ABl. 2011/C 11/01, Rn. 194.
1370 Vgl. *Mäger*, Europäisches Kartellrecht, 9. Kap. Rn. 76.
1371 Vgl. *Schroeder*, Grabitz/Hilf/Nettesheim, AEUV, Art. 101 Rn. 547.

beachten, ob es für die Muttergesellschaft ohne die Zusammenarbeit mit einem GU möglich ist, die Tätigkeit unabhängig von den anderen Müttern allein auszuführen.[1372] Wie die anderen Formen können die Teilfunktions-GU horizontale und vertikale Wettbewerbsverhältnisse beeinflussen; auf der anderen Seite können sie auch als wettbewerbsneutrale GU auftreten, wenn sie in marktfernen Bereichen gegründet werden.

Für Teilfunktions-GU findet der Art. 101 AEUV in vollem Umfang Anwendung; in diesem Zusammenhang sind nicht nur die Wahrscheinlichkeit der Koordinierung, sondern auch weitere strukturelle Auswirkungen wie potenzieller Wettbewerbsverlust und Auswirkungen auf Dritte sowie Marktabschottung zu prüfen, da eine teleologische Reduktion des Art. 101 AEUV nach den Voraussetzungen von Art. 2 Abs. 4 und 5 FKVO – wo eine Untersuchung im Zusammenhang der Koordinierung des Wettbewerbsverhaltens unabhängig bleibender Unternehmen durchgeführt wird – für Teilfunktions-GU nicht einschlägig ist.[1373] Bezüglich der EU-Fusionskontrolle führen solche Gemeinschaftsunternehmen keine Marktstrukturveränderung herbei, denn eine Marktpräsenz fehlt. Jedoch wenn sie nach der nationalen Fusionskontrolle einen Zusammenschluss bilden, dann können die konzentrativen Effekte nach nationalem Recht und wieder die kooperativen Effekte nach Art. 101 AEUV geprüft werden.[1374]

Teilfunktions-GU in marktfernen Bereichen sind kartellrechtlich neutral, da die Unternehmen das GU als organisatorische oder technische Hilfsfunktion nutzen, wobei sie der Sammlung nicht vertraulicher Informationen dienen, und diese Informationen werden von den Muttergesellschaften für ihre autonomen Entscheidungen weiter genutzt.[1375]

Teilfunktions-GU zwischen Nicht-Wettbewerbern: Wenn die Unternehmen keine aktuellen oder potenziellen Wettbewerber sind, liegt i. d. R. keine Gefahr für eine Koordination vor. Solche Teilfunktions-GU sind kartellrechtlich nicht bedenklich, falls sie den Marktzugang von Dritten bzw. Abnehmern/Lieferanten nicht beeinträchtigen.[1376] So ist etwa der gemeinsame Verkauf nicht austauschbarer Produkte zwischen den Nichtwettbewerbern i. d. R. kein Verstoß gegen das Kartellverbot, weil dies das Marktverhalten der Gründer nicht ändern würde.[1377] Das Gleiche gilt

---

1372 Kommission, Leitlinien über horizontale Zusammenarbeit, ABl. 2011/C 11/01, Rn. 10; Kommission, 14.09.1999, IV/36.213/F2 – GEAE/P & W, Rn. 70, 75.

1373 Vgl. *Kuhn*, Kooperative Aspekte von Gemeinschaftsunternehmen im Europäischen Kartellrecht, 339.

1374 Vgl. *Schroeder*, in: Grabitz/Hilf/Nettesheim, AEUV, Art. 101 Rn. 509.

1375 *Mäger*, Europäisches Kartellrecht, 9. Kap. Rn. 78; *Stefan/Rating*, in: von der Groeben/Schwarze/Hatje, Europäisches Unionsrecht, Art. 101 AEUV, Fallgruppen, Rn. 307.

1376 *Rating*, in: Schröter/Jakob/Klotz/Mederer, Europäisches Wettbewerbsrecht, Art. 101 AEUV, Fallgruppen, Rn. 641.

1377 *Stefan/Rating*, in: von der Groeben/Schwarze/Hatje, Europäisches Unionsrecht, Art. 101 AEUV, Fallgruppen, Rn. 309.

auch für Forschung und Entwicklung zwischen Nicht-Wettbewerbern und Kunden-Reparaturdiensten oder einem GU als Arbeitsgemeinschaft für ein Projekt zwischen Nicht-Wettbewerbern.[1378] Auf der anderen Seite wird darauf hingewiesen, dass durch das Teilfunktions-GU die Muttergesellschaften eine horizontale Vereinbarung auf dem Markt des GU innehaben und damit als potenzielle Wettbewerber auftreten, und das GU sich so mehr als zwischen den Wettbewerbern stehend darstellen wird.[1379] Auch auf andere Weise kann die Gründung eines GU zwischen den Nicht-Wettbewerbern Wettbewerbsbeschränkungen verursachen: Wenn z.B. die Ergebnisse eines F & E-GU zwischen Nicht-Wettbewerbern ausschließlich von ihnen selbst verwertet werden und wenn eine der Mütter eine Marktmacht in einer Schlüsseltechnologie besitzt, dann kann das den Marktzugang beeinträchtigen.[1380] Aber diese Arten von F & E-GU zwischen den Nicht-Wettbewerbern werden von F & E-GVO deutlich freigestellt.[1381] Ferner kann solch ein GU für eine gemeinsame Produktion gegründet werden, wenn die Gründerunternehmen nicht miteinander im Wettbewerb stehen, solange sie sachlich und räumlich verschiedene Vorprodukte fertigen. Wenn sie sich jedoch die Produkte vorher von Dritten besorgt haben, dann wird die Wettbewerbsstellung von dritten Lieferanten beeinträchtigt und dann kann das Kartellverbot greifen.[1382] Auch die Einkaufs-GU sollten beachtet werden, obwohl die Muttergesellschaften nicht auf dem Angebotsmarkt im Wettbewerb stehen, jedoch bereits auf dem Nachfragemarkt eine Beschränkung herbeiführen.[1383] Aber die Wettbewerbsbeschränkung bei solcher Zusammenarbeit wird von der Kommission als nicht spürbar betrachtet,[1384] es sei denn, der Nachfragemarkt ist stark konzentriert.[1385]

Schließlich ist festzuhalten: Wenn ein Teilfunktions-GU zwischen Nicht-Wettbewerbern gegründet wird, treten Wettbewerbsbeschränkungen in Bezug auf Marktabschottung gegenüber Dritten, Ausschaltung des aktuellen/potenziellen Wettbewerbs und dadurch Risiken für die Marktaufteilung auf, wohingegen

---

1378 *Mäger*, Europäisches Kartellrecht, 9. Kap. Rn. 79; *Lindemann*, in: Loewenheim/Meessen/Riesenkampf, Kartellrecht, 2. Teil, Rn. 10.

1379 Vgl. *Jungermann*, in: FK, Fallgruppen I, Art. 101 Abs. 1, 3 AEUV Rn. 47.

1380 Kommission, Leitlinien über horizontale Zusammenarbeit, ABl. 2011/C 11/01, Rn. 130 Fn. 1.

1381 Kommission, VO 1217/2010 – F & E-GVO, Art. 4 Abs. 1.

1382 *Stefan/Rating*, in: von der Groeben/Schwarze/Hatje, Europäisches Unionsrecht, Art. 101 AEUV, Fallgruppen, Rn. 311; *Zimmer*, in: Immenga/Mestmäcker, EU-Wettbewerbsrecht, Art. 101 Abs. 1 AEUV Rn. 334.

1383 *Mäger*, Europäisches Kartellrecht, 9. Kap. Rn. 79.

1384 Vgl. *Pohlmann*, in: MüKoEUWettbR, AEUV, Art. 101 Rn. 449.

1385 *Stefan/Rating*, in: von der Groeben/Schwarze/Hatje, Europäisches Unionsrecht, Art. 101 Fallgruppen, Rn. 310; Kommission, 17.07.1968, IV/129, ABl. 1998 L 201/4 – SOCEMAS; Kommission, Leitlinien über horizontale Zusammenarbeit, ABl. 2011/C 11/01, Rn. 200 ff.

Spillover-Effekte durch Verhaltenskoordinierung nicht als bedenkliches Risiko angesehen werden.[1386]

Teilfunktions-GU zwischen den Wettbewerbern: Bei Vollfunktions-GU ziehen sich die Muttergesellschaften oft vom Markt des GU zurück, um die Investition durch Ausschluss des Wettbewerbs zwischen den Müttern und dem GU effizienter zu machen. Bei den Teilfunktions-GU handelt es sich nicht um eine selbstständige wirtschaftliche Einheit und deswegen werden sich die Mütter, die nur bestimmte Hilfsfunktionen zusammen erfüllen möchten, nicht aus dem Markt des GU zurückziehen und weiter als Teilnehmer existieren. Nach Art. 101 AEUV können solche GU kartellrechtlich riskanter sein, wenn die Muttergesellschaften aktuelle oder potenzielle Wettbewerber sind; und da sie aus dem Markt oder benachbarten Märkten nicht ausscheiden werden, sind die Spillover-Effekte zwischen den Muttergesellschaften, insbesondere auf dem Markt des GU, zu beachten. Ferner sind auch die Wettbewerbsbeschränkungen zwischen den Müttern und dem GU zu beachten, da sie sich auf die Marktverhältnisse und auf Dritte auswirken. [1387]

Weil die Auswirkungen der Zusammenarbeit bei verschiedenen Hilfsfunktionen unterschiedliche wettbewerbsrechtliche Risiken in sich bergen, werden diese unter den vier wichtigsten Typen in Bezug auf Teilfunktions-GU untersucht.

Einkaufs-GU: Für die Beurteilung eines Einkaufs-GU zwischen Wettbewerbern sind zwei Märkte für die Wettbewerbsbeschränkungen zu betrachten. Erstens ist der Markt für den gemeinsamen Einkauf zu prüfen und zweitens sind die Märkte für den weiteren Verkauf der Muttergesellschaften[1388] mit dem vertikalen Verhältnis zu den Lieferanten und dem horizontalen Verhältnis zwischen den Wettbewerbern im Einzelnen zu betrachten.[1389]

Für eine Wettbewerbsbeschränkung soll ein aktuelles oder potenzielles Wettbewerbsverhältnis zugrunde liegen. Wenn aber die Muttergesellschaften in verschiedenen räumlichen Märkten tätig sind, dann ist ein potenzieller Wettbewerb nicht anzunehmen. Dennoch müssen die Auswirkungen auf Dritte untersucht werden.[1390]

In vertikaler Hinsicht reduziert ein Einkaufs-GU auf den ersten Blick die Anzahl der Nachfrager für die Anbieter; und wenn das Einkaufs-GU über eine Nachfragemacht verfügt, dann kann das zur Verminderung der Qualität des Produkts wegen des Wettbewerbsdrucks führen oder den Zugang anderer Nachfrager

---

1386 Vgl. *Kuhn*, Kooperative Aspekte von Gemeinschaftsunternehmen im Europäischen Kartellrecht, 336 f.

1387 Vgl. *Pohlmann*, in: MüKoEUWettbR, AEUV, Art. 101 Rn. 448; Kommission, 22.12.1987, IV/31.846, ABl. L 50/18 – Enichem/ICI, Rn. 26; vgl. *Funke*, Kooperative Joint Ventures in der Europäischen Union, 120 ff.

1388 *Faull/Nikpay*, The EU Law of Competition, Rn. 7.364.

1389 *Säcker/Mohr*, Die Beurteilung von Einkaufskooperationen gemäß Art. 101 Abs. 1 und Abs. 3 AEUV, WRP 2011, 793, 795 ff.; Kommission, Leitlinien über horizontale Zusammenarbeit, ABl. 2011/C 11/01, Rn. 207.

1390 Kommission, Leitlinien über horizontale Zusammenarbeit, ABl. 2011/C 11/01, Rn. 212.

beschränken.[1391] Weiterhin wird die Vergemeinschaftung der Einkaufskosten den Preiswettbewerb zwischen den Muttergesellschaften auf den Absatzmärkten reflektieren,[1392] und sie werden mit ihrer Marktmacht die Preisvorteile des Einkaufs-GU nicht an die Verbraucher weitergeben.[1393] Wenn sie doch weitergegeben werden, kann dennoch die Marktmacht den Wettbewerb langfristig ausschalten, nämlich dann, wenn die anderen Teilnehmer ihre Preise nicht anpassen können und aus dem Markt ausscheiden.[1394] In diesem Zusammenhang kann auch von einer bezweckten Wettbewerbsbeschränkung ausgegangen werden, falls das GU als Mittel zum Einkaufskartell für Preisfestsetzung, Produktionsbeschränkung oder Marktaufteilung gegründet wurde.[1395] Auf der anderen Seite hat natürlich das Einkaufs-GU Vorteile für die Muttergesellschaften: Wenn sie über ein Unternehmen die benötigten Produkte einkaufen, vermeiden sie zusätzliche Transaktionskosten, was aber eine Beeinträchtigung anderer Nachfrager bedeuten kann, falls der Lieferant den Unterschied zwischen den reduzierten Preisen bei anderen Teilnehmern kompensiert.[1396] Ferner kann in Bezug auf die Marktgegenseite ein Einkaufs-GU zwischen den kleinen und mittleren Unternehmen ihre Verhandlungsposition stärken und daher den Wettbewerb positiv beeinflussen.[1397]

Weil es keine spezifische Gruppenfreistellungsverordnung für die Einkaufskooperationen gibt, kommt es möglicherweise zur Einzelfreistellung. Im Grunde ist es wettbewerbsrechtlich nicht bedenklich, wenn die gemeinsamen Marktanteile auf den Einkaufs-/Verkaufsmärkten nicht mehr als 15 % betragen.[1398] Allgemein sieht

---

1391 Vgl. Kommission, Leitlinien über horizontale Zusammenarbeit, ABl. 2011/C 11/01, Rn. 200 ff.; *Faull/Nikpay*, The EU Law of Competition, Rn. 7.371 f.; *Säcker/Mohr*, Die Beurteilung von Einkaufskooperationen gemäß Art. 101 Abs. 1 und Abs. 3 AEUV, WRP 2011, 793, 799 f.

1392 Kommission, 09.07.1980, IV/27.958, ABl. 1980 L 260/24 – National Sulphuric Acid Association, Rn. 20 ff.

1393 Kommission, Leitlinien über horizontale Zusammenarbeit, ABl. 2011/C 11/01, Rn. 201.

1394 *Inderst*, Die ökonomische Analyse von Nachfragemacht in der Wettbewerbspolitik, WuW 2008, 1261, 1269.

1395 Kommission, Leitlinien über horizontale Zusammenarbeit, ABl. 2011/C 11/01, Rn. 205; *Schroeder*, in: Grabitz/Hilf/Nettesheim, AEUV, Art. 101 Rn. 554; *Mohr*, Bezweckte und bewirkte Wettbewerbsbeschränkungen gemäß Art. 101 Abs. 1 AEUV, ZWeR 2015, 1, 15.

1396 *Faull/Nikpay*, The EU Law of Competition, Rn. 7.374; vgl. *Säcker/Mohr*, Die Beurteilung von Einkaufskooperationen gemäß Art. 101 Abs. 1 und Abs. 3 AEUV, WRP 2011, 793, 796 f.

1397 *Säcker/Mohr*, Die Beurteilung von Einkaufskooperationen gemäß Art. 101 Abs. 1 und Abs. 3 AEUV, WRP 2011, 793, 806; *Faull/Nikpay*, The EU Law of Competition, Rn. 7.398.

1398 Kommission, Leitlinien über horizontale Zusammenarbeit, ABl. 2011/C 11/01, Rn. 208.

die Kommission für solche Zusammenarbeit ohne Bezugspflichten[1399] keine wettbewerblich erheblichen Risiken, obwohl eine Drittwirkung zustande kommt.[1400] In Bezug auf die Einzelfreistellung gemäß Art. 101 Abs. 3 AEUV haben die Einkaufs-GU generell Vorteile bei der Verbesserung der Warenerzeugung oder -verteilung sowie der Förderung des technischen und wirtschaftlichen Fortschritts durch reduzierte Transaktionskosten. Eine angemessene Beteiligung der Verbraucher wird durch die Reduzierung der Preise auf dem Verkaufsmarkt geschaffen. Bei der Unerlässlichkeit sind Bezugspflichten zu beachten: Höhere Bezugspflichten können sich als wettbewerbsbeschränkend zeigen, werden aber auf der anderen Seite als unerlässlich angesehen, falls die Erzielung von Größenvorteilen nur dadurch erreichbar ist.[1401]

Vertriebs-GU: Wenn die Gründerunternehmen im Wettbewerb stehen und austauschbare Produkte vertreiben, kann eine Wettbewerbsbeschränkung vorliegen, da die Informationen über Preise und andere Konditionen aufeinander abgestimmt werden können.[1402] Ferner kann eine solche Verkaufs-GU zwischen den Wettbewerbern zur Marktabschottung führen.[1403] Wenn einer der Gründer potenzieller Wettbewerber ist und keine Marktmacht hat, dann hat die Kommission den Vertrieb einer der Mütter als nicht wettbewerbsbeschränkend angesehen.[1404] Wenn die Muttergesellschaften nicht mit dem Vertriebs-GU konkurrieren dürfen, führt

---

1399 Vgl. *Lindemann*, in: Loewenheim/Meessen/Riesenkampff, Kartellrecht, 2. Teil Rn. 15; Komm. 5.12.1979, ABl. 1980 L 51/19 – Rennet, S. 23.

1400 Vgl. *Pohlmann*, in: MüKoEUWettbR, AEUV, Art. 101 Rn. 448; *Stefan/Rating*, in: von der Groeben/Schwarze/Hatje, Europäisches Unionsrecht, Art. 101, Fallgruppen, Rn. 318 Fn. 921.

1401 Kommission, Leitlinien über horizontale Zusammenarbeit, ABl. 2011/C 11/01, Rn. 218; *Säcker/Mohr*, Die Beurteilung von Einkaufskooperationen gemäß Art. 101 Abs. 1 und Abs. 3 AEUV, WRP 2011, 793, 796, Fn. 35; *Schroeder*, in: Grabitz/Hilf/Nettesheim, AEUV, Art. 101 Rn. 561.

1402 Kommission, Leitlinien über horizontale Zusammenarbeit, ABl. 2011/C 11/01, Rn. 226 ff.; vgl. *Schroeder*, in: Grabitz/Hilf/Nettesheim, AEUV, Art. 101 Rn. 666 f.; *Pohlmann*, in: MüKoEUWettbR, AEUV, Art. 101 Rn. 449; Kommission, 23.05.2013, COMP/AT 39595 – Continental United/Lufthansa/Air Canada, Rn. 36 ff.; Kommission, 20.07.1978, IV/26.186, ABl. 1978 L 242/15 – Centraal Stikstof Verkoopkantoor, Rn. 61 ff.

1403 Kommission, Leitlinien über horizontale Zusammenarbeit, ABl. 2011/C 11/01, Rn. 232; Kommission, 14.07.2010 COMP/39.596 – BA/AA/IB, Rn. 37 ff., wo die gemeinsame Flugplanverwaltung, Preispolitik und Kapazitätenplanung zwischen starken Wettbewerbern (Fluggesellschaften) eine Wettbewerbsbeschränkung per Marktabschottung verursachen könnten, und deswegen wurde das JV nur mit wettbewerbskonformen Verpflichtungszusagen zum Abbau bestehender Marktzutrittsschranken zugelassen.

1404 Kommission, 29.10.1982, IV/30.517, ABl. 1982 L314/34 – Amersham Buchler, Rn. 8 f.; Kommission, Leitlinien über horizontale Zusammenarbeit, ABl. 2011/C 11/01, Rn. 226; vgl. *Stefan/Rating*, in: von der Groeben/Schwarze/Hatje, Europäisches Unionsrecht, Art. 101, Fallgruppen, Rn. 317.

dies auch zu einer bezweckten Wettbewerbsbeschränkung.[1405] Ebenso wie bei den Einkaufs-GU wird ein gemeinsamer Marktanteil von unter 15 % i. d. R. als nicht bedenklich angesehen.[1406] Sonst sind die Effizienzgewinne nach Art. 101 Abs. 3 AEUV zu beachten, wobei das GU den Marktzugang erleichtern[1407] oder den Verbrauchern ein besseres Produktangebot andienen kann.[1408] Als Marktmacht muss insbesondere die bezweckte/bewirkte Preisfestsetzung und Marktaufteilung überprüft werden.[1409]

F & E-GU: Forschungs- und Entwicklungs-GU sind wirtschaftlich wünschenswert, da die Zusammenarbeit die Innovation fördert und neue Märkte für neue Produkte öffnet. Diese Zusammenarbeit der Parteien wird durch eine spezielle F & E-GVO geregelt.[1410] In diesem Zusammenhang werden die gemeinsamen Forschungs- und Entwicklungsarbeiten und zum Teil auch die gemeinsame Verwertung der Ergebnisse der Muttergesellschaften nicht als eine den Wettbewerb beschränkende Tätigkeit angesehen unter der Bedingung, dass der gemeinsame Marktanteil höchstens 25 % beträgt.[1411] Wenn das GU zwischen den Wettbewerbern gegründet wird, kann es den Wettbewerb beeinträchtigen, wobei die Muttergesellschaften durch ihr abgestimmtes Verhalten die Innovation verzögern oder die Qualität von Produkten beeinflussen können. Ferner kann eine Mutter ihre Marktmacht durch die vom F & E-GU geschaffene Technologie für eine Marktverschließung ausnutzen.[1412] Ein weiterer Entscheidungspunkt für solche GU ist die Verwertung der Ergebnisse. Wenn es sich um ein reines F & E-GU handelt, liegt normalerweise keine Wettbewerbsbeschränkung vor. Wenn aber F & E zusammen mit der Verwertung bzw. Lizenzerteilung,[1413] Produktion oder Vertrieb durchgeführt werden, ist zu prüfen, ob dadurch höhere Preise, eine Marktverschließung oder ein geringerer Output die Marktbedingungen beeinträchtigen[1414] und ob der Wettbewerb zwischen den

1405 Kommission, 21.12.1992, IV/33.031, ABl. 1993 L 20/10 – Fiat/Hitachi, Rn. 21 ff.; Kommission, 12.07.1989, IV/30.566, ABl. 1989 L 226/25 – UIP, Rn. 42 f.: Beschränkung durch Erstverhandlungsrecht des GU; vgl. *Schroeder*, in: Grabitz/Hilf/Nettesheim, AEUV, Art. 101 Rn. 668; Kommission, Leitlinien über horizontale Zusammenarbeit, ABl. 2011/C 11/01, Rn. 255.

1406 Kommission, Leitlinien über horizontale Zusammenarbeit, ABl. 2011/C 11/01, Rn. 240.

1407 Vgl. *Schroeder*, in: Grabitz/Hilf/Nettesheim, AEUV, Art. 101 Rn. 682.

1408 Kommission, Leitlinien über horizontale Zusammenarbeit, ABl. 2011/C 11/01, Rn. 250.

1409 Kommission, Leitlinien über horizontale Zusammenarbeit, ABl. 2011/C 11/01, Rn. 249.

1410 Kommission, VO 1217/2010 – F & E-GVO.

1411 Art. 4 Abs. 2 F & E-GVO.

1412 Kommission, Leitlinien über horizontale Zusammenarbeit, ABl. 2011/C 11/01, Rn. 127.

1413 Kommission, 11.10.1988, IV/32.173, ABl. 1988 L 305/33 – Continental/Michelin, Rn. 15.

1414 Kommission, Leitlinien über horizontale Zusammenarbeit, ABl. 2011/C 11/01, Rn. 132, 137.

Müttern beschränkt werden kann.[1415] Bei über 25 % Marktanteilen werden nach Art. 101 Abs. 3 AEUV die *schnellere Entwicklung und Vermarktung verbesserter oder neuer Produkte und Technologien* betrachtet.[1416]

Produktions-GU: Mit einer gemeinsamen Produktion wollen die Gründer Kosteneinsparungen erzielen, wobei dies wegen des Informationsaustauschs und den Auswirkungen auf den Preiswettbewerb bedenklich sein kann.[1417] Ein solches Produktions-GU kann je nach Umfang der Produktion verschiedene Auswirkungen zwischen den Wettbewerbern und auf andere Marktstufen haben. In diesem Fall können nach der Art des Produktions-GU verschiedene Folgen eintreten. Vorprodukte der Muttergesellschaften können beim Zulieferer-GU Spillover-Effekte auslösen, wenn der Anteil der Kosten der gemeinsamen Produktion hoch ist und die Gründer über eine Marktmacht verfügen. In diesem Fall kann ein Koordinierungsrisiko bezüglich der Qualität und der Menge der Produkte und der Preise bestehen.[1418] Auf der anderen Seite kann sich daraus eine Koordinierung der Verkaufspreise ergeben, wenn das GU ein Endprodukt herstellt.[1419] Ferner sind nicht nur die Auswirkungen zwischen den Muttergesellschaften, sondern auch die Drittwirkungen des GU zu überprüfen. Es ist zu prüfen, ob dadurch die Muttergesellschaften in der Lage sind, durch Koordinierung der Preise infolge von Kostenvorteilen die Zutrittsschranken für die vor- oder nachgelagerten Märkte zu erhöhen.[1420] Für Produktions-GU ist eine Beschränkung unter der Marktanteilsschwelle von 20 % nicht wahrscheinlich.[1421]

1415 Kommission, 16.12.1994, IV/33.863, ABl. L 1994 L 354/87 – Asahi/Saint-Gobain, Rn. 16 ff.; Kommission, 21.12.1977, IV/29.236, ABl. 1978 L 70/47 – Sopelem/Vickers; Kommission, 22.12.1987, IV/32.306, ABl. L 1988 52/51 – Olivetti/Canon, Rn. 37 ff.; Kommission, 23.12.1992, IV/33.814, ABl. 1993 L 20/14 – Ford/Volkwagen, Rn. 19; Kommission, 18.05.1994, IV/33.640, ABl. 1994 L 144/20 – Exxon/Shell, Rn. 50 ff.

1416 Kommission, Leitlinien über horizontale Zusammenarbeit, ABl. 2011/C 11/01, Rn. 141 ff.

1417 Kommission, Leitlinien über horizontale Zusammenarbeit, ABl. 2011/C 11/01, Rn. 157 ff.

1418 Kommission, 21.12.1994, IV/34.252, ABl. 1994 L 378/37 – Phillips/Osram; Kommission, Leitlinien über horizontale Zusammenarbeit, ABl. 2011/C 11/01, Rn. 158; vgl. *Stefan/Rating*, in: von der Groeben/Schwarze/Hatje, Europäisches Unionsrecht, Art. 101, Fallgruppen, Rn. 313 f.

1419 Kommission, 18.05.1994, IV/33.640, ABl. 1994 L 144/20 – Exxon/Shell, Rn. 52.

1420 Kommission, Leitlinien über horizontale Zusammenarbeit, ABl. 2011/C 11/01, Rn. 159; Kommission, 06.10.1994, IV/34.776, ABl. 1994 L 309/1 – Pasteur Mérieux/Merck, Rn. 70; Kommission, 16.01.1996, IV/35.545, ABl. 1996 L 54/28 – LH/SAS, Rn. 56; Kommission, 05.07.2002, COMP/37.730, ABl. 2002 L 242/25 – AuA/LH, Rn. 78.

1421 Kommission, VO 1218/2010 – GVO für Spezialisierungsvereinbarungen, Art. 5.

cc) *Nebenabreden und abtrennbare Vereinbarungen*

Wie beim Vollfunktions-GU mit gemeinschaftsweiter Bedeutung unter Anwendung der FKVO werden die Vereinbarungen, die mit der Tätigkeit des Gemeinschaftsunternehmens unmittelbar verbunden sind und für diese notwendig sind, als Nebenabreden behandelt. Wenn das Vollfunktions-GU ohne gemeinschaftsweite Bedeutung oder das Teilfunktions-GU nicht von Art. 101 Abs. 1 erfasst werden, dann werden es die Nebenabreden auch nicht. Wenn das Gemeinschaftsunternehmen freigestellt wird, dann werden auch diese Nebenabreden freigestellt.[1422] Generelle Nebenabreden sowie Wettbewerbsverbote, Lizenzvereinbarungen und Bezugs- und Lieferpflichten werden inhaltlich wie Nebenabreden bei Anwendung der FKVO (s. o. Teil 3 der Arbeit) behandelt.[1423] Wieder sind die nachträglichen Wettbewerbsverbote nach der Verhaltenskontrolle besonders zu berücksichtigen, da die Überschreitung der Grenze von Nebenabreden als eine abtrennbare Vereinbarung angesehen werden kann, und deshalb führt es zu einem Wettbewerbsverstoß, weil eine Verhaltensabstimmung zwischen den Muttergesellschaften für den Wettbewerbsverzicht zugrunde liegt.[1424]

Auf der anderen Seite gilt das Gleiche nicht für weitere Vereinbarungen, die nicht als Nebenabreden eingestuft wurden. In diesem Zusammenhang werden solche abtrennbaren Vereinbarungen getrennt nach dem Kartellverbot geprüft.[1425] Deswegen sind solche abtrennbaren Vereinbarungen besonders zu beachten, da es zur Verhängung einer Geldbuße kommen kann. In dem Fall von E.ON/GDF wurde die Zusatzvereinbarung bei dem GU (MEGAL-Gasfernleitung) über Marktaufteilung zwischen Frankreich und Deutschland als eine Wettbewerbsbeschränkung angesehen, da nach der Liberalisierung des Gasmarkts der potenzielle Wettbewerb zwischen den Muttergesellschaften beeinträchtigt wurde.[1426] Ferner wenn eine Ausschließlichkeitsklausel weitgehend vereinbart ist, die über die Zeit der Anlaufphase hinausgeht, dann kann der überflüssige Teil davon als abtrennbare Vereinbarung eine Wettbewerbsbeschränkung darstellen.[1427]

1422 Vgl. *Schroeder*, in: Grabitz/Hilf/Nettesheim, AEUV, Art. 101 Rn. 519; *Lindemann*, in: Loewenheim/Meessen/Riesenkampf, Kartellrecht, 2. Teil, Rn. 23 f.

1423 *Kuhn,* Kooperative Aspekte von Gemeinschaftsunternehmen im Europäischen Kartellrecht, 330, 342; s. o. 3. Teil: Nebenabreden.

1424 Kommission, 18.06.2012, COMP/39.736 – Siemens/Areva, Rn. 92, ein nachträgliches Wettbewerbsverbot von elf Jahren nach dem Wechsel zur alleinigen Kontrolle ist nicht als eine Nebenabrede anzunehmen.

1425 Vgl. *Pohlmann*, Doppelkontrolle von Gemeinschaftsunternehmen im europäischen Kartellrecht: eine Zwischenbilanz, WuW 2003, 473, 474.

1426 Kommission, 08.07.2009, COMP/39.401 – E.ON/GDF.

1427 Kommission, 03.03.1999, IV/36.327, ABl. 1999 L 90/6 – TPS, Rn. 123 ff. wo die Dauer von zehn Jahren für Exklusivausstrahlung als wettbewerbsbeschränkend angenommen und auf drei Jahre verkürzt wurde.

Weiterhin können weitere Vereinbarungen über Produktionskapazität und die Politik der Investition oder den Austausch der technischen Information durch Lizenzen generell wettbewerbsbeschränkend angesehen werden, daher sollen nach Art. 101 Abs. 3 AEUV die Freistellungsvoraussetzungen erfüllt sein.[1428]

In der Literatur wird die Auffassung vertreten, dass in Bezug auf Vollfunktions-GU mit gemeinschaftsweiter Bedeutung die erweiterte Anwendung von Art. 2 Abs. 4 und 5 FKVO infrage kommt; dies ist aber generell zu verneinen, da die abtrennbaren Vereinbarungen keine direkte Folge der Gründung des GU bzw. des Zusammenschlusses sind,[1429] und deswegen sollte das Sekundärrecht nicht so weit ausgelegt werden.[1430]

d) Anwendbarkeit des Art. 101 AEUV zwischen dem GU und einzelnen Müttern

Wie oben erwähnt wurde, hat die Kommission – wenn es um die Beziehung zwischen dem GU und den einzelnen Müttern geht – in vielen früheren Entscheidungen das Konzernprivileg für Vollfunktions-GU abgelehnt, da sie das GU als eine separate wirtschaftliche Einheit angesehen hat.[1431] Die Kommission geht ferner davon aus, dass das GU seine eigene wettbewerbliche Autonomie bzw. beschränkbare Handlungsfreiheit besitzt, und deswegen wurde die Anwendbarkeit des Art. 101 AEUV (Art. 81 EG) bejaht, weil eine Beschränkung des Wettbewerbs eine vertragliche Einschränkung wettbewerbsrelevanter Handlungsautonomie mindestens eines der Beteiligten erfordert.[1432]

Nach der FKVO wurde aber die Beziehung zwischen dem GU und einzelner Mütter als Konzentrationssachverhalt angesehen,[1433] und deswegen bezieht sich die Anwendung des Art. 101 AEUV wegen Art. 2 Abs. 4 und 5 FKVO auf die Koordinierung unabhängig bleibender Muttergesellschaften.[1434] Dennoch wurde in der

---

1428 Kommission, 05.05.1988, IV/32.075, ABl. 1988 L 150/35 – Bayer/BP Chemicals, Rn. 21; Kommission, 12.12.1994, IV/34.891, ABl. 1994 L 341/66 – Fujitsu AMD, Rn. 12, 36 ff.

1429 *Pohlmann*, Doppelkontrolle von Gemeinschaftsunternehmen im europäischen Kartellrecht: eine Zwischenbilanz, WuW 2003, 473, 474.

1430 Vgl. *Kuhn*, Kooperative Aspekte von Gemeinschaftsunternehmen im Europäischen Kartellrecht, 314 ff.

1431 Kommission, 16.01.1991, IV/32.732, ABl 1991 L 28/32 – Ijsselcentrale, Rn. 24; Kommission, 15.05.1991, IV/32.186, ABl. 1991 L 185/23 – Gosme/Martell, Rn. 30.

1432 *Säcker/Mohr*, Die Beurteilung von Einkaufskooperationen gemäß Art. 101 Abs. 1 und Abs. 3 AEUV, WRP 2011, 793, 805.

1433 Vgl. *Pohlmann*, Der Unternehmensverbund im Europäischen Kartellrecht, 291 f., wo die Kommission früher auch die Koordination zwischen einer Mutter und dem GU nicht vom Anwendungsbereich der FKVO ausgeschlossen hat.

1434 Vgl. *Kuhn*, Kooperative Aspekte von Gemeinschaftsunternehmen im Europäischen Kartellrecht, 327; *Pohlmann*, Doppelkontrolle von Gemeinschaftsunternehmen im europäischen Kartellrecht: eine Zwischenbilanz, WuW 2003, 473, 478 f.

Literatur die Meinung vertreten, dass eine Koordination zwischen dem GU und einer der Mütter möglich ist. So kann eine Muttergesellschaft manche Tätigkeiten auf das GU übertragen und dadurch das Verhalten des GU durch gemeinsame Kontrolle beeinflussen und mit ihm abstimmen, was dann die Handlungsfreiheit des GU beschränken kann. Aber diese Beschränkung wäre wegen der gemeinsamen Kontrolle nicht so absolut wie bei einer alleinigen Kontrolle.[1435]

Infolgedessen ist in der Literatur umstritten, ob das GU Handlungsfreiheit besitzt, die die Anwendung des Art. 101 AEUV rechtfertigen würde. Die Kommission hat zu dieser Diskussion – im Unterschied zu den Entscheidungen über die wirtschaftliche Einheit – mit den Entscheidungen über die Zurechnung von Wettbewerbsverstößen zwischen verbundenen Unternehmen beigetragen, indem sie das GU und seine Mütter als wirtschaftliche Einheit anerkennt, wenn es darum geht, ein Bußgeld wegen des Kartellverstoßes zu verhängen.[1436] Ferner wurde die Zurechnung wegen der Bußgeldhaftung auch von den europäischen Gerichten in vielen Fällen bejaht.[1437] Obwohl die Tochtergesellschaft oder das Gemeinschaftsunternehmen eigene Rechtspersönlichkeit besitzen, kann die Zurechnung wegen des Marktverhaltens erfolgen, wenn die Tochtergesellschaften nach wirtschaftlichen, organisatorischen und rechtlichen Umständen den Weisungen der Muttergesellschaft folgen und tatsächlich keine autonome Entscheidung treffen.[1438] Auf diese Weise haben die Muttergesellschaften und das Gemeinschaftsunternehmen nach dem Grundsatz der persönlichen Verantwortlichkeit der wirtschaftlichen Einheit eine gesamtschuldnerische Haftung für wettbewerbsrechtliche Verstöße.[1439] In Bezug auf das Gemeinschaftsunternehmen soll der tatsächliche bestimmende Einfluss

1435 Vgl. *Pohlmann*, Der Unternehmensverbund im Europäischen Kartellrecht, 415 f., z. B. wenn eine der Mütter darauf besteht, dass das GU ihr ein Vorprodukt liefern darf, so kann es mithilfe der gemeinsamen Kontrolle dieses für andere Lieferanten blockieren, aber die anderen Mütter sollen der ausschließlichen Belieferung einer Mutter zustimmen, da sie sonst auch blockieren kann; *Gerwing*, Kooperative Gemeinschaftsunternehmen im EWG-Kartellrecht unter besonderer Berücksichtigung der Abgrenzungsfrage, 86 f.

1436 Kommission, 27.10.1992, IV/32.732, ABl. 1992 L 326/31 – Fußballweltmeisterschaft, Rn. 66 ff.; Kommission, 05.12.2007, COMP/38629 – Choloropren-Kautschuk; EuG-Urteil, 02.02.2012, Rs. T-77/08 – Choloropren-Kautschuk.

1437 EuG-Urteil, 27.09.2006, Rs. T-314/01, ABl. 2006 C 294/39 – AVEBE, Rn. 135 ff.; EuG-Urteil, 12.07.2011, Rs. T-132/07, ABl. 2011 C 252/31 – Fuji, Rn. 173 ff.; EuG-Urteil, 02.02.2012, Rs. T-76/08 – Du Pont; EuGH, 26.09.2013, C-172/12 – Dow Chemical.

1438 EuGH, 10.09.2009, Rs. C-97/08 P – Akzo Nobel, Rn. 58 (Juris) „*Einer Muttergesellschaft kann das Verhalten ihrer Tochtergesellschaft insbesondere dann zugerechnet werden, wenn die Tochtergesellschaft trotz eigener Rechtspersönlichkeit ihr Marktverhalten nicht autonom bestimmt, sondern im Wesentlichen Weisungen der Muttergesellschaft befolgt, und zwar vor allem wegen der wirtschaftlichen, organisatorischen und rechtlichen Bindungen, die die beiden Rechtssubjekte verbinden.*"

1439 EuGH, 10.09.2009, Rs. C-97/08 P – Akzo Nobel, Rn. 56 und 77 (Juris).

der Muttergesellschaften für die Zurechnung nachgewiesen werden.[1440] Dies ist jedoch theoretisch nicht unwiderlegbar, aber in der Praxis eher nicht zu finden, da statt einer Ausnahme das europäische Recht eine weitreichende Haftung für die Muttergesellschaften angenommen hat.[1441] Und dieser Einfluss soll nicht nur auf einer Blockademöglichkeit, sondern auf einer positiven Leitungsmacht beruhen.[1442] Die weiteren Rechtsfolgen der gesamtschuldnerischen Haftung gehören zum Innenverhältnis der Mütter, und der gesamtschuldnerische Ausgleich soll nach nationalem Recht entschieden werden.[1443]

Die unterschiedliche Auslegung bezüglich der Existenz einer *wirtschaftlichen Einheit* zwischen dem GU und den Müttern wurde unter verschiedenen Umständen als rechtsunsicher angesehen; infolgedessen wurde von einigen Autoren die Meinung vertreten, dass die wirtschaftliche Einheit zwischen dem GU und der Mutter wie das Konzerninnenverhältnis behandelt werden sollte, da das GU keine Handlungsautonomie gegenüber den Müttern hat und deshalb von der Anwendung des Kartellverbots ausgeschlossen ist.[1444] Hingegen wurde das Konzerninnenverhältnis besonders für die Vollfunktions-GU abgelehnt, da das GU nur eine geringe Handlungsfreiheit besitzt, die wettbewerbsrechtlich beschränkt werden kann.[1445] Infolgedessen können zwischen dem GU und einzelnen Müttern Wettbewerbsbeschränkungen auftreten.[1446] Aber die Kommission hat für solche Verhaltensabstimmung vorgegeben, dass sich die Zusammenarbeit einer Mutter mit dem GU, die eine Wettbewerbsbeschränkung zur Folge hat, auch auf die anderen Mütter erstrecken wird und dadurch die Wettbewerbsbeschränkung über die Gründung des GU beim Verhältnis zwischen den Müttern erfasst werden kann.[1447] Auch in diesem Zusammenhang wird eine Prüfung nur der Mütter genügen.

1440 EuGH, 26.09.2013, Rs. C-172/12 P, WuW/E EU-R 2871 – EI du Pont, Rn. 48; EuGH, 26.09.2013, Rs. C-179/12 – Dow, Rn. 47.

1441 *Kersting*, Die Rechtsprechung des EuGH zur Bußgeldhaftung in der wirtschaftlichen Einheit, WuW 2014, 1156, 1166 ff.; *Kapp/Wegner*, das Gemeinschaftsunternehmen – Kartellrechtliche Herausforderungen, CCZ 2015, 198, 206.

1442 *Ahrens*, Gemeinschaftsunternehmen als wirtschaftliche Einheit, EuZW 2013, 899, 901.

1443 *Schnelle*, Die Aufteilung von Bußgeldern im Konzern, WuW 2015, 332 f.

1444 *Thomas*, Konzernprivileg und Gemeinschaftsunternehmen, ZWeR 2005, 236, 254; vgl. *Schroeder*, in: Grabitz/Hilf/Nettesheim, AEUV, Art. 101 Rn. 465.

1445 *Pohlmann*, Der Unternehmensverbund im Europäischen Kartellrecht, 415 f.; *Kuhn*, Kooperative Aspekte von Gemeinschaftsunternehmen im Europäischen Kartellrecht, 234 ff.; vgl. *Heithecker/Schneider*, in: FK, Fallgruppen, II.9.GU, Art. 101 Abs. 1, 3 AEUV Rn. 18 ff.; vgl. *Gerwing*, Kooperative Gemeinschaftsunternehmen im EWG-Kartellrecht unter besonderer Berücksichtigung der Abgrenzungsfrage, 86 f., 121; vgl. *Funke*, Kooperative Joint Ventures in der Europäischen Union, 119 f.

1446 *Pohlmann*, in: MüKoEUWettbR, AEUV, Art. 101 Rn. 360.

1447 *Pohlmann*, in: MüKoEUWettbR, AEUV, Art. 101 Rn. 360; Kommission, Bekanntmachung der Kommission über die Beurteilung kooperativer Gemeinschaftsunternehmen nach Art. 85 EWG-Vertrag, ABl. 93/C 43/02, Rn. 21.

Auf diese Weise soll die Anwendbarkeit des Art. 101 AEUV – ähnlich der Konkretisierung gemäß Art. 2 Abs. 4 und 5 FKVO – nach der teleologischen Reduktion des Art. 101 AEUV im Zusammenhang mit Art. 21 Abs. 1 FKVO erfolgen. Dabei wurde die unmittelbare Anwendung der VO 1/2003 für solche kooperativen GU geöffnet, die die Koordinierung des Wettbewerbsverhaltens unabhängig bleibender Unternehmen bewirken oder bezwecken, darauffolgend ist eine vertikale Koordination zwischen einer Mutter und dem Vollfunktions-GU im Grunde angenommen (außer industrielle Führung einer Mutter; da es sich auf rechtliches oder faktisches Weisungsrecht bezieht, sind das GU und die Mutter als eine wirtschaftliche Einheit zu sehen),[1448] aber da das GU nicht ganz unabhängig von den Müttern ist und da eine Mutter und das GU sich auf dem gleichen Markt wie eine Einheit verhalten werden, bleibt die Koordinierungsprüfung unbedeutend; die Beschränkungen können aus dem Verhältnis der Muttergesellschaften jedenfalls in Betracht gezogen werden.[1449] Die strukturellen Effekte sind jedoch nach der nationalen Fusionskontrolle zu prüfen.[1450] Nach anderen Ansichten soll sich die Unanwendbarkeit des Art. 101 AEUV aus der wirtschaftlichen Einheit zwischen dem GU und den Müttern ergeben, da das GU nicht von den Muttergesellschaften unabhängig ist.[1451] Der EuGH akzeptiert die wirtschaftliche Einheit nur in Bezug auf die Bußgeldhaftung bei der Beteiligung an einem Verstoß gegen das Kartellrecht, aber immerhin bleibt die Anwendbarkeit des Art. 101 AEUV für die Wettbewerbsbeschränkungen zwischen dem GU und den Muttergesellschaften offen.[1452]

Wenn es sich um ein Teilfunktions-GU handelt, bei dem von einer wirtschaftlichen Einheit ausgegangen wird, dann gibt es keinen Grund, solche GU unterschiedlich zu behandeln, da sie auch eine wirtschaftliche Einheit mit den Müttern bilden und deswegen bezüglich des Konzerninnenverhältnisses nicht in den Anwendungsbereich des Art. 101 AEUV fallen.[1453] Dagegen lehnen andere Ansichten dieses Konzerninnenverhältnis ab, und sie behaupten, dass die Wettbewerbsbeschränkungen zwischen dem Teilfunktions-GU und den Müttern unter Art. 101 AEUV fallen, weil

---

1448 *Kuhn,* Kooperative Aspekte von Gemeinschaftsunternehmen im Europäischen Kartellrecht, 242 ff.; Schröter/Voet van Vormizeele, in: von der Groeben/Schwarze/Hatje, Europäisches Unionsrecht, Art. 101 AEUV Rn. 498.

1449 *Kuhn,* Kooperative Aspekte von Gemeinschaftsunternehmen im Europäischen Kartellrecht, 244.

1450 Vgl. *Kuhn,* Kooperative Aspekte von Gemeinschaftsunternehmen im Europäischen Kartellrecht, 234 ff., 327, 341.

1451 Vgl. *Schroeder,* in: Grabitz/Hilf/Nettesheim, AEUV, Art. 101 Rn. 465 f.

1452 *Ahrens,* Gemeinschaftsunternehmen als wirtschaftliche Einheit, EuZW 2013, 899, 902.

1453 Vgl. *Schroeder,* in: Grabitz/Hilf/Nettesheim, AEUV, Art. 101 Rn. 466 und 509; vgl. *Pohlmann,* Der Unternehmensverbund im Europäischen Kartellrecht, 405 m. V. a. *Gerwing,* Kooperative Gemeinschaftsunternehmen im EWG-Kartellrecht unter besonderer Berücksichtigung der Abgrenzungsfrage, 86 f. und 94, konzerninternes Verhältnis nur ausnahmsweise für Teilfunktions-GU ohne Marktzugang.

eine konzentrative Auswirkung wegen fehlender Marktpräsenz nicht zugrunde liegt. Deswegen soll eine umfangreiche Überprüfung in Bezug auf kooperative/konzentrative Effekte durchgeführt werden, infolgedessen ist eine teleologische Reduktion von Art. 101 AEUV für Teilfunktions-GU nicht einschlägig.[1454] Wie von der Kommission erwähnt wurde, kann eine Wettbewerbsbeschränkung zwischen einer Mutter und dem Teilfunktions-GU zur Koordinierung von unabhängigen Müttern führen, soll das vertikale Verhältnis in dem Sinne auch dem Anwendungsbereich des Art. 101 AEUV unterliegen, da ferner bei Teilfunktions-GU die Muttergesellschaften immerhin auf den betroffenen Märkten weiter existieren werden und es auf dem Markt des Teilfunktions-GU dann zu einer Wettbewerbsbeschränkung kommen kann.[1455] Als Folge davon sind nicht nur die kooperativen Effekte, sondern auch die konzentrativen Effekte i. S. v. aktuellem/potenziellem Wettbewerb und Auswirkungen auf Dritten unter dem Art. 101 AEUV zu prüfen. Jedoch nach den Umständen kann die Prüfung der strukturellen Auswirkungen zur nationalen Fusionskontrolle überlassen werden, wobei die Prüfung der Kommission sich nur auf die Koordination der Gründer konzentrieren kann. [1456] Schließlich ist anzunehmen, dass der Art. 101 Abs. 1 AEUV für das Verhältnis zwischen den Müttern und dem Teilfunktions-GU Anwendung findet.

e) Nicht-kontrollierende Minderheitsbeteiligungen

Wenn an einem Gemeinschaftsunternehmen eine nicht-kontrollierende Minderheitsbeteiligung erworben wurde, dann ist aktuell der Tatbestand allein nach Art. 101 AEUV zu prüfen, weil die Fusionskontrolle ohne einen Kontrollerwerb nicht anwendbar ist.[1457] Jedoch können nach dem Sinn und Zweck des Erwerbs von nicht-kontrollierenden Minderheitsbeteiligungen aktuell wettbewerbsschädliche Auswirkungen auftreten, wenn der Erwerber entweder durch eine *passive* oder durch eine *aktive* Verhaltensweise die Entscheidungen und die Wettbewerbsstellung des Zielunternehmens – u. a. Gemeinschaftsunternehmens – beeinflussen kann.[1458] Die möglichen

1454 Vgl. *Kuhn*, Kooperative Aspekte von Gemeinschaftsunternehmen im Europäischen Kartellrecht, 341; vgl. *Pohlmann*, in: MüKoEUWettbR, AEUV, Art. 101 Rn. 448.

1455 *Pohlmann*, in: MüKoEUWettbR, AEUV, Art. 101 Rn. 448; Kommission, 22.12.1987, IV/31.846, ABl. 1988 L 50/18 – ENICHEM/ICI, Rn. 24 ff.

1456 Vgl. *Schroeder*, in: Grabitz/Hilf/Nettesheim, AEUV, Art. 101 Rn. 509.

1457 Vgl. *Säcker*, Nicht-kontrollierende Minderheitsbeteiligungen im deutschen und europäischen Wettbewerbsrecht, FS Helmut Köhler 2014, 565, 568 f.; EuG-Urteil, 06.07.2010, Rs. T-411/07, Slg. 2010, II-3691 – Aer Lingus, Rn. 11, 56.

1458 Kommission, Commission Staff Working Document accompanying the document White Paper towards more effective EU merger control, Rn. 51 f. Wobei passives Verhalten darauf hindeutet, dass der Minderheitserwerber – wenn er sich für den Gewinn des Zielunternehmens interessiert – durch einseitige Entscheidungen i. S. v. Preiserhöhung oder Produktionsbeschränkung einen wettbewerblichen Vorteil für das Zielunternehmen schaffen kann; auf der anderen Seite kann der Minderheitserwerber durch aktives Verhalten die Entscheidungen

wettbewerbsrechtlichen Risiken solcher Minderheitsbeteiligungen wurden auch in der europäischen Rechtsprechung mit dem *Phillip-Morris-Urteil* anerkannt, denn *„ein solcher Erwerb kann jedoch als Mittel dienen, das geschäftliche Verhalten der betreffenden Unternehmen so zu beeinflussen, daß der Wettbewerb auf dem Markt, auf dem sie ihre Geschäftstätigkeit entfalten, eingeschränkt oder verfälscht wird.“*[1459]

Ferner wurden die wettbewerblichen Bedenken gegen nicht-kontrollierende Minderheitsbeteiligungen auch in anderen Entscheidungen zum Ausdruck gebracht, entweder wegen der Möglichkeit des Informationsaustauschs[1460] oder wegen der Marktstellung der Minderheitserwerber als Wettbewerber zum Zielunternehmen.[1461] Darüber hinaus rief der Zusammenschluss zwischen Toshiba/Westinghouse weitere Bedenken hervor, weil Toshiba mit seiner Minderheitsbeteiligung und den Vetorechten an einem Gemeinschaftsunternehmen (GNF) – einem Wettbewerber von Westinghouse – den Wettbewerb beeinträchtigen könnte.[1462]

Die Anwendung des Art. 101 AEUV bei solchen strukturellen Verbindungen wird in der Praxis als problematisch angesehen, da zum einen die Erfüllung der Voraussetzung „Vereinbarung“ für Minderheitsbeteiligungen streitig sein kann[1463] und zum anderen die einseitigen nicht-koordinierten Wirkungen in horizontalem und vertikalem Verhältnis vom Anwendungsbereich des Art. 101 AEUV ausgeschlossen bleiben können.[1464] Außerdem soll eine *Ex-post*-Kontrolle – statt eine Prognose-Entscheidung

---

des Zielunternehmens beeinflussen; s. a. OECD, Policy Roundtables Minority Shareholdings, Rn. 3.1 ff.

1459 EuGH, 17.11.1987, Rs. C-142 und 156/84 – British-American Tobacco Company/R. J. Reynolds Rn. 37; s. a. Kommission, 10.11.1992, IV/33.440 und IV/33.486, ABl. 1993 L 116/21 – Gillette, Rn. 34.

1460 Kommission, 13.07. 2005, COMP/M.3653 – Siemens/VA Tech, Rn. 313, 368, 493 ff.: Der Erwerb von Siemens an VA Tech führte zu wettbewerblichen Bedenken wegen horizontaler Überschneidung, da Siemens eine Minderheitsbeteiligung an einem Wettbewerber (SMS) im Bereich des mechanischen Metallurgieanlagenbaus hielt und der Markt stark konzentriert war sowie mit dem Zugang zu strategischem Wissen der Wettbewerb beeinträchtigt werden könnte. Infolge der Zusagen sind die Bedenken der Kommission aufgeklärt worden; vgl. *Säcker*, Nicht-kontrollierende Minderheitsbeteiligungen im deutschen und europäischen Wettbewerbsrecht, FS Helmut Köhler 2014, 565, 573.

1461 Kommission, Commission Staff Working Document accompanying the document White Paper towards more effective EU merger control, Rn. 54 ff.; Kommission, 27.06.2007, COMP/M. 4439 – Ryanair/Aer Lingus I; EuG-Urteil, 06.07.2010, Rs. T-411/07, Slg. 2010, II-3691 – Aer Lingus.

1462 Kommission, 19.09.2006, COMP/M.4153 – Toshiba/Westinghouse, Rn. 75.

1463 Kommission, 09.07.2014, Weissbuch – Eine wirksamere EU-Fusionskontrolle, COM(2014) 449 final, Rn. 40, z. B. *„eine Reihe von Aktienkäufen an der Börse.“* S. a. OECD, Policy Roundtables Minority Shareholdings, S. 44.

1464 Kommission, 09.07.2014, Weissbuch – Eine wirksamere EU-Fusionskontrolle, COM(2014) 449 final, Rn. 10, 29 und 41; OECD, Policy Roundtables Minority Shareholdings, (2008) S. 45.

in Bezug auf Wahrscheinlichkeit zu treffen – die tatsächliche wettbewerbsbeschränkende Auswirkung nachweisen, was eine hohe Beweislast mit sich bringt.[1465] Weiterhin stellen die Rechtsfolge der Nichtigkeit und das Prinzip der Selbsteinschätzung bei der Anwendung von Art. 101 AEUV eine Rechtsunsicherheit dar.[1466]

Aus diesen Gründen schlägt die Kommission vor, die nicht-kontrollierenden Minderheitsbeteiligungen durch Ausweitung der Anwendbarkeit der FKVO – nämlich des Zusammenschlussbegriffs – im Rahmen der Fusionskontrolle zu prüfen. Um die Rechtssicherheit eines solchen erweiterten Tatbestands zu ermöglichen, bringt die Kommission in diesem Zusammenhang vor, dass nur bei einer *wettbewerbsrelevanten Verbindung* eine Informationsmitteilung über die nicht-kontrollierenden Minderheitsbeteiligungen erforderlich sei.[1467] Für eine wettbewerbsrelevante Verbindung soll eine Minderheitsbeteiligung an einem Wettbewerber oder einem vertikal verbundenen Unternehmen erworben werden. Diese strukturelle Verbindung soll wettbewerbsrelevant sein, weshalb die Beteiligung entweder rund 20 % oder zwischen 5 % und 20 % mit Plus-Faktoren i. S. d. Sperrminorität betragen soll. Dies ist von den beteiligten Unternehmen selbst zu beurteilen.[1468]

Wegen der Schutzlücke in der EU-Fusionskontrolle wird die Erweiterung des Zusammenschlusstatbestandes in der Literatur als verhältnismäßig und als nötig angesehen, besonders um die strategischen Minderheitsbeteiligungen durch schleichende Übernahmen effizienter prüfen zu können.[1469]

f) Verfahren und Freistellung

Die kooperativen Gemeinschaftsunternehmen, die nicht in den Anwendungsbereich der FKVO fallen, werden nach dem Verfahren der Kartellverfahrensverordnung 1/2003 geprüft. Wenn sie in den Anwendungsbereich des Art. 101 Abs. 1 AEUV wegen der Zwischenstaatlichkeit fallen und keine Gruppenfreistellungsverordnung anwendbar ist, dann herrscht das Legalausnahmeprinzip gemäß Art. 1 Abs. 3 VO 1/2003. Nach den im Art. 101 Abs. 3 AEUV genannten Einzelfreistellungsvoraussetzungen sollen die Muttergesellschaften die Voraussetzungen dafür, ob das zu gründende GU unter das Kartellverbot fällt oder nicht, selbst einschätzen. Diese einzelnen Freistellungsvoraussetzungen sollen gleichzeitig bzw. kumulativ

1465 OECD, Policy Roundtables Minority Shareholdings, S. 45.

1466 Vgl. *Montag*, EU-Fusionskontrolle für Minderheitsbeteiligungen?, NZKart 2015, 410, 412.

1467 Kommission, 09.07.2014, Weissbuch – Eine wirksamere EU-Fusionskontrolle, COM(2014) 449 final, Rn. 45 ff.

1468 Kommission, 09.07.2014, Weissbuch – Eine wirksamere EU-Fusionskontrolle, COM(2014) 449 final, Rn. 47 f.

1469 *Säcker*, Nicht-kontrollierende Minderheitsbeteiligungen im deutschen und europäischen Wettbewerbsrecht, FS Helmut Köhler 2014, 565, 574; *Coenen*, Minderheitsbeteiligungen in der Zusammenschlusskontrolle, WuW 2014, 803 ff.; *Montag*, EU-Fusionskontrolle für Minderheitsbeteiligungen?, NZKart 2015, 410, 415.

existieren, wobei die Verbesserung der Warenerzeugung oder -verteilung durch Kosteneinsparung oder erhöhte Produktqualität geschaffen werden kann. Daraus soll eine angemessene Beteiligung der Verbraucher folgen, bei welcher nicht nur die Endverbraucher, sondern auch die anderen Marktteilnehmer – z. B. die Abnehmer – außer den Muttergesellschaften an den Effizienzgewinnen teilhaben können.[1470] Im Anschluss daran sollen die Gründung des GU und die entsprechenden Vereinbarungen dafür unerlässlich sein, um die oben genannten Vorteile erreichen zu können. Dabei sollen die Alternativen zur Zusammenarbeit beachtet werden: Ob ohne die Gründung des GU die Muttergesellschaft allein die gleichen Effizienzvorteile verwirklichen oder ob mit weniger Einschränkungen das gleiche Vorhaben eingegangen werden kann.[1471] Am Ende soll die bezweckte oder bewirkte Gründung des GU nicht die Ausschaltung des Wettbewerbs für einen wesentlichen Teil der betreffenden Waren verursachen, und dazu sollen die Marktbedingungen auf den relevanten Märkten bezüglich der Marktmacht bewertet werden.

Nach Art. 5 und 6 der VO 1/2003 liegt die Zuständigkeit für die Anwendung von Art. 101 AEUV bei den Wettbewerbsbehörden und Gerichten der Mitgliedstaaten. Darüber hinaus können die Mitgliedstaaten ihre eigenen Wettbewerbsrechte parallel anwenden. Jedoch darf die Gründung der Gemeinschaftsunternehmen, die nach Art. 101 AEUV zulässig sind, nicht von nationalem Kartellverbot durch strengere Regeln verboten werden.[1472] In diesem Zusammenhang wird das Kartellverbot gemäß § 1 GWB weiter untersucht, um die Beurteilung der kooperativen Gemeinschaftsunternehmen nach deutschem Wettbewerbsrecht darzustellen.

g) Rechtsfolgen

Öffentlich-rechtlich können gegen einen Verstoß des Kartellverbots nach Art. 23 VO 1/2003 Geldbußen festgelegt werden. Bei Gemeinschaftsunternehmen – wie oben dargestellt – kann die Bußgeldhaftung der Muttergesellschaften bei einer tatsächlichen Einflussnahme zugrunde liegen,[1473] wenn das GU einen Verstoß gegen das Kartellverbot verursacht hat. Wenn das GU nach rechtmäßiger Gründung wirklich unabhängig bleibt, also wenn das Verhalten des GU in den gesellschaftlichen Beziehungen es tatsächlich rechtfertigt, dass von einer separaten wirtschaftlichen Einheit gesprochen werden kann, dann soll die Haftungszurechnung ausscheiden.[1474]

1470 *Emmerich*, Kartellrecht, § 8 Rn. 16 f.

1471 Vgl. *Schroeder*, in: Grabitz/Hilf/Nettesheim, AEUV, Art. 101 Rn. 515.

1472 Vgl. *Rehbinder*, in: Immenga/Mestmäcker, EU-Wettbewerbsrecht, VO 1/2003 Art. 3 Rn. 22 ff.

1473 EuG-Urteil, 27.10.2010, Rs. T-24/05 – Alliance One International, Rn. 165.

1474 Vgl. *Kling*, Wirtschaftliche Einheit und Gemeinschaftsunternehmen – Konzernprivileg und Haftungszurechnung, ZWeR 2011, 169, 185 f. m. V. a. Kommission, 21.12.2005, COMP/F/38443 – Kautschukchemikalien, Rn. 263; vgl. *Jones*, The Boundaries of an Undertaking in EU Competition Law, ECJ 2012, 301, 329 f.

Nach Art. 101 Abs. 2 AEUV erfolgt die Nichtigkeit der Gründung des GU, wenn ein Verstoß gegen das Kartellverbot zugrunde liegt und keine Gruppenfreistellungsverordnung oder die einzelnen Voraussetzungen nach Art. 101 Abs. 3 AEUV vorhanden sind. Die Nichtigkeit als Zivilrechtsfolge kann von Anfang an und gegen jedermann geltend gemacht werden,[1475] da sie eine Bedeutung absoluter Unwirksamkeit innehat und weil die Durchsetzung des Kartellverbots im öffentlichen Interesse liegt.[1476] Die Nichtigkeit des Joint-Venture-Vertrages gilt unmittelbar und automatisch nach Art. 1 Abs. 1 VO 1/2003, weswegen die Entscheidungen darüber nur einen deklaratorischen Charakter und die Gerichte der Mitgliedstaaten die ausschließliche Zuständigkeit haben.[1477]

Wenn es sich um den Verstoß gegen eine Vereinbarung handelt, dann erfasst die Nichtigkeit nur die Teile der Vereinbarung, die den Verbotstatbestand erfüllen. Wenn die restlichen Teile der Vereinbarung nicht von wettbewerbsbeschränkenden Klauseln zu trennen sind, dann werden auch diese von der Nichtigkeit erfasst; die Wirksamkeit des Restes des Vertrages hängt vom nationalen Recht ab.[1478] Bei der Gründung eines GU, dessen Gesellschaftsvertrag in den Anwendungsbereich des Kartellverbots fällt, stellt sich die Frage, ob das Prinzip von der *fehlerhaften Gesellschaft* anstatt einer Ex-tunc-Nichtigkeit im Grunde angewandt werden kann,[1479] wonach die Gesellschaft als Organisation oder Einheit weiter existieren darf. Aber dieser Auffassung ist im Wettbewerbsrecht allgemein nicht zu folgen, da der Schutz i. S. d. Kartellverbots im öffentlichen Interesse liegt.[1480] Die Nebenabreden haben das gleiche Schicksal wie das GU; die abtrennbaren Vereinbarungen können hingegen allein von der Nichtigkeit erfasst werden.

Ferner gibt es in der Literatur eine Diskussion darüber, ob die Folgeverträge, die mit Dritten abgeschlossen wurden, auch von der Nichtigkeit zu erfassen sind. In der deutschen Literatur werden die Folgeverträge aus Rechtssicherheitsgründen als wirksam bezeichnet.[1481] Auf der anderen Seite wird neuerdings auch angenommen,

---

1475 EuGH, 13.07.2006, C-295 bis C-298/04, Slg, 2006 I-6619 – Manfredi, Rn. 56 f.

1476 Vgl. *Schröter/van der Hout*, in: von der Groeben/Schwarze/Hatje, Europäisches Unionsrecht, Art. 101 AEUV Rn. 216; *Emmerich*, Kartellrecht, § 7 Rn. 6.

1477 Vgl. *Schröter/van der Hout*, in: von der Groeben/Schwarze/Hatje, Europäisches Unionsrecht, Art. 101 AEUV Rn. 214 f.

1478 EuGH, 13.07.1966, C-56/64 – Grundig/Consten, S. 312, 392 f. (Juris).

1479 Vgl. *Schröter/van der Hout*, in: von der Groeben/Schwarze/Hatje, Europäisches Unionsrecht, Art. 101 AEUV Rn. 220; vgl. *Jaeger*, in: Loewenheim/Meessen/Riesenkampff, Kartellrecht, EGV, Art. 81 Abs. 2 Rn. 33.

1480 Vgl. *Emmerich/Hoffmann*, in: Dauses, Hdb. EU-Wirtschaftsrecht, § 2 Art. 101 AEUV Rn. 134; *Schröter/van der Hout*, in: von der Groeben/Schwarze/Hatje, Europäisches Unionsrecht, Art. 101 AEUV Rn. 220.

1481 Vgl. *Schmidt*, in: Immenga/Mestmäcker, EU-Wettbewerbsrecht, Art. 101 AEUV Rn. 36; *Stockenhuber*, in: Grabitz/Hilf/Nettesheim, AEUV, Art. 101 Rn. 237; *Emmerich/Hoffmann*, in: Dauses, Hdb. EU-Wirtschaftsrecht, § 2 Art. 101 AEUV Rn. 135;

dass infolge der Urteile von Courage[1482] und Manfredi[1483] jedermann die Nichtigkeit geltend machen kann und ein Recht auf Schadensersatz hat; aus diesem Grund wurde behauptet, dass sich die Nichtigkeitsfolge auf die Folgeverträge erstreckt.[1484] Falls die Folgeverträge nicht selbst in den Geltungsbereich des Art. 101 AEUV fallen, sind sie zwar nicht unwirksam, aber es ist von einer schadenstiftenden Wirksamkeit auszugehen.[1485]

Weitere Folgen von Beseitigungs-, Unterlassungs- oder Schadensersatzansprüchen sollen nach dem „*effet utile*"-Grundsatz in nationales Recht umgesetzt werden.[1486]

2. Kooperative Gemeinschaftsunternehmen nach türkischem Recht

Wie im Teil 3 „Konzentrative Gemeinschaftsunternehmen" erwähnt wurde, hat die türkische Wettbewerbskommission mit der neuen Fusionskontrollverordnung **TR-FKVO (2010/4)** die fusionskontrollrechtlichen Vorschriften an das europäische Fusionskontrollrecht angepasst. In diesem Zusammenhang wurde die alte Abgrenzung zwischen konzentrativen und kooperativen Gemeinschaftsunternehmen in die Abgrenzung zwischen Vollfunktions- und Teilfunktions-GU geändert. Die alte Fusionskontrollverordnung 1997/1 mit Art. 2 lit. c hat alle Gemeinschaftsunternehmen, die die Einschränkung des Wettbewerbs bezwecken oder bewirken, aus dem Anwendungsbereich des Fusionskontrollrechts ausgeschlossen. Jetzt wurde mit der letzten TR-FKVO das oben genannte ausschließende Tatbestandsmerkmal aus der Verordnung entfernt und stattdessen nur die Definition der Vollfunktions-GU nach Art. 5 Abs. 3 TR-FKVO im Anwendungsbereich der Fusionskontrolle beibehalten; dadurch wurden auch die Vollfunktions-GU, die einen kooperativen Charakter aufweisen, in die Verordnung aufgenommen.

Schröter/van der Hout, in: von der Groeben/Schwarze/Hatje, Europäisches Unionsrecht, Art. 101 AEUV Rn. 228.

1482 EuGH, 20.09.2001, C.453/99, Slg. 2001 I-6297 – Courage/Crehan, Rn. 25.

1483 EuGH, 13.07.2006, C-295 bis C-298/04, Slg, 2006 I-6619 – Manfredi, Rn. 56 f.

1484 Vgl. *Säcker/Jaecks*, in: MüKoEUWettbR. AEUV Art. 101 Rn. 669, 679 ff.; *Säcker*, Die privatrechtliche Dimension des Wettbewerbsrechts. Zur systematischen Harmonisierung von Vertrags- und Wettbewerbsrecht, ZWeR 2008, 348, 353 ff.; *Paul*, Gesetzesverstoß und Vertrag im Wettbewerbs- und Regulierungsrecht, 100 ff.; *Mohr/König*, Freistellung von wettbewerbsbeschränkenden Vereinbarungen, JURA 2012, 343, 346; a. A. *Schmidt*, Kartellnichtigkeit von Folgeverträgen: alles neu seit „Courage" und seit der Siebenten GWB-Novelle?, FS Wernhard Möschel 2011, 559 ff.

1485 Vgl. *Schmidt*, in: Immenga/Mestmäcker, EU-Wettbewerbsrecht, Art. 101 AEUV Rn. 36.

1486 EuGH, 20.09.2001, C-453/99, Slg. 2001 I-6297 – Courage/Crehan, Rn. 25 ff.; *Emmerich/Hoffmann*, in: Dauses, Hdb. EU-Wirtschaftsrecht, § 2 Art. 101 AEUV Rn. 136 f.

Darüber hinaus wird in der Verordnung darauf hingewiesen, dass bei der Untersuchung von Fusionen nach Art. 13 Abs. 3 TR-FKVO die Vollfunktions-GU nach Art. 4 und 5 RKHK geprüft werden sollen. Damit wurde das Konzentrationsprivileg des europäischen Wettbewerbsrechts übernommen, da Art. 4 RKHK das Kartellverbot und Art. 5 RKHK die Freistellung von gegen das Kartellverbot verstoßenden Vereinbarungen regelt. Obwohl die Verordnung nach Art. 13 TR-FKVO keine Untersuchungskriterien wie Art. 2 Abs. 4 und 5 FKVO auflistet, ist immerhin aus den Entscheidungen der türkischen Wettbewerbskommission zu entnehmen, dass in den Fusionskontrollverfahren auf jeden Fall die Prüfung von koordinierten Wirkungen von Vollfunktions-GU berücksichtigt wird. Jedoch ist nicht rechtssicher festzustellen, ob nur unmittelbar aus der Gründung des Gemeinschaftsunternehmens hervorgehende Wirkungen – wie Art. 2 Abs. 5 FKVO – in die Prüfung einbezogen oder auch die abtrennbaren Vereinbarungen im Fusionskontrollverfahren beurteilt werden können. In einer Entscheidung hat die türkische Wettbewerbskommission darauf hingewiesen, dass der Zweck des Art. 13 Abs. 3 TR-FKVO unabhängig von allen Nebenabreden anzusetzen ist. Dabei soll der aktuelle und/oder potenzielle Wettbewerb zwischen den Muttergesellschaften des GU geprüft werden, da dies unabhängig von Nebenabreden einen Grund für Wettbewerbsbeschränkung auf dem Markt hervorrufen kann.[1487] Als Folge davon ist sicher festzustellen, dass die Spillover-Effekte und Nebenabreden im Fall von Vollfunktions-GU nach dem Konzentrationsprivileg des Fusionskontrollverfahrens zu prüfen sind. Wie im europäischen Recht erfolgt eine erneute Prüfung nur nach Art. 16 TR-FKVO wegen irreführender Angaben oder nicht eingehaltener Zusagen. Es ist wieder mithilfe der Entscheidungen festzustellen, ob die türkische Wettbewerbskommission mit den neuen Regeln wirklich das Konzentrationsprivileg übernehmen und alle koordinierten Auswirkungen im Fall der GU abschließend in die Fristen der TR-FKVO beurteilen wollte oder ob eine durch den Negativtest nach Art. 8 RKHK freigegebene Gründung eines GU nach Art. 13 RKHK – wie im deutschen Kartellrecht – nach den Fristen der TR-FKVO widerrufen werden kann. Abschließend ist herauszufinden, ob das Konzentrationsprivileg in der türkischen Praxis anerkannt wird.

Auf der anderen Seite ist die Abgrenzung von Teilfunktions-GU allein nach Art. 4 und 5 RKHK separat zu untersuchen. Wenn das GU keinen Vollfunktionscharakter hat, bleibt die Zusammenarbeit außerhalb des Anwendungsbereichs von Art. 7 RKHK und dadurch auch der TR-FKVO.[1488] In diesem Zusammenhang wird ein anderes Verfahren für die Teilfunktions-GU nach Art. 4 und 5 RKHK berücksichtigt

1487 Türkische Wettbewerbskommission, Entsch. v. 21.12.2011, Nr. 11-62/1632-569 – Jantsa, S. 4, Rn. 140 ff.

1488 Türkische Wettbewerbskommission, Entsch. v. 12.09.2013, Nr. 13-52/734-307, Rn. 8 ff., wo es sich um ein Teilfunktions-GU handelt und daher die Anwendung von Art. 7 RKHK und die Fusionskontrollverordnung außer Betracht bleiben; stattdessen ist die Zusammenarbeit als Kooperationsvereinbarung anzunehmen und nach Art. 4 und 5 RKHK zu beurteilen.

und verglichen. Erneut wird dies mithilfe der Entscheidungen der türkischen Wettbewerbskommission untersucht.

a) Grundlagen der Untersuchung

aa) Spillover-Effekte

Mit der neuen Verordnung sind – ab dem Jahr 2011 – auch die koordinativen Auswirkungen von Vollfunktions-GU nach dem Fusionskontrollverfahren zu überprüfen. Wie oben erwähnt wurde, stellt die TR-FKVO genaue Voraussetzungen für zu untersuchende Spillover-Effekte nicht ausführlich dar, sondern es wurde ganz generell auf alle Einschränkungen des Wettbewerbs i. S. v. Art. 4 und 5 RKHK hingewiesen; daher ist nur mithilfe der Entscheidungen der türkischen Wettbewerbskommission der Umfang der Prüfung zu klären. Besonders in diesem Fall muss dargelegt werden, ob genau mit der Gründung eines GU eintretende Auswirkungen von Vollfunktions-GU im Zusammenhang mit der TR-FKVO zu untersuchen sind, oder eine vollkommene Anwendung von Verhaltenskontrolle – nicht nur zwischen den Muttergesellschaften, sondern auch mit Dritten – umfasst ist, da dem Wortlaut des Art. 13 Abs. 3 TR-FKVO die Kausalität zur Gründung eines GU nicht ausdrücklich zu entnehmen ist. In so einem Fall sollten auch die Fristen der Fusionskontrolle beachtet werden; deswegen würde es mit dem Sinn und Zweck nicht übereinstimmen, da mit dem Konzentrationsprivileg die Rechtssicherheit von Konzentrationen – nämlich die Gründung eines GU – gewährt werden soll. Deswegen soll die unmittelbar aus der Gründung des GU erscheinende Koordinierung den Sachverhalt darstellen, aber schon vor der Gründung des GU bestehende Koordinierungsmöglichkeiten nicht zusammen berücksichtigt werden. Ferner können den dynamischen Entwicklungen zufolge auftretende abgestimmte Verhalten, z.B. durch Netzwerke von mehreren GU nur ex-post nach Verhaltenskontrolle geprüft werden. Da das türkische Wettbewerbsrecht mit dem Vorhaben zur Annäherung an die europäische Fusionskontrolle das Konzentrationsprivileg übernommen hat, soll Art. 13 Abs. 3 TR-FKVO auch ähnlich zu dem Art. 2 Abs. 4 und 5 FKVO ausgelegt werden. Diese Auslegung ist auch in der Entscheidungspraxis der türkischen Wettbewerbskommission zu sehen. Da die ausschließliche Anwendung der TR-FKVO auf Vollfunktions-GU erst ab dem Jahr 2011 zustande gekommen ist, werden unten die alten Entscheidungen zu kooperativen Gemeinschaftsunternehmen nach der Verhaltenskontrolle auch als Beispiel dargelegt werden, um die Untersuchung von Spillover-Effekten erfassen zu können.

Wenn es sich um Spillover-Effekte handelt, hatte die türkische Wettbewerbskommission eine negative Definition für den Fall gegeben, dass das Wettbewerbsverhalten der Mütter kein Koordinationsrisiko trägt. Nach dieser Entscheidung darf die Präsenz von Muttergesellschaften auf dem Markt des GU nicht auf einem wesentlichen Niveau sein, oder es darf nur eine der Mütter auf dem Markt des GU weiter tätig bleiben. Die Muttergesellschaften sollen ihre kompletten geschäftlichen Tätigkeiten auf dem relativen Markt dem GU übertragen.[1489]

In den weiteren Entscheidungen nach der alten Verordnung wurde die Wahrscheinlichkeit einer Koordination als negative Bedingung geprüft. Dadurch hat sich in der Praxis der türkischen Wettbewerbskommission i. S. d. Struktur der Prüfung nichts Wesentliches geändert. In einer weiteren Entscheidung sucht die türkische Wettbewerbskommission eine Antwort auf besondere Fragen im Verhältnis zwischen den Muttergesellschaften und dem GU. Dabei wurde es als besonders wichtig erachtet, ob die Muttergesellschaften auf dem Markt des GU tätig sind und wenn ja, ob diese geografischen Märkte der Muttergesellschaften ein wettbewerbliches Verhältnis zum Markt des GU haben. Darüber hinaus wurde geprüft, ob die Muttergesellschaften auf den vorgelagerten, nachgelagerten oder benachbarten Märkten des GU aktuell tätig sind und ob daraus folgend ein Auftritt als potenzieller Wettbewerber auf dem Markt des GU für möglich gehalten wird, sowie ob eine vertikale Beziehung zwischen den Muttergesellschaften und dem GU i. S. v. Lieferbeziehungen besteht.[1490] Infolgedessen wurde in den Entscheidungen generell auf die Entstehung eines Wettbewerbsverhältnisses zwischen den Muttergesellschaften zueinander und zum GU geachtet.[1491] Im Ergebnis solcher Prüfung ist festzustellen, ob das GU alle Aktivitäten, die zu seinem Tätigkeitsbereich gehören, von den Müttern übernommen hat[1492] und daraus wiederum ist zu ersehen, ob unmittelbar aus der

1489 Türkische Wettbewerbskommission, Entsch. v. 14.09.2006, Nr. 06-63/857-247, S. 5, Rn. 200 ff.; Türkische Wettbewerbskommission, Entsch. v. 09.11.2001, Nr. 01-55/544-128, S. 3; Türkische Wettbewerbskommission, Entsch. v. 16.08.2004, Nr. 04-53/742-185, S. 6, Rn. 204 ff.; Türkische Wettbewerbskommission, Entsch. v. 09.10.2006, Nr. 06-72/952-274, S. 7; Türkische Wettbewerbskommission, Entsch. v. 05.04.2007, Nr. 07-30/296-112, S. 4; Türkische Wettbewerbskommission, Entsch. v. 07.10.2007, Nr. 07-77/952-362, S. 5; Türkische Wettbewerbskommission, Entsch. v. 21.02.200, Nr. 08-16/171-60, S. 4; Türkische Wettbewerbskommission, Entsch. v. 18.12.2008, Nr. 08-73/1179-454, S. 6 f.

1490 Türkische Wettbewerbskommission, Entsch. v. 23.05.2000, Nr. 00-19/188-100, S. 5 f.

1491 Türkische Wettbewerbskommission, Entsch. v. 26.09.2000, Nr. 00-36/398-224, S. 5; Türkische Wettbewerbskommission, Entsch. v. 25.04.2001, Nr. 01-20/189-48, S. 5; Türkische Wettbewerbskommission, Entsch. v. 01.05.2003, Nr. 03-28/342-143, S. 7; Türkische Wettbewerbskommission, Entsch. v. 20.02.2003, Nr. 03-11/116-53, S. 11; Türkische Wettbewerbskommission, Entsch. v. 06.01.2005, Nr. 05-01/4-4-53, S. 7.

1492 Türkische Wettbewerbskommission, Entsch. v. 29.02.2000, Nr. 00-9/85-40, S. 3; Türkische Wettbewerbskommission, Entsch. v. 11.07.2002, Nr. 02-43/504-209, S. 6 f.; Türkische Wettbewerbskommission, Entsch. v. 06.01.2005, Nr. 05-01/4-4-53, S. 7; Türkische Wettbewerbskommission, Entsch. v. 15.11.2006, Nr. 06-84/1063-310, S. 10; Türkische Wettbewerbskommission, Entsch. v. 18.12.2008, Nr. 08-73/1179-454, S. 7.

Gründung des GU eine Koordination zwischen den Muttergesellschaften zustande gekommen ist.[1493]

In einer weiteren Entscheidung wurde auf die Unterscheidung zwischen Nebenabreden und Gruppeneffekten hingewiesen, wobei die Nebenabreden auf einem Vertrag basieren. Aber das Risiko der Koordinierung des Wettbewerbsverhaltens zwischen den Muttergesellschaften ist das Ergebnis von struktureller Veränderung durch die Konzentration; dies ist wahrscheinlicher, wenn die Muttergesellschaften auf dem Markt des GU und/oder auf den benachbarten Märkten ihre Aktivitäten weiter durchführen.[1494] Auf diese Weise wurde der Rücktritt einer der Muttergesellschaften aus dem relevanten Markt des GU gegen das Koordinierungsrisiko hinreichend anerkannt.[1495] Auf der anderen Seite wurde gleichzeitig in der Prüfung bestätigt, dass – wenn nur eine der Mütter auf dem Markt des GU ihre Tätigkeit weiter ausführt – nicht anzunehmen ist, dass dies eine Koordination zwischen dem GU und den Muttergesellschaften herbeiführen wird.[1496] Dagegen geht die türkische Wettbewerbskommission in einer anderen Entscheidung von einer Konzentration aus, wenn der Rücktritt beider Muttergesellschaften aus dem relevanten und auch den benachbarten Märkten folgt.[1497] Jedoch wurde in der Mehrheit der Entscheidungen keine Wettbewerbsbeschränkung durch ein Koordinationsrisiko erkannt, wenn nur eine der Mütter auf dem relevanten Markt weiterhin tätig bleibt.[1498]

Die oben erwähnte Entscheidung hat das Kooperationsrisiko als eine negative Bedingung angesehen und auf diese Weise die Gründung des GU immerhin nach dem Verfahren der Fusionskontrolle beachtet. Auf der anderen Seite hat nun die neue TR-FKVO diese negative Bedingung nicht genannt und alle GU mit Vollfunktionseigenschaft werden geprüft, ebenso wie das Koordinationsrisiko, welches nach dem Kartellverbot Bedenklichkeiten hervorrufen kann. Wenn die Entscheidungen der türkischen Wettbewerbskommission nach der neuen TR-FKVO analysiert werden, ist festzustellen, dass bei der Prüfung nach Art. 4 und 5 RKHK das Koordinierungsrisiko weiterhin wie nach den alten negativen Bedingungen untersucht wird. Es

---

1493 Türkische Wettbewerbskommission, Entsch. v. 25.04.2001, Nr. 01-20/189-48, S. 5; Türkische Wettbewerbskommission, Entsch. v. 01.05.2003, Nr. 03-28/342-143, S. 7.

1494 Türkische Wettbewerbskommission, Entsch. v. 31.07.2001, Nr. 01-37/365-97, S. 6 f.

1495 Türkische Wettbewerbskommission, Entsch. v. 01.05.2003, Nr. 03-28/342-143, S. 7; Türkische Wettbewerbskommission, Entsch. v. 20.02.2003, Nr. 03-11/116-53, S. 11; Türkische Wettbewerbskommission, Entsch. v. 15.07.2004, Nr. 04-47/611-148, S. 6.

1496 Türkische Wettbewerbskommission, Entsch. v. 20.02.2003, Nr. 03-11/116-53, S. 11.

1497 Türkische Wettbewerbskommission, Entsch. v. 06.01.2005, Nr. 05-01/4-4, S. 7; Türkische Wettbewerbskommission, Entsch. v. 08.07.2005, Nr. 05-44/629-162, S. 6.

1498 Türkische Wettbewerbskommission, Entsch. v. 02.06.2005, Nr. 05-38/512-122, S. 5 f.; Türkische Wettbewerbskommission, Entsch. v. 11.05.2006, Nr. 06-33/409-106, S. 6; Türkische Wettbewerbskommission, Entsch. v. 29.06.2006, Nr. 06-46/589-161, S. 7; Türkische Wettbewerbskommission, Entsch. v. 15.11.2006, Nr. 06-84/1063-310, S. 10; Türkische Wettbewerbskommission, Entsch. v. 30.10.2008, Nr. 08-61/990-383, S. 6.

wurde weiterhin solch ein Koordinierungsrisiko in Zusammenhang mit dem Konzentrationstatbestand in Verbindung gebracht, obwohl mit der neuen TR-FKVO die kooperativen Vollfunktions-GU auch als Zusammenschlüsse angesehen wurden, die konzentrative Auswirkungen beinhalten. Den aktuellen Entscheidungen ist jedoch zu entnehmen, dass diese negative Bedingung für rein konzentrative Vollfunktions-GU immerhin weiter untersucht wird,[1499] obwohl dies rechtlich nun nicht in den Zuständigkeitsbereich der Verordnung fällt. Denn i. S. d. Konzentrationsprivilegs ist nur herauszufinden, ob solche Zusammenschlüsse – nämlich kooperative Vollfunktions-GU – weitere Regeln des Wettbewerbsrechts bzw. Kartellrechts einhalten.

In den späteren Entscheidungen wurden aber die Wettbewerbsbeschränkungen – besonders die Spillover-Effekte – nicht als negative Bedingung, sondern nach Art. 13 Abs. 3 TR-FKVO mit Verweis auf Art. 4 und 5 RKHK untersucht.[1500] In den aktuellen Entscheidungen weist die türkische Wettbewerbskommission auf die gleichen Untersuchungskriterien hin und wiederholt die oben erwähnten Tatbestände in Bezug auf die relevanten Märkte und die gleichzeitige Präsenz der Muttergesellschaften.

Obwohl sich durch das Konzentrationsprivileg das Verfahren – nämlich die Fristen für die Prüfung von kooperativen Vollfunktions-GU – als Vorteil erweist, hat sich in der Praxis der Untersuchung nach der neuen Verordnung nicht so viel verändert. Denn auch nach dem alten Verfahren haben die beteiligten Unternehmen, wenn sie sich bei der Anmeldung des Gemeinschaftsunternehmens nicht sicher waren, gleichzeitig den Negativtest beantragt. Wobei die Zusammenarbeit, wenn sie nicht als Zusammenschluss angenommen wurde, vor der Veränderung des Gesetzes (RKHK) bei der türkischen Wettbewerbskommission obligatorisch angemeldet werden sollte. Nach der Gesetzesänderung ist die Anmeldung fakultativ.[1501] Infolgedessen wurde die Rechtswidrigkeit des koordinativen Verhaltens zwischen den Muttergesellschaften und dem GU nach dem Kartellverbot geprüft, und wenn die türkische Wettbewerbskommission dem Negativtest nicht zugestimmt hatte, wurde die Vereinbarung nach Freistellungskriterien untersucht. [1502]

1499 Türkische Wettbewerbskommission, Entsch. v. 14.07.2011, Nr. 11-43/920-289, S. 3; Türkische Wettbewerbskommission, Entsch. v. 07.12.2011, Nr. 11-60/1564-515, S. 4 f.

1500 Türkische Wettbewerbskommission, Entsch. v. 23.02.2011, Nr. 11-10/185-61, S. 6; Türkische Wettbewerbskommission, Entsch. v. 21.12.2011, Nr. 11-62/1632-569, S. 4; Türkische Wettbewerbskommission, Entsch. v. 21.12.2011, Nr. 11-62/1645-581, S. 4; Türkische Wettbewerbskommission, Entsch. v. 17.10.2012, Nr. 12-51/1447-494, S. 2; Türkische Wettbewerbskommission, Entsch. v. 27.12.2012, Nr. 12-68/1679-615, S. 6.

1501 Änderung des Gesetzes RKHK 4054 durch das Gesetz Nr. 5388 v. 02.07.2005.

1502 Türkische Wettbewerbskommission, Entsch. v. 27.05.1999, Nr. 99-26/230-138, S. 14 f.; Türkische Wettbewerbskommission, Entsch. v. 23.05.2000, Nr. 00-19/188-100, S. 6 f.; Türkische Wettbewerbskommission, Entsch. v. 29.06.2006, Nr. 06-46/589-161, S. 8.

Schließlich ist zu bemerken, dass durch das Konzentrationsprivileg die Fristen für kooperative Vollfunktions-GU rechtssicherer geworden waren,[1503] aber das Ausmaß der Untersuchung ist bezüglich der Spillover-Effekte im Vergleich zu Entscheidungen nach dem alten Rechtszustand gleich geblieben.

Zusammenfassend ist nicht generell festzustellen, ob bei der Prüfung von koordinativen Risiken nach dem Kartellverbot der Tatbestand von einer Vereinbarung gefordert ist. Einerseits sieht die türkische Wettbewerbskommission das Koordinierungsrisiko als strukturelle Folge des Zusammenschlusses, der auf der vertraglichen Zusammenarbeit der beteiligten Unternehmen basiert; auf der anderen Seite, wenn aber das vertragliche Gesamtwerk zwecks Koordination zustande gekommen ist, dann ist von einem Gesamtwerk über das Gemeinschaftsunternehmen als Kooperationsvereinbarung auszugehen.[1504]

bb) Nebenabreden und abtrennbare Vereinbarungen

Wie im Teil „Konzentrative Gemeinschaftsunternehmen" geklärt wurde, gehört die Prüfung von Nebenabreden nach der Immanenztheorie auch zur Untersuchung von Zusammenschlüssen, falls sie unmittelbar verbunden und notwendig für den Zusammenschluss sind. In der Entscheidungspraxis der türkischen Wettbewerbskommission wurde eine Unterscheidung zwischen den Nebenabreden und den Spillover-Effekten verdeutlicht. Nebenabreden sind eine Vereinbarung der Muttergesellschaften, wenn sie keine Spillover-Effekte als strukturelle Auswirkung dieser Zusammenarbeit zeigen.[1505] Wenn es sich um kooperative Vollfunktions-GU handelt, werden auch die Nebenabreden getrennt von den koordinativen Auswirkungen untersucht und nur im Zusammenhang mit den Aktivitäten des GU geprüft.[1506] Wenn sich das Wettbewerbsverbot auf das Verhältnis zwischen der Mutter und dem GU bezieht, dann ist von einer Nebenabrede auszugehen; wenn eine Vereinbarung über ein Wettbewerbsverbot zwischen den Muttergesellschaften besteht, dann geht eine solche Vereinbarung über eine Nebenabrede hinaus.[1507]

1503 Vgl. *Gürkaynak/Inanılır/Yılmaz/Duman*, 2010/4, Sayili Rekabet Kurulu'ndan izin alinmasi gereken birlesme ve devralmalar hakkinda tebliğ uygulaması ile birleşme devralmaların kontrolü rejiminde meydana gelen yapısal degişiklikler: Etki Değerlendirmesi, Rekabet Dergisi-Competition Journal, 4/2012, 97, 143 f.

1504 Türkische Wettbewerbskommission, Entsch. v. 27.05.1999, Nr. 99-26/230-138, S. 13 f.; Türkische Wettbewerbskommission, Entsch. v. 20.02.2003, Nr. 03-11/116-53, S. 13; Türkische Wettbewerbskommission, Entsch. v. 25.12.2003, Nr. 03-83/1005-407, S. 4.

1505 Türkische Wettbewerbskommission, Entsch. v. 31.07.2001, Nr. 01-37/365-97, S. 6.

1506 Türkische Wettbewerbskommission, Entsch. v. 26.05.2006, Nr. 06-36/460-122, S. 8 ff.

1507 Türkische Wettbewerbskommission, Entsch. v. 21.12.2011, Nr. 11-62/1632-569, S. 3 ff.

Die gleiche Untersuchung von Nebenabreden i. S. v. Wettbewerbsbeschränkungen folgt auch dem Kartellverbot gemäß Art. 4 RKHK, der festlegt, dass für die Freistellung einer Beschränkung deren Notwendigkeit und Verbundenheit mit der Gründung des GU geprüft wird. Dadurch ist das Schicksal des GU für solche Beschränkungen entscheidend.[1508] In diesem Zusammenhang werden die Wettbewerbsverbote für die Gesamtdauer des GU als eine Nebenabrede angesehen, und die nachträglichen Wettbewerbsverbote für die Muttergesellschafter führen i. d. R. zu einer Wettbewerbsbeschränkung, wenn nach dem Unternehmenskaufgedanken rechtfertigende Gründe bezüglich des Know-how nicht vorliegen.[1509] Solche Vereinbarungen sind besonders notwendig, wenn durch solche Wettbewerbsverbote die Koordinierungsmöglichkeit der Muttergesellschaften verhindert werden kann; auf diese Weise achtet die türkische Wettbewerbskommission vor allem auf die Wettbewerbsverbote zwischen den Muttergesellschaften und dem GU bei der Untersuchung des Koordinierungsrisikos, um die Vollfunktionseigenschaft oder eine Wettbewerbsbeschränkung festzustellen.[1510]

Darüber hinaus können auch die Geheimhaltungsvereinbarungen, die eine nachträgliche Geheimhaltung für einen Zeitraum von drei Jahren festlegen, als Nebenabrede klassifiziert werden, wenn sie nicht zur Marktabschottung der Gesellschafter führen.[1511]

Ferner soll bei der Untersuchung der Koordinierungsrisiken auch der Informationsaustausch zwischen den Muttergesellschaften geprüft werden. Die Gründung eines GU und die relevanten ausgetauschten Informationen sollen eine Kausalität aufweisen, um die Existenz des GU zu unterstützen. Wenn mit weiteren Vereinbarungen ein Informationsaustausch ermöglicht wird, der mit der Tätigkeit des GU keine relevante Beziehung hat, dann sind diese Vereinbarungen als separate Vereinbarungen zu untersuchen.[1512] Demzufolge ist nur der mit der Gründung des

---

1508 Türkische Wettbewerbskommission, Entsch. v. 28.04.1999, Nr. 99-21/173-92, S. 3 f.; Türkische Wettbewerbskommission, Entsch. v. 20.02.2003, Nr. 03-11/116-53, S. 15 f.; Türkische Wettbewerbskommission, Entsch. v. 25.12.2003, Nr. 03-83/1005-407, S. 8 ff.

1509 Türkische Wettbewerbskommission, Entsch. v. 06.09.2007, Nr. 07-69/841-317, S. 7; Türkische Wettbewerbskommission, Entsch. v. 25.07.2007, Nr. 07-61/732-262, S. 4 ff., da die technische Information mit der Lizenzvereinbarung übertragen wird, wurde ein nachträgliches Wettbewerbsverbot als angemessen betrachtet.

1510 Türkische Wettbewerbskommission, Entsch. v. 08.01.2008, Nr. 08-03/35-11, S. 30 f.

1511 Türkische Wettbewerbskommission, Entsch. v. 06.09.2007, Nr. 07-69/841-317, S. 8; Türkische Wettbewerbskommission, Entsch. v. 25.07.2007, Nr. 07-61/732-262, S. 5 f.

1512 Türkische Wettbewerbskommission, Entsch. v. 29.06.2006, Nr. 06-46/589-161, S. 8 f. Das GU sollte für den Verkauf und die Distribution gegründet werden, aber die gemeinsame Nutzung des Labors zwischen den Muttergesellschaften, von dem behauptet wurde, dass es den technischen Fortschritt gewährleisten soll, hat keinen Zusammenhang mit dem GU, deswegen ist es nicht als ein Freistellungsgrund zu erwägen.

GU notwendige Informationsfluss, insbesondere die Informationen über Preise und weitere Verkaufskonditionen, zu offenbaren. Zum Beispiel wollten die Parteien (BP/Shell) bei einer CJV für die Lagerung von Treibstoff der Flugzeuge ein gemeinsames Lager mithilfe einer einfachen Gesellschaft gründen, in der die Parteien nur den Aufwand teilen sollten. In diesem Verhältnis waren die Informationen über Preise und Verkaufsmethoden nicht miteinander zu teilen, sondern nur die Information über die Verkaufsmenge war bekannt, die aber nicht als wettbewerblich relevante Information anzunehmen war.[1513]

Wenn andererseits solche Beschränkungen nicht als Nebenabrede zu klassifizieren sind, dann sind sie nach Art. 4 RKHK als abtrennbare Vereinbarungen zu prüfen. [1514] Auf diese Weise gehen solche Beschränkungen, die von den beteiligten Unternehmen als Nebenabrede gedacht waren, manchmal über die Notwendigkeit hinaus und fallen daher separat in den Anwendungsbereich des Art. 5 RKHK und sollen dessen Freistellungskriterien erfüllen. In diesem Zusammenhang sind z. B. die Wettbewerbsverbote, die nach Abschluss der Zusammenarbeit weiterbestehen oder die sich außerhalb der Tätigkeit befinden, je nach Einzelfall zu prüfen, und wahrscheinlich werden sie einen Verstoß gegen das Kartellverbot darstellen.[1515] Darüber hinaus können in weiteren Satelliten-Verträgen bzw. in Franchise-Verträgen zusätzliche Vereinbarungen oder Beschränkungen die beteiligten Unternehmen und auch Dritte betreffen. Wobei die Geheimhaltungsvereinbarungen bezüglich der Geschäfte ohne Frist nach der Zusammenarbeit und für Dritte als abtrennbare Vereinbarung gelten und nach Art. 5 RKHK die Freistellungskriterien erfüllen müssen.[1516]

b) Kooperative Vollfunktionsgemeinschaftsunternehmen nach türkischem Recht

aa) Prüfung nach Art. 4 RKHK

Das türkische Wettbewerbsrecht reguliert das Kartellverbot mit der folgenden Liste von Hardcore-Kartellen in Art. 4 RKHK:

1513 Türkische Wettbewerbskommission, Entsch. v. 28.12.2006, Nr. 06-95/202-365, S. 6 f.

1514 Türkische Wettbewerbskommission, Entsch. v. 21.12.2011, Nr. 11-62/1632/569, S. 2 f.

1515 Türkische Wettbewerbskommission, Entsch. v. 31.07.2001, Nr. 01-37/366-98, S. 9 ff.; Türkische Wettbewerbskommission, Entsch. v.18.09.2001, Nr. 01-44/436-114, S. 6 f.; Türkische Wettbewerbskommission, Entsch. v. 25.12.2003, Nr. 03-83/1005-407, S. 8 ff.; Türkische Wettbewerbskommission, Entsch. v. 28.04.1999, Nr. 99-21/173-92, S. 3 f.

1516 Türkische Wettbewerbskommission, Entsch. v. 25.12.2003, Nr. 03-83/1005-407, S. 11 f.

Wettbewerbsbeschränkende Vereinbarungen, abgestimmte Verhaltensweisen und Beschlüsse

Artikel 4. ***Rechtswidrig und verboten sind alle Vereinbarungen zwischen Unternehmen, Beschlüsse von Unternehmensvereinigungen und aufeinander abgestimmte Verhaltensweisen, welche auf einem bestimmten Waren- oder Dienstleistungsmarkt unmittelbar oder mittelbar die Verhinderung, Verfälschung oder Einschränkung des Wettbewerbs bezwecken oder bewirken oder dazu geeignet sind.***

Wie im europäischen und deutschen Recht beinhalten die Tatbestandsmerkmale des Kartellverbots nach Art. 4 RKHK Vereinbarungen, abgestimmte Verhaltensweisen und Beschlüsse. In diesem Zusammenhang ist für die türkische Wettbewerbskommission bei der Untersuchung von Wettbewerbsbeschränkungen bzw. von koordinativen Auswirkungen der Joint-Venture-Vertrag die basierende Vereinbarung bei der Anwendung des Kartellverbots.[1517] Wenn die Untersuchung außerhalb des Anwendungsbereichs der TR-FKVO liegt und einen Verstoß gegen Art. 4 RKHK darstellt, dann wurde der Joint-Venture-Vertrag als Kooperationsvertrag angesehen, wodurch das Tatbestandsmerkmal i. S. einer Vereinbarung erfüllt wurde.[1518] Wenn es sich auf der anderen Seite um ein kooperatives Vollfunktions-GU handelt, dann bedeutet das Gesamtvertragswerk einen Zusammenschluss und die türkische Wettbewerbskommission untersucht zunächst die Risiken einer Koordination, und nachfolgend werden – wenn solche Risiken bestehen – gemäß Art. 13 Abs. 3 TR-FKVO diese Risiken nach Art. 4 und 5 RKHK geprüft.[1519]

Bei der Untersuchung von kooperativen Vollfunktions-GU – wenn die Vollfunktionseigenschaft bestätigt wurde – werden die Risiken für eine Koordination unter die Lupe genommen. Wenn aufgrund der Untersuchung ein Koordinationsrisiko festgestellt wird, dann folgt eine erweiterte Prüfung nach Art. 4 RKHK, um herauszufinden, ob dieses Risiko i. S. eines Kartellverbots einen Verstoß darstellt.

Art. 13
(3) Die Gründung eines Gemeinschaftsunternehmens, das auf Dauer alle Funktionen einer selbständigen wirtschaftlichen Einheit erfüllt und die Einschränkung des Wettbewerbs bezweckt oder bewirkt, wird auch nach den Artikeln 4 und 5 des Gesetzes geprüft.

Wie oben erwähnt wurde, wird insbesondere der Markt des GU betrachtet, um festzustellen, ob durch die Gründung des GU eine Einschränkung des Wettbewerbs

1517 Türkische Wettbewerbskommission, Entsch. v. 03.08.2011; Nr. 11-44/984-331, S. 8 ff.; Türkische Wettbewerbskommission, Entsch. v. 01.07.2010, Nr. 10-47/869-302, S. 4; *Aslan*, Rekabet Hukuku Dersleri, 248.

1518 Türkische Wettbewerbskommission, Entsch. v. 12.09.2013, Nr. 13-52/734-307, Rn. 10; Türkische Wettbewerbskommission, Entsch. v. 16.10.2014, Nr. 14-40/737-329, Rn. 13; Türkische Wettbewerbskommission, Entsch. v. 18.12.2008, Nr. 08-73/1179-454, S. 6.

1519 Türkische Wettbewerbskommission, Entsch. v. 25.04.2012, Nr. 12-22/564-162, Rn. 7.

bezweckt oder bewirkt wird. Im Vergleich zu den älteren Entscheidungen wurde das gleiche Kriterium zur Einschränkung des Wettbewerbs geprüft, aber es können in dem Verfahren der TR-FKVO auf diese Weise auch die alten Entscheidungen zur Prüfung der Einschränkung des Wettbewerbs analysiert werden.

Am Anfang wird die Wahrscheinlichkeit der Einschränkung des Wettbewerbs in Bezug auf das Verhältnis der Mütter zueinander und zum GU betrachtet. Im Anhang[1520] zur TR-FKVO wurde darauf hingewiesen, dass die betroffenen Märkte bei der Untersuchung diejenigen Märkte sind, auf denen die beteiligten Unternehmen ein vertikales und/oder ein horizontales Verhältnis zueinander aufweisen.[1521] Besonders bei der Prüfung von Gemeinschaftsunternehmen – wenn die Präsenz von mehr als zwei Müttern auf dem Markt des GU oder auf vor- oder nachgelagertem Markt oder einem benachbarten Markt vorliegt – wird von den Muttergesellschaften gefordert, dass sie ihre Gründe anführen, um klarzustellen, warum die Gründung des GU keinen Verstoß gegen das Kartellverbot gemäß Art. 4 RKHK darstellt, und weiterhin – falls ein Verstoß vorliegt –, warum es nach Art. 5 RKHK freigestellt werden sollte.[1522]

In diesem Zusammenhang untersucht die türkische Wettbewerbskommission den Markt des GU und vor- und nachgelagerte sowie benachbarte Märkte in der Türkei, um die Einschränkung des Wettbewerbs durch koordinative Verhaltensweisen nachweisen zu können.[1523] Die gleichzeitige Präsenz der Mutter weist darauf hin, dass auch die Selbstständigkeit des GU gefährdet sein kann.[1524] Darüber hinaus wird das potenzielle Wettbewerbsverhältnis zwischen den Muttergesellschaften auf dem Markt des GU berücksichtigt, falls eine Einschränkung des potenziellen Wettbewerbs wahrscheinlich ist.[1525] In einer Entscheidung – nach der TR-FKVO a. F. – wurde der Vollfunktionscharakter des GU bejaht, aber die Muttergesellschaften (THY) blieben auf dem Markt des GU weiterhin tätig, und daher hat die türkische Wettbewerbskommission dies als eine kooperative Vereinbarung angesehen und nach Art. 4 und 5 RKHK geprüft und unter Auflage freigestellt.[1526]

1520 Anmeldeformular zur TR-FKVO (2010/4).

1521 Anmeldeformular zur TR-FKVO (2010/4), § 5.

1522 Anmeldeformular zur TR-FKVO (2010/4), § 9.

1523 Türkische Wettbewerbskommission, Entsch. v. 07.12.2011, Nr. 11-60/1564-555, S. 7 ff.; Türkische Wettbewerbskommission, Entsch. v. 24.06.2004, Nr. 04-43/537-132, S. 5.

1524 Türkische Wettbewerbskommission, Entsch. v. 23.05.2000, Nr. 00-19/188-100, S. 5 f.

1525 Türkische Wettbewerbskommission, Entsch. v. 26.09.2000, Nr. 00-36/398-224, S. 5 f.

1526 Türkische Wettbewerbskommission, Entsch. v. 11.04.2007, Nr. 07-131/323-119, S. 8 ff., wo die THY und Lufthansa die gemeinsame Kontrolle über eine Charter-Fluggesellschaft erworben haben. Dieser Erwerb wurde unter der Auflage der Nicht-Erhöhung der Anzahl der Flüge auf besonderen Fluglinien, nämlich dort, wo die Marktanteile der beteiligten Unternehmen wegen des Spürbarkeitsniveaus hoch bewertet wurden, für zwei Jahre freigestellt.

In einer anderen Entscheidung sollte das GU auf einem Markt den Betrieb von Schwerlastfrachtern übernehmen, wo keine der Mütter tätig war. Im Gesellschaftsvertrag wurde der Tätigkeitsbereich des Vollfunktions-GU aber sehr weitgehend vereinbart: Alle möglichen Tätigkeiten im Bereich des Seehandels werden erwähnt. Dadurch hat die gleichzeitige Präsenz der Muttergesellschaften und des GU in anderen Bereichen das Koordinierungsrisiko wahrscheinlicher erscheinen lassen. Aus diesem Grund hat die türkische Wettbewerbskommission unter der Auflage eines limitierten Tätigkeitsbereichs des GU durch Veränderung des Gesellschaftsvertrages den Zusammenschluss bejaht, da die Zusammenarbeit nach einer großen Investition notwendig geworden war, die die Muttergesellschaften nicht allein gewährleisten konnten.[1527]

Darüber hinaus gilt die gleichzeitige Präsenz der Muttergesellschaften auf dem Markt des GU nicht per se als Kartellverstoß, da die niedrigen Marktanteile der beteiligten Unternehmen und ein hoher Wettbewerbsdruck von vielen anderen Marktteilnehmern das Koordinationsrisiko zwischen den Muttergesellschaften verringert.[1528]

In einer anderen Entscheidung waren die Muttergesellschaften auf dem Catering-Markt gleichzeitig tätig und wollten ein GU gründen, welches die Chipkarte für das Catering-Geschäft beschaffen und betreiben sollte. Die Gründung des GU wurde bejaht, obwohl die Mütter Wettbewerber waren, jedoch wurde das GU so gegründet, dass es Informationen über die Kunden der Muttergesellschaften auf verschiedenen Kanälen sammelte und dadurch eine Koordination durch Informationsaustausch zwischen den aktuellen Wettbewerbern vermieden werden sollte.[1529]

Bezüglich der Koordination auf dem Markt des GU ist zu fragen, ob von einer gleichzeitigen Präsenz der Muttergesellschaften in der Türkei gesprochen werden kann, denn sonst hat die Präsenz auf dem weltweiten Markt keine Konsequenzen, solange die Muttergesellschaften aus dem türkischen Markt austreten. Die Unbedenklichkeit der Auswirkungen eines solchen Koordinationsrisikos auf dem weltweiten Markt wurde infolge der starken Wettbewerber auf dem Markt des GU durch die „*rule of reason*"-Analysis weiter neutralisiert.[1530]

Bei der Untersuchung des vertikalen Verhältnisses prüft die türkische Wettbewerbskommission bezüglich des Koordinationsrisikos nicht nur die gleichzeitige Präsenz der Muttergesellschaften auf dem vor- oder nachgelagerten Markt, sondern

1527 Türkische Wettbewerbskommission, Entsch. v. 16.12.2014, Nr. 04-79/1147-287, S. 9 f.

1528 Türkische Wettbewerbskommission, Entsch. v. 17.05.2011, Nr. 11-31/630-197, S. 6 f.

1529 Türkische Wettbewerbskommission, Entsch. v. 31.07.2001, Nr. 01-37/365-97, S. 6 ff.

1530 Türkische Wettbewerbskommission, Entsch. v. 24.06.2004, Nr. 4-43/537-132, S. 5 f.

auch die geschäftliche Beziehung des GU zu den Muttergesellschaften.[1531] In vielen Entscheidungen zeigen sich diese Kriterien in Bezug auf das vertikale Verhältnis als abgrenzende Fälle für die Unterscheidung von Vollfunktions- und Teilfunktions-GU, weil sich die Beziehung zwischen den Muttergesellschaften und dem GU auf die Selbstständigkeit des GU beschränkt.[1532] Dabei ist darauf zu achten, ob die Muttergesellschaften auf dem vertikalen Markt zusammen einen erheblichen Marktanteil besitzen.[1533] Wenn die Muttergesellschaften mit unerheblichen Markanteilen eine gleichzeitige Präsenz haben – und zwar sowohl im horizontalen als auch im vertikalen Verhältnis –, dann wurde immerhin die Gründung eines Vollfunktions-GU bejaht, weil bei einer Vielzahl von Wettbewerbern mit niedrigen Marktanteilen auf dem relevanten Markt die Einschränkung des Wettbewerbs als nicht erheblich angesehen wurde.[1534] In einer anderen Entscheidung wurde die gleichzeitige Präsenz der Muttergesellschaften auf dem Markt im vertikalen Verhältnis zum GU für eine koordinative Auswirkung als nicht wesentlich erachtet, weil die Gesamtmarktanteile der Mütter zu niedrig waren und auf diesem Markt ein globaler Wettbewerbsdruck mit niedrigen Marktzutrittsschranken vorlag.[1535]

Auch wenn das GU nicht in der Türkei tätig sein wird, wurden ferner die Auswirkungen einer gleichzeitigen Präsenz der Muttergesellschaften auf dem vorgelagerten Markt in einer Entscheidung untersucht. Hier war im horizontalen Verhältnis nur eine Mutter auf dem relevanten Markt in der Türkei tätig. Obwohl beide Mütter auf dem vorgelagerten Markt eine Existenz gezeigt haben, hatten sie verschiedene geografische Märkte (Asien vs. Europa), und weil sie insgesamt niedrige Gesamtmarktanteile besaßen, wurde keine wahrscheinliche Wettbewerbsbeschränkung durch Koordination festgestellt.[1536] In weiteren Entscheidungen, in denen zwar eine Muttergesellschaft ein GU war und das zu gründende GU keine Tätigkeit in der Türkei ausübte, wurden alle möglichen Auswirkungen der Muttergesellschaften der GU-Muttergesellschaft berücksichtigt. Es wurden mögliche

---

1531 Türkische Wettbewerbskommission, Entsch. v. 23.05.2000, Nr. 00-19/188-100, S. 5 f.

1532 Türkische Wettbewerbskommission, Entsch. v. 29.06.2006, Nr. 06-46/589-161, S. 5; Türkische Wettbewerbskommission, Entsch. v. 29.12.2006, Nr. 06-96/1224-369, S. 8; Türkische Wettbewerbskommission, Entsch. v. 27.08.2009, Nr. 09-40/986-248, S. 7 f.

1533 Türkische Wettbewerbskommission, Entsch. v. 27.08.2009, Nr. 09-40/986-248, S. 8; Türkische Wettbewerbskommission, Entsch. v. 03.08.2011, Nr. 11-44/984-331, S. 10; Türkische Wettbewerbskommission, Entsch. v. 26.06.2001, Nr. 01-29/282-83, S. 9.

1534 Türkische Wettbewerbskommission, Entsch. v. 16.10.2014, Nr. 14-40/727-322, Rn. 14.

1535 Türkische Wettbewerbskommission, Entsch. v. 12.09.2013, Nr. 13-52/733-306, Rn. 7 ff.

1536 Türkische Wettbewerbskommission, Entsch. v. 11.07.2013, Nr. 13-44/551-245, Rn. 13 f.

Netzwerkeffekte zusammengerechnet, um eine Wettbewerbsbeschränkung auf dem relevanten Markt verhindern zu können. Obwohl die weiteren Muttergesellschaften der GU-Muttergesellschaft auf dem vorgelagerten Markt in der Türkei tätig sind – eine davon ist als weiteres Vollfunktions-GU tätig[1537] –, wurde bei der Gründung des GU die Wettbewerbsbeschränkung als nicht wahrscheinlich angesehen, weil auch das zu gründende GU und die GU-Muttergesellschaft nicht auf dem türkischen Markt tätig waren.[1538]

Im vertikalen Verhältnis ist wiederum darauf zu achten, dass mehr als zwei Mütter auf dem vor- oder nachgelagerten Markt tätig bleiben, denn wenn es sich nur um eine Mutter auf dem vorgelagerten Markt handelt, die mit dem GU auf rein geschäftlicher Grundlage zusammenarbeitet, erhebt die türkische Wettbewerbskommission keine Bedenken bezüglich der Spillover-Effekte.[1539] Auch wenn nur eine Muttergesellschaft auf dem nachgelagerten und benachbarten Markt tätig ist, entsteht dadurch keine Wettbewerbsbeschränkung.[1540] Das Gleiche gilt auch für den Fall, dass eine der Mütter auf dem nachgelagerten Markt einen hohen Marktanteil auf dem türkischen Markt hat; z.B. gründete die Fluggesellschaft THY ein GU, um Herstellung und Verkauf von Flugsitzen zu ermöglichen. Obwohl THY auf dem nachgelagerten Markt als potenzieller Kunde des GU heraussticht, wurde dennoch die Gründung des GU als Vollfunktions-GU bejaht, da durch die Gründung des GU ein Auftritt auf dem globalen Markt beabsichtigt wurde. Da auf diesem andere starke Marktteilnehmer außer THY in Erscheinung traten, lag darin keine Wettbewerbsbeschränkung.[1541]

Als weiterer Tatbestand ist in Art. 4 RKHK die Einschränkung des Wettbewerbs genannt. Wie im europäischen und deutschen Recht sind auch im türkischen Wettbewerbsrecht die Joint-Venture-Vereinbarungen und die GU-Gesellschaftsverträge und daraus folgend auch die Satelliten-Verträge gemäß Art. 4 RKHK rechtswidrig, wenn sie – bezweckt oder bewirkt – den Wettbewerb beschränken. Nach dieser Untersuchung werden zunächst die gemeinsamen Märkte der Muttergesellschaften in Bezug auf den Markt des GU betrachtet; danach folgt die Untersuchung bezüglich der Spürbarkeit, wenn die Gründung des Gemeinschaftsunternehmens unmittelbar

1537 Türkische Wettbewerbskommission, Entsch. v. 06.11.2013, Nr. 13-62/879-374.

1538 Türkische Wettbewerbskommission, Entsch. v. 09.01.2014, Nr. 14-01/3-2, Rn. 10 f.

1539 Türkische Wettbewerbskommission, Entsch. v. 07.12.2011, Nr. 11-60/1564-555, S. 8 f.; vgl. Türkische Wettbewerbskommission, Entsch. v. 19.06.2003, Nr. 03-44/500-220, S. 5 f.

1540 Türkische Wettbewerbskommission, Entsch. v. 12.05.2011, Nr. 11-30/589-186, S. 6; Türkische Wettbewerbskommission, Entsch. v. 04.05.1999, Nr. 99-22/197-113, S. 6; Türkische Wettbewerbskommission, Entsch. v. 16.10.2014, Nr. 14-40/727-322, Rn. 14.

1541 Türkische Wettbewerbskommission, Entsch. v. 07.12.2011, Nr. 11-60/1558-551, S. 3.

die Koordination der Muttergesellschaften gewährleisten und dadurch den Wettbewerb erheblich behindern kann.[1542]

Wie oben bei der Prüfung der Wahrscheinlichkeit erwähnt wurde, ist die Wahrscheinlichkeit der Koordination oder überhaupt deren Spürbarkeit wettbewerbsrechtlich unbedenklich, selbst wenn die Muttergesellschaften gleichzeitige Präsenz auf dem relevanten oder vor- oder nachgelagerten Markt des GU zeigen, jedoch keine nennenswerte Tätigkeit auf dem Markt entwickeln, was dann die niedrigen Marktanteile belegen können.[1543] Nach dem europäischen Wettbewerbsrecht wurde der Fall i. S. d. Bagatellpräsenz gleichermaßen ausgelegt, wenn zwei Muttergesellschaften präsent bleiben, aber keine oder nur eine davon eine nennenswerte Präsenz hat. In diesem Fall ist das Niveau der Wahrscheinlichkeit gleich dem Fall, in dem nur eine Mutter auf dem Markt tätig ist und daher keine Koordination zu erwarten ist.[1544] In vielen Entscheidungen der türkischen Wettbewerbskommission wurde auf die gesamten Marktanteile der Muttergesellschaften hinsichtlich der Wahrscheinlichkeit und Spürbarkeit der Koordination hingewiesen, und es wurde ferner die Annahme der geringen Wahrscheinlichkeit der Koordination mit der hohen Zahl der Wettbewerber und Marktzutrittsschranken gestützt.[1545] Da in oben erwähnten Entscheidungen die gesamten Marktanteile der Muttergesellschaften nicht veröffentlicht wurden, ist das Niveau der Spürbarkeit nach Art. 4 RKHK nicht ganz klar festzustellen. Ferner wurde dies in der Mitteilung über horizontale Vereinbarungen[1546] von der türkischen Wettbewerbskommission dadurch bestätigt, dass die Spürbarkeit der Koordination nicht bedenklich sein kann, wenn die Gesamtmarktanteile niedrig sind; bei deren Bewertung kommt es im Einzelfall auf die Vereinbarung an.[1547] Wenn es generell um die Spürbarkeit von Vollfunktions-GU ging, hatte die alte Fusionskontrollverordnung den Gesamtmarktanteil von über 25 % als anmeldepflichtig klassifiziert, wobei die kooperativen Vollfunktions-GU kein Konzentrationsprivileg hatten. Mit der neuen Verordnung sollten die Marktbedingungen im Einzelfall geprüft werden, um das Spürbarkeitsniveau festzustellen; da jetzt auch

1542 Türkische Wettbewerbskommission, Entsch. v. 26.06.2001, Nr. 01-29/282-83, S. 9.

1543 Türkische Wettbewerbskommission, Entsch. v. 18.09.2001, Nr. 01-44/436-114, S. 4 f.

1544 Vgl. *Schroeder*, in: Grabitz/Hilf/Nettesheim, AEUV, Art. 101 Rn. 491.

1545 Türkische Wettbewerbskommission, Entsch. v. 11.07.2013, Nr. 13-44/551-245, Rn. 13; Türkische Wettbewerbskommission, Entsch. v. 12.09.2013, Nr. 13-52/733-306, Rn. 10; Türkische Wettbewerbskommission, Entsch. v. 16.10.2014, Nr. 14-40/727-322, Rn. 14; Türkische Wettbewerbskommission, Entsch. v. 17.05.2011, Nr. 11-31/630-197, S. 7; Türkische Wettbewerbskommission, Entsch. v. 03.08.2011, Nr. 11-44/984-331, S. 10; Türkische Wettbewerbskommission, Entsch. v. 26.12.2013, Nr. 13-72/1013-431, Rn. 11.

1546 Türkische Wettbewerbskommission, Mitteilung über horizontale Vereinbarungen v. 30.04.2013, Nr. 13-24/326- RM (6).

1547 Türkische Wettbewerbskommission, Mitteilung über horizontale Vereinbarungen, Rn. 30.

die kooperativen Vollfunktions-GU nach der TR-FKVO zu beurteilen sind, ist die Spürbarkeit nicht nur nach dem Marktbeherrschungstest zu prüfen, sondern es muss auch eine niedrigere Spürbarkeit der Zusammenarbeit beachtet werden.

Beim kooperativen Vollfunktions-GU werden auch alle Nebenabreden nach der TR-FKVO geprüft, wenn die Umsatzschwelle der Verordnung nicht überschritten wurde. Obgleich hier von einer Vollfunktions-GU (konzentrativ oder kooperativ) gesprochen werden kann, sind die damit verbundenen und notwendigen Nebenabreden nach Art. 4 RKHK wiederum nach der Immanenztheorie zu prüfen.[1548] Wird auf der anderen Seite das Vollfunktions-GU bezüglich des Konzentrationsprivilegs untersucht, werden die Vereinbarungen, die als Nebenabrede eingestuft werden können, ohne weitere Untersuchung bejaht. Kann hingegen die Abgrenzung der Nebenabrede nicht ganz klar festgestellt werden, findet Art. 13 TR-FKVO Anwendung, um herauszufinden, ob eine Wettbewerbsbeschränkung in Bezug auf eine abtrennbare Vereinbarung vorliegt. In einer Entscheidung ein Vollfunktions-GU betreffend sollte das GU als konzentrativ klassifiziert werden, weil sich eine Mutter aus dem relevanten Markt zurückzog. Die türkische Wettbewerbskommission hat immerhin das Wettbewerbsverbot mit Verweis auf Art. 13 Abs. 3 TR-FKVO analysiert,[1549] der allgemein kooperative Vollfunktions-GU betreffen sollte. Stattdessen könnte die türkische Wettbewerbskommission – wie in den Entscheidungen nach der alten TR-FKVO[1550] – das Wettbewerbsverbot ebenso generell nach dem Zusammenschlussverfahren analysieren.

Aus diesem Grund lässt sich feststellen, dass die Prüfung nach Art. 4 RKHK gemäß Art. 13 Abs. 3 TR-FKVO nicht nur die koordinativen Auswirkungen zwischen den Muttergesellschaften und dem GU einschließt, sondern auch die Überprüfung abtrennbarer Vereinbarungen. Diese Verfahrensweise unterscheidet sich vom europäischen Recht, das kooperative Vollfunktions-GU nach Art. 4 und 5 FKVO prüft und nur die Koordinierung des Wettbewerbsverhaltens unabhängig bleibender Unternehmen zugrunde legt. Dagegen spricht die TR-FKVO in Art. 13 Abs. 3 von Einschränkung des Wettbewerbs generell für Vollfunktions-GU und nicht allein von einer koordinativen Wirkung. Infolgedessen wurde die Vorschrift so ausgelegt, dass alle möglichen Wettbewerbseinschränkungen hinsichtlich der Vollfunktions-GU nach dem Verfahren der TR-FKVO gemäß Art. 4 und 5 RKHK – im Bereich des Konzentrationsprivilegs – untersucht werden können. Die gleiche Diskussion folgt auch zum europäischen Wettbewerbsrecht. Es wurde die Frage gestellt, ob durch eine erweiternde Auslegung des Art. 2 Abs. 4 FKVO weitere kooperative Aspekte als abtrennbare Vereinbarungen auch innerhalb des Verfahrens nach der FKVO

1548 Türkische Wettbewerbskommission, Entsch. v. 20.12.2006, Nr. 06-92/1174-352; Türkische Wettbewerbskommission; Entsch. v. 19.10.2004, Nr. 04-66/945-223, S. 8.

1549 Türkische Wettbewerbskommission, Entsch. v. 21.12.2011, Nr. 11-62/1632-569, S. 2 ff.

1550 Türkische Wettbewerbskommission, Entsch. v. 17.04.2008, Nr. 08-29/347-110, S. 5 f.

geprüft werden können. Dies wurde auch nach europäischem Fusionskontrollrecht als möglich angesehen.[1551]

Zwischen Nebenabreden und abtrennbaren Vereinbarungen grenzt die türkische Wettbewerbskommission in ihren Entscheidungen manchmal nicht klar ab. Besonders wenn es sich um ein Wettbewerbsverbot handelt, dann lehnt die türkische Wettbewerbskommission ein Wettbewerbsverbot, das über die Dauer der gemeinsamen Kontrolle im GU hinausgeht, als Nebenabrede ab.[1552] Da solche Vereinbarungen weitgehend wegen der unmittelbaren Verbindung und Notwendigkeit getroffen worden sind, wurden sie auch infolge einer negativen Definition als abtrennbare Vereinbarungen eingestuft. [1553] Denn liegt solch eine Vorschrift in einem Joint-Venture-Vertrag nahe der Grenze zwischen einer Nebenabrede und einer abtrennbaren Vereinbarung, schlägt die türkische Wettbewerbskommission per Auflagen und Bedingungen mögliche Lösungen vor.[1554]

Darüber hinaus wurden weitere Vereinbarungen zwischen den Muttergesellschaften und dem GU weiterhin nach Art. 4 RKHK untersucht. In einer Entscheidung nach der alten Verordnung wurde die Ausschließlichkeitsvereinbarung zwischen der Mutter und dem konzentrativen Vollfunktions-GU als abtrennbare Vereinbarung behandelt,[1555] und es wurde deshalb eine weitere Untersuchung nach Art. 4 RKHK gefordert. Dieser Ausschließlichkeitsvereinbarung für die Dauer von fünf Jahren mit THY konnte kein Negativtest i. S. d. Kartellverbots erteilt werden, weil THY eine erhebliche Marktmacht auf dem nachgelagerten Markt hat. Eine lange dauernde, ausschließliche Verkaufsvereinbarung würde den Markt mit relativ niedrigem Niveau vom Wettbewerb weiter abschotten, weshalb die Muttergesellschaft THY frei von einer Ausschließlichkeitsvereinbarung auf dem Markt agieren soll.[1556] Mit

---

1551 *Kuhn,* Kooperative Aspekte von Gemeinschaftsunternehmen im Europäischen Kartellrecht, 314 f.

1552 Türkische Wettbewerbskommission, Entsch. v. 17.04.2008, Nr. 08-29/347-110, S. 5 f.; Türkische Wettbewerbskommission, Entsch. v. 02.04.2008, Nr. 08-27/308-98, S. 10 f.; Türkische Wettbewerbskommission, Entsch. v. 01.02.2007, Nr. 07-11/88-24, S. 7 f.

1553 Vgl. *Kuhn,* Kooperative Aspekte von Gemeinschaftsunternehmen im Europäischen Kartellrecht, 43.

1554 Türkische Wettbewerbskommission, Entsch. v. 21.12.2011, Nr. 11-62/1632-569, S. 4 f.

1555 Türkische Wettbewerbskommission, Entsch. v. 29.12.2006, Nr. 06-96/1224-369, S. 12 ff., wo THY (Fluggesellschaft) und DoCo (Catering-Gesellschaft) ein Vollfunktions-GU gründen, das im Bereich der Bewirtung von Flugpassagieren tätig sein sollte. Das GU wurde freigegeben unter der Bedingung, dass die Ausschließlichkeitsvereinbarung, die nicht als Nebenabrede angesehen wurde, für einen Negativtest angemeldet und die erforderlichen Änderungen vorgenommen würden. Die Ausschließlichkeitsvereinbarung für fünf Jahre mit THY wurde weiter in einer anderen Entscheidung untersucht (siehe unten).

1556 Türkische Wettbewerbskommission, Entsch. v. 11.09.2008, Nr. 08-52/784-313, S. 6 ff.

der neuen Verordnung ist zu behaupten, dass solche abtrennbaren Vereinbarungen bezüglich der Vollfunktions-GU nach dem Verfahren der TR-FKVO gemäß Art. 13 Abs. 3 gleichzeitig bezüglich des Konzentrationsprivilegs untersucht werden.[1557]

Wenn außer der Koordinationsgefahr aus der Gründung eines GU auch andere Beschränkungen in den Vereinbarungen zwischen den Muttergesellschaften vorliegen, dann soll auch die Freistellung nach Art. 5 RKHK gemäß Art. 13 Abs. 3 TR-FKVO nach dem Fusionskontrollverfahren möglich werden. Die gleiche Untersuchung für die Freistellung folgt nun nach dem Verfahren der TR-FKVO: Statt einen Negativtest gemäß Art. 8 RKHK bei der türkischen Wettbewerbskommission separat zu beantragen, führt die türkische Wettbewerbskommission den Negativtest durch, wenn er als nötig angesehen wird. Bei Nicht-Erteilung eines Negativtests werden die Freistellungsvoraussetzungen nach Art. 5 RKHK im gleichen Verfahren weiterhin geprüft.

Nach Art. 5 RKHK erfolgt die Erteilung einer Freistellung, wenn die vier kumulativen Voraussetzungen des Art. 5 RKHK in einem bestimmten Fall – entweder in Bezug auf das Koordinationsrisiko oder die abtrennbaren Vereinbarungen – kumulativ erfüllt sind.

bb) Freistellung nach Art. 5 RKHK

Freistellung

Artikel 5

Der Rat kann Vereinbarungen zwischen Unternehmen, Beschlüsse von Unternehmensvereinigungen und aufeinander abgestimmte Verhaltensweisen bei kumulativem Vorliegen der unten genannten Voraussetzungen von der Anwendbarkeit des Artikels 4 ausnehmen:

- *a) das Schaffen der Förderung eines technischen oder wirtschaftlichen Fortschritts bei der Warenerzeugung oder -verteilung oder beim Anbieten der Dienstleistungen;*
- *b) das Profitieren der Verbraucher;*
- *c) keine Ausschaltung des Wettbewerbs in einem wesentlichen Teil des Marktes;*
- *d) keine Wettbewerbsbeschränkung, die über das erforderliche Maß zur Verwirklichung der in den lit. a und b genannten Ziele hinausgeht.*

Die Freistellung kann für einen bestimmten Zeitraum oder unter bestimmten Auflagen oder Bedingungen gewährt werden. Die Freistellungsentscheidungen sind ab dem Zeitpunkt des Zustandekommens der Vereinbarung, der abgestimmten Verhaltensweise oder der Beschlüsse der Unternehmensvereinigungen oder wenn die Freistellung mit einer Bedingung verknüpft ist, ab dem Zeitpunkt ihrer Erfüllung wirksam.

Nach der alten Fassung der TR-FKVO wurden alle wahrscheinlich wettbewerbsbeschränkenden koordinativen Wirkungen eines Vollfunktions-GU separat gemäß Art. 4 und 5 RKHK gemäß der Doppelkontrolle geprüft. In dem Zusammenhang

1557 Vgl. Türkische Wettbewerbskommission, Entsch. v. 21.12.2011, Nr. 11-62/1632-569.

erforderte die oben genannte Ausschließlichkeitsvereinbarung ein anderes Verfahren, um die Vereinbarkeit mit dem Wettbewerbsrecht der Türkei zu gewährleisten. Nach der Ausschließlichkeitsvereinbarung trug eine der Mütter (THY) 50 % des Gesamtumsatzes des GU bei, und dies wurde auf die Dauer von fünf Jahren weiter gesichert. Da aber die Muttergesellschaft und auch das GU ziemlich starke Marktpositionen besitzen, hatte die Ausschließlichkeitsvereinbarung deren Übertragung als Vorteil für die Kunden nicht abgesichert, obwohl eine Preissenkung für Flugtickets wegen der Skaleneffekte ohne die Ausschließlichkeitsvereinbarung als möglich angesehen wurde. Die Marktbedingungen waren für einen wirksamen Wettbewerb bezüglich der Zahl der Konkurrenten und der Marktzutrittsschranken nicht ausreichend. Wenn solch ein machtvoller Marktteilnehmer dem GU abgekauft werden soll, dann deutet das darauf hin, dass ein freier Wettbewerb auf dem Markt für die Muttergesellschaft nicht besteht. Weshalb nicht von einem Preisvorteil für die Kunden gesprochen werden kann. Als Folge davon werden sich die Marktzutrittsschranken erhöhen: Da solch ein Bewirtungsgeschäft ein aufwendiges Know-how benötigt, wird dies die potenziellen Wettbewerber vom Markt abschrecken, und eine Marktabschottung für fünf Jahre geht auch über das erforderliche Maß hinaus.[1558] Infolge der neuen Entscheidungen wurde darauf hingewiesen, dass Art. 13 Abs. 3 TR-FKVO beabsichtigt, bei der weiteren Untersuchung der Einschränkungen des Wettbewerbs besonders das Koordinationsrisiko des Wettbewerbsverhaltens nach Art. 4 und 5 RKHK zu prüfen.[1559] Auf der anderen Seite – wie oben erwähnt wurde – ist auch festzustellen, dass weitere Vereinbarungen, die nicht als Nebenabrede klassifiziert werden, ebenfalls nach der gleichen Vorschrift zu untersuchen sind.[1560]

Wenn es sich – nach der TR-FKVO a. F. (Nr. 1997/1) – um die Prüfung der Wahrscheinlichkeit einer Koordination handelt, so hat die Existenz solch einer Wahrscheinlichkeit eines Vollfunktions-GU zur Nicht-Erfüllung der negativen Voraussetzung von bezweckter/bewirkter Einschränkung des Wettbewerbs geführt. Wegen dieser negativen Voraussetzung sollten die Vollfunktions-GU, die nicht rein konzentrativ waren und die eine Wahrscheinlichkeit von Spillover-Effekten zeigten, in der Praxis zusammen mit der Anmeldung i. S. d. Fusionskontrolle für einen Negativtest gemäß Art. 8 RKHK einen Antrag stellen; falls dabei ein Verstoß nach Art. 4 RKHK festgestellt wurde, folgte eine Freistellungsprüfung nach Art. 5 RKHK.

1558 Türkische Wettbewerbskommission, Entsch. v. 11.9.2008, Nr. 08-52/784-313 und Türkische Wettbewerbskommission, Entsch. v. 29.12.2006, Nr. 06-96/1224-369.

1559 Türkische Wettbewerbskommission, Entsch. v. 04.04.2014, Nr. 14-14/251-109, Rn. 12; Türkische Wettbewerbskommission, Entsch. v. 20.05.2014, Nr. 14-18/336-146, Rn. 11; Türkische Wettbewerbskommission, Entsch. v. 05.12.2013, Nr. 13-69/932-393, Rn. 11; Türkische Wettbewerbskommission, Entsch. v. 26.06.2013, Nr. 13-40/514-224, Rn. 9; Türkische Wettbewerbskommission, Entsch. v. Nr. 27.11.2012, 12-60/1598-582, Rn. 22 f.

1560 Türkische Wettbewerbskommission, Entsch. v. 21.12.2011, Nr. 11-62/1632-569, S. 4.

In diesem Zusammenhang wurden die Spillover-Effekte solcher kooperativen Vollfunktions-GU innerhalb der Fristen des Kartellverbots untersucht. In einer Entscheidung nach der TR-FKVO a. F. hatte die Muttergesellschaft Lufthansa die Hälfte der Anteile an einem bestehenden GU (Sun Express-Charter-Fluggesellschaft) erworben und damit gemeinsam mit der anderen Mutter THY das GU kontrolliert. Obwohl das GU die Eigenschaft der Vollfunktion erfüllte, wurden Bedenken bezüglich der Präsenz der Muttergesellschaften auf dem Markt von Flugdienstleistung i. S. v. Spillover-Effekten erhoben, welche dann als Verstoß gegen Art. 4 RKHK angesehen wurden. Deshalb wurden für eine Freistellung die kumulativen Voraussetzungen im Einzelnen untersucht. Die türkische Wettbewerbskommission hat darauf hingewiesen, dass durch den Zusammenschluss die Zahl der Flüge ansteigen werde und die Flugpassagiere daraus Vorteile ziehen könnten. Jedoch kommt es nur mit bestimmten Fluglinien zu hohen Gesamtmarktanteilen, weshalb die Zahl der Flüge nicht erhöht werden durfte, da sonst eine Einschränkung des Wettbewerbs in einem wesentlichen Teil des Marktes vermutet wurde. Weiterhin sollten die aktuellen und potenziellen Konkurrenten des GU nicht vom Markt abgeschreckt werden: Wenn die Transitpassagiere andere Charter-Flüge statt Flüge des GU (Sun-Express) auswählen möchten, sollten die Muttergesellschaften mit hohen Marktanteilen dies für die Passagiere nicht erschweren und dadurch den Wettbewerb beschränken.[1561] Unter den genannten Voraussetzungen wurde die Kooperationsvereinbarung, nämlich das GU, freigestellt.

Mit der neuen Verordnung folgt – wenn die Vollfunktionseigenschaft bestätigt wurde – eine Bewertung bezüglich der Auswirkungen auf den Wettbewerb des zu gründenden Gemeinschaftsunternehmens. In einer aktuellen Entscheidung[1562] wurde ein kooperatives Vollfunktions-GU nach dem Verfahren der TR-FKVO gemäß Art. 5 RKHK freigestellt: Die Muttergesellschaften sind auf dem Markt von Körperpflegeprodukten tätig, und sie gründen ein GU, welches auch Produkte verschiedener Marken vertreiben soll. Da alle beteiligten Unternehmen auf dem gleichen Markt als Wettbewerber tätig waren und im Gesamtvertragswerk keine Wettbewerbsverbote vereinbart wurden, hatte die türkische Wettbewerbskommission auf ein Risiko der Wettbewerbsbeschränkung im Sinne einer Koordination hingewiesen. Jedoch wurde dies nach Art. 5 RKHK freigestellt, weil das neue GU eine neue Marke in den Markt eingebringen sollte, welche eine hohe Qualität aufwies. Aus diesem Grund wurde angenommen, dass die Produktvielfalt den Wettbewerb steigern werde und die Kunden damit Vorteile wahrnehmen würden. Außerdem wies der Markt eine hohe Wettbewerbsfähigkeit in Bezug auf die Zahl der Konkurrenten auf, und dazu hatten die Muttergesellschaften noch einen relativ niedrigen Gesamtmarktanteil, weswegen nicht von einer Einschränkung des Wettbewerbs auszugehen war.

1561 Türkische Wettbewerbskommission, Entsch. v. 11.04.2007, Nr. 07-31/323-119, S. 8 ff.

1562 Türkische Wettbewerbskommission, Entsch. v. 03.08.2011, Nr. 11-44/984-331, S. 8 ff.

Anhand der alten als auch der neuen Entscheidungen der türkischen Wettbewerbskommission ist festzustellen, dass jetzt nach Veränderung der Verordnung die Untersuchung der kooperativen Vollfunktions-GU – die früher als Kooperationsvereinbarung angesehen wurde und ein zusätzlicher Antrag bei der Zusammenschlussanmeldung gestellt werden musste – nach dem Zusammenschlussverfahren kein weiterer Antrag auf Negativtest gemäß Art. 8 RKHK innerhalb der Fristen der TR-FKVO notwendig ist. Geändert haben sich nur die Fristen für die Untersuchung von kooperativen Vollfunktions-GU durch die neue TR-FKVO, ansonsten folgt die Untersuchung der Wettbewerbsbeschränkung für Spillover-Effekte und weitere abtrennbare Vereinbarungen wie nach der alten Verordnung, aber ohne notwendigen Antrag auf Negativtest. Damit hat sich das türkische Wettbewerbsrecht an das europäische Recht angepasst, und mit dem Konzentrationsprivileg – das alle Arten von Vollfunktions-GU abdeckt – ist die Prüfung kooperativer Vollfunktions-GU rechtssicherer geworden. Zudem ist eine befristete Zeit für die Untersuchung der Struktur- und Verhaltenskontrolle für das Wirtschaftsleben effizienter, da sonst das unterschiedliche Verfahren der Verhaltenskontrolle keine Befristung für die Untersuchung enthielt, und das führte zu einer Unsicherheit für kooperative Vollfunktions-GU. Immerhin können die begrenzten Fristen der Strukturkontrolle eine umfangreiche Untersuchung bei der Verhaltenskontrolle verhindern, da eine Ex-ante-Prognose-Entscheidung auf den Marktbedingungen beruht, welche sich mit der Zeit wettbewerblich negativ oder positiv verändern können. Aus diesem Grund, obwohl verfahrensrechtlich ein Konzentrationsprivileg bevorzugt ist, soll jedoch der Schutz des wirksamen Wettbewerbs einen Vorrang haben und mit der Doppelkontrolle – wie im deutschen Recht – gesichert werden.

c) Teilfunktionsgemeinschaftsunternehmen nach türkischem Recht

Mit der neuen TR-FKVO werden allein Teilfunktions-GU nach dem Verfahren der Verhaltenskontrolle untersucht. Aus diesem Grund – wie nach TR-FKVO a. F. – werden alle Teilfunktions-GU als Kooperationsvereinbarungen i. S. d. Verhaltenskontrolle angesehen und damit nach Art. 4 und 5 RKHK zusammen mit entsprechenden Gruppenfreistellungsverordnungen geprüft. In diesem Zusammenhang hat die türkische Wettbewerbskommission mit den Leitlinien insbesondere die horizontalen Kooperationsvereinbarungen unter die Lupe genommen.[1563] Nach den Leitlinien wurden vier Typen – nämlich F & E, Produktion, Einkauf und Verkauf – in Bezug auf Gemeinschaftsunternehmen analysiert. Weil die Prüfung Ähnlichkeiten mit dem europäischen Recht zeigt, werden hier generell die Typen von Teilfunktions-GU angesichts der aktuellen Entscheidungen analysiert.

1563 Türkische Wettbewerbskommission, Leitlinien über horizontale Kooperationsvereinbarungen, 30.04.2013, Nr. 13-24/326-RM (6).

Bei solchen Kooperationsvereinbarungen werden besonders die Koordinationsrisiken beachtet, falls die wettbewerblichen Beziehungen der Muttergesellschaften im horizontalen Verhältnis Bedenklichkeiten hervorrufen. Den Entscheidungen ist zu entnehmen, dass es zur Ablehnung des Kriteriums der Vollfunktionalität führt, wenn die Muttergesellschaften auf den vor- oder nachgelagerten Märkten tätig bleiben und ein vertikales Verhältnis zum Gemeinschaftsunternehmen i. S. d. Hilfsfunktionen der Muttergesellschaften haben.[1564] Darüber hinaus wurde darauf hingewiesen, dass auch Kooperationsvereinbarungen zwischen den Wettbewerbern bezüglich Innovation und Erschließung neuer Märkte erforderlich sind; auf der anderen Seite soll nicht außer Betracht gelassen werden, dass dies erhebliche wettbewerbliche Koordinationsrisiken auf dem Markt erzeugen kann, auf dem dann Preise, Output und Input beeinträchtigt werden können, um die Marktstellung der Muttergesellschaften zu verstärken oder zu sichern.[1565] Aus diesem Grund ist der Zugang zu gegenseitigen geschäftlichen Informationen insbesondere zu berücksichtigen, wenn sich die Marktbedingungen bezüglich der Marktteilnehmer und der Transparenz einer Koordinationswahrscheinlichkeit erhöhen können.[1566]

F & E-GU: In einer Entscheidung wollten vier Zement-Unternehmen ein Gemeinschaftsunternehmen gründen, welches Forschung und Entwicklung des Geschäfts voranbringen und gleichzeitig die Produkte der Muttergesellschaften in die Europäische Union exportieren sollte. Da das GU nur die Produkte der Mütter vertreiben sollte und wegen der vertikalen Beziehungen zu den Muttergesellschaften, hat die türkische Wettbewerbskommission die Vollfunktionseigenschaft des GU nicht bestätigt; ferner wurde durch die gleichzeitige Präsenz der Mütter auf dem vorgelagerten Markt das Risiko der Koordination i. S. d. Informationsaustauschs von Betriebskapazität und Preisen für den Export erhöht; weiterhin wurde gegen eine Muttergesellschaft schon vorher wegen der Teilnahme an einem Kartell ermittelt, und es wurde ein Verstoß gegen das Kartellverbot festgestellt. Aus diesen Gründen hat die türkische Wettbewerbskommission das Vorhaben der Gründung eines Teilfunktions-GU aufgrund hoher Koordinationsrisiken nicht genehmigt.[1567] In der F & E-Gruppenfreistellungsverordnung[1568] wurde ein Gesamtmarktanteil von bis zu 40 % als wettbewerbsrechtlich unbedenklich angesehen, wenn mindestens zwei der beteiligten Unternehmen auf dem relevanten Markt im Wettbewerb stehen und die Ergebnisse der F & E unabhängig voneinander in den Markt einführen. Ansonsten sind weitere Beschränkungen, die über die Zusammenarbeit im Bereich der F & E hinausgehen und sich durch Koordination auf den Innovationswettbewerb auswirken sowie den Markt abschotten, nicht freizustellen. Für fünf Jahre können

1564 Türkische Wettbewerbskommission, Entsch. v. 21.01.2010, Nr. 10-08/66-30, S. 6.

1565 Türkische Wettbewerbskommission, Entsch. v. 06.02.2013, Nr. 13-09/119-65, Rn. 33 f.

1566 Türkische Wettbewerbskommission, Leitlinien über horizontale Kooperationsvereinbarungen, Rn. 43 ff.

1567 Türkische Wettbewerbskommission, Entsch. v. 23.05.2000, Nr. 99-26/230-138.

1568 Türkische Wettbewerbskommission, F & E-GVO, Nr. 2003/2.

die Ergebnisse gemeinsam verwertet werden, falls die Vereinbarung eine längere Dauer vorsieht, folgt eine Einzelfreistellungsprüfung.[1569]

Produktions-GU: Bei der gemeinsamen Produktion wurde ein Gesamtmarktanteil der Muttergesellschaften von 20 bis 25 % als unbedenklich angesehen.[1570] In einem Fall[1571] hatten die Muttergesellschaften (SRI/AKO) vor, ein Teilfunktions-GU zu gründen, welches die Reifen verschiedener Marken herstellen sollte; darüber hinaus sollte eine Mutter die Distribution der Produkte der anderen Mutter und dem Teilfunktions-GU ausschließlich übernehmen. Auf diese Weise gab es nicht nur eine horizontale Vereinbarung zwischen einem aktuellen und potenziellen Wettbewerber auf dem vorgelagerten Markt, sondern auch eine vertikale Vereinbarung i. S. d. Distribution, was die Koordinationsrisiken bezüglich der Preise und des Informationsaustauschs erhöhte. Deshalb wurde ein Verstoß gegen Art. 4 RKHK festgestellt. Es waren andererseits aber die vier kumulativen Voraussetzungen der Einzelfreistellung erfüllt, weil von dem Produktions-GU eine neue Marke auf den Markt gebracht wurde, wodurch die Produktvielfalt gesteigert, der Aufwand der Produktion effizienter werden würde und dadurch eine Preisreduktion zum Vorteil der Verbraucher geschaffen würde. Ferner wurden die weiteren Vereinbarungen in Bezug auf Know-how-Transfer als erforderlich betrachtet und die gemeinsame Produktion für die Dauer von fünf Jahren freigestellt.

In einer anderen Entscheidung wurde ein Unternehmen (einfache Gesellschaft) für Produktion und Vertrieb von Beton gegründet;[1572] die Vollfunktionalität des Unternehmens wurde jedoch verneint, da es mit 4 Gesellschaftern, jeweils mit 25 % Anteilen, nur mit wechselnden Mehrheiten Entscheidungen (einfache Mehrheit) treffen konnte; deswegen wurde die gemeinsame Kontrolle nicht angenommen, damit wurde die Gründung des Unternehmens nicht als Zusammenschluss betrachtet. Stattdessen wurde diese Gründung als eine horizontale Kooperationsvereinbarung nach Art. 4 RKHK eingestuft und geprüft. Da es sich auf einen hoch konzentrativen Markt bezog, wurde eine Koordination wegen Informationsaustausch der Preise und Produktionskapazitäten hoch wahrscheinlich angesehen. Obwohl eine Verminderung der Produktionskosten kurzfristig zugrunde lag, würden jedoch die langfristigen Effekte durch erhöhte Preise, wenig Innovation und ineffiziente Nutzung von Ressourcen den Wettbewerb erheblich behindern; deshalb wurde der Vereinbarung zufolge die Prüfung nach Art. 5 FKVO als eine Wettbewerbsbeschränkung

1569 Türkische Wettbewerbskommission, Entsch. v. 08.07.2005, Nr. 05-44/628-161, wobei drei Autounternehmen (PCA, Fiat, Tofaş – über 25 %) zusammen an der F & E von Mini-Transportfahrzeugen teilnehmen und eine gemeinsame Produktion für sieben bis acht Jahre vorhaben; die türkische Wettbewerbskommission hat die ersten fünf Jahre bejaht und für die übrigen Jahre soll später Einzelfreistellung beantragt werden.

1570 Türkische Wettbewerbskommission, Leitlinien über horizontale Kooperationsvereinbarungen, Rn. 148 ff.

1571 Türkische Wettbewerbskommission, Entsch. v. 06.02.2013, Nr. 13-09/119-65.

1572 Türkische Wettbewerbskommission, Entsch. v. 18.02.2016, Nr. 16-05/117-52.

angenommen und gegen die Gesellschafter Bußgelder verhängt. Der gleiche Fall würde nach der deutschen Fusionskontrolle mit 25 % Anteilen einen Zusammenschlusstatbestand erfüllen, und daher wegen der Anmeldepflicht und einer ex ante wettbewerbsrechtlichen Kontrolle könnte dann die Wettbewerbsbeschränkung schon von Anfang an überprüft und unterlassen werden. In dem Sinne ist anzunehmen, dass sich eine erweiterte Definition von Gemeinschaftsunternehmen für die Strukturkontrolle bzw. den Wettbewerbsschutz effizienter aufzeigen lässt. So kann eine Zusammenarbeit von Minderheitsbeteiligten wie in diesem Fall auch auf dem relevanten Markt durch Erhöhung des Konzentrationsgrads eine Strukturveränderung herbeiführen.[1573] Aus diesem Grund kann behauptet werden, dass eine Ex-post-Kontrolle nach dem Prinzip von Selbsteinschätzung gemäß Art. 4 RKHK wettbewerbsschädlicher sein kann.

Einkaufs- und Verkaufs-GU: Bei Einkaufs- und Verkaufs-GU wird i. d. R. ein Gesamtmarktanteil von 15 % als unbedenklich bezüglich der Koordinationsrisiken angesehen. Die Marktanteile der vor- und nachgelagerten Märkte werden besonders berücksichtigt, um festzustellen, ob der Wettbewerb mithilfe der Manipulation der Preise, des Informationsaustauschs und durch Marktabschottung die Marktmacht beschränken kann.[1574] In der Entscheidungspraxis der türkischen Wettbewerbskommission sind meist Verkaufs-GU vorhanden, welche besondere Bedenken beim Informationsaustausch hervorrufen können und deswegen einen Verstoß gegen Art. 4 RKHK darstellen.[1575] Auf der anderen Seite werden solche Teilfunktions-GU meistens nach Art. 5 RKHK freigestellt, wenn die Muttergesellschaften keine Marktmacht besitzen und die Kosten der Produkte oder Dienstleistungen zum Vorteil der Kunden eine Reduzierung aufweisen.[1576]

d) Nicht-kontrollierende Minderheitsbeteiligungen

Ebenso wie im europäischen Recht, bildet allein der Erwerb der Kontrolle einen Zusammenschlusstatbestand nach TR-FKVO. Aus diesem Grund fallen die nicht-kontrollierenden Minderheitsbeteiligungen i. d. R. nicht in den Anwendungsbereich der TR-FKVO. Jedoch wurde in einer Entscheidung der türkischen Wettbewerbskommission die Minderheitsbeteiligung an einem Unternehmen für den Betrieb des Izmir-Hafens als wettbewerbsbeschränkend angesehen, da die nicht-kontrollierenden Minderheitsbeteiligten zuvor ein Gemeinschaftsunternehmen gegründet

1573 Türkische Wettbewerbskommission, Entsch. v. 18.02.2016, Nr. 16-05/117-52, Rn. 65.

1574 Türkische Wettbewerbskommission, Leitlinien über horizontale Kooperationsvereinbarungen, Rn. 185 ff.

1575 Türkische Wettbewerbskommission, Entsch. v. 12.09.2013, Nr. 13-52/734-307, Rn. 14.

1576 Türkische Wettbewerbskommission, Entsch. v. 12.09.2013, Nr. 13-52/734-307, Rn. 17 ff.; Türkische Wettbewerbskommission, Entsch. v. 21.01.2010, Nr. 10-08/66-30, S. 7 f.

hatten, welches den Hafen von Mersin betreibt.[1577] Dieser Erwerb der Minderheitsbeteiligung wurde von der türkischen Wettbewerbskommission nicht genehmigt, da der Markt eine geringe Konzentration mit hohen Kosten verbindet. Auf einem solchen Markt wurde eine Minderheitsbeteiligung an einem anderen Wettbewerber als hoch riskant eingeschätzt, weil sie durch den Informationsaustausch den Wettbewerbsverzicht ermöglichte und die marktbeherrschende Stellung der Beteiligten verstärkte. Wegen der Privatisierung vom Izmir-Hafen war der Vorgang anmeldepflichtig, und dadurch hat eine Überprüfung nach der TR-FKVO stattgefunden; jedoch wurde damit unter der Fusionskontrolle der Gruppeneffekt von Minderheitsbeteiligten untersucht,[1578] welcher eigentlich nach Art. 4 und 5 RKHK analysiert werden sollte. Die Minderheitsbeteiligung ist in diesem Fall nur deshalb untersucht worden, weil sie zu Beginn der ersten Anmeldung vorhanden war. Hätten die beteiligten Unternehmen später eine Minderheitsbeteiligung erworben, so wäre eine Prüfung seitens der türkischen Wettbewerbskommission nach dem Verfahren der TR-FKVO nicht möglich gewesen.[1579]

Auch nach türkischem Recht kann eine Untersuchung der Minderheitsbeteiligungen nach Art. 4 RKHK folgen. In diesem Zusammenhang wurde der Erwerb von nicht-kontrollierenden Minderheitsbeteiligungen von 25 % an einem Wettbewerber als wettbewerblich bedenklich angesehen. Weil der Markt einen oligopolistisch hochkonzentrierten Charakter zeigte, sollte der Besitz einer Minderheitsbeteiligung von einem Wettbewerber mit relativ hoher Marktmacht zu einer Untersuchung nach Art. 4 und 5 RKHK führen, aber da der Wettbewerber vor Abschluss der Anmeldung die Minderheitsanteile übertragen hatte, waren die Bedenken bezüglich einer Wettbewerbsbeschränkung ausgeräumt.[1580] Ferner, wie oben beim Produktions-GU dargelegt wurde, sind die strukturellen Auswirkungen von Minderheitsbeteiligungen auch in den Entscheidungen berücksichtigt, obschon eine alleinige oder gemeinsame Kontrolle nicht vorhanden war, jedoch wurden der Gruppeneffekt aus der horizontalen Kooperationsvereinbarung und weitere strukturelle Auswirkungen als wettbewerbsbeschränkend und rechtswidrig angesehen.[1581]

Nach türkischem Recht bestimmt immerhin die Kontrollerwerbsschwelle den Anwendungsbereich der TR-FKVO. Zurzeit ist eine Diskussion über die Erweiterung der Tatbestände des Zusammenschlusses von nicht-kontrollierenden Minderheitsbeteiligungen – wie im Weißbuch der Europäischen Kommission[1582] – nicht zu bemerken, aber sollte eine Änderung im europäischen Fusionskontrollrecht erfolgen,

---

1577 Türkische Wettbewerbskommission, Entsch. v. 20.06.2007, Nr. 07-53/615-204.

1578 Türkische Wettbewerbskommission, Entsch. v. 20.06.2007, Nr. 07-53/615-204, S. 10.

1579 Vgl. *Ünal*, Sanayi İktisadi ve Rekabet Hukuku Açısından Rakipler Arası Azınlık Hisse Devirleri, 55 ff.

1580 Türkische Wettbewerbskommission, Entsch. v. 29.03.2007, Nr. 07-29/268-98.

1581 Türkische Wettbewerbskommission, Entsch. v. 18.02.2016, Nr. 16-05/117-52.

1582 Kommission, 09.07.2014, Weissbuch – Eine wirksamere EU-Fusionskontrolle, COM(2014) 449 final, S. 9 ff.

wird möglicherweise das türkische Wettbewerbsrecht dies in gleicher Weise umsetzen, da für den EU-Beitritt die Angleichung der Regel als notwendig erachtet wird.

e) Wirtschaftliche Einheit und Bußgeld

Wie zu Beginn dieses Teils erwähnt wurde, werden die Vollfunktions-GU zusammen mit den Muttergesellschaften nicht als wirtschaftliche Einheit anerkannt. Daher sind die Vereinbarungen zwischen den Müttern und dem Vollfunktions-GU getrennt vom gruppeninternen Geschäft zu berücksichtigen[1583] und fallen in den Anwendungsbereich des Art. 4 RKHK. Auf der anderen Seite ist bislang nicht bekannt, dass in der türkischen Praxis im Zusammenhang mit Bußgeldern die Muttergesellschaften, die tatsächlichen Einfluss ausüben, i. S. eines Verstoßes gegen Art. 4 RKHK mit dem Vollfunktions-GU haften. Da das Vollfunktions-GU eine separate wirtschaftliche Einheit bildet, ist aber davon auszugehen, dass die Bußgelder gegen das Gemeinschaftsunternehmen zu verhängen sind. Ob sich die rechtliche Diskussion in Bezug auf die wirtschaftliche Einheit und das Gemeinschaftsunternehmen hinsichtlich des Art. 101 AEUV auch im türkischen Wettbewerbsrecht widerspiegeln wird, ist zurzeit unklar.

f) Verfahren und Freistellung

Nach der Gesetzesänderung ist die Anmeldepflicht der Vereinbarungen nach Art. 4 RKHK (Art. 10 Abs. 1 RKHK a. F.) entfallen, welche ohne Anmeldung nicht rückwirkend von einer Freistellung erfasst wurden. Nach der Veränderung können solche Vereinbarungen seit dem Zeitpunkt ihres Abschlusses rechtlich freigestellt werden, weil nun auch das Legalausnahmeprinzip nach türkischem Recht gilt. Wenn es erfordert ist, so kann die Vereinbarung immerhin bei der türkischen Wettbewerbskommission angemeldet und ein Negativtest beantragt werden.

Die kooperativen Vollfunktions-GU werden in Bezug auf das Konzentrationsprivileg auch nach Art. 4 und 5 RKHK genehmigt. Bei der Teilfunktions-GU wird natürlich das Verfahren eines Kartellverbots angewandt, welches hinsichtlich der Dauer der Untersuchung unsicherer werden kann. Ferner kann Freistellung und Negativtest nach Art. 13 RKHK widerrufen werden. Auf der anderen Seite können bestimmte Auflagen und Bedingungen gemäß Art. 5 Abs. 2 RKHK bei der Erteilung der Freistellung vorgesehen werden; diese haben eine aufschiebende Wirkung bezüglich der Bedingungen i. S. d. Freistellungsentscheidung.[1584] In Bezug auf

---

1583 Türkische Wettbewerbskommission, Entsch. v. 31.07.2001, Nr. 01-37/366-98, S. 7.

1584 In der Literatur ist zu dieser Vorschrift jedoch umstritten, ob sich die Freistellungsentscheidung auf eine aufschiebende Bedingung beziehen soll, weil es Rechtsunsicherheit und einen Konflikt in Art. 13 Abs. b RKHK, welcher die auflösenden Bedingungen i. S. d. Freistellung regelt, gibt. Der Unterschied zwischen Auflagen und Bedingungen ist nicht klar ausgedrückt. Vgl. *Aslan*, Rekabet Hukuku Dersleri, 120 f.; *Aksoy/Bolatoğlu/Yavuz*, Rekabet Hukukunda Muafiyet ve Birleşme/

Teilfunktions-GU fordert die Veränderung besondere Klauseln der Vereinbarung bezüglich des Informationsaustausches, der Preissetzung und des Ziels des Teilfunktions-GU, um die Gefahr der Koordination zwischen den Wettbewerbern zu vermindern.[1585] Die Auflagen und Bedingungen beinhalten die Änderung oder Streichung von wettbewerbsbeschränkenden Vertragsklauseln, welche als verhaltensbedingte Maßnahmen betrachtet werden. Zum Beispiel wird als Dauer des Wettbewerbsverbots für die Muttergesellschaften drei Jahre verlangt, und das Wettbewerbsverbot kann auch für die Dauer der gemeinsamen Kontrolle zur Bedingung gemacht werden.[1586] Die beteiligten Unternehmen haben i. d. R. 60 Tage Zeit, um die Änderungen vorzunehmen und der türkischen Wettbewerbskommission vorzulegen. Sonst ist die Rechtsfolge für die Vereinbarungen gemäß Art. 56 RKHK Unwirksamkeit.[1587]

g) Rechtsfolgen

Nach dem Kartellverbot sind alle gegen Art. 4 RKHK verstoßenden Vereinbarungen rechtswidrig und verboten; ferner regelt der Art. 56 RKHK die weiteren Folgen der Wettbewerbsbeschränkungen im Bereich des Privatrechts. In diesem Sinne wiederholt die Vorschrift die Unwirksamkeit einer Vereinbarung bei Verstoß gegen das Kartellverbot. Die entsprechende Folge des Verstoßes i. S. d. Obligationsgesetzes der Türkei[1588] ist die Nichtigkeit der Vereinbarung, wenn sie nach Art. 27 Abs. 1 TBK gegen die zwingenden Vorschriften verstößt. Auch kann die Teilnichtigkeit gemäß Art. 27 Abs. 2 TBK je nach den Einzelheiten des Joint-Venture-Vertrages ausgelöst werden.[1589] Bezüglich der Gemeinschaftsunternehmen ist festzustellen, dass die türkische Wettbewerbskommission den Umfang mancher Wettbewerbsverbote als

---

Devralma Kararlarının Şarta Bağlanması, Rekabet Dergisi-Competition Journal 25/2006, 4, 7 ff.; *Sanlı*, Rekabetin Korunması Hakkındaki Kanun`da Öngörülen Yasaklayıcı Hükümler ve Bu Hükümlere Aykırı Sözleşme ve Teşebbüs Birliği Kararlarının Geçersizliği, 419 ff.

1585 Türkische Wettbewerbskommission, Entsch. v. 12.06.2003, Nr. 03-42/470-205, wo zwei TV-Kanäle ein GU gründen, um die Werbungsplätze zu vermarkten. Da die Muttergesellschaften auf dem gleichen TV-Markt Wettbewerber waren, wurde eine Freistellung nur unter Bedingungen erteilt. Auf diese Weise sollte der Preiswettbewerb besonders durch Informationsaustausch nicht beeinträchtigt werden.

1586 Türkische Wettbewerbskommission, Entsch. v. 18.09.2001, NR. 01-44/436-114. S. 7 f.; Türkische Wettbewerbskommission, Entsch. v. 20.02.2003, Nr. 03-11/116-53, S. 17 f.; Türkische Wettbewerbskommission, Entsch. v. 26.09.2000, Nr. 00-36/398-224.

1587 Türkische Wettbewerbskommission, Entsch. v. 20.02.2003, Nr. 03-11/116-53, S. 18.

1588 TBK Nr. 6098.

1589 *Gürzumar*, 4054 Sayılı Rekabetin Korunması Hakkında Kanun'un 4. Maddesine Aykırı Sözleşmlerin Tabi Olduğu Geçersizlik Rejimi, Rekabet Dergisi-Competition Journal 12/2002, 3, 12; *Topçuoğlu*, Rekabeti Kısıtlayan Teşebbüsler Arası İşbirliği Davranışları ve Hukuki Sonuçları, 292 f.; *Akıncı*, Rekabetin Yatay Kısıtlanması, 339 ff.

zu weit erachtet hat, und ohne eine Änderung der Reichweite dieser Nebenabreden ist der Joint-Venture-Vertrag auch nach Art. 56 RKHK als unwirksam anzusehen.[1590] In der Literatur wurde darauf hingewiesen, dass der grundlegende Vertrag (Joint-Venture-Vertrag), wenn er nicht gegen das Kartellverbot verstößt, im Zusammenhang mit der Teilnichtigkeit hinsichtlich des Ziels des grundlegenden Vertrages objektiv bewertet werden soll, weil die Konsequenzen sich auf das Wirtschaftsleben und das Gesellschaftsrecht auswirken können.[1591]

Darüber hinaus regelt der Art. 56 RKHK die Rechtsfolgen für die erfüllten Leistungen. In diesem Zusammenhang sind die Vorschriften über die ungerechtfertigte Bereicherung in Art. 79 und 80 TBK (Art. 63 und 64 TBK a. F.) zu beachten. Der Gesetzgeber hat aber in Art. 56 Abs. 2 RKHK eine Vorschrift über ungerechtfertigte Bereicherung – nämlich Art. 81 TBK (Art. 65 TBK a. F.) für die Vereinbarungen, die nach Art. 4 RKHK einen Verstoß darstellen – vorsätzlich ausgeschlossen. Das heißt, der Ausschluss der Rückforderungen findet wegen rechtswidrig und unsittlich erzieltem Erfolg bezüglich kartellrechtswidriger Vereinbarungen keine Anwendung und die erbrachten Leistungen können auf jeden Fall zurückgefordert werden.[1592]

Weiterhin wurde das Recht auf Schadensersatz infolge der Wettbewerbsbeschränkungen auch in Art. 57 RKHK und dessen Umfang in Art. 58 RKHK geregelt.[1593]

3. Kooperative Gemeinschaftsunternehmen nach deutschem Recht

Das deutsche Recht erkennt die Abgrenzung zwischen Vollfunktions- und Teilfunktions-GU nicht offiziell an, sondern das deutsche Recht unterscheidet allein kooperative und konzentrative Gemeinschaftsunternehmen, wobei diese Unterscheidung in der Anwendung keine besondere rechtliche Kategorisierung erfährt. Ferner wird sie als Kriterium bei der Anwendung der Wettbewerbsregeln auf Gemeinschaftsunternehmen benutzt, weil im deutschen Recht das Prinzip der Doppelkontrolle i. S. d. Zweischrankentheorie herrscht.

In diesem Zusammenhang wird die Gründung eines GU, das nach europäischem Recht unter gemeinsamer Kontrolle steht, von Anfang an der Zusammenschlusskontrolle unterfallen, unabhängig davon, ob es sich um ein Teilfunktions- oder

1590 Türkische Wettbewerbskommission, Entsch. v. 26.09.2000, Nr. 00-36/398-224; Türkische Wettbewerbskommission, Entsch. v. 20.02.2003, Nr. 03-11/116-53; vgl. *Aslan*, Rekabet Hukuku Dersleri, 287 f.

1591 Vgl. *Akıncı*, Rekabetin Yatay Kısıtlanması, 339 ff.; *Sanlı*, Rekabetin Korunması Hakkındaki Kanun`da Öngörülen Yasaklayıcı Hükümler ve Bu Hükümlere Aykırı Sözleşme ve Teşebbüs Birliği Kararlarının Geçersizliği, 433 ff.

1592 Vgl. *Aslan*, Rekabet Hukuku Dersleri, 290 f.; *Sanlı*, Rekabetin Korunması Hakkındaki Kanun`da Öngörülen Yasaklayıcı Hükümler ve Bu Hükümlere Aykırı Sözleşme ve Teşebbüs Birliği Kararlarının Geçersizliği, 427 f.

1593 S. Anhang I.

Vollfunktions-GU handelt.[1594] Ferner, wie im Teil „Konzentrative GU" erwähnt wurde, treten erweiterte Sachverhalte nach deutschem Fusionskontrollrecht bei Gemeinschaftsunternehmen hervor, und sie zeigen einen konzentrativen oder kooperativen Charakter. Die Varianten der strukturverändernden Zusammenarbeit eines GU sind nach deutschem Recht unterschiedlicher als im europäischem Recht, da die Minderheitsbeteiligungen von vier Gesellschaftern mit 25 %-Anteilen gemäß § 37 Abs. 1 Nr. 3 GWB auch ein Gemeinschaftsunternehmen gründen können – es folgt daraus, dass auch eine erweiterte Untersuchung nach § 1 GWB i. S. d. kooperativen Auswirkungen stattfindet, denn auch in diesem Fall kann zwischen der nicht-beherrschenden Muttergesellschaft und dem GU eine Wettbewerbsbeschränkung im Verhältnis zu dem Gruppeneffekt entstehen.[1595]

Da die verschiedenen Typen von GU u. U. auch verschiedene Auswirkungen auf die Marktverhältnisse haben können, sollen eigentlich nach Ansicht des deutschen Rechts alle Fälle bzw. Gründungen von GU im Einzelnen einer umfangreichen wettbewerbsrechtlichen Untersuchung unterzogen werden; aus diesem Grund behält sich das deutsche Wettbewerbsrecht eine möglichst weite Prüfungszuständigkeit mithilfe der Doppelkontrolle vor.

a) Doppelkontrolle

Das Gemeinschaftsunternehmen als Unternehmen hat wichtige Besonderheiten. Da es eine Form von Zusammenarbeit ist und gleichzeitig als Unternehmen zwischen den Wettbewerbern die Struktur bzw. die Konzentration des Marktes verändert, bedarf es einer umfangreichen Untersuchung bezüglich des Schutzzweckes der verschiedenen Wettbewerbsregeln.[1596] Um die effektive Anwendung aller dieser Normen durchzusetzen, will der Gesetzgeber nach deutschem Recht mehr Rechtssicherheit,[1597] und deshalb bleiben die Regeln für Verhaltens- und Strukturkontrolle in vollem Maße anwendbar – unabhängig von einer Abgrenzung nach Arten des Gemeinschaftsunternehmens. In diesem Sinne bedeutet das für den besonderen Fall des Gemeinschaftsunternehmens eine Überschneidung von Wettbewerbsregeln: *Es geht daher nicht, wie die Rechtsbeschwerde meint, um die Beurteilung eines einheitlichen Sachverhalts, sondern lediglich um die Beurteilung zweier verschiedener Sachverhalte, die sich nur in einigen Bereichen überschneiden.*[1598]

Von Anfang an hat sich das deutsche Recht im Gegensatz zum europäischen Wettbewerbsrecht statt des Trennungsprinzips – nämlich die Arten der GU nach verschiedenen Verfahren zu überprüfen – auf die einzelnen Sachverhalte mit

1594 *Schroeder*, in: Wiedemann, Handbuch des Kartellrechts, § 8 Rn. 23.
1595 BGH, v. 04.03.2008, KVZ 55/07, WuW/E DE-R 2361 – Nord-KS/Xella.
1596 Vgl. *Lüder*, Konzentrative und Kooperative Gemeinschaftsunternehmen: Jenseits der Dichotomie, 7.
1597 Vgl. *Zimmer*, in: Immenga/Mestmäcker, GWB, § 1 Rn. 290.
1598 BGH, v. 23.06.1981, KVR 7/80, WuW/E BGH 710 – Transportbeton Sauerland, Rn. 28 (juris)

wettbewerblicher Gesamtwürdigung des Gemeinschaftsunternehmens konzentriert. Bei dieser Betrachtung sollen nicht nur das Gesamtvertragswerk der Zusammenarbeit, sondern auch die wettbewerblichen Umstände und die Auswirkungen dieses Gesamtvertragswerks auf diese Umstände berücksichtigt werden.[1599] Damit werden neben dem Gesellschaftsvertrag auch die anderen Gründungsvereinbarungen in Betracht gezogen, um die zugrunde liegenden Interessen der Gesellschafter zu analysieren und diese Interessen nach den Marktbedingungen zu bewerten.[1600] Diese Theorie von zwei Schranken wurde im Urteil zu Mischwerken grundlegend festgelegt. In diesem Urteil wurde eine Einstufung von konzentrativen und kooperativen Gemeinschaftsunternehmen nur als Abgrenzungshilfe genommen und kein Konzentrationsprivileg bei der Beurteilung der Auswirkungen auf die Marktverhältnisse zugrunde gelegt.[1601] Damit will der deutsche Gesetzgeber einige vermutliche Anwendungskriterien verschiedener Wettbewerbsnormen darlegen, aber nicht von Anfang an eine Regel für eine Art von GU einfach aus Rechtssicherheitsgründen ausschließen.

Auf diese Weise ist von einer Abgrenzungshilfe auszugehen, sodass die Doppelkontrolle überwiegend bei kooperativen Gemeinschaftsunternehmen Anwendung findet; jedoch kann ein konzentratives GU ausnahmsweise dem Kartellverbot unterliegen,[1602] wenn eine Gründung des GU im Einzelfall zur Verhaltensabstimmung der Muttergesellschaften führen kann.[1603] Als Ausnahme behandelt die Rechtsprechung die rein konzentrativen GU, wobei die Muttergesellschaften einer selbstständigen Planungseinheit auf die bloße Wahrnehmung ihrer Kapitalbeteiligung beschränkt sind.[1604]

Im vorangegangenen Teil der Arbeit wurde die Einstufung konzentrativer Gemeinschaftsunternehmen seitens der Rechtsprechung bereits analysiert.[1605] Im Umkehrschluss ist festzustellen, dass es sich für die Anwendung des Kartellverbots gemäß § 1 GWB entweder um ein Teilfunktions-GU oder ein Vollfunktions-GU handeln muss, was aber zu einer Koordinierung des Wettbewerbsverhaltens der Muttergesellschaften führen kann.[1606]

1599 BGH, v. 01.10.1985, KVR 6/84, WuW/E BGH 2169 – Mischwerke, Rn. 32 (Juris); BGH, v. 08.05.2001, KVR 12/99, WuW/E DE-R 711, 716 – Ost-Fleisch, Rn. 17 (Juris); BGH, v. 13.01.1998, KVR 40/96, WuW/E DE-R 115 – Carpartner, Rn. 21 f. (Juris).

1600 BGH, v. 01.10.1985, KVR 6/84, WuW/E BGH 2169 – Mischwerke, Rn. 41 ff. (Juris).

1601 BGH, v. 01.10.1985, KVR 6/84, WuW/E BGH 2169 – Mischwerke, Rn. 32 (Juris).

1602 Vgl. *Emmerich*, Kartellrecht, § 33 Rn. 43.

1603 BKartA, 09.08.2006, B1-116/04, WuW/E DE-V 1277 – Nord-KS/Xella, Rn. 72 ff.

1604 BGH, v. 01.10.1985, KVR 6/84, WuW/E 2169 – Mischwerke, Rn. 58 (Juris).

1605 BGH, v. 08.05.2001, KVR 12/99, WuW/E DE-R 711, 716 – Ost-Fleisch.

1606 Ebenda.

b) Abgrenzung von kooperativen Gemeinschaftsunternehmen

Für die Abgrenzung kooperativer Gemeinschaftsunternehmen muss nach deutschem Recht die Rechtsprechung beachtet werden, um herauszufinden, welche Auswirkungen die Zusammenarbeit eines GU bezüglich einer Wettbewerbsbeschränkung gemäß § 1 GWB haben kann. Das konzentrative Gemeinschaftsunternehmen ist normalerweise dem Anwendungsbereich des § 1 GWB entzogen, *wenn es sämtliche Funktionen eines selbständigen Unternehmens wahrnimmt, marktbezogene Leistungen erbringt und nicht ausschließlich oder überwiegend auf einer vor- oder nachgelagerten Stufe für die Muttergesellschaft sowie nicht auf demselben Markt wie die Mütter tätig ist.*[1607] Wie bereits im vorherigen Teil erklärt wurde, hat die Vollfunktionalität mit eigenem Marktzugang keine spürbare Gefahr eines Gruppeneffekts, welcher zwischen den Muttergesellschaften auftreten kann. In diesem Zusammenhang kann das konzentrative GU seine eigenen Interessen verfolgen.[1608]

In der alten Rechtsprechung wurde ferner diese Abgrenzung nach Art der Interessendurchsetzung hervorgehoben: konzentrative Gemeinschaftsunternehmen *mit einer allein durch den Beteiligungserwerb – mit einem mehr oder minder bestimmenden Einfluß – und bei der kooperativen GU mit einer durch die Vertragsgestaltung und -durchführung herbeigeführten Abstimmung der Interessen der beteiligten Unternehmen.*[1609] Dies war nach der alten gesetzlichen Definition des GU (§ 23 Abs. 2 Nr. 2 S. 3 GWB a. F.) möglich, da ohne Beherrschung nur der Beteiligungserwerb ausdrücklich ein GU unter Zusammenschlusskontrolle gründete.[1610] Wobei dies früher zum Streit darüber geführt hat, ob die Definition eines GU eine Grundvereinbarung zwischen den Müttern voraussetzt oder nicht.[1611] Die Definition des Gemeinschaftsunternehmens wurde später aufgehoben, weil verschiedene Varianten von GU in Erscheinung treten können. Aber die gleichen Regeln waren auch für die kooperativen GU anzuwenden, da auch unabhängig von einer Grundvereinbarung zwischen den Muttergesellschaften eine wettbewerbsrechtlich relevante Auswirkung von Gruppeneffekten entstehen kann.[1612] Auf diese Weise – da sich mit der Mischwerke-Entscheidung die Doppelkontrolle durchgesetzt hat – sollten die über die Vertragsstruktur hinausgehenden Interessen der Muttergesellschaften in Betracht gezogen werden, um ein

---

1607 BGH, v. 08.05.2001, KVR 12/99, WuW/E DE-R 711, 716 – Ost-Fleisch, Rn. 30 (Juris).

1608 *Lohse*, Kartellfreie Gemeinschaftsunternehmen im europäischen Wettbewerbsrecht, 38.

1609 BGH, v. 01.10.1985, KVR 6/84, WuW/E BGH 2169 – Mischwerke, Rn. 32 (Juris).

1610 *Schroeder*, in: Wiedemann, Handbuch des Kartellrechts, § 8 Rn. 22.

1611 Vgl. *Wiedemann*, Gemeinschaftsunternehmen im deutschen Kartellrecht, 40 ff.; vgl. *Bechtold/Bosch*, GWB, § 1 Rn. 80; BGH, v. 26.10.1959, KZR 2/59, WuW/E BGH 359 – Glasglühkörper.

1612 Vgl. Ebenda.

Koordinierungsrisiko festzustellen.[1613] Daher sollte es sich tatsächlich um bloße Beteiligungsrechte handeln, die keine Gruppeneffekte auf die wettbewerblichen Interessen der Muttergesellschaften auslösen können.[1614]

Als Folge davon wird sich die Wahrscheinlichkeit der Interessenabstimmung und dadurch die Koordination des Marktverhaltens verstärken, wenn die Muttergesellschaften auf vor- oder nachgelagerten Märkten oder auf dem Markt des GU tätig bleiben. Bei der Abgrenzungshilfe sind nach der Rechtsprechung solche GU als kooperative Gemeinschaftsunternehmen einzuordnen. Jedoch bedeutet diese Einordnung in die Kategorie der kooperativen GU nicht, dass diese GU von Anfang an den Tatbestand des § 1 GWB erfüllen.[1615]

Aus diesem Grund sollte *die Gesamtbetrachtung der wirtschaftlichen Zusammenhänge und Auswirkungen* [1616] des Einzelfalls beachtet werden, um herauszufinden, ob ein Verstoß gegen das Kartellverbot durch das sogenannte kooperative GU besteht. Bei dieser Entscheidung kommt es darauf an, wie die über die Vertragsstruktur hinausgehenden Interessen der Muttergesellschaft interpretiert werden dürfen, denn es ist *im allgemeinen von einem wirtschaftlich zweckmäßigen und kaufmännisch vernünftigen Verhalten der Unternehmen auszugehen.*[1617]

Damit gilt es festzustellen, ob die Marktbedingungen und die Marktstellung der Muttergesellschaften bezüglich des GU eine Wettbewerbsbeschränkung herbeiführen können und ob auch die zugrunde liegenden Interessen der Muttergesellschaft damit in Übereinstimmung stehen. Dabei soll das GU als eine selbstständige wirtschaftliche Einheit nicht nur über seine Tätigkeit autonome Entscheidungen treffen, sondern die Interessen der Muttergesellschaften müssen in dem Prozess der Entscheidungsfindung berücksichtigt werden.

Auf der anderen Seite fallen bereits dadurch alle Teilfunktions-GU als typische kooperative GU in den Anwendungsbereich des Kartellverbots, da sie einzelne Unternehmensfunktionen wahrnehmen und keinen Vollfunktionscharakter haben.[1618] Solche GU können gleichzeitig den Zusammenschlusstatbestand erfüllen, wobei dann strukturverändernde Auswirkungen solcher GU auch berücksichtigt werden können. In diesem Zusammenhang zeigen sich Ähnlichkeiten mit dem

---

1613 BGH, v. 01.10.1985, KVR 6/84, WuW/E 2169 – Mischwerke, Rn. 42 (Juris); BGH, v. 19.06.1975, KVR 2/74, WuW/E BKartA 1809 – Zementverkauf Niedersachsen II, Rn. 26 (Juris).

1614 Vgl. *Lindemann*, in: Loewenheim/Meessen/Riesenkampff, Kartellrecht, Anhang zu § 1 GWB, Rn. 7; *Emmerich*, Kartellrecht, § 33 Rn. 43.

1615 BGH, v. 08.05.2001, KVR 12/99, WuW/E DE-R 711, 715 f. – Ost-Fleisch, Rn. 29 (Juris).

1616 Ebenda.

1617 BGH, v. 04.03.2008, KVZ 55/07, WuW/E DE-R 2361 – Nord-KS/Xella, Rn. 13 (Juris); BGH, v. 04.10.1983, KVR 3/82, WuW/E BGH 2025 – GU für Mineralölprodukte, Rn. 21 (Juris); BGH, v. 08.05.2001, KVR 12/99, WuW/E DE-R 711, 715 f. – Ost-Fleisch, Rn. 36 (Juris).

1618 BGH, v. 08.05.2001, KVR 12/99, WuW/E DE-R 711 – Ost-Fleisch, Rn. 30 (Juris).

strukturellen Gemeinschaftsunternehmen im europäischen Recht. Das strukturelle Gemeinschaftsunternehmen, das ein mit erheblicher Investition verbundenes Produktions-GU ist, kann die Kommission unter dem Gesichtspunkt der Fusionskontrolle prüfen.[1619] Mit der Doppelkontrolle hat das deutsche Recht auch die strukturellen Effekte der Teilfunktions-GU im Griff.

Schließlich werden im Grunde alle kooperativen Gemeinschaftsunternehmen durch die Doppelkontrolle in zwei verschiedenen Verfahren getrennt untersucht werden, nämlich im Zusammenschlusskontroll- und Verhaltenskontrollverfahren. Bei der Prüfung von kooperativen Gemeinschaftsunternehmen nach § 1 GWB soll das deutsche Recht – anders als nach Zusammenschlusskontrollverfahren in Fällen der Zwischenstaatlichkeit – wegen des Vorrangverhältnisses nach den Kriterien des Art. 101 AEUV das Kartellverbotsverfahren durchführen. Der § 1 GWB wurde schon mit der 7. Novelle an Art. 101 AEUV angepasst, weil es nicht für sinnvoll angesehen wurde, für wenige lokale Fälle andere Regelungen zu schaffen.[1620] Als Folge davon werden die Tatbestandsmerkmale bezüglich der kooperativen GU generell erwähnt.

c) Nebenabreden und abtrennbare Vereinbarungen

Wie im vorangegangenen Teil erwähnt wurde, fallen Nebenabreden und abtrennbare Vereinbarungen in den Anwendungsbereich des § 1 GWB. Nach der Immanenztheorie ist zu beurteilen, ob die Vereinbarungen zwischen dem GU und seinen Müttern für die Funktionsfähigkeit des GU notwendig sind. Solche vertraglichen Wettbewerbsverbote werden auch nach deutschem Recht, ähnlich dem europäischen Recht, als nicht kartellrechtswidrig betrachtet.

Im Teil „Konzentrative GU" wurde erklärt, dass solche vertraglichen Nebenabreden, wie vertragliche Wettbewerbsverbote, auch bei konzentrativen Gemeinschaftsunternehmen wegen der Aushöhlungsgedanken notwendig sind. Aber wenn es sich um ein GU mit kooperativen Risiken handelt, dann werden solche Nebenabreden meist für notwendig angesehen, weil sie für die Lebensfähigkeit des GU wichtig sind, wobei die Nebenabreden nicht von den Muttergesellschaften für eine weitgehende Wettbewerbsbeschränkung ausgenutzt werden sollen.

Das bedeutet aber nicht, dass kooperative GU per se den Kartelltatbestand erfüllen,[1621] was die Anwendung des § 1 GWB auf die *vertragsimmanenten Wettbewerbsbeschränkungen* in den kartellrechtsneutralen Vereinbarungen bedeuten würde und zur Unterlassung solcher Verträge oder Vereinbarungen führen würde.[1622] Um die Kartellrechtsneutralität eines GU zu bewahren, kann ein Wettbewerbsverbot

1619 Vgl. *Stefan/Rating*, in: von der Groeben/Schwarze/Hatje, Europäisches Unionsrecht, Art. 101 Fallgruppen Rn. 327; *Kuhn,* Kooperative Aspekte von Gemeinschaftsunternehmen im Europäischen Kartellrecht, 32.

1620 *Emmerich*, Kartellrecht, § 20 Rn. 29.

1621 BGH, v. 08.05.2001, KVR 12/99, WuW/E DE-R 711, 715 f. – Ost-Fleisch; BGH, v. 04.03.2008, KVZ 55/07, WuW/E DE-R 2361, 2362 – Nord-KS/Xella.

1622 Vgl. *Kling/Thomas*, Kartellrecht, § 1 Rn. 141 f. und § 17 Rn. 67.

kartellrechtlich zulässig sein, besonders wenn die Muttergesellschaften ihr Wettbewerbsverhalten mithilfe eines GU erleichtert koordinieren können.

Diese Koordinierung kann eine Folge des **Informationsaustausches** sein, insbesondere wenn eine Beteiligung an einem GU nicht in den Anwendungsbereich der Fusionskontrolle fällt, beispielweise bei einem Anteil von weniger als 25 % ohne wettbewerblich erheblichen Einfluss. So führte es in dem Fall von Nord-KS/Xella nach der Rechtsprechung zu einer Koordinierung, weil der Anteilseigner auf demselben relevanten Markt des GU tätig blieb.[1623] Ob jedoch ohne einen maßgeblichen Einfluss auf die strategischen Entscheidungen oder eine Rücksichtnahme auf die Interessen der Minderheitsgesellschafter wegen wettbewerblich erheblichem Einfluss eine Koordinierung durch Spillover-Effekte i. S. d. Fusionskontrolle anzunehmen sei, ließ der BGH offen.[1624] Aber es ist in dem Fall eigentlich nicht der Gruppeneffekt, sondern der Informationsaustausch zwischen dem nicht mitbeherrschenden Gesellschafter und einem Mitglied des Beirates, welcher einen Zugang zur Geschäftspolitik bzw. zur Preispolitik des Wettbewerbers hat, der zu einer Wettbewerbsbeschränkung durch abgestimmtes Verhalten führen kann.[1625]

In diesem Zusammenhang finden die Regelungen zu wettbewerbsbeschränkenden Nebenabreden zu Wettbewerbsverboten, Lizenzvereinbarungen und Bezugs- und Lieferpflichten i. S. v. konzentrativen GU nach europäischem Recht entsprechende Anwendung.[1626] Aber wegen der unterschiedlichen Tatbestandsmerkmale der GU nach der deutschen Fusionskontrolle kann die Notwendigkeit oder Immanenz der Nebenabreden, insbesondere das Wettbewerbsverbot infrage kommen. Im Sinne der Doppelkontrolle werden solche Wettbewerbsbeschränkungen nach § 1 GWB beurteilt und das Verfahren erfasst auch die konzentrativen GU, wobei die GU auch bei der Gründung und der nachfolgenden Kontrolle dem Kartellverbot unterliegen können.[1627] Auch nach der FKVO ist eine nachfolgende Verhaltenskontrolle von nicht immanenten Wettbewerbsbeschränkungen für Vollfunktions-GU nicht ausgeschlossen.[1628]

Bei einem Wettbewerbsverbot, wie im Teil „Konzentrative Gemeinschaftsunternehmen“ erwähnt wurde, kann, wenn neben dem beherrschenden Einfluss ein

---

1623 BKartA, 09.08.2006, B 1-116/04 – Nord-KS/Xella, Rn. 68 ff.

1624 BGH, v. 04.03.2008, KVZ 55/07, WuW/E DE-R 2361 – Nord-KS/Xella, Rn. 13 ff.

1625 *Bien*, Kartellrechtskontrolle von Gemeinschaftsunternehmen ex ante und ex post – Teil 2, NZKart 2014, 247, 248; *Müller-Fledhammer*, Das Gemeinschaftsunternehmen auf dem Prüfstand, WuW 2015, 133, 137 f. und 140; BKartA, September 2012, B1-33/10 – Sektoruntersuchung Walzasphalt, Rn. 204 f.

1626 *Westermann/Bergmann*, in: Fett/Spiering, Handbuch Joint Venture, 5. Kap. Rn. 137.

1627 Vgl. *Schmidt*, Gemeinschaftsunternehmen, Wettbewerbsverbote und Immanenztheorie – Zwei Lehrstücke zwischen Gesellschafts- und Kartellrecht: „Nord-KS/Xella“ (2008) und „Gratiszeitung Hallo“ (2009), FS Säcker 2011, 949, 952 f.

1628 *Schmidt*, Gemeinschaftsunternehmen, Wettbewerbsverbote und Immanenztheorie – Zwei Lehrstücke zwischen Gesellschafts- und Kartellrecht: „Nord-KS/Xella“ (2008) und „Gratiszeitung Hallo“ (2009), FS Säcker 2011, 949, 953.

maßgeblicher Einfluss von Minderheitsgesellschaften festgestellt werden kann, ein Wettbewerbsverbot bezüglich des Aushöhlungsgedankens gerechtfertigt sein.[1629] Nach dem deutschen Recht kann aber auch ein wettbewerblich erheblicher Einfluss mit dem Aushöhlungsgedanken bei einem Gemeinschaftsunternehmen erkannt werden, besonders zufolge einer gegenseitigen Rücksichtnahme zwischen dem GU und dem Besitzer des wettbewerblich erheblichen Einflusses.[1630] Dies ist nach der Berücksichtigung aller Umstände des Einzelfalls zu beurteilen,[1631] da nicht mit jeder Minderheitsbeteiligung die gegenseitige Rücksichtnahme zustande kommen kann; ferner kann auch die Vertraulichkeitsvereinbarung bezüglich der Minderheitsgesellschafter als eine Grundlage angenommen werden, um nicht mit der Gesellschaft im Wettbewerb zu stehen.[1632]

Für die Dauer des GU ist das Wettbewerbsverbot als immanent anzusehen, wenn nach den Umständen von einem rechtfertigenden Einfluss gesprochen werden kann. Das nachträgliche Wettbewerbsverbot ist auch nach deutschem Recht generell nicht als Nebenabrede zu qualifizieren, aber bei Unternehmenskaufgedanken kann ein Wettbewerbsverbot i. d. R. für zwei Jahre zulässig sein.[1633]

Die Rechtfertigung des Wettbewerbsverbots ist besonders wichtig, weil sonst ein Verstoß gegen das Kartellverbot vorliegen kann und eine Nichtigkeit gemäß § 139 BGB die Folge sein wird; dafür wird die salvatorische Ersetzungsklausel für den Gesamtvertrag genutzt.[1634]

Ferner können auch bei solchen Minderheitsbeteiligungen insbesondere Bezugs- und Lieferverträge im Zusammenhang mit dem vertikalen Verhältnis eine Wettbewerbsbeschränkung herbeiführen, wenn in einem Oligopol durch strategische

1629 BGH, v. 23.06.2009, KZR 58/07, WUW/E DE-R 2742 – Gratiszeitung Hallo.

1630 *Linsmeier/Lichtenegger*, Wettbewerbsverbote zu Lasten von Minderheitsgesellschaftern und ihre kartellrechtliche Beurteilung, BB 2011, 328, 332 ff. Im europäischen Recht können die Klauseln über den Beteiligungserwerb an Konkurrenzunternehmen wie ein Wettbewerbsverbot zulässig sein, falls ein materieller Einfluss zugrunde liegt, Kommission, Bekanntmachung zu Nebenabreden, Rn. 25.

1631 BGH, v. 21.10.2000, KVR 16-99 – Minderheitsbeteiligung im Zeitschriftenhandel; BGH, v. 21.12.2004, KVR 26/03 – Deutsche Post/Trans-o-flex, 14 ff. (Juris).

1632 Vgl. *Weidenbach/Mühle*, Wettbewerbsverbote im Kartellrecht: Unternehmenskaufverträge, EWS 2010, 353, 356 f.

1633 *Weidenbach/Mühle*, Wettbewerbsverbote im Kartellrecht: Unternehmenskaufverträge, EWS 2010, 353, 357; *Kapp/Wegner*, Das Gemeinschaftsunternehmen – Kartellrechtliche Herausforderungen, CCZ 2015, 198, 208; BGH, v. 29.09.2003, II ZR 59/02, 7 ff. (Juris).

1634 *Weidenbach/Mühle*, Wettbewerbsverbote im Kartellrecht: Unternehmenskaufverträge, EWS 2010, 353, 359; *Linsmeier/Lichtenegger*, Wettbewerbsverbote zu Lasten von Minderheitsgesellschaftern und ihre kartellrechtliche Beurteilung, BB 2011, 328, 334.

Minderheitsbeteiligungen eine Absatzsicherung durch lange Bezugsbindungen den Wettbewerb ausschalten kann.[1635]

Außerdem kann bei den strategischen Minderheitsbeteiligungen auch der Informationsaustausch den Gruppeneffekt verstärken und dadurch den Wettbewerb beeinträchtigen.[1636] Als Folge davon soll der Zusammenhang solcher Minderheitsbeteiligungen mit dem Gemeinschaftsunternehmen nach der Doppelkontrolle geprüft werden, um wettbewerbsbeschränkende Auswirkungen feststellen zu können. Auch bei Minderheitsbeteiligungen soll eine gesellschaftsrechtliche Treuepflicht im Vordergrund stehen; wenn die Interessen des GU durch verschiedene Absprachen nicht berücksichtig werden, kann die Erfüllung des Tatbestands des § 1 GWB als eine Rechtsfolge eintreten.[1637]

Weil nach deutschem Wettbewerbsrecht die gleichzeitige Doppelkontrolle – nämlich die Verhaltenskontrolle und die Marktstrukturkontrolle – für Gemeinschaftsunternehmen angewendet wird und eine Bekanntmachung für besondere Nebenabreden wie im europäischen Recht nicht vorhanden ist, ist daher nicht von einem Nebenabredenprivileg zu sprechen.[1638]

d) Spillover-Effekte

Bei der Untersuchung nach § 1 GWB werden die Wettbewerbsbeschränkungen zwischen den Muttergesellschaften, insbesondere der kooperativen Gemeinschaftsunternehmen, geprüft. In diesem Zusammenhang wird die Koordination des Marktverhaltens von selbstständigen Unternehmen untersucht.[1639] Für eine solche Auswirkung sollten die Muttergesellschaften zur Koordination keine Vereinbarung abschließen, sondern mit der Tätigkeit des GU wird eine solche Koordinierung möglich sein.

Ein Kartellverstoß durch Abschluß eines an sich kartellrechtsneutralen Gesellschaftsvertrages kann sich aber auch daraus ergeben, daß die Gesellschafter ein Gemeinschaftsunternehmen gründen und dabei einig sind, daß das Unternehmen mit seiner Tätigkeit die Interessen der Vertragsparteien koordinieren soll, um auf diese Weise die Marktverhältnisse durch Beschränkung des Wettbewerbs zu beeinflussen. Die über den Gesellschaftsvertrag als solchen hinausgehende Einigung der Vertragsparteien muß dabei nicht in dem schriftlichen Vertragstext Ausdruck gefunden haben oder auch

---

1635 *Säcker/Boesche*, Vertikale Fusionen im Energie-Wettbewerb gefährden wirksamen Wettbewerb, BB 2001, 2329, 2333 ff.; *Larenz*, vertikale strategische Minderheitsbeteiligungen als Gegenstand der Kartellverbote in Europa, 184 ff.

1636 *Larenz*, vertikale strategische Minderheitsbeteiligungen als Gegenstand der Kartellverbote in Europa, 191 ff.

1637 *Klaue/Schwintowski*, Strategische Minderheitsbeteiligungen in der deutschen Energiewirtschaft, 46 f.

1638 Vgl. *Mälzer*, Die Stellung von Gemeinschaftsunternehmen im europäischen Wettbewerbsrecht, WuW 1992, 705, 713.

1639 *Krauß*, in: Langen/Bunte, Kartellrecht, § 1 GWB Rn. 287 ff.

nur Gegenstand des Vertrages geworden sein (vgl. dazu nur BGHZ 96, 69, 83 – Mischwerke). Ein solcher Fall eines Verstoßes gegen § 1 GWB liegt hier vor.[1640]

Darüber hinaus wurde auch in der Literatur der automatische Eintritt des Parallelverhaltens bezüglich des GU betont:

Als Gruppeneffekt sollen demnach im Folgenden nur solche Formen des Parallelverhaltens der Gründerunternehmen verstanden werden, die durch die Existenz des Gemeinschaftsunternehmens gewissermaßen automatisch eintreten, die also darauf beruhen, daß jedes Unternehmen seine Entscheidung für den eigenen Bereich an die für den Bereich des Gemeinschaftsunternehmens gemeinsam getroffenen Entscheidungen anpaßt, ohne dass im Einzelfall eine hierauf abzielende Absprache der Gründerunternehmen getroffen worden wäre.[1641]

Nach der Rechtsprechung ist solch ein Parallelverhalten, welches zur Koordinierung der Muttergesellschaften führt, nach § 1 GWB zu prüfen und festzustellen, ob eine Wettbewerbsbeschränkung im Einzelfall vorliegt.[1642]

Wie im vorherigen Teil erklärt wurde, wird der Gruppeneffekt auch nach der Zusammenschlusskontrolle gemäß § 37 Abs. 1 Nr. 3 S. 3 GWB geprüft, wenn eine Teilfusion der Mutter auf dem Markt des GU angenommen wird. In der Literatur wurde darauf hingewiesen, dass dieser Gruppeneffekt auf die strukturellen Auswirkungen des Gemeinschaftsunternehmens abzielt und dass weitere Auswirkungen auf das Verhalten der Muttergesellschaften von § 1 GWB erfasst werden sollten.[1643] Dagegen wurde behauptet, dass der Gruppeneffekt die Tatbestandsvoraussetzungen des § 1 GWB nicht erfüllt, und deswegen sei generell die Fusionskontrolle durchzuführen, denn *der Gruppeneffekt erfasst das empirisch nicht immer nachweisbare Phänomen zusätzlicher gegenseitiger Rücksichtnahme der durch Beteiligungen insbesondere an einem Gemeinschaftsunternehmen verbundenen Unternehmen;* die Auswirkungen führten nicht zur Beschränkung der Handlungsfreiheit bzw. Wettbewerbsbeschränkung, sondern wirken sich auf die Wettbewerbsbedingungen aus, was am Ende zu erheblicher Behinderung des wirksamen Wettbewerbs führe.[1644] Wobei Bechtold behauptet, dass von Anfang an die Gründung eines GU durch Anteilserwerb den Tatbestand des § 1 GWB nicht erfüllt, da ein Vertrag zwischen den Wettbewerbern nicht vorliege.[1645]

1640 BGH, v. 13.01.1998, KVR 40/96, WuW/E DE-R 115 – Carpartner, Rn. 20 (Juris).

1641 *Huber*, Gemeinschaftsunternehmen im deutschen Wettbewerbsrecht, in: Huber/Börner, 20.

1642 BGH, v. 08.05.2001, KVR 12/99, WuW/E DE-R 711, 715 f. – Ost-Fleisch; BGH, v. 04.03.2008, WuW/E 2361 – Nord-KS/Xella; BKartA, 09.08.2006, B1-116/04, WuW/E DE-V 1277 – Nord-KS/Xella, S. 5.

1643 Vgl. *Lindemann*, in: Loewenheim/Meessen/Riesenkampff, Kartellrecht, § 37 GWB Rn. 47.

1644 Vgl. *Bechtold/Bosch*, GWB, § 1 Rn. 88; *Lober*, in: Schulte/Just, Kartellrecht, § 1 GWB Rn. 91.

1645 Vgl. *Bechtold/Bosch*, GWB, § 1 Rn. 80.

Der unterschiedliche Zusammenschlussbegriff von Gemeinschaftsunternehmen im deutschen Recht gemäß § 37 Abs. 1 S. 3 GWB – wobei hier auch auf den Gruppeneffekt der Muttergesellschaften mit 25 % Anteilserwerb abgestellt wird – hat keine direkte Bedeutung für § 1 GWB.[1646] In der Praxis beachtet wurde deswegen nicht nur die Muttergesellschaft mit Minderheitsbeteiligung von 25 % Anteil, sondern es können auch andere Minderheitsgesellschafter ohne wettbewerblich erheblichen Einfluss für eine wettbewerbsbeschränkende Auswirkung i. S. v. § 1 GWB als Subjekt der Prüfung auftreten.

Ebenso wenig stellt sich die Frage, ob der Tatbestand des § 1 GWB schon dann erfüllt ist, wenn sich zwei Minderheitsgesellschafter ohne jeden wettbewerblich erheblichen Einfluss an einem Wettbewerber beteiligen und ein gemeinsames Interesse an einer Verbesserung der Erlössituation besteht, ohne dass nach den Grundsätzen kaufmännischer Vernunft eine Ausrichtung des Marktverhaltens der Muttergesellschaften an den Interessen des Gemeinschaftsunternehmens zu erwarten sein muss und ohne dass eine über den kartellrechtsneutralen Gesellschaftsvertrag hinausgehende Einigung der Gesellschafter zur Beschränkung des Wettbewerbs vorliegen muss.[1647]

In diesem Zusammenhang wird die Verbindung aller an der Zusammenarbeit teilnehmenden Unternehmen nach dem Grundsatz eines wirtschaftlich zweckmäßigen und kaufmännisch vernünftigen Verhaltens untersucht, um herauszufinden, ob eine Wettbewerbsbeschränkung zwischen unabhängigen Unternehmen über die Gründung des GU hinaus zustande kommen kann.[1648] Demzufolge sind alle möglichen Ausrichtungen wettbewerblicher Interessen zwischen den Muttergesellschaften sowie zwischen anderen minderheitsbeteiligten Unternehmen und dem GU – auch ohne wettbewerblich erheblichen oder beherrschenden Einfluss – gemäß dem Verbot des § 1 GWB zu beachten.[1649]

Die Beziehungen zwischen den Muttergesellschaften mit beherrschendem Einfluss und dem GU fallen nicht – wie im europäischen Recht – unter das Kartellverbot, da sie nach § 36 Abs. 2 GWB eine Unternehmenseinheit bilden;[1650] in diesem Fall stellt die Rücksichtnahme auf gegenseitige Interessen wegen der gesellschaftsrechtlichen Treuepflicht und der ausgeübten gesellschaftlichen Leitungsmacht keinen Verstoß gegen § 1 GWB dar.[1651]

1646 BKartA, September 2012, B1-33/10 – Sektoruntersuchung Walzasphalt, Rn. 123 Fn. 144.

1647 BGH, v. 04.03.2008, KVZ 55/07, WuW/E DE-R 2361 – Nord-KS/Xella, Rn. 13 (Juris).

1648 BGH, v. 04.03.2008, KVZ 55/07, WuW/E DE-R 2361 – Nord-KS/Xella, Rn. 14 (Juris); BGH, v. 08.05.2001, KVR 12/99, WuW/E DE-R 711, 715 f. – Ost-Fleisch, Rn. 36 (Juris).

1649 *Krauß*, in: Langen/Bunte, Kartellrecht, § 1 GWB Rn. 291.

1650 *Krauß*, in: Langen/Bunte, Kartellrecht, § 1 GWB Rn. 292; *Bechtold/Bosch*, GWB, § 1 Rn. 80 und 86, Bezeichnung als *Konzentrationsprivileg*.

1651 OLG Düsseldorf, 25.11.2013, VI Kart 9/12 (V) – CVH, Rn. 19 (Juris).

e) Prüfung nach § 1 GWB bzw. Art. 101 AEUV

Da das deutsche Recht mit der 7. GWB-Novelle in Bezug auf das Rangverhältnis zum Art. 101 AEUV nach der VO 1/2003 das Kartellverbot dem europäischen Recht angepasst hat, sind grundsätzlich die Tatbestandsmerkmale von § 1 GWB und damit auch das System der Legalausnahme so, wie sie im europäischen Recht erklärt wurden; aus diesem Grund sind nur spezifische Unterschiede und Entscheidungen sowie diesbezügliche Urteile im Folgenden zu untersuchen.

Anders als im europäischen Recht gibt es im deutschen Recht kein Konzentrationsprivileg, und deshalb werden bestimmte Voraussetzungen bzw. Tatbestände für kooperative Gemeinschaftsunternehmen nicht wie in der FKVO deutlich beschrieben, sodass die Rechtsprechung die Beziehungen der kooperativen Gemeinschaftsunternehmen zu den Tatbeständen des § 1 GWB bzw. Art. 101 AEUV geklärt und ausführlich beschrieben hat.

Vereinbarung/abgestimmtes Verhalten – Wie oben in den dargestellten Diskussionen über die Anwendung des Kartellverbots erwähnt wurde, sollte sich eine Wettbewerbsbeschränkung auf eine Vereinbarung oder ein aufeinander abgestimmtes Verhalten beziehen. In diesem Sinne kann der Gesellschaftsvertrag eines GU zwischen den unabhängigen Unternehmen als eine Vereinbarung zwischen den Wettbewerbern gemäß § 1 GWB angenommen werden;[1652] wenn sich solch ein Hinweis auf eine Wettbewerbsbeschränkung aus dem Gesamtvertragswerk nicht ergibt, kann immerhin eine Abstimmung des Verhaltens zwischen den Wettbewerbern vorliegen, wenn wahrscheinlich ist, *aufgrund der Erfahrung bei einem wirtschaftlich zweckmäßigen und kaufmännisch vernünftigen Verhalten der Beteiligten von einer Koordinierung der wirtschaftlichen Interessen der Muttergesellschaften auszugehen.*[1653]

In diesem Zusammenhang wird darauf hingewiesen, dass es sich bei der Gründung des GU um eine Prognose-Entscheidung handelt, da ein Nachweis über die Verhaltensabstimmung in der Zeit der Gründung nicht möglich sei, und deswegen sollte in diesem Fall von einem impliziten Parallelverhalten gesprochen werden – ohne die Erfordernis einer Abstimmung. Deshalb liegen die Tatbestandsmerkmale des § 1 GWB – Vereinbarung/Verhaltensabstimmung – nicht vor, sondern es kann nur auf die marktstrukturellen Erwägungen für die Beeinträchtigung des Wettbewerbs über den Gruppeneffekt hinaus hingewiesen werden.[1654]

Um von einer Wettbewerbsbeschränkung zu sprechen, müssen die selbstständigen und unabhängigen Muttergesellschaften als aktuelle oder potenzielle

---

1652 Vgl. *Krauß*, in: Langen/Bunte, Kartellrecht, § 1 GWB, Rn. 67 und 169.

1653 BGH, v. 08.05.2001, KVR 12/99, WuW/E DE-R 711, 715 f. – Ost-Fleisch, Rn. 36 (Juris); OLG Düsseldorf, 02.11.2005, WuW/E DE-R 1625 – Rothmann GfA Köthen, Rn. 78 (Juris).

1654 Vgl. *Bien*, Kartellrechtskontrolle von Gemeinschaftsunternehmen ex ante und ex post – Teil 2, NZKart 2014, 247, 250; *Bechtold/Bosch*, GWB, § 1 Rn. 88; Vgl. *Ulshöfer*, Die Auflösung von Gemeinschaftsunternehmen im Lichte der Nord-KS-Entscheidung des BGH, WuW 2011, 820, 824.

Wettbewerber auf dem gleichen Markt des GU oder auf vor- oder nachgelagertem Markt tätig sein.[1655] Aber im Regelfall wird angenommen, dass die gleichzeitige Präsenz der Muttergesellschaften auf dem sachlichen und räumlichen Markt des GU ein Verstoß gegen das Kartellverbot darstellt, wobei sich die Wettbewerbsbeschränkung als Folge des Gruppeneffekts zeigt.[1656]

Bezwecken oder Bewirken der Verhinderung, Einschränkung oder Verfälschung des Wettbewerbs – Darüber hinaus soll gemäß der Voraussetzung des § 1 GWB die Gründung des Gemeinschaftsunternehmens entweder bezweckt oder bewirkt zu einer Wettbewerbsbeschränkung führen. Aber in den Entscheidungen – in denen die Muttergesellschaften als aktuelle Wettbewerber weiter tätig waren – wurde keine klare Begründung dafür gegeben, ob solche Bedingungen eher eine bezweckte oder eine bewirkte Wettbewerbsbeschränkung herbeiführen.[1657] Obwohl eine bezweckte Wettbewerbsbeschränkung eher subjektiv auftreten soll, zielt das BKartA darauf ab, dass der Zweck nach objektiver Eignung der Vereinbarung eine Wettbewerbsbeschränkung in Bezug auf die wirtschaftlichen Umstände hervorruft. Im Gegensatz dazu sind die subjektiven Absichten der Muttergesellschaften nicht allein zu beurteilen.[1658] In diesem Zusammenhang weist dies darauf hin, dass die Kriterien von *zweckmäßig und vernünftig* nicht nur die subjektive Unternehmerentscheidung, sondern auch die objektiven Faktoren betreffen sollen.[1659] Allgemein scheint aber die bezweckte Wettbewerbsbeschränkung in der Praxis von geringerer Bedeutung zu sein, da gleichzeitig die wirtschaftlichen Umstände in Erwägung gezogen werden.[1660] Eine bezweckte Wettbewerbsbeschränkung liegt vor, wenn die Muttergesellschaften auf dem gleichen Markt des GU den Wettbewerb zwischen sich verringern.[1661] Das ist z.B. dann der Fall, wenn die Muttergesellschaften ein

1655 BGH, v. 23.06.2009, KZR 58/07, WUW/E DE-R 2742 – Gratiszeitung Hallo, Rn. 17 (Juris); BGH, v. 08.05.2001, KVR 12/99, WuW/E DE-R 711 – Ost-Fleisch, Rn. 31 (juris); BGH, v. 04.03.2008, KVZ 55/07, WuW/E DE-R 2361, 2362 – Nord-KS/Xella, Rn. 9 (Juris).

1656 Vgl. *Krauß*, in: Langen/Bunte, Kartellrecht, § 1 GWB Rn. 296; *Bien*, Kartellrechtskontrolle von Gemeinschaftsunternehmen ex ante und ex post – Teil 2, NZKart 2014, 247, 250.

1657 Vgl. *Krauß*, in: Langen/Bunte, Kartellrecht, § 1 GWB Rn. 296.

1658 BKartA, 25.08.1999, WuW/E DE-V 209, 212 – Stellenmarkt für Deutschland II; *Krauß*, in: Langen/Bunte, Kartellrecht, § 1 GWB Rn. 156.

1659 OLG Düsseldorf, 02.11.2005, WuW/E DE-R 1625 – Rethmann/GfA, Rn. 77 (Juris).

1660 Vgl. *Bien*, Kartellrechtskontrolle von Gemeinschaftsunternehmen ex ante und ex post – Teil 2, NZKart 2014, 247, 250.

1661 KG, 14.10.1998, WuW/E DE-R 277 – Ost-Fleisch, Rn. 33 (Juris); BGH, v. 08.05.2001, KVR 12/99, WuW/E DE-R 711, 716 – Ost-Fleisch, *„Bleiben die Muttergesellschaften aktuelle Wettbewerber des Gemeinschaftsunternehmens, sind sie im Allgemeinen versucht, durch Abstimmung ihrer Geschäftspolitik oder durch bewusste Zurückhaltung die Intensität des Wettbewerbs zu verringern.“*

GU gründen, um den Wettbewerb zwischen sich zu beenden.[1662] Darüber hinaus wurde darauf hingewiesen, dass die parallele Angebotsabgabe von Mutter und GU auf dem gleichen Markt in kaufmännischer Hinsicht den Wettbewerb einschränkt und i. S. d. Vergabeverfahrens als rechtlich unzulässig erscheint.[1663]

In diesem Kontext konzentriert sich die Prüfung nicht nur auf die bezweckte, sondern es stellt sich heraus, dass sich auch die Konsequenzen der Zusammenarbeit als eine bewirkte Wettbewerbsbeschränkung bzw. Koordinierung nach Gesamtbetrachtung des Falles des zweckmäßigen und kaufmännisch vernünftigen Verhaltens der Muttergesellschaften zeigen.[1664] In der Ost-Fleisch-Entscheidung wurde nicht nur die bezweckte Wettbewerbsbeschränkung, sondern auch die bewirkte in Betracht gezogen, da nicht nur der Zweck der Mutter, sondern auch die kaufmännischen Konsequenzen zum Verzicht auf Preiswettbewerb führen würden.[1665] Aber diese Entscheidung wurde in der Literatur für die Fälle kritisiert, bei denen sich die Koordinierungsinteressen der Mutter durch die Gründung des GU nicht vergrößert haben, da die beabsichtigten Kostenersparnisse zur gleichen Verbesserung ohne abgestimmtes Preisverhalten führen könnte.[1666]

Diese Regelvermutung der gleichzeitigen Präsenz der Mutter auf dem gleichen Markt des GU kommt nicht als Beweisregel vor.[1667] Es bedeutet, dass das Bundeskartellamt von einer *tatsächlichen Vermutung* ausgehen soll und damit das Erfahrungswissen in Bezug auf die Gesamtbetrachtung des Einzelfalles einsetzt.[1668] Bei dieser

---

1662 BGH, v. 13.11.1990, KZR 2/89, WuW/E 2675 – Nassauische Landeszeitung, Rn. 9 (Juris), „*dass die Parteien gerade um des gemeinsamen Vorteils wegen den Vertrag allein zu dem Zweck geschlossen haben, anstelle von zwei Konkurrenzzeitungen eine konkurrenzlose Zeitung im Limburger Raum auf den Markt zu bringen.*"

1663 OLG Düsseldorf, 02.11.2005, WuW/E DE-R 1625 – Rethmann/GfA, Rn. 79 ff. (Juris).

1664 Vgl. *Krauß*, in: Langen/Bunte, Kartellrecht, § 1 GWB Rn. 296; *Bechtold/Bosch*, GWB, § 1 Rn. 36; *Bien*, Kartellrechtskontrolle von Gemeinschaftsunternehmen ex ante und ex post – Teil 2, NZKart 2014, 247, 250 f.; BGH, v. 08.05.2001, KVR 12/99, WuW/E DE-R 711 ff. – Ost-Fleisch; BGH, v. 04.03.2008, KVZ 55/07, WuW/E DE-R 2361 – Nord-KS/Xella.

1665 BGH, v. 08.05.2001, KVR 12/99, WuW/E DE-R 711 – Ost-Fleisch, Rn. 9 (Juris), „*Ersichtlich stehe Moksel und Südfleisch die Einschränkung des Wettbewerbs als kaufmännisch vernünftige Konsequenz der Gründung der Ost-Fleisch vor Augen und sei von ihnen mitbezweckt. Im Hinblick auf die Marktanteile von Moksel und Südfleisch beeinflusse die Beschränkung des Wettbewerbs die Marktverhältnisse spürbar.*"

1666 Vgl. *Bach*, Gemeinschaftsunternehmen nach dem Ost-Fleisch-Beschluss des BGH, ZWeR 2003, 187, 193.

1667 Vgl. *Ulshöfer*, Die Auflösung von Gemeinschaftsunternehmen im Lichte der Nord-KS-Entscheidung des BGH, WuW 2011, 820, 822; vgl. *Bach*, Gemeinschaftsunternehmen nach dem Ost-Fleisch-Beschluss des BGH, ZWeR 2003, 187, 192.

1668 Vgl. *Bien*, Kartellrechtskontrolle von Gemeinschaftsunternehmen ex ante und ex post – Teil 2, NZKart 2014, 247, 250.

Gesamtbetrachtung werden die Gesellschaftsverträge und der mögliche Informationsaustausch zwischen den Muttergesellschaften und dem GU berücksichtigt.[1669]

Ferner ist weder die Anwendung des § 1 GWB noch die Doppelkontrolle auszuschließen, wenn die Muttergesellschaften auf den vor- oder nachgelagerten Märkten im Wettbewerb stehen.[1670] Und wenn die Muttergesellschaften auf vor- oder nachgelagerten Märkten ein GU gründen und das GU ausschließlich oder überwiegend auf diesem Markt tätig ist, dann weist eine solche Beziehung zwischen den Müttern und dem GU auf eine immanente Zusammenarbeit hin, wobei die Abstimmung des Verhaltens durch Gruppeneffekte zugrunde liegt.[1671] Obwohl im deutschen Recht die Abgrenzung von Teilfunktions-GU nicht bedeutend ist, zeigen sich die Auswirkungen der Zusammenarbeit auf vor- oder nachgelagerten Märkten als kooperativ, wenn sie ihren Bedarf in erheblichem Umfang mit den Produkten des GU decken oder an das GU liefern.[1672] Wobei es wieder darauf ankommt, ob die Vergemeinschaftung der Kosten für das Vorprodukt erheblich ist, da dies darüber hinaus das Verhalten der Muttergesellschaften auf den nachgelagerten Märkten beeinflussen kann.[1673] Das Gleiche ist der Fall, wenn ein Substitutionswettbewerb zwischen dem GU und den Muttergesellschaften herrscht. Das ist der Fall, wenn die Muttergesellschaften besonders auf dem Fernsehmarkt und das GU auf dem Video-on-Demand-Markt tätig sind, und das GU 80 % seines Umsatzes von den Müttern erzielen würde. Das Bundeskartellamt nimmt dann an, dass das GU der Interessenabstimmung der Muttergesellschaft dient.[1674]

Solche Gemeinschaftsunternehmen, die auf den vor- oder nachgelagerten Märkten den Muttergesellschaften dienen, sind als kooperative GU zu verstehen; sie werden nach europäischem Recht als Teilfunktions-GU eingestuft. Wie im europäischen Teil erwähnt wurde, fallen besonders die Einkaufs-, Verkaufs-, F & E- und Produktions-GU nach deutschem Recht in die Kategorie der kooperativen Gemeinschaftsunternehmen. Aufgrund der Anpassung des innerstaatlichen Wettbewerbsrechts an das europäische gilt auch im deutschen Recht das Prinzip der Legalausnahme und Selbsteinschätzung für solche kooperativen Gemeinschaftsunternehmen, und es haben auch nach § 2 Abs. 2 GWB die Gruppenfreistellungsverordnungen Vorrang nach § 22 Abs. 2 S. 1 GWB. Solche kooperativen Gemeinschaftsunternehmen können jedoch anmeldepflichtig beim Bundeskartellamt sein, da das Vollfunktionalitätskriterium keine abgrenzende Bedeutung für die Prüfung hat, wenn eine solche Zusammenarbeit auch eine Konzentrationswirkung herbeiführt und den wirksamen

---

1669 BKartA, September 2012, B1-33/10 – Sektoruntersuchung Walzasphalt, Rn. 194 ff.

1670 *Lindemann*, in: Loewenheim/Meessen/Riesenkampff, Kartellrecht, Anhang zu § 1 GWB Rn. 13.

1671 BGH, v. 08.05.2001, KVR 12/99, WuW/E DE-R 711 – Ost-Fleisch, Rn. 30 (Juris); *Bechtold/Bosch*, GWB, § 1 Rn. 87.

1672 *Krauß*, in: Langen/Bunte, Kartellrecht, § 1 GWB Rn. 299.

1673 BKartA, 29.10.2007, B7-17/06 – DVB-H Kooperation, Rn. 81; BKartA, TB 2007/2008, BT-Drucks. 16/13500, S. 97 f.

1674 BKartA, 17.03.2011, B6-94/10 – Video-on-Demand, Rn. 208 ff.

Wettbewerb dadurch beeinträchtigt und gleichzeitig als wettbewerbsbeschränkende Vereinbarung oder abgestimmtes Verhalten in Erscheinung tritt.

Ferner sieht das deutsche Wettbewerbsrecht für Kooperationen bzw. Gemeinschaftsunternehmen, die sich nicht zwischenstaatlich auswirken, besondere Freistellungsmöglichkeiten für kleinere und mittlere Unternehmen nach § 3 GWB bezüglich der Mittelstandskartelle vor. Der Gesetzgeber hat damit den wettbewerbsfördernden Effekt solcher Zusammenarbeit anerkannt, da es einen Ausgleich gegenüber nachfragemächtigen Großunternehmen schafft. [1675] Diese Vorschrift ist besonders in Anspruch zu nehmen, wenn kleinere und mittlere Unternehmen kooperative Gemeinschaftsunternehmen gründen, die dadurch einige Hilfsfunktionen dem GU überlassen.[1676] In der deutschen Praxis kommen solche Mittelstandskartelle oft vor, insbesondere bei Einkaufskooperationen. Für die Anwendung dieser Vorschrift soll die Zusammenarbeit auf Rationalisierung beruhen, welche die Wettbewerbsfähigkeit der kleinen und mittleren Unternehmen verbessern soll. Dafür muss diese Kooperation als zwischenbetriebliche Zusammenarbeit eine Verbesserung im Wettbewerb zeigen: Es soll sich das Verhältnis zwischen betrieblichem Aufwand und Ertrag für die Beteiligten verbessern.[1677] Der gemeinsame Einkauf allein gilt nicht als Rationalisierung,[1678] das heißt, der Ausschluss des Wettbewerbs ohne Effizienzgewinn durch Kostensenkung ist nicht ausreichend, er muss auch nicht bezweckt auf die Abrede von Kernbeschränkungen abzielen.[1679] Darüber hinaus soll der Rationalisierungsgrund weiterhin zur Wettbewerbsfähigkeit des KMU beitragen. In diesem Zusammenhang wird in der Literatur teilweise angenommen, dass auch Großunternehmen als Beteiligte der Kooperation die Wettbewerbsfähigkeit des KMU stützen können, solange die Marktanteilsschwellen der Wettbewerbsbeeinträchtigung nicht überschritten werden.[1680] Auf der anderen Seite wird dies kritisch gesehen, da die Großunternehmen, welche sich am Gewinnziel orientieren, sich höhere Gewinne aussuchen werden, und deshalb sollen sie nicht

---

1675 Vgl. *Pampel*, in: MüKoGWB, § 3 Rn. 9 ff.; *Emmerich*, Kartellrecht, § 23 Rn. 2 f.; *Säcker/Mohr*, Die Beurteilung von Einkaufskooperationen gemäß Art. 101 Abs. 1 und Abs. 3 AEUV, WRP 2011, 793, 807.

1676 Vgl. *Schroeder*, Gemeinschaftsunternehmen im deutschen Kartellrecht, § 8 Rn. 115.

1677 Vgl. *Emmerich*, Kartellrecht, § 23 Rn. 10 ff.

1678 *Säcker/Mohr*, Die Beurteilung von Einkaufskooperationen gemäß Art. 101 Abs. 1 und Abs. 3 AEUV, WRP 2011, 793, 807; *Westermann/Bergmann*, in: Fett/Spiering, Handbuch Joint Venture, 5. Kap. Rn. 174.

1679 Vgl. *Emmerich*, Kartellrecht, § 23 Rn. 12 f.; *Dittrich*, Relikt eines eigenständigen nationalen Kartellrechts – die Freistellung für „Mittelstandskartelle" gem. § 3 GWB, WuW 2009, 1006, 1011.

1680 Vgl. *Fuchs*, in: Immenga/Mestmäcker, GWB, § 2 Rn. 168; vgl. *Schroeder*, in: Wiedemann, Handbuch des Kartellrechts, § 8 Rn. 118, besonders wenn sich die großen Nachfrager beteiligen, führt dies zu mehr Effizienzgewinnen.

als einer der führenden Wettbewerber auf dem Markt erscheinen.[1681] Ferner soll das Großunternehmen die Rationalisierung dieser Zusammenarbeit anstreben und daher die Teilnahme an der Kooperation objektiv sein und sich nach der Verbesserung der Wettbewerbsfähigkeit der KMU richten.[1682] Nach der 8. GWB-Novelle fallen solche Kooperationen nach der Legalausnahme auch unter § 2 GWB, aber besonders für kleine und mittlere Unternehmen wird die Voraussetzung für den Nachweis der Verbrauchervorteile nicht gesucht.[1683]

Da das deutsche Wettbewerbsrecht die Regeln des Kartellverbots dem europäischen angepasst hat, entspricht die Generalklausel von § 2 GWB dem Art. 101 Abs. 3 AEUV. Dadurch gelten die kumulativen Voraussetzungen der Generalklausel des europäischen Rechts auch für kooperative Gemeinschaftsunternehmen – sowie Teilfunktions-GU – nach deutschem Recht. Deshalb werden die kooperativen Gemeinschaftsunternehmen hier nicht erneut untersucht. Wenn die Zwischenstaatlichkeit nicht vorhanden ist, dann kann auch § 3 GWB als weitere Freistellungsmöglichkeit zur Verfügung stehen, der für Produktions-, F & E-, Verkaufs- und Einkaufs-GU nach deutschem Recht eine besondere Regelung trifft. Für alle Arten solcher Zusammenarbeit sollen die wirtschaftlichen Vorgänge der KMU ohne wesentliche Beeinträchtigung des Wettbewerbs rationalisiert werden, wenn generell die Markanteile von 10 bis 15 % als Grenze für eine wesentliche Beeinträchtigung angenommen wird.[1684]

Spürbarkeit – Als ein weiterer Tatbestand des § 1 GWB in Bezug auf kooperative GU ist die Spürbarkeit der Koordinierung.[1685] Bei der Prüfung der Spürbarkeit kommt es nicht auf die Einschränkung der Handlungsfreiheit der Muttergesellschaften an; es sind die Außenwirkungen auf die Marktgegenseite zu prüfen.[1686] In diesem Zusammenhang soll sich die Koordinierung zwischen den Muttergesellschaften spürbar auswirken; sie soll nicht wesentlich die Marktverhältnisse beeinflussen, sondern auf dem Markt ins Gewicht fallen.[1687] Nach anderer Auffassung in

---

1681 Vgl. *Fuchs*, in: Immenga/Mestmäcker, GWB, § 3 Rn. 75; *Pampel*, in: MüKoGWB, § 3 Rn. 66; s. a. *Dittrich*, Horizontale Rationalisierungskooperationen kleiner und mittlerer Unternehmen, 213 ff.

1682 Vgl. *Säcker/Mohr*, Die Beurteilung von Einkaufskooperationen gemäß Art. 101 Abs. 1 und Abs. 3 AEUV, WRP 2011, 793, 807; *Fuchs*, in: Immenga/Mestmäcker, GWB, § 2 Rn. 168.

1683 Vgl. *Dittrich*, Relikt eines eigenständigen nationalen Kartellrechts – die Freistellung für „Mittelstandskartelle" gem. § 3 GWB, WuW 2009, 1006, 1012; *Säcker/Mohr*, Die Beurteilung von Einkaufskooperationen gemäß Art. 101 Abs. 1 und Abs. 3 AEUV, WRP 2011, 793, 807.

1684 *Dittrich*, Relikt eines eigenständigen nationalen Kartellrechts – die Freistellung für „Mittelstandskartelle" gem. § 3 GWB, WuW 2009, 1006, 1013, s. zum Unterschied zwischen § 2 GWB Ausschaltung des Wettbewerbs und § 3 wesentliche Beeinträchtigung des Wettbewerbs.

1685 BGH, v. 13.01.1998, KVR 40/96, WuW/E DE-R 115 – Carpartner, Rn. 29 (Juris).

1686 *Nordemann*, in: Loewenheim/Meessen/Riesenkampff, Kartellrecht, § 1 GWB Rn. 142.

1687 BGH, v.08.05.2001, KVR 12/99, WuW/E DE-R 711 – Ost-Fleisch, Rn. 39 (Juris).

der Rechtsprechung muss die Auswirkung der Koordination die Verhältnisse auf dem Markt mehr als in unbedeutendem Umfang beeinflussen.[1688] Die Spürbarkeit der Koordinierung hängt nicht von theoretischen Möglichkeiten ab, sondern es kommt wieder darauf an, ob sie als Folge von **wirtschaftlich zweckmäßigem und kaufmännisch vernünftigem Verhalten** gesehen werden kann.[1689] Bei dieser Untersuchung werden qualitative und quantitative Aspekte in Betracht gezogen: Auf der einen Seite sind die Art der Vereinbarung und Waren, auf der anderen Seite die Marktstellung und der Umsatz der Muttergesellschaften zu berücksichtigen.[1690] Der Grad für die Spürbarkeit war – wenn eine bezweckte Beschränkung vorlag – schon bei einem 1 %-Marktanteil anzunehmen, sonst waren 4 bis 5 % ausreichend;[1691] aber nach der Anpassung der Bagatellbekanntmachung der Kommission vom Bundeskartellamt findet die gleiche Marktanteilshöhe wie im europäischen Recht Anwendung.[1692]

f) Sonderfall – Minderheitsbeteiligungen und Kartellverbot

Nach der früheren Rechtsprechung wurde als Regelvermutung die Koordinationsgefahr, nämlich die Spillover-Effekte, zwischen den Muttergesellschaften angenommen, welche zusammen eine Beherrschungsmacht besitzen und durch Abstimmung der Gesellschaftspolitik auf dem gleichen relevanten Markt oder auf dem benachbarten Markt als aktuelle oder potenzielle Wettbewerber eine Wettbewerbsbeschränkung herbeiführen können.[1693]

Da nach dem deutschen Fusionskontrollrecht erweiterte Tatbestandsmerkmale für die Zusammenarbeit per Gemeinschaftsunternehmen geregelt sind, kann im Gegensatz zum europäischen Recht ein Gruppeneffekt bzw. eine Koordinierung nicht nur zwischen den mitbeherrschenden Unternehmen, sondern auch den Minderheitsbeteiligten, insbesondere nach § 37 Abs. 3 GWB, und anderen Minderheitsgesellschaftern mit wettbewerblich erheblichem Einfluss gemäß § 37 Abs. 4 GWB

1688 BGH, v. 13.01.1998, KVR 40/96, WuW/E DE-R 115 – Carpartner, Rn. 29 (Juris).

1689 BGH, v. 08.05.2001, KVR 12/99, WuW/E DE-R 711 – Ost-Fleisch, Rn. 9 (Juris); OLG Düsseldorf, v. 02.11.2005, WuW/E DE-R 1625 – Rethmann/GfA Köthen, Rn. 82 (Juris); BGH, v. 04.03.2008, KVZ 55/07, WuW/E DE-R 2361 – Nord-KS/Xella, Rn. 14 (Juris).

1690 BKartA, 16.11.2004, B1074/04, WuW/E DE-V 995 – Rethmann/GfA Köthen, Rn. 201 (Juris); Bekanntmachung der Kommission – Leitlinien über den Begriff der Beeinträchtigung des zwischenstaatlichen Handels in den Artikeln 81 und 82 des Vertrags, ABl. 2004/C 101/07, Rn. 28 ff.

1691 *Emmerich*, Kartellrecht, § 21 Rn. 15

1692 BKartA, 13.03.2007, Bekanntmachung Nr. 18/2007, „Bagatellbekanntmachung" Rn. 7 ff, 10 % und 15 %-Schwelle.

1693 *Müller-Fledhammer*, Das Gemeinschaftsunternehmen auf dem Prüfstand, WuW 2015, 133, 135; BGH, v. 08.05.2001, KVR 12/99, WuW/E DE-R 711 – Ost-Fleisch, Rn. 30 und 36 (Juris); vgl. BKartA, September 2012, B1 33/10 – Sektoruntersuchung Walzasphalt, Rn. 148 und 163, 182.

nach den Umständen des Einzelfalls eine Wettbewerbsbeschränkung verursachen, falls die beteiligten Gesellschafter gegenseitige Rücksichtnahme gegenüber dem GU zeigen und auf demselben oder vor- oder nachgelagerten Märkten tätig bleiben.[1694] In diesem Zusammenhang sollen die wirtschaftliche Bedeutung des GU und die strategischen Interessen der Gesellschafter berücksichtigt werden, um festzustellen, ob eine Wettbewerbsbeschränkung bei Annahme einer wirtschaftlich zweckmäßigen und kaufmännisch vernünftigen Tätigkeit aus der Zusammenarbeit als Kartellverstoß resultieren kann.[1695] In der Ost-Fleisch-Entscheidung ging es um das Koordinationsrisiko der zwei Gesellschafter, da sie hohe Kapitalanteile besaßen und gemeinsam das GU beherrschten. Dies bezeichnete generell die Regelvermutung für den möglichen Kartellverstoß durch die Zusammenarbeit mit einem GU.

Weiterhin wurde mit der Nord-KS-Entscheidung die Regelvermutung erweitert. Das Bundeskartellamt sah die gleichzeitige Tätigkeit zweier Gesellschafter des GU (Nord-KS) auf dem Markt der Mauerbaustoffe als kooperativen Effekt an, obwohl einer der Gesellschafter mitbeherrschend war, aber der andere Gesellschafter (Xella) mit einem 17,5 %-Anteil eine reine Minderheitsbeteiligung innehatte und damit weder eine Blockademöglichkeit noch einen wettbewerblichen Einfluss i. S. d. § 37 Abs. 4 GWB. Das Bundeskartellamt hat festgestellt, dass eine solche Minderheitsbeteiligung der Fusionskontrolle nicht unterlag.[1696] Aber weder diese Feststellung noch die Regelvermutung nach der Ost-Fleisch-Entscheidung hatte es vermieden festzustellen, dass auch einer reinen Minderheitsbeteiligung an einem GU ein Kartellverstoß zugrunde liegen kann, insbesondere wenn das strategische Interesse der Minderheitsgesellschafter und die wirtschaftliche Bedeutung der Koordination auf dem relevanten Markt sowie die tatsächliche Möglichkeit einer Verhaltenskoordinierung in der Zusammenarbeit vorliegen. Nach der Nord-KS-Entscheidung hatte Xella als Minderheitsgesellschafter auf dem Markt für das aufgehende Hintermauerwerk eine starke Marktstellung und konnte wegen der Fusionskontrolle keinen weiteren Anteilserwerb ermöglichen, stattdessen wollte Xella durch eine Minderheitsbeteiligung ihre Wettbewerbsstellung absichern.[1697] Und bei der wirtschaftlichen Bedeutung tritt das GU (Nord-KS) als starker Konkurrent für Kalksandstein auf dem Regionalmarkt für Xella, und Hansa als mitbeherrschender Gesellschafter und aktueller Wettbewerber auf und hat auch ein Interesse am Erfolg des GU. Der Preiswettbewerb zwischen beiden würde die Erlös- und Gewinnerzielungsmöglichkeiten von Xella beeinträchtigen, und deswegen wurde eine wettbewerbliche Neutralisierung i. S. d. Preiswettbewerbs als wahrscheinlich angesehen, wobei das kleinere GU als Scharnier zwischen den Gesellschaftern

1694 BKartA, September 2012, B1-33/10 – Sektoruntersuchung Walzasphalt, Rn. 167 ff.; BGH, v. 04.03.2008, KVZ 55/07, WuW DE-R 2361 – Nord-KS, Rn. 14 f. (Juris).

1695 BKartA, September 2012, B1-33/10 – Sektoruntersuchung Walzasphalt, Rn. 172 ff.

1696 BKartA, 09.08.2006, B1-116/04, WuW/E DE-V 1277 – Nord-KS/Xella, Rn. 55.

1697 BKartA, 09.08.2006, B1-116/04, WuW/E DE-V 1277 – Nord-KS/Xella, Rn. 87 f.

fungieren kann.[1698] Darüber hinaus zeigt sich die tatsächliche Möglichkeit zur Verhaltenskoordinierung mithilfe eines ständigen Mitglieds im Beirat, in dem die Geschäftspolitik und besonders die Preispolitik von Nord-KS beschlossen wurden. Dadurch hatte Xella die Möglichkeit, ihr wettbewerbliches Interesse einzubringen und eine Koordination zwischen dem GU und anderen Gesellschaftern auf dem Markt herzustellen.[1699] Aus diesen Gründen wurde eine Wettbewerbsbeschränkung bejaht und vom BGH bestätigt.

Jedoch wurde in der Literatur an dieser Entscheidung Kritik geübt, da sie von der Grundlage der Regelvermutung abweicht und die Entscheidung sich nicht auf einen Verstoß durch eine Vereinbarung oder aufeinander abgestimmte Verhaltensweisen gründet, sondern sie geht nur von einer strukturellen Beteiligung aus, sieht das Problem als rein strukturell und findet daher eine strukturelle Maßnahme,[1700] wobei das Ausscheiden von Xella die Wettbewerbsbeschränkung vermeiden kann.[1701] Aber im Anwendungsbereich des Kartellverbots führten solche strukturellen Maßnahmen nur zu Bedenken des BGH und der Literatur. Wegen des strukturellen Zusammenhangs wurde angenommen, dass der Fall – statt als Folge des reinen Gruppeneffekts betrachtet zu werden –, nur auf einer kartellrechtlichen Beurteilung basierte, was zu einem Irrtum führen kann, da bei der Doppelkontrolle solche Fälle auf der Zusammenschluss- und Verhaltenskontrolle des gleichen Untersagungsakts beruhen.[1702] Dafür soll aber allein die Gründung des Gemeinschaftsunternehmens kartellrechtswidrig sein und keine aus dem Vertrag hervortretende Verhaltensabstimmung vorliegen.[1703]

Obwohl das Bundeskartellamt in der Zusammenarbeit durch die Gründung des GU einen Kartellverstoß vermutet hatte, wurde statt einer verhaltensorientierten Abhilfemaßnahme eine strukturelle Abhilfemaßnahme angeordnet.[1704] Nach § 32 Abs. 2 GWB können beide Maßnahmen eingesetzt werden, jedoch muss der

---

1698 BKartA, 09.08.2006, B1-116/04, WuW/E DE-V 1277 – Nord-KS/Xella, Rn. 90 ff.; BGH, v. 08.05.2001, WuW/E DE-R 711, 717 – Ost-Fleisch.

1699 BKartA, 09.08.2006, B1-116/04, WuW/E DE-V 1277 – Nord-KS/Xella, Rn. 95.

1700 Vgl. *Ulshöfer*, Die Auflösung von Gemeinschaftsunternehmen im Lichte der Nord-KS-Entscheidung des BGH, WuW 2011, 820, 824.

1701 BKartA, 09.08.2006, B1-116/04, WuW/E DE-V 1277 – Nord-KS/Xella, Rn. 139 ff.

1702 BGH, v. 08.05.2001, KVR 12/99, WuW/E DE-R 711 – Ost-Fleisch, Rn. 18 (Juris); *Schmidt*, Gemeinschaftsunternehmen, Wettbewerbsverbote und Immanenztheorie – Zwei Lehrstücke zwischen Gesellschafts- und Kartellrecht: „Nord-KS/Xella“ (2008) und „Gratiszeitung Hallo“ (2009), FS Säcker 2011, 949, 955 f.; *Müller-Fledhammer*, Das Gemeinschaftsunternehmen auf dem Prüfstand, WuW 2015, 133, 140 f.

1703 Vgl. *Schmidt*, Gemeinschaftsunternehmen, Wettbewerbsverbote und Immanenztheorie – Zwei Lehrstücke zwischen Gesellschafts- und Kartellrecht: „Nord-KS/Xella“ (2008) und „Gratiszeitung Hallo“ (2009), FS Säcker 2011, 949, 955 f. „konstitutionelle Kartellrechtwidrigkeit“.

1704 BGH, v. 04.03.2008, KVZ 55/07, WuW/E DE-R 2361 – Nord-KS/Xella, Rn. 16 ff. (Juris).

Verhältnismäßigkeitsgrundsatz in allen Fällen beachtet werden, und wenn keine verhaltensbezogene Maßnahme vorhanden ist, dann ist eine strukturelle Maßnahme zu ergreifen.[1705] Im Fall von Nord-KS, in dem eine Verhaltenskontrolle durchgeführt wurde, handelte es sich um eine strukturelle Maßnahme – nämlich die Ausscheidung der Gesellschafter – des Bundeskartellamts. Was vom OLG als unverhältnismäßig angesehen und die Ausführung des Gesellschaftsvertrages untersagt werden sollte. Wobei diese Maßnahme auch zum gleichen Resultat wie die Maßnahme des Bundeskartellamts führen könnte. Darüber hinaus kann sich Xella für andere Maßnahmen – wie den Rückzug aus dem Markt des GU – auch freiwillig entscheiden.[1706] Schließlich wurde der Gesellschaftsvertrag des GU als kartellrechtswidrig angesehen und führte in der Literatur zur Diskussion über die fehlerhafte Gesellschaft und deren Verhältnis zum Kartellverbot.[1707] Nach Ansichten in der Literatur kann die fehlerhafte Gesellschaft auch beim fehlerhaften Gesellschafterbeitritt kartellrechtlich angemessen sein, da es bei einer Nichtigkeit *ex tunc* in der Praxis schwieriger wäre, die erbrachten Leistungen zurückzuerstatten.[1708] Jedoch haben der BGH und das OLG Düsseldorf diese Lehre in den Entscheidungen verkannt, als sie den Vertrag als nichtig ansahen und den Austritt von Xella dadurch unwirksam machten.[1709]

Mit dieser Entscheidung wurde in der deutschen Rechtsprechung festgestellt, dass durch die Doppelkontrolle die nach Fusionskontrollrecht unbeachtliche Zusammenarbeit weiterhin als wettbewerbsbeschränkend angesehen werden kann: Wenn nur eine reine Minderheitsbeteiligung ohne wettbewerblich erheblichen Einfluss vorliegt, kann eine Koordinierungsvermutung auch zustande kommen.[1710] Jedoch besagt die kaufmännische Vernunft in einem solchen Fall, dass die Minderheitsgesellschafter auf die Beschlüsse des GU keinen Einfluss nehmen, und mit geringerer Kapitalbeteiligung kommt die Wahrscheinlichkeit einer Koordinierung seltener vor.[1711]

1705 OLG Düsseldorf, 20.06.2007, WuW/E DE-R 2146 – Nord-KS/Xella, Rn. 34 f.; BGH, v. 04.03.2008, KVZ 55/07, WuW/E DE-R 2361 – Nord-KS/Xella, Rn. 18 (Juris).

1706 OLG Düsseldorf, 20.06.2007, WuW/E DE-R 2146 – Nord-KS/Xella, Rn. 36 (Juris); BGH, v. 04.03.2008, KVZ 55/07, WuW/E DE-R 2361 – Nord-KS/Xella, Rn. 17 (Juris).

1707 BGH, v. 04.03.2008, KVZ 55/07, WuW/E DE-R 2361 – Nord-KS/Xella, Rn. 16 (Juris); *Schmidt*, Nichtigkeit oder Abwicklung kartellrechtswidriger Gemeinschaftsunternehmen?, BB 2014, 515 ff.

1708 Vgl. *Schmidt*, Nichtigkeit oder Abwicklung kartellrechtswidriger Gemeinschaftsunternehmen?, BB 2014, 515, 519; *Säcker/Jaecks*, in: MüKoEUWettbR. AEUV, Art. 101 Rn. 664 ff.

1709 OLG Düsseldorf, 20.06.2007, WuW/E DE-R 2146 – Nord-KS/Xella, Rn. 36 f.; BGH, v. 04.03.2008, KVZ 55/07, WuW/E DE-R 2361 – Nord-KS/Xella, Rn. 16 (Juris).

1710 *Müller-Feldhammer*, Das Gemeinschaftsunternehmen auf dem Prüfstand, WuW 2015, 133, 140.

1711 Vgl. *Ulshöfer*, Die Auflösung von Gemeinschaftsunternehmen im Lichte der Nord-KS-Entscheidung des BGH, WuW 2011, 820, 825 f.

Obwohl sich der deutsche Gesetzgeber mit den Auswirkungen von Minderheitsbeteiligungen im Bereich der Fusionskontrollverfahren befasst, hat die Nord-KS-Entscheidung dargelegt, dass auch weitere mögliche Minderheitsbeteiligungen – welche nicht unter die Fusionskontrolle fallen – eine Wettbewerbsbeschränkung bedenklich erscheinen lassen. Die gleichen Bedenken bezüglich der Minderheitsbeteiligungen zeigen sich auch im europäischen Wettbewerbsrecht. Die Kommission vertritt die Sicht, dass – wie im deutschen Recht –Minderheitsbeteiligungen auch der Fusionskontrolle unterzogen werden sollen, was fusionskontrollrechtliche Konsequenzen für Gemeinschaftsunternehmen haben würde.[1712] Als Folge davon kann die Erweiterung der Fusionskontrolle zu einem Ausschluss der Doppelkontrolle führen, denn Zusammenschlusskonstellationen bzw. Minderheitserwerb können in die Zuständigkeit der Kommission fallen.[1713]

g) Gemeinschaftsunternehmen und Konzept der wirtschaftlichen Einheit nach deutschem Kartellverbot

Das Konzept der wirtschaftlichen Einheit bezüglich der Bußgeldhaftung nach europäischem Recht ist umstritten, und auf diese Weise gewinnt die Diskussion im deutschen Wettbewerbsrecht an Bedeutung.

Wie oben bei relevanten Sachverhalten erwähnt wurde, werden Muttergesellschaften und Gemeinschaftsunternehmen wegen des beherrschenden Einflusses – entsprechend dem Zusammenhang zwischen den Verbindungsklauseln § 36 Abs. 2 S. 1 GWB und Mehrmütterklauseln § 36 Abs. 2 S. 2 GWB – als wirtschaftliche Einheit angesehen, und so ist das Kartellverbot auf die Vereinbarungen zwischen den Muttergesellschaften und den Gemeinschaftsunternehmen nicht anwendbar, da der beherrschende Einfluss als Ausübung einer Leitungsmacht bezeichnet wird.[1714] Aber diese Einheit hat keine Bedeutung für die Zusammenarbeit der Muttergesellschaften, da sie miteinander keine wirtschaftliche Einheit bilden, und deswegen fällt ihre Beziehung zueinander in den Anwendungsbereich des Kartellverbots.[1715] Im deutschen Recht muss nicht die tatsächliche Ausübung der Einflussmöglichkeit gegeben sein, sondern es reicht die Möglichkeit als solche aus; hingegen ist im europäischen Recht die tatsächliche Ausübung von bestimmendem Einfluss entscheidend für die Zurechnung.[1716] Ferner wird auch behauptet, dass die Vereinbarungen

1712 Kommission, 09.07.2014, Weissbuch – Eine wirksamere EU-Fusionskontrolle, COM(2014) 449 final, Rn. 3 ff.

1713 Vgl. *Stöcker*, Minderheitserwerbe unter europäischem und mitgliedstaatlichem Kartellrecht, ZWeR 2013, 154.

1714 *Zimmer*, in: Immenga/Mestmäcker, GWB, § 1 Rn. 305; *Thomas*, Konzernprivileg und Gemeinschaftsunternehmen, ZWeR 2005, 236, 254 ff.

1715 Vgl. *Bechtold/Bosch*, GWB, § 36, Rn. 14 f.

1716 Vgl. *Thomas*, Konzernprivileg und Gemeinschaftsunternehmen, ZWeR 2005, 236, 256 ff.; *Kersting*, Die Rechtsprechung des EuGH zur Bußgeldhaftung in der wirtschaftlichen Einheit, WuW 2014, 1156, 1162.

zwischen den Gemeinschaftsunternehmen oder den anderen allein beherrschenden Tochtergesellschaften oder den anderen Gemeinschaftsunternehmen, die zum Teil identische Mütter haben, auch nicht vom Kartellverbot erfasst werden.[1717] Im Gegensatz dazu erkennt das europäische Recht generell das Konzept der wirtschaftlichen Einheit bei der Beziehung zwischen dem GU und einzelner Mütter nicht an, außer im Fall der Zurechnung der Bußgeldhaftung.

Wie im europäischen Teil der Arbeit erklärt wurde, wird bei der tatsächlichen Ausübung des bestimmenden Einflusses eine wirtschaftliche Einheit und dadurch die Bußgeldhaftung für die Muttergesellschaft rechtlich angenommen. Auf der anderen Seite bleibt aber nach deutschem Recht – obwohl die wirtschaftliche Einheit im vertikalen Verhältnis zwischen dem GU und den Muttergesellschaften anerkannt wird – das GU als der untergeordnete Teil – nämlich das GU – Adressat des Bußgeldes. Nach dem deutschen Verantwortungsprinzip gemäß § 30 OWiG kann nämlich die Zurechnung nur für die juristische Person oder Personenvereinigung erfolgen und nicht für die kontrollierende Einheit.[1718] In der Praxis vertritt jedoch das BKartA die Auffassung, dass es wegen einer Aufsichtsverletzung des Leitungspersonals nach § 130 OWiG eine bußgeldliche Haftung der Muttergesellschaft geben kann. Dieser Meinung ist aber auch nach § 81 Abs. 4 GWB nicht zu folgen.[1719] Auch aus § 36 Abs. 2 GWB ist diese Zurechnung nicht möglich, da nur eine Beziehung bezüglich der strukturellen Faktoren solch eine Zurechnung nicht rechtfertigen kann.[1720] Dieser Unterschied zwischen den Rechtssystemen verursacht eine Rechtsunsicherheit, die dazu führt, dass das deutsche Recht sich auch an das europäische Recht anpassen sollte, da die wirtschaftliche Realität zeigt, dass der Unternehmensbegriff unabhängig von der Rechtsform der wirtschaftlichen Einheit verstanden werden soll. Die wirtschaftliche Einheit sollte im Grunde aus mehreren rechtlich selbstständigen Gesellschaften bestehen können.[1721] Da der Art. 5 der VO 1/2003 auch die Verhängung der Geldbuße dem nationalen Recht überlässt, kann daraus keine Ermächtigungsgrundlage i. S. d. Zurechnung der Muttergesellschaften abgeleitet werden, weil keine gesamtschuldnerische Haftung nach deutschem Recht zugrunde liegt.[1722]

1717 Vgl. *Thomas*, Konzernprivileg und Gemeinschaftsunternehmen, ZWeR 2005, 236, 256 ff.

1718 *Kapp/Wegner*, Das Gemeinschaftsunternehmen – Kartellrechtliche Herausforderungen, CCZ 2015, 198, 205; *Bürger*, Die Haftung der Konzernmutter für Kartellrechtsverstöße ihrer Tochter nach deutschem Recht, WuW 2011, 130, 133.

1719 *Bürger*, Die Haftung der Konzernmutter für Kartellrechtsverstöße ihrer Tochter nach deutschem Recht, WuW 2011, 130, 133; *Kersting*, Die Rechtsprechung des EuGH zur Bußgeldhaftung in der wirtschaftlichen Einheit, WuW 2014, 1156, 1168 ff.

1720 *Schnelle*, Die Aufteilung von Bußgeldern im Konzern, WuW 2015, 332, 334.

1721 Vgl. *Kersting*, Die Rechtsprechung des EuGH zur Bußgeldhaftung in der wirtschaftlichen Einheit, WuW 2014, 1156, 1168 ff.

1722 *Schnelle*, Die Aufteilung von Bußgeldern im Konzern, WuW 2015, 332, 334 ff.

Schließlich besteht beim Kartellverstoß der Gemeinschaftsunternehmen auch nach dem System des deutschen Wettbewerbsrechts Rechtssicherheit, da durch Doppelkontrolle eine ausführliche Prüfung bevorzugt wird, wenn die wirtschaftliche Einheit für die Bußgeldhaftung – wie im europäischen Recht – die Muttergesellschaften auch zur Verantwortung ziehen würde.[1723] Dadurch ist anzunehmen, dass solch eine Zurechnung einen Abschreckungseffekt für die Muttergesellschaften i. S. d. Kartellverstoßes haben würde. Um jedoch Rechtssicherheit zwischen dem deutschen und europäischen Recht zu schaffen, sollten die Grenzen des Unternehmensbegriffs bezüglich der wirtschaftlichen Einheiten geklärt werden.

h) Verfahren und Rechtsfolgen

Wenn die Gründung des GU nicht in den Zuständigkeitsbereich der europäischen Fusionskontrolle fällt, dann soll infolge des Art. 3 Abs. 2 VO 1/2003 bzw. § 22 Abs. 2 GWB im Falle von Zwischenstaatlichkeit die europäische Verhaltenskontrolle vollzogen werden; umgekehrt können die deutsche Verhaltenskontrolle bzw. die Freistellung durch Mittelstandskartelle Anwendung finden.[1724]

Mit der Doppelkontrolle führt das nationale Recht im Gegensatz zum EU-Recht unterschiedliche Verfahren für verschiedene Prüfungen der Fusionskontrolle und Verhaltenskontrolle durch. Aus diesem Grund müssen die Muttergesellschaften bei der Gründung eines GU verschiedene Fristen beachten, da bei der Fusionskontrolle das Hauptprüfverfahren nach § 40 Abs. 2 GWB vier Monate dauern kann. Auf der anderen Seite ist die Verhaltenskontrolle nicht an Fristen gebunden, und eine Untersagung nach § 32 GWB und zivilrechtliche Nichtigkeitsfolge des Gesellschaftervertrages können vorgebracht werden.[1725] Als Folge davon kann im deutschen Recht ein GU immerhin nach § 1 GWB untersagt werden, und dies führt in der Praxis zur Rechtsunsicherheit. Aber um mögliche Verhaltensänderungen der Gesellschafter des GU später auch zu erfassen, kann eine dauernde unabhängige Verhaltenskontrolle wegen öffentlich-rechtlicher Interessen eine abschreckende Wirkung gewährleisten.[1726] Mit der Doppelkontrolle kann die Untersagung gleichzeitig auf

1723 Vgl. *Kersting*, Die Rechtsprechung des EuGH zur Bußgeldhaftung in der wirtschaftlichen Einheit, WuW 2014, 1156, 1169.

1724 Vgl. *Mohr/König*, Freistellung von wettbewerbsbeschränkenden Vereinbarungen, JURA 2012, 343, 347, *„das nationale Recht darf nicht erlauben, was nach europäischem Recht verboten ist; es darf aber auch nicht verbieten, was nach europäischem Recht erlaubt ist."*

1725 Vgl. *Zimmer*, in: Immenga/Mestmäcker, GWB, § 1 Rn. 300.

1726 Vgl. *Zimmer*, in: Immenga/Mestmäcker, GWB, § 1 Rn. 301; a. A. *Wertenbruch*, Die Rechtsfolgen der Doppelkontrolle von Gemeinschaftsunternehmen nach dem GWB, 15 ff. Nach der teleologischen Reduktion des § 1 GWB sollen die Fusionskontrollvorschriften den Vorrang vor den Rechtsfolgen zivilrechtlicher Unwirksamkeit nach § 1 GWB für Gemeinschaftsunternehmen haben, um die Gesetzeslücke zu vermeiden.

der Fusionskontrolle und der Verhaltenskontrolle basieren, wobei aber das Bundeskartellamt eine einheitliche Untersagungsentscheidung treffen sollte.[1727] Wenn aber eine Freistellung nach den §§ 2 und 3 GWB erfolgen kann, dann kann auch eine Freistellung gemäß der Fusionskontrolle auf der Basis der Abwägungsklausel (§ 36 Abs. 1 GWB) gleichermaßen erfolgen.

Bei der Prüfung des Kartellverbots ist im europäischen und deutschen Recht – obwohl im europäischen Recht keine Doppelkontrolle gegeben ist – immerhin eine „Ex-ante“-Prüfung nach FKVO und eine „Ex-post“-Prüfung des Kartellverbots vorzunehmen, solange die im Ergebnis festgestellte Verhaltensweise der Muttergesellschaften die Immanenztheorie unterstützt.[1728] Da die Fusionskontrolle nur eine Prognose-Entscheidung über die Koordinierung des Verhaltens von Müttern unternimmt, weil zum Zeitpunkt der Gründung kein Marktverhalten zu betrachten ist, schließt dies weitere Wettbewerbsregeln für die Muttergesellschaften nicht aus. In diesem Zusammenhang gilt der strengere Beurteilungsmaßstab nach Art. 101 Abs. 3 AEUV, nämlich dass sich die Ausschaltung wesentlichen Wettbewerbs gegen die Marktbeherrschungskriterien durchsetzt, und deshalb sollen sie für das weitere Verhalten und die Vereinbarungen zwischen den Müttern angewendet werden.[1729] Ferner hindert die FKVO eine nachfolgende Verhaltenskontrolle der Mutterunternehmen nicht, solange sie nicht immanent sind.[1730] Ein Unterschied zum deutschen Recht i. S. d. Doppelkontrolle ist nur die Zeitbegrenzung, da das deutsche Recht anders als die FKVO für die Verhaltenskontrolle keine Befristung vorsieht. Das Bundeskartellamt kann einen Fall prüfen, soweit ein Anlass dazu besteht.[1731]

Wegen der Doppelkontrolle können im deutschen Recht die Fälle der Zusammenarbeit der Gemeinschaftsunternehmen auch lange Zeit nach der Gründung des GU geprüft werden.[1732] Im Fall von CVH-Chemie wurde das GU fusionskontrollrechtlich freigegeben (1996), aber eine kartellrechtliche Prüfung wurde im Jahr

---

1727 BGH, v. 08.05.2001, KVR 12/99, WuW/E DE-R 711 – Ost-Fleisch, Rn. 43 (Juris).

1728 Vgl. *Schmidt*, Gemeinschaftsunternehmen, Wettbewerbsverbote und Immanenztheorie – Zwei Lehrstücke zwischen Gesellschafts- und Kartellrecht: „Nord-KS/Xella“ (2008) und „Gratiszeitung Hallo“ (2009), FS Säcker, 2011, 949, 952 f.; *Bien*, Kartellrechtskontrolle von Gemeinschaftsunternehmen ex ante und ex post – Teil 1, NZKart 2014, 214, 216; *Körber*, in: Immenga/Mestmäcker, EU-Wettbewerbsrecht, Art. 2 FKVO Rn. 613.

1729 Vgl. *Mestmäcker/Schweitzer*, in: EU-Wettbewerbsrecht, § 27 Rn. 46; a. A. *Ahlborn/Turner*, Expanding success? Reform of the E. C. Merger Regulation, E. C. L. R. 1998, 249, 257, Fn. 42, wo beide Tests gleichbehandelt wurden und deswegen das Kartellverbot unanwendbar für kooperative Vollfunktions-GU bleibt.

1730 *Schmidt*, Gemeinschaftsunternehmen, Wettbewerbsverbote und Immanenztheorie – Zwei Lehrstücke zwischen Gesellschafts- und Kartellrecht: „Nord-KS/Xella“ (2008) und „Gratiszeitung Hallo“ (2009), FS Säcker, 2011, 949, 953, nach Art. 2 Abs. 4 und Art. 21 Abs. 1 Hs. 2 FKVO.

1731 *Zimmer*, in: Immenga/Mestmäcker, GWB, § 1 Rn. 301.

1732 *Bien*, Kartellrechtskontrolle von Gemeinschaftsunternehmen ex ante und ex post, Teil 1, NZKart 2014, 214, 220 f.

2008 begonnen und der Beschluss wurde im Jahr 2012 verkündet.[1733] Dabei wurde festgestellt, dass die gleichzeitige Präsenz der Mutter auf demselben Markt das Spürbarkeitsniveau (30 bis 40 %) überschritten hatte. Die Koordinierung der Mutter wurde als *wirtschaftlich zweckmäßig und kaufmännisch vernünftig* eingeschätzt, da über das GU der Preiswettbewerb zwischen den Müttern reduziert wurde. Auf einem solchen homogenen Markt konnten die Muttergesellschaften die Geschäftspolitik des GU leichter auf ihre Interessen abstimmen; mit hohen Marktanteilen und Informationsrechten ist eine Koordinierung durch den Gesellschaftsvertrag des GU wahrscheinlicher geworden.[1734] Demzufolge wurde der Gesellschaftsvertrag für nichtig erklärt, jedoch wurde diese Entscheidung wegen fehlender Wettbewerbsbeschränkung abgelehnt, weil die Prüfung des Einzelfalles als nicht ausreichend rechtmäßig angesehen wurde.[1735]

Darüber hinaus wurde eine Sektoruntersuchung von Walzasphalt besonders von Gemeinschaftsunternehmen durchgeführt, wobei das alte und von der Rechtslage her unsichere GU unter die Lupe genommen wurde, um weitere Kartellverstöße teilweise nach 40 Jahren beseitigen zu können.[1736] Durch diese Sektoruntersuchung werden auch Netzwerkeffekte durch verschiedene GU beobachtet,[1737] und wenn nötig, ist die Verhaltenskontrolle unabhängig von der Fusionskontrolle anzuwenden. Wobei dann die Auflösung von GU und die Untersagung von wettbewerbsbeschränkenden Vereinbarungen zwischen den Muttergesellschaften wie im Bereich Walzasphalt als Ergebnis des Netzwerkeffekts durch mehrere GU auftreten können.[1738]

Die Rechtsfolgen nach § 1 GWB entsprechen auch europäischem Recht, wobei eine Nichtigkeit zugrunde liegt. Diese Rechtsfolge hat insbesondere Bedeutung für die Gemeinschaftsunternehmen: Wenn ein Verstoß gegen das Kartellverbot – entweder bei der Gründung oder bei nachträglichen Änderungen der Gesellschaftsverträge – vorliegt, dann sind solche Bestimmungen wie nach europäischem Recht von Anfang an als nichtig zu betrachten.[1739] Wie im europäischen Recht erfasst die Nichtigkeit nur den Teil des Vertrages, der sich vom Gesamtvertrag trennen lässt; andernfalls kann auch eine Gesamtnichtigkeit vorkommen. Die Rechtsfolgen für den Rest des Vertrages hängen von den nationalen Vorschriften ab.

Auch im deutschen Recht herrscht Nichtigkeit als Folge eines Verstoßes gegen das Kartellverbot. Die zivilrechtlichen Folgen zeigen sich nach § 134 BGB, da § 1

1733 BKartA, 12.11.2012 – B3-19-08 – CVH Chemie-Vertrieb GmbH & Co. KG, Rn. 49 (Juris).

1734 BKartA, 12.11.2012 – B3-19-08 – CVH Chemie-Vertrieb GmbH & Co. KG, Rn. 100 ff. (Juris).

1735 OLG Düsseldorf, 15.07.2013, WuW/E DE-R 3993 – Chemikalienhandel II.

1736 BKartA, September 2012, B1-33/10 – Sektoruntersuchung Walzasphalt, Rn, 125 und 245 ff.

1737 BKartA, September 2012, B1-33/10 – Sektoruntersuchung Walzasphalt, Rn. 3, 125, 192.

1738 BKartA, September 2012, B1-33/10 – Sektoruntersuchung Walzasphalt, Rn. 245 ff.

1739 Vgl. *Säcker/Jaecks*, in: MüKoEUWettbR. AEUV, Art. 101 Rn. 663.

GWB ein gesetzliches Verbot enthält.[1740] Die Aufrechthaltung des Vertragsrestes ist nach der Teilnichtigkeit der Vereinbarung gemäß § 139 BGB zu beurteilen, insofern der hypothetische Parteiwille den Rest des Vertrages nach einer objektiven Betrachtung gelten lässt.[1741] Der Parteiwille für den restlichen Vertrag kann sich auch i. S. d. salvatorischen Klauseln herausstellen, wobei in der Praxis eine Beweislastregel für § 139 BGB angenommen wird.[1742] Wenn aber nach der Auslegung solcher salvatorischen Klauseln noch ein Verstoß gegen das Kartellverbot besteht, findet § 139 BGB Anwendung. Wenn die nichtigen Teile von grundlegender Bedeutung sind, kann dies immerhin zu einer Gesamtnichtigkeit auch mit salvatorischen Klauseln führen.[1743] Die Gesamtnichtigkeit soll nur in Ausnahmefällen auftreten.[1744] Wenn aber – wie bei der Gründung eines GU – die Gesellschaft wettbewerbswidrig ist, kann eine Gesamtnichtigkeit des Gesellschaftsvertrages eintreten, wie die Entscheidung von Nord-KS in der Praxis bewiesen hat.[1745] Aber die Rechtsfolge solcher Gesamtnichtigkeit des Gesellschaftsvertrages ist im Schrifttum umstritten: Es geht generell darum, ob ein gegen das Kartellverbot verstoßender Gesellschaftsvertrag ex tunc nichtig ist oder nach den Grundsätzen fehlerhafter Gesellschaften eine Auflösung oder Liquidation in der Zukunft vorgenommen werden soll.[1746] Nach genereller Ansicht in der Literatur ist den Rechtsfolgen für Kapitalgesellschaften zu folgen. Wenn es sich jedoch um Personengesellschaften handelte, wurde auf der einen Seite angenommen, dass es keinen Grund gibt, Personengesellschaften ungleich zu behandeln;[1747] auf der anderen Seite wurde bei der Mehrheit die Anwendung

1740 Vgl. *Armbrüster*, in: MüKoBGB, § 134 Rn. 64.

1741 Vgl. *Mohr/König*, Freistellung von wettbewerbsbeschränkenden Vereinbarungen, JURA 2012, 343, 346; *Busche*, in: MüKoBGB, § 139 Rn. 29 ff.

1742 Vgl. *Emmerich*, Kartellrecht, § 21 Rn. 42.

1743 Vgl. *Schmidt*, in: Immenga/Mestmäcker, EU-Wettbewerbsrecht, Art. 101 Abs. 2 AEUV Rn. 30.

1744 *Mohr/König*, Freistellung von wettbewerbsbeschränkenden Vereinbarungen, JURA 2012, 343, 346.

1745 OLG Düsseldorf, WuW/E DE-R 1246, 1249 – Nord-KS/Xella; BGH, v. 04.03.2008, KVZ 55/07, WuW/E DE-R 2361 – Nord-KS/Xella, Rn. 16 (Juris); *Säcker/Jaecks*, in: MüKoEUWettbR. AEUV, Art. 101 Rn. 663.

1746 *Säcker/Jaecks*, in: MüKoEUWettbR, AEUV, Art. 101 Rn. 664.

1747 *Schmidt*, Gemeinschaftsunternehmen, Wettbewerbsverbote und Immanenztheorie – Zwei Lehrstücke zwischen Gesellschafts- und Kartellrecht: „Nord-KS/Xella" (2008) und „Gratiszeitung Hallo" (2009), FS Säcker, 2011, 949, 966 f.; *Schmidt*, Nichtigkeit oder Abwicklung kartellrechtswidriger Gemeinschaftsunternehmen?, BB 2014, 515, 516 ff.; *Säcker/Jaecks*, in: MüKoEUWettbR, AEUV, Art. 101 Rn. 664; *Zimmer*, in: Immenga/Mestmäcker, GWB, § 1 Rn. 196 ff.; *Wertenbruch*, Die Rechtsfolgen der Doppelkontrolle von Gemeinschaftsunternehmen nach dem GWB, 55 ff.; *Ulshöfer*, Die Auflösung von Gemeinschaftsunternehmen im Lichte der Nord-KS-Entscheidung des BGH, WuW 2011, 820, 830 ff.; *Spiering/Hacker*, Rechtsgeschäfte mit Unsichtbaren? Zu dogmatischen und praktischen Tücken im Umgang mit kartellrechtswidrigen Joint Ventures, RNotZ 2014, 349, 353 ff.

fehlerhafter Gesellschaft bei Personengesellschaften nicht angenommen, da es an Vorschriften darüber fehlt und der Verstoß gegen § 1 GWB öffentlich-rechtliche Interessen beinhaltet.[1748] Die Rechtspraxis wendet die Lehre von fehlerhafter Gesellschaft auch nicht an, wenn es sich bei dem GU um eine Personengesellschaft handelt. Aus diesem Grund wurde die Entscheidung von Nord-KS[1749] in der Literatur kritisiert, da bei der Nichtigkeit von Anfang an Rechtssicherheit und Interesse der Gläubiger nicht beachtet wurden.[1750] Bei Kapitalgesellschaften wird in der Rechtspraxis eine Nichtigkeit in der Zukunft als möglich angesehen, obwohl es sich um ein Wettbewerbsverbot i. S. d. Immanenztheorie handelt.[1751] Obwohl verschiedene Diskussionsansichten zugrunde liegen, ist in der Praxis zu sehen, dass sich anstelle der Lehre von fehlerhafter Gesellschaft die Nichtigkeitsfolge gemäß Art. 101 Abs. 2 AEUV bzw. § 1 GWB sowie §§ 134, 139 BGB durchgesetzt hat.[1752] Die Folgen der Diskussion sind wesentlich für Gemeinschaftsunternehmen, da in Deutschland – wie im ersten Teil der Arbeit erwähnt wurde – viele Gemeinschaftsunternehmen in Form einer Personengesellschaft, nämlich GmbH & Co. KG., gegründet werden, die weitere Existenz der GmbH jedoch die Nichtigkeit des Kommanditvertrages nicht berührt.[1753] Jedoch ist in der Entscheidungspraxis des BKartA zu sehen, dass – obwohl der Vertrag gegen § 1 GWB verstößt und für nichtig erklärt wird – die Entscheidung nach § 32 Abs. 2 GWB weitere Maßnahmen (z.B. das Ausscheiden des Gesellschafters) vorschlägt,[1754] wobei aber wegen der fehlenden Wettbewerbsbeschränkung zur Nichtigkeit des Gesellschaftsvertrages nicht Stellung genommen wurde.[1755] Wegen der Nord-KS-Entscheidung bleiben solche Maßnahmen ein Vorschlag: Da der Gesellschaftsvertrag für nichtig erklärt wurde, konnte ein Ausscheiden nicht angeordnet werden. In diesem Zusammenhang kommt wegen der

1748 *Theurer*, Zur Nichtigkeit von kartellrechtswidrigen Personengesellschaften, BB 2013, 137, 141 ff.; *Wessels*, Entflechtung kartellrechtswidriger Personengesellschaften, ZIP 2014, 101 ff.; *Topel*, in: Wiedemann, Handbuch des Kartellrechts, § 50 Rn. 42 ff.; *Krauß*, in: Langen/Bunte, Kartellrecht, § 1 GWB Rn. 335 ff.

1749 OLG Düsseldorf, WuW/E DE-R 1246, 1249 – Nord-KS/Xella; BGH, v. 04.03.2008, KVZ 55/07, WuW/E DE-R 2361 – Nord-KS/Xella, Rn. 16 (Juris).

1750 *Säcker/Jaecks*, in: MüKoEUWettbR, AEUV, Art. 101 Rn. 664; *Ulshöfer*, Die Auflösung von Gemeinschaftsunternehmen im Lichte der Nord-KS-Entscheidung des BGH, WuW 2011, 820, 829; dagegen *Topel*, in: Wiedemann, Handbuch des Kartellrechts, § 50 Rn. 45; *Zimmer*, in: Immenga/Mestmäcker, GWB, § 1 Rn. 198.

1751 BGH, v. 23.06.2009, KZR 58/07, WuW/E DE-R 2742, 2745 – Gratis Zeitung Hallo; *Schmidt*, Gemeinschaftsunternehmen, Wettbewerbsverbote und Immanenztheorie – Zwei Lehrstücke zwischen Gesellschafts- und Kartellrecht: „Nord-KS/Xella" (2008) und „Gratiszeitung Hallo" (2009), FS Säcker 2011, 949, 966 f.; *Krauß*, in: Langen/Bunte, Kartellrecht, § 1 GWB Rn. 338.

1752 *Krauß*, in: Langen/Bunte, Kartellrecht, § 1 GWB Rn. 336 f.; *Säcker/Jaecks*, in: MüKoEUWettbR, AEUV, Art. 101 Rn. 665.

1753 *Topel*, in: Wiedemann, Handbuch des Kartellrechts, § 50 Rn. 43.

1754 BKartA, 12.11.2012, B3-19-08 – CVH Chemie-Vertrieb GmbH & Co. KG, Rn. 121 ff.

1755 OLG Düsseldorf, 15.07.2013, WuW/E DE-R 3993 – Chemikalienhandel II.

Rechtsprechung des BGH die Nichtigkeit von Anfang an infrage; jedoch wurde als wettbewerbsrechtlich und auch wirtschaftlich effizienter angesehen, dass durch die Lehre der fehlerhaften Gesellschaft das GU rechtsfähig bleiben kann und durch weitere rechtliche Maßnahmen – wie nach § 32 Abs. 2 vom BKartA vorgeschlagen wurde – in einen kartellrechtskonformen Zustand gebracht werden könnte.[1756] Auf der anderen Seite wurde in der Literatur angenommen, dass ein kartellrechtskonformer Gesellschaftsvertrag neu abgeschlossen werden kann.[1757]

Da die Verhaltenskontrolle nach deutschem Recht auch nach Jahren der Gründung stattfinden kann, ist die Rechtsfolge der „Ex-tunc"-Nichtigkeit allgemein-wirtschaftlich nicht nachvollziehbar, obwohl die rein rechtliche Grundlage dazu führt. Jedoch muss der Lauf des wirtschaftlichen Lebens auch berücksichtigt werden, und deswegen ist die Lehre von der fehlerhaften Gesellschaft geeigneter angesehen.

1756 *Spiering/Hacker*, Rechtsgeschäfte mit Unsichtbaren? Zu dogmatischen und praktischen Tücken im Umgang mit kartellrechtswidrigen Joint Ventures, RNotZ 2014, 349, 355 f.

1757 Vgl. *Wessels*, Nochmals: Entflechtung kartellrechtswidriger Personengesellschaften, ZIP 2014, 856, 860.

V. TEIL: Schlussfolgerung

Durch den Vergleich der Rechtssysteme ist festzustellen, dass sich die Rechte der EU und der Türkei auf die Klassifizierung von Gemeinschaftsunternehmen konzentrieren; sie versuchen die Arten von GU entweder nach der Strukturkontrolle oder der Verhaltenskontrolle einzuordnen, um eine Rechtssicherheit im Wirtschaftsleben schaffen zu können. Aus diesem Grund werden die strukturellen und wettbewerbsbeschränkenden Konsequenzen verschiedener Arten des GU nach dem Konzentrationsprivileg im Rahmen des Fusionskontrollverfahrens berücksichtigt. Eine solche Abgrenzung i. S. d. Voll- und Teilfunktionalität kann im wirtschaftlichen Sinne vielleicht effizienter sein, da eine „Ex-ante"-Kontrolle für die Auswirkungen eines Vollfunktions-GU eine Sicherheit für die Zusammenarbeit gewährleisten kann. Jedoch können dadurch im wettbewerbsrechtlichen Sinne dort Probleme entstehen, wo besonders durch die kooperativen Auswirkungen eine „ex-post"-Kontrolle notwendig sein kann. Darüber hinaus ist die Prüfung der FKVO auf Auswirkungen begrenzt, die nur unmittelbar aus der Gründung des Gemeinschaftsunternehmens resultieren, wodurch die Doppelkontrolle für die abtrennbaren Vereinbarungen zumindest in Anwendung bleibt. Deshalb ist zu behaupten, dass, um die Ziele des Wettbewerbsrechts effizienter zu schützen, eine Doppelkontrolle, wie im deutschen Recht, effizienter sein könnte. Mit Art. 2 Abs. 4 und 5 FKVO verfolgt die Kommission die Abgrenzung zwischen konzentrativen und kooperativen Vollfunktions-GU weiter, und es wurde auch behauptet, dass die Teilfunktions-GU strukturelle Auswirkungen haben könnten. Als Folge davon kann eine getrennte Prüfung der spürbaren Konsequenzen von Gemeinschaftsunternehmen – obwohl nicht wirtschaftlich, aber wettbewerbsrechtlich – wünschenswert sein.

Wie am Fall nicht-kontrollierender Minderheitsbeteiligungen zu sehen ist, genügen die begrenzten Tatbestände i. S. d. gemeinsamen Kontrolle nach dem Konzentrationsprivileg auch nicht, um verschiedene strukturelle Auswirkungen von nicht-kontrollierenden Minderheitsbeteiligungen nach Verhaltenskontrollen zu erfassen. Aus diesem Grund schlägt die Kommission jetzt vor, dass der Zusammenschlusstatbestand nach FKVO erweitert werden soll, um die unilateralen Effekte auf die Marktstruktur überprüfen zu können und dadurch einen effizienteren Wettbewerbsschutz zu gewährleisten. Jedoch wird auf der anderen Seite Kritik am deutschen Fusionskontrollrecht geübt, weil es mit den ausgedehnten Tatbeständen für die Strukturkontrolle bzw. mit dem wettbewerblich erheblichen Einfluss gemäß § 37 Abs. 1 Nr. 4 GWB im Vergleich zum europäischen Fusionskontrollrecht eine ausgeweitete und unklare Strukturkontrolle in Kraft gesetzt hat.[1758] Allerdings nutzt das deutsche Recht durch erweiterte Prüfungszuständigkeit in der Strukturkontrolle

1758 Vgl. *Kuhn*, Der Erwerb wettbewerblich erheblichen Einflusses in der Deutschen Zusammenschlusskontrolle – Kein Modell für Europa, ZWeR 2011, 258 ff.

und durch unabhängige Verhaltenskontrolle damit die Gelegenheit, die wettbewerbsrechtlichen Ziele des Wettbewerbsrechts effektiver zu verfolgen, statt der Wirtschaftlichkeit der Wettbewerbsregeln Priorität einzuräumen. Aus diesem Grund werden nach deutschem Wettbewerbsrecht alle möglichen Auswirkungen von Gemeinschaftsunternehmen ohne Abgrenzung von Voll- und Teilfunktionalität überprüft, wodurch eine ausführliche Analyse des Einzelfalls in Bezug auf dynamische wirtschaftliche Entwicklungen ermöglicht wird.

In diesem Zusammenhang sollte erwähnt werden, dass die Europäische Union natürlich ein weiteres wesentliches Ziel verfolgt, nämlich die Funktionalität des gemeinsamen Marktes zu erhalten. Aus diesem Grund sind aus der Sicht der EU die Sorgen um die wirtschaftliche Effektivität der Wettbewerbsregeln verständlich, da der freie Verkehr von Waren zwischen den Mitgliedstaaten mit verschiedenen nationalen Wettbewerbsrechten nur durch klare Regeln und ein sicheres und schnelles Verfahren gewährleistet werden kann. Wird jedoch der Zuständigkeitsbereich des europäischen Fusionskontrollrechts in Betracht gezogen, dann ist festzustellen, dass die europäische wettbewerbsrechtliche Prüfung wegen der Umsatzgröße der beteiligten Unternehmen bezüglich der Zusammenarbeit und der betroffenen Märkte wesentliche Auswirkungen haben kann. Da die großen Unternehmen mit bedeutender Marktstellung auf Gewinnerzielung ausgerichtet sind und deren Zusammenarbeit i. S. d. Spillover- und Netzwerk-Effekte bedenkliche Auswirkungen auf den Markt für KMU und Verbraucher zeigen kann, wird eine möglichst weitgehende Untersuchung von kooperativen Gemeinschaftsunternehmen benötigt. Die strukturelle Konsequenz daraus sollte ferner eine Definition des Gemeinschaftsunternehmens sein, die nicht nur die gemeinsame Kontrolle, sondern auch verschiedene Niveaus von Zusammenarbeit i. S. d. nicht-kontrollierenden Minderheitsbeteiligungen, wie nach deutschem Recht, einbezieht, um die aus den Einzelfällen möglicherweise heraustretenden strukturellen Auswirkungen der Zusammenarbeit erfassen zu können.

Ferner, da sich die Märkte wegen dynamischer Bedingungen ändern können, sollen nicht nur am Anfang die Gründung von GU, sondern später auch die Netzwerke von Gemeinschaftsunternehmen untersucht werden, da sie verschiedene Spillover-Effekte verursachen können, welche weiterhin kooperative Risiken und auch strukturelle Auswirkungen haben können. Das Konzentrationsprivileg nach der europäischen und türkischen Fusionskontrolle kann diese weiteren dynamischen und kartellrechtlichen Auswirkungen vernachlässigen, deswegen ist eine erweiterte Untersuchung von Verhaltenskontrolle mit einer verhaltensspezifischen Strukturkontrolle unter Doppelkontrolle wettbewerbsrechtlich mehr vorzuziehen.[1759]

1759 *Schultes*, Die möglichen Wettbewerbsbeschränkungen durch Unternehmensnetzwerke und das Problem der Dichotomie und Statik des Kartellrechts, KSzW 2015, 89, 98, „Das europäische Kartellrecht in seiner jetzigen Ausgestaltung ist nur schwerlich dazu in der Lage, Unternehmensnetzwerke adäquat zu erfassen und angemessen zu bewerten. Der Grund hierfür liegt darin, dass es streng zwischen

Mit dem Konzentrationsprivileg hat sich das türkische Wettbewerbsrecht an das europäische Recht angepasst. Durch die Harmonisierung der Rechtsvorschriften zielt die Türkei auf den EU-Beitritt ab. Weil dies als Hauptziel des türkischen Gesetzgebers erscheint, konzentriert sich die Türkei ausschließlich darauf, auch wenn sie auf eigener wirtschaftlicher Grundlage davon abweichende Regeln aufstellen könnte. Wie oben erwähnt wurde, ist es aus Sicht der Europäischen Union verständlich, für den gemeinsamen Markt generell grundsätzliche Regeln zu schaffen. Aber die Türkei sollte als Entwicklungsland eine ausführliche Struktur- und Verhaltenskontrolle durchführen, da zum einen das türkische Wettbewerbsrecht in Bezug auf andere Rechtssysteme relativ neu ist, und zum anderen sollte die Türkei ihre eigene wirtschaftliche Entwicklung und eigenen wettbewerblichen Ziele verfolgen sowie durch eine umfangreiche wettbewerbliche Prüfung den wirksamen Wettbewerb durchsetzen. Mit der letzten Fusionskontrollverordnung wurde das Konzentrationsprivileg des europäischen Rechts übernommen. Immerhin ist die Regelung für kooperative Gemeinschaftsunternehmen im Zusammenhang mit Spillover-Effekten nicht auf die Auswirkungen begrenzt, die sich unmittelbar aus der Gründung des Gemeinschaftsunternehmens ergeben, sondern der Wortlaut des Art. 13 Abs. 3 TR-FKVO weist nur darauf hin, dass die Gründung eines kooperativen Vollfunktions-GU generell nach Art. 4 und 5 RKHK geprüft wird. Es ist jedoch nicht eindeutig festzustellen, ob diese Prüfung nur die unmittelbaren Auswirkungen erfasst oder ob allgemein alle möglichen Wettbewerbsbeschränkungen bzw. abtrennbaren Vereinbarungen nach dem Fusionskontrollverfahren bezüglich des Konzentrationsprivilegs zu prüfen sind. Es ist anzunehmen, dass das Konzentrationsprivileg ganz oberflächlich übernommen wurde, um nur die Anpassung des Wettbewerbsrechts zu vollziehen. Die Türkei hat aber eine instabile wirtschaftliche Grundlage. Wenn ein Staat mit einer stabilen Wirtschaft, so wie Deutschland mit seiner langen wettbewerbsrechtlichen Erfahrung, den Umfang der Prüfung als Mitgliedstaat der EU nicht einschränkt, dann wäre es wettbewerbsrechtlich wünschenswert, wenn auch die Türkei ihre Wettbewerbsregeln so festlegte, dass sie die generellen Ziele des Wettbewerbsrechts ermöglichen würden. Mit einer umfangreichen Struktur- und Verhaltenskontrolle könnte die Türkei ihre wirtschaftliche und wettbewerbliche Entwicklung effizienter steuern und so den wirksamen Wettbewerb aufrechterhalten.

Schließlich wird behauptet, dass eine Doppelkontrolle oder eine erweiterte Prüfung mittels der Strukturkontrolle einen Kostenaufwand verursache, welcher aus Sicht der Unternehmen als unwirtschaftlich und nicht leistbar erachtet wird. Jedoch sollte das Wettbewerbsrecht einen Mindestschutz gewährleisten, wobei es wahrscheinlich die strukturellen Effekte der Minderheitsbeteiligungen berücksichtigen,

---

der anzuwendenden Kontrolle (Verhaltens- oder Strukturkontrolle) unterscheidet, statisch ist und grundsätzlich darauf ausgerichtet ist, einzelne Vereinbarungen und abgestimmte Verhaltensweisen getrennt voneinander zu bewerten."

aber gleichzeitig nicht zu weit gehen sollte. Wie etwa beim Tatbestand wettbewerblich erheblichen Einflusses sollten Klarheit und Rechtssicherheit erreicht werden.

Zusammenfassend ist festzuhalten, dass die Zusammenarbeit i. S. v. Joint Ventures verschiedene Konsequenzen mit sich bringen kann, weil die Märkte globaler und größer geworden sind. Da die wirtschaftliche Entwicklung in Bezug auf Sektoren und Marktteilnehmer immer dynamisch ist, sollte das Wettbewerbsrecht dazu geeignet sein, den Wettbewerb beeinträchtigende Wirkungen solcher Entwicklungen rechtzeitig zu verhindern. Aus diesen Gründen verschafft die Doppelkontrolle durch die getrennte Prüfung von konzentrativen und kooperativen Auswirkungen mehr Rechtssicherheit. Die Abgrenzung sollte deshalb nicht mithilfe der organisatorischen Klassifizierung des Gemeinschaftsunternehmens vorgenommen werden, sondern wie im deutschen Recht den wettbewerblichen Konsequenzen folgen, um die Behinderung des Wettbewerbs durch konzentrative oder kooperative Gemeinschaftsunternehmen effizienter vermeiden zu können.

VI. Anhang I – Türkisches Kartellgesetz (RKHK)

Anhang I – Auszug aus dem türkischen Kartellgesetz (RKHK)

Türkisches Kartellgesetz
Gesetz über den Schutz des Wettbewerbs vom 7. Dezember 1994 Nr. 4054[1760]

Erster Abschnitt
Zweck, Anwendungsbereich, Definitionen

Zweck
Artikel 1 Der Zweck dieses Gesetzes besteht darin, wettbewerbsbeeinträchtigende, -verfälschende und -einschränkende Vereinbarungen, Beschlüsse und Praktiken auf den Waren- und Dienstleistungsmärkten und auch den Missbrauch einer beherrschenden Stellung zu verhindern sowie den Wettbewerb durch die Vornahme der erforderlichen Regulierungen und Prüfungen zu schützen.

Anwendungsbereich
Artikel 2 Dieses Gesetz erfasst Vereinbarungen, Beschlüsse und Praktiken zwischen den Unternehmen, welche auf den Waren- und Dienstleistungsmärkten innerhalb der Türkischen Republik Tätigkeiten ausüben oder auf diese Märkte einwirken, und den Missbrauch der marktbeherrschenden Stellung und auch alle Arten von Rechtsgeschäften und -handlungen, die den Wettbewerb erheblich beeinträchtigen sowie alle Verwaltungsakte, welche sich auf den Schutz des Wettbewerbs gerichtete Maßnahmen, Feststellungen, Regulierung und Überwachung zum Gegenstand haben.

Definitionen
Artikel 3 Bei der Anwendung des Gesetzes sind diese Begriffe wie folgt zu verstehen:
Ministerium: Zoll- und Handelsministerium;
Wettbewerb: Der Kampf zwischen den Unternehmen auf den Waren- und Dienstleistungsmärkten, der das freie Treffen wirtschaftlicher Entscheidungen ermöglicht;
Beherrschende Stellung: die Macht einer oder mehrerer Unternehmen auf einem bestimmten Markt, die Wettbewerbsparameter wie Preis, Angebot, Menge bestimmen

1760 Geändert am 5.7.2012 durch das Gesetz Nr. 6352 Art. 63; am 24.10.2011 durch das Gesetz Nr. 661, Art. 53; am 23.1.2008 durch das Gesetz 5728, Art. 472; am 2.7.2005 durch das Gesetz 5388, Art. l; am 17.9.2004 durch das Gesetz 5243, Art. 29; am 1.8.2003 durch das Gesetz Nr. 4971, Art. 25-B.

zu können, dadurch dass sie sich unabhängig von den Wettbewerbern und Abnehmern verhalten;
Unternehmen: natürliche und juristische Personen, die auf dem Markt Waren und Dienstleistungen produzieren, vermarkten sowie vertreiben und alle wirtschaftlichen Einheiten, die selbstständig Entscheidungen treffen können;
Unternehmensvereinigung: Jede Art von Vereinigungen, die von den Unternehmen zu einem bestimmten Zweck gegründet werden – ungeachtet dessen, ob sie eine juristische Persönlichkeit besitzen oder nicht;
Ware: Bewegliche und unbewegliche Güter, die Gegenstand des Handels sein können;
Dienstleistung: Körperliche, geistige oder diese beiden enthaltenden Tätigkeiten, die gegen Entgelt oder Interesse ausgeübt werden;
Behörde: Wettbewerbsbehörde;
Rat: Wettbewerbsrat.

Zweiter Abschnitt
Verbotene Praktiken
Erster Teil

Wettbewerbsbeschränkende Vereinbarungen, abgestimmte Verhaltensweisen und Beschlüsse

Artikel 4 Rechtswidrig und verboten sind alle Vereinbarungen zwischen Unternehmen, Beschlüsse von Unternehmensvereinigungen und aufeinander abgestimmte Verhaltensweisen, welche auf einem bestimmten Waren- oder Dienstleistungsmarkt unmittelbar oder mittelbar die Verhinderung, Verfälschung oder Einschränkung des Wettbewerbs bezwecken oder bewirken oder dazu geeignet sind. Diese sind insbesondere:

a) An- oder Verkaufspreise der Waren oder Dienstleistungen oder die den Preis bestimmenden Faktoren wie Kosten oder Gewinn oder sonstige Geschäftsbedingungen festzusetzen;
b) Waren- oder Dienstleistungsmärkte aufzuteilen oder Versorgungsquellen sowie -faktoren zu kontrollieren oder aufzuteilen;
c) das Angebot oder die Nachfrage für Waren bzw. Dienstleistungen oder die Festsetzung dieser außerhalb des Marktes zu kontrollieren;
d) Tätigkeiten der Wettbewerber zu erschweren oder zu beeinträchtigen; mittels Boykott oder anderer Handlungen Unternehmen aus dem Markt zu drängen, welche bereits auf dem Markt tätig sind; Marktzugang von Unternehmen zu verhindern;
e) Unter dem Vorbehalt der Ausschließlichkeitsvereinbarungen, unterschiedliche Bedingungen bei gleichwertigen Rechten, Pflichten oder Leistungen gegenüber einander gleichstehenden Personen anzuwenden;
f) eine Verpflichtung zur Annahme einer Ware bzw. Dienstleistung zusammen mit einer weiteren Ware bzw. Dienstleistung aufzuzwingen, aber nur wenn dies mit dem Vertragsstand unvereinbar ist oder gegen den Handelsbrauch verstößt; den

Verkauf der von einem Großhändler als Abnehmer angeforderten Ware bzw. Dienstleistung an die Bedingung der Ausstellung mit einer weiteren Ware bzw. Dienstleistung zu knüpfen; die Bedingungen über den Wiederverkauf der angebotenen Waren oder Dienstleistungen zu bestimmen.

Gelingt der Nachweis einer Vereinbarung nicht und sind die Preisänderungen oder das Gleichgewicht von Angebot und Nachfrage oder die Tätigkeitsbereiche der Unternehmen ähnlich wie in den Märkten, wo der Wettbewerb verhindert, verfälscht oder eingeschränkt wird, dann besteht die Vermutung, dass die Unternehmen sich in aufeinander abgestimmter Weise verhalten.

Beruhend auf den wirtschaftlichen und rationalen Gegebenheiten kann jeder Beteiligte diese Vermutung mittels eines Nachweises darüber widerlegen, dass er sich nicht in aufeinander abgestimmter Weise verhalten habe.

Freistellung
Artikel 5 Der Rat kann Vereinbarungen zwischen Unternehmen, Beschlüsse von Unternehmensvereinigungen und aufeinander abgestimmte Verhaltensweisen bei kumulativem Vorliegen der unten genannten Voraussetzungen von der Anwendbarkeit des Artikels 4 ausnehmen:

a) das Schaffen der Förderung eines technischen oder wirtschaftlichen Fortschritts bei der Warenerzeugung oder -verteilung oder beim Anbieten der Dienstleistungen;
b) das Profitieren der Verbraucher;
c) keine Ausschaltung des Wettbewerbs in einem wesentlichen Teil des Marktes;
d) keine Wettbewerbsbeschränkung, die über das erforderliche Maß zur Verwirklichung der in den lit. a und b genannten Ziele hinausgeht.

Die Freistellung kann für einen bestimmten Zeitraum oder unter bestimmten Auflagen oder Bedingungen gewährt werden. Die Freistellungsentscheidungen sind ab dem Zeitpunkt des Zustandekommens der Vereinbarung, der abgestimmten Verhaltensweise oder der Beschlüsse der Unternehmensvereinigungen oder wenn die Freistellung mit einer Bedingung verknüpft ist, ab dem Zeitpunkt ihrer Erfüllung wirksam.

Werden die im ersten Absatz genannten Voraussetzungen bereits erfüllt, kann der Rat Verordnungen erlassen, die in bestimmten Bereichen vorkommende Vertragsarten gruppenweise freistellen und die Voraussetzungen dafür bestimmen.

Missbrauch marktbeherrschender Stellung
Artikel 6 Rechtswidrig und verboten ist, dass ein oder mehrere Unternehmen seine/ihre beherrschende Stellung auf einem Markt für Waren oder Dienstleistungen auf dem Gesamtgebiet des Staates oder auf einem bestimmten Teil desselben allein oder durch Vereinbarungen oder gemeinsame Verhaltensweisen missbrauchen. Dieser Missbrauch kann insbesondere in Folgendem bestehen:

a) unmittelbare oder mittelbare Behinderung des Marktzutritts eines anderen Unternehmens oder Verhaltensweisen, die die Erschwerung der Tätigkeiten der Konkurrenten auf dem Markt bezwecken;
b) unmittelbare oder mittelbare Diskriminierung gleichwertiger Abnehmer durch Anwendung unterschiedlicher Bedingungen bei gleichwertigen Rechten, Pflichten oder Leistungen;
c) Verpflichtung zur Annahme einer Ware bzw. Dienstleistung zusammen mit einer weiteren Ware bzw. Dienstleistung aufzwingen; den Verkauf der von einem Großhändler als Abnehmer angeforderten Ware bzw. Dienstleistung an die Bedingung der Ausstellung mit einer weiteren Ware bzw. Dienstleistung anknüpfen; die Bedingungen des Wiederverkaufs beschränken, beispielsweise durch die Auferlegung der Bedingung, die verkaufte Ware nicht unter einem bestimmten Preis zu verkaufen;
d) durch die Nutzung der auf einem anderen Markt erworbenen finanziellen, technologischen und geschäftlichen Vorteile die Verfälschung des Wettbewerbs auf einem Markt bezwecken;
e) Einschränkung der Erzeugung, des Absatzes oder technischer Entwicklung zum Schaden der Verbraucher.

Fusion oder Übernahme

Artikel 7 Rechtswidrig und verboten sind diejenigen Fusionen oder Übernahmen zwischen zwei oder mehreren Unternehmen, die eine Marktbeherrschung begründen oder verstärken und dadurch den Wettbewerb in dem gesamten Land oder in einem wesentlichen Teil desselben erheblich behindern. Ausgenommen des Erbfalls erfolgt die Übernahme hier durch den Kontrollerwerb aller oder eines Teils der Vermögenswerte oder der Anteilsrechte oder des dem Inhaber Mitverwaltungsrechte gewährenden Mittels.

Mit dem Erlass der Verordnungen macht der Rat diejenigen Fusionen oder Übernahmen bekannt, deren rechtliche Wirksamkeit von der Anmeldung und Genehmigung des Rates abhängen.

Zweiter Teil
Befugnisse des Rates
Negativatest

Artikel 8 Auf Antrag der betroffenen Unternehmen oder Unternehmensvereinigungen kann der Rat nach den ihm bekannten Angaben eine Urkunde über einen Negativatest erteilen, die aufzeigt, dass eine Vereinbarung, ein Beschluss, eine Verhaltensweise oder Fusion bzw. eine Übernahme den Artikeln 4, 6 und 7 dieses Gesetzes nicht zuwiderhandelt.

Nach der Ausstellung dieser Urkunde kann der Rat den Negativatest aufgrund des Vorliegens der in Art. 13 des Gesetzes genannten Umstände widerrufen. In diesem Fall werden für den Zeitraum bis zum Widerruf keine strafrechtlichen Sanktionen gegen die Parteien angewendet.

Abstellung von Zuwiderhandlungen
Artikel 9 Stellt der Rat auf Anzeige, Beschwerde, Antrag des Ministeriums oder von Amts wegen eine Zuwiderhandlung gegen die Artikel 4, 6 oder 7 des Gesetzes fest, dann kann er den betroffenen Unternehmen oder Unternehmensvereinigungen nach den im vierten Abschnitt dieses Gesetzes bestimmten Verfahren erlassene Entscheidung bezüglich Unterlassen oder Vornehmen eines bestimmten Verhaltens mitteilen, um den Wettbewerb zu schützen und den Zustand vor der Zuwiderhandlung wiederherzustellen.

Alle natürlichen und juristischen Personen, die ein berechtigtes Interesse darlegen, können Beschwerde einreichen.

Vor dem Erlass einer Entscheidung i. S. v. Absatz 1 teilt der Rat den Unternehmen schriftlich seine Stellungnahme darüber mit, wie sie die Zuwiderhandlung abstellen können.

Besteht die Gefahr eines ernsten und nicht wiedergutzumachenden Schadens, dann kann der Rat bis zum Erlass der Endentscheidung einstweilige Maßnahmen anordnen, die auf den Schutz des Zustandes vor der Zuwiderhandlung gerichtet sind und die nicht über den Umfang der möglichen Endentscheidung hinausgehen.

Anmeldung der Fusionen und Übernahmen
Artikel 10 Infolge der Vorermittlung, die der Rat innerhalb von 15 Tagen ab dem Zeitpunkt der Anmeldung durchgeführt hat, muss er den Betroffenen ordnungsgemäß mitteilen, ob er entweder die Fusion bzw. Übernahme genehmigt oder dazu eine weitere Untersuchung einleitet. Im letzten Fall teilt der Rat den Beteiligten durch ein förmliches Schreiben seine ersten Einwände mit, zusammen mit der Anmerkung, dass die Fusion oder Übernahme bis zur abschließenden Entscheidung schwebend unwirksam bleibt und daher nicht vollzogen werden darf. Ergreift der Rat weitere erforderliche Maßnahmen, so muss er auch die Betroffenen darüber in Kenntnis setzen. In diesen Fällen sind Artikel 40 bis 50 dieses Gesetzes anwendbar.

Hat der Rat auf den die Fusion oder Übernahme betreffenden Antrag fristgemäß weder eine Antwort erteilt noch eine Handlung vorgenommen, wird die Fusion oder Übernahme 30 Tage nach der Anmeldung wirksam.

Nichtanmeldung der Fusionen und Übernahmen
Artikel 11 Werden die anmeldepflichtigen Fusionen oder Übernahmen bei der Behörde nicht angemeldet und nimmt der Rat von diesem Geschäft Kenntnis, so ermittelt er diese Fusion oder Übernahme von Amts wegen. Kommt der Rat infolge der Ermittlung zum Schluss, dass

a) die Fusion oder Übernahme nicht unter den Anwendungsbereich von Art. 7 Abs. 1 RKHK fällt, genehmigt er zwar die Fusion oder Übernahme, verhängt aber zugleich Bußgelder gegen die Betroffenen wegen Nichtanmeldung;
b) die Fusion oder Übernahme nicht unter den Anwendungsbereich von Art. 7 Abs. 1 RKHK fällt, beschließt der Rat zusammen mit dem Bußgeld auch

Folgendes: Auflösung der Fusion oder Übernahme; Aufhebung aller tatsächlichen Umstände, die rechtswidrig zustande gekommen sind; Rückgabe der bereits veräußerten Anteile und des Vermögens an den vorherigen Besitzer, vorausgesetzt, dass die Bedingungen und die zeitliche Planung der Rückgabe von der Wettbewerbsbehörde bestimmt werden; Übertragung dieser Anteile und des Vermögens an Dritte bzw. – wenn die Rückgabe unmöglich ist – das gegen die neuen Erwerber gerichtete Verbot der Teilnahme an der Unternehmensverwaltung bis zum Zeitpunkt der Eigentumsübertragung sowie Erlass weiterer erforderlicher Maßnahmen.

Anmeldung

Artikel 12 Die Anmeldung muss vollständig die Angaben enthalten, welche im Anmeldeformular gefordert werden. Einer der beiden Beteiligten kann die Anmeldung vornehmen. Der Anmelder muss das andere Unternehmen über die Anmeldung informieren. Der Anmeldung werden die erforderlichen Dokumente beigefügt und die Anmeldung gilt ab dem Zeitpunkt der Eintragung in die Register der Behörde als rechtskräftig.

Widerruf der Freistellung und des Negativatests

Artikel 13 Bei den unten genannten Fällen können die Entscheidungen über Freistellung und Negativatest widerrufen oder bestimmte Verhaltensweisen der Parteien untersagt werden:

a) Änderung einer Tatsache, die der Entscheidung zugrunde liegt;
b) Nichterfüllung der Bedingungen oder Auflagen, die mit der Entscheidung angeordnet wurden;
c) Feststellung des Vorliegens einer auf unrichtigen oder unvollständigen Angaben beruhenden Entscheidung;

Die Widerrufsentscheidung ist im unter lit. a genannten Fall ab dem Zeitpunkt der Änderung und in anderen Fällen ab dem Zeitpunkt der Freistellungs- oder Negativatestentscheidung wirksam.

Kommt die unter lit. c genannte Unrichtigkeit oder Unvollständigkeit infolge arglistiger Täuschung oder vorsätzlicher Handlung des betroffenen Unternehmens zustande, so ist die Entscheidung von Anfang an als nichtig anzusehen.

Auskunftsverlangen

Artikel 14 Bei der Erfüllung der ihm durch dieses Gesetz übertragenen Aufgaben kann der Rat von den Unternehmen, Unternehmensvereinigungen oder öffentlichen Behörden oder Ämtern die Erteilung aller erforderlichen Auskünfte fordern.

Die Dienststellen und die Zuständigen der Unternehmen und der Unternehmensvereinigungen sind verpflichtet, die geforderten Auskünfte innerhalb einer von der Kartellbehörde bestimmten Frist bei der Kartellbehörde einzureichen.

Nachprüfung
Artikel 15 Bei der Erfüllung der ihm durch dieses Gesetz übertragenen Aufgaben kann der Rat bei Unternehmen und Unternehmensvereinigungen alle erforderlichen Nachprüfungen vornehmen.
Zu diesem Zweck kann der Rat

a) die Bücher und alle anderen Geschäftsunterlagen prüfen und, wenn erforderlich, Kopien dieser Unterlagen anfertigen;
b) mündliche oder schriftliche Erklärungen zu bestimmten Angelegenheiten anfordern;
c) alle Vermögensgegenstände der Unternehmen an Ort und Stelle untersuchen.

Die Nachprüfungen werden von den Bediensteten der Kartellbehörde durchgeführt. Die Bediensteten führen ihre Befugnisse unter Vorlage eines schriftlichen Auftrags aus, in dem Gegenstand und Zweck der Nachprüfung bezeichnet sind und auf Sanktionen für den Fall der unrichtigen Angaben hingewiesen wird.

Die Betroffenen sind verpflichtet, die Abschriften der angeforderten Bücher, Unterlagen, Angaben usw. vorzulegen. Bei Widerstand gegen die Nachprüfung oder bei Bestehen einer Gefahr des Widerstandes wird die Nachprüfung durch ein Amtsgerichtsurteil für Strafsachen durchgeführt.

Dritter Teil
Buß- und Zwangsgelder
Bußgelder
Artikel 16 Der Rat verhängt Bußgelder an natürliche und juristische Personen, die eine Unternehmenseigenschaft besitzen, und auch an Unternehmensvereinigungen oder deren Mitglieder, wenn sie

a) irreführende und unrichtige Angaben machen oder Dokumente bei den Anmeldeanträgen für die Freistellungen, Negativatest, Fusionen und Übernahmen einreichen;
b) anmeldepflichtige Fusionen bzw. Übernahmen ohne Genehmigung des Rates vollziehen;
c) bei der Anwendung der Artikel 14 und 15 unrichtige, unvollständige, irreführende Angaben machen oder Dokumente einreichen oder sie nicht rechtzeitig oder überhaupt nicht einreichen;
d) die Nachprüfung verhindern oder erschweren.

In den in lit. a, b und c genannten Fällen werden Bußgelder in Höhe von 0,001 % des in dem Geschäftsjahr erzielten Umsatzes, das unmittelbar dem Jahr des Entscheidungsdatums vorausgeht oder – falls diese Berechnung nicht möglich ist – das dem Entscheidungsdatum am nächsten liegt, verhängt. In den in lit. d genannten Fällen werden Bußgelder in Höhe von 0,005 % des in der oben genannten Weise berechneten Umsatzes festgesetzt. Die nach diesen Grundsätzen bestimmten Bußgeldhöhen dürfen nicht unter 10.000 Türkischen Lira liegen. Die nach lit. b dieses

Absatzes verhängten Bußgelder werden im Falle einer Fusion gegen die beiden Beteiligten und im Falle einer Übernahme nur gegen den Erwerber verhängt.

Dass die Nachprüfung durch eine Gerichtsentscheidung vorgenommen wird, verhindert die Ahndung durch diejenigen Bußgelder nicht, welche im Falle der Verhinderung oder Erschwerung der Nachprüfung zu verhängen sind.

Gegen Unternehmen, Unternehmensvereinigungen oder Mitglieder dieser Vereinigungen, die den Artikeln 4, 6 und 7 zuwidergehandelt haben, werden Bußgelder verhängt, deren Höhe 10 % des vom Rat zu berechnenden und in dem Geschäftsjahr erzielten Umsatzes nicht überschreiten dürfen, das unmittelbar dem Jahr des Entscheidungsdatums vorausgeht oder – falls diese Berechnung nicht möglich ist – das dem Entscheidungsdatum am nächsten liegt.

Im Falle der Verhängung von Bußgeldern nach Absatz 3 sind auch die Leiter oder die Angestellten des Unternehmens oder der Unternehmensvereinigung mit Bußgeldern in Höhe von höchstens 5 % des für das Unternehmen oder die Unternehmensvereinigung festgesetzten Bußgeldbetrags zu belangen, wenn sie einen entscheidenden Einfluss auf die Zuwiderhandlung haben.

Bei der Verhängung von Geldbußen nach Absatz 3 berücksichtigt der Rat in Verbindung mit Art. 17 Abs. 2 des Türkischen Ordnungswidrigkeitsgesetzes Nr. 5326 vom 30.3.2005 Kriterien wie Widerholungstat, Dauer des Verstoßes, Marktmacht der Unternehmen oder Unternehmensvereinigungen, den entscheidenden Einfluss des Unternehmens auf den Verstoß, die Einhaltung des Unternehmens der von ihm erklärten Zusagen, die Bereitschaft des Unternehmens bei den Nachprüfungen mit der Behörde zusammenzuarbeiten und die Schwere des Schadens.

Arbeiten die Unternehmen oder die Unternehmensvereinigungen mit dem Rat zur Aufdeckung eines Gesetzesverstoßes aktiv zusammen, können die an sie oder an ihre Leiter oder Angestellten gemäß Abs. 3 und 4 zu verhängenden Bußgelder herabgesetzt oder auf deren Verhängung völlig verzichtet werden, vorausgesetzt, Art, Effektivität und Zeitpunkt der Zusammenarbeit werden berücksichtigt und Herabsetzung oder Erlass präzise und überzeugend begründet.

Die bei der Feststellung von Bußgeldern zu berücksichtigenden Kriterien, die Voraussetzungen des Erlasses und der Ermäßigung von Geldbußen im Falle einer Zusammenarbeit mit der Behörde, das Verfahren und die Grundsätze der Zusammenarbeit werden durch vom Rat erlassene Verordnungen bestimmt.

Zwangsgelder

Artikel 17 Unter dem Vorbehalt der in Art. 16 Abs. 1 festgesetzten Bußgelder verhängt der Rat gegen Unternehmen und Unternehmensvereinigungen Zwangsgelder, wenn sie

a) die mit Untersagungsentscheidungen oder einstweiligen Maßnahmen vorgesehenen Verpflichtungen oder Zusagen nicht einhalten;

b) die Nachprüfungen erschweren oder verhindern;
c) Auskünfte oder Dokumente nicht rechtzeitig beibringen. Zwangsgelder werden für jeden Tag des Verzugs in Höhe von 0.005 % des in dem Geschäftsjahr erzielten Umsatzes verhängt, das unmittelbar dem Jahr des Entscheidungsdatums vorausgeht oder – falls diese Berechnung nicht möglich ist – das dem Entscheidungsdatum am nächsten liegt.

Die nach lit. a und c des ersten Absatzes verhängten Zwangsgelder können erst verwirken, wenn die Frist zum Nachkommen der Verpflichtung bzw. zur Einhaltung einstweiliger Maßnahmen abläuft. Die nach lit. a verhängten Zwangsgelder können unmittelbar nach der Zustellung der Entscheidung zu laufen beginnen, wenn in der die Verpflichtung auferlegenden Entscheidung keine Frist bestimmt wird. Die nach lit. a festgesetzten Zwangsgelder können erst unmittelbar nach dem Zustandekommen der rechtswidrigen Handlung verwirken.

Artikel 18 (aufgehoben)
Artikel 19 (aufgehoben)
...
(3. Abschnitt: Organisation
4. Abschnitt: Verfahren bei den Ermittlungen des Rates)
...

Fünfter Abschnitt
Folgen der Wettbewerbsbeschränkungen im Bereich des Privatrechts
Rechtsnatur der gegen dieses Gesetz verstoßenden Vereinbarungen und Beschlüsse
Artikel 56 Alle Arten von Vereinbarungen und Beschlüssen, die gegen Art. 4 dieses Gesetzes verstoßen, sind unwirksam. Die Erfüllung einer sich aus solchen Vereinbarungen und Beschlüssen ergebenden Leistungspflicht kann nicht gefordert werden. Wurde eine solche Leistung bereits erbracht, unterliegt die Verpflichtung der Parteien zur Rückgewähr den Artikeln 63 und 64 des Türkischen Obligationengesetzes.

Artikel 65 des Türkischen Obligationengesetzes findet bei den Streitigkeiten aus diesem Gesetz keine Anwendung.

Recht auf Schadenersatz
Artikel 57 Wer mittels diesem Gesetz entgegenstehenden Vereinbarungen, Beschlüssen oder Verhaltensweisen den Wettbewerb behindert, beeinträchtigt oder einschränkt oder auf einem Waren- oder Dienstleistungsmarkt seine marktbeherrschende Stellung missbraucht, ist verpflichtet, alle Arten von Schäden zu ersetzen. Entsteht der Schaden infolge der Handlungen mehrerer Personen, haften diese Personen gesamtschuldnerisch.

Umfang des Schadenersatzes

Artikel 58 Wer infolge der Verhinderung, Verfälschung oder Einschränkung des Wettbewerbs Schaden erleidet, kann die Differenz zwischen dem Wert der bereits erbrachten Leistung und dem Wert der zu erbringenden Leistung ohne Wettbewerbsbeschränkung fordern. Die durch die Wettbewerbsbeschränkung beeinträchtigten Mitbewerber können den Ersatz aller ihrer Schäden von den Unternehmen oder Unternehmensvereinigungen fordern, die den Wettbewerb beschränkt haben. Der Schaden wird nach dem erwarteten Gewinn aller geschädigten Unternehmen unter Berücksichtigung des Jahresabschlusses in den vergangenen Jahren bemessen.

Entsteht der Schaden aus einer Vereinbarung zwischen den Parteien oder aus grober Fahrlässigkeit ihrerseits, kann der Richter auf Antrag der Geschädigten beschließen, dass der Schädiger das Dreifache des eingetretenen Sachschadens oder des Gewinns, der bereits erzielt wurde oder eventuell noch zu erzielen ist, vergütet.

Beweislast

Artikel 59 Beweisen die Geschädigten vor Gericht das Vorliegen einer Vereinbarung oder bringen sie Beweismittel, die auf die Verfälschung des Wettbewerbs auf dem Markt hindeuten – insbesondere auf die Aufteilung der Märkte, auf die über einen längeren Zeitraum beobachtete Stabilität der Preise auf dem Markt oder auf einander folgende Preiserhöhungen der auf dem Markt tätigen Unternehmen –, dann sind die Beklagten verpflichtet, nachzuweisen, dass sie sich nicht in aufeinander abgestimmter Weise verhalten haben.

Das Vorliegen der wettbewerbsbeschränkenden Vereinbarungen, Beschlüsse und Verhaltensweisen kann durch jede Art von Beweismittel belegt werden.

Sechster Abschnitt Schlussbestimmungen

Straftaten bezüglich des Geldes, der Urkunden und des Vermögens der Behörde

Artikel 60 Gelder, Urkunden und jede Art von Gütern der Behörde gelten als öffentliches Vermögen. Begehen der Präsident, die Ratsmitglieder oder das Personal eine Straftat im Zusammenhang mit ihrer Dienstausübung, gelten sie bezüglich ihrer strafrechtlichen Haftung als öffentlich Bedienstete. Gegen den Präsidenten, Ratsmitglieder oder das Personal begangene Straftaten sind als Straftaten gegen Beamte zu behandeln.

Zustellung

Artikel 61 Die nach diesem Gesetz erfolgten Zustellungen an die betroffenen Parteien richten sich nach den Regelungen des Zustellungsgesetzes Nr. 7201.

Verordnungen

Artikel 62 Abgesehen von den in diesem Gesetz genannten Bestimmungen werden sonstige Angelegenheiten – wie die Inanspruchnahme der Befugnisse der Behörde, die Grundsätze bezüglich ihrer Verwaltung und Tätigkeiten, der Einzug ihrer Einnahmen, die Bestimmung ihrer Ausgaben und die Prinzipien bei der Prüfung dieser

Verfügungen, die Grundsätze bezüglich der Änderungen von Monatslöhnen, die Grundsätze bezüglich der Anstellung ausländischer Fachleute, den Ankauf von beweglichen und unbeweglichen Sachen sowie dabei anzuwendende Ausschreibungsverfahren und das Buchhaltungssystem der Behörde – in einer Verordnung geregelt, wobei diese vom Rat ausgefertigt und vom Ministerrat in Kraft gesetzt wird.

Die Verordnungen sind innerhalb eines Jahres nach der Veröffentlichung dieses Gesetzes zu erlassen.

VII. Anhang II – Türkische Fusionskontrollverordnung (TR-FKVO)

Verordnung Nr. 2010/4 vom 7.10.2010 der Türkischen Kartellbehörde über anmeldepflichtige Fusionen und Übernahmen [1761]

Zweck
Artikel 1 Zweck dieser Verordnung ist die Feststellung und Bekanntmachung von Fusionen und Übernahmen, welche gemäß Art. 7 des Türkischen Kartellgesetzes[1762] bei der türkischen Kartellbehörde angemeldet und genehmigt werden müssen, um Rechtswirksamkeit zu erlangen.

Rechtsgrundlage
Artikel 3 Diese Verordnung wurde auf Grundlage der Ermächtigung durch Artikel 7 und 27 des Gesetzes Nr. 4050 erlassen.

Definition en
Artikel 4 Bei der Anwendung dieser Verordnung bedeutet

a) Beteiligte Unternehmen: Im Falle der Fusion die fusionierenden Unternehmen und im Falle der Übernahme das übernehmende Unternehmen oder die Personen oder Wirtschaftseinheiten, die den Gegenstand der Übernahme bilden;
b) Betroffene Unternehmen: Partei des Fusions- oder Übernahmegeschäfts;
c) Gesetz: Gesetz zum Schutz des Wettbewerbs Nr. 4054;
d) Rat: Wettbewerbsrat;
e) Behörde: Kartellbehörde.

Als Fusion oder Übernahme anzusehende Vorhaben
Artikel 5 (1) Solange eine dauerhafte Veränderung der Kontrolle stattfindet, werden die Transaktionen als Fusion oder Übernahme angesehen, wenn

a) zwei oder mehr Unternehmen fusionieren oder
b) eine oder mehrere Personen, die bereits mindestens ein Unternehmen kontrollieren, oder ein oder mehrere Unternehmen durch den Erwerb von Anteilsrechten oder Vermögenswerten, durch Vertrag oder in sonstiger Weise die unmittelbare oder mittelbare Kontrolle über die Gesamtheit oder über Teile eines oder mehrerer anderer Unternehmen erwerben.

1761 Veröffentlicht im türkischen Amtsblatt vom 7.10.2010, Nr. 27722, geändert durch die Verordnungen Nr. 1998/2, 1998/6, 2000/2 und 2006/2.
1762 Im Folgenden: „das Gesetz“.

(2) Die Kontrolle im Sinne dieser Verordnung wird durch Rechte, Verträge oder andere Mittel begründet, die einzeln oder zusammen unter Berücksichtigung aller tatsächlichen oder rechtlichen Umstände die Möglichkeit gewähren, einen bestimmenden Einfluss auf die Tätigkeit eines Unternehmens auszuüben. Diese Mittel sind insbesondere durch Eigentums- oder Nutzungsrechte an der Gesamtheit oder an Teilen des Vermögens des Unternehmens oder Rechte oder Verträge, die einen bestimmenden Einfluss auf die Zusammensetzung, die Beratungen oder Beschlüsse der Organe des Unternehmens gewähren. Die Kontrolle wird für die Personen oder Unternehmen begründet, die aufgrund dieser Rechte oder Verträge selbst berechtigt sind, oder die, obwohl sie aufgrund dieser Rechte oder Verträge nicht selbst berechtigt sind, die Befugnis haben, die sich daraus ergebenden Rechte auszuüben.

(3) Die Gründung eines Gemeinschaftsunternehmens, das auf Dauer alle Funktionen einer selbstständigen wirtschaftlichen Einheit erfüllt, stellt eine Übernahme im Sinne von Absatz 1 Buchstabe b) dar.

(4) Die Erwerbsvorgänge, die eng miteinander verknüpft sind, weil sie durch eine Bedingung miteinander verbunden sind oder in Form einer Reihe von innerhalb eines relativ kurzen Zeitraums getätigten Rechtsgeschäften mit Wertpapieren stattfinden, werden als ein einziger Zusammenschluss im Sinne dieses Absatzes angesehen.

Nicht als Fusion oder Übernahme anzusehende Vorhaben

Artikel 6 (1) Die unten genannten Transaktionen fallen nicht unter die Anwendbarkeit von Art. 7 des Gesetzes und daher sind für eine Genehmigung der Türkischen Kartellbehörde diese Rechtsgeschäfte nicht vorgesehen:

a) interne Reorganisation in einer Unternehmensgruppe, die zu keiner Änderung des Kontrollverhältnisses führt;
b) vorübergehender Erwerb von Wertpapieren zur Weiterveräußerung, vorausgesetzt, dass die normale Tätigkeit des Erwerbers die Geschäfte sowie den Handel mit Wertpapieren auf eigene oder fremde Rechnung einschließt und er die mit den Anteilen verbundenen Stimmrechte nicht in der Weise ausübt, dass die Wettbewerbspolitik des die Wertpapiere anbietenden Unternehmens beeinflusst wird;
c) Erwerb eines Unternehmens durch öffentliche Behörden oder Ämter, vorausgesetzt, dass dieser Erwerb auf einem Gesetz beruht und mit dem Zweck der Liquidation, der Auflösung, der Zahlungsunfähigkeit, der Zahlungseinstellung, des Vergleichs, der Privatisierung oder Ähnlichem erfolgt;
d) die in Artikel 5 dieser Verordnung genannten Fälle, die infolge eines Erbfalles eingetreten sind.

Genehmigungsbedürftige Fusionen und Übernahmen

(Mit der Verordnung 2012/3 wurde Art. 7 abgeändert.)

Artikel 7 (1) Die im Art. 5 dieser Verordnung genannten Fusionen oder Übernahmen sind durch die Türkische Kartellbehörde zu genehmigen, wenn

a) der Gesamtumsatz aller beteiligten Unternehmen zusammen 100 Millionen Türkische Lira und der Gesamtumsatz von mindestens zwei beteiligten Unternehmen in der Türkei jeweils dreißig Millionen Türkische Lira überschreiten;
b) bei den Übernahmen der veräußerten Vermögen oder der Tätigkeit bei Fusionen mindestens ein beteiligtes Unternehmen einen Gesamtumsatz in der Türkei von dreißig Millionen Türkische Lira und der weltweite Gesamtumsatz von mindestens einem anderen beteiligten Unternehmen fünfhundert Millionen Türkische Lira überschreiten.

(2) Die Kartellbehörde legt die Umsatzschwellen alle zwei Jahre ab dem Inkrafttreten dieser Verordnung neu fest.

Art. 7 a.F. (VO Nr. 2010/4)

Genehmigungsbedürftige Fusionen und Übernahmen

Artikel 7 (1) Die im Artikel 5 dieser Verordnung genannten Fusionen oder Übernahmen sind durch die Türkische Kartellbehörde zu genehmigen, wenn
a) der Gesamtumsatz aller beteiligten Unternehmen zusammen 100 Millionen Türkische Lira und der Gesamtumsatz von mindestens zwei beteiligten Unternehmen in der Türkei jeweils 30 Millionen Türkische Lira überschreiten oder
b) der weltweite Gesamtumsatz eines beteiligten Unternehmens 500 Millionen Türkische Lira und der Gesamtumsatz von mindestens einem weiteren Unternehmen 5 Millionen Türkische Lira überschreiten.
(2) Auch wenn die im ersten Absatz dieses Artikels benannten Umsatzschwellen überschritten sind, ist eine Genehmigung nicht erforderlich, wenn kein Markt von der Transaktion betroffen ist. Die Gründung eines Gemeinschaftsunternehmens ist von dieser Regel ausgeschlossen.
(3) Der Wettbewerbsrat legt die Umsatzschwellen alle zwei Jahre ab dem Inkrafttreten dieser Verordnung neu fest.

Berechnung der Umsatzschwellen
Artikel 8

(1) Zwecks Anwendung des Art. 7 dieser Verordnung werden bei der Umsatzberechnung die Umsätze folgender Unternehmen zusammengezählt:

a) beteiligte Unternehmen;
b) Personen oder wirtschaftliche Einheiten, in denen die beteiligten Unternehmen unmittelbar oder mittelbar
1) mehr als die Hälfte des Kapitals oder des Betriebsvermögens besitzen oder
2) über mehr als die Hälfte der Stimmrechte verfügen oder
3) mehr als die Hälfte der Mitglieder des Aufsichtsrats, des Verwaltungsrats oder der zur gesetzlichen Vertretung berufenen Organe bestellen können oder
4) das Recht haben, deren Geschäfte zu führen;
c) Personen oder wirtschaftliche Einheiten, welche in Bezug auf die betroffenen Unternehmen über die in lit. b aufgezählten Rechte und Befugnisse verfügen;

d) Personen oder wirtschaftliche Einheiten, welche in Bezug auf die in lit. c aufgezählten Personen oder wirtschaftlichen Einheiten über die in lit. b aufgezählten Rechte und Befugnisse verfügen;
e) Personen oder wirtschaftliche Einheiten, welche in Bezug auf die in a-d aufgezählten Personen oder wirtschaftliche Einheiten über die in lit. b aufgezählten Rechte und Befugnisse verfügen.

(2) Werden bei der Berechnung der Umsätze im Sinne von Artikel 7 Absatz 1 dieser Verordnung Teile der beteiligten Unternehmen veräußert unabhängig davon, ob diese Teile eine eigene Persönlichkeit besitzen, so wird aufseiten des Veräußerers nur der Umsatz des veräußerten Teils berücksichtigt.
(3) Besitzen die beteiligten Unternehmen gemeinsam die in Absatz 1 lit. b bezeichneten Rechte auf ein Unternehmen, so sind bei der Umsatzberechnung den Beteiligten gleiche Teile zuzurechnen.
(4) Bei der Umsatzberechnung von Gemeinschaftsunternehmen, welche gemeinsam mit beteiligten Unternehmen und Drittunternehmen kontrolliert werden, sind den beteiligten Unternehmen gleiche Teile zuzurechnen.
(5) Zwei oder mehr Erwerbsvorgänge im Sinne von Absatz 2 dieses Artikels, die innerhalb von zwei Jahren zwischen denselben Personen oder Beteiligten getätigt werden.
(6) Bei der Umsatzberechnung werden die nach den „Einheitlichen Rechnungsgrundsätzen" berechneten Nettoverkaufserlöse zugrunde gelegt, die entweder im letzten Geschäftsjahr erzielt wurden oder – falls diese Berechnung nicht möglich ist – in dem Jahr erzielt wurden, das dem Anmeldedatum am nächsten liegt. Die Verkäufe der im ersten Absatz genannten Personen oder wirtschaftlichen Einheiten untereinander werden bei der Umsatzberechnung nicht mitberücksichtigt. Bei der Umsatzberechnung ist der durchschnittliche Ankaufskurs der türkischen Zentralbank bezüglich des Geschäftsjahrs zu berücksichtigen, in dem der Umsatz erzielt wurde.

Berechnung der Umsatzschwellen von Finanzunternehmen
Artikel 9 (1) Bei der Umsatzberechnung der unten genannten Finanzunternehmen wird die Summe folgender Beträge zugrunde gelegt:

a) Bei den Banken und Beteiligungsbanken:
Die aus der Gewinnrechnung zu entnehmenden Beträge, welche die Bankaufsichtsbehörde nach der „Verordnung über die öffentlich bekanntzugebenden Jahresabschlüsse der Banken" (von der Bankenaufsichtsbehörde erlassen, veröffentlicht im türkischen Amtsblatt vom 10.2.2007, Nr. 26430) von den Banken fordert:

1) Zinserträge und Gewinnanteil,
2) Erträge aus Gebühren und Provisionen,
3) Dividenden,
4) Geschäftsgewinn und -verlust (Netto),
5) Erträge aus sonstigen Tätigkeiten.

b) Bei Finanzierungsleasing-, Factoring- und Finanzierungsunternehmen:
Die aus der Gewinnrechnung zu entnehmenden Beträge, welche die Bankaufsichtsbehörde nach der „Verordnung über einheitliche Rechnungsgrundsätze und öffentlich bekanntzugebende Jahresabschlüsse, die auf die Finanzierungsleasing-, Factoring- und Finanzierungsunternehmen anzuwenden sind“ (von der Bankenaufsichtsbehörde erlassen, veröffentlicht im türkischen Amtsblatt Nr. 26525 vom 17.5.2007) von den Finanzierungsleasing-, Factoring- und Finanzierungsunternehmen fordert:

1) die aus Haupttätigkeiten erzielten Erträge,
2) die aus weiteren Tätigkeiten erzielten Erträge.

c) Bei den Finanzintermediär- und Portfoliomanagement-Unternehmen:
Die aus der Gewinnrechnung zu entnehmenden Beträge, welche die Kapitalaufsichtsbehörde nach der „Verordnung über die Grundsätze der Finanzberichterstattung“ (von der Kapitalaufsichtsbehörde erlassen, veröffentlicht im türkischen Amtsblatt Nr. 26842 vom 9.4.2008) von den Unternehmen fordert:

1) Verkaufserlöse,
2) Erträge aus Zinsen, Gebühren und Provisionen und sonstige Erträge,
3) Erträge aus sonstigen Tätigkeiten,
4) Gewinn- und Verlustanteile aus den nach der Equitymethode evaluierten Investitionen,
5) die aus außerordentlichen Tätigkeiten erzielten Erträge.

d) Versicherungs-, Rückversicherungs- und Rentenversicherungsunternehmen:
Die aktuellen Jahresabschlüsse oder Finanzdaten, die durch das Türkische Schatzamt, durch den Verband der türkischen Versicherungs- und Rückversicherungsunternehmen oder durch das Beobachtungszentrum für Renten bekanntgegeben werden oder durch die an dem Zusammenschluss beteiligten Unternehmen selbst bekanntgegeben werden:
1) das unmittelbare inländische Prämienvolumen der Versicherungsunternehmen (brutto),
2) das unmittelbare inländische Prämienvolumen der Rückversicherungsunternehmen (brutto),
3) die Summe der Beiträge oder die Summe der Fonds bei den Rentenversicherungsunternehmen. Bei den Rentenversicherungsunternehmen, die auch im Bereich der Lebensversicherung tätig sind, wird bei der Umsatzberechnung zusätzlich das unmittelbare, inländische Prämienvolumen zugrunde gelegt.

e) Bei den sonstigen Finanzunternehmen:
1) Zins- und zinsähnliche Erträge,
2) Erträge aus Wertpapieren,
3) Provisionen,
4) Nettoerträge aus Finanzgeschäften,

5) Erträge aus sonstigen Geschäften.

Anmeldung von Fusionen oder Übernahmen

Artikel 10 (1) Die Anmeldung wird entweder durch beide Beteiligten zusammen oder durch einen der Beteiligten oder durch deren Vertreter vorgenommen. Der anmeldende Beteiligte ist verpflichtet, den anderen Beteiligten über die Anmeldung zu informieren.

(2) Die Anmeldung erfolgt mit dem Anmeldeformular, das sich im Anhang dieser Verordnung befindet. Die gemeinsame Anmeldung ist durch ein einziges Formular vorzunehmen. Zwei Abschriften jeder Anmeldung und hierfür relevante Dokumente sind per Post und elektronisch beim Hauptsitz der Behörde in Ankara einzureichen. Die Anmeldenden müssen bestätigen, dass die Kopien der eingesandten Dokumente dem Original entsprechen.

(3) In der Anmeldung müssen alle im Anmeldeformular geforderten Angaben vollständig und richtig angegeben werden. Die Änderungen, die bis zum Zeitpunkt der Entscheidung der Behörde eintreten, sind unverzüglich der Behörde mitzuteilen. Im Falle der Angabe unvollständiger und unrichtiger Angaben im Anmeldeformular werden gemäß Artikel 16 des Gesetzes Bußgelder verhängt.

(4) Die Fusion oder Übernahme kann so lange keine Rechtswirksamkeit erlangen, bis über den genehmigungsbedürftigen Zusammenschluss entweder gemäß Artikel 10 Absatz 1 explizit oder gemäß Artikel 10 Absatz 2 stillschweigend entschieden wird.

(5) Werden genehmigungsbedürftige Fusionen oder Übernahmen bei der Behörde überhaupt nicht oder erst nach dem Vollzug der Transaktion angemeldet, so findet Artikel 11 des Gesetzes Anwendung.

(6) Werden genehmigungsbedürftige Fusionen oder Übernahmen trotz fehlender Genehmigung vollzogen, wird gemäß Artikel 16 Absatz 1 lit. c des Gesetzes ein Bußgeld verhängt. Das Bußgeld wird im Falle einer Fusion gegen beide Beteiligten und im Falle einer Übernahme gegen das übernehmende Unternehmen verhängt.

(7) Bei den Fusionen und Übernehmen gilt die Transaktion erst zum Zeitpunkt des Kontrollwechsels als verwirklicht.

Zeitpunkt für die Rechtswirksamkeit der Anmeldung

Artikel 11 (1) Die Anmeldung gilt als zu dem Zeitpunkt erfolgt, wenn sie bei der Behörde eingegangen ist. Sind die im Anmeldeformular angegebenen Informationen unrichtig, irreführend und unvollständig, gilt die Anmeldung dann als erfolgt, wenn diese Informationen vervollständigt oder geändert wurden.

(2) In den Fällen, in denen die Stellungnahme einer weiteren Behörde oder eines Amtes gesetzlich angeordnet wird, fangen die Fristen ab dem Zeitpunkt des Eingangs der Stellungnahme bei der Behörde an zu laufen.

Veröffentlichung der Anmeldung

Artikel 12 Die an einer angemeldeten Fusion oder Übernahme beteiligten Unternehmen und ihre Tätigkeitsbereiche werden durch die Behörde auf ihrer Webseite veröffentlicht.

Die Beurteilung der Fusionen und Übernahmen

Artikel 13 (1) Bei der Beurteilung der Fusionen und Übernahmen werden insbesondere die Struktur des relevanten Marktes, die tatsächliche oder potenzielle Wettbewerbsfähigkeit der im Inland oder Ausland ansässigen Unternehmen, die Stellung der Unternehmen auf dem Markt, Wirtschafts- und Finanzkraft der Unternehmen, die Wahlmöglichkeiten der Lieferanten und Abnehmer, die Möglichkeiten des Zugangs zu Angebotsquellen, Marktzutrittsschranken, Angebots- und Nachfrageneigungen, Interessen der Verbraucher, Effizienzvorteile zugunsten der Verbraucher und weitere Kriterien berücksichtigt.

(2) Fusionen oder Übernahmen, die eine Einzel- oder gemeinsame Marktbeherrschung begründen oder verstärken und dadurch den Wettbewerb in dem gesamten Land oder in einem wesentlichen Teil desselben erheblich behindern, werden untersagt.

(3) Die Gründung eines Gemeinschaftsunternehmens, das auf Dauer alle Funktionen einer selbständigen wirtschaftlichen Einheit erfüllt und die Einschränkung des Wettbewerbs bezweckt oder bewirkt, wird auch nach den Artikeln 4 und 5 des Gesetzes geprüft.

(4) Die im Art. 7 dieser Verordnung genannten Fusionen oder Übernahmen genehmigt der Rat oder – wenn er die Einleitung eines Hauptverfahrens als erforderlich ansieht –, dann teilt er den betroffenen Unternehmen zusammen mit dem Vorbericht über seine Einwände und – wenn erforderlich – weitere Maßnahmen mit, dass die Fusion oder Übernahme bis zur endgültigen Entscheidung schwebend unwirksam ist und nicht vollzogen werden darf. In diesen Fällen können Art. 40–59 des Gesetzes Anwendung finden, solange die Anwendbarkeit mit dem konkreten Fall vereinbar ist. Der Rat kann die Genehmigung unter Auflagen und Bedingungen erteilen.

(5) Die Genehmigung des Rates bezüglich der Fusion oder Übernahme deckt auch die Einschränkungen ab, die mit der Durchführung der Transaktion unmittelbar verbunden und dafür notwendig sind. Die Beteiligten prüfen selbst, ob die bei der Fusion oder Übernahme enthaltenen Einschränkungen darüber hinausgehen.

Verpflichtungszusagen

Artikel 14 (1) Zur Beseitigung des im Rahmen der Anwendung des Art. 7 des Gesetzes entstandenen Wettbewerbsproblems können die Unternehmen Verpflichtungen bezüglich der Fusion oder Übernahme vorschlagen. Die von den Unternehmen vorgeschlagenen Verpflichtungen müssen auf die vollständige Beseitigung des wettbewerblichen Problems gerichtet sein.

(2) Der Rat kann die Genehmigung mit Auflagen und Bedingungen versehen, die die Durchsetzung der Zusagen gewährleisten sollen.

(3) Die Verpflichtungen können in der Vorverfahrens- oder Hauptverfahrensphase auferlegt werden. In den Fällen, in denen sie in der Vorverfahrensphase auferlegt wurden, gilt die Anmeldung ab dem Zeitpunkt als erfolgt, in dem die Zusage bei der Behörde eingegangen ist.

Auskunftsverlangen und Nachprüfung
Art. 15 (1) Zwecks Beurteilung der Fusion oder Übernahme kann der Rat in den nach Artikel 14 des Gesetzes erforderlichen Fällen nicht nur von den Beteiligten der Fusion oder Übernahme, sondern auch von den mit der Fusion bzw. Übernahme in Zusammenhang stehenden Personen sowie von dritten Personen, wie Kunden, Lieferanten und Wettbewerbern, Auskünfte verlangen.

(2) In Verbindung mit Artikel 15 des Gesetzes kann der Rat bei Unternehmen und Unternehmensvereinigungen alle erforderlichen Nachprüfungen vornehmen.

Befugnis des Rates zur erneuten Prüfung
Artikel 16 Der Rat kann die Fusion oder Übernahme erneut prüfen, wenn entweder gemäß Artike1 10 Absatz 1 des Gesetzes explizit oder gemäß Artikel 10 Absatz 2 des Gesetzes stillschweigend eine Genehmigungsentscheidung, welche die Vereinbarkeit der Fusion bzw. der Übernahme mit Artikel 7 des Gesetzes zum Gegenstand hat,

a) unter unrichtigen oder irreführenden Angaben erlassen wurde oder
b) wenn eine Zusage, mit der die Entscheidung verbunden war, nicht eingehalten wurde.

Außer Kraft gesetzte Verordnung
Artikel 16 Diese Verordnung setzt die Verordnung Nr. 1997/1 (veröffentlicht im türkischen Amtsblatt vom 12.8.1997, Nr. 23078) außer Kraft.

VIII. Literaturverzeichnis

Ahlborn, Christian/Turner, Vanessa, Expanding success? Reform of the E.C. Merger Regulation, E.C.L.R. 1998, 249–262.

Ahrens, Börriens, Gemeinschaftsunternehmen als wirtschaftliche Einheit, EuZW 2013, 899–902.

Akgül, Tahir, Die Fusionskontrolle nach europäischem, deutschem und türkischem Recht in rechtsvergleichender Betrachtung, Hamburg 2006.

Akıncı, Ateş, Rekabetin Yatay Kısıtlanması, Ankara 2001.

Aksoy, Nazlı/Bolatoğlu, Hilmi/Yavuz, Şahin, Rekabet Hukukunda Muafiyet ve Birleşme/Devralma Kararlarının Şarta Bağlanması, Rekabet Dergisi-Competition Journal 25/2006, 4–29.

Altay, Sıtkı Anlam, Anonim Ortaklıklar Hukukunda Sermayeye Katılmalı Ortak Girişimler, Istanbul 2009.

Altin-Sieber, Inci, Joint Ventures, Technologietransfer und -schutz, Heidelberg 1996.

Arıtürk, Remzi Özge, Birleşmelerin Kontrolünde Kullanılan Esasa İlişkin Test, Ankara 2009.

Aslan, I. Yılmaz, Rekabet Hukuku Dersleri, 5. Aufl. Bursa 2015.

Aslan, I. Yılmaz, Rekabet Hukuku–Teori–Uygulama–Mevzuat, 4. Aufl. Bursa 2007.

Bach, Albrecht, Gemeinschaftsunternehmen nach dem „Ost-Fleisch"-Beschluss des BGH, ZWeR 2003, 187–199.

Bağış Akkaya, Meltem/Erdoğan, Tarkan, Recent Amendments in the Turkish Merger Regime: A Unique Notification System based on "Affected Markets", Mediterranean Competition Bulletin, June 2011, http://ec.europa.eu/competition/publications/mediterranean/index.html (Stand am 12.06.2016)

Barlas, Nami, Adi Ortaklık Temeline Dayalı Sözleşme İlişkileri, İstanbul 2008.

Barney, Jay, Firm Resources and Sustained Competitive Advantage, Journal of Management 1991, 99–120.

Baron, Michael, Das neue Kriterium „erhebliche Behinderung wirksamen Wettbewerbs" (SIEC) in der europäischen Fusionskontrolle. Anmerkungen zum Verhältnis von deutscher und europäischer Fusionskontrolle, in: FS Bechtold 2006, 9–20.

Baron, Michael/Trebing, Christina, Umgang mit Kartellrechtsrisiken in M&A-Transaktionen – aktuelle Fragestellungen und Entwicklungen, BB 2016, 131–136.

Barth, Christoph/Budde, Stefanie, Die Implementierung des SIEC-Tests im GWB und ihre Folgen für die nationale Fusionskontrolle – Teil 1, BB 2011, 1859–1866.

Baş, Kadir, The Substantial Appraisal of Joint Ventures under the EU Merger Control Regime, The Netherlands 2015.

Bechtold, Rainer, Die 8. GWB-Novelle, NZKart 2013, 263–269.

Bechtold, Rainer, Kartellrecht in Regulierten Bereichen, WuW 2010, 727.

Bechtold, Rainer/Bosch, Wolfgang, Kartellgesetz: GWB, 8. Aufl. München 2015.

Bechtold, Rainer/Bosch, Wolfgang/Brinker, Ingo, EU-Kartellrecht, 3. Aufl. München 2014.

Becker, Ulrich/Schweitzer, Heike, Unbehandelt zurückgelassen: Der kränkelnde Kassenwettbewerb nach der 8. GWB-Novelle – Editorial, WRP 2013, Heft 8.

Bestmann, Uwe, Kompendium der Betriebswirtschaftslehre, 10. Aufl. München 2014.

Bien, Florian, Kartellrechtskontrolle von Gemeinschaftsunternehmen ex ante und ex post – Teil 1: Das Verfahren der Doppelkontrolle de lege lata und de lege ferenda, NZKart 2014, 214–220.

Bien, Florian, Kartellrechtskontrolle von Gemeinschaftsunternehmen ex ante und ex post – Teil 2: Die Anforderungen an den Nachweis von Spill-over-Effekten, NZKart 2014, 247–253.

Bischke, Alf-Henrik, Die Unterscheidung zwischen kooperativen und konzentrativen Unternehmensverbindungen im europäischen Recht gegen Wettbewerbsbeschränkungen: Zum Verhältnis der EG-Fusionskontrollverordnungen zu den Artikeln 85 und 86 des EG-Vertrags, Aachen 1997.

Böni, Franz/Wassmer, Alex, Gemeinschaftsunternehmen – Black Box für Kartellabsprachen, WuW 2014, 681–690.

Bornkamm, Joachim/Montag, Frank/Säcker, Franz-Jürgen (Hrsg.), Münchener Kommentar zum Europäischen und Deutschen Wettbewerbsrecht, Bd. 1: Europäisches Wettbewerbsrecht, 2. Aufl. München 2015 (zitiert: *Bearbeiter,* in: MüKoEUWettbR).

Bornkamm, Joachim/Montag, Frank/Säcker, Franz-Jürgen (Hrsg.), Münchener Kommentar zum Europäischen und Deutschen Wettbewerbsrecht, Bd. 2: GWB, 2. Aufl. München 2015 (zitiert: *Bearbeiter,* in: MüKoGWB).

Bresnahan, Timothy F./Salop, Steven C., Quantifying the competitive effects of production joint ventures, International Journal of Industrial Organization 1986, 155–175

von Brevern, Daniel, Die "Gründung eines Gemeinschaftsunternehmens" nach Art. 3 Abs. 4 der Fusionskontrollverordnung, WuW 2012, 225–237.

Brodley, Joseph F., Joint Ventures and Antitrust Policy, Harvard L. Rev. 1982, 1521–1590.

Büchel, Bettina/Prange, Christiane/Probst, Gilbert/Rüling, Charles, International Joint Venture Management, Singapore 1998.

Budzinski, Oliver, Pluralism of Competition Policy Paradigms and the Call for Regulatory Diversity, Phillips-University of Marburg, Volkswirtschaftliche Beiträge No. 14/2003, http://ssrn.com/abstract=452900, (Stand am 13.06.2016).

Bundesministerium für Wirtschaft und Technologie, Eckpunkte einer 8. GWB-Novelle, WuW 2011, 853–856.

Bürger, Christian, Die Haftung der Konzernmutter für Kartellrechtsverstöße ihrer Tochter nach deutschem Recht, WuW 2011, 130–140.

Burnside, Alec/MacKenzie Stuart, Judy, Joint Venture Analysis: The Latest Chapter, E.C.L.R. 1995, 138–146.

Callies, Christian/Ruffert, Mathias, (Hrsg.), EUV/AEUV – Das Verfassungsrecht der Europäischen Union mit Europäischer Grundrechtecharta, 4. Aufl. München 2011 (zitiert: *Bearbeiter,* in: Callies/Ruffert, EUV/AEUV).

Caloghirou, Yannis/Ioannides, Stavros/Vonortas Nicholas S., Research Joint Ventures, Journal of Economic Surveys 2003, 541–570.

Chetwin, Maree C., Joint Ventures- A Branch of Partnership Law? U. Queensland L. J. 1990–1991, 256–271.

Coenen, Michael, Minderheitsbeteiligungen in der Zusammenschlusskontrolle: Zeigen schleichende Übernahmen auf eine Schutzlücke? WuW 2014, 803–813.

Contractor, Farok J./Lorange, Peter, Why Should firms Cooperate? The Strategy and Economics Basis for Cooperative Ventures, in: Contractor/Lorange, (Hrsg.), Cooperative Strategies in International Business, 2. Aufl. Amsterdam u.a. 2002, 3–30.

Cook, C. John/Kerse, Christopher S., EC Merger Control, 5. Aufl. London 2009.

Crozals de, Dorothee/Hartog, Johanna, Die neue Nebenabreden-Bekanntmachung der Europäischen Kommission, EWS 2004, 533–538.

Dauses, Manfred A. (Hrsg.), Handbuch des EU-Wirtschaftsrechts – Bd. 1/Bd. 2, 39. EL, München 2016 (zitiert: *Bearbeiter,* in: Dauses, Hdb. des EU-Wirtschaftsrechts)

Dayınlarlı, Kemal, Joint Venture Sözleşmesi, 3. Aufl. Ankara 2007.

Dittrich, Johannes, Relikt eines eigenständigen nationalen Kartellrechts – die Freistellung für „Mittelstandskartelle“ gem. § 3 GWB, WuW 2009, 1006–1013.

Dittrich, Johannes, Horizontale Rationalisierungskooperationen kleiner und mittlerer Unternehmen, Berlin 2009.

Drauz, Götz/Christopher, Jones (Hrsg.), EU Competition Law: Volume II, Mergers and Acquisitions, Leuven 2006 (zitiert: *Bearbeiter,* in: Drauz/Jones, EU Competition Law).

Dreher, Meinrad/Hoffmann, Jens, Kartellrechtsverstöße durch Informationsaustausch, WuW 2011, 1181–1196.

Dubois, Sylvain, The approach adopted by the Commission regarding outsourcing transactions and whether they constitute concentrations for the purpose of Regulation 139/2004, E.C.L.R. 2010, 491–497.

Elsing, Sigfried H., Joint Ventures in den USA, in: Langefeld-Wirth (Hrsg.), Joint Ventures im internationalen Wirtschaftsverkehr, Heidelberg 1990, 576–602.

Emmerich, Volker, Kartellrecht, 13. Aufl. München 2014.

Ersoy, Çiçek, Zusammenschlusskontrolle in der Türkei unter Berücksichtigung des Einflusses europäischen Rechts, Bern 2012.

Esser, Michael, Medienkonvergenz und Zusammenschlusskontrolle – Zur fusionskontrollrechtlichen Bewertung medienübergreifender Transaktionen, NZKart 2013, 135–142.

Ewald, Christian, Der SIEC-Test im deutschen Recht: Grundansatz, materielle Detailfragen und praktische Auswirkungen aus ökonomischer Sicht, WuW 2014, 261–282.

Faull, Jonathan/Nikpay, Ali, The EU Law of Competition, 3 Aufl. Oxford u. a. 2014.

Feldkamp, Hans-Martin, Gemeinschaftsunternehmen als Kartelle verboten?: Zu den Grenzen der Anwendbarkeit des § 1 GWB neben den §§ 23 ff. GWB, Köln 1991.

Fett, Torsten/Spiering, Christoph (Hrsg.), Handbuch Joint Venture, 2. Aufl. Heidelberg 2015 (zitiert: *Bearbeiter*, in: Fett/Spiering, Handbuch Joint Venture)

Fischer, Klaus, Wettbewerbliche Einheit und Fusionskontrolle, Berlin 1986.

Fischer, Kuno, Fusionskontrollrechtliche Aspekte der Gründung von B2B-Internet-Handelsplattformen in der Form von dauerhaften Vollfunktionsgemeinschaftsunternehmen, Zürich 2006.

Flannigan, Robert, The Joint Venture Fable. Am. J. Legal Hist. 2008, 200–222.

Fleischer, Holger/Goette, Wulf (Hrsg.), Münchener Kommentar zum GmbHG, Bd. 2, 2. Aufl. München 2016 (zitiert: *Bearbeiter*, in: MüKoGmbHG).

Fountoukakos, Kyriakos/Ryan, Stephen, A new substantive test for EU merger control, E.C.L.R. 2005, 277–296.

Friedmann, Wolfgang G./Béguin, Jean-Pierre, Joint International Business Ventures in Developing Countries, New York 1971.

Friedmann, Wolfgang G./Kalmanoff George (Hrsg.), Joint International Business Ventures, New York 1961.

Funke, Lutz-Christian, Kooperative Joint Ventures in der Europäischen Union: Eine Analyse der kartellrechtlichen Entscheidungspraxis der Europäischen Kommission zu kooperativen Gemeinschaftsunternehmen, Frankfurt (Main) 1997.

Geringer, Michael J./Woodcock, Patrick C., Agency Costs and the Structure and Performance of International Joint Ventures, Group Decision and Negotiation 1995, 453–467.

Gerwing, Bernd, Kooperative Gemeinschaftsunternehmen im EWG-Kartellrecht unter besonderer Berücksichtigung der Abgrenzungsfrage: Eine Analyse der Praxis der EG-Kommission, Köln 1994.

Gonzales-Diaz, Francisco Enrique, Joint Ventures under EC Competition Law: The New Boundaries, In: FS (Mélanges en hommage à) Michel Waelbroeck II 1999, 1019–1069.

Goyder, Dan G./Goyder, Joanne/Albors-LLorens, Albertina, Goyder's EC Competition Law, 5. Aufl. Oxford 2009.

Grabitz, Eberhard/Hilf, Meinhard/Nettesheim, Martin, (Hrsg.) Das Recht der Europäischen Union, 58. EL, München 2016 (zitiert: *Bearbeiter,* in: Grabitz/Hilf/Nettesheim, AEUV, Art.)

Groeben, Hans von der/Schwarze, Jürgen/Hatje, Armin (Hrsg.), Europäisches Unionsrecht, 7. Aufl. Baden-Baden 2015 (zitiert: *Bearbeiter,* in: von der Groeben/Schwarze/Hatje, Europäisches Unionsrecht).

Gummert, Hans/Lutz, Weipert (Hrsg.), Münchener Handbuch des Gesellschaftsrechts: Bd. 1, 4. Aufl. München 2009 (zitiert, Bearbeiter, in: Gummert/Weipert, MünchHdb. GesR).

Gülergün, E. Cenk, Topluluk Rekabet Hukuku Işığında Birleşme-Devralmalarda Yan Sınırlamalar, Rekabet Dergisi/Competition Journal, 6/2001, 3–45.

Gürkaynak, Gönenç/Inanılır, Öznur/Yıldız, Ceren/Duman, Melikşah, 2010/4 Sayili Rekabet Kurulu'ndan izin alinmasi gereken birlesme ve devralmalar hakkinda tebliğ uygulaması ile birleşme devralmaların kontrolü rejiminde meydana gelen yapısal degişiklikler: Etki Değerlendirmesi, Rekabet Dergisi/Competition Journal 4/2012, 97–155.

Gürzumar, Osman Berat, Zehn Jahre türkisches Wettbewerbsrecht, in: Atamer, Yesim M./Hopt, Klaus J. (Hrsg.), Kompatibilität des türkischen Wirtschaftsrechts, Tübingen 2009.

Gürzumar, Osman Berat, 4054 Sayılı Rekabetin Korunması Hakkında Kanun'un 4. Maddesine Aykırı Sözleşmlerin Tabi Olduğu Geçersizlik Rejimi, Rekabet Dergisi/Competition Journal 12/2002, 3–76.

Güven, Pelin, Türk rekabet hukuku ve Avrupa Birliği rekabet hukukunda birleşme ve devralmaların denetlenmesi, Ankara 2002.

Hagedoorn, John, Inter-firm R&D partnerships: an overview of major trends and patterns since 1960, Research Policy 2002, 477–492.

Hagedoorn, John/Narula, Rajneesh, Choosing Organizational Modes of Strategic Technology Partnering: International and Sectoral Differences, Journal of International Business Studies 1996, 265–284.

Hagedoorn, John/Link, Albert N./Vonortas, Nicholas S., Research Partnerships, Research Policy 2000, 567–586.

Harrigan, Kathryn R., Joint Ventures and Competitive Strategy, Strat. Mgmt. J. 1988, 141–158.

Harrigan, Kathryn, R., Strategies for Joint Ventures, Lexington 1985.

Hawk, Barry E./Huser, Henry L., A Bright Line Shareholding Test to End the Nightmare under the EEC Merger Regulation, C.M.LR. 1993, 1155–1183.

Hawk, Barry E., Joint Ventures under EEC law, Fordham Int'l L.J. 1991–1992, 303–365.

Hewitt, Ian, Hewitt on Joint Ventures, 5. Aufl. London, 2011.

Hofmann, Jens, Die gesetzlichen Krankenkassen im Anwendungsbereich des deutschen Kartellrechts, WuW 2011, 472–478.

Hovenkamp, Herbert, Exclusive Joint Ventures and Antitrust Policy, Colum. Bus. L. Rev. 1995, 1–125.

Huber, Ulrich, Gemeinschaftsunternehmen in deutschem Wettbewerbsrecht, in: Huber/Börner, Gemeinschaftsunternehmen im deutschen und europäischen Wettbewerbsrecht, Köln 1978.

Huerkamp, Florian, Änderung der Tätigkeit des Gemeinschaftsunternehmens, WuW 2010, 1118–1128.

Immenga, Ulrich/Mestmäcker Ernst-Joachim, EU-Wettbewerbsrecht, Bd. 1, 5. Aufl. München 2012 (zitiert: *Bearbeiter*, in: Immenga/Mestmäcker, EU-Wettbewerbsrecht).

Immenga, Ulrich/Mestmäcker Ernst-Joachim, GWB, Bd. 2, 5. Aufl. München 2014 (zitiert: *Bearbeiter*, in: Immenga/Mestmäcker, GWB).

Inderst, Roman, Die ökonomische Analyse von Nachfragemacht in der Wettbewerbspolitik, WuW 2008, 1261–1272.

Jaeger, Walter H.E., Joint Ventures: Origin, Nature and Development, Am. U. L. Rev. 1960, 1–23.

Jaeger, Wolfgang/Kokott, Juliane/Pohlmann, Petra/Schroeder, Dirk (Hrsg.), Frankfurter Kommentar, Kartellrecht, Bd. II: EG-Kartellrecht Teil 1, Bd. III: EG-Kartellrecht Teil 2–4, Bd. V §§ 20–73 GWB, Loseblattsammlung, Köln (zitiert: *Bearbeiter*, in: FK).

Jones, Alison, The Boundaries of an Undertaking in EU Competition Law, ECJ 2012, 301–331.

Jones, Alison/Sufrin, B. E., EU competition law: Text, cases, and materials, 4. Aufl. Oxford 2011.

Kaplan, İbrahim, İnşaat sektöründe müşterek iş ortaklığı, 3 Aufl. Ankara 2013.

Kaplan, İbrahim, Begriff und Rechtsnatur des Gemeinschaftsunternehmens – Joint Venture – Abgrenzung von anderen Kooperationsformen, in: FS Ali Naim INAN 2009, 415–432.

Kapp, Thomas/Wegner, Anne C., Das Gemeinschaftsunternehmen – Kartellrechtliche Herausforderungen, CCZ 2015, 198–209.

Kapp, Thomas/Schumacher, Anke, Das Wettbewerbsverbot des Minderheitsgesellschafters, WuW 2010, 481–492.

Karayalçın, Yaşar, Ticaret Hukuku: Şirketler Hukuku, Bd. II, 2. Aufl. Ankara 1973.

Katz, Michael L./Shelanski Howard A, 'Schumpeterian' Competition and Antitrust Policy in High-Tech Markets, *Competition 14*/2005, 47–67, http://papers.ssrn.com/sol3/papers.cfm?abstract_id=925707 (Stand am: 24.02.2016).

Kayıhan, Lerzan, Rekabet Hukuku Uygulamalarında Ortak Girişimler, Ankara 2003.

Kent, David H., Joint Ventures vs. Non-Joint Ventures: An Empirical Investigation, Strat. Mgmt. J. 1991, 387–393.

Kersting, Christian, Die Rechtsprechung des EuGH zur Bußgeldhaftung in der wirtschaftlichen Einheit, WuW 2014, 1156–1173.

Kindler, Peter, Europäische Fusionskontrolle auf Abwegen, EWS 1995, 321–329.

Klaue, Siegfried/Schwintowski, Hans-Peter, Strategische Minderheitsbeteiligungen in der deutschen Energiewirtschaft, Baden-Baden 2004.

Kling, Michael, Wirtschaftliche Einheit und Gemeinschaftsunternehmen - Konzernprivileg und Haftungszurechnung, ZWeR 2011, 169–191.

Kling, Michael/Thomas, Stefan, Kartellrecht, München 2007.

Klingsch, Welf, Die Berücksichtigung wettbewerbsfremder Aspekte in der Zusammenschlusskontrolle nach deutschem und schweizerischem Recht, Baden-Baden 2012.

Kocabaş, Bekir/Bozkuş, Sinan, Recent Development in Merger Control in Turkey, CPI Antitrust Chronicle, May 2/2012, http://www.competitionpolicyinternational.com/assets/Uploads/TurkeyMAY-122.pdf, (Stand am 13.06.2016).

Kogut, Bruce, A Study of the Life Cycle of Joint Ventures, in: Contractor, F./Lorange, P. (Hrsg.), Cooperative strategies in International Business, 2. Aufl. Amsterdam u. a. 2002, 169–185.

Kogut, Bruce, Joint Ventures: Theoretical and Empirical Perspectives, Strat. Mgmt J. 1988, 319–332.

Kuhn, Tilman, Kooperative Aspekte von Gemeinschaftsunternehmen im europäischen Kartellrecht, München 2006.

Kuhn, Tilman, Der Erwerb wettbewerblich erheblichen Einflusses in der Deutschen Zusammenschlusskontrolle – Kein Modell für Europa, ZWeR 2011, 258–285.

Kühnen, Jürgen, Der SIEC-Test in der deutschen Fusionskontrolle, WuW 2012, 458–467.

Kumar, M. V. Shyam, Are joint ventures positive sum games? The relative effects of cooperative and noncooperative behaviour, Strat. Mgmt J. 2010, 32–54.

Landenberg-Roberg, Michael, Die Bedeutung rechtsunverbindlicher Vereinbarungen für den Kontrollerwerb in der europäischen Fusionskontrolle, WuW 2010, 877–886.

Lane, Frederic C., Family Partnerships and Joint Ventures in the Venetian Republic, The Journal of Economic History 1944, 178–196.

Langefeld-Wirth, Klaus, (Hrsg.), Joint-Ventures im internationalen Wirtschaftsverkehr: Praktiken und Vertragstechniken internationaler Gemeinschaftsunternehmen, Heidelberg 1990.

Langen, Eugen/Bunte, Hermann-Josef (Hrsg.), Kartellrecht, Bd. 1: Deutsches Kartellrecht, 12. Aufl. München 2014 (zitiert: *Bearbeiter*, in: Langen/Bunte, Kartellrecht, §... GWB).

Langen, Eugen/Bunte, Hermann-Josef (Hrsg.), Kartellrecht, Bd. 2: Europäisches Kartellrecht, 12. Aufl. München 2014 (zitiert: *Bearbeiter*, in: Langen/Bunte, Kartellrecht, Art. ... FKVO).

Larenz, Ulf, Vertikale strategische Minderheitsbeteiligungen als Gegenstand der Kartellverbote in Europa, Baden-Baden 2007.

Larsson Rikard/Bengtsson Lars/Henriksson Kristina/Sparks, Judith, The Interorganizational Learning Dilemma: Collective Knowledge Development in Strategic Alliances, Organization Science, 1998, 285–305.

Lettl, Tobias, Wettbewerbsbehinderung und Marktbeherrschung in der Fusionskontrolle, WRP 2012, 274–280.

Lewis, Jordan D., Strategische Allianzen, Frankfurt (Main) 1991.

Liebscher, Christoph/Flohr, Eckhard/Petsche, Alexander, (Hrsg), Handbuch der EU-Gruppenfreistellungsverordnungen, 2. Aufl. München 2012.

Linsmeier, Petra/Lichtenegger, Moritz, Wettbewerbsverbote zu Lasten von Minderheitsgesellschaftern und ihre kartellrechtliche Beurteilung, BB 2011, 328–334.

Loewenheim, Ulrich/Meessen, Karl/Riesenkampff, Alexander, Kartellrecht, 2. Aufl. München 2009 (zitiert: *Bearbeiter*, in: Loewenheim/Meessen/Riesenkampf, Kartellrecht).

Lohse, Andrea, Kartellfreie Gemeinschaftsunternehmen im europäischen Wettbewerbsrecht: Zum Spannungsverhältnis des Art. 3 Abs. 2 der Europäischen Fusionskontrollverordnung zu Art. 85 EWG-Vertrag, Köln 1992.

Lückenbach, Andreas, Nebenabreden nach europäischem Fusionskontrollrecht: Dogmatische Grundlagen und Kommissionspraxis, München 2003.

Lüder, Tilman, Konzentrative und Kooperative Gemeinschaftsunternehmen: Jenseits der Dichotomie, Diss. Tübingen Univ. 1997.

Luiki, Paul, Joint Ventures: Definitions and Legal Issues, in: Prescott, Darell & Swartz, Salli (Hrsg.), Joint Ventures In The International Arena, 2. Aufl. Chicago 2010, 1–14.

Mäger, Thorsten (Hrsg.), Europäisches Kartellrecht, 2. Aufl. Baden-Baden 2011 (zitiert: *Mäger*, Europäisches Kartellrecht, ... Kap. Rn. ...).

Mälzer, Susanne, Die Stellung von Gemeinschaftsunternehmen im europäischen Wettbewerbsrecht, WuW 1992, 705–717.

Martinek, Michael, Moderne Vertragstypen. 3. Computerverträge, Kreditkartenverträge sowie sonstige moderne Vertragstypen, Bd. III, München 1993.

Martinek, Michael/Semler, Franz-Jörg/Habermeier, Stefan/Flohr, Eckhard (Hrsg.), Handbuch des *Vertriebsrechts,* 3. Aufl. München 2010.

Mattes, Friederike, Die Ministererlaubnis in der Fusionskontrolle, München 2004.

Mechem, Frank L., The Law of Joint Adventures, Minn L. Rev. 1930–1931, 644–667.

Menz, Michael, Wirtschaftliche Einheit und Kartellverbot: Die Stellung des Konzerns im Rahmen des Kartellverbots nach deutschem, europäischem und US-amerikanischem Recht, Berlin 2004.

Mestmäcker, Ernst-Joachim/Schweitzer, Heike, (Hrsg.), Europäisches Wettbewerbsrecht, 3. Aufl. München 2014 (zitiert: *Bearbeiter,* in: Mestmäcker/Schweitzer, Europäisches Wettbewerbsrecht).

Mohr, Jochen, Bezweckte und bewirkte Wettbewerbsbeschränkungen gemäß Art. 101 Abs. 1 AEUV, ZWeR 2015, 1–20.

Mohr, Jochen/König, Carsten, Freistellung von wettbewerbsbeschränkenden Vereinbarungen, JURA 2012, 343–349.

Montag, Frank, EU-Fusionskontrolle für Minderheitsbeteiligungen? NZKart 2015, 410–415.

Müller-Feldhammer, Ralf, Das Gemeinschaftsunternehmen auf dem Prüfstand, WuW 2015, 133–143.

Nichols, Harvey W., Joint Ventures, Virginia Law Review 1950, 425–459.

Nippel, Jochen, Minderheitsbeteiligungen bei Gemeinschaftsunternehmen im deutschen und im europäischen Recht, Diss. Freiburg Univ. Berlin 1997.

Nothelfer, Wolfgang, Wann behindern konglomerate Fusionen den Wettbewerb? EuZW 2007, 332–336.

Odudu, Okeoghene, The Boundaries of EC Competition Law, Oxford 2006.

OECD Policy Roundtables Minority Shareholdings 2008, Organisation for Economic Co-operation and Development Retrieved from http://www.oecd.org/competition/mergers/41774055.pdf (Stand am 10.12.2015).

Osborn, Richard. N./Baughn, Christopher C., Forms of Interorganizational Governance for Multinational Alliances, Academy of Management Journal 1990, 503–519.

Öztürk, Pınar, Rekabet hukuku açısından Joint Venture'ların değerlendirilmesi, in: Prof. Dr. Oguz Imregün'e Armağan (in: FS Oğuz İmregün), İstanbul 1988.

Paul, Kerstin, Gesetzesverstoß und Vertrag im Wettbewerbs- und Regulierungsrecht, Baden-Baden 2009.

Pitofsky, Robert, Joint Ventures under the Antitrust Laws: Reflections on the Significance of "Penn Olin" Harvard L. Rev. 1969, 1007–1063.

Pitsos, Nikolaos, Die erhebliche Behinderung des wirksamen Wettbewerbs (SIEC-Test) im Fusionskontrollrecht, Frankfurt (Main) 2013.

Podszun, Rupprecht, 8. GWB-Novelle: Neuerungen im deutschen Kartellrecht, GWR 2013, 329–332.

Pohlmann, Petra, Der Unternehmensverbund in Europäischem Kartellrecht, Berlin 1999.

Pohlmann, Petra, Doppelkontrolle von Gemeinschaftsunternehmen im europäischen Kartellrecht: eine Zwischenbilanz, WuW 2003, 473–491.

Polley, Romina/Grave, Carsten, Die Erweiterung eines bestehenden Gemeinschaftsunternehmens als Zusammenschluss, WuW 2003, 1010–1021.

Poroy, Reha/Tekinalp, Ünal/Çamoğlu, Ersin, Ortaklıklar Hukuku I, İstanbul 2014.

Porter, Micheal E., Competitive Advantage: Creating and Sustaining Superior Performance, New York 1985.

Porter, Micheal E., The Competitive Advantage of Nations, New York 1990.

Powell, Walter W., Neither Market Nor Hierarchy: Network Forms of Organization, Research in Organizational Behavior 1990, 295–336.

Prescott, Darell, Antitrust Aspects of Joint Ventures, in: Prescott, Darell & Swartz, Salli (Hrsg.), Joint Ventures In The International Arena, 2. Aufl. Chicago 2010, 33–56.

Prinz, Ulrich/Bärwaldt, Roman (Hrsg.), Beck'sches Handbuch der Personengesellschaften, 4. Aufl. München 2014 (zitiert: *Bearbeiter,* in: Beck'sches Handbuch der Personengesellschaften).

Radicati di Brozolo, Luga G./Gustafsson, Magnus, Full Function Joint Ventures under The Merger Regulation: The Need for Clarification, E.C.L.R. 2003, 574–579.

Rall, Lothar/Kurz, Rudi, Kriterien zur wettbewerbspolitischen Beurteilung der Gründung von Gemeinschaftsunternehmen: Eine Analyse aus der Sicht der Wettbewerbsregeln der Europäischen Gemeinschaft, Luxemburg 1986.

Reiser, Wolfgang, Joint Ventures in der Europäischen Fusionskontrolle, Linz 2002.

Ritter, Jan-Stephan/Käseberg, Thorsten, Der Regierungsentwurf zur 8. GWB-Novelle, WuW 2012, 661–670.

Ritter, Lennart, Gemeinschaftsunternehmen – Die ewige Suche nach dem Schwerpunkt, in: FS Peter Ulmer 2003, 955–976.

Rosenthal, Michael/Thomas, Stefan, European Merger Control, München 2010.

Rudersdorf, Martin, Wettbewerbsverbote in Gesellschafts- und Unternehmenskaufverträgen, RNotZ 2011, 509–530.

Sabel, Simon Christian, Neuere Entwicklungen in der europäischen und deutschen Kontrolle konglomerater Unternehmenszusammenschlüsse, Baden-Baden 2010.

Säcker, Franz-Jürgen, „Mehrmütterklausel" und Gemeinschaftsunternehmen, NJW 1980, 801–806.

Säcker, Franz-Jürgen, Entwicklung der europäischen Praxis aus deutscher Sicht und Bindungswirkung der europäischen Praxis bei Übernahme des SIEC-Tests in deutsches Recht, WuW 2010, 370–377.

Säcker, Franz-Jürgen, Zur Ablehnung des Zusammenschlussvorhabens Axel Springer AG/ProSiebenSat1 Media AG durch KEK und Bundeskartellamt, K&R 2006, 49–54.

Säcker, Franz-Jürgen, Die privatrechtliche Dimension des Wettbewerbsrechts – Zur systematischen Harmonisierung von Vertrags- und Wettbewerbsrecht, ZWeR 2008, 348–363.

Säcker, Franz-Jürgen, Chinesisches Aus für eine Reederei-Allianz, WuW 2014, 1031.

Säcker, Franz-Jürgen, Gespaltener Unternehmensbegriff im Wettbewerbs- und Lauterkeitsrecht, WuW 2014, 3.

Säcker, Franz-Jürgen, Nicht-kontrollierende Minderheitsbeteiligungen im deutschen und europäischen Wettbewerbsrecht, in: FS Helmut Köhler 2014, 565–576.

Säcker, Franz-Jürgen/Rixecker, Roland/Oetker, Hartmut/Limperg, Bettina (Hrsg.), Münchener Kommentar zum Bürgerlichen Gesetzbuch: Bd. 1, 7. Aufl. München 2015 (zitiert: *Bearbeiter,* in: MüKoBGB).

Säcker, Franz-Jürgen/Rixecker, Roland/Oetker, Hartmut/Limperg, Bettina (Hrsg.), Münchener Kommentar zum Bürgerlichen Gesetzbuch: Bd. 5, 6. Aufl. München 2013 (zitiert: *Bearbeiter,* in: MüKoBGB).

Säcker, Franz-Jürgen/Boesche, Katharina Vera, Vertikale Fusionen im Energiesektor gefährden wirksamen Wettbewerb, BB 2001, 2329–2337.

Säcker, Franz-Jürgen/Mohr, Jochen, Die Beurteilung von Einkaufskooperationen gemäß Art. 101 Abs. 1 und Abs. 3 AEUV, WRP 2011, 793–808.

Sanlı, Kerem Cem, Rekabetin Korunması Hakkındaki Kanun`da Öngörülen Yasaklayıcı Hükümler ve Bu Hükümlere Aykırı Sözleşme ve Teşebbüs Birliği Kararlarının Geçersizliği, Ankara 2000.

Satzky, Horst, Die Beurteilung vertikaler und konglomerater Zusammenschlüsse nach dem GWB, WuW 2006, 870–880.

Schaan, Jean-Louis/Beamish, Paul W., Joint Venture General Managers in LDCs, in: Contractor, F./Lorange, P. (Hrsg.), Cooperative strategies in International Business, 2. Aufl. Amsterdam u. a. 2002, 279–299.

Scheffler, Arndt, Unternehmensbegriff nach EG-Kartellrecht, EuZW 2006, 600–603.

Schinkel, Maarten Pieter/Tuinstra, Jann, Imperfect Competition Law Enforcement, CeNDEF Working paper 04-09, 2004, http://cendef.uva.nl/publications/working-papers-2004/working-papers-2004.html (Stand: 25.01.2016).

Schmidt, Ingo/Haucap, Justus, Wettbewerbspolitik und Kartellrecht: Eine Interdisziplinäre Einführung, 10. Aufl. München 2013.

Schmidt, Karsten, Kartellnichtigkeit von Folgeverträgen: alles neu seit „Courage“ und seit der Siebenten GWB-Novelle? In: FS Wernhard Möschel 2011, 559–578.

Schmidt, Karsten, Gemeinschaftsunternehmen, Wettbewerbsverbote und Immanenztheorie – Zwei Lehrstücke zwischen Gesellschafts- und Kartellrecht: „Nord-KS/Xella“ (2008) und „Gratiszeitung Hallo“ (2009), In: FS Säcker 2011, 949–968.

Schmidt, Karsten, Nichtigkeit oder Abwicklung kartellrechtswidriger Gemeinschaftsunternehmen? – Theorie für die Praxis und sieben Thesen, BB 2014, 515–520.

Schnelle, Ulrich, Die Aufteilung von Bußgeldern im Konzern, WuW 2015, 332–347.

Schnipper, Christoph, Die Doppelkontrolle von Gemeinschaftsunternehmen im Europäischen Fusionskontrollrecht, Hamburg 2002.

Schroeder, Dirk, Schnittstellen der Kooperations- und Oligopolanalyse im Fusionskontrollrecht, WuW 2004, 893–906.

Schroeder, Dirk, Fusionskontrolle – Was kann Deutschland von Europa lernen und was Europa von Deutschland? WuW 2011, 1216–1235.

Schröter, Helmut/Jakob, Thinam/Klotz, Robert/Mederer Wolfgang (Hrsg.), Europäisches Wettbewerbsrecht, 2. Aufl. Baden-Baden 2014 (zitiert: *Bearbeiter*, in: Schröter/Jakob/Klotz/Mederer, Europäisches Wettbewerbsrecht).

Schubert, Sascha, Informationsaustausch im Rahmen von Zusammenschlussvorhaben, ZWeR 2013, 54–71.

Schulte, Josef Lothar/Just, Christoph (Hrsg.), Kartellrecht, 2 Aufl. Köln 2016 (zitiert: *Bearbeiter*, in: Schulte/Just, Kartellrecht).

Schulte, Josef Lothar (Hrsg.), Handbuch Fusionskontrolle, 2 Aufl. Köln 2010 (zitiert: *Bearbeiter*, in: Schulte, Hdb. Fusionskontrolle).

Schulte, Nobert/Pohl, Dirk, Joint-Venture-Gesellschaften, 4. Aufl. Köln 2015.

Schulte, Knut/Schwindt, Karl-Heinz/Kuhn, Christian, Joint Ventures: nationale und internationale Gemeinschaftsunternehmen, München 2009 (zitiert: *Bearbeiter*, in: Schulte/Schwindt/Kuhn, Joint Ventures).

Schultes, Marion, Die möglichen Wettbewerbsbeschränkungen durch Unternehmensnetzwerke und das Problem der Dichotomie und Statik des Kartellrechts, KSzW 2015, 89–98.

Schwarze, Jürgen, Das wirtschaftsverfassungsrechtliche Konzept des Verfassungsentwurfs des Europäischen Konvents – Zugleich eine Untersuchung der Grundprobleme des europäischen Wirtschaftsrechts, EuZW 2004, 135–140.

Schwerk, Anja, Dynamik von Unternehmenskooperationen, Berlin 2000.

Sidak, J. Gregory/Teece J. David, Dynamic Competition in Antitrust Law, Journal of Competition Law & Economics 2009, 581–631.

Silva Morais, Luis, Joint Ventures and EU Competition Law, Oxford 2013.

Solmaz, Ekrem/Dere, Gülçin, 2010/4 Sayılı Tebliğ'in Uygulamasına Bir Bakış: Sorunlar ve Çözüm Önerileri (A Perspective to the Practice of Communiqué No. 2010/4: Problems and Solutions), Rekabet Dergisi/Competition Journal 14/2003, 65–96.

Spiering, Christoph/Hacker, Philipp, Rechtsgeschäfte mit Unsichtbaren? Zu dogmatischen und praktischen Tücken im Umgang mit kartellrechtswidrigen Joint Ventures, RNotZ 2014, 349–364.

Steger, Jens, Konglomerate Medienzusammenschlüsse in der deutschen Fusionskontrolle, WuW 2010, 282–291.

Stöcker, Mathias, Minderheitserwerbe unter europäischem und mitgliedstaatlichem Kartellrecht, ZWeR 2013, 154–178.

Taubman, Joseph, What Constitutes a Joint Venture, Cornell L. Q. 1955–1956, 640–655.

Teece, David J./Pisano Gary/Shuen Amy, Dynamic Capabilities and Strategic Management, Strat. Mgmt J. 1997, 509–533.

Tegen, Thomas, Joint Venture-Vertrag und Projektträgergesellschaft im amerikanischen Recht und deutschen Recht, Frankfurt (Main) 1998.

Tekinalp, G./Tekinalp Ü., Joint Venture, in: Prof. Dr. Yaşar Karayalçın'a 65. Yaş Armağanı (FS Yaşar Karayalçın), Ankara 1988, 143–176.

Temple Lang, John, Joint Ventures under the EEC Treaty Rules on Competition – II, The Irish Jurist 1978, 132–144.

Temple Lang, John, Community Antitrust Law and Joint Ventures Involving the Transfer of Technology, F.C.L.I. 1983, 203 ff.

Temple Lang, John, International Joint Ventures under Community Law, F.C.L.I. 1999, 381–493.

Temple Lang, John, Telecommunications Joint Ventures and the revised European Community Merger Regulation, B.L.I. 1999, 1–23.

Theurer, Fabian, Zur Nichtigkeit von kartellrechtswidrigen Personengesellschaften, BB 2013, 137–143.

Thomas, Stefan, Konzernprivileg und Gemeinschaftsunternehmen, ZWeR 2005, 236–259.

Topçuoğlu, Metin, Rekabeti Kısıtlayan Teşebbüsler Arası İşbirliği Davranışları ve Hukuki Sonuçları, Ankara 2001.

Topçuoğlu, Metin/ Dolmacı, Nilgün, Yoğunlaşmaların (Birleşme Veya Devralmaların) Kontrolünde Şartlı İzin ve 2010/4 Sayılı Tebliğ'in Getirdiği Yenilikler, SDÜHFD 1/2011, 91–124.

Ulaş, Dilber, Uluslararası Pazarlara Giriş Stratejisi Olarak Ortak Girişimler (Joint Venture) ve Türkiye'de Uygulamaları, Ankara 2003.

Ulshöfer, Matthias, Kontrollerwerb in der Fusionskontrolle, Baden-Baden 2003.

Ulshöfer, Matthias, Die Auflösung von Gemeinschaftsunternehmen im Lichte der Nord-KS-Entscheidung des BGH, WuW 2011, 820–831.

Ünal, M. Selim, Sanayi İktisadi ve Rekabet Hukuku Açısından Rakipler Arası Azınlık Hisse Devirleri, Ankara 2009.

Wächterhäuser, Friedrich, Das Gesellschaftsrecht des internationalen Joint Ventures, Frankfurt (Main) 1992.

Weidenbach, Georg/Mühle, Jan, Wettbewerbsverbote im Kartellrecht: Unternehmenskaufverträge, EWS 2010, 353–360.

Weiß, Carsten, Der Unternehmensbegriff im europäischen und deutschen Kartellrecht: Zugleich ein Beitrag zur Frage gemeinschaftsrechtlich determinierter oder national autonomer Auslegung des Kartellrechtlichen Unternehmensbegriffs, Baden-Baden 2012.

Wertenbruch, Johannes, Die Rechtsfolgen der Doppelkontrolle von Gemeinschaftsunternehmen nach dem GWB, Köln 1990.

Wessels, Peter, Entflechtung kartellrechtswidriger Personengesellschaften, ZIP 2014, 101–110.

Wessels, Peter, Nochmals: Entflechtung kartellrechtswidriger Personengesellschaften, ZIP 2014, 856–862.

Wiedemann, Gerhard, Gemeinschaftsunternehmen im deutschen Kartellrecht, Heidelberg 1981.

Wiedemann, Gerhard (Hrsg.), Handbuch des Kartellrechts, 2. Aufl. München 2008 (zitiert: *Bearbeiter*, in: Wiedemann, Handbuch des Kartellrechts).

Williamson, Oliver. E., The Economic Institutions of Capitalism, New York 1985.

Yuan, Jia, Gemeinschaftsunternehmen im europäischen, amerikanischen und chinesischen Kartellrecht, Bonn 2011.

Zu, Lei/Dong, Baomin/Zhao, Xin/Zhang, Jin, International R&D Networks, Review of International Economics 2011, 325–340.

Veröffentlichungen des Instituts für deutsches und europäisches Wirtschafts-, Wettbewerbs- und Regulierungsrecht der Freien Universität Berlin

Herausgegeben von Franz Jürgen Säcker

Band 1 Franz Jürgen Säcker (Hrsg.): Deutsch-russisches Energie- und Bergrecht im Vergleich. Ergebnisse einer Arbeitstagung vom 31. März / 1. April 2006. 2007.

Band 2 Franz Jürgen Säcker / Walther Busse von Colbe (Hrsg.): Wettbewerbsfördernde Anreizregulierung. Zum Anreizregulierungsbericht der Bundesnetzagentur vom 30. Juni 2006. 2007.

Band 3 Dirk Zschenderlein: Die Gleichbehandlung der Aktionäre bei der Auskunftserteilung in der Aktiengesellschaft. Zum Problem der Zulässigkeit der Weitergabe von Informationen an einzelne Aktionäre und Dritte. 2007.

Band 4 Simone Kirchhain: Die Anwendung der Vertikal-GVO auf innerstaatliche Wettbewerbsbeschränkungen nach der 7. GWB-Novelle. 2007.

Band 5 Franz Jürgen Säcker: Der Independent System Operator. Ein neues institutionelles Design für Netzbetreiber? 2007.

Band 6 Stefanie Otto: Allgemeininteressen im neuen UWG. § 1 S. 2 UWG und die wettbewerbsfunktionale Auslegung. 2007.

Band 7 Jochen Eichler: Vertragliche Dritthaftung. Eine Auseinandersetzung mit der Frage der Dritthaftung von sogenannten Experten und anderen Auskunftspersonen im Rahmen des § 311 Abs. 3 BGB. 2007.

Band 8 Markela Stamati: Die Anforderungen der operationellen Entflechtung nach den Beschleunigungsrichtlinien der Europäischen Kommission. Umsetzung in Deutschland und Griechenland. 2008.

Band 9 Franz Jürgen Säcker: The Concept of the Relevant Product Market. Between Demand-Side Substitutability and Supply-Side -Substitutability in Competition Law. 2008.

Band 10 Renate Rabensdorf: Die Durchgriffshaftung im deutschen und russischen Recht der Kapitalgesellschaften. Eine rechtsvergleichende Untersuchung. 2009.

Band 11 Franz Jürgen Säcker: Der beschleunigte Ausbau der Höchstspannungsnetze als Rechtsproblem. Erläutert am Beispiel der 380-kV-Höchstspannungsleitung Lauchstädt – Redwitz – Grafenrheinfeld mit Querung des Rennsteigs im Naturpark Thüringer Wald. 2009.

Band 12 Helen Mahne: Eigentum an Versorgungsleitungen. 2009.

Band 13 Franz Jürgen Säcker (Hrsg.): Russisches Energierecht - Gesetzessammlung. 2009.

Band 14 Franz Jürgen Säcker / Maik Wolf: Integrierte Energieversorgung in geschlossenen Verteilernetzen. Zum Gestaltungsspielraum des Gesetzgebers zur Neuregelung des § 110 EnWG im Lichte des Dritten EG-Energiepakets. 2009.

Band 15 Franz Jürgen Säcker (Hrsg.): Das Dritte Energiepaket für den Gasbereich. Deutsch-Englische Textausgabe mit einer Einführung. 2009.

Band 16 Franz Jürgen Säcker (Hrsg.): Das Dritte Energiepaket für den Elektrizitätsbereich. Deutsch-Englische Textausgabe mit einer Einführung. 2009.

Band 17	Thomas Dörmer: Die Unternehmenspacht. Rechtsstellung der Vertragsparteien unter besonderer Berücksichtigung der Pflicht des Unternehmenspächters zur ordnungsgemäßen Unternehmensführung sowie der Rechtslage bei Vertragsbeendigung. 2010.
Band 18	Klaas Bosch: Die Kontrolldichte der gerichtlichen Überprüfung von Marktregulierungsentscheidungen der Bundesnetzagentur nach dem Telekommunikationsgesetz. 2010.
Band 19	Geng-Sook Leem: Einheitliche Corporate Governance-Grundsätze für die Europäische Aktiengesellschaft (SE). Eine rechtsvergleichende Untersuchung anhand der Ausgestaltung der SE im deutschen und britischen Recht. 2010.
Band 20	Wiebke Gebhardt: Gentechnik und Koexistenz nach der Gesetzesnovelle von 2008: Zivilrechtliche Haftung im Vergleich Deutschland und USA. 2010.
Band 21	Cathrin Isenberg: Die Geruchsmarke als Gemeinschaftsmarke. Schutzfähigkeit und Einsatzmöglichkeiten. 2010.
Band 22	Franz Jürgen Säcker / Jochen Mohr / Maik Wolf: Konzessionsverträge im System des europäischen und deutschen Wettbewerbsrechts. 2011.
Band 23	Judith Antonia Loeck: Die unzumutbare Belästigung nach der UWG Novelle 2008 und dem Gesetz zur Bekämpfung unerlaubter Telefonwerbung und zur Verbesserung des Verbraucherschutzes bei besonderen Betriebsformen. 2011.
Band 24	Jörg Jaecks: Konzernverrechnungsklauseln und verwandte einseitige Verrechnungsbefugnisse im Mehrpersonenverhältnis. 2011.
Band 25	Franz Jürgen Säcker: Marktabgrenzung, Marktbeherrschung, Markttransparenz und Machtmissbrauch auf den Großhandelsmärkten für Elektrizität. 2011.
Band 26	Susanne Wende: Die einheitliche Auslegung von Beihilfen- und Vergaberecht als Teilgebiete des europäischen Wettbewerbsrechts. 2011.
Band 27	Leonie Kempel: Die Anwendung von Art. 102 AEUV auf geistiges Eigentum und Sacheigentum. Die Voraussetzungen des Kontrahierungszwangs nach Art. 102 AEUV und der Essential-Facility-Doktrin unter besonderer Berücksichtigung der Unterschiede zwischen geistigem Eigentum und Sacheigentum. 2011.
Band 28	Christoph Schuldt: Werbejingles – schützenswerte Kompositionen!? Die urheberrechtliche und markenrechtliche Schutzfähigkeit von Werbejingles vor unbefugter Nachahmung. 2012.
Band 29	Lydia Scholz: Die Rechtfertigung von diskriminierenden umweltpolitischen Steuerungsinstrumenten. Eine Untersuchung der Reichweite der Warenverkehrsfreiheit und ihrer Begrenzung durch den Umweltschutz als Vertragsziel am Beispiel der deutschen Energiefördergesetze EEG und KWKModG. 2012.
Band 30	Franz Jürgen Säcker: Investitionen in Kraftwerke zur Sicherung einer zuverlässigen Elektrizitätsversorgung nach der Energiewende. Rechtliche und ökonomische Rahmenbedingungen. 2012.
Band 31	Florian Leib: Kartellrechtliche Durchsetzungsstrategien in der Europäischen Union, den USA und Deutschland. Eine rechtsvergleichende Darstellung. 2012.
Band 32	Holger Hoch: Marktverschlusseffekte und Effizienzen vertikaler Zusammenschlüsse. Kartellrechtliche Beurteilung nach europäischem und deutschem Recht. 2012.
Band 33	Sebastian Kemper: Gasnetzzugang in Deutschland und in Spanien. 2012.

Band 34 Elena Timofeeva: Unbundling in der russischen Elektrizitätswirtschaft im Vergleich zum deutschen und europäischen Energierecht. 2012.

Band 35 Gisela Drozella / Harald Krebs: Marktbeherrschung im Bereich Stromerzeugung / Stromgroßhandel. Eine kritische Analyse der neueren Sicht des Bundeskartellamts. 2013.

Band 36 Christian Rehm: Die Einzel- und Gesamtverantwortung der Vorstandsmitglieder der Aktiengesellschaft. Die Verantwortung für die Leitung und Geschäftsführung im mehrköpfigen Vorstand in der unabhängigen und der herrschenden AG. 2013.

Band 37 Ann-Christin Richter: Mengen- und umsatzbezogene Rabatte marktbeherrschender Unternehmen in den Grenzen des Art. 102 AEUV. 2013.

Band 38 Nikolaos Pitsos: Die erhebliche Behinderung des wirksamen Wettbewerbs (SIEC-Test) im Fusionskontrollrecht. Zugleich ein Beitrag zur Problematik der oligopolistischen Marktbeherrschung unter Vergleich mit dem amerikanischen SLC-Test. 2013.

Band 39 Mirko Heinemann: Das Markenzeichen als Anknüpfungspunkt des Markenimages. 2013.

Band 40 Sylvia Lorenz: Der Immaterialgüterschutz virtueller Ladengeschäfte. Ein Vorschlag für die rechtliche Erfassung virtueller Güter. 2014.

Band 41 Anke Reimers: Wettbewerbsrechtliche und regulatorische Analyse der Kapazitätenvergabe an Grenzkuppelstellen im Elektrizitätsbinnenmarkt. 2014.

Band 42 Franz Jürgen Säcker / Carsten König / Lydia Scholz: Der regulierungsrechtliche Rahmen für ein Offshore-Stromnetz in der Nordsee. 2014.

Band 43 David Preisendanz: Der Humor in der vergleichenden Werbung. 2014.

Band 44 Martin Gerig: Vollendung des EU-Energiebinnenmarktes vs. nationale Marktabschottungen. Europarechtskonformität mitgliedstaatlicher Fördermaßnahmen und Kapazitätsmärkte am Beispiel Deutschlands. 2014.

Band 45 Jan Patrick Ehinger: Dritthaftung für Kunstexpertisen und Aufnahmebestätigungen in den Catalogue raisonné. Ein Beitrag zur Expertenhaftung. 2014.

Band 46 Julia Gerzen: Das Recht der Gesellschafter-Fremdkapitalfinanzierung. Rechtsvergleichende Analyse der Behandlung von Gesellschafterdarlehen vor und in der Insolvenz der GmbH nach deutschem und russischem Recht. 2014.

Band 47 Laura Börger: Die gerichtliche Kontrolldichte bei der Überprüfung von Entscheidungen der Europäischen Kommission auf dem Gebiet der Fusionskontrolle. 2014.

Veröffentlichungen des Instituts für Energie- und Regulierungsrecht Berlin

Band 48 Daniel Simon Travers: Kopplungsangebote. Eine Studie zum Vertrags- und Lauterkeitsrecht. 2015.

Band 49 Anna Olbryś-Sobieszuk: EU-rechtliche Schranken der Glücksspielwerbung in Deutschland, Großbritannien und Polen. 2015.

Band 50 Franz Jürgen Säcker/Lydia Scholz/Thea Sveen: Renewable Energy Law in Europe. Challenges and Perspectives. 2015.

Band 51 Lina Berezgova: Festlegung von Stromnetzentgelten in Deutschland und Russland. Eine rechtsvergleichende Untersuchung der anreizbasierten Regulierungsvorgaben. 2015.

Band 52 Fengliang Jin: Aufgreifkriterien in der Fusionskontrolle. Eine rechtsvergleichende Untersuchung des europäischen (Art. 3 FKVO), deutschen (§ 37 GWB), taiwanesischen (§ 6 FHG) und festlandchinesischen (§ 20 AMG) Rechts. 2015.

Band 53 Vasileios Triantafyllidis: Die Einordnung der Passing-On-Defense in das allgemeine Schadensersatzrecht. Eine rechtsvergleichende, dogmatische Studie. 2015.

Band 54 Peipei Liu: Die Inhaltskontrolle von Allgemeinen Geschäftsbedingungen und formularmäßigen Vertragsklauseln im deutsch-chinesischen Vergleich. 2016.

Band 55 Evelyn Kozak: Zur Notwendigkeit eines arbeitsrechtlichen und haftungsrechtlichen Whistleblowerschutzes. 2016.

Band 56 Genevieve Baker: Der bereicherungsrechtliche Nutzungsanspruch. 2017.

Band 57 Maria Zaykova: Der rechtliche Rahmen für den bergbaulichen Zugang zu den Erdöl- und Erdgaslagerstätten in der Russischen Föderation im Vergleich zum deutschen Bergrecht. 2017.

Band 58 Qian Luan: Geldschöpfungsprozess und Geld als abstraktes Schuldversprechen. Die europäisch-verwaltungsrechtliche Betrachtung des Geldschöpfungsprozesses der EZB und die Rechtsnatur von Zentralbankgeld und Geschäftsbankengiralgeld. 2017.

Band 59 Sára Gabriella Hoffman: Regulation of Cloud Services under US and EU Antitrust, Competition and Privacy Laws. 2017.

Band 60 Matthias Schöpf: Das neue Planungsrecht der Übertragungsnetze: Vorgaben des deutschen und europäischen Rechts. 2017.

Band 61 İpek Çevik: Eine vergleichende Untersuchung der Joint Ventures – Gemeinschaftsunternehmen – nach europäischem, türkischem und deutschem Wettbewerbsrecht. Die Analyse von wettbewerbsrechtlichen Auswirkungen bei Gründung der konzentrativen und/oder kooperativen Gemeinschaftsunternehmen. 2017.

www.peterlang.com

www.ingramcontent.com/pod-product-compliance
Ingram Content Group UK Ltd.
Pitfield, Milton Keynes, MK11 3LW, UK
UKHW041823031026
15587UKWH00002B/520

9 783631 724668